L'année de 1re ES

Cet ouvrage a été rédigé par une équipe de professeurs de lycée.

▶ **Français**
Sophie Pailloux-Riggi
Jacqueline Turgis

▶ **Maths**
Gabriel Boissière

▶ Sciences économiques et sociales
Pierre-Olivier Perl

▶ Histoire
Norbert Dubouis

▶ Géographie
Gaspard Mbaye

▶ Sciences
Bernard Msihid (SVT)
**Sandrine Schreyeck
(Physique-Chimie)**

▶ **Anglais**
Nicole Gandilhon

▶ **Allemand**
Fabrice Malkani

▶ Espagnol
Sylviane Lucigny

Infographie : Vincent Landrin

Bordas

Présentation

Cet ouvrage présente le **nouveau programme** de la classe de 1re ES, applicable en septembre 2011, dans toutes les matières principales.

Chaque notion est présentée sur une double page, en trois étapes.

SAVOIR
Les notions principales pour chaque séance. Il s'agit de **l'essentiel** à apprendre et **à mémoriser**.

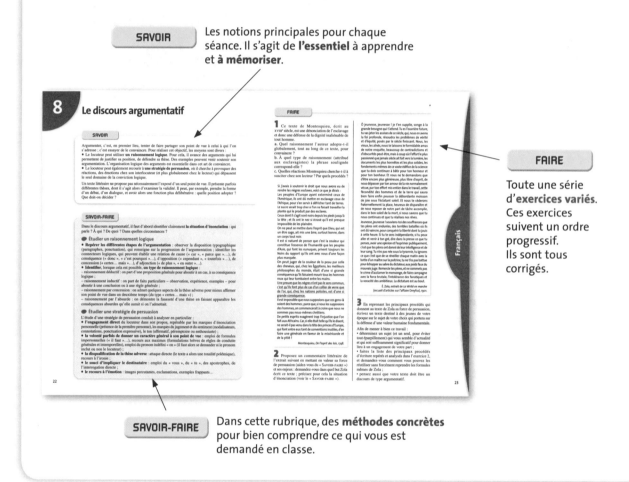

FAIRE
Toute une série d'**exercices variés**. Ces exercices suivent un ordre progressif. Ils sont tous corrigés.

SAVOIR-FAIRE
Dans cette rubrique, des **méthodes concrètes** pour bien comprendre ce qui vous est demandé en classe.

Adaptation de la maquette : Josiane Sayaphoum. – Mise en page : TyPAO. – Révision des textes : Régine Delay (Maths, Enseignement scientifique). – Suivi éditorial : Anne Bleuzen (Français), Luce Camus (Histoire, Géographie, SES), Anne Thomas-Belli (Anglais, Allemand, Espagnol). Iconographie : Clémence Zagorski. – Cartographie : Légendes cartographie.

Crédits photographiques :
p. 13 ht BIS / © Archives Larbor. – p. 13 bas BIS / Ph. Oronoz © Archives Larbor © Succession Picasso 2011. – p. 33 Amédée, où comment s'en débarrasser, mise en scène de Roger Planchon avec Roger Planchon et Colette Dompietrini au Théâtre Sylvia Montfort, le 3 mars 2009. Ph © P. Poirier/CIT'EN SCENE. – p. 159 © CENTRE HISTORIQUE MINIER, Lewarde. – p. 161 Ph © AKG-images © ADAGP, Paris 2011. – p. 165 ht BIS/Ph. Lou © Archives Larbor. – p. 165 bas Ph © A. Gesgon/CIRIP. – p. 167 g Ph © LEEMAGE. – p. 167 d Ph © AKG-images. – p. 177 g Ph © M. Branger/ROGER-VIOLLET. – p. 177 d © Coll KHARBINE-TAPABOR. – p. 178 Droits Réservés. – p. 179 Extrait de la carte 3742OT © IGN-Paris 2011. Autorisation n° 80-1104. – p. 183 Google Earth. Droits Réservés. – p. 189 © SASI Group (University of Sheffield) and Mark Newman (University of Michigan). – p. 205 g Ph © BSIP SGO. – p. 205 d © INRP/DR. – p. 221 ht Ph © J. Brzychy/FOTOLIA. – p. 221 bas Ph © Photolook/FOTOLIA. – p. 234 © United Nations Development Programme. Droits Réservés. – p. 240 www.nps.gov. Droits Réservés. – p. 250 © SUEDERVERLAG. – p. 266 Droits Réservés. – p. 273 ht et bas gauche Mafalda, Quino © Quino/Editions Glénat. – p. 273 bas droit Droits Réservés. – p. 279 BIS/Ph. © Archives Larbor. – p. 283 Droits Réservés.

Sommaire

Pour vous entraîner et en savoir davantage sur **les programmes, les épreuves et l'orientation après le bac**, vous pouvez consulter les sites **www.annee-de.fr** et **www.defibac.fr**.

www.annee-de.fr
Le site d'information
sur la collection *L'année de...*

www.defibac.fr
Le site d'entraînement
au bac de Bordas

Le bac en fin de 1ʳᵉ ES

L'épreuve anticipée de français

BO spécial n° 7 du 6 octobre 2011

Épreuve écrite

Durée : 4 heures
Barème questions : 4 points au maximum
Barème sujet d'écriture : 16 points au minimum
Coefficient : 2

L'épreuve écrite s'appuie sur un ensemble de textes (corpus) qui portent sur l'un des objets d'étude au programme. Il peut s'agir :
– d'un **ensemble de 3 ou 4 textes**, éventuellement accompagnés par un document iconographique ;
– d'une **œuvre intégrale brève** ;
– d'un **extrait long** (n'excédant pas 3 pages).
L'épreuve peut comporter des **questions sur le corpus** ; elle comprend obligatoirement un **travail d'écriture**.

Les questions sur le corpus

Vous pouvez avoir à rédiger la réponse à une ou deux questions portant sur l'ensemble du corpus d'œuvres.

Les trois sujets d'écriture

Vous avez ensuite le choix entre trois travaux d'écriture :
– un **commentaire** : celui-ci porte sur un des textes du corpus. Il peut également s'agir de comparer deux textes. Vous devez composer un devoir qui présente **de manière organisée** ce que vous avez retenu de votre lecture en justifiant votre interprétation et vos jugements personnels.
– une **dissertation** : elle consiste à conduire une réflexion **personnelle** et **argumentée** à partir d'une problématique littéraire issue du programme. Votre argumentation s'appuie sur les textes du corpus, sur les objets d'étude du programme de première, ainsi que sur vos lectures et votre culture personnelle ;
– une **écriture d'invention** : elle contribue à tester votre aptitude à lire et comprendre un texte, à en saisir les enjeux, à percevoir les caractères singuliers de son écriture en utilisant une autre forme d'expression écrite que celle de la dissertation ou du commentaire. Vous devez écrire un texte en lien avec celui ou ceux du corpus, suivant un certain nombre de consignes explicitées dans le libellé du sujet. Plusieurs types d'écrits sont prévus : article, lettre, monologue délibératif (dialogue, discours devant une assemblée), récit à visée argumenta-

tive, transposition, amplification. Vous serez évalué sur votre capacité non seulement à vous approprier les textes, mais aussi à vous en détacher et à les critiquer. Il ne faut pas perdre de vue que **ce sujet n'est pas une épreuve purement imaginative**, mais repose sur le corpus des textes étudiés.

Épreuve orale

Durée : 20 minutes – préparation : 30 minutes
Barème : exposé : 10 points, entretien : 10 points
Coefficient : 2

L'épreuve orale a pour but d'évaluer votre capacité à mobiliser vos connaissances. Elle doit vous permettre :
– de révéler vos compétences de lecture ;
– d'exprimer une sensibilité et une culture personnelles ;
– de manifester votre maîtrise de l'expression orale ainsi que votre aptitude à dialoguer avec l'examinateur.
Elle se déroule en deux temps : un **exposé** de 10 minutes sur le texte que vous avez tiré au sort parmi la liste du descriptif des lectures faites en classe ; un **entretien** de 10 minutes avec l'examinateur.

Le matériel

Le jour de l'épreuve orale, vous devez apporter :
– le descriptif des lectures et activités que vous avez faites en classe ;
– deux exemplaires de votre manuel ;
– un jeu de photocopies des textes ne figurant pas dans le manuel, identique à celui qui a été adressé à l'examinateur ;
– deux exemplaires des œuvres intégrales étudiées.

Le « descriptif des lectures et activités » a été élaboré progressivement au cours de l'année par votre professeur de français. Il présente à l'examinateur les informations suivantes :
– le titre et la problématique de chaque séquence ;
– l'objet (ou les objets) d'étude qui ont été abordé(s) ;
– les textes (groupement ou œuvre intégrale) étudiés à l'intérieur de chaque séquence ;
– la démarche retenue pour cette étude (lectures cursives ou analytiques, approches d'ensemble retenues pour l'étude des œuvres intégrales) ;
– le manuel utilisé en classe, l'édition des œuvres intégrales et les références précises des différents textes indiqués : édition, chapitre, page, début et fin de l'extrait ;

– le cas échéant, les activités complémentaires – en particulier orales – proposées à la classe.

Le descriptif est signé par le professeur et visé par le chef d'établissement.

● 1re partie : l'exposé

Il porte sur un extrait choisi parmi les lectures répertoriées dans le descriptif (à l'exclusion des lectures cursives). Il vous amène à étudier, à partir d'une question initiale posée par l'examinateur, en liaison avec l'objet d'étude retenu, un aspect essentiel du texte.

Avant de commencer votre exposé, n'oubliez pas de faire une lecture à haute voix du texte.

● 2de partie : l'entretien

L'examinateur s'attache à conduire un dialogue avec vous. Ce n'est pas un « corrigé » de la première partie de l'épreuve, ni une récitation pure et simple d'une question de cours. Au contraire, ce dialogue doit chercher à ouvrir des perspectives et à approfondir la réflexion, en partant du texte qui vient d'être étudié, pour aller vers :

– l'œuvre intégrale ou le groupement d'où ce texte a été extrait ;

– une des lectures cursives proposées en relation avec le texte qui vient d'être étudié ;

– l'objet d'étude, ou les objets d'étude, en relation avec le texte qui vient d'être étudié.

L'entretien vise également à évaluer vos connaissances sur l'œuvre ou l'objet d'étude, apprécier votre intérêt pour les textes étudiés ou abordés en lecture cursive, tirer parti de vos lectures ou activités personnelles.

● L'évaluation

L'examinateur se donne pour principes, dans les appréciations qu'il porte :

– d'utiliser toute l'échelle de notation ;

– de valoriser les éléments de réussite plutôt que de pénaliser les faiblesses ;

– de valoriser la culture personnelle que vous avez manifestée à bon escient.

Épreuve orale de contrôle (rattrapage)

Durée : 20 minutes – préparation : 30 minutes

Cette épreuve se déroule en même temps que les autres épreuves de rattrapage, en terminale.

Comme pour l'oral obligatoire, vous devez présenter à l'examinateur le descriptif des lectures et activités vues en classe.

Vous êtes interrogés sur un extrait d'œuvre ou un texte choisi dans la liste par l'examinateur :

● 1re **partie** de l'épreuve : une question vous est posée sur le texte ;

● 2de **partie** de l'épreuve : l'entretien appelle une mise en relation entre le passage étudié et l'œuvre intégrale ou le groupement de textes d'où le passage étudié a été extrait.

● L'épreuve anticipée de sciences

BO n°16 du 21/04/2011

Épreuve écrite anticipée

Durée : 1 h 30
Barème : 20 points
Coefficient : 2

L'épreuve permet d'évaluer vos connaissances et votre capacité à les utiliser en situation, ainsi que votre capacité à exploiter des documents et à argumenter.

Le sujet de l'épreuve comporte trois parties.

● **La première partie**, notée sur 8 points, porte sur l'un des deux thèmes du programme commun aux SVT et à la physique-chimie : « Représentation visuelle » ou « Nourrir l'humanité ». Elle prend la forme d'un commentaire rédigé s'appuyant sur un à trois documents présentant des données scientifiques ou des faits d'actualité.

● **La deuxième partie**, notée sur 6 points, porte sur le thème spécifique de physique-chimie, « Le défi énergétique », ou le thème commun aux SVT et à la physique-chimie qui n'a pas fait l'objet de la question de la première partie.

● **La trosième partie**, notée sur 6 points, porte sur le thème spécifique aux SVT, « Féminin/Masculin », ou le thème commun aux SVT et à la physique-chimie qui n'a pas fait l'objet de la question des deux précédentes parties.

Pour les deuxième et troisième parties, les questions peuvent s'appuyer sur un document. Il peut s'agir de questions ouvertes ou de questions à choix multiple.

Épreuve orale de contrôle

Durée : 15 minutes – préparation : 15 minutes
Coefficient : 2

Le sujet permet d'évaluer les compétences acquises par les candidats dans le cadre de questions de société, sur des problématiques de santé ou de développement durable et en lien avec les avantages ou limites des avancées scientifiques et technologiques.

Le candidat choisit un des deux sujets proposés par les examinateurs.

L'un porte sur l'un des deux thèmes communs du programme, l'autre porte sur l'un des thèmes spécifiques en physique-chimie ou en SVT.

Chaque sujet comporte une question qui s'appuie sur l'exploitation d'un ou de plusieurs documents de nature variée (textes d'actualité, images, enregistrements...).

L'épreuve orale de contrôle est une interrogation dialoguée de 15 minutes après un travail de préparation de même durée.

Français

Français

1

Les principaux registres

Le registre, dans le domaine littéraire, est déterminé par la manière selon laquelle l'auteur envisage la matière qu'il aborde, le sujet qu'il représente. Il communique ainsi un sentiment ou une impression particuliers au destinataire. Un registre se décline dans tous les genres littéraires, même s'il est historiquement souvent lié à un genre précis.

On distingue :

● **Le registre comique** : il cherche à provoquer le rire. On distingue notamment l'humour, la farce, le burlesque, la caricature, la parodie, l'absurde, la satire. Il joue souvent sur les situations, le langage, le décalage ou le contraste.

● **Le registre tragique** : lié à la tragédie antique, il met en scène un héros qui, conscient de son impuissance, subit la fatalité des événements (pouvoir des dieux ou absurdité de l'existence). Le registre tragique peut provoquer la terreur, l'effroi, mais aussi l'admiration envers le héros.

● **Le registre pathétique** : ce registre, lié à l'origine au théâtre, cherche à susciter la pitié, la compassion, par la représentation de la souffrance (« pathos »), de la douleur, mais sans évoquer la fatalité.

● **Le registre épique** : issu de l'épopée, il présente un héros affrontant d'autres hommes ou des forces naturelles, réalisant des exploits et démontrant ses valeurs morale et guerrière. Cet être exceptionnel peut être aidé par des pouvoirs surnaturels. Il apparaît souvent comme le représentant d'une force collective.

● **Le registre lyrique** : associé à la poésie (la lyre d'Apollon, dieu de la Poésie, mais aussi celle d'Orphée, symbole du poète), il est l'expression des sentiments du poète et vise à les faire partager au lecteur. Les thèmes universels de l'amour, de la fuite du temps, du souvenir, sont largement traités, sous la forme d'une énonciation à la première personne. **L'élégiaque** est un registre lyrique douloureux, plaintif, souvent lié au deuil.

● **Le registre fantastique** : il fait intervenir, dans un monde ancré dans le réel, des événements étranges, inquiétants, des personnages apparemment surnaturels. Il génère doute, malaise, peur, angoisse chez le lecteur qui hésite entre explication logique et croyance en le surnaturel.

● Déterminer le(s) registre(s) d'un texte

● Pour déterminer le registre dominant d'un texte, il convient de s'interroger sur :
– **le genre du texte** ;
– **le but visé par le texte** : quelle est la réaction, quel est le sentiment du lecteur après la lecture du texte (rire, peur, pitié, admiration…) ?
– **les indices lexicaux et grammaticaux et les procédés rhétoriques** : champs lexicaux dominants, énonciation, focalisation, procédés d'amplification, métaphores, structures et types de phrases particuliers.
● Mettre en relation les principaux procédés permet de définir le registre du texte. Un texte peut, cependant, jouer sur différents registres, qu'il convient de repérer.
● Il est important, enfin, d'analyser l'effet produit par le choix du registre sur le sens et la portée du texte.

1 **a.** Quels procédés donnent à cet événement historique un caractère religieux ?

b. Comment l'auteur manifeste-t-il son admiration pour le sacrifice du peuple ?

c. Que pouvez-vous en déduire sur le registre du texte ?

> *En 1792, les armées de l'Europe envahissent la France pour rétablir la monarchie. Michelet raconte le soulèvement du peuple pour défendre la patrie et les acquis de la Révolution.*
>
> C'était avec un véritable sentiment religieux que des milliers d'hommes, à peine armés, mal équipés encore, demandaient à traverser l'Assemblée nationale. Leurs paroles souvent emphatiques et déclamatoires, qui témoignaient de leur impuissance pour exprimer ce qu'ils sentaient, n'en sont pas moins empreintes du sentiment très vif de foi qui remplissait leur cœur. Ce n'est pas dans les discours préparés de leurs orateurs qu'il faut chercher ces sentiments, mais dans les cris, les exclamations qui s'échappent de leurs poitrines. « Nous venons comme à l'église », disait l'un. Et un autre : « Pères de la patrie, nous voici ! Vous bénirez vos enfants. »
>
> Le sacrifice fut, dans ces jours, véritablement universel, immense et sans bornes. Plusieurs centaines de mille donnèrent leurs corps et leur vie, d'autres leur fortune, tous leurs cœurs, d'un même élan...
>
> J. Michelet, *Histoire de la Révolution française*, VII, 8, 1853.

2 **a.** Quel est le thème du texte ?

b. Quels sont les différents registres présents ? Justifiez votre réponse.

> L'Ennemi
>
> Ma jeunesse ne fut qu'un ténébreux orage,
> Traversé çà et là par de brillants soleils ;
> Le tonnerre et la pluie ont fait un tel ravage,
> Qu'il reste en mon jardin bien peu de fruits vermeils.
>
> Voilà que j'ai touché l'automne des idées,
> Et qu'il faut employer la pelle et les râteaux
> Pour rassembler à neuf les terres inondées,
> Où l'eau creuse des trous grands comme des
> 　　　　　　　　　　　　　　　　　tombeaux.
>
> Et qui sait si les fleurs nouvelles que je rêve
> Trouveront dans ce sol lavé comme une grève
> Le mystique aliment qui ferait leur vigueur ?
>
> Ô douleur ! ô douleur ! Le Temps mange la vie,
> Et l'obscur Ennemi qui nous ronge le cœur
> Du sang que nous perdons croît et se fortifie !
>
> C. Baudelaire, *Les Fleurs du mal*, « Spleen et idéal », X, 1857.

3 Montrez que Voltaire utilise dans ce début de conte les éléments traditionnels du roman. Comment cependant les détourne-t-il ? À quel registre appartient cet extrait ? Nommez précisément les procédés employés. Quelle est la fonction de ce registre ?

> Il y avait en Westphalie, dans le château de monsieur le baron de Thunder-ten-tronckh, un jeune homme à qui la nature avait donné les mœurs les plus douces. Sa physionomie annonçait son âme. Il avait le jugement assez droit, avec l'esprit le plus simple ; c'est, je crois, pour cette raison qu'on le nommait Candide. Les anciens domestiques de la maison soupçonnaient qu'il était le fils de la sœur de monsieur le baron et d'un bon et honnête gentilhomme du voisinage, que cette demoiselle ne voulut jamais épouser parce qu'il n'avait pu prouver que soixante et onze quartiers, et que le reste de son arbre généalogique avait été perdu par l'injure du temps.
>
> Monsieur le baron était un des plus puissants seigneurs de la Westphalie, car son château avait une porte et des fenêtres. Sa grande salle même était ornée d'une tapisserie. Tous les chiens de ses basses-cours composaient une meute dans le besoin ; ses palefreniers étaient ses piqueurs : le vicaire du village était son grand aumônier. Ils l'appelaient tous monseigneur, et ils riaient quand il faisait des contes.
>
> Madame la baronne, qui pesait environ trois cent cinquante livres, s'attirait par là une très grande considération, et faisait les honneurs de la maison avec une dignité qui la rendait encore plus respectable. Sa fille Cunégonde, âgée de dix-sept ans, était haute en couleur, fraîche, grasse, appétissante. Le fils du baron paraissait en tout digne de son père. Le précepteur Pangloss était l'oracle de la maison, et le petit Candide écoutait ses leçons avec toute la bonne foi de son âge et de son caractère.
>
> Voltaire, *Candide*, 1759.

4 À la manière de Michelet (exercice 1), choisissez un épisode célèbre de l'histoire de France, documentez-vous soigneusement sur cet événement, puis racontez-le de deux manières en adoptant un registre différent, en une quinzaine de lignes à chaque fois.

Par exemple, vous raconterez la prise de la Bastille en 1789 d'une manière épique, puis lyrique.

Français

2

Les figures de style

● Les figures d'images

● La **comparaison** établit grâce à un outil de comparaison le rapprochement entre le comparé et le comparant (*Le Poète est **semblable au** prince des nuées*, C. Baudelaire).

● La **métaphore** assimile, sans outil de comparaison, deux éléments distincts (*Mon cœur est un palais flétri par la cohue*, C. Baudelaire). Si elle se poursuit au fil du texte, elle devient une métaphore **filée**.

● La **personnification** attribue à une chose, un animal ou une idée des caractéristiques humaines (*Sois sage, ô ma douleur, et tiens-toi plus tranquille*, C. Baudelaire).

● L'**allégorie** représente une abstraction (idée, sentiment) sous une forme concrète et symbolique (par exemple, le *sablier* est une allégorie du *temps*).

● Les figures de substitution

● La **métonymie** désigne une chose ou une idée par un terme désignant une chose ou une idée liée par une relation d'appartenance ou de contiguïté à la première (par exemple, *lire **un Zola*** pour *lire un roman de Zola*).

● La **synecdoque**, forme de la métonymie, établit une relation d'inclusion, où la matière remplace l'objet, la partie représente le tout (« *Croiser **le fer*** » pour « *les épées* »).

● La **périphrase** remplace un mot par une expression définissant ce que désigne ce mot (*L'**astre solitaire** monta peu à peu dans le ciel*, Chateaubriand [*l'astre solitaire* pour *la lune*]).

● L'**antiphrase** oppose « ce qui est dit » au véritable sens sous-entendu. C'est aussi une figure d'opposition, fonctionnant sur l'implicite (*Quelle beauté !* [pour évoquer une chose laide]).

● Les figures d'opposition

● L'**antithèse** oppose deux termes (Ruy Blas se désigne dans la pièce de V. Hugo comme un « ***ver de terre** amoureux d'une **étoile*** »).

● L'**oxymore** relie deux termes sémantiquement opposés venant désigner une même réalité (*le **soleil noir** de la Mélancolie*, Nerval).

● Le **chiasme** consiste à reprendre, dans une seconde expression, deux termes (A et B) d'une première expression, ou deux synonymes (A' et B'), ou deux termes opposés (A' et B'), mais dans l'ordre inverse (ABBA : *Il faut **manger** pour **vivre**, et non pas **vivre** pour **manger***, Molière. ABB'A' : *Un **roi** chantait **en bas**, **en haut** mourait **un Dieu***, V. Hugo).

● Les figures d'insistance ou d'atténuation

● L'**anaphore** répète un mot ou une expression en début de proposition ou de vers (***Rome** l'unique objet de mon ressentiment !/ **Rome** à qui ton bras vient d'immoler un amant*, P. Corneille).

● Le **parallélisme** reproduit la même structure syntaxique (*Je ne sais où je vais, je ne sais où je suis*, J. Racine).

● La **gradation** dispose des termes de façon croissante ou décroissante (*Je suis perdu, je suis mort, je suis assassiné*, Molière).

● L'**hyperbole** amplifie la réalité dans un but comique ou dramatique (*Verser un torrent de larmes*).

● L'**euphémisme** atténue par la formulation une idée choquante ou désagréable (*C'est un pic ! c'est un cap ! Que dis-je, c'est un cap ? C'est une péninsule !* E. Rostand [pour parler du long nez de Cyrano]).

● La **litote** atténue l'idée, mais sous-entend davantage ; elle est souvent à la forme négative (*Va, je ne te hais point*, P. Corneille [pour *je t'aime*]).

● **Analyser les figures stylistiques**

• Il s'agit d'analyser **l'effet précis** de chaque figure :
– que suggère-t-elle ?
– que met-elle en valeur ?
– pourquoi est-elle préférée à un discours plus direct ?

• L'effet ainsi dégagé doit ensuite être replacé dans un **contexte** plus large : l'analyse doit montrer en quoi l'emploi d'une figure stylistique sert la construction du sens dans le texte.

FAIRE

1 **a.** Identifiez, dans le texte suivant, les figures de style auxquelles correspondent les expressions soulignées. Attention, une même expression soulignée peut comporter plusieurs figures.

b. Analysez leur sens et leur effet dans le texte.

> Mais qu'une révolution éclate, les hommes d'affaires, les gens habiles, qui semblaient des colosses, ne sont plus que des nains ; toutes les réalités qui n'ont plus la proportion des événements nouveaux s'écroulent et s'évanouissent ; les faits matériels tombent, et les idées grandissent jusqu'au ciel !
>
> C'est ainsi, par cette soudaine force d'expansion que les idées acquièrent en temps de révolution, que s'est faite cette grande chose, l'abolition de la peine de mort en matière politique.
>
> Messieurs, cette grande chose, ce décret fécond qui contient en germe tout un code ; ce progrès, qui était plus qu'un progrès, qui était un principe, l'Assemblée constituante l'a adopté et consacré. Elle l'a placé, je dirais presque au sommet de la Constitution, comme une magnifique avance faite par l'esprit de la révolution à l'esprit de la civilisation ; comme une conquête, mais surtout comme une promesse ; comme une sorte de porte ouverte qui laisse pénétrer, au milieu des progrès obscurs et incomplets du présent, la lumière sereine de l'avenir.
>
> Et, en effet, dans un temps donné, l'abolition de la peine capitale en matière politique doit amener et amènera nécessairement, par la toute-puissance de la logique, l'abolition pure et simple de la peine de mort !
>
> V. Hugo, *Discours sur la déportation du 5 avril 1850.*

2 Relevez dans ce passage les principales figures stylistiques et montrez comment elles donnent toute leur force à ce discours de Bossuet sur la fragilité de l'homme.

> Ô nuit désastreuse ! ô nuit effroyable, où retentit tout à coup, comme un éclat de tonnerre, cette étonnante nouvelle : Madame se meurt ! Madame est morte ! Qui de nous ne se sentit frappé à ce coup, comme si quelque tragique accident avait désolé sa famille ? Au premier bruit d'un mal si étrange, on accourut à Saint-Cloud de toutes parts ; on trouve tout consterné, excepté le cœur de cette princesse. Partout on entend des cris ; partout on voit la douleur et le désespoir, et l'image de la mort. Le Roi, la Reine, Monsieur, toute la cour, tout le peuple, tout est abattu, tout est désespéré ; et il me semble que je vois l'accomplissement de cette parole du prophète : *le roi pleurera, le prince sera désolé, et les mains tomberont au peuple de douleur et d'étonnement.*
>
> Bossuet, *Oraison funèbre d'Henriette-Anne d'Angleterre,* 1670.

3 Identifiez les principales figures de style dans ce dizain de Maurice Scève.

> Plutôt seront Rhône et Saône disjoints
> Que d'avec toi mon cœur se désassemble ;
> Plutôt seront l'un et l'autre monts joints,
> Qu'avec nous aucun discord s'assemble ;
> Plutôt verrons et toi, et moi ensemble
> Le Rhône aller contremont lentement,
> Saône monter très violentement,
> Que ce mien feu tant soit peu diminue,
> Ni que ma foi décroisse aucunement :
> Car ferme amour sans eux est plus que nue.
>
> M. Scève, *Délie,* 1544 (orthographe modernisée).

Français

3 La lecture de l'image

On distingue différents types d'images :
- l'image fixe : tableau, photographie, dessin, affiche, bande dessinée…
- l'image mobile : film (avec acteurs, dessin animé…).

Dans le cadre des épreuves écrites de français, l'analyse d'une image fixe peut vous être demandée lors de l'étude du corpus. Il est donc nécessaire de posséder quelques bases d'analyse spécifiques. Par ailleurs, la lecture analytique de l'image se construit, comme pour un texte, de l'observation à l'interprétation. Ainsi, un questionnement précis, utilisant des instruments d'analyse adaptés, est utile pour l'étude de l'image.

SAVOIR-FAIRE

● Élaborer une lecture analytique de l'image

- **Identifier la situation d'énonciation**

Un peintre, un photographe, un dessinateur, produisent un énoncé (l'image), et cherchent à atteindre un destinataire (le lecteur, le spectateur…). Le lieu et le moment de production de l'image sont aussi à étudier (contexte historique, politique, courant pictural dominant…).

- **Observer l'image**

– Quel est son **contenu** : abstrait ou figuratif ? Quelle est la nature du sujet (genre) : paysage, portrait, nature morte, sujet religieux, historique… ?
– A-t-elle un **titre** ? Intègre-t-elle un **texte** ? Si oui, quelle est sa fonction ?
– Quelle est la **technique** utilisée : dessin, gravure, collage, photographie… ?
– Quel est le **format** choisi (cadre) : rectangle, carré, rond, ovale ? Quelles sont ses dimensions ?
– Quel est le **point de vue** (la focalisation) choisi ? Observer l'angle choisi : frontal (œil au niveau du sujet), plongée (œil au-dessus du sujet) ou contre-plongée ?
– Étudier le **cadrage** : quels sont les éléments représentés dans le champ (espace délimité par le cadre) ? Un hors-champ (espace n'apparaissant pas dans le champ) est-il suggéré ?
– Étudier la **profondeur de champ** : utilisation du premier plan, des plans intermédiaires, de l'arrière-plan. Comment l'espace est-il suggéré : succession de plans, utilisation des perspectives ?
– Quel est le **plan** choisi : plan général (panoramique), plan moyen (personnage en pied), plan rapproché, gros plan (cadre le visage) ?
– Étudier la **construction** de l'image et la répartition des formes dans le cadre : les lignes (horizontales, verticales, courbes, diagonales…) ; y a-t-il des lignes de force ?
– Étudier la **lumière** et les **couleurs** :
  – l'éclairage (intensité, provenance, contrastes, jeux d'ombre et de lumière) ;
  – le choix du noir et blanc ou de la couleur : pourquoi ?
  – l'étude des couleurs : chaudes, froides, primaires, secondaires, complémentaires ; examen de l'intensité de la couleur, des contrastes et de leurs valeurs symboliques.

- **Interpréter les repérages**

Comme pour un texte, les repérages doivent servir à une interprétation de l'image. Il faut donc aussi s'interroger sur les choix du peintre, du dessinateur, du photographe. Dégager les enjeux de l'image, c'est comprendre **l'effet recherché** par le producteur de l'image en analysant les procédés utilisés. Ainsi, plusieurs procédés développent des effets similaires : dans le portrait en pied d'un monarque, les éléments du décor, le choix de l'éclairage et des couleurs, l'utilisation de la profondeur de champ et des plans, la construction de l'image participent à la célébration du personnage représenté.

1 **a.** Analysez ce tableau en vous servant du questionnaire de la page précédente. Interrogez-vous sur le sens très précis du terme « vanité », utilisé dans le titre.
b. Effectuez une recherche sur le mouvement baroque.
c. Vous mettrez ensuite en évidence l'enjeu du tableau, le but recherché par le peintre.

Simon Renard de Saint-André,
***Vanité,* 1613-1677.**

2 Picasso réalise ce tableau en 1937, à la demande du gouvernement de la République espagnole. Il « représente » la tragédie qui touche la ville basque de Guernica, bombardée par l'aviation allemande, au service de Franco.
Vous montrerez comment Picasso témoigne, à travers ce tableau, de ce drame et vous lirez le poème d'Éluard sur le même événement (p. 21).

Pablo Picasso, *Guernica,* 1937.

3 Vous pouvez rechercher d'autres tableaux sur le thème de la vanité et sur le thème de la guerre, puis analyser les différences de traitement dans la représentation du thème.

Français

4

L'art du sonnet

● D'origine italienne (avec les recueils amoureux de Pétrarque), le sonnet apparaît en France au XVIᵉ siècle avec Clément Marot, puis son emploi se développe avec les poètes de la Pléiade, du Bellay et Ronsard notamment.

● Il obéit à des règles strictes :
– il est composé de **quatorze vers** isométriques répartis en un huitain (divisé en deux quatrains) et un sizain (divisé en deux tercets) ;
– les quatrains sont formés de **rimes embrassées** et **identiques** (ABBA-ABBA) ; les tercets introduisent un nouveau système de rimes : CCD-EED pour le sonnet régulier, dit « italien », CCD-EDE pour le sonnet dit « français » (soit deux rimes plates suivies de rimes embrassées ou croisées) ;
– Ronsard impose l'alternance de rimes masculines et féminines.

● La structure du sonnet repose généralement sur **un système d'opposition** entre les quatrains, identiques et fonctionnant sur un système pair, et les tercets, introduisant l'impair. Ainsi, on remarque souvent un jeu d'opposition, de complémentarité, ou de question-réponse entre les quatrains et les tercets ; une sous-structure peut aussi apparaître à l'intérieur des quatrains et des tercets.

● **Le dernier tercet**, plus précisément le dernier vers, joue **le rôle de conclusion**, de chute, et éclaire l'ensemble du poème. Dans le sonnet italien, un effet d'attente accentue l'intensité du dernier vers.

● Le sonnet, par sa brièveté, favorise une **écriture concentrée**, riche en oppositions et en images. Les poètes s'affranchiront peu à peu de certaines règles, mais le sonnet reste, aujourd'hui, un exercice poétique encore très pratiqué.

SAVOIR-FAIRE

● Comment analyser un sonnet ?

● **Déterminer le mètre utilisé** : décasyllabe ou alexandrin pour les sonnets classiques. Du Bellay privilégie le décasyllabe (césure généralement à la sixième syllabe), tandis que Ronsard prône l'usage de l'alexandrin, créant ainsi une plus grande variété de rythmes.

● **Établir le schéma des rimes** : vérifier si le sonnet se conforme aux règles (deux quatrains identiques…). Le sonnet régulier et classique est le sonnet italien.

● **Étudier la structure du sonnet** : repérer les parallélismes entre les quatrains, les ruptures créées par les tercets (le vers 9 mérite une attention particulière). La règle veut que les quatrains forment chacun une unité syntaxique, et les tercets une autre unité cohérente, mais cela n'est pas toujours respecté.

● **Étudier le rythme et ses variations** : le rythme classique de l'alexandrin est 6//6, mais la structure interne et les variations doivent aussi être mises en évidence. Ainsi, un mot ou une expression peuvent être mis en évidence par un rejet ou un contre-rejet. Ces derniers créent une rupture dans le rythme du vers. En revanche, l'enjambement allonge le rythme et crée un effet d'amplitude.

● **Analyser le dernier tercet et le dernier vers** : quel est son rôle par rapport au poème ? En quoi éclaire-t-il l'ensemble du poème ou en quoi modifie-t-il, nuance-t-il, ce qui précède ? Penser à l'attente créée par la rime du vers 11 dans le sonnet italien, attente comblée par le vers 14.

● **Étudier les réseaux lexicaux, les figures stylistiques** : ils soutiennent la structure formelle du sonnet ou la modifient ; dans les deux cas, ils sont importants.

● **Relier ces remarques formelles au sens du poème** : l'étude de la versification est indissociable de l'analyse et de l'interprétation.

1 **a.** Dégagez la structure syntaxique qui organise le poème et la figure stylistique dominante. Justifiez alors le découpage des quatrains et des tercets. Analysez particulièrement le passage du premier au deuxième tercet.
b. Analysez le rythme des deux derniers vers. Que met-il en évidence ?

Comme le champ semé en verdure foisonne,
De verdure se hausse en tuyau verdissant,
Du tuyau se hérisse en épi fleurissant,
D'épi jaunit en grain, que le chaud assaisonne ;

Et comme en la saison le rustique moissonne
Les ondoyants cheveux du sillon blondissant,
Les met d'ordre en javelle et du blé jaunissant
Sur le champ dépouillé mille gerbes façonne ;

Ainsi de peu à peu crût l'empire romain,
Tant qu'il fut dépouillé par la barbare main,
Qui ne laissa de lui que ces marques antiques,

Que chacun va pillant ; comme on voit le glaneur
Cheminant pas à pas recueillir les reliques
De ce qui va tombant après le moissonneur.

J. du Bellay, *Les Antiquités de Rome*, 1558.

2 **a.** En quoi ce poème est-il un sonnet régulier ? Quelle rupture introduisent les tercets ? Quel rôle joue le dernier vers ?
b. Étudiez le rythme et les sonorités des vers 1, 2 et 8 en mettant en évidence l'effet recherché pour chacun.

Je n'ai plus que les os, un squelette je semble,
Décharné, dénervé, démusclé, dépulpé,
Que le trait de la Mort sans pardon a frappé ;
Je n'ose voir mes bras que de peur je ne tremble.

Apollon et son fils, deux grands maîtres ensemble,
Ne sauraient me guérir ; leur métier m'a trompé.
Adieu, plaisant Soleil ! mon œil est étoupé,
Mon corps s'en va descendre et tout se désassemble.

Quel ami me voyant en ce point dépouillé
Ne remporte au logis un œil triste et mouillé,
Me consolant au lit et me baisant la face

Et essuyant mes yeux par la Mort endormis ?
Adieu, chers compagnons, adieu, mes chers amis !
Je m'en vais le premier vous préparer la place.

P. de Ronsard, *Derniers vers*, 1585.

3 En quoi Verlaine ne respecte-t-il pas les règles du sonnet classique ? Quels sont les effets recherchés par ces écarts ?

Nevermore

Souvenir, souvenir, que me veux-tu ? L'automne
Faisait voler la grive à travers l'air atone,
Et le soleil dardait un rayon monotone
Sur le bois jaunissant où la bise détone.

Nous étions seul à seule et marchions en rêvant,
Elle et moi, les cheveux et la pensée au vent.
Soudain, tournant vers moi son regard émouvant :
« Quel fut ton plus beau jour ? » fit sa voix d'or vivant,

Sa voix douce et sonore, au frais timbre angélique.
Un sourire discret lui donna la réplique,
Et je baisai sa main blanche, dévotement.

— Ah ! les premières fleurs, qu'elles sont parfumées !
Et qu'il bruit avec un murmure charmant
Le premier oui qui sort des lèvres bien-aimées !

P. Verlaine, *Poèmes saturniens*, 1866.

4 Après avoir dégagé la structure du poème, vous analyserez et tenterez d'expliquer les correspondances établies entre chaque voyelle et les images qui lui sont associées.

Voyelles

A noir, E blanc, I rouge, U vert, O bleu : voyelles,
Je dirai quelque jour vos naissances latentes :
A, noir corset velu des mouches éclatantes
Qui bombinent[1] autour des puanteurs cruelles,

Golfes d'ombres ; E, candeurs[2] des vapeurs et
                                des tentes,
Lances des glaciers fiers, rois blancs, frissons
                                d'ombelles ;
I, pourpres, sang craché, rire des lèvres belles
Dans la colère ou les ivresses pénitentes ;

U, cycles, vibrements divins des mers virides,
Paix des pâtis semés d'animaux, paix des rides
Que l'alchimie imprime aux grands fronts studieux ;

O, suprême Clairon plein des strideurs étranges,
Silences traversés des Mondes et des Anges :
— O l'Oméga, rayon violet de Ses Yeux !

A. Rimbaud, *Poésies*, 1870-1871.

1. Bourdonnent.
2. Blancheurs.

Français

15

5 Les formes poétiques

La poésie offre des formes très variées. On peut distinguer deux grandes catégories de formes poétiques : les formes fixes, qui sont régies par des règles strictes, et les formes libres.

● Quelques formes poétiques fixes

● **Le sonnet** : d'origine italienne, il s'impose, en France, avec les écrivains de la Pléiade, au XVIᵉ siècle. Il est composé de quatorze vers, répartis en deux quatrains et deux tercets, composés d'alexandrins ou de décasyllabes selon un schéma rimique dominant en France du type ABBA / ABBA / CCE / DED (des variantes existent).

● **L'ode** : elle est répartie en strophes égales. D'inspiration lyrique, elle convient surtout à des thèmes élevés. L'odelette (petite ode) aborde des sujets plus légers et familiers.

● **Le rondeau** : très utilisé au Moyen Âge, il est remis à la mode par Jean et Clément Marot au XVIᵉ siècle. Il se compose alors de trois strophes, les strophes 1 et 3 étant de même longueur, la strophe 2 étant équivalente à la moitié des deux autres (ou à la moitié plus un vers si les strophes 1 et 3 ont un nombre impair de vers ; par exemple : 5 vers / 3 vers / 5 vers). Le rondeau comprend seulement deux rimes et reprend à la fin des strophes 2 et 3 le début du vers 1, mais cette reprise ne compte pas dans le décompte du nombre de vers.

● **La ballade** : fixée dans la poésie française aux XIVᵉ et XVᵉ siècles, elle est structurée en trois strophes isométriques, dont le mètre est égal au nombre de vers de la strophe (par exemple, trois huitains d'octosyllabes) et qui se terminent chacune par un refrain. Le poème se clôt sur un envoi au dédicataire (le destinataire de la ballade).

● Les formes poétiques de construction régulière

● **La fable** : à fonction didactique, composée d'une narration et d'une morale.

● **Le madrigal** : court poème en vers, au thème souvent précieux.

● **L'élégie** : poème à la tonalité plaintive, aux accents mélancoliques.

● **Les stances** : il s'agit d'une forme poétique qui est notamment utilisée au théâtre et qui a souvent une visée argumentative.

● Vers la liberté formelle

En dehors de ces formes fixes, de nombreux poèmes versifiés selon les règles classiques ne correspondent pas à un genre poétique précis, mais à compter du XIXᵉ siècle, une nette évolution de la poésie vers une plus grande liberté formelle se fait jour. On voit ainsi apparaître :

● **le poème en prose** : révélé par Aloysius Bertrand et repris par Baudelaire, il ne comporte ni vers ni rimes. Il se distingue de la prose classique par l'intensité des images et le travail sur le rythme et les sonorités ;

● **le poème en vers libres** : dans cette forme, le vers se libère des contraintes classiques, les mètres varient, la strophe régulière et les rimes sont abandonnées, la ponctuation peut disparaître. Il conserve cependant le retour à la ligne, et le travail sur le rythme et les sonorités est essentiel.

SAVOIR-FAIRE

● Reconnaître et analyser une forme poétique

Pour analyser une forme poétique, on doit :
● définir le mètre utilisé ;
● repérer les groupes de vers, le nombre de strophes, le retour ou non de certains vers ;
● à partir des repérages précédents, définir la forme du poème ;
● pour un poème en prose, repérer et analyser le travail sur les images, les sonorités, le rythme ;
● pour un poème en vers libre, repérer et analyser les variations métriques, strophiques, sans oublier le rythme et les sonorités ;

Il convient enfin de comprendre comment cette forme construit les significations du poème.

1 Quelle est la forme poétique du texte de Nerval ? Justifiez votre réponse. Quel en est le registre ?

Une allée du Luxembourg

Elle a passé, la jeune fille
Vive et preste comme un oiseau :
À la main une fleur qui brille,
À la bouche un refrain nouveau.

C'est peut-être la seule au monde
Dont le cœur au mien répondrait,
Qui venant dans ma nuit profonde
D'un seul regard l'éclaircirait !

Mais non, – ma jeunesse est finie...
Adieu, doux rayon qui m'as lui, –
Parfum, jeune fille, harmonie...
Le bonheur passait, – il a fui !

G. de Nerval, *Odelettes*, 1832.

2 Dans ce poème en prose, en quoi peut-on parler d'« écriture poétique » ? Qui est « je » ? Montrez que le regard et l'imagination se complètent dans l'écriture de la « légende » et définissent la création artistique, le travail poétique.

Celui qui regarde du dehors à travers une fenêtre ouverte ne voit jamais autant de choses que celui qui regarde une fenêtre fermée. Il n'est pas d'objet plus profond, plus mystérieux, plus fécond, plus ténébreux, plus éblouissant qu'une fenêtre éclairée d'une chandelle. Ce qu'on peut voir au soleil est toujours moins intéressant que ce qui se passe derrière une vitre. Dans ce trou noir ou lumineux vit la vie, rêve la vie, souffre la vie.

Par-delà des vagues de toits, j'aperçois une femme mûre, ridée déjà, pauvre, toujours penchée sur quelque chose, et qui ne sort jamais. Avec son visage, avec son vêtement, avec son geste, avec presque rien, j'ai refait l'histoire de cette femme, ou plutôt sa légende, et quelquefois je me la raconte à moi-même en pleurant.

Si c'eût été un pauvre vieux homme, j'aurais refait la sienne tout aussi aisément.

Et je me couche, fier d'avoir vécu et souffert dans d'autres que moi-même.

Peut-être me direz-vous : « Es-tu sûr que cette légende soit la vraie ? » Qu'importe ce que peut être la réalité placée hors de moi, si elle m'a aidé à vivre, à sentir que je suis et ce que je suis ?

C. Baudelaire, *Le Spleen de Paris*, 1869.

3 Quelle est la forme poétique de cet extrait ? Montrez comment la structure poétique choisie construit le sens du texte.

Jardin de France

Calme jardin,
Grave jardin,
Jardin aux yeux baissés au soir
Pour la nuit,
Peines et rumeurs,
Toutes les angoisses bruissantes de la Ville
Arrivent jusqu'à moi, glissant sur les toits lisses,
Arrivent à la fenêtre
Penchée, tamisées par feuilles menues et tendres
                                          et pensives.

Mains blanches

Gestes délicats
Gestes apaisants

Mais l'appel du tam-tam
                    bondissant
                                par monts
                                        et
                                            continents,
Qui l'apaisera, mon cœur,
À l'appel du tam-tam
                    bondissant,
                            véhément,
                                    lancinant ?

L. Sédar Senghor, *Poèmes divers* in *Œuvre poétique*,
© Éditions du Seuil, 1990.

4 **a.** Qu'a de particulier ce poème d'Apollinaire ? Recherchez comment se nomme cette forme poétique.
b. Quelle relation faites-vous entre le sens du vers et la forme du poème ?

Chantre
Et l'unique cordeau des trompettes marines.

G. Apollinaire, *Alcools*, 1913.

6 Versification et langage poétique

Le langage poétique est caractérisé par des règles de versification, mais aussi par la création d'un autre langage.

● **La métrique** : on compte le nombre de syllabes d'un vers en faisant attention :
– au « e muet » en fin de mot, qui se prononce s'il est suivi d'une consonne (sauf en fin de vers) ;
– à la diérèse (prononciation en deux syllabes au lieu d'une) et à la synérèse (une syllabe au lieu de deux).
Exemple : *La chaste, sainte, bell(e) et uniqu(e) Angevin(e)* (P. Ronsard)

● **La rime** : on étudie notamment le schéma des rimes (plates ou suivies, croisées, embrassées…) et leur qualité : rimes pauvres (un son en commun), rimes suffisantes (deux sons), rimes riches (trois sons ou plus). De plus, la poésie classique alterne rime féminine (terminée par un « e muet ») et rime masculine (toutes les autres).

● **La strophe** : les vers peuvent être regroupés en distique (strophe de deux vers), tercet (trois vers), quatrain (quatre vers), quintil (cinq vers), sizain (six vers), huitain (huit vers) et dizain (dix vers).

● **Le rythme** : dans le vers français, l'accent tonique se place sur la dernière syllabe écrite du mot ou du groupe de mots, sauf si celle-ci contient un « e muet » ; dans ce cas, l'accent remonte sur la syllabe écrite précédente. La coupe se place immédiatement après la syllabe accentuée. La coupe principale est la césure.
Exemple : *Souvent/, pour s'amuser//, les hom/mes d'équipage*
Pren/nent des albatros//, vastes oiseaux/ des mers (C. Baudelaire)
L'enjambement, le rejet et le contre-rejet brisent la correspondance entre unité syntaxique et unité du vers.
Le poème en prose crée autrement le rythme en s'appuyant sur la syntaxe, les jeux de reprises, les anaphores, etc.

● **Les sonorités** : les allitérations (produites par les consonnes) et les assonances (produites par les voyelles) créent des échos et des correspondances entre les mots.

● **Les jeux lexicaux et syntaxiques** : le langage poétique, particulièrement dense en images et en figures stylistiques (comparaisons, métaphores, anaphores, parallélismes, antithèses, oxymores, etc.), crée un univers nouveau, suggestif et original.

● **Comment analyser l'écriture poétique ?**

● **Déterminer le(s) mètre(s) utilisé(s)**, étudier les alternances ou les variations, créant des répétitions ou des effets de surprise.

● **Déterminer les strophes ou groupements de vers**, les rimes, leur disposition et leur qualité. Accorder une attention particulière aux vers isolés, à une disposition inhabituelle des vers ou des rimes.

● **Étudier les répétitions sonores**, analyser les termes mis en relation, interpréter l'effet obtenu.

● **Identifier les rythmes des vers**, en s'attachant aux variations. S'interroger sur les termes mis en valeur par le rythme, les effets de parallélisme ou d'opposition, les effets d'attente.

● **Être attentif à la polysémie**, aux connotations. Repérer et analyser les réseaux lexicaux dominants, les constructions syntaxiques et les figures stylistiques, les jeux sur les mots.

● **Mettre en relation la forme et le sens**, relier le sens du poème aux choix de versification, de forme poétique et de registre : qu'a voulu exprimer le poète ? Comment l'a-t-il exprimé ? Quelle forme poétique, quel langage poétique a-t-il choisis et pourquoi ?

1 Reliez le nom du vers au nombre de syllabes qu'il comprend.

Alexandrin ●	● 3 syllabes
Hendécasyllabe ●	● 4 syllabes
Octosyllabe ●	● 5 syllabes
Tétrasyllabe ●	● 6 syllabes
Pentasyllabe ●	● 7 syllabes
Heptasyllabe ●	● 8 syllabes
Décasyllabe ●	● 9 syllabes
Trisyllabe ●	● 10 syllabes
Ennéasyllabe ●	● 11 syllabes
Hexasyllabe ●	● 12 syllabes

2 **a.** Nommez le type de strophe, le schéma des rimes et le mètre utilisés.
b. Étudiez le rythme du premier vers.
c. Analysez les réseaux lexicaux dominants : quelle image de la femme aimée apparaît ? Comment la versification soutient-elle le sens ?

> Le soleil, sur le sable, ô lutteuse endormie,
> En l'or de tes cheveux chauffe un bain langoureux
> Et, consumant l'encens sur ta joue ennemie,
> Il mêle avec les pleurs un breuvage amoureux. [...]
>
> S. Mallarmé, *Poésies*, 1899.

3 **a.** Quelle est la forme de ce poème ? Observez aussi le jeu des rimes.
b. Donnez le rythme accentuel des quatre premiers vers.
c. Analysez le jeu sur les sonorités des mots : en quoi contribue-t-il au sens du texte ?

> Et la mer et l'amour ont l'amer pour partage,
> Et la mer est amère, et l'amour est amer,
> L'on s'abyme en l'amour aussi bien qu'en la mer,
> Car la mer et l'amour ne sont point sans orage.
>
> Celuy qui craint les eaux, qu'il demeure au rivage,
> Celuy qui craint les maux qu'on souffre pour aimer,
> Qu'il ne se laisse pas à l'amour enflammer,
> Et tous deux ils seront sans hazard de naufrage[1].
>
> La mère de l'amour[2] eut la mer pour berceau,
> Le feu sort de l'amour, sa mère sort de l'eau,
> Mais l'eau contre ce feu ne peut fournir des armes.
>
> Si l'eau pouvoit éteindre un brasier amoureux,
> Ton amour qui me brûle est si fort douloureux,
> Que j'eusse éteint son feu de la mer de mes larmes.
>
> Marbeuf,
> *Recueil de vers de monsieur de Marbeuf*, 1628.
>
> 1. Ils ne risqueront pas de faire naufrage. 2. Vénus.

4 **a.** Analysez dans le poème proposé la forme poétique et la versification.
b. Comment ce poème traduit-il l'image d'un monde instable et inattendu ? Quel est l'effet produit ?

> Un corbeau devant moi croasse,
> Une ombre offusque mes regards,
> Deux belettes et deux renards,
> Traversent l'endroit où je passe,
> Les pieds faillent à[1] mon cheval,
> Mon laquais tombe du haut mal,
> J'entends craqueter le tonnerre,
> Un esprit se présente à moi,
> J'ois Charon[2] qui m'appelle à soi,
> Je vois le centre de la Terre.
>
> Ce ruisseau remonte en sa source,
> Un bœuf gravit sur un rocher,
> Le sang coule de ce rocher,
> Un aspic s'accouple d'une ourse,
> Sur le haut d'une vieille tour
> Un serpent déchire un vautour,
> Le feu brûle dedans la glace,
> Le Soleil est devenu noir,
> Je vois la Lune qui va choir,
> Cet arbre est sorti de sa place.
>
> T. de Viau, *Œuvres poétiques*, *Odes*, 1620-1624.
>
> 1. Se dérobent sous. 2. Passeur des morts.

5 **a.** Expliquez la répartition des strophes. Analysez les longueurs différentes des vers.
b. Quelle image de la ville et quelles relations entre l'homme et la ville Guillevic dépeint-il dans ce poème ?

> Un homme allait à pied dans une rue quelconque,
> La nuit, longeant des maisons, des boutiques,
> Des fenêtres, du mur, quelquefois du métal.
>
> Il y avait des lampadaires ;
> De loin en loin,
> Un peu d'êtres humains.
>
> C'est arrivé à mi-chemin
> Entre deux lampadaires.
> Il a crié :
>
> « Mais j'existe pourtant. Je cherche où c'est.
> Essayez-moi. »
>
> Guillevic, *Ville*, © Éditions Gallimard, 1969.

Français

7 La modernité poétique

SAVOIR

● La seconde moitié du XIXe siècle voit une évolution importante de l'écriture poétique : à la suite de Baudelaire et du développement du poème en prose, **Rimbaud**, **Lautréamont** et **Mallarmé** renouvellent l'inspiration et le langage poétique. Ils déroutent et provoquent le lecteur, soit par des **sujets** d'inspiration considérés alors comme peu poétiques, soit par une utilisation nouvelle de la **syntaxe** et de la **versification**.

● Au XXe siècle, le langage poétique explore alors toutes les possibilités de l'écriture en s'affranchissant des règles traditionnelles. Les principales caractéristiques sont :
– la recherche de **nouvelles formes d'expression**, notamment sous l'influence du mouvement surréaliste, qui prône la libération de l'imagination et la réinvention de l'écriture poétique en privilégiant le pouvoir du rêve et du hasard (écriture automatique, jeux verbaux…) ;
– l'utilisation du **vers libre** et du verset (vers long, parfois séparé du vers suivant par un blanc, utilisé dans la Bible) ;
– **l'effacement de la rime** et la préférence pour les consonances réparties sur l'ensemble du poème ;
– **l'importance du rythme**, qui, uni à la longueur du vers, évoque le chant, le mouvement, le souffle épique… ;
– **l'absence de ponctuation**, développée par Apollinaire et Cendrars ;
– **la concentration ou l'éclatement de l'écriture** sur la page par la présence de blancs entre les mots ou les vers ;
– une écriture unissant le mot et la forme, avec les **calligrammes** ;
– le développement du **poème en prose**, dans une perspective narrative et onirique (Michaux) ou descriptive (Ponge).

SAVOIR-FAIRE

● Analyser un poème moderne

Son langage poétique, dans sa démarche créatrice, peut sembler difficile. Il faut alors lire plusieurs fois le texte et l'analyser méthodiquement pour mieux le comprendre :
● identifier des réseaux lexicaux afin de dégager le sens général du texte ;
● repérer et analyser les images (métaphores…) et leurs associations ;
● repérer les changements de longueur dans le vers, étudier les mots ou les groupes syntaxiques mis en évidence ;
● étudier particulièrement les mots et les vers isolés ;
● justifier les blancs et analyser les concentrations de termes ;
● étudier la présence ou l'absence de ponctuation ;
● étudier la syntaxe : types de phrases, organisation des phrases selon la répartition, le découpage des vers ;
● relier la longueur des vers ou la disposition des mots à l'analyse du rythme ;
● rechercher les jeux de sonorités, les phénomènes d'écho, et étudier le lien entre les mots ainsi reliés ;
● étudier les jeux sur les mots, les détournements lexicaux qui peuvent exister dans le texte ;
● mettre en relation la forme et le sens : en quoi la forme et l'écriture poétique choisies rendent-elles compte du dessein de l'auteur ?

1 Après avoir transcrit linéairement le texte, vous montrerez ce qu'apporte la forme poétique du calligramme.

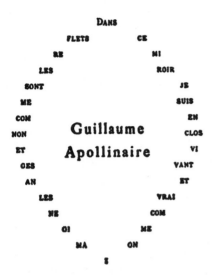

Dans
FLETS CE
RE MI
LES ROIR
SONT JE
ME SUIS
COM EN
NON CLOS
ET VI
OES VANT
AN ET
LES VRAI
NE COM
OI ME
MA ON
S

Guillaume
Apollinaire

G. Apollinaire, *Calligrammes*, © Éditions Gallimard, 1918.

2 Créez un calligramme sur le thème de votre choix.

3 Guernica, ville du nord de l'Espagne, fut bombardée et détruite par l'aviation allemande soutenant Franco. Ce drame, qui inspira Picasso, est ici évoqué par Éluard.
a. Étudiez la structure du poème. Quel est l'effet recherché ?
b. Analysez le rôle des anaphores et les reprises de vers, les variations, les phénomènes d'écho ; montrez la progression du discours. Quel message apporte le dernier vers ?

La victoire de Guernica

I

Beau monde des masures
De la mine et des champs

II

Visages bons au feu visages bons au froid
Aux refus à la nuit aux injures et aux coups

III

Visages bons à tout
Voici le vide qui vous fixe
Votre mort va servir d'exemple

IV

La mort cœur renversé

V

Ils[1] vous ont fait payer le pain
Le ciel la terre l'eau le sommeil
Et la misère
De votre vie

VI

Ils disaient désirer la bonne intelligence
Ils rationnaient les forts jugeaient les fous
Faisaient l'aumône partageaient un sou en deux
Ils saluaient les cadavres
Ils s'accablaient de politesses

VII

Ils persévèrent ils exagèrent ils ne sont pas de notre
monde

VIII

Les femmes les enfants ont le même trésor
De feuilles vertes de printemps et de lait pur
Et de durée
Dans leurs yeux purs

IX

Les femmes les enfants ont le même trésor
Dans les yeux
Les hommes les défendent comme ils peuvent

X

Les femmes les enfants ont les mêmes roses rouges
Dans les yeux
Chacun montre son sang

XI

La peur et le courage de vivre et de mourir
La mort si difficile et si facile

XII

Hommes pour qui ce trésor fut chanté
Hommes pour qui ce trésor fut gâché

XIII

Hommes réels pour qui le désespoir
Alimente le feu dévorant de l'espoir
Ouvrons ensemble le dernier bourgeon de l'avenir

XIV

Parias la mort la terre et la hideur
De nos ennemis ont la couleur
Monotone de notre nuit
Nous en aurons raison.

P. Éluard, *Cours naturel*, © Éditions Gallimard, 1938.

1. Les partisans de Franco.

Français

Le discours argumentatif

SAVOIR

Argumenter, c'est, en premier lieu, tenter de faire partager son point de vue à celui à qui l'on s'adresse ; c'est essayer de le convaincre. Pour réaliser cet objectif, les moyens sont divers :
• Le locuteur peut utiliser **un raisonnement logique**. Pour cela, il avance des arguments qui lui permettent de justifier sa position, de défendre sa thèse. Des exemples peuvent venir soutenir son argumentation. L'organisation logique des arguments est essentielle dans cet art de convaincre.
• Le locuteur peut également recourir à **une stratégie de persuasion**, où il cherche à provoquer des réactions, des émotions chez son interlocuteur (et plus globalement chez le lecteur) qui dépassent le seul domaine de la conviction logique.

Un texte littéraire ne propose pas nécessairement l'exposé d'un seul point de vue. Il présente parfois différentes thèses, dont il s'agit alors d'examiner la validité. Il peut, par exemple, prendre la forme d'un débat, d'un dialogue, et avoir alors une fonction plus délibérative : quelle position adopter ? Que doit-on décider ?

SAVOIR-FAIRE

Dans le discours argumentatif, il faut d'abord identifier clairement **la situation d'énonciation** : qui parle ? À qui ? De quoi ? Dans quelles circonstances ?

Étudier un raisonnement logique

• **Repérer les différentes étapes de l'argumentation** : observer la disposition typographique (paragraphes, ponctuation), qui renseigne sur la progression de l'argumentation ; identifier les connecteurs logiques, qui peuvent établir une relation de cause (« car », « parce que »…), de conséquence (« donc », « c'est pourquoi »…), d'opposition (« cependant », « toutefois »…), de concession (« certes… mais »…), d'adjonction (« de plus », « en outre »…).
• **Identifier**, lorsque cela est possible, **un type de raisonnement logique** :
– raisonnement déductif : on part d'une proposition générale pour aboutir à un cas, à sa conséquence logique ;
– raisonnement inductif : on part de faits particuliers – observation, expérience, exemples – pour aboutir à une conclusion ou à une règle générale ;
– raisonnement par concession : on admet quelques aspects de la thèse adverse pour mieux affirmer son point de vue dans un deuxième temps (du type « certes… mais ») ;
– raisonnement par l'absurde : on démontre la fausseté d'une thèse en faisant apparaître les conséquences absurdes qu'elle aurait si on l'admettait.

Étudier une stratégie de persuasion

L'étude d'une stratégie de persuasion conduit à analyser en particulier :
• **l'engagement direct** du locuteur dans son propos, repérable par les marques d'énonciation personnelle (présence de la première personne), les marques du jugement et du sentiment (modalisateurs, connotations, ponctuation expressive), le ton (affirmatif, péremptoire ou enthousiaste) ;
• **la volonté parfois de donner un caractère général à son point de vue** : emploi de formules impersonnelles (« il faut »…), recours aux maximes (formulations brèves de règles de conduite générales et intemporelles), emploi du pronom indéfini « on » (il faut alors se demander si le pronom inclut ou non le locuteur) ;
• **la disqualification de la thèse adverse** : attaque directe (le texte a alors une tonalité polémique), recours à l'ironie ;
• **le souci d'impliquer le destinataire** : emploi du « vous », du « tu », des apostrophes, de l'interrogation directe ;
• **le recours à l'émotion** : images percutantes, exclamations, exemples frappants…

1 Ce texte de Montesquieu, écrit au XVIIIe siècle, est une dénonciation de l'esclavage et donc une défense de la dignité inaliénable de tout homme.

a. Quel raisonnement l'auteur adopte-t-il globalement, tout au long de ce texte, pour convaincre ?

b. À quel type de raisonnement (attribué aux esclavagistes) la phrase soulignée correspond-elle ?

c. Quelles réactions Montesquieu cherche-t-il à susciter chez son lecteur ? Par quels procédés ?

Si j'avais à soutenir le droit que nous avons eu de rendre les nègres esclaves, voici ce que je dirais :

Les peuples d'Europe ayant exterminé ceux de l'Amérique, ils ont dû mettre en esclavage ceux de l'Afrique, pour s'en servir à défricher tant de terres.

Le sucre serait trop cher si l'on ne faisait travailler la plante qui le produit par des esclaves.

Ceux dont il s'agit sont noirs depuis les pieds jusqu'à la tête ; et ils ont le nez si écrasé qu'il est presque impossible de les plaindre.

On ne peut se mettre dans l'esprit que Dieu, qui est un être sage, ait mis une âme, surtout bonne, dans un corps tout noir.

Il est si naturel de penser que c'est la couleur qui constitue l'essence de l'humanité que les peuples d'Asie, qui font les eunuques, privent toujours les Noirs du rapport qu'ils ont avec nous d'une façon plus marquée.

On peut juger de la couleur de la peau par celle des cheveux, qui, chez les Égyptiens, les meilleurs philosophes du monde, était d'une si grande conséquence qu'ils faisaient mourir tous les hommes roux qui leur tombaient entre les mains.

Une preuve que les nègres n'ont pas le sens commun, c'est qu'ils font plus de cas d'un collier de verre que de l'or, qui, chez les nations policées, est d'une si grande conséquence.

Il est impossible que nous supposions que ces gens-là soient des hommes ; parce que, si nous les supposions des hommes, on commencerait à croire que nous ne sommes pas nous-mêmes chrétiens.

De petits esprits exagèrent trop l'injustice que l'on fait aux Africains. Car, si elle était telle qu'ils le disent, ne serait-il pas venu dans la tête des princes d'Europe, qui font entre eux tant de conventions inutiles, d'en faire une générale en faveur de la miséricorde et de la pitié ?

Montesquieu, *De l'esprit des lois*, 1748.

---

2 Proposez un commentaire littéraire de l'extrait suivant en mettant en valeur sa force de persuasion (aidez-vous du « SAVOIR-FAIRE ») et ses enjeux : demandez-vous dans quel but Zola écrit ce texte ; précisez pour cela la situation d'énonciation (voir le « SAVOIR-FAIRE »).

Ô jeunesse, jeunesse ! je t'en supplie, songe à la grande besogne qui t'attend. Tu es l'ouvrière future, tu vas jeter les assises de ce siècle, qui, nous en avons la foi profonde, résoudra les problèmes de vérité et d'équité, posés par le siècle finissant. Nous, les vieux, les aînés, nous te laissons le formidable amas de notre enquête, beaucoup de contradictions et d'obscurités peut-être, mais à coup sûr l'effort le plus passionné que jamais siècle ait fait vers la lumière, les documents les plus honnêtes et les plus solides, les fondements mêmes de ce vaste édifice de la science que tu dois continuer à bâtir pour ton honneur et pour ton bonheur. Et nous ne te demandons que d'être encore plus généreuse, plus libre d'esprit, de nous dépasser par ton amour de la vie normalement vécue, par ton effort mis entier dans le travail, cette fécondité des hommes et de la terre qui saura bien faire enfin pousser la débordante moisson de joie sous l'éclatant soleil. Et nous te céderons fraternellement la place, heureux de disparaître et de nous reposer de notre part de tâche accomplie, dans le bon soleil de la mort, si nous savons que tu nous continues et que tu réalises nos rêves.

Jeunesse, jeunesse ! souviens-toi des souffrances que tes pères ont endurées, des terribles batailles où ils ont dû vaincre, pour conquérir la liberté dont tu jouis à cette heure. Si tu te sens indépendante, si tu peux aller et venir à ton gré, dire dans la presse ce que tu penses, avoir une opinion et l'exprimer publiquement, c'est que tes pères ont donné de leur intelligence et de leur sang. Tu n'es pas née sous la tyrannie, tu ignores ce que c'est que de se réveiller chaque matin avec la botte d'un maître sur la poitrine, tu ne t'es pas battue pour échapper au sabre du dictateur, aux poids faux du mauvais juge. Remercie tes pères, et ne commets pas le crime d'acclamer le mensonge, de faire campagne avec la force brutale, l'intolérance des fanatiques et la voracité des ambitieux. La dictature est au bout.

É. Zola, extrait de *La Vérité en marche* (recueil d'articles sur l'affaire Dreyfus), 1901.

---

3 En reprenant les principaux procédés qui donnent au texte de Zola sa force de persuasion, écrivez un texte destiné à des jeunes de votre époque sur le sujet de votre choix qui portera sur la défense d'une valeur humaine fondamentale.

Afin de mener à bien ce travail :

• déterminez un sujet (et un seul, pour éviter tout éparpillement) qui vous semble d'actualité et qui soit suffisamment significatif pour donner lieu à un engagement de votre part ;

• faites la liste des principaux procédés d'écriture repérés et analysés dans l'exercice 2, et demandez-vous comment vous pouvez les réutiliser sans forcément reprendre les formules mêmes de Zola ;

• pensez aussi que votre texte doit être un discours de type argumentatif.

9 L'essai

● Définition

● Un essai n'est pas une œuvre de fiction. C'est un texte théorique qui présente la réflexion d'un auteur sur une question particulière.

● L'essai appartient au **genre argumentatif**, et l'auteur recherche l'adhésion du lecteur. Il a aussi **une dimension délibérative** : l'essai n'établit pas un bilan définitif et objectif sur une question ; comme son nom l'indique, il s'agit d'une expérience intellectuelle et personnelle : on soumet un problème à son propre jugement, on fait part de ses doutes, de son questionnement, on pèse les différentes données de l'argumentation communément développée autour du sujet.

L'essai peut aussi prendre **une valeur plus polémique** : la réflexion s'accompagne alors d'une volonté de faire triompher ses positions sur les thèses adverses.

● Quelques particularités de son écriture

● **La forme** de l'essai se caractérise par une **grande liberté** : l'essai suit généralement le déroulement de la pensée, ses hésitations, ses parenthèses, ses retours en arrière.

● **Les marques de la subjectivité** sont nombreuses : emploi fréquent de la première personne, marques du jugement et du sentiment, emploi de termes à fortes connotations mélioratives ou péjoratives.

● **Le paradoxe** – l'exposition d'une opinion qui est ou semble être en contradiction avec les idées communément admises – est l'une des figures privilégiées de ce type d'ouvrage. De même, **la ponctuation** est très expressive : fausses interrogations, tournures exclamatives, destinées à rendre compte d'une pensée en mouvement.

● Un texte fondateur du genre : les *Essais* de Montaigne (1580-1588)

L'auteur y aborde tous les sujets pouvant concerner la nature humaine (comme le montre la variété des titres de chapitres), en prenant généralement l'angle de sa propre expérience : « Je suis moi-même la matière de mon livre. » Sur ces sujets, au gré des circonstances, l'auteur adopte des positions variables, n'hésitant pas à mettre au jour ses contradictions. Son attitude intellectuelle est celle du doute ; nulle prétention dogmatique dans cet ouvrage : c'est la tentative, l'expérience de la pensée qui prime.

● Étudier un essai polémique

Le débat d'idées prend une dimension polémique lorsque l'auteur s'engage pleinement dans la position qu'il défend, et surtout lorsque sa réflexion s'accompagne **d'une forte remise en cause** de certaines idées qu'il ne partage pas. L'essai peut alors devenir **pamphlet** : le camp adverse est violemment pris à partie ; l'indignation et la révolte l'emportent souvent ici sur le raisonnement logique. Pour un essai polémique, outre les éléments habituels d'un texte argumentatif, il faut étudier :

● **la présentation des thèses** : quelles sont les idées combattues ? Quelles idées leur oppose l'auteur ? Quelle position défend-il ? À l'aide de quels arguments ?

● **le fort degré d'engagement du locuteur dans son propos** : marques de la subjectivité, appui sur son expérience personnelle dans le choix des exemples ;

● **les modalités de la contestation des thèses adverses** :

– dévalorisation (prendre appui sur les marques de jugement, les connotations, les images) ;

– indignation (analyser la ponctuation, la structure des phrases, les répétitions) ;

– ironie (remarquer les antiphrases, l'implicite du propos) ;

– satire (étudier la dimension comique ou absurde que l'on donne à la thèse adverse) ;

– critique virulente (étudier la violence verbale, le choix d'exemples choquants).

1 Parallèlement à son activité de poète, Baudelaire écrit un certain nombre d'articles et de textes consacrés à l'art, où il se révèle un critique redoutable. Répondez aux questions suivantes.

a. 1ᵉʳ paragraphe

– Quel est le sujet abordé par Baudelaire ?
– À quel type d'ouvrages s'oppose son projet d'écriture ?
– Relevez les différentes expressions qui permettent d'assimiler son œuvre à un essai.

b. 2ᵉ paragraphe

Quels éléments donnent une dimension polémique à cet essai ? À qui s'oppose Baudelaire ? Pourquoi ?

Je ne veux pas écrire un traité de la caricature ; je veux simplement faire part au lecteur de quelques réflexions qui me sont venues souvent au sujet de ce genre singulier. Ces réflexions étaient devenues pour moi une espèce d'obsession ; j'ai voulu me soulager. J'ai fait, du reste, tous mes efforts pour y mettre un certain ordre et en rendre la digestion plus facile. Ceci est donc purement un article de philosophe et d'artiste. Sans doute, une histoire générale de la caricature dans ses rapports avec tous les faits politiques ou religieux, graves ou frivoles, relatifs à l'esprit national ou à la mode, qui ont agité l'humanité est une œuvre glorieuse et importante. Le travail est encore à faire, car les essais publiés jusqu'à présent ne sont guère que matériaux ; mais j'ai pensé qu'il fallait diviser le travail. [...]

Un scrupule me prend. Faut-il répondre par une démonstration en règle à une espèce de question préalable que voudraient sans doute malicieusement soulever certains professeurs jurés de sérieux, charlatans de la gravité, cadavres pédantesques sortis des froids hypogées de l'Institut, et revenus sur la terre des vivants comme certains fantômes avares, pour arracher quelques sous à de complaisants ministères ? D'abord, diraient-ils, la caricature est-elle un genre ? Non, répondraient leurs compères, la caricature n'est pas un genre. J'ai entendu résonner à mes oreilles de pareilles hérésies dans des dîners d'académiciens. Ces braves gens laissaient passer à côté d'eux la comédie de Robert Macaire[1] sans y apercevoir de grands symptômes moraux et littéraires. Contemporains de Rabelais, ils l'eussent traité de vil et de grossier bouffon. En vérité, faut-il donc démontrer que rien de ce qui sort de l'homme n'est frivole aux yeux du philosophe ?

C. Baudelaire,
Critique d'art, 1868.

1. Antihéros du mélodrame *L'Auberge des adrets*.

2 a. Quel est le sujet de cet extrait ?
b. Observez l'organisation des paragraphes : comment le texte progresse-t-il ?
c. Relevez les expressions qui décrivent l'attitude habituelle des hommes face à la mort. Quelle position Montaigne adopte-t-il ? Comparez. En quoi retrouve-t-on ici un trait caractéristique du genre de l'essai ?
d. Analysez le système de l'énonciation : peut-on dire que ce texte est une réflexion théorique sur l'homme face à la mort ?

Le but de notre carrière, c'est la mort, c'est l'objet nécessaire de notre visée : si elle nous effraie, comment est-il possible d'aller un pas avant sans fièvre ? Le remède du vulgaire[1], c'est de n'y penser pas... Mais de quelle brutale stupidité lui peut venir un si grossier aveuglement ? Il lui faut faire brider l'âne par la queue.

Qui capite ipse suo instituit vestigia retro[2].

Ce n'est pas de merveille s'il est souvent pris au piège. On fait peur à nos gens seulement de nommer la mort et la plupart s'en signent, comme du nom du diable. [...]

Parce que cette syllabe frappait trop rudement leurs oreilles, et que cette voix leur semblait malencontreuse, les Romains avaient appris de l'amollir ou de l'étendre en périphrases. Au lieu de dire : il est mort ; il a cessé de vivre, disent-ils : il a vécu. Pourvu que ce soit vie, soit-elle passée, ils se consolent. Nous en avons emprunté notre feu Maître Jehan[3].

À l'aventure, est-ce que, comme on dit, le terme vaut l'argent[4] ? Je naquis entre onze heures et midi, le dernier jour de février mil cinq cent trente-trois, comme nous comptons à cette heure, commençant l'an en janvier. Il n'y a justement que quinze jours que j'ai franchi trente-neuf ans, il m'en faut pour le moins encore autant. Cependant, s'empêcher du pensement de choses si éloignées, ce serait folie. Mais quoi, les jeunes et les vieux laissent la vie de même condition. Nul n'en sort autrement que comme si tout présentement il y entrait.

M. de Montaigne, *Essais*, I, 20, 1580-1595.

1. Du commun des mortels.
2. Lui qui a décidé de marcher à reculons (Lucrèce, *De la nature des choses*).
3. Monsieur Untel.
4. Le délai vaut de l'argent.

3 Développez à votre tour sous la forme d'un petit essai vos réflexions personnelles sur la condition humaine face à la mort. Vous veillerez à donner à votre écriture les caractéristiques du genre.

Français

10 L'homme, objet de questionnement

Le programme sur l'argumentation en première invite à considérer l'homme comme objet de réflexion en littérature. Il s'agit donc d'analyser la façon dont les textes littéraires envisagent d'une part **les grandes questions qui hantent l'humanité** (énigmes des origines, du sens de la vie, de la destinée), d'autre part **des problèmes humains, plus particuliers, liés à un contexte socio-historique** précis, dessinant ainsi les contours de différentes conceptions de l'homme. Il est possible d'esquisser, de façon nécessairement schématique, quelques-uns **des idéaux et des lignes de fracture** où vient se révéler, pour une époque donnée, une certaine manière de penser l'homme.

● L'humaniste du XVIᵉ siècle

Il incarne **un idéal de sagesse**, lié à sa soif de connaissances et à sa façon de repenser la place de l'homme dans le monde, de lui conférer une nouvelle dignité (voir p. 18). Sans doute peut-on parler d'un optimisme, fondé sur la foi dans l'homme, mais celui-ci ne doit faire oublier ni les obstacles auxquels se sont heurtés, parfois au prix de leur vie, les humanistes, ni le traumatisme des guerres de religion. En tout cas, s'impose au XVIᵉ siècle l'idée que l'homme peut être maître de son jugement, peut agir sur le monde : **l'homme devient un sujet**, c'est-à-dire un être autonome et conscient de son identité propre.

● L'honnête homme du XVIIᵉ siècle

La figure de l'honnête homme constitue **un idéal social et moral**, avant de devenir un modèle littéraire, conforme aux préceptes d'ordre et de raison du classicisme. L'honnête homme incarne la juste mesure : en société, il sait se montrer civil, courtois, poli, sans être dupe des manœuvres hypocrites, sans perdre intérieurement son indépendance d'esprit, mais sans se poser publiquement en juge et en censeur. Dans *Le Misanthrope*, Molière oppose ainsi l'attitude de conciliation de Philinte à l'intransigeance d'Alceste. Sur le plan intellectuel, il s'attache à être guidé par sa raison sans jamais faire preuve de pédantisme.

● Le philosophe du XVIIIᵉ siècle

Cet idéal trouve sa plus juste expression dans **le courant des Lumières** : éclairé par le **« flambeau de la raison »**, le philosophe s'efforce d'exercer son libre jugement critique pour comprendre le monde et les hommes, et d'établir son savoir sur « la science des faits », comme le dit Montesquieu. Mais il est aussi un homme d'action et de dialogue, qui veut mettre sa réflexion au service des autres, faire partager ses idées. Ainsi, la figure du philosophe n'est pas réductible aux écrivains des Lumières : elle devient un modèle humain qui se diffuse dans toute la société et **le fondement d'une libération de l'homme par l'homme** qui aboutira en 1789 à la **Déclaration des droits de l'homme et du citoyen.**

● Le XIXᵉ siècle : du triomphe de l'individu à l'homme aliéné

Le romantisme, qui se développe au début du XIXᵉ siècle, va assurer **la promotion du « moi »** et du sentiment aigu de la singularité de tout homme, que revendiquait déjà Rousseau à la fin du XVIIIᵉ siècle. Les mutations sociales nées de la Révolution et de l'Empire, l'ascension de la bourgeoisie et de ses valeurs, viennent signer **le triomphe de l'individu** ou du moins sa volonté d'affirmer son mérite personnel. Les romans du XIXᵉ siècle relatent ainsi le parcours d'un personnage qui, de Julien Sorel chez Stendhal à Aristide Saccard chez Zola, en passant par Rastignac chez Balzac, tente de faire sa place dans le monde. Mais, sous l'influence de la révolution industrielle qui introduit de nouveaux schémas économiques et sociaux, et de la science qui commence à interroger les phénomènes de l'hérédité, l'homme se trouve également soumis à **des formes modernes de déterminismes** qui l'aliènent : le travail, la famille, le milieu (et qu'illustreront les romans naturalistes de Zola). La **réflexion marxiste** et l'émergence des socialismes viennent alors remettre en question ce triomphe de l'individu pour tenter de construire un autre modèle politique.

● L'homme incompréhensible à lui-même au XXᵉ siècle : l'humain en question

Trois phénomènes majeurs font entrer l'homme dans l'ère du soupçon : **les théories freudiennes** qui, en révélant la part de l'inconscient, viennent mettre à bas l'idée d'un moi stable et unifié par sa conscience ; **le sentiment d'absurdité face au monde** qui conduit l'homme à ne plus comprendre ni sa place ni le sens de son existence ; et enfin **le traumatisme des deux guerres mondiales et de la Shoah**, qui annihile toute confiance en l'homme en le découvrant monstrueux, inhumain. Les textes du XXᵉ siècle portent la marque de cette profonde mutation, même si, face à ce vacillement de l'humain, se fait entendre un nouvel humanisme, par exemple dans *L'Homme révolté* de Camus ou dans les œuvres existentialistes de Sartre (*La Nausée*).

FAIRE

Lisez attentivement le corpus suivant, reformulez les idées majeures de chaque texte et dites quelle conception de l'homme se dégage à chaque fois, en veillant à prendre en compte le contexte de rédaction.

Texte 1

Voici le premier progrès que l'esprit de révolte fait faire à une réflexion d'abord pénétrée de l'absurdité et de l'apparente stérilité du monde. Dans l'expérience absurde, la souffrance est individuelle. À partir d'un mouvement de révolte, elle a conscience d'être collective, elle est l'aventure de tous. Le premier progrès d'un esprit saisi d'étrangeté est donc de reconnaître qu'il partage cette étrangeté avec tous les hommes et que la réalité humaine, dans sa totalité, souffre de cette distance par rapport à soi et au monde. Le mal qui éprouvait un seul homme devient peste collective. Dans l'épreuve quotidienne qui est la nôtre, la révolte joue le même rôle que le cogito dans l'ordre de la pensée : elle est la première évidence. Mais cette évidence tire l'individu de sa solitude. Elle est un lieu commun qui fonde sur tous les hommes la première valeur. Je me révolte, donc nous sommes.

Albert Camus, *L'Homme révolté*,
© Éditions Gallimard, 1951.

Texte 2

« Le vrai honnête homme est celui qui ne se pique de rien. »
« C'est être véritablement honnête homme que de vouloir toujours être exposé à la vue des honnêtes gens. »
« Les faux honnêtes gens sont ceux qui déguisent leurs défauts aux autres et à eux-mêmes. Les vrais honnêtes gens sont ceux qui les connaissent parfaitement et les confessent. »
« J'ai les sentiments vertueux, les inclinations belles, et une si forte envie d'être tout à fait honnête homme que mes amis ne me sauraient faire un plus grand plaisir que de m'avertir sincèrement de mes défauts. »

La Rochefoucauld, *Maximes*, 1665.

Texte 3

La bourgeoisie a joué dans l'histoire un rôle hautement révolutionnaire. Là où elle est arrivée au pouvoir, la bourgeoisie a détruit tous les rapports féodaux, patriarcaux, idylliques. Elle [...] n'a laissé subsister d'autre lien entre l'homme et l'homme que l'intérêt tout nu, le dur « paiement comptant ». Elle a noyé dans les eaux glacées du calcul égoïste les frissons sacrés de l'exaltation religieuse, de l'enthousiasme chevaleresque, de la mélancolie sentimentale des petits-bourgeois. Elle a dissous la dignité personnelle dans la valeur d'échange et substitué aux innombrables libertés reconnues par lettres patentes et chèrement acquises la seule liberté sans scrupule du commerce. En un mot, elle a substitué à l'exploitation que voilaient les illusions religieuses et politiques l'exploitation ouverte, cynique, directe et toute crue. La bourgeoisie a dépouillé de leur auréole toutes les activités tenues jusqu'ici pour vénérables et considérées avec une piété mêlée de crainte. Elle a transformé le médecin, le juriste, le prêtre, le poète, l'homme de science, en salariés à ses gages. La bourgeoisie a arraché aux relations familiales leur voile sentimental attendrissant et les a ramenées à un pur rapport d'argent.

Marx et Engels,
Manifeste du parti communiste, 1848.

Texte 4

Chaque siècle a son esprit qui le caractérise. L'esprit du nôtre semble être celui de la liberté. La première attaque contre la superstition a été violente, sans mesure. Une fois que les hommes ont osé d'une manière quelconque donner l'assaut à la barrière de la religion, cette barrière la plus formidable qui existe comme la plus respectée, il est impossible de s'arrêter. Dès qu'ils ont tourné des regards menaçants contre la majesté du ciel, ils ne manqueront pas le moment d'après de les diriger contre la souveraineté de la terre. Le câble qui tient et comprime l'humanité est formé de deux cordes ; l'une ne peut céder sans que l'autre vienne à rompre.

Diderot, lettre à la princesse Dashkoff, 3 avril 1771,
Correspondances.

11 Les formes théâtrales

Le texte théâtral comprend **le texte dit sur la scène** (dialogue ou monologue) et **des didascalies** (indications scéniques). Le lecteur se trouve donc face à un double discours : d'un côté, celui attribué par l'auteur aux personnages (le dialogue), de l'autre, celui pris en charge directement par l'auteur (les didascalies).

● Les différentes formes de discours théâtral

Les formes de discours théâtral sont variées :
- **le dialogue** proprement dit, où l'on distingue la répartie (réplique brève), la tirade (longue réplique), la stichomythie (échange rapide de répliques très brèves), le polylogue (où différentes voix mènent un ou plusieurs dialogues dans le même temps), le « faux » dialogue (où les personnages en réalité ne communiquent pas) ;
- **le monologue** (un personnage parle seul sur scène) ;
- **l'aparté** : au milieu d'un dialogue, un personnage parle pour lui-même ou au public sans que l'autre personnage soit censé l'entendre.

Vers ou prose ? Ce choix dépend des époques et du genre : ainsi, au XVIIe siècle, l'alexandrin est réservé aux tragédies et aux comédies sérieuses (mais *Dom Juan* est en prose) ; au XIXe siècle, le drame romantique privilégie parfois la prose pour affirmer sa modernité.

● Les genres théâtraux

Les genres théâtraux eux-mêmes concourent à la variété des formes. On note :
- deux « grands » genres, clairement séparés dans la doctrine classique : **la comédie** (personnages communs, situation relevant des caractères ou des mœurs, dénouement heureux) et **la tragédie** (sujet noble, registre élevé, obstacle lié à la fatalité ou aux raisons d'État, dénouement malheureux) ;
- des genres liés à certaines époques : **la tragicomédie**, au XVIIe siècle, qui reprend certains critères du tragique mais avec un dénouement heureux et une liberté de règles ; **le drame bourgeois**, au XVIIIe siècle, qui met en scène des situations et des personnages contemporains avec une visée morale et où domine le pathétique ; **le drame romantique**, au XIXe siècle, qui préconise le mélange des genres et l'abandon des règles classiques pour montrer l'homme et le monde dans leur totalité ; **le vaudeville**, aux XIXe et XXe siècles, qui est un genre populaire, proposant souvent une cascade de rebondissements ; **le théâtre de l'absurde**, au XXe siècle, qui met en scène, par la rupture totale des conventions théâtrales, l'absurdité du langage et de l'existence.

● Analyser un monologue

Pour l'étude d'un monologue, il convient toujours d'être attentif à certains points.
- **À quel moment de l'action ce monologue prend-il place ?** Il intervient souvent à un moment où le personnage se trouve face à un problème à résoudre (d'où la dimension délibérative du monologue) ou lorsqu'il est plongé dans une confusion intérieure extrême (d'où la ponctuation expressive).
- **Quelles sont les caractéristiques de l'énonciation ?** Bien entendu, le public semble être le destinataire privilégié du monologue, mais le monologue est d'abord un dialogue de soi à soi (emploi du « tu » pour se désigner soi-même). Il peut aussi s'adresser à un destinataire absent (usage de l'apostrophe).
- **Quels sont ses enjeux ?** Le monologue permet d'avoir accès à l'intériorité du personnage. Les émotions suscitées chez le spectateur sont donc à analyser. De plus, sa valeur délibérative implique des conséquences sur l'action à venir : quelle décision est prise ? Quels sont ses effets ? Enfin, dans le théâtre moderne, le monologue peut être le signe d'un repli sur soi, d'une impossibilité à communiquer avec l'autre.

Lisez attentivement les textes suivants et répondez aux questions proposées.

a. Identifiez les genres théâtraux auxquels appartiennent ces pièces et la forme de discours proposée.

b. Justifiez l'emploi de cette forme théâtrale à ce moment de l'action.

c. Étudiez pour chaque texte le système d'énonciation. Que traduit-il de la situation du personnage et de son état ? Quels autres procédés stylistiques peuvent soutenir votre analyse ?

d. Quel est l'effet produit sur le spectateur par chacun de ces textes ?

Texte 1

Pyrrhus a obtenu d'Andromaque, la veuve d'Hector, qu'elle accepte de l'épouser. Hermione, délaissée, demande alors à Oreste, qui l'aime éperdument, de tuer Pyrrhus. Le crime vient d'être commis, et Hermione maudit alors Oreste.

ORESTE, *seul.*

Que vois-je ? Est-ce Hermione ? Et que viens-je d'entendre ?
Pour qui coule le sang que je viens de répandre ?
Je suis, si je l'en crois, un traître, un assassin.
Est-ce Pyrrhus qui meurt ? et suis-je Oreste enfin ?
Quoi ? j'étouffe en mon cœur la raison qui m'éclaire ;
J'assassine à regret un roi que je révère ;
Je viole en un jour les droits des souverains,
Ceux des ambassadeurs et tous ceux des humains,
Ceux même des autels où ma fureur l'assiège :
Je deviens parricide, assassin, sacrilège.
Pour qui ? pour une ingrate, à qui je le promets,
Qui même, s'il ne meurt, ne me verra jamais,
Dont j'épouse la rage. Et quand je l'ai servie,
Elle me redemande et son sang et sa vie !
Elle l'aime ! et je suis un monstre furieux !
Je la vois pour jamais s'éloigner de mes yeux !
Et l'ingrate, en fuyant, me laisse pour salaire
Tous les noms odieux que j'ai pris pour lui plaire !

J. Racine, Andromaque,
1667 (V, 4).

Texte 2

Suzanne, pour aider sa maîtresse, la comtesse, feint d'accepter un rendez-vous avec le comte pour le confondre. Figaro, le valet du comte, se croit trahi par celle qu'il vient d'épouser.

FIGARO, *seul, se promenant dans l'obscurité, dit du ton le plus sombre.* – Ô femme ! femme ! femme ! créature faible et décevante !... nul animal créé ne peut manquer à son instinct : le tien est-il donc de tromper ?... Après m'avoir obstinément refusé quand je l'en pressais devant sa maîtresse ; à l'instant qu'elle me donne sa parole, au milieu même de la cérémonie... Il riait en lisant, le perfide ! et moi, comme un benêt... Non, monsieur le Comte, vous ne l'aurez pas... vous ne l'aurez pas. Parce que vous êtes un grand seigneur, vous vous croyez un grand génie !... Noblesse, fortune, un rang, tout cela rend si fier ! Qu'avez-vous fait pour tant de biens ? Vous vous êtes donné la peine de naître et rien de plus. Du reste, homme assez ordinaire ; tandis que moi, morbleu ! perdu dans la foule obscure, il m'a fallu déployer plus de science et de calculs pour subsister seulement qu'on n'en a mis depuis cent ans à gouverner toutes les Espagnes : et vous voulez jouter... On vient... C'est elle... ce n'est personne. – La nuit est noire en diable, et me voilà faisant le sot métier de mari, quoique je ne le sois qu'à moitié ! (*Il s'assied sur un banc.*) Est-il rien de plus bizarre que ma destinée ?

P. A. de Beaumarchais,
Le Mariage de Figaro, 1784 (V, 3).

Texte 3

Lorenzo a pris la décision, pour aider le parti républicain et par soif de pureté, de tuer le duc Alexandre de Médicis. Il s'est d'abord introduit dans l'entourage du tyran en partageant sa débauche. Il veut utiliser maintenant sa tante Catherine comme appât pour attirer le duc, qui souhaite la séduire. La scène se déroule au XVIe siècle.

LORENZO. – Va-t'en, Catherine, va dire à ma mère que je te suis. Sors d'ici. Laisse-moi ! (*Catherine sort.*) Par le ciel ! quel homme de cire suis-je donc ? Le vice, comme la robe de Déjanire, s'est-il si profondément incorporé à mes fibres que je ne puisse plus répondre de ma langue, et que l'air qui sort de mes lèvres se fasse ruffian malgré moi ? J'allais corrompre Catherine. – Je crois que je corromprais ma mère, si mon cerveau le prenait à tâche ; car Dieu sait quelle corde et quel arc les dieux ont tendus sur ma tête, et quelle force ont les flèches qui en partent ! Si tous les hommes sont des parcelles d'un foyer immense, assurément l'être inconnu qui m'a pétri a laissé tomber un tison au lieu d'une étincelle, dans ce corps faible et chancelant. Je puis délibérer et choisir, mais non revenir sur mes pas lorsque j'ai choisi. Ô Dieu ! les jeunes gens à la mode ne se font-ils pas une gloire d'être vicieux, et les enfants qui sortent du collège ont-ils quelque chose de plus pressé que de se pervertir ? Quel bourbier doit donc être l'espèce humaine, qui se rue ainsi dans les tavernes avec des lèvres affamées de débauche, quand, moi, qui n'ai voulu prendre qu'un masque pareil à leurs visages, et qui ai été aux mauvais lieux avec une résolution inébranlable de rester pur sous mes vêtements souillés, je ne puis ni me retrouver moi-même ni laver mes mains, même avec du sang.

A. de Musset,
Lorenzaccio, 1834 (IV, 5).

Français

12 Le langage théâtral

L'écriture scénique

Le texte théâtral est écrit pour être dit et pour être représenté. **Chaque représentation constitue une interprétation toujours différente du sens du texte** ; l'effet produit sur le spectateur, comme la portée de la pièce, sont fonction des choix de la mise en scène.

Ainsi, malgré la présence des didascalies, le langage théâtral ne peut être réduit au texte, au discours verbal. Il est donc nécessaire de toujours prendre en compte les autres dimensions du langage théâtral, qui font sens dans la représentation :

• **le langage paraverbal**, qui concerne tout ce qui entoure la production orale du discours : la déclamation, les rires, les cris, les gémissements, les pleurs, les silences, mais aussi les éléments sonores (musique, bruitage) ;

• **le langage non verbal**, qui concerne tout ce qui est de l'ordre du visuel : le lieu, les décors, les costumes, les accessoires, la gestuelle.

La double énonciation

L'autre particularité du langage théâtral est que le discours d'un personnage s'adresse à la fois à un autre personnage et au public (il y a **double destinataire**). La parole du personnage peut donc recouvrir un double sens : l'un pour le personnage, l'autre pour le public. C'est le cas en particulier du **quiproquo**, où seul le spectateur comprend la réalité de la situation de confusion dans laquelle sont plongés les personnages. De plus, derrière chaque parole, **c'est le dramaturge qui en dernier lieu s'adresse à son public** : le contenu comme l'objectif de son discours ne recoupent pas ceux du discours du personnage. Ainsi, lorsque, dans *Tartuffe*, le faux dévot s'adresse à Elmire, son discours a pour but de la séduire ; ce que Molière révèle, lui, au public, c'est l'hypocrisie du faux dévot.

La parole comme action

Au théâtre, « dire, c'est faire ». Dire, c'est moins dire quelque chose qu'agir sur l'autre. C'est pourquoi la situation de communication doit toujours être cernée : pourquoi tel personnage prend-il la parole ? Que veut-il obtenir de l'autre ? De plus, les paroles elles-mêmes peuvent être directement des actions : malédiction, prière, ordre, serment… **Les fonctions conative** (agir sur le destinataire du message) et **phatique** (assurer la communication) du langage sont essentielles au théâtre.

Analyser le rôle des didascalies

• **Identifier leur objet** : les didascalies permettent au lecteur d'accéder au langage extra-verbal du théâtre et peuvent guider mise en scène et interprétation par le comédien du rôle ; elles donnent des indications sur les gestes, les déplacements, l'intonation, le décor, la lumière, etc.

• **Comprendre leur fonction et leur sens dans la signification globale de l'œuvre** : le théâtre moderne (chez Ionesco, pour qui elles sont une part irréductible du texte théâtral, ou chez Beckett, etc.) abonde en didascalies. Celles-ci ne sont pas de simples indications scéniques : elles participent pleinement au sens de la pièce, venant dire par exemple par leur abondance même l'échec ou l'impuissance du langage verbal, ou confèrent au corps et à ce qu'il exprime une place nouvelle. Elles révèlent aussi combien le théâtre est à voir autant qu'à entendre.

1 Préparez la lecture analytique de cet extrait de théâtre en prenant en compte la dimension véritablement théâtrale du texte.
a. Quels éléments du langage paraverbal et non verbal l'extrait suivant met-il en valeur ? Soyez attentif aux didascalies et à la ponctuation, mais aussi aux indications contenues dans le dialogue.
b. Quels sont les effets produits par chacun d'eux ? En quoi contribuent-ils à construire le sens de la scène ?

Un cadavre encombrant envahit progressivement l'appartement d'un couple, Amédée, écrivain raté, et Madeleine.

MADELEINE. – Qu'est-ce qu'il nous fait encore ? Qu'est-ce qu'il veut !

AMÉDÉE. – Il grandit de plus en plus vite !

MADELEINE. – Fais donc quelque chose.

AMÉDÉE, *désolé, désespéré.* – Il n'y a rien à faire ; rien à faire. On ne peut plus rien faire, hélas ! Il a la progression géométrique.

MADELEINE. – La progression géométrique ?

AMÉDÉE, *du même ton.* – Oui... la maladie incurable des morts ! Comment a-t-il pu attraper ça chez nous !

MADELEINE, *éclatant.* – Mais qu'est-ce qu'on va devenir, mon Dieu, qu'est-ce qu'on va devenir ? Je te l'avais bien dit... Je m'en étais doutée...

AMÉDÉE. – Je vais le plier en deux...

MADELEINE. – Il l'est déjà !

AMÉDÉE. – Je vais l'enrouler...

MADELEINE. – Ça ne l'empêchera pas de grandir. Il pousse de tous les côtés à la fois ! Où va-t-on le mettre, qu'est-ce qu'on va en faire, que va-t-on devenir ?

La figure dans ses mains, elle pleure.

AMÉDÉE. – Madeleine, voyons, du sang-froid !

MADELEINE. – Ah ! non, c'est trop fort, c'est plus qu'on en peut supporter...

AMÉDÉE, *voulant la consoler.* – Tout le monde a des ennuis, Madeleine.

MADELEINE, *se tordant les mains.* – Ce n'est plus une vie ! Non, non, ce n'est plus possible.

AMÉDÉE, *même jeu.* – Tiens, mes parents, par exemple, ils avaient...

MADELEINE, *l'interrompant en larmes.* – Il va s'amener ici avec tous ses champignons. Tu en avais déjà trouvé deux, c'était un signe, j'aurais dû comprendre...

On entend des craquements dans la chambre de gauche.

AMÉDÉE, *même jeu.* – Il y en a de plus malheureux que nous !

MADELEINE (*sanglots, larmes, désespoir*). – Tu ne te rends pas compte que ce n'est plus humain, non, ce n'est plus humain, ce n'est vraiment plus humain ! (*Elle s'effondre sur une chaise. La tête entre ses mains, elle sanglote ; de temps en temps, elle répète.*) Ce n'est plus humain, non, ce n'est plus humain... humain... humain... humain...

AMÉDÉE, *pendant ce temps, reste debout, impuissant, les bras ballants ; il regarde tantôt Madeleine, fait un pas vers elle comme pour aller la consoler, renonce, tantôt regarde le mort, en s'épongeant le front ; à part.* – Et mes pièces, alors, je ne vais plus pouvoir les écrire... Nous sommes fichus...

E. Ionesco, *Amédée ou Comment s'en débarrasser*, acte I, © Éditions Gallimard, 1954.

2 Écrivez une suite à la scène d'*Amédée ou Comment s'en débarrasser*. Consignes d'écriture :
• choisissez une péripétie cohérente ;
• mêlez les registres comique, pathétique et tragique ;
• soignez l'écriture de didascalies en précisant notamment comment évolue la présence du cadavre ;
• respectez enfin la disposition particulière du texte théâtral (vous pouvez souligner les didascalies pour les différencier du dialogue).

3 Reprenez l'extrait du *Mariage de Figaro* proposé au chapitre précédent et insérez dans le monologue des indications scéniques éclairant le jeu du personnage.

4 Tout texte théâtral n'est pas nécessairement écrit pour la scène.
a. Recherchez sur Internet des renseignements sur le volume de Musset intitulé *Un spectacle dans un fauteuil*.
b. Faut-il nécessairement voir une pièce pour l'apprécier ? Développez en deux ou trois paragraphes argumentés votre réponse à cette question. Vous introduirez à l'appui de chaque idée un exemple précis et veillerez notamment à faire référence au *Spectacle dans un fauteuil* de Musset, sur lequel vous avez fait des recherches.

Français

La représentation théâtrale

Les éléments matériels de la représentation

• **Le lieu théâtral** : il peut être varié (théâtre fermé, en plein air, etc.) et sa nature même impose des contraintes ; de même, l'espace scénique (notamment ses dimensions) est une composante essentielle pour les choix de mise en scène et pour le jeu des acteurs.

• **Le décor** : il peut s'appuyer sur le texte même ou dépendre des options de lecture du metteur en scène qui peut décider d'un décor réaliste ou à valeur plus symbolique.

• **Les costumes** : là encore, plusieurs possibilités s'offrent au metteur en scène, libre de choisir des costumes d'époque, d'introduire au contraire des décalages chronologiques, ou de privilégier une symbolique.

• **Les objets et accessoires** : leur présence sur la scène peut être liée au texte et à l'action même (ils ont alors une fonction actantielle, et peuvent être l'objet même de l'action – c'est le cas des chaises dans la pièce du même nom de Ionesco – ou un adjuvant : par exemple, un personnage, Chérubin, se cache derrière un fauteuil pour ne pas être vu du comte dans *Le Mariage de Figaro*, de Beaumarchais). L'accessoire peut aussi jouer un rôle plus symbolique par sa seule présence sur scène (ainsi une simple statue pourrait rappeler, dans la tragédie, la présence et la puissance des dieux).

• **La lumière et la bande-son** : indiquées ou non dans le texte, elles sont un élément du langage scénique ; dans *Rhinocéros*, de Ionesco, la bande-son peut introduire, sans que le spectateur les voie, la présence scénique des rhinocéros.

Le jeu du comédien

L'analyse du jeu du comédien doit être attentive :

• au **langage du corps** : déplacements, gestuelle, mimiques, etc. ;

• à **la mise en voix du texte** : débit, rythme, intonation, silence, etc.

La mise en scène

• Depuis la fin du XIXe siècle, **le metteur en scène a une fonction essentielle** dans le passage du texte à la représentation (auparavant, c'étaient souvent les auteurs eux-mêmes qui dirigeaient les acteurs ou bien ils déléguaient ce travail à un simple directeur de troupe). C'est lui qui orchestre tout : le choix des comédiens, leur jeu, ainsi que les options de représentation du texte, depuis la mise en espace jusqu'aux éléments visuels et sonores.

• **Toute mise en scène est une lecture du texte**, une interprétation ; elle peut s'efforcer, comme l'exigent parfois certains auteurs modernes, de respecter au mieux les didascalies introduites au côté du dialogue ou, comme c'est plus souvent le cas, opérer un véritable travail de création qui confère à la pièce un ensemble de significations qui ne correspondent pas nécessairement aux intentions de l'auteur. Un metteur en scène peut même parfois modifier le texte de l'auteur. Ainsi, chaque mise en scène différente d'une pièce en renouvelle l'approche.

• Enfin, **chaque représentation donnée d'une même mise en scène constitue en elle-même un moment particulier** et ne ressemble ni à la précédente ni à la suivante : le jeu des comédiens se modifie (en fonction d'éléments inhérents à leur personne même ou en fonction des réactions du public), l'ambiance de la salle varie selon les spectateurs qui la composent (tel effet perçu comme comique par le public d'un soir pourra très bien rater sa cible le lendemain).

● **Proposer une mise en scène d'un extrait de pièce de théâtre**

Rédiger des propositions de mise en scène constitue un travail d'écriture possible. Pour préparer ce type d'exercice, on doit :

• **lire attentivement le texte** : à quel genre théâtral appartient-il ? Quel est le registre dominant ? Comporte-t-il des didascalies ? Sur quels éléments du langage paraverbal ou non verbal ? Le dialogue propose-t-il des pistes, des contraintes pouvant orienter la mise en scène (soyez attentif, par exemple, à la ponctuation) ?

• **réfléchir préalablement au sens que l'on veut donner à cette scène, à l'effet** que l'on veut produire sur le spectateur ;

• **faire des propositions sur les différents aspects du langage théâtral dans la représentation** (ton, silence, cris, pleurs, rires, bruitage, décor, costume, âge des acteurs, accessoires, lumières, position et gestuelle…) ;

• **rédiger, en exposant d'abord les objectifs de la mise en scène** : sens de la scène, effet à produire sur le spectateur, puis en distinguant deux parties, l'une regroupant les indications sur le langage non verbal, l'autre regroupant les indications sur le langage paraverbal, en justifiant toujours ses choix par rapport au texte proposé ; conclure en faisant le bilan de la mise en scène proposée (ce qu'elle met en valeur, ce qu'elle risque de laisser de côté, les difficultés posées par certains choix).

FAIRE

1 Proposez une mise en scène de l'extrait d'*Amédée ou Comment s'en débarrasser* (p. 31), en vous aidant des questions suivantes. Rédigez vos propositions.

a. À quel genre appartient cette pièce ?

b. Quel décor choisiriez-vous ? Quels costumes ? Où se trouve le cadavre ? Quel problème technique peut se poser ?

c. Cette scène repose sur un mélange de différents registres : le tragique, le dramatique, le comique, le pathétique. Identifiez les éléments textuels correspondant à ces différents registres. Par quels choix de mise en scène pouvez-vous les mettre en valeur ? Pensez à l'évolution du ton du dialogue, à la dernière réplique, aux mimiques, aux gestes, aux regards…

2 Observez la photographie de mise en scène de cette même pièce et analysez-la en vous appuyant sur les éléments de la rubrique « SAVOIR » proposée ci-contre.

Amédée ou *Comment s'en débarrasser*, mise en scène de Roger Planchon, avec Roger Planchon et Colette Dompietrini, au théâtre Silvia Monfort, le 3 mars 2009

L'évolution du genre romanesque

Le terme « roman » désigne au Moyen Âge **les textes écrits en langue romane ou en langue vulgaire** par opposition à ceux écrits en latin, qu'ils soient en vers ou en prose, narratifs ou non. Progressivement, le roman désigne **un genre littéraire**, narratif, qui, contrairement à l'épopée, met l'accent sur le parcours dans le monde d'un personnage.

● La Renaissance : le roman humaniste

La Renaissance consacre essentiellement deux écrivains : en France, **Rabelais**, avec *Gargantua* et *Pantagruel* ; en Espagne, au début du XVIIᵉ siècle, **Cervantès** avec *Don Quichotte de la Manche*.

● Le XVIIᵉ siècle : le triomphe du « romanesque » ?

Le XVIIᵉ siècle considère souvent le roman comme un genre mineur et frivole, un divertissement créé par des nobles oisifs pour un public féminin. Ainsi, le roman offre généralement le récit d'aventures amoureuses ou une fiction à la fois réaliste et burlesque, dans la veine du *Roman comique* de Scarron. Pourtant, *La Princesse de Clèves* de Mᵐᵉ de Lafayette (1678) apparaît, par son analyse subtile de l'âme humaine et son souci de vraisemblance, comme **le fondement du roman moderne**.

● Le Siècle des Lumières : l'illusion romanesque en action

S'il garde encore quelques préjugés sur le roman, le XVIIIᵉ siècle offre **une grande variété dans la forme et l'esthétique** romanesques. La portée morale y est affichée (*Manon Lescaut* de Prévost ou *Paul et Virginie* de Bernardin de Saint-Pierre) à travers le récit d'une vie présentée comme réelle, mais cette dimension est souvent malmenée, plus ou moins ouvertement (*Les Liaisons dangereuses* de Laclos ou les œuvres de Sade). C'est aussi le XVIIIᵉ siècle qui dévoile, dans l'écriture même du roman, **les artifices de la fiction** (*Jacques le Fataliste*, Diderot) et annonce les romans d'apprentissage du XIXᵉ siècle, sous l'influence du romantisme allemand.

● Le XIXᵉ siècle : le roman-roi

C'est le XIXᵉ siècle qui consacre le roman comme genre majeur : les nouveaux modes de diffusion (la presse, par exemple) permettent un lectorat de plus en plus important, et les critères du genre se consolident. La société contemporaine devient le sujet du roman, elle est traitée dans **une perspective réaliste et naturaliste** : observer, se documenter, comprendre, décrire mais aussi analyser et dévoiler sont les objectifs de romanciers comme Balzac, Flaubert, Maupassant ou Zola. Cependant, le roman du XIXᵉ siècle reflète aussi, par **la multitude des sous-genres** qui le composent, la complexité de son écriture. Cette variété manifeste la liberté que revendiquent les auteurs en matière d'écriture romanesque.

● Le XXᵉ siècle : le roman en question

Le goût pour le roman se poursuit au XXᵉ siècle, mais le regard des romanciers sur la société, sur le réel se fait **plus pessimiste** : affirmation de la nécessité d'un engagement ou désillusion face aux atrocités révélées lors des guerres mondiales. La forme romanesque même de l'œuvre est mise en cause : le Nouveau Roman (représenté par Robbe-Grillet, Butor ou Sarraute) rejette le réalisme du XIXᵉ siècle et brouille les repères traditionnels du lecteur. Le roman devient un genre aux frontières indécises, qui semble échapper à tout critère de définition, même si, depuis la fin du XXᵉ siècle, on observe **un retour à une certaine construction** de la narration.

● **Connaître les principales étapes du genre romanesque**

Siècles	Caractéristiques	Exemples
XIIe	Roman en vers : il s'inspire des mythes et légendes (exemple de « la matière de Bretagne ») ; ce genre s'inspire de l'épopée.	*Perceval*, Chrétien de Troyes.
XVIe	Roman satirique : il tourne en dérision les motifs traditionnels, le monde de la chevalerie ; ce genre mêle réel et imaginaire.	*Pantagruel*, *Gargantua*, Rabelais.
XVIIe	• Développement du roman psychologique : aventures amoureuses « romanesques » dans la sphère privée, analyse approfondie des sentiments. • Roman comique, plus réaliste, voire trivial.	*La Princesse de Clèves*, Mme de Lafayette. *Le Roman comique*, Scarron.
XVIIIe	• Roman de l'émotion, de l'expression de soi : il annonce le romantisme. • Récit d'une vie aventureuse. • Romans philosophiques.	*La Nouvelle Héloïse*, Rousseau. *La vie de Marianne*, Marivaux. *Jacques le fataliste et son maître*, Diderot.
XIXe	• Roman « réaliste » : il décrit la société, les milieux qui la composent avec un souci d'effet de réel même si Flaubert, par exemple, récuse l'étiquette de réaliste. • Roman naturaliste : défini dans le « roman expérimental » de Zola, il s'appuie sur les théories scientifiques pour étudier les lois de l'hérédité et le déterminisme social mais propose aussi une nouvelle mythologie du réel.	*La Comédie humaine*, Balzac. *Madame Bovary*, Flaubert. *Pierre et Jean*, Maupassant. *Les Rougon-Macquart*, Zola.
XXe	• Romans dits « psychologiques ». • Romans historiques, récits de guerre ou romans engagés. • Œuvres du Nouveau Roman : une nouvelle conception du réalisme.	*Les Faux-Monnayeurs*, Gide. *La Condition humaine*, Malraux. *La Peste*, Camus. *Les Gommes*, Robbe-Grillet.

Français

FAIRE

a. Reformulez la conception du genre romanesque exprimée dans l'extrait suivant.

b. À quel moment de l'évolution du genre romanesque rattachez-vous ces conceptions ?

Le plus bel éloge que l'on pouvait faire autrefois d'un romancier était de dire : « Il a de l'imagination. » Aujourd'hui, cet éloge serait presque regardé comme une critique. C'est que toutes les conditions du roman ont changé. L'imagination n'est plus la qualité maîtresse du romancier. [...]

J'insiste sur cette déchéance de l'imagination, parce que j'y vois la caractéristique même du roman moderne. Tant que le roman a été une récréation de l'esprit, un amusement auquel on ne demandait que de la grâce et de la verve, on comprend que la grande qualité était avant tout d'y montrer une invention abondante. Même quand le roman historique et le roman à thèse sont venus, c'était encore l'imagination qui régnait toute-puissante, pour évoquer les temps disparus ou pour heurter comme des arguments des personnages bâtis selon les besoins du plaidoyer. Avec le roman naturaliste, le roman d'observation et d'analyse, les conditions changent aussitôt. Le romancier invente bien encore ; il invente un plan, un drame ; seulement, c'est un bout de drame, la première histoire venue, et que la vie quotidienne lui fournit toujours. Puis, dans l'économie de l'œuvre, cela n'a plus qu'une importance très mince. Les faits ne sont là que comme les développements logiques des personnages. La grande affaire est de mettre debout des créatures vivantes, jouant devant les lecteurs la comédie humaine avec le plus de naturel possible. Tous les efforts de l'écrivain tendent à cacher l'imaginaire sous le réel.

É. Zola, *Le Sens du réel*, 1878.

15 Le personnage de roman

Étymologiquement, « personnage » vient du latin « *persona* », qui signifie « masque » et qui aurait pour origine un terme étrusque. Le mot est donc d'abord employé au théâtre, puis, par dérivation, il désigne celui qui fait l'action, d'où son emploi actuel.

● Son statut : un être à l'existence illusoire

Le personnage de roman, qu'il soit fictif ou inspiré d'un personnage réel, est une création de l'auteur et n'existe que dans le cadre du récit, de l'histoire racontée. Pourtant, le romancier attribue traditionnellement à son personnage les caractéristiques d'un être réel : il lui donne un nom, une fonction ou position sociale, en dresse le portrait physique et moral, lui invente un passé et un entourage. Cette caractérisation peut se faire de façon directe (portrait, par exemple) ou indirecte (à travers notamment le comportement et les actions des personnages, mais aussi les discours rapportés – voir le rôle du dialogue, du monologue intérieur, pour ne citer que quelques exemples).

● Ses fonctions

● Le personnage romanesque se définit aussi par **la fonction, le rôle qu'il joue dans l'action** et ses relations avec les autres personnages : dans le schéma actantiel, il peut être sujet ou objet de l'action, destinateur ou destinataire, adjuvant ou opposant.

● Il acquiert également un sens lié à **ce qu'il représente ou symbolise** dans l'univers de l'œuvre romanesque : il peut être un **individu autonome**, **incarner un groupe** ou encore se faire **porte-parole de l'auteur**.

● Dans ce dernier cas, il devient le support et la voix permettant à l'écrivain **d'explorer la société** et de rendre compte de sa vision du monde. Ainsi, le parcours rédempteur de Jean Valjean, dans *Les Misérables*, illustre les convictions religieuses, humanistes et sociales de Victor Hugo.

● Son évolution

On note ainsi une évolution du personnage au fil des siècles :

● Il est d'abord **le héros des romans médiévaux**, preux chevalier incarnant les valeurs de la courtoisie, de la bravoure et de la *fin'amor*, soit l'idéal de cette société aristocratique. Porteur de valeurs collectives, **il n'acquiert une certaine individualité que progressivement**.

● Il permettra alors **l'analyse du cœur humain** au XVIIᵉ siècle, puis **l'expression de soi** chez les romantiques.

● Il devient, dans les romans réalistes et naturalistes, **l'incarnation d'un type, d'un caractère ou d'une classe sociale**, comme on peut le voir dans les romans balzaciens du XIXᵉ siècle : ainsi, Rastignac représente le provincial ambitieux, arrivé à Paris, qui s'élève dans l'échelle sociale. Les personnages de Zola expérimentent, eux, les théories naturalistes de leur créateur, dans une nouvelle forme de destin que sont les lois héréditaires et le déterminisme social.

● Mais le personnage peut être aussi un **antihéros** (un marginal, une figure de l'échec moral ou social, etc.), voire **un être privé d'identité**, réduit à une initiale (K. dans *Le Château* de Kafka), un regard, une parole, un pronom : la remise en cause du statut du personnage traditionnel est une des constantes du Nouveau Roman, au XXᵉ siècle, mais on la retrouve aussi dans les œuvres romanesques de Joyce ou de Beckett (*L'Innommable*, 1953). Dénonciation de l'illusion réaliste ou symbole d'une communication impossible, de l'absurdité du monde, le personnage romanesque porte au XXᵉ siècle **le questionnement fondamental de l'homme sur son existence et son rapport au monde**.

● **Étudier un personnage de roman**

On peut suivre le parcours suivant :

• **Dégager les caractéristiques générales**

– Le personnage est-il éponyme ? Est-il le personnage principal ?

– Est-il précisément caractérisé ? Si oui, quels sont ses attributs (âge, sexe, nom, fonction, statut social, traits physiques, moraux, psychologiques…) ?

– Comment est-il présenté (caractérisation directe et indirecte) ? Repérez dans le roman les passages importants.

– Le personnage est-il un narrateur de l'histoire ? Sinon, qui nous le présente ?

• **Étudier la présence et l'évolution du personnage**

– Sa présence est-elle constante, régulière ? Étudiez les variations.

– Quel rôle joue-t-il par rapport à l'action ? par rapport aux autres personnages ?

– Le personnage évolue-t-il (socialement, psychologiquement…) ? Si oui, quels sont les moteurs de cette évolution ?

• **S'interroger sur le sens, la fonction symbolique du personnage**

– Ce personnage offre-t-il l'image d'un héros ? Est-il au contraire un individu quelconque ? un antihéros ? Permet-il le processus d'identification ?

– Représente-t-il un type social ? Son action ou son comportement ont-ils une dimension morale ?

– Ce personnage a-t-il une valeur symbolique, philosophique ? Si oui, laquelle ?

– Le roman délivre-t-il, à travers ce personnage, un message (voir les romans engagés) ?

– Quelle vision du monde donne-t-il au lecteur ?

1 Quelles conceptions du personnage et de la personne humaine se dégagent de cet extrait du roman de Zola ?

Jacques Lantier s'interroge dans le passage suivant sur ses pulsions meurtrières.

Pourtant, il s'efforçait de se calmer, il aurait voulu comprendre. Qu'avait-il donc de différent, lorsqu'il se comparait aux autres ? Là-bas, à Plassans, dans sa jeunesse, souvent déjà il s'était questionné. Sa mère Gervaise, il est vrai, l'avait eu très jeune, à quinze ans et demi ; mais il n'arrivait que le second, elle entrait à peine dans sa quatorzième année, lorsqu'elle était accouchée du premier, Claude ; et aucun de ses deux frères, ni Claude, ni Étienne, né plus tard, ne semblait souffrir d'une mère si enfant et d'un père gamin comme elle, ce beau Lantier, dont le mauvais cœur devait coûter à Gervaise tant de larmes. Peut-être aussi ses frères avaient-ils chacun son mal qu'ils n'avouaient pas, l'aîné surtout qui se dévorait à vouloir être peintre, si rageusement, qu'on le disait à moitié fou de son génie. La famille n'était guère d'aplomb, beaucoup avaient une fêlure. Lui, à certaines heures, la sentait bien, cette fêlure héréditaire ; non pas qu'il fût d'une santé mauvaise, car l'appréhension et la honte de ses crises l'avaient seules maigri autrefois ; mais c'étaient, dans son être, de subites pertes d'équilibre, comme des cassures, des trous par lesquels son moi lui échappait, au milieu d'une sorte de grande fumée qui déformait tout. Il ne s'appartenait plus, il obéissait à ses muscles, à la bête enragée. Pourtant, il ne buvait pas, il se refusait même un petit verre d'eau-de-vie, ayant remarqué que la moindre goutte d'alcool le rendait fou. Et il en venait à penser qu'il payait pour les autres, les pères, les grands-pères, qui avaient bu, les générations d'ivrognes dont il était le sang gâté, un lent empoisonnement, une sauvagerie qui le ramenait avec les loups mangeurs de femmes, au fond des bois.

É. Zola, *La Bête humaine*, 1890.

2 Quelles caractéristiques des personnages souligne cet extrait du roman ? À partir de quels procédés ?

Avec la vivacité et la grâce qui lui étaient naturelles quand elle était loin des regards des hommes, Mme de Rênal sortait par la porte-fenêtre du salon qui donnait sur le jardin, quand elle aperçut près de la porte d'entrée la figure d'un jeune paysan presque encore enfant, extrêmement pâle et qui venait de pleurer. Il était en chemise bien blanche, et avait sous le bras une veste fort propre de ratine violette. Le teint de ce petit paysan était si blanc, ses yeux si doux, que l'esprit un peu romanesque de Mme de Rênal eut d'abord l'idée que ce pouvait être une jeune fille déguisée, qui venait demander quelque grâce à M. le maire. Elle eut pitié de cette pauvre créature, arrêtée à la porte d'entrée, et qui évidemment n'osait pas lever la main jusqu'à la sonnette. Mme de Rênal s'approcha, distraite un instant de l'amer chagrin que lui donnait l'arrivée du précepteur. Julien, tourné vers la porte, ne la voyait pas s'avancer. Il tressaillit quand une voix douce dit tout près de son oreille :

– Que voulez-vous ici, mon enfant ?

Stendhal, *Le Rouge et le Noir*, 1830.

16 La narration

Raconter une histoire suppose le choix, par l'auteur, de modes narratifs et de points de vue.

● Le mode narratif

● Le récit peut être pris en charge par **un narrateur extérieur** à l'histoire : celle-ci semble se raconter d'elle-même, la narration est à la troisième personne. On peut cependant souvent repérer des interventions ponctuelles du narrateur, exprimant des jugements sur le personnage ou l'action.

● Le narrateur peut aussi être **un personnage ou un témoin de l'histoire** (personnage principal ou secondaire) et relater les événements à la première personne. L'histoire est racontée à travers sa subjectivité.

● Le point de vue (ou la focalisation)

● La notion de focalisation n'a de sens que dans un récit à la troisième personne.

● Le point de vue **externe** suppose la narration d'éléments uniquement perceptibles de l'extérieur. Dans les descriptions du Nouveau Roman au XXᵉ siècle, il donne l'illusion de l'objectivité.

● Le point de vue **interne** présente l'histoire à travers la subjectivité d'un personnage (vision limitée).

● Le point de vue **omniscient** (ou focalisation zéro) permet au lecteur d'avoir une connaissance supérieure à celle des personnages à partir des informations d'un narrateur doté d'un savoir absolu.

● La stratégie du romancier

● Un roman peut adopter, au fil de l'histoire racontée, différents modes narratifs et différentes focalisations. On peut ainsi repérer le procédé des **récits enchâssés** ou **emboîtés** (un premier narrateur cède la place à un deuxième narrateur) qui permet de présenter différents points de vue, de produire un discours sur l'événement raconté (notions de métarécit et métadiscours).

● La narration peut aussi suivre une **progression chronologique** ou au contraire perturber l'ordre linéaire des événements par des **retours en arrière** (analepses) ou **anticipations du futur** (prolepses). Les **ellipses narratives** contribuent aussi à rendre plus complexe la lecture du récit, tout en créant parfois un certain mystère.

● L'écrivain peut décider aussi de mettre à nu, de **révéler le mécanisme des procédés narratifs**, de l'écriture romanesque : *Jacques le fataliste*, de Diderot, offre cette intéressante particularité.

● Analyser les procédés narratifs d'un texte romanesque

● **Étudier le statut du narrateur et le point de vue choisi**

– En vous appuyant sur les indices personnels, repérez et analysez le statut du narrateur : est-il explicitement présent ? effacé ?

– Des interventions ou marques de jugement du narrateur sont-elles perceptibles ? Qui ou que concernent-elles ? Quelles informations, quelle orientation vous donnent-elles ?

– Le texte (extrait ou roman intégral) présente-t-il différents points de vue ? Lesquels ? Quel est l'effet recherché ?

● **Analyser la structure narrative**

– Dégagez les différentes étapes de la narration.

– Repérez les éventuels récits enchâssés, les digressions et interrogez-vous sur leurs effets : caractérisation des personnages, ralentissement volontaire de l'action, effet de rupture…

– Repérez et analysez les perturbations dans la chronologie du récit : présence d'analepses, de prolepses, d'ellipses temporelles.

– Étudiez en parallèle le rythme de la narration : quand le récit s'accélère-t-il ? Ralentit-il ? Comment (description, retour en arrière, commentaire du narrateur…) ? Pour quel effet ?

● **Dégager la stratégie du romancier**

Explicitez les éléments précédemment relevés et étudiés, en les reliant aux enjeux du texte romanesque : en quoi les choix narratifs mis en œuvre participent-ils du projet de l'auteur ?

1 Analysez dans cette page de roman les modalités particulières de la narration et interrogez-vous sur les effets recherchés.

Jacques commença l'histoire de ses amours. C'était l'après-dîner : il faisait un temps lourd ; son maître s'endormit. La nuit les surprit au milieu des champs ; les voilà fourvoyés. Voilà le maître dans une colère terrible et tombant à grands coups de fouet sur son valet, et le pauvre diable disant à chaque coup : « Celui-là était apparemment encore écrit là-haut... » Vous voyez, lecteur, que je suis en beau chemin, et qu'il ne tiendrait qu'à moi de vous faire attendre un an, deux ans, trois ans, le récit des amours de Jacques, en le séparant de son maître et en leur faisant courir à chacun tous les hasards qu'il me plairait. Qu'est-ce qui m'empêcherait de marier le maître et de le faire cocu ? d'embarquer Jacques pour les îles ? d'y conduire son maître ? de les ramener tous les deux en France sur le même vaisseau ? Qu'il est facile de faire des contes ! Mais ils en seront quittes l'un et l'autre pour une mauvaise nuit, et vous pour ce délai.
L'aube du jour parut. Les voilà remontés sur leurs bêtes et poursuivant leur chemin. Et où allaient-ils ? Voilà la seconde fois que vous me faites cette question, et la seconde fois que je vous réponds : qu'est-ce que cela vous fait ? Si j'entame le sujet de leur voyage, adieu les amours de Jacques... Ils allèrent quelque temps en silence. Lorsque chacun fut un peu remis de son chagrin, le maître dit à son valet : « Eh bien, Jacques, où en étions-nous de tes amours ? »

D. Diderot, *Jacques Le Fataliste*, 1773.

2 Dégagez l'originalité de la narration dans cet incipit.

Vous avez mis le pied gauche sur la rainure de cuivre, et de votre épaule droite vous essayez en vain de pousser un peu plus le panneau coulissant.
Vous vous introduisez par l'étroite ouverture en vous frottant contre ses bords, puis, votre valise couverte de granuleux cuir sombre couleur d'épaisse bouteille, votre valise assez petite d'homme habitué aux longs voyages, vous l'arrachez par sa poignée collante, avec vos doigts qui se sont échauffés, si peu lourde qu'elle soit, de l'avoir portée jusqu'ici, vous la soulevez et vous sentez vos muscles et vos tendons se dessiner non seulement dans vos phalanges, dans votre paume, votre poignet et votre bras, mais dans votre épaule aussi, dans toute la moitié du dos et dans vos vertèbres depuis votre cou jusqu'aux reins.
Non, ce n'est pas seulement l'heure, à peine matinale, qui est responsable de cette faiblesse inhabituelle, c'est déjà l'âge qui cherche à vous convaincre de sa domination sur votre corps, et pourtant, vous venez seulement d'atteindre les quarante-cinq ans.

Vos yeux sont mal ouverts, comme voilés de fumée légère, vos paupières sensibles et mal lubrifiées, vos tempes crispées, à la peau tendue et comme raidie en plis minces, vos cheveux qui se clairsèment et grisonnent, insensiblement pour autrui mais non pour vous, pour Henriette et pour Cécile, ni même pour les enfants désormais, sont un peu hérissés et tout votre corps à l'intérieur de vos habits qui le gênent, le serrent et lui pèsent, est comme baigné, dans son réveil imparfait, d'une eau agitée et gazeuse pleine d'animalcules en suspension.

M. Butor, *La Modification*, © Les Éditions de Minuit, 1984.

3 Comparez les points de vue choisis dans ces débuts de romans, en justifiant votre réponse.

Texte 1

En 1829, par une jolie matinée de printemps, un homme âgé d'environ cinquante ans suivait à cheval un chemin montagneux qui mène à un gros bourg, situé près de la Grande-Chartreuse. Ce bourg est le chef-lieu d'un canton populeux circonscrit par une longue vallée. Un torrent à lit pierreux souvent à sec, alors rempli par la fonte des neiges, arrose cette vallée serrée entre deux montagnes parallèles, que dominent de toutes parts les pics de la Savoie et ceux du Dauphiné. Quoique les paysages compris entre la chaîne des deux Mauriennes aient un air de famille, le canton à travers lequel cheminait l'étranger présente des mouvements de terrain et des accidents de lumière qu'on chercherait vainement ailleurs. Tantôt la vallée subitement élargie offre un irrégulier tapis de cette verdure que les constantes irrigations dues aux montagnes entretiennent si fraîche et si douce à l'œil pendant toutes les saisons. Tantôt un moulin à scie montre ses humbles constructions pittoresquement placées, sa provision de longs sapins sans écorce, et son cours d'eau pris au torrent et conduit par de grands tuyaux de bois carrément creusés, d'où s'échappe par les fentes une nappe de filets humides. Çà et là, des chaumières entourées de jardins pleins d'arbres fruitiers couverts de fleurs réveillent les idées qu'inspire une misère laborieuse.

Balzac, *Le Médecin de campagne*, 1833.

Texte 2

Dans la plaine rase, sous la nuit sans étoiles, d'une obscurité et d'une épaisseur d'encre, un homme suivait seul la grande route de Marchiennes à Montsou, dix kilomètres de pavé coupant tout droit, à travers les champs de betteraves. Devant lui, il ne voyait même pas le sol noir, et il n'avait la sensation de l'immense horizon plat que par les souffles du vent de mars, des rafales larges comme sur une mer, glacées d'avoir balayé des lieues de marais et de terres nues. Aucune ombre d'arbre ne tachait le ciel, le pavé se déroulait avec la rectitude d'une jetée, au milieu de l'embrun aveuglant des ténèbres.

Zola, *Germinal*, 1885.

17 La lecture d'une œuvre intégrale

- Les œuvres intégrales étudiées en classe pourront être l'objet de lectures analytiques d'extraits, d'analyses d'ensemble mais aussi de travaux oraux ou écrits comme la dissertation.

- La lecture d'une œuvre intégrale doit être une **lecture active** :
– il vous faut **lire totalement l'œuvre** avant l'étude qui en sera faite en classe ;
– **ne morcelez pas la lecture** en l'étalant trop dans le temps (vous perdriez toute vision globale de l'œuvre) ;
– **annotez** au fur et à mesure les passages à retenir ;
– **repérez** avec des systèmes de marque-pages **les pages clés** de l'œuvre (apparition ou disparition d'un personnage, scène de rencontre, description d'un lieu essentiel, tournant dans l'œuvre, discours d'un personnage qui éclaire le projet de l'auteur, etc.).

● Élaborer une fiche de lecture

Élaborer une fiche vous aidera à connaître vraiment l'œuvre et à être autonome dans votre analyse. Voici une proposition de fiche de lecture :

• Titre : • Date d'écriture :	• Auteur : • Date de publication : *(s'il y a un écart temporel avec la date d'écriture)*
Contexte	
• Biographie de l'auteur : *(les éléments essentiels pour l'œuvre)* • Contexte historique : • Contexte littéraire : *(appartenance à un mouvement littéraire, par exemple)*	
Caractéristiques de l'œuvre	
• Genre : • Nombre de chapitres : • Nombre d'actes : • Nombre de poèmes : • Structure de l'œuvre : *(bref résumé)* • Thèmes principaux de l'œuvre : • Personnages clés et leur fonction : • Caractéristiques de l'écriture :	
Passages clés	
• Moments importants à retenir (pages) : • Quelques citations :	
Réception de l'œuvre	
• Accueil par le public : • Accueil par la critique : • Adaptations au cinéma : • Inspirations pour d'autres œuvres *(littéraires, picturales…)* :	

1 Que révèlent les titres d'œuvres suivants sur le genre, la tonalité, le thème, le lieu, l'époque de la fiction, le type de personnage, etc. ?

Les Lettres persanes • *Meurtre au comité central* • *L'Homme invisible* • *Poèmes saturniens* • *Ruy Blas* • *L'Illusion comique* • *Mémoires d'Hadrien* • *Histoire de la folie à l'âge classique* • *Journal d'un curé de campagne.*

2 À propos de la dernière œuvre littéraire que vous avez lue, appliquez-vous le questionnaire suivant. Ce sera un test de votre lecture.

• Quelle est la date de parution de l'œuvre ?

• Quelles autres œuvres l'auteur a-t-il écrites ?

• Quel est le courant littéraire auquel le texte appartient ?

• Quel est le genre du texte ?

• Quel est le sujet de l'œuvre ?

• Quels sont les noms des personnages principaux ?

• Quelle est la trame de l'histoire (les grandes étapes) ?

3 **a.** Cherchez la définition des courants littéraires suivants : l'humanisme, le baroque, la philosophie des Lumières, le romantisme, le réalisme, le surréalisme, le théâtre de l'absurde.

b. Qui sont les personnages littéraires suivants : Œdipe, Lancelot, Emma Bovary, Ulysse, le Cid, Carmen, Nana, Sganarelle, Monsieur Jourdain, Candide ?

c. Situez dans le temps les auteurs suivants (indiquez les siècles) :

– Victor Hugo
– Montesquieu
– Chrétien de Troyes
– Voltaire
– Louis Aragon
– Jean Racine
– Pierre de Ronsard
– Denis Diderot
– Émile Zola
– Gustave Flaubert
– François Rabelais
– Honoré de Balzac
– Paul Verlaine
– Jean de La Fontaine
– Paul Éluard.

4 Répondez aux questions suivantes.

a. *Les Liaisons dangereuses* sont un roman épistolaire. Citez deux autres romans épistolaires.

b. *Manon Lescaut* est l'histoire d'une passion fatale. Citez deux autres romans de la passion fatale.

c. *Les Regrets* sont un recueil poétique du XVIe siècle. Citez un autre titre de recueil du XVIe siècle.

d. *Andromaque* est une tragédie. Citez deux autres tragédies du XVIIe siècle.

e. *Gargantua* est un roman humaniste. Citez deux autres œuvres humanistes.

f. *L'Espoir* de Malraux a pour thème la guerre d'Espagne. Citez un peintre ayant traité ce thème.

5 Attribuez à chacune des œuvres suivantes son auteur.

• **Œuvres** : *Les Fleurs du mal, Les Regrets, Lucien Leuwen, Rhinocéros, Voyage au bout de la nuit, Les Lettres persanes, Aurélien, Le Neveu de Rameau.*

• **Auteurs** : Montesquieu, Céline, du Bellay, Ionesco, Diderot, Stendhal, Aragon, Baudelaire.

6 Voici deux couvertures du même roman célèbre de Zola (voir aussi l'extrait p. 37). Quelles attentes de lecture différentes suscitent ces couvertures ?

Français

18 La lecture analytique

SAVOIR

L'objectif de la lecture analytique est l'explication du sens et des enjeux d'un texte, à partir d'une étude fine de son fonctionnement et de son écriture.

Cette démarche peut s'appliquer dans différents types d'exercices :

- l'étude d'un extrait ;
- l'analyse d'une œuvre intégrale.

Elle nécessite un travail d'observation suivi d'un travail d'interprétation.

SAVOIR-FAIRE

● Élaborer une lecture analytique

- **Travail préparatoire**

Il s'agit de procéder tout d'abord à une approche générale du texte, pour dégager ses principales caractéristiques ; celles-ci seront ensuite affinées par l'étude plus précise du passage.

– Lire attentivement le texte, plusieurs fois.

– Résoudre les problèmes de vocabulaire ; élucider, par exemple, les références historiques, mythologiques.

– Étudier le paratexte et le contexte (historique, littéraire…).

– Dans le cas d'une œuvre intégrale, situer l'extrait : quel rôle joue-t-il dans l'évolution de l'action ?

– Identifier le genre, le type de texte (narratif, descriptif, argumentatif…), le registre utilisé (voir chapitre 1).

– Dégager le thème, l'idée générale du passage.

- **Observation précise du texte**

– Repérer les principaux procédés d'écriture et ébaucher une première analyse.

– Sélectionner les procédés d'écriture selon leur pertinence, en fonction du texte à étudier : par exemple, penser aux outils de versification pour un poème ; approfondir l'analyse des procédés d'argumentation pour un texte argumentatif… Il s'agit de distinguer les procédés les plus pertinents en fonction du passage.

– Passer du repérage à l'analyse puis à l'interprétation. Quel est l'effet des procédés relevés ? Quelles hypothèses peut-on formuler sur le sens ? C'est une étape délicate car il ne faut pas effectuer de contresens.

- **Mise en forme de la lecture analytique**

– Dans le cas d'une explication linéaire, la lecture analytique suivra le déroulement du texte. Cependant, il ne s'agit pas d'expliquer les mots les uns après les autres. L'étude doit mettre en évidence les principaux mouvements du passage, repérer les procédés d'écriture pertinents à l'intérieur de chaque mouvement, pour permettre ensuite leur analyse et leur interprétation.

– Pour une analyse plus transversale du texte, l'étude doit d'abord s'appuyer sur l'observation des procédés d'écriture caractéristiques du texte. Dans une deuxième étape, les analyses effectuées permettent de dégager des points de convergence (par exemple, plusieurs procédés concourent au même effet) et conduisent à des éléments d'interprétation. Il sera alors possible de bâtir une lecture analytique selon des axes d'étude aboutissant à la mise en évidence de la signification du texte et de ses enjeux.

– L'analyse du texte doit être précédée d'une phase introductive (auteur, œuvre, caractéristiques générales du texte et axe directeur d'étude) et suivie d'une phase conclusive (bilan interprétatif et ouverture possible, particulièrement pour l'étude d'une œuvre complète).

1 Vous élaborerez le plan détaillé d'une lecture analytique de l'extrait suivant, en étudiant particulièrement l'expression de l'outrance et de la démesure et la dénonciation de la société impériale.

Dans son roman La Curée, *Zola situe l'action au début du Second Empire, dans un Paris transformé par les travaux du baron Haussmann. Saccard, promoteur, se livre à la spéculation immobilière et se retrouve à la tête d'une immense fortune.*

Cependant la fortune des Saccard semblait à son apogée. Elle brûlait en plein Paris comme un feu de joie colossal. C'était l'heure où la curée ardente emplit un coin de forêt de l'aboiement des chiens, du claquement des fouets, du flamboiement des torches. Les appétits lâchés se contentaient enfin, dans l'impudence du triomphe, au bruit des quartiers écroulés et des fortunes bâties en six mois. La ville n'était plus qu'une grande débauche de millions et de femmes. Le vice, venu de haut, coulait dans les ruisseaux, s'étalait dans les bassins, remontait dans les jets d'eau des jardins, pour retomber sur les toits, en pluie fine et pénétrante. Et il semblait, la nuit, lorsqu'on passait les ponts, que la Seine charriât, au milieu de la ville endormie, les ordures de la cité, miettes tombées de la table, nœuds de dentelle laissés sur les divans, chevelures oubliées dans les fiacres, billets de banque glissés des corsages, tout ce que la brutalité du désir et le contentement immédiat de l'instinct jettent à la rue, après l'avoir brisé et souillé. Alors, dans le sommeil fiévreux de Paris, et mieux encore que dans sa quête haletante du grand jour, on sentait le détraquement cérébral, le cauchemar doré et voluptueux d'une ville folle de son or et de sa chair. Jusqu'à minuit, les violons chantaient ; puis les fenêtres s'éteignaient, et les ombres descendaient sur la ville. C'était comme une alcôve colossale où l'on aurait soufflé la dernière bougie, éteint la dernière pudeur. Il n'y avait plus, au fond des ténèbres, qu'un grand râle d'amour furieux et las ; tandis que les Tuileries, au bord de l'eau, allongeaient leurs bras dans le noir, comme pour une embrassade énorme.

Émile Zola, *La Curée*, ch. III, 1872.

2 Vous étudierez ce poème en analysant la structure du texte et l'image de la femme (vous vous aiderez notamment des chapitres sur la poésie). Vous proposerez une introduction et une conclusion à l'étude de ce poème.

Notre vie

Notre vie tu l'as faite elle est ensevelie
Aurore d'une ville un beau matin de mai
Sur laquelle la terre a refermé son poing
Aurore en moi dix-sept années toujours plus claires
Et la mort entre en moi comme dans un moulin

Notre vie disais-tu si contente de vivre
Et de donner la vie à ce que nous aimions
Mais la mort a rompu l'équilibre du temps
La mort qui vient la mort qui va la mort vécue
La mort visible boit et mange à mes dépens

Morte visible Nusch[1] invisible et plus dure
Que la soif et la faim à mon corps épuisé
Masque de neige sur la terre et sous la terre
Source des larmes dans la nuit masque d'aveugle
Mon passé se dissout je fais place au silence

Paul Éluard, *Le temps déborde*, © Seghers, 1947.

1. Femme qui a partagé la vie d'Éluard pendant dix-sept ans.

3 Bâtissez une lecture analytique à partir de la question suivante : montrez en quoi ce texte dénonce, de façon ironique, l'attitude des pseudo-savants et les superstitions qui trompent l'homme.

En 1593, le bruit courut que, les dents étant tombées à un enfant de Silésie âgé de sept ans, il lui en était venu une d'or à la place d'une de ses grosses dents. Horstius, professeur en médecine dans l'université de Helmstad, écrivit en 1595 l'histoire de cette dent, et prétendit qu'elle était en partie naturelle, en partie miraculeuse, et qu'elle avait été envoyée de Dieu à cet enfant pour consoler les chrétiens affligés par les Turcs ! Figurez-vous quelle consolation, et quel rapport de cette dent aux chrétiens ni aux Turcs ! En la même année, afin que cette dent d'or ne manquât pas d'historiens, Rullendus en écrit encore l'histoire. Deux ans après, Ingolsteterus, autre savant, écrit contre le sentiment que Rullandus avait de la dent d'or, et Rullandus fait aussitôt une belle et docte réplique. Un autre grand homme nommé Libavius, ramasse tout ce qui avait été dit de la dent, et y ajoute son sentiment particulier. Il ne manquait autre chose à tant de beaux ouvrages, sinon qu'il fût vrai que la dent était d'or. Quand un orfèvre l'eut examinée, il se trouva que c'était une feuille d'or appliquée à la dent, avec beaucoup d'adresse : mais on commença par faire des livres, et puis on consulta l'orfèvre.

Bernard de Fontenelle, *Histoire des oracles*, 1686.

Français

L'oral du bac

L'épreuve orale du bac comporte deux temps : **une phase de préparation** d'une durée d'une demi-heure et **une phase de passage** d'une durée de 20 minutes.

● Le déroulement de l'épreuve

● L'examinateur pose au candidat une question sur l'un des textes qui figurent sur le descriptif remis par le professeur de la classe.

● Le candidat doit répondre à cette question (à l'issue du temps de préparation) sous la forme d'une **lecture analytique (10 minutes)**. L'exposé oral comprend cinq moments : introduction qui permet de présenter l'auteur, l'œuvre, l'extrait ; lecture à voix haute du texte ; reprise de la question posée et annonce du plan ; développement de la lecture analytique ; conclusion qui énonce une réponse précise à la question posée.

● Cette première étape est suivie d'un **entretien (10 minutes)**, qui consiste en un dialogue entre l'examinateur et l'élève à partir des lectures et activités figurant dans son descriptif.
Les questions posées par l'examinateur sont de différents ordres :
– il peut revenir sur un passage du texte ou sur l'une de vos explications pour obtenir un éclaircissement ;
– il peut vous demander de rapprocher le texte étudié d'autres textes lus, d'œuvres picturales étudiées, etc., ou vous interroger plus globalement sur l'œuvre à laquelle appartient le passage, si celle-ci figure au titre d'œuvre intégrale étudiée en classe ou lue à titre personnel ;
– il peut poser des questions de culture littéraire, en lien avec le programme et en fonction de votre descriptif personnel ;
– il peut aussi vous interroger sur votre appréciation de telle ou telle œuvre : il faut alors vous engager personnellement dans votre propos, montrer votre implication et votre capacité à émettre un jugement autonome.

● Bien se préparer à l'oral du bac

● **Soyez très attentif à la question posée** car c'est elle qui guidera votre lecture analytique ; il faut utiliser le cours que vous avez révisé pour répondre à cette question (et non réciter tel quel votre cours).

● **Gérez bien le temps de préparation** en veillant à faire un plan et en prenant simplement en notes les principaux points qui seront ensuite développés et expliqués à l'oral.

● **Exprimez-vous très clairement** lors de l'exposé sur le texte, en organisant vos analyses et en utilisant un vocabulaire précis.

● **Ne vous laissez pas déstabiliser** par une question ou une mimique de l'examinateur, n'interprétez pas son jugement.

● **Soyez attentif, durant l'entretien, aux questions posées** par l'examinateur qui a l'initiative du dialogue ; **ne répondez pas par des bribes de phrases** mais développez de manière autonome votre propos en vous appuyant sur des exemples (vus en classe ou personnels).

● Vous devez comprendre **les attentes de l'examinateur**, c'est-à-dire les critères de son évaluation :
– une lecture orale correcte ;
– un propos pertinent, sans contresens, qui s'appuie sur les phénomènes d'écriture du texte pour en dégager le sens ;
– un propos organisé, que l'on peut suivre facilement ;
– des qualités d'expression orale (langage oral correct, précis, dynamisme, volonté de s'impliquer).

1 Voici un petit mémo pour votre préparation durant l'année. Cochez au fil de l'année ce que vous faites afin de mesurer ce qu'il vous reste encore à faire.

❏ Je me prépare à l'oral en participant en classe.

❏ Je m'entraîne en effectuant les préparations données par le professeur.

❏ Je lis les œuvres étudiées ou proposées en complément sans me contenter d'un vague résumé.

❏ Je relis avant chaque cours le cours précédent.

❏ Je vérifie le vocabulaire (des textes ou des cours) que je ne suis pas certain de connaître.

❏ Je relis chaque séquence terminée.

❏ Je prépare quelques fiches de synthèse de cours.

2 Effectuez le même travail pour les révisions avant le bac.

❏ J'ai relu en diagonale les œuvres intégrales.

❏ J'ai relu attentivement au fur et à mesure des révisions les textes donnés en extraits.

❏ J'ai retravaillé chaque étude de texte.

❏ J'ai compris et mémorisé les points essentiels de la lecture de chaque texte.

❏ Je suis capable de présenter les auteurs et les œuvres, de les situer chronologiquement.

❏ J'ai relu et compris les cours de synthèse, d'histoire littéraire, de présentation des lectures complémentaires, d'analyse d'image et d'histoire des arts.

❏ Je me suis entraîné, seul ou à plusieurs, à exposer oralement mon analyse d'un texte vu en classe.

3 Voici enfin la liste du matériel nécessaire à avoir en sa possession le jour de l'épreuve. Préparez-le à l'avance, puis cochez la case correspondante afin de vous assurer que rien n'a été oublié.

❏ Carte d'identité.

❏ Convocation.

❏ Descriptif des lectures et activités remis par votre professeur.

❏ Livres étudiés en classe en deux exemplaires.

❏ Photocopies des extraits étudiés, vierges de toute annotation et en deux exemplaires (l'un pour vous, l'autre pour l'examinateur), classées dans un porte-vue par séquence et accompagnées des documents complémentaires (textes et images donnés par votre professeur), qui pourront vous être utiles au moment de l'entretien si l'examinateur vous autorise à les consulter.

❏ Trousse, crayons (y compris de couleur pour écrire sur votre exemplaire de texte durant la phase de préparation).

❏ Montre et bouteille d'eau (mais on boit avant de passer devant l'examinateur et non devant lui). Pas de brouillon : il vous sera fourni.

❏ Portable éteint avant d'entrer dans la salle d'interrogation.

4 Voici quelques exemples de questions possibles pour l'entretien. Cochez la proposition qui vous semble le mieux correspondre à l'attente du correcteur.

a. Pouvez-vous rapprocher ce texte d'un autre texte étudié en classe ?

❏ Je dois donner le titre d'un autre texte de la même séquence.

❏ Je dois expliquer en quoi ce texte est pour moi comparable à un autre texte que j'ai étudié.

❏ Je dois faire appel à mes lectures personnelles.

b. Avez-vous aimé cette œuvre ?

❏ Je dois absolument répondre oui.

❏ Je peux répondre oui ou non.

❏ Qu'importe ma position : l'essentiel est que je sache l'expliquer.

c. Quelle œuvre poétique du XVIe siècle connaissez-vous ?

❏ Je dois citer le titre d'une œuvre poétique du XVIe siècle.

❏ Je dois présenter une œuvre du XVIe siècle.

❏ Je peux citer n'importe quelle œuvre du XVIe siècle.

d. Trouvez-vous toujours actuels les combats des Lumières ?

❏ Je peux choisir un exemple précis actuel et le rapprocher des combats des Lumières.

❏ Je dois parler de l'héritage de la Révolution française.

❏ Je peux prendre l'exemple de l'engagement de Zola dans l'affaire Dreyfus.

Français

20 Les questions sur le corpus

• À l'épreuve écrite, le sujet proposé repose sur **un corpus de « documents »** (cinq au maximum). Ceux-ci peuvent être de nature variée : des extraits d'œuvres (dont éventuellement un texte assez long) et peut-être des documents iconographiques. Les éléments de ce corpus de textes sont en relation avec votre programme de l'année – plus exactement, avec un ou deux des objets d'étude que vous avez abordés.

• Ce corpus de textes est suivi de **plusieurs questions d'observation et d'analyse**, qui constituent la première partie de l'épreuve. Les réponses à ces questions doivent être intégralement rédigées. Vous devez donc éviter les énumérations présentées à l'aide de tirets ou de flèches, les abréviations.

● Répondre aux questions posées sur un corpus

• **La lecture attentive du corpus**

– Lisez attentivement les textes et élucidez, avant toute chose, les difficultés de langue ou de sens qu'ils posent.
– Procédez à une première approche globale du corpus : à quel(s) objet(s) d'étude se rattache-t-il ? Quels sont le genre et la nature de chaque document ? Quels sont les thèmes abordés ? Dans quelle période ou quel mouvement littéraire peut-on les situer ?
– Effectuez ensuite une première comparaison, rapide, des textes sous forme de tableau : points communs, différences…
– Cette première approche doit vous permettre de mobiliser vos connaissances. Exemple : si le corpus porte sur des textes théâtraux, pensez aux formes et aux genres théâtraux, à la spécificité du langage théâtral, mais aussi, dans le cas de pièces en vers, aux notions de versification étudiées durant l'année, dans le cas d'un monologue, au discours délibératif, etc.

• **L'analyse des questions**

– Lisez attentivement toutes les questions afin d'éviter de répondre de manière anticipée à l'une d'entre elles.
– Clarifiez l'objectif de la question : vous invite-t-on sur un point précis à comparer globalement les textes, à trouver des points communs, à mettre au contraire en valeur des oppositions ou des différences, etc. ?
– Analysez le travail demandé en vous attachant aux verbes qui vous indiquent les tâches à effectuer. Exemple : le verbe « étudier » signifie à la fois « observer », « relever », « analyser » et « interpréter ».
– Identifiez les notions abordées dans la question. Exemple : avant d'étudier un système d'énonciation, demandez-vous ce que cette notion signifie exactement.

• **Répondre à une question**

– Soulignez d'abord dans les textes les éléments sur lesquels doivent prendre appui votre réflexion et vos analyses.
– Comparez les textes à propos de la question posée.
– Écrivez les principaux points de votre réponse sous forme de notes au brouillon ; organisez logiquement ces notes en évitant de passer simplement d'un texte à l'autre : mettez au contraire en valeur les points de comparaison autour desquels on peut regrouper différents documents et, si la question le demande, les divergences.
– Rédigez soigneusement votre réponse sans oublier de citer les textes.

Répondez aux questions posées en suivant les conseils du « SAVOIR-FAIRE » et en vous aidant de la méthode proposée. Objet d'étude : la question de l'homme dans les genres de l'argumentation du XVIᵉ siècle à nos jours.

Document 1 : extrait des *Essais* de Montaigne, I, 20 (voir le chapitre 9, p. 25).

Document 2 : document iconographique (représentation d'une vanité, proposée dans le chapitre 3, p. 13).

Document 3 : lettre de Mᵐᵉ du Deffand (1697-1780) à Horace Walpole.

À monsieur Horace Walpole

Paris, samedi 1ᵉʳ avril 1769

Dites-moi pourquoi, détestant la vie, je redoute la mort ? Rien ne m'indique que tout ne finira pas avec moi ; au contraire, je m'aperçois du délabrement de mon esprit, ainsi que de celui de mon corps. Tout ce qu'on dit pour ou contre ne me fait nulle impression. Je n'écoute que moi, et je ne trouve que doute et qu'obscurité. Croyez, dit-on, c'est le plus sûr ; mais comment croit-on ce qu'on ne comprend pas ? Ce que l'on ne comprend pas peut exister sans doute ; aussi je ne le nie pas ; je suis comme un sourd et un aveugle-né ; il y a des sons, des couleurs, il en convient ; mais sait-il de quoi il convient ? S'il suffit de ne point nier, à la bonne heure, mais cela ne suffit pas. Comment peut-on se décider entre un commencement et une éternité, entre le plein et le vide ? Aucun de mes sens ne peut me l'apprendre ; que peut-on apprendre sans eux ? Cependant, si je ne crois pas ce qu'il faut croire, je suis menacée d'être mille et mille fois plus malheureuse après ma mort que je ne le suis pendant ma vie. À quoi se déterminer et est-il possible de se déterminer ? Je vous le demande, à vous, qui avez un caractère si vrai que vous devez, par sympathie, trouver la vérité, si elle est trouvable. C'est des nouvelles de l'autre monde qu'il faut m'apprendre, et me dire si nous sommes destinés à y jouer un rôle.

Mᵐᵉ du Deffand

Document 4 : *Fables*, livre I, 15, La Fontaine (1668).

La Mort et le Malheureux

Un malheureux appelait tous les jours
La mort à son secours.
« Ô mort, lui disait-il, que tu me sembles belle !
Viens vite, viens finir ma fortune cruelle. »
La mort crut en venant l'obliger en effet.
Elle frappe à sa porte, elle entre, elle se montre.

« Que vois-je ! cria-t-il, ôtez-moi cet objet ;
Qu'il est hideux ! que sa rencontre
Me cause d'horreur et d'effroi !
N'approche pas, ô mort ; ô mort, retire-toi. »

Mécénas¹ fut un galant² homme :
Il a dit quelque part : « Qu'on me rende impotent,
Cul-de-jatte, goutteux, manchot, pourvu qu'en
                                            somme
Je vive, c'est assez, je suis plus que content. »
Ne viens jamais, ô mort, on t'en dit tout autant.

1. Favori d'Auguste. 2. Honnête homme, au sens de raisonnable.

1 **a.** Quel est le thème commun aux quatre documents ?

b. Quelles idées principales développe Montaigne ?

c. En quoi peut-on dire que les documents 3 et 4 illustrent en partie son propos ?

d. Qu'apporte le document iconographique à la réflexion sur ce thème ? Quelle en est la signification ?

Méthode : la première question invite à trouver un point commun (pour les textes, relevez les champs lexicaux dominants ; pour l'image, analysez son sujet). Les trois suivantes conduisent à mieux cerner le sens de chaque document : reformulez l'essentiel des idées de Montaigne en vous appuyant sur des références au texte, identifiez ensuite le problème abordé par les documents 3 et 4 et reliez-le au texte de Montaigne. Enfin, les deux dernières questions suggèrent que l'image propose un éclairage nouveau sur le thème ; à vous de déterminer lequel.

2 Comparez les procédés choisis par chaque document (en particulier les formes du discours ou les genres adoptés) pour susciter la réflexion du lecteur/spectateur. Lequel vous semble le plus efficace ? Pourquoi ?

Méthode : ces questions portent sur les procédés d'écriture ou sur le langage spécifique de l'image mis au service d'un effet recherché sur le lecteur/spectateur. Elles impliquent que vous soyez capable de mobiliser vos connaissances sur différentes formes de discours : l'essai, l'apologue, la délibération, l'image… Il faut choisir un seul document pour répondre vraiment à la dernière question.

Français

Le commentaire littéraire

Le commentaire littéraire est l'un des trois sujets de l'épreuve écrite proposés à la suite des questions sur le corpus. Il porte sur l'un des textes du corpus ou sur un extrait, et son objectif est de rendre compte de manière organisée de l'étude d'un texte.

On attend notamment que vous soyez capable de rendre compte des **significations** du texte, des **interprétations** que vous en faites, à partir d'une **analyse précise** de l'écriture du texte.

Il convient donc, d'une part, de ne pas se contenter d'une série de remarques stylistiques, d'un relevé de procédés d'écriture, et d'autre part, de ne pas tomber dans la simple paraphrase qui conduit à redire ce que dit le texte.

● Mettre en rapport le texte étudié avec le corpus, l'objet d'étude et le programme

Le texte que vous commentez trouve place dans un ensemble :

• il correspond d'abord à **l'un des objets d'étude de votre programme**, et cela doit immédiatement vous donner des pistes sur son écriture et ses enjeux ;

• de plus, ce texte appartient **à un corpus que vous avez déjà analysé** grâce aux questions posées : aidez-vous de ces questions pour comprendre les enjeux de votre texte et pour en cerner **la spécificité**, puisque vous avez certainement procédé à une étude comparative des textes ;

• enfin, le travail que vous avez effectué durant l'année vous aidera à situer ce texte **par rapport à un mouvement culturel et littéraire** (soit il y appartient, soit il s'y oppose).

● Le travail d'analyse préparatoire

Pour préparer le commentaire, on doit adopter des outils et des mécanismes similaires à ceux de la lecture analytique : observez le texte, analysez-le, interprétez-le.

Il convient donc de **savoir questionner le texte** pour en fournir une **interprétation**.

• À quel **genre** appartient ce texte ? Quelles caractéristiques de ce genre présente-t-il ?

• Quelles **formes de discours** comporte-t-il ? Quels en sont les procédés d'écriture significatifs ?

• Quel(s) est (sont) son (ses) **thème(s)** ? Le traitement du thème vous semble-t-il original ou traditionnel ?

• Quel(s) en est (sont) le(s) **registre(s)** dominant(s) ? Quels éléments vous semblent représentatifs de ce(s) registre(s) ?

Pour vos analyses, pensez toujours au système d'énonciation/de narration, aux champs lexicaux, aux figures de style, aux temps verbaux, aux connecteurs logiques et spatio-temporels, à la syntaxe (ponctuation, structure des phrases), etc.

Ce questionnement doit permettre de **formuler des hypothèses sur le sens du texte**, de **dégager ses enjeux** (pourquoi a-t-il été écrit ? Quels sont ses objectifs ?), d'en **comprendre la visée** (quel effet cherche-t-il à produire chez le lecteur ?).

Organiser le commentaire

● Il doit comporter **une introduction**, qui présente le texte et le situe dans l'histoire littéraire, **un développement structuré**, dans lequel on distingue différentes étapes, et **une conclusion**, qui fait le bilan de l'étude.

● **Quelques erreurs sont à éviter** : un commentaire ligne à ligne (cela montre que vous ne parvenez pas à analyser le texte dans son ensemble), l'absence totale de plan ou un commentaire qui se contente d'observer le texte.

● Le développement peut être organisé de différentes manières. Pensez à formuler la **problématique littéraire** posée par le texte ; cela permet souvent de dégager un plan cohérent, qui présente les éléments de réponse à cette problématique.

Rédiger le commentaire

La rédaction obéit aux règles habituelles de l'expression écrite. La difficulté est d'articuler analyse, citations du texte et interprétation. Pensez à utiliser un lexique précis, à citer entre guillemets, à préciser vos références (numéros de ligne, de vers), à aérer la présentation (sautez des lignes entre les parties, faites des paragraphes avec alinéas).

FAIRE

1 Lisez cet extrait de la tirade de Camille d'*Horace*, de Corneille (1640).

CAMILLE
Rome, l'unique objet de mon ressentiment !
Rome, à qui vient ton bras d'immoler mon amant !
Rome qui t'a vu naître, et que ton cœur adore !
Rome enfin que je hais parce qu'elle t'honore !
Puissent tous ses voisins ensemble conjurés
Saper ses fondements encor mal assurés !
Et si ce n'est assez de toute l'Italie,
Que l'Orient contre elle à l'Occident s'allie ;
Que cent peuples unis des bouts de l'univers
Passent pour la détruire et les monts et les mers !
Qu'elle-même sur soi renverse ses murailles,
Et de ses propres mains déchire ses entrailles !
Que le courroux du ciel allumé par mes vœux
Fasse pleuvoir sur elle un déluge de feux !
Puissé-je de mes yeux y voir tomber ce foudre,
Voir ses maisons en cendre, et tes lauriers en poudre,
Voir le dernier Romain à son dernier soupir,
Moi seule en être cause, et mourir de plaisir !

Le paragraphe suivant est consacré à l'expression tragique de la malédiction : complétez-le soit en utilisant un vocabulaire précis, soit en citant le texte.

Dans cette ......, Camille maudit non seulement son frère Horace mais Rome tout entière, responsable à ses yeux de la mort de son amant, Curiace. Ainsi, dans les quatre premiers vers, l'...... « Rome » fournit une véritable scansion à ses imprécations. De plus, chacun de ces vers se clôt sur un ......, qui souligne la violence du propos. La tournure exclamative se retrouve d'ailleurs régulièrement au fil de la tirade, aux vers ...... Par ailleurs, Camille emploie le mode ...... (« puissent », « s'allie », « passent », « fasse », etc.) : c'est tout le pouvoir magique de la parole qu'elle utilise ici. Elle appelle de ses vœux la ruine de Rome. Le champ lexical de la mort (......) et celui de la destruction envahissent jusqu'à l'excès son discours. Elle convoque dans une ...... (« ses voisins », « l'Italie », « l'Orient », « l'Occident », « cent peuples unis », « l'univers ») le monde entier à cette tâche. Elle en appelle même au secours vengeur des dieux (......) et formule le souhait d'être l'instrument de leur pouvoir : ...... De plus, les termes les plus frappants sont généralement situés à une place stratégique dans l'alexandrin : à la césure, comme « ...... », ou à la rime, comme « ...... ».

Ses vœux sont d'autant plus tragiques que c'est son propre sang qu'elle souhaite finalement verser : celui de son frère, invoqué à de multiples reprises (......), celui d'une ville, la sienne, mais dont elle se sent désormais séparée : ...... À travers sa violence, cette tirade ne dit peut-être rien d'autre que la solitude irrémédiable de Camille dans un monde dont elle ne partage plus les valeurs et la gloire.

2 Sur quels objets du programme devez-vous vous appuyer pour mener à bien le commentaire littéraire de la tirade de Camille ? Faites la liste des connaissances nécessaires.

3 Proposez un plan détaillé pour un commentaire littéraire du texte de Fontenelle (chapitre 18, p. 43).

22 L'écriture d'invention

● Présentation et compétences requises

L'écriture d'invention est l'un des sujets de l'épreuve écrite au baccalauréat faisant suite aux questions d'analyse d'un corpus. L'objectif est d'être soi-même l'auteur d'un texte, en rapport avec le corpus et avec l'objet d'étude auquel il se rattache.

Les **capacités de création** et le **soin de l'expression** sont bien entendu importants. Toutefois, ce sujet d'invention s'accompagne de **consignes précises**, qui vous obligent à mettre en pratique des savoirs littéraires, donc à les maîtriser. La prise en compte des consignes est un point essentiel de l'évaluation.

● Types de sujets possibles

● Un sujet comportant des **contraintes formelles**, en dehors desquelles toute liberté vous est laissée. Exemple : l'écriture d'un dialogue délibératif.

● Un sujet où il s'agit d'écrire **« à la manière de »** l'un des auteurs du corpus. Il s'agit alors d'un travail d'imitation.

Exemple : à la manière d'Apollinaire, vous rédigerez un calligramme sur un sujet de votre choix.

● Un sujet qui invite à **transposer un texte** dans un registre ou dans un genre différents.

Exemple : transposer un incipit de roman en scène d'exposition de pièce de théâtre.

● Un sujet qui invite à **compléter** ou à **poursuivre l'écriture** d'un texte du corpus.

Exemple : rédiger des indications de mise en scène ; imaginer la réponse d'un personnage à la suite d'une question posée par le texte.

● Analyser un sujet d'écriture d'invention

● Demandez-vous toujours **quel est le lien entre le sujet et le corpus de documents**. Cela peut vous aider à mieux cerner les objectifs du travail.

● **Identifiez les consignes** qui vous sont imposées : ce sont des contraintes qui définissent le cadre et les limites de votre création. Si l'on vous demande d'écrire une fable et que vous connaissez mal cette forme, il vaut mieux changer de sujet !

● Organiser le travail préparatoire à l'écriture d'invention

● **Sujet reposant sur des contraintes formelles** : il convient de faire la liste des procédés à utiliser. Il s'agit certainement de caractéristiques stylistiques qu'au moins l'un des textes du corpus présente. Appuyez alors votre recherche sur une étude détaillée de ce texte. Le même travail doit être effectué si l'on vous demande d'écrire « à la manière de… ».

● **Sujet invitant à donner un prolongement à un texte ou à y insérer un nouveau texte** : l'analyse du texte de base est déterminante. Il faut adopter le même genre, le même registre, le même niveau de langue ; respecter la situation des personnages, le contexte historique, les temps verbaux, le système d'énonciation ou de narration, etc.

● **Sujet invitant à un travail de transposition, de réécriture** : de nouveau, l'analyse du texte initial est essentielle. À l'issue de celle-ci, il faut vous demander quels éléments doivent être conservés (tant dans le contenu que dans la forme) et lesquels doivent être absolument modifiés. Interrogez-vous ensuite sur les nouveaux procédés que vous devez mettre en place pour opérer la transformation.

● Rédiger une composition relevant de l'écriture d'invention

● La rédaction obéit aux **règles habituelles** d'un travail d'écriture : veillez à la correction de la syntaxe et de l'orthographe, au soin de votre écriture, à la présentation de votre copie.

● Il vaut mieux certainement **faire d'abord un brouillon** et prendre le temps de le travailler. Ne gommez pas ce que vous tentez de modifier : mieux vaut rayer d'un trait et corriger dans la marge car la première version était peut-être finalement la bonne. Pensez aussi qu'il existe trois manipulations à mettre en œuvre pour améliorer son brouillon : **la suppression**, **l'ajout**, **la substitution d'éléments**.

1 Voici une liste de sujets. Classez-les en fonction des types de sujets proposés dans le « Savoir ».

a. Développez à votre tour sous la forme d'un petit essai vos réflexions personnelles sur la mort. Vous veillerez à donner à votre écriture les caractéristiques du genre.

b. Transformez en fable le texte de Fontenelle proposé p. 43.

c. En reprenant le ton du texte de Zola (voir p. 23), écrivez un texte destiné à d'autres jeunes de votre époque sur le sujet de votre choix.

d. Avant de tuer sa sœur, Horace répond à sa malédiction (voir le texte, p. 49) : rédigez sa tirade en respectant les règles et le registre tragiques.

e. À la manière de Zola (voir le texte p. 35), vous rédigerez un texte d'une vingtaine de lignes dans lequel vous prendrez la défense d'une forme artistique contemporaine dans le domaine de votre choix (musique, peinture, littérature, art graphique…).

f. Transformez la fable de La Fontaine « La Mort et le Malheureux » (p. 47) en deux scènes de théâtre : la première où le Malheureux se lamente seul sur scène ; la seconde où la Mort entre en scène. Vous veillerez à étoffer le dialogue, à insérer des indications scéniques et à choisir un registre précis, comique ou tragique.

2 Choisissez l'un des sujets proposés dans l'exercice 1. Entraînez-vous à la rédaction en travaillant votre brouillon. Vous pouvez procéder aux phases de correction indiquées à la fin du Savoir-Faire, p. 50 :
- je supprime ce qui me semble inutile, trop lourd, déjà dit ;
- je remplace ce qui me semble mal dit, incorrect, inexact ;
- j'ajoute pour rendre mon texte plus clair, ou pour approfondir, ou pour introduire une nouvelle idée importante.

Lisez votre texte à voix haute et corrigez de nouveau ce dont vous n'êtes pas satisfait(e). Relisez une dernière fois votre travail en corrigeant l'orthographe.

3 **a.** Voici une série de propositions de travail concernant le sujet proposé p. 23, chapitre 8 (« En reprenant les principaux procédés qui donnent au texte de Zola sa force de persuasion, écrivez un texte destiné à des jeunes de votre époque sur le sujet de votre choix qui portera sur la défense d'une valeur humaine fondamentale. »). Cochez celles qui vous semblent judicieuses pour mener à bien votre devoir.

❏ Je peux prendre finalement le même sujet que Zola.

❏ Le locuteur de ce texte peut être, comme chez Zola, un « ancien » s'adressant à des jeunes.

❏ Je peux choisir d'adresser mon discours à un ami.

❏ Je peux structurer le texte, comme chez Zola, par une anaphore qui interpelle mes interlocuteurs.

❏ Mon texte doit manifester un enthousiasme, une force de conviction.

❏ Je peux prendre comme sujet les guerres qui gangrènent aujourd'hui le monde.

❏ Je peux reprendre l'essentiel du texte de Zola en changeant simplement de thème.

❏ Je dois m'efforcer de rester objectif.

❏ Je dois, avant toute chose, analyser le ton adopté par Zola et rechercher les procédés d'écriture utilisés.

b. Réalisez le même travail pour le sujet suivant : « Avant de tuer sa sœur, Horace répond à sa malédiction (voir le texte, p. 49) : rédigez sa tirade en respectant les règles et le registre tragiques (le respect de l'alexandrin n'est pas exigé, vous pouvez choisir des vers libres). »

❏ Horace pardonne à sa sœur et tente de la raisonner.

❏ Horace justifie son geste.

❏ Horace tente de désamorcer la colère de sa sœur par l'humour et la dérision.

❏ Je peux faire parler Horace comme un personnage du XXIᵉ siècle.

❏ Camille coupe sans cesse la parole à Horace alors qu'il tente de parler.

❏ Horace maudit à son tour sa sœur.

❏ Mon texte doit rimer.

❏ Horace parle à sa sœur pendant qu'il est en train de la tuer.

Français

La dissertation

La dissertation est un écrit **d'argumentation**, **de délibération** ou **d'exploration** dont le sujet est en relation, dans le cadre du baccalauréat, avec le corpus de textes à étudier.

Il est donc demandé de soutenir, de réfuter, de discuter un point de vue ou d'explorer un thème, une notion, à partir d'un ensemble de textes.

La dissertation est composée de trois parties principales : **introduction**, **développement**, **conclusion**. Le développement est constitué de parties et celles-ci sont divisées en paragraphes.

● Élaborer une dissertation

• Analyser le sujet

– Repérez les éléments importants de l'intitulé : le verbe, qui vous indique le travail à effectuer (« étayez », « réfutez », « discutez », « analysez »…), le domaine à étudier, la formulation de la consigne ; par exemple : « vous vous demanderez en quoi… » ou « dans quelle mesure… » sont des expressions qui invitent à la discussion.

– Dégagez la problématique, c'est-à-dire la question à laquelle on vous demande de répondre. Elle détermine la suite de votre travail ; elle est essentielle pour éviter le hors-sujet.

• Rechercher les arguments ou les exemples

– Le sujet de la dissertation s'appuyant sur des textes et des objets d'étude connus, cette recherche paraît plus facile. Cependant, il ne s'agit pas de répéter les arguments des textes (s'ils en présentent).

– Votre recherche doit se faire en fonction de vos connaissances littéraires, en vérifiant chaque fois la pertinence de vos références et de vos affirmations. L'argument soutient votre affirmation, l'exemple vient l'illustrer.

• Bâtir le plan

– Servez-vous de la problématique comme point de départ. Le développement est l'élaboration, étape par étape, de la réponse à la question initiale. Chaque partie constitue donc un élément de réponse.

– L'ordre des parties dépend du type de sujet. Pour discuter une thèse, le plan classique est : thèse, antithèse, synthèse. Le devoir prend donc souvent la forme d'un raisonnement concessif en trois étapes. S'il s'agit d'explorer une notion, on mettra en évidence ses principales caractéristiques, en allant du plus évident vers le plus complexe.

• Construire l'introduction et la conclusion

– Ces étapes, essentielles, doivent être particulièrement soignées.

– L'introduction amène le sujet, pose la problématique et annonce le plan.

– La conclusion effectue le bilan de l'étude en répondant à la problématique ; cette réponse peut être nuancée.

• Rédiger le devoir

– Soyez particulièrement attentif à la correction de la langue (syntaxe et orthographe).

– Soignez le lien entre les remarques, les transitions entre les parties et entre les paragraphes : la réflexion doit apparaître comme un enchaînement logique d'analyses et non comme une juxtaposition de remarques.

– Prenez toujours le temps de relire votre travail.

Objet d'étude : le texte théâtral et sa représentation, du XVIIᵉ siècle à nos jours.

Sujet : « Il est bon de vous laisser le plaisir de la surprise », déclare Éraste (doc. 1). L'effet de surprise est-il nécessaire au plaisir du spectateur ou la connaissance de l'intrigue et du dénouement d'une pièce est-elle sans importance ?

Document 1

Acte I, scène première
JULIE, ÉRASTE, NÉRINE.

JULIE. – Mon Dieu, Éraste, gardons d'être surpris ; je tremble qu'on ne nous voie ensemble ; et tout serait perdu, après la défense que l'on m'a faite.

ÉRASTE. – Je regarde de tous côtés, et je n'aperçois rien.

JULIE. – Aie aussi l'œil au guet, Nérine, et prends bien garde qu'il ne vienne personne.

NÉRINE. – Reposez-vous sur moi, et dites hardiment ce que vous avez à vous dire.

JULIE. – Avez-vous imaginé pour notre affaire quelque chose de favorable ? et croyez-vous, Éraste, pouvoir venir à bout de détourner ce fâcheux mariage que mon père s'est mis en tête ?

ÉRASTE. – Au moins y travaillons-nous fortement ; et déjà nous avons préparé un bon nombre de batteries pour renverser ce dessein ridicule.

NÉRINE. – Par ma foi, voilà votre père.

JULIE. – Ah séparons-nous vite.

NÉRINE. – Non, non, non, ne bougez, je m'étais trompée.

JULIE. – Mon Dieu, Nérine, que tu es sotte, de nous donner de ces frayeurs !

ÉRASTE. – Oui, belle Julie, nous avons dressé pour cela quantité de machines[1], et nous ne feignons point de mettre tout en usage, sur la permission que vous m'avez donnée. Ne nous demandez point tous les ressorts que nous ferons jouer, vous en aurez le divertissement ; et comme aux comédies, il est bon de vous laisser le plaisir de la surprise, et de ne vous avertir point de tout ce qu'on vous fera voir ; c'est assez de vous dire que nous avons en main divers stratagèmes tous prêts à produire dans l'occasion, et que l'ingénieuse Nérine et l'adroit Sbrigani entreprennent l'affaire.

NÉRINE. – Assurément. Votre père se moque-t-il de vouloir vous anger[2] de son avocat de Limoges, Monsieur de Pourceaugnac, qu'il n'a vu de sa vie, et qui vient par le coche vous enlever à notre barbe ? Faut-il que trois ou quatre mille écus de plus, sur la parole de votre oncle, lui fassent rejeter un amant qui vous agrée ?

Molière, *Monsieur de Pourceaugnac*, acte I, scène 1, 1669.

1. Stratagèmes. 2. Tourmenter.

Document 2

Nicolas Boileau, poète et théoricien du XVIIᵉ siècle, définit dans son ouvrage les règles du théâtre classique.

Le secret est d'abord de plaire et de toucher
Inventez des ressorts qui puissent m'attacher.
Que dès les premiers vers l'action préparée
Sans peine du sujet aplanisse l'entrée.

Je me ris d'un acteur qui, lent à s'exprimer,
De ce qu'il veut d'abord, ne sait pas m'informer.
Et qui, débrouillant mal une pénible intrigue,
D'un divertissement me fait une fatigue [...].
Le sujet n'est jamais assez tôt expliqué.

N. Boileau, *Art poétique*, III, 1674.

Document 3

Acte I
LA VOIX

« *Il tuera son père. Il épousera sa mère.* »

Pour déjouer cet oracle d'Apollon, Jocaste, reine de Thèbes, abandonne son fils, les pieds troués et liés, sur la montagne. Un berger de Corinthe trouve le nourrisson et le porte à Polybe. Polybe et Mérope, roi et reine de Corinthe, se lamentaient d'une couche stérile. L'enfant, respecté des ours et des louves, Œdipe, ou Pieds percés, leur tombe du ciel. Ils l'adoptent. Jeune homme, Œdipe interroge l'oracle de Delphes. Le dieu parle : *Tu assassineras ton père et tu épouseras ta mère.* Donc il faut fuir Polybe et Mérope. La crainte du parricide et de l'inceste le jette vers son destin. Un soir de voyage, au carrefour où les chemins de Delphes et de Daulie se croisent, il rencontre une escorte. Un cheval le bouscule ; une dispute éclate ; un domestique le menace ; il riposte par un coup de bâton. Le coup se trompe d'adresse et assomme le maître. Ce vieillard mort est Laïus, roi de Thèbes. Et voici le parricide. L'escorte craignant une embuscade a pris le large. Œdipe ne se doute de rien ; il passe. Au reste, il est jeune, enthousiaste ; il a vite oublié cet accident. Pendant une de ses haltes, on lui raconte le fléau du Sphinx. Le Sphinx, « la Jeune fille ailée », « la Chienne qui chante », décime la jeunesse de Thèbes. Ce monstre pose une devinette et tue ceux qui ne la devinent pas. La reine Jocaste, veuve de Laïus, offre sa main et sa couronne au vainqueur du Sphinx. Comme s'élancera le jeune Siegfried, Œdipe se hâte. La curiosité, l'ambition le dévorent. La rencontre a lieu. De quelle nature, cette rencontre ? Mystère. Toujours est-il que le jeune Œdipe entre à Thèbes en vainqueur et qu'il épouse la reine. Et voilà l'inceste. Pour que les dieux s'amusent beaucoup, il importe que leur victime tombe de haut. Des années s'écoulent, prospères. Deux filles, deux fils compliquent les noces monstrueuses. Le peuple aime son roi. Mais la peste éclate. Les dieux accusent un criminel anonyme d'infecter le pays et ils exigent qu'on le chasse. De recherche en recherche et comme enivré de malheur, Œdipe arrive au pied du mur. Le piège se ferme. Lumière est faite. Avec son écharpe rouge, Jocaste se pend. Avec la broche d'or de la femme pendue, Œdipe se crève les yeux. Regarde, spectateur, remontée à bloc, de telle sorte que le ressort se déroule avec lenteur tout le long d'une vie humaine, une des plus parfaites machines construites par les dieux infernaux pour l'anéantissement mathématique d'un mortel.

J. Cocteau, *La Machine infernale*, 1934.

Français

24 Les principaux mouvements littéraires

Époque	Caractéristiques	Quelques œuvres et auteurs de la littérature française
XVIᵉ siècle	**L'humanisme**, à partir de la redécouverte des textes de l'Antiquité, affirme sa foi dans l'homme, le place au centre de sa pensée et se caractérise comme un véritable élan vers le savoir.	• Rabelais, *Pantagruel* (1532), *Gargantua* (1534) • Montaigne, *Essais* (1580-1595)
2ᵉ moitié du XVIᵉ siècle	**La Pléiade** désigne à la fois un courant et un groupe de poètes soucieux de montrer que la poésie française est capable de rivaliser, par le travail sur la langue et les formes, avec les grands modèles antiques.	• Ronsard, *Les Amours* (1552-1556) • Du Bellay, *Défense et illustration de la langue française* (1549), *Les Regrets* (1558)
Fin XVIᵉ - 1ʳᵉ moitié du XVIIᵉ siècle	**Le baroque** (dont la dénomination date du XXᵉ siècle) désigne en littérature un ensemble d'écrivains qui expriment une sensibilité inquiète face à un monde instable et en mouvement. L'art baroque, d'abord lié à la Contre-Réforme, privilégie l'ostentatoire, les jeux de miroirs, les fontaines, les trompe-l'œil ; la littérature baroque jouera volontiers des mises en abyme, des rebondissements, du spectacle de la vanité du monde soumis au jeu des apparences.	• Sponde, *Stances sur la mort* (1598) • Corneille, *L'Illusion comique* (1635) • D'Urfé, *L'Astrée* (1607-1628)
2ᵉ moitié du XVIIᵉ siècle	**Le classicisme** recherche l'équilibre, la mesure et entend donner une représentation universelle de l'âme humaine. Il codifie aussi son esthétique sur des règles strictes, notamment au théâtre (règle des trois unités, vraisemblance et bienséance).	• Corneille, *Horace* (1640) • Racine, *Phèdre* (1677) • Molière, *Tartuffe* (1669) • La Fontaine, *Fables* (1668-1694) • Pascal, *Pensées* (1670) • La Bruyère, *Les Caractères* (1696)
XVIIIᵉ siècle	**Les Lumières**, guidées par la seule raison, exercent leur esprit critique et luttent contre l'obscurantisme et les préjugés. Kant, à la fin du siècle, définira les Lumières comme une attitude intellectuelle, celle d'oser penser par soi-même. C'est cette audace qui constitue le point commun des Lumières, au-delà de la diversité de leurs idées et de leurs combats.	• Montesquieu, *Les Lettres persanes* (1721) • Voltaire, *Candide* (1759) • Diderot et d'Alembert, directeurs de l'*Encyclopédie* (1751-1772) • Rousseau, *Du contrat social* (1762) • Beaumarchais, *Le Mariage de Figaro* (1764)
1ʳᵉ moitié du XIXᵉ siècle	**Le romantisme**, auquel se rattachera la génération perdue, celle des fils de la Révolution et de l'Empire, exaltera le moi et instaurera la révolution dans les arts en rompant avec l'esthétique classique.	• Chateaubriand, *René* (1802) • Lamartine, *Méditations poétiques* (1820) • Hugo, *Hernani* (1830), *Les Contemplations* (1856) • Musset, *Lorenzaccio* (1834)

Époque	Caractéristiques	Quelques œuvres et auteurs de la littérature française
XIXe siècle	**Le réalisme** du XIXe siècle s'efforce de représenter la réalité de son temps sous tous ses aspects, de la façon la plus neutre et impersonnelle possible, selon ses théoriciens Champfleury et Duranty. Peu de romanciers se réclameront totalement de ce courant qui compte deux grands initiateurs (Stendhal et Balzac) et un « maître » (Flaubert) qui refuse absolument cette étiquette.	• Stendhal, *Le Rouge et le Noir* (1830) • Balzac, *Le Père Goriot* (1834) • Champfleury, *Le Réalisme* (1857) • Flaubert, *Madame Bovary* (1857)
2e moitié du XIXe siècle	**Le naturalisme** s'appuie sur la science et l'enquête sur le terrain, pour analyser les effets de l'hérédité et du milieu, mais devient aussi visionnaire pour créer avec Zola une véritable mythologie du monde moderne.	• Jules et Edmond de Goncourt, *Germinie Lacerteux* (1865) • Zola, *Les Rougon-Macquart* (1871-1893)
Fin XIXe siècle	**Le symbolisme** envisage le monde dans son mystère qu'il tente de suggérer et de dévoiler au moyen de symboles.	• Baudelaire, *Les Fleurs du mal* (1857) • Verlaine, *Poèmes saturniens* (1866) • Rimbaud, *Illuminations* (1886) • Mallarmé, *Poésies* (1899)
1re moitié du XXe siècle (après 1920)	**Le surréalisme**, à la suite des théories freudiennes et des thèses marxistes, entend explorer une surréalité en libérant l'homme du contrôle de la seule raison, et faire de l'art un acte révolutionnaire.	• Breton, *Manifeste du surréalisme* (1924), *Nadja* (1928) • Éluard, *Capitale de la douleur* (1926)
2e moitié du XXe siècle (à partir de 1938)	**La littérature de l'absurde** illustre le désarroi de l'homme, comme étranger face à un monde et à une existence dont il ne saisit plus le sens. Ionesco comme Beckett font éclater les formes et le langage théâtral, mais préfèrent parler d'insolite ou de vacuité du monde plutôt que d'absurde.	• Sartre, *La Nausée* (1938) • Camus, *L'Étranger* (1942) • Beckett, *En attendant Godot* (1953) • Ionesco, *Le roi se meurt* (1962)
2e moitié du XXe siècle	**Le Nouveau Roman** met fin au récit traditionnel fondé sur l'histoire et les personnages. Il entend ainsi dénoncer l'illusion romanesque, pour explorer autrement l'homme et son rapport au monde.	• Butor, *La Modification* (1957) • Sarraute, *L'Ère du soupçon* (1956), *Le Planétarium* (1959)

Français

Maths

Maths

Généralités sur les fonctions

1

● Définition d'une fonction

Soit D une partie de l'ensemble $\mathbb{R}$ des nombres réels.
Définir une **fonction** f sur l'ensemble D et à valeurs dans $\mathbb{R}$, c'est associer à chaque réel x de D un seul réel y. On note $f : x \mapsto y = f(x)$.
On dit que y est l'**image** de x par f et que x est un **antécédent** de y par f.
L'ensemble D, qui est l'ensemble des réels x qui ont une image par la fonction f, est appelé **ensemble de définition** de f.

● Courbe représentative d'une fonction

Dans un repère du plan, la courbe représentative C de la fonction f est l'ensemble des points M de coordonnées $(x ; y)$ tels que $x \in D$ et $y = f(x)$.
On dit que la courbe C a pour **équation** $y = f(x)$ dans le repère.

● Sens de variation d'une fonction

Soit I un intervalle de $\mathbb{R}$ et f une fonction définie sur I.
Dire que f est **strictement croissante** sur I signifie que, pour tous réels a et b de I :
$$\text{si } a < b, \text{ alors } f(a) < f(b).$$
Dire que f est **strictement décroissante** sur I signifie que, pour tous réels a et b de I :
$$\text{si } a < b, \text{ alors } f(a) > f(b).$$
Étudier le sens de variation d'une fonction consiste à déterminer les intervalles sur lesquels la fonction est soit strictement croissante, soit strictement décroissante.
Les résultats de cette étude sont ensuite résumés dans un tableau de variation.

● Maximum et minimum d'une fonction

Soit I un intervalle de $\mathbb{R}$, c un nombre réel de I et f une fonction définie sur I.
Dire que $f(c)$ est le **maximum** de f sur I signifie que, pour tout réel x de I, $f(x) \leqslant f(c)$.
Dire que $f(c)$ est le **minimum** de f sur I signifie que, pour tout réel x de I, $f(x) \geqslant f(c)$.

● Déterminer le minimum d'une fonction et lire un graphique

On donne la courbe C représentative de la fonction f définie sur $[-0,5 ; 7]$ par $f(x) = x - 1,5 + \dfrac{4}{x + 1}$.

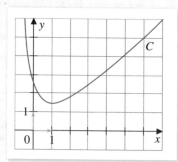

a. Démontrez que 1,5 est le minimum de f sur $[-0,5 ; 7]$.
On doit prouver que, pour tout x de $[-0,5 ; 7]$, $f(x) \geqslant 1,5$.
$$f(x) - 1,5 = x - 3 + \frac{4}{x+1} = \frac{(x-3)(x+1)+4}{x+1} = \frac{(x-1)^2}{x+1}.$$
$f(1) = 1,5$ et, pour tout x de $[-0,5 ; 7]$, $f(x) - 1,5 \geqslant 0$, donc $f(x) \geqslant 1,5$.
Donc 1,5 est le minimum de f atteint lorsque x vaut 1.

b. Lisez graphiquement les variations de f et dressez son tableau de variation.
La fonction f est **décroissante sur $[-0,5 ; 1]$**, puis **croissante sur $[1 ; 7]$**.

x	$-0,5$		1		7
Variations de $f(x)$	6				6
			1,5		

1
a. Démontrez que la fonction affine f définie par $f(x) = 0,7x - 10$ est croissante sur $\mathbb{R}$.

b. Démontrez que la fonction affine f définie par $f(x) = -2x + 6$ est décroissante sur $\mathbb{R}$.

c. Énoncez la propriété donnant le sens de variation d'une fonction affine selon le signe de son coefficient directeur m.

2
a. Démontrez que, pour tous réels a et b :
$$a^3 - b^3 = (a - b)(a^2 + ab + b^2).$$

b. Démontrez que la fonction f définie par $f(x) = x^3 - 2$ est croissante sur $\mathbb{R}$.

3
Soit la fonction f définie sur l'intervalle $]0 ; +\infty[$ par $f(x) = 5 + \dfrac{1}{x}$.

Démontrez que f est décroissante sur cet intervalle.

4
Soit la fonction f définie sur l'intervalle $]-\infty ; 2]$ par $f(x) = x(x - 4)$.
Démontrez que f est décroissante sur cet intervalle.

5
On donne la courbe C représentative de la fonction f définie sur $[1 ; 5]$ par $f(x) = -(x - 3)^2 + 4$.

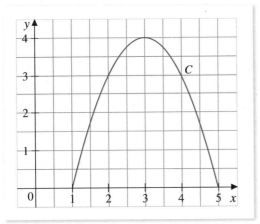

a. Démontrez que 4 est le maximum de f sur $[1 ; 5]$.

b. Dressez le tableau de variation de f.

c. Résolvez l'équation $f(x) = 3$.

6
On donne le tableau de variation d'une fonction g définie sur l'intervalle $[-2 ; 8]$:

x	-2	0	4	8
Variations de $g(x)$	3 ↘	↘ 1 ↗	↗ 6 ↘	↘ 0

a. Donnez le maximum et le minimum de g sur $[-2 ; 8]$.

b. Comparez $g(1)$ et $g(3)$; $g(6)$ et $g(7)$; $g(-1)$ et $g(2)$.

7
Un artisan fabrique des objets. Il ne peut pas en produire plus de 70 par semaine. On suppose que tout objet fabriqué est vendu.
Le coût de production de x dizaines d'objets, en milliers d'euros, est modélisé par la fonction f définie par :
$$f(x) = 0,1x^2 + 0,2x + 0,3.$$
Chaque objet est vendu 80 euros. On note $g(x)$ la recette obtenue par la vente de x dizaines d'objets, en milliers d'euros. On a donc $g(x) = 0,8x$.
Le bénéfice réalisé par la production et la vente de x dizaines d'objets en milliers d'euros est modélisé par une fonction B.

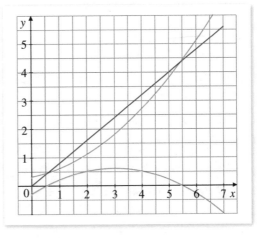

a. Donnez l'ensemble de définition des fonctions f, g et B.

b. Montrez que $B(x) = -0,1x^2 + 0,6x - 0,3$.

c. Observez sur l'écran de votre calculatrice les courbes représentatives des fonctions f, g et B. Pour quel nombre d'objets fabriqués et vendus le bénéfice est-il maximum ?

Maths

2 Polynômes du second degré

SAVOIR

● Fonctions polynômes du second degré

Soit a, b et c trois nombres réels ($a \neq 0$). La fonction f définie sur $\mathbb{R}$ par $f(x) = ax^2 + bx + c$ est appelée **fonction polynôme du second degré**.

On peut toujours écrire f sous la **forme canonique** $a\left(x + \dfrac{b}{2a}\right)^2 + \gamma$, où $\gamma = f\left(\dfrac{-b}{2a}\right)$.

La courbe représentative de cette fonction dans un repère du plan est une **parabole** dont le sommet S a pour coordonnées $\left(\dfrac{-b}{2a} \,;\, \gamma\right)$.

● Résolution de l'équation du second degré $ax^2 + bx + c = 0$

Le nombre réel $b^2 - 4ac$, noté Δ, est appelé **discriminant** du polynôme $ax^2 + bx + c$.
- Si $\Delta < 0$, alors l'équation n'a pas de solution dans $\mathbb{R}$.

- Si $\Delta = 0$, alors l'équation a une solution : $x_0 = \dfrac{-b}{2a}$.

- Si $\Delta > 0$, alors l'équation a deux solutions : $x_1 = \dfrac{-b - \sqrt{\Delta}}{2a}$ et $x_2 = \dfrac{-b + \sqrt{\Delta}}{2a}$.

● Signe du polynôme du second degré $ax^2 + bx + c$

- Si $\Delta < 0$, alors on ne peut pas factoriser $ax^2 + bx + c$; le polynôme garde toujours le même signe, celui du coefficient a de x^2.

- Si $\Delta = 0$, alors on peut factoriser : $f(x) = a(x - x_0)^2$; le signe de $f(x)$ est celui de a si $x \neq \dfrac{-b}{2a}$.

- Si $\Delta > 0$, alors on peut factoriser : $f(x) = a(x - x_1)(x - x_2)$; le signe de $f(x)$ s'obtient à l'aide d'un tableau de signes ou de la courbe.

SAVOIR-FAIRE

● Déterminer la forme canonique d'un polynôme du second degré

Soit $f(x) = 2x^2 + 5x - 7$. Déterminez la forme canonique de f.

Les coefficients sont $a = 2$; $b = 5$ et $c = -7$. Donc $\dfrac{-b}{2a} = \dfrac{-5}{4} = -1,25$

et $f(-1,25) = 2 \times (-1,25)^2 + 5 \times (-1,25) - 7 = -10,125$.
On en déduit la forme canonique : $\boldsymbol{f(x) = 2(x + 1,25)^2 - 10,125}$.

● Résoudre une équation du second degré

Résolvez dans $\mathbb{R}$ l'équation $2x^2 + 5x - 7 = 0$.
On calcule le discriminant : $\Delta = 5^2 - 4 \times 2 \times (-7)$; $\Delta = 81$. Comme $\Delta > 0$, l'équation a deux

solutions : $x_1 = \dfrac{-b - \sqrt{\Delta}}{2a} = \dfrac{-5 - 9}{4} = -3,5$ et $x_2 = \dfrac{-b + \sqrt{\Delta}}{2a} = \dfrac{-5 + 9}{4} = 1$.

L'ensemble des solutions est **{− 3,5 ; 1}**.

● Factoriser un polynôme du second degré

Factorisez le polynôme $2x^2 + 5x - 7$.
Le discriminant calculé précédemment vaut 81 ; le polynôme s'annule pour les valeurs $-3,5$ et 1.
On en déduit la factorisation : $\boldsymbol{2x^2 + 5x - 7 = 2(x + 3,5)(x - 1)}$.

1 Soit f la fonction définie sur $\mathbb{R}$ par :
$$f(x) = 2x^2 + 5x - 7.$$

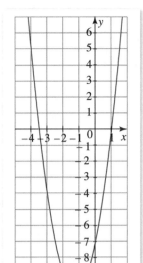

La figure montre la parabole représentative de cette fonction.

a. Résolvez graphiquement l'équation :
$$2x^2 + 5x - 7 = 0.$$

b. Justifiez à partir du graphique et de calculs simples que le sommet de la parabole a pour coordonnées $(-1,25 ; -10,125)$.

c. Résolvez graphiquement l'inéquation :
$$2x^2 + 5x - 7 \leqslant 0.$$

2 Soit g la fonction définie sur $\mathbb{R}$ par :
$$g(x) = -0,5(x - 6)^2 + 8.$$

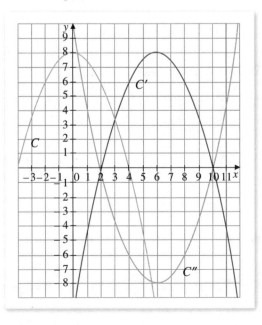

a. La fonction g est-elle une fonction polynôme du second degré ?

b. Déterminez la forme factorisée de g.

c. Parmi les trois courbes de la figure, laquelle représente g ?

3 Soit h la fonction définie sur $\mathbb{R}$ par :
$$h(x) = 3(x + 2)(x - 2).$$

a. La fonction h est-elle une fonction polynôme du second degré ?

b. Déterminez la forme canonique de h.

4 Résolvez dans $\mathbb{R}$ les équations suivantes.

a. $x^2 - 4x + 5 = 0$

b. $5x^2 + 7 = 0$

c. $x^2 - 1 = 0$

d. $2x^2 + 20x + 50 = 0$

5 On considère le polynôme $5x^2 - 3x - 1$.

a. Calculez son discriminant.

b. Factorisez, si possible, ce polynôme.

c. Étudiez le signe de $5x^2 - 3x - 1$ à l'aide d'un tableau de signes.

6 Résolvez dans $\mathbb{R}$ les inéquations suivantes.

a. $(x + 2)(x - 3) \geqslant 0$

b. $-x^2 + 3x - 4 > 0$

c. $2x^2 + 7x + 6 < 0$

7 Soit f la fonction définie sur $\mathbb{R}$ par :
$$f : x \mapsto -x^2 - 3x - 2.$$

Répondez aux questions suivantes à l'aide de la calculatrice.

a. Complétez le tableau de valeurs.

x	-3	$-2,5$	-2	$-1,5$	-1	$-0,5$	0	$0,5$	1	$1,5$	2
$f(x)$											

b. Dressez le tableau de variation de f et le tableau de signes de f.

3 Fonctions homographiques

● Fonction inverse

La **fonction inverse** est la fonction f définie sur $\mathbb{R}^*$
($\mathbb{R}$ privé de 0) par $x \mapsto \dfrac{1}{x}$.

La courbe représentative de la fonction inverse est une **hyperbole**. L'origine du repère est centre de symétrie de la courbe.

Les axes de coordonnées sont appelées **asymptotes** à la courbe.

La fonction inverse est décroissante sur $]-\infty\,;\,0[$ et décroissante sur $]0\,;\,+\infty[$.

On retient que :   si $0 < a < b$, alors $\dfrac{1}{a} > \dfrac{1}{b}$;

si $a < b < 0$, alors $\dfrac{1}{a} > \dfrac{1}{b}$.

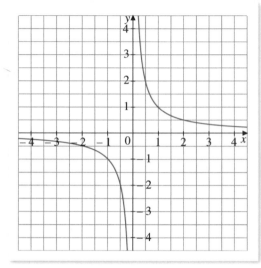

● Fonction homographique

On appelle **fonction homographique** la fonction f dont la représentation graphique est une hyperbole et qui peut s'écrire sous la **forme développée** $f(x) = \dfrac{ax + b}{cx + d}$, où a, b, c et d sont des nombres réels quelconques, avec c non nul.

La fonction homographique f est définie sur $\left]-\infty\,;\,-\dfrac{d}{c}\right[\cup \left]-\dfrac{d}{c}\,;\,+\infty\right[$.

On peut toujours écrire une fonction homographique sous la **forme réduite** $f(x) = \alpha + \dfrac{\beta}{x + \gamma}$, où α, β et γ sont des nombres réels ; la fonction f est alors définie sur $]-\infty\,;\,-\gamma[\cup]-\gamma\,;\,+\infty[$.

● Transformer une écriture

Soit la fonction homographique f définie sur $]-\infty\,;\,-1,5[\cup]-1,5\,;\,+\infty[$ par $f(x) = \dfrac{x - 5}{2x + 3}$.

Vérifiez que, pour tout x sauf $-1,5$, on peut écrire : $f(x) = \dfrac{1}{2} - \dfrac{3,25}{x + 1,5}$.

On part de la deuxième expression que l'on met au même dénominateur :
$$\dfrac{1}{2} - \dfrac{3,25}{x + 1,5} = \dfrac{1 \times (x + 1,5) - 2 \times 3,25}{2 \times (x + 1,5)} = \dfrac{x + 1,5 - 6,5}{2x + 3} = \dfrac{x - 5}{2x + 3}.$$

Donc pour tout réel x sauf $-1,5$, on a $\boldsymbol{f(x) = \dfrac{1}{2} - \dfrac{3,25}{x + 1,5}}$.

● Résoudre une équation

Résolvez l'équation $\dfrac{x - 5}{2x + 3} = 0$.

Un quotient est égal à 0 si, et seulement si, son numérateur est égal à 0 et son dénominateur différent de 0, donc $\dfrac{x - 5}{2x + 3} = 0$ équivaut à $x - 5 = 0$ et $2x + 3 \neq 0$.

L'unique solution de l'équation est donc $x = 5$.

1 On donne les deux fonctions f et g définies respectivement par :

$$f(x) = 3 - \frac{1}{x - 2} \text{ et } g(x) = 3 + \frac{1}{x + 2}$$

et deux courbes représentatives C_1 et C_2.

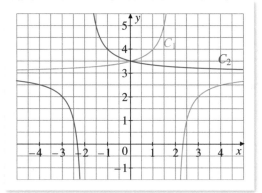

a. Calculez $f(0)$ et $g(0)$.

b. Associez chacune des fonctions f et g à la courbe qui la représente.

2 **a.** Écrivez les fonctions f et g de l'exercice 1 sous la forme $\frac{ax + b}{cx + d}$.

b. Résolvez l'équation $f(x) = 0$.

c. Résolvez l'équation $g(x) = 0$.

3 Soit f la fonction définie sur $]-\infty ; 3[\cup]3 ; +\infty[$ par $f(x) = \frac{-x + 4}{x - 3}$.

a. Calculez les images par f de 2 et 4.

b. On souhaite écrire f sous la forme :

$$f(x) = \alpha + \frac{\beta}{x - 3}.$$

Déterminez α et β sachant que $f(2) = -2$ et $f(4) = 0$. Vérifiez votre réponse.

4 La courbe ci-après représente la fonction f définie sur $]-\infty ; 3[\cup]3 ; +\infty[$ par $f(x) = \frac{-x + 4}{x - 3}$.

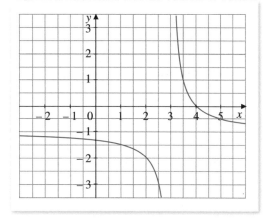

a. Dressez le tableau de variation de f.

b. Soit u et v deux nombres réels de l'intervalle $[0 ; 3[$ tels que $u < v$.
Comparez $f(u)$ et $f(v)$.

c. Résolvez graphiquement et par le calcul l'équation $f(x) = -1$.

d. Résolvez graphiquement et par le calcul l'inéquation $f(x) \geqslant 0$.

5 Soit f la fonction définie par :

$$f(x) = \frac{x^2 - 3x + 2}{x^2 - 4}.$$

a. Déterminez l'ensemble de définition D de f.

b. Résolvez l'équation $f(x) = 0$.

c. Montrez que f est une fonction homographique.

d. Résolvez l'inéquation $f(x) > 1$.

6 Soit f la fonction définie par :

$$f(x) = 5 - \frac{2}{x + 1}.$$

a. Déterminez l'ensemble de définition de f.

b. Résolvez l'équation $f(x) = 0$.

c. Déterminez l'ensemble E des réels x tels que :
$$4,8 \leqslant f(x) < 5.$$
Vérifiez vos résultats en observant la courbe représentative de f sur l'écran de votre calculatrice.

Maths

4 Fonctions de référence (racine carrée et cube)

SAVOIR

Fonction racine carrée

La racine carrée d'un nombre positif a est le nombre positif $\sqrt{a}$ dont le carré est a.

Conséquences : $\left(\sqrt{a}\right)^2 = a$; $\sqrt{a^2} = a$.

Si a et b sont deux nombres positifs, alors :

$$\sqrt{ab} = \sqrt{a}\sqrt{b} \; ; \; \sqrt{\dfrac{a}{b}} = \dfrac{\sqrt{a}}{\sqrt{b}}.$$

La **fonction racine carrée** est la fonction qui à tout nombre positif x associe sa racine carrée $\sqrt{x}$.
Son ensemble de définition est $[0 \; ; + \infty[$.
La fonction racine carrée est croissante sur $[0 \; ; + \infty[$.
Donc $0 \leq a < b$ équivaut à
$\sqrt{a} < \sqrt{b}$.

Fonction cube

La **fonction cube** est la fonction f définie sur $\mathbb{R}$ par :
$$f(x) = x^3.$$

La fonction cube est croissante sur $\mathbb{R}$.
Donc $a < b$ équivaut à $a^3 < b^3$.
L'origine du repère est centre de symétrie de la courbe représentative de la fonction cube.

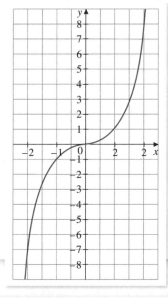

SAVOIR-FAIRE

Résoudre des inéquations avec la fonction racine carrée

Résolvez les inéquations suivantes.

a. $\sqrt{x} < 1,5$ **b.** $\sqrt{x} > \sqrt{2}$

a. La fonction racine carrée est croissante sur $[0 \; ; + \infty[$. Comme $2,25 = 1,5^2$, l'inéquation s'écrit $\sqrt{x} < \sqrt{2,25}$, ce qui équivaut à $0 \leq x < 2,25$. L'ensemble des solutions est l'intervalle **[0 ; 2,25[**.
b. $\sqrt{x} > \sqrt{2}$ équivaut à $x > 2$. L'ensemble des solutions est l'intervalle **[2 ; + ∞[**.

Résoudre des équations et des inéquations avec la fonction cube

a. Résolvez l'équation $x^3 = 8$.
Graphiquement, la droite d'équation $y = 8$ coupe une seule fois la courbe représentative de la fonction cube, au point d'abscisse 2. On sait que $2^3 = 8$. Donc l'équation a une seule solution, le nombre 2.
b. Résolvez l'inéquation $x^3 - 8 < 0$.
On écrit l'inéquation sous la forme $x^3 < 8$; on sait que $2^3 = 8$ et que la fonction cube est croissante sur $\mathbb{R}$. Donc $x^3 < 8$ équivaut à $x < 2$.
L'ensemble des solutions de l'inéquation est l'intervalle **]– ∞ ; 2[**.

1 Résolvez les inéquations suivantes.

a. $\sqrt{x} < 0,5$

b. $\sqrt{x} > 10$

2 Comparez $a = 2 + \sqrt{6}$ et $b = 2\sqrt{5}$.

3 Soit f et g les fonctions définies par :
$$f(x) = \sqrt{x + 3} \text{ et } g(x) = \sqrt{-x - 1}.$$

a. Donnez les ensembles de définition des fonctions f et g.

b. Calculez $f(-2)$ et $g(-2)$.

c. On donne les courbes représentant f et g dans un même repère.
Associez chacune des fonctions à la courbe qui la représente.

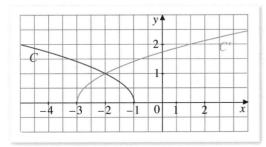

d. Résolvez graphiquement l'inéquation :
$$f(x) < g(x).$$

4 Déterminez l'ensemble de définition des fonctions suivantes.

a. $f : x \mapsto \sqrt{x^2 - 4}$

b. $g : x \mapsto \sqrt{-x^2 - 3x - 2}$

5 Écrivez la formule donnant le volume d'un cube d'arête c (en cm).

Complétez le tableau de valeurs.

Arête c	0,1	0,5	1	2	3	4	5	6	7	8	9	10
Volume du cube												

6 Développez les expressions suivantes.

a. $(x + 1)^2$

b. $(x + 1)^3$

7 Développez les expressions suivantes.

a. $(x - 2)^2$

b. $(x - 2)^3$

8 **a.** Développez $(x - 3)(x^2 + 3x + 9)$.

b. Résolvez l'équation $x^3 - 27 = 0$.

9 On a représenté, dans le même repère, les fonctions f et g définies sur $\mathbb{R}$ par :
$$f(x) = x^3 + 2 \text{ et } g(x) = (x + 2)^3.$$

a. Calculez $f(-1)$ et $g(-1)$.

b. Associez chacune de ces deux fonctions à la courbe qui la représente.

c. Résolvez graphiquement puis algébriquement l'équation $f(x) = g(x)$.

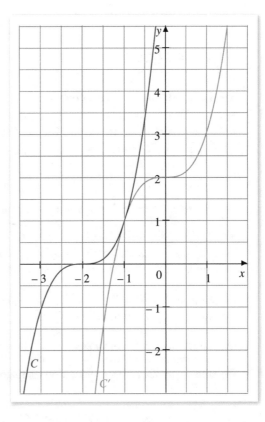

Maths

5

Nombre dérivé

Taux d'accroissement d'une fonction

Soit f une fonction définie sur un intervalle I, a et b deux réels distincts de I.
On pose $h = b - a$, ce qui permet d'écrire $b = a + h$.

Le **taux d'accroissement** de f entre a et $a + h$ est le nombre $\dfrac{f(a + h) - f(a)}{h}$.

Nombre dérivé d'une fonction en un point

Le **nombre dérivé de f en a** est la limite, si elle existe,
du taux d'accroissement $\dfrac{f(a + h) - f(a)}{h}$ lorsque h tend vers 0. On le note $f'(a)$.

On dit alors que f **est dérivable en a**.

Tangente à une courbe

Soit f une fonction définie sur un intervalle I et C
sa courbe représentative dans un repère.
Soit A le point de C d'abscisse a et M le point de C
d'abscisse $a + h$.

Le quotient $\dfrac{f(a + h) - f(a)}{h}$ donne le coefficient

directeur de la droite (AM).

Si la fonction f est dérivable en a, alors la droite T
passant par A et de coefficient directeur $f'(a)$ est
la **tangente** à la courbe C au point A.
Une équation de T est $y = f'(a)(x - a) + f(a)$.

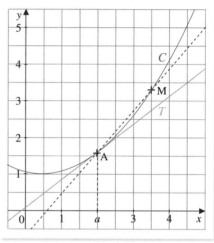

Calculer un nombre dérivé

Soit f la fonction définie sur $[0 ; 3]$ par $f(x) = x^2 - 2$.
Calculez le nombre dérivé de f en 1, noté $f'(1)$.

$f(1) = -1$; $f(1 + h) = (1 + h)^2 - 2 = h^2 + 2h - 1$; $f(1 + h) - f(1) = h(h + 2)$.

On calcule le taux d'accroissement de f entre 1 et $1 + h$: $\dfrac{f(1 + h) - f(1)}{h} = \dfrac{h(h + 2)}{h} = h + 2$.

Lorsque h tend vers 0, l'expression $h + 2$ tend vers 2. Donc $f'(1) = 2$.

Tracer une tangente connaissant le nombre dérivé

Soit f la fonction définie par $f(x) = x^2 - 2$ et C sa courbe représentative.
Sachant que $f'(1) = 2$, tracez la tangente T à la courbe C au point
d'abscisse 1.

Le coefficient directeur de T est égal au nombre dérivé ; il vaut donc 2.
Comme $f(1) = -1$; on trace la droite passant par le point A$(1 ; -1)$ et de
coefficient directeur 2.
On peut aussi calculer une équation de la tangente T en remplaçant a par 1
dans la formule $y = f'(a)(x - a) + f(a)$.
On obtient $y = 2(x - 1) + (-1)$, d'où l'équation de T : $y = 2x - 3$.

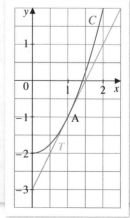

1 Soit f la fonction définie sur $[0 ; 3]$ par :
$$f(x) = x^2 - 2.$$
Calculez le nombre dérivé de f en 2.

2 Soit f la fonction définie sur $\mathbb{R}$ par :
$$f(x) = 5x - 7.$$
a. Calculez le nombre dérivé de f en 4.
b. Soit x un réel quelconque, calculez $f'(x)$.

3 Reprenez les questions de l'exercice 2 avec la fonction f définie par :
$$f(x) = -6x + 1.$$

4 On donne la courbe C représentant une fonction g sur l'intervalle $]0 ; 5]$.

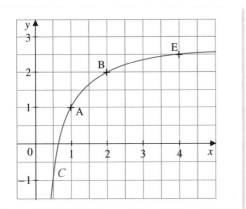

On sait que :
$$g(1) = 1 ; \quad g(2) = 2 ; \quad g(4) = 2,5 ;$$
$$g'(1) = 2 ; \quad g'(2) = 0,5 ; \quad g'(4) = 0,125.$$
Tracez les tangentes à la courbe C aux points A, B et E d'abscisses respectives 1, 2 et 4.

5 On donne la courbe C représentant une fonction g sur l'intervalle $[-4 ; 2[$.

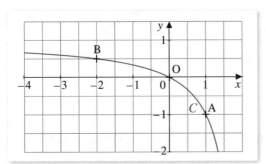

On sait que :
$$g(0) = 0 ; \quad g(1) = -1 ; \quad g(-2) = 0,5 ;$$
$$g'(0) = -0,5 ; \quad g'(1) = -2 ; \quad g'(-2) = -0,125.$$
Tracez les tangentes à la courbe C aux points O, A et B d'abscisses respectives 0, 1 et – 2.

6 Soit f une fonction dérivable en 5 et C sa courbe représentative.
On sait que $f(5) = 3$ et $f'(5) = -2$.
Calculez une équation de la tangente T à C au point d'abscisse 5.

7 Soit f une fonction dérivable en – 3 et C sa courbe représentative.
On sait que $f(-3) = 0$ et $f'(-3) = 4$.
Calculez une équation de la tangente T à C au point d'abscisse – 3.

8 Soit f une fonction dérivable en 2 et C sa courbe représentative.
On sait que $f(2) = 1,5$ et $f'(2) = 0$.
Calculez une équation de la tangente T à C au point d'abscisse 2.

9 Soit f la fonction définie sur $\mathbb{R}$ par :
$$f(x) = 0,5(x^3 - 3x + 2).$$

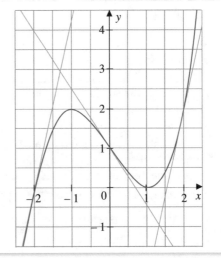

Sur la figure, on a tracé sa courbe représentative C ainsi que les tangentes à C aux points d'abscisses – 2, – 1, 0, 1 et 2.

Lisez graphiquement les coefficients directeurs de ces cinq tangentes.

Déduisez-en les nombres dérivés de f en – 2, – 1, 0, 1 et 2.

Maths

6 Calcul des dérivées

SAVOIR

Fonction dérivée

Soit f une fonction définie sur un intervalle I. Si f est dérivable pour tout x de I, on dit que f est dérivable sur I. La **fonction dérivée** de f est la fonction f' qui à tout x de I associe le nombre $f'(x)$.

Dérivées des fonctions usuelles

Intervalle I	$f(x)$	$f'(x)$
$\mathbb{R}$	k (k constante réelle)	0
$\mathbb{R}$	x^n (n entier, $n \geqslant 1$)	nx^{n-1}
$]-\infty\,;\,0[$ ou $]0\,;\,+\infty[$	$\dfrac{1}{x}$	$\dfrac{-1}{x^2}$
$]0\,;\,+\infty[$	$\sqrt{x}$	$\dfrac{1}{2\sqrt{x}}$

Règles de dérivation

Soit u et v deux fonctions dérivables sur le même intervalle I et soit λ un nombre réel.

Somme : la fonction $u + v$ est dérivable sur I et $(u + v)' = u' + v'$.

Produit par un réel : la fonction λu est dérivable sur I et $(\lambda u)' = \lambda u'$.

Produit : la fonction uv est dérivable sur I et $(uv)' = u'v + uv'$.

Quotient : si v ne s'annule pas sur I, alors la fonction $\dfrac{u}{v}$ est dérivable sur I et $\left(\dfrac{u}{v}\right)' = \dfrac{u'v - uv'}{v^2}$.

SAVOIR-FAIRE

Calculer la dérivée d'une somme, d'un produit

a. Soit f la fonction définie sur $\mathbb{R}$ par $f(x) = x^2 + x + 5$. Calculez la dérivée de f.

f se présente sous la forme d'une somme de trois fonctions $u : x \mapsto x^2$, $v : x \mapsto x$ et $w : x \mapsto 5$. La dérivée d'une somme est la somme des dérivées. Or $u'(x) = 2x$; $v'(x) = 1$ et $w'(x) = 0$.

Donc $f'(x) = 2x + 1$.

b. Soit g la fonction définie sur $\mathbb{R}$ par $g(x) = 3x^2(x^2 + x + 5)$. Calculez la dérivée de g.

g se présente sous la forme d'un produit de deux fonctions (la deuxième étant la fonction f du **a.**). On applique la formule $(uv)' = u'v + uv'$. On pose $u(x) = 3x^2$ et $v(x) = x^2 + x + 5$; la fonction u est le produit de la fonction carré par un réel, donc : $u'(x) = 3 \times 2x$ et $v'(x) = 2x + 1$.

$g'(x) = 6x(x^2 + x + 5) + 3x^2(2x + 1)$. Après développement : $g'(x) = 12x^3 + 9x^2 + 30x$.

Calculer la dérivée d'un quotient

Soit f la fonction définie sur $[-2\,;\,9]$ par $f(x) = \dfrac{3x - 7}{2x + 5}$. Calculez la dérivée de f.

f se présente sous la forme d'un quotient, dont le dénominateur ne s'annule pas sur $[-2\,;\,9]$.

On applique la formule $\left(\dfrac{u}{v}\right)' = \dfrac{u'v - uv'}{v^2}$.

On pose $u(x) = 3x - 7$ et $v(x) = 2x + 5$; on a alors $u'(x) = 3$ et $v'(x) = 2$.

$f'(x) = \dfrac{3 \times (2x + 5) - (3x - 7) \times 2}{(2x + 5)^2} = \dfrac{6x + 15 - 6x + 14}{(2x + 5)^2}$; soit $f'(x) = \dfrac{29}{(2x + 5)^2}$.

1 *(Extrait Bac ST2S, Nouvelle-Calédonie, novembre 2009)*

Un laboratoire pharmaceutique étudie l'effet d'une nouvelle molécule d'antibiotique sur un rat auquel on a injecté des bactéries.

L'évolution du nombre de bactéries (en millions) présentes dans un échantillon de sang en fonction du temps t (en jours) est donnée par la fonction f définie sur $[0 ; 1]$ par :
$$f(t) = t^3 + t^2 + 0,5.$$

La fonction f', dérivée de la fonction f, exprime la vitesse de prolifération des bactéries à un instant donné.

a. Déterminez $f'(t)$.

b. Calculez $f'(0,5)$ et interprétez en termes de vitesse de prolifération des bactéries.

2 Calculez la dérivée des fonctions suivantes définies sur $\mathbb{R}$.

a. $f(x) = 5x^2 - 7x + 8$

b. $g(x) = x^4 + 2x^3 - 3x^2 + x - 7$

3 Calculez la dérivée des fonctions suivantes définies sur $]0 ; +\infty[$.

a. $f(x) = 3\sqrt{x}$

b. $g(x) = (x - 2)\sqrt{x}$

4 Soit f et g les fonctions définies sur $\mathbb{R}$ par :
$$f(x) = 2x^2 - 2x + 1$$
$$\text{et } g(x) = x^3 - x + 1.$$

a. Calculez les dérivées des fonctions f et g.

b. Montrez que les courbes représentatives de ces deux fonctions ont une tangente commune au point d'abscisse 1.

Déterminez une équation de cette tangente commune.

5 Soit f la fonction définie sur $\mathbb{R}$ par :
$$f(x) = (2x^2 - 3x + 1)(x^2 + 2).$$

Calculez de deux manières la dérivée de f :

a. en utilisant la formule de dérivée d'un produit.

b. en développant d'abord $f(x)$.

6 Calculez la dérivée des fonctions suivantes.

a. f définie sur $]2 ; +\infty[$ par :
$$f(x) = \frac{2x + 7}{2x - 4}.$$

b. g définie sur $]-1 ; +\infty[$ par :
$$g(x) = \frac{-3x + 1}{x + 1}.$$

7 Soit f la fonction définie par :
$$f(x) = \frac{x + 2}{x^2 - 4x + 3}.$$

a. Déterminez l'ensemble D de définition de f.

b. Calculez la dérivée de f.

8 Soit f la fonction définie sur $]0 ; +\infty[$ par :
$$f(x) = x - 1 + \frac{1}{x}.$$

a. Calculez la dérivée de f.

b. Complétez le tableau de valeurs suivant.

x	0,5	1	1,5	2	2,5	3	3,5	4
$f(x)$								
$f'(x)$								

9 Soit f et g les fonctions définies sur $]1 ; 5[$ par :
$$f(x) = \frac{1}{x - 1} - \frac{1}{x - 5}$$
$$\text{et } g(x) = \frac{x^2 - 6x + 1}{x^2 - 6x + 5}.$$

a. Calculez les dérivées de ces deux fonctions.

b. On constate que, pour tout x, $f'(x) = g'(x)$. Les fonctions f et g sont-elles égales ?

Maths

7 Utilisation des dérivées

● Lien entre le signe de la dérivée et le sens de variation

Soit f une fonction définie et dérivable sur un intervalle I et f' sa fonction dérivée.
- f est croissante sur I si, et seulement si, f' est positive sur I.
- f est décroissante sur I si, et seulement si, f' est négative sur I.
- f est constante sur I si, et seulement si, f' est nulle sur I.

● Extremum local d'une fonction

Soit f une fonction dérivable sur un intervalle I et c un élément de I.
Si la dérivée s'annule et change de signe en c, alors f admet un extremum local en ce point.

SAVOIR-FAIRE

● Étudier le sens de variation d'une fonction

Étudiez le sens de variation de la fonction f définie sur $[-2 \ ; 4]$ par $f(x) = x^3 - 3x + 2$.

On calcule la dérivée : $f'(x) = 3x^2 - 3 = 3(x + 1)(x - 1)$.

La fonction dérivée est un polynôme du second degré qui s'annule pour les valeurs -1 et 1 ; le coefficient devant x^2 étant positif, la dérivée est négative sur $]-1 \ ; 1[$ et positive à l'extérieur de cet intervalle. Donc f est croissante sur $[-2 \ ; -1]$, décroissante sur $[-1 \ ; 1]$ et croissante sur $[1 \ ; 4]$.
On dresse le tableau de variation de f :

x	-2		-1		1		4
Signe de $f'(x)$		$+$	0	$-$	0	$+$	
Variations de $f(x)$	0		4		0		54

● Exploiter le sens de variation pour obtenir des inégalités

Soit f la fonction définie sur $]-1 \ ; 5]$ par $f(x) = \dfrac{3}{x + 1}$.

Déterminez un encadrement de $f(x)$ lorsque x décrit $[0 \ ; 1]$.

On calcule la dérivée : $f'(x) = -\dfrac{3}{(x + 1)^2}$.

La dérivée étant négative, la fonction f est décroissante sur $]-1 \ ; 5]$.
On en déduit que si $0 \leqslant x \leqslant 1$, alors $f(0) \geqslant f(x) \geqslant f(1)$. Or $f(0) = 3$ et $f(1) = 1{,}5$.
Donc, lorsque x décrit $[0 \ ; 1]$, on obtient : **$1{,}5 \leqslant f(x) \leqslant 3$**.

● Déterminer un extremum local

Soit f la fonction définie sur $]0 \ ; 100]$ par $f(x) = \dfrac{2700}{x} + 3x$.

Montrez que f admet un minimum pour une valeur c. Calculez ce minimum.

On calcule la dérivée : $f'(x) = \dfrac{-2700}{x^2} + 3 = \dfrac{-2700 + 3x^2}{x^2} = \dfrac{3(x - 30)(x + 30)}{x^2}$.

Sur l'intervalle $]0 \ ; 100]$, la dérivée a le signe du facteur $x - 30$.
Elle s'annule donc et change de signe pour $x = 30$; elle est négative si $x < 30$ et positive si $x > 30$.
On en déduit que **f admet un minimum en $c = 30$; ce minimum vaut $f(30) = 180$**.

1 On donne la courbe de la fonction dérivée f' d'une fonction f sur l'intervalle $[1 ; 6]$.

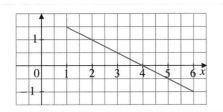

a. Donnez par lecture graphique le signe de $f'(x)$ selon les valeurs de x.

b. Déduisez-en le sens de variation de f.

2 On donne dans le même repère les courbes C_1 et C_2 représentatives de deux fonctions f et g définies et dérivables sur $]-1 ; 4]$.

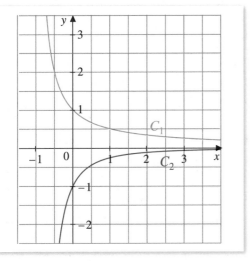

Une des deux fonctions est la dérivée de l'autre. Lisez sur le graphique les informations qui permettent de choisir.

3 **a.** Étudiez le sens de variation de la fonction f définie sur $\mathbb{R}$ par $f(x) = x^3 + x - 2$.

b. Démontrez que si $x \in [0 ; 1]$ alors $f(x) \in [-2 ; 0]$.

c. Démontrez que si $x > 1$ alors $f(x) > 0$.

4 **a.** Étudiez le sens de variation de la fonction f définie sur $[-6 ; 6[$ par $f(x) = \dfrac{x + 3}{x - 6}$.

b. Démontrez que si $x \in [-6 ; -3]$ alors $f(x) \in [0 ; 0,25]$.

5 **a.** Étudiez le sens de variation de la fonction f définie sur $]1 ; +\infty[$ par $f(x) = \dfrac{2x - 5}{x - 1}$.

b. Démontrez que si $x \in]1 ; 2,5[$ alors $f(x) < 0$.

6 On cherche à construire une boîte sans couvercle ayant le plus grand volume possible à partir d'un triangle équilatéral ABC de côté 10 cm.

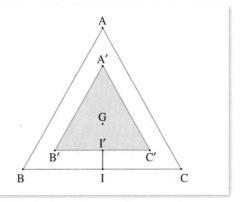

On a tracé le triangle équilatéral $A'B'C'$ à l'intérieur du triangle ABC de sorte que les côtés des triangles soient parallèles deux à deux, comme sur la figure. On pose $I'I = x$.

On admet que le volume $V(x)$ de la boîte de hauteur x ainsi construite est donné par l'expression :
$$V(x) = x\left(10 - 2x\sqrt{3}\right)\left(5\sqrt{3} - 3x\right)$$
pour x appartenant à $\left[0 ; \dfrac{5}{\sqrt{3}}\right]$.

Un logiciel (ou la calculatrice) donne la courbe de la fonction V.

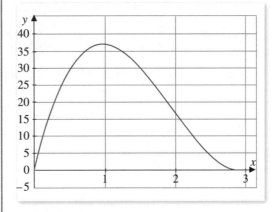

Déterminez la valeur exacte de x permettant d'obtenir le volume maximal et donnez une valeur approchée de ce volume maximal.

8 Étude de fonctions

Plan d'étude d'une fonction dérivable

Soit f une fonction d'une variable x.

- On détermine, s'il n'est pas donné, l'ensemble de définition de f.
- On vérifie que f est dérivable et on calcule la dérivée f' de f.
- On étudie le signe de $f'(x)$ selon les valeurs de x.
- On en déduit le sens de variation de f sur chaque intervalle de l'ensemble de définition.
- On résume tous les résultats obtenus dans un tableau de variation.

Étudier une fonction polynôme

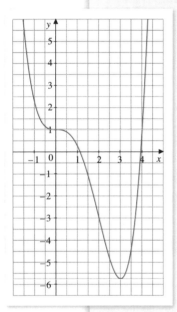

Étudiez les variations de f définie sur $\mathbb{R}$ par $f(x) = \dfrac{x^4}{4} - x^3 + 1$
et tracez sa courbe représentative.

f est une fonction polynôme dérivable sur $\mathbb{R}$ et $f'(x) = x^3 - 3x^2$.

On factorise : $f'(x) = x^2(x - 3)$.

La dérivée s'annule pour les valeurs 0 et 3. Son signe est celui de $x - 3$.

Donc f est décroissante sur $]-\infty\,;\,3]$ et croissante sur $[3\,;\,+\infty[$.

On dresse le tableau de variation :

x	$-\infty$		0		3		$+\infty$
Signe de $f'(x)$		$-$	0	$-$	0	$+$	
Variations de $f(x)$					$\dfrac{-23}{4}$		

La courbe passe par les points de coordonnées $(0\,;\,1)$ et $\left(3\,;\,\dfrac{-23}{4}\right)$

et admet en ces points une tangente parallèle à l'axe des abscisses.

Étudier une fonction rationnelle

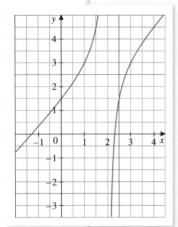

Étudiez les variations de f définie sur $\mathbb{R}\backslash\{2\}$ par $f(x) = \dfrac{x^2 - x - 3}{x - 2}$ et tracez sa courbe.

f est une fonction rationnelle et on applique la formule $\left(\dfrac{u}{v}\right)' = \dfrac{u'v - uv'}{v^2}$.

On pose $u(x) = x^2 - x - 3$ et $v(x) = x - 2$, d'où $u'(x) = 2x - 1$ et $v'(x) = 1$.

On obtient $f'(x) = \dfrac{(2x - 1)(x - 2) - (x^2 - x - 3) \times 1}{(x - 2)^2}$, soit $f'(x) = \dfrac{x^2 - 4x + 5}{(x - 2)^2}$.

Le numérateur est un polynôme du second degré de discriminant négatif ($\Delta = -4$) ; le coefficient de x^2 étant positif, ce polynôme est toujours strictement positif. On en déduit que f est croissante sur $]-\infty\,;\,2[$ et sur $]2\,;\,+\infty[$. On dresse le tableau de variation :

x	$-\infty$	2	$+\infty$
Signe de $f'(x)$	$+$		$+$
Variations de $f(x)$			

1 Soit f la fonction définie sur $\mathbb{R}$ par :
$$f(x) = -3x^2 + 5x - 2.$$

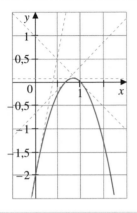

a. Étudiez les variations de f.

b. Soit C la courbe représentative de f dans un repère. Calculez les coordonnées des points d'intersection de C avec les axes des abscisses et des ordonnées, puis déterminez les équations des tangentes à C en ces points.

c. Vérifiez la cohérence de vos réponses en observant la figure ci-dessus donnant la courbe C, sa tangente horizontale et les tangentes obtenues à la question **b.** dans le même repère.

2 Soit f la fonction définie sur $\mathbb{R}$ par :
$$f(x) = x^3 - 2x^2 + 5x - 4.$$

a. Étudiez les variations de f.

b. Soit C la courbe représentative de f dans un repère. Déterminez les équations des tangentes T_0 et T_1 à C aux points d'abscisses 0 et 1.

c. Quelle est la position relative de la courbe C par rapport aux tangentes T_0 et T_1 ?

3 Soit f la fonction définie sur $\mathbb{R}$ par :
$$f(x) = x^4 - 2x^2.$$

a. Observez la courbe C représentative de f sur l'écran de votre calculatrice.

b. Étudiez les variations de f.

c. Étudiez le signe de f.

4 Soit f la fonction définie sur $\mathbb{R}\backslash\{1,5\}$ par :
$$f(x) = \frac{-x + 1}{2x - 3}.$$

a. Étudiez les variations de f.

b. Soit C la courbe représentative de f dans un repère. Déterminez les équations des tangentes T_0, T_1 et T_2 à C aux points d'abscisses 0,1 et 2.

c. Observez les tracés de la courbe et des tangentes sur l'écran de votre calculatrice.

5 Soit f la fonction définie sur $\mathbb{R}\backslash\{-1\}$ par :
$$f(x) = \frac{x^2 + 3}{x + 1}.$$

a. Étudiez les variations de f.

b. Vérifiez que f peut s'écrire sous la forme $f(x) = x - 1 + \dfrac{4}{x + 1}$. Quelle est la position relative de la courbe C représentative de f et de la droite d d'équation $y = x - 1$? Justifiez votre réponse et vérifiez sur votre calculatrice.

6 Soit f la fonction définie par :
$$f(x) = \frac{-4}{x^2 - 2x - 3}.$$

La figure montre sa courbe représentative dans un repère.

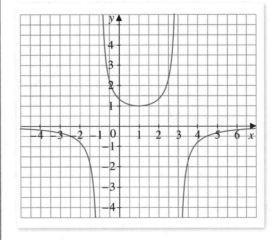

a. Déterminez l'ensemble de définition D de f.

b. Calculez la dérivée f' de f.

c. Étudiez le signe de f' et retrouvez le sens de variation de f montré par le graphique.

Résolutions graphique et algébrique d'équations et d'inéquations

● **Résoudre graphiquement $f(x) = 0$**

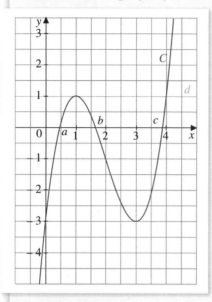

Soit f la fonction définie sur $\mathbb{R}$ par $f(x) = x^3 - 6x^2 + 9x - 3$.

a. Tracez sur votre calculatrice la courbe C représentative de f et donnez le nombre de solutions de l'équation $f(x) = 0$.

La figure montre que la courbe C coupe l'axe des abscisses en trois points d'abscisses a, b et c. **Donc il semble que l'équation $f(x) = 0$ admette trois solutions dans $\mathbb{R}$.**

b. Étudiez les variations de f et expliquez pourquoi l'équation $f(x) = 0$ ne peut pas admettre plus de trois solutions.

La fonction f est dérivable sur $\mathbb{R}$ et a pour dérivée :
$$f'(x) = 3x^2 - 12x + 9 = 3(x - 1)(x - 3).$$

La dérivée s'annule pour les valeurs 1 et 3 ; elle est négative dans l'intervalle $]1 ; 3[$ et positive dans $]-\infty ; 1[\cup]3 ; +\infty[$. On en déduit que **$f$ est croissante sur $]-\infty ; 1]$, décroissante sur $[1 ; 3]$ et croissante sur $[3 ; +\infty[$.**

D'où le tableau de variation suivant :

x	$-\infty$		1		3		$+\infty$
Signe de $f'(x)$		$+$	0	$-$	0	$+$	
Variations de $f(x)$		↗	1	↘ -3		↗	

x	$f(x)$
0	-3
1	1
2	-1
3	-3
4	1

D'après le tableau de variation et le tableau de valeurs, l'équation $f(x) = 0$ ne peut pas avoir de solutions dans $]-\infty ; 0]$ ni dans $[4 ; +\infty[$ et ne peut admettre qu'une solution dans chacun des intervalles $[0 ; 1]$, $[1 ; 2]$ et $[3 ; 4]$, soit trois solutions.

c. À l'aide d'un tableur, donnez des encadrements de a, b et c d'amplitude 10^{-1}.

x	$f(x)$
0,4	$-0,30$
0,5	0,13

x	$f(x)$
1,6	0,14
1,7	$-0,13$

x	$f(x)$
3,8	$-0,57$
3,9	0,16

Donc $a \in]0,4 ; 0,5[$, $b \in]1,6 ; 1,7[$ et $c \in]3,8 ; 3,9[$.

● **Résoudre graphiquement $f(x) > \lambda$, où λ est un réel fixé**

On reprend la fonction de l'exemple précédent.

a. Donnez l'ensemble des solutions de l'inéquation $f(x) > 0$.

D'après le graphique et le tableau de variation de f, la courbe C est située au-dessus de l'axe des abscisses sur $]a ; b[$ et sur $]c ; +\infty[$.

Donc l'ensemble des solutions de l'inéquation $f(x) > 0$ est $]a ; b[\cup]c ; +\infty[$.

b. Donnez l'ensemble des solutions de l'inéquation $f(x) > 1$.

On trace la droite d d'équation $y = 1$. La courbe est située au-dessus de d sur l'intervalle $]4 ; +\infty[$. Donc l'ensemble des solutions de l'inéquation $f(x) > 1$ est $]4 ; +\infty[$.

1 Sur le graphique, on a tracé les courbes représentatives des fonctions :

$$x \mapsto x^2 + 1 \text{ et } x \mapsto -\frac{1}{x}.$$

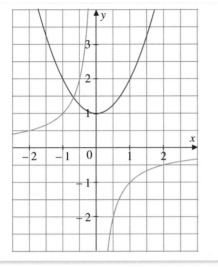

Soit f la fonction définie sur $\mathbb{R}$ par :

$$f(x) = x^3 + x + 1.$$

a. Montrez que résoudre l'équation $x^2 + 1 = -\dfrac{1}{x}$ équivaut à résoudre l'équation $f(x) = 0$.

b. Tracez sur votre calculatrice la courbe C représentative de f et lisez le nombre de solutions de l'équation $f(x) = 0$.

c. Étudiez les variations de f et expliquez pourquoi l'équation $f(x) = 0$ ne peut pas avoir plus d'une solution.

d. On note a, l'unique solution de l'équation. À l'aide d'un tableur, donnez un encadrement de a d'amplitude 10^{-2}.

2 On donne, sur l'intervalle $[-2 ; 2]$, la courbe C_1 représentative de la fonction dérivée g' d'une fonction g telle que $g(0) = 5$.

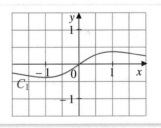

Dressez le tableau de variation de g.
Déduisez-en l'ensemble des solutions de l'inéquation $g(x) < 5$.

3 On donne la courbe représentative C d'une fonction h définie et dérivable sur $]1 ; 6]$.

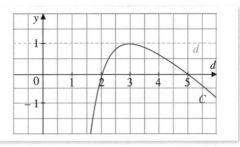

La droite d d'équation $y = 1$ est tangente à la courbe C au point d'abscisse 3.
Résolvez graphiquement les équations et inéquations suivantes.

a. $h(x) = 0$

b. $h'(x) = 0$

c. $h(x) > 0$

d. $h'(x) > 0$

4 f est une fonction définie sur $[-3 ; 9]$ dont la représentation graphique C est donnée ci-dessous. Pour chacune des quatre questions posées, déterminez la réponse exacte.

a. f est positive sur :

  1. $[-3 ; -1] \cup [4 ; 9]$

  2. $[-2 ; 2] \cup [6 ; 9]$

  3. $[0 ; 4]$

b. $f'(0) = \ldots$

  1. -1 **2.** 2 **3.** $-1{,}5$

c. $f(0) = \ldots$

  1. 0 **2.** 2 **3.** $-2 ; 2$ et 6

d. Solution(s) de l'équation $f(x) = 0$:

  1. 2 **2.** $-2 ; 2$ et 6 **3.** aucune

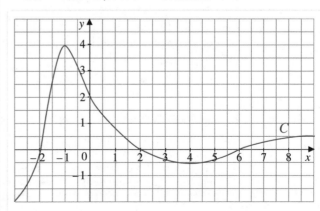

Mise en équations
et résolution de problèmes

SAVOIR-FAIRE

● Résoudre un problème d'optimisation

Une étude a montré que le prix x demandé pour un spectacle (en euros) et le nombre de spectateurs y étaient liés approximativement par la relation $y = 40 + \dfrac{9\,000}{x^2}$, pour $x \in [5 \,;\, 30]$.

La figure montre la courbe représentant la fonction :

$$f : x \mapsto 40 + \frac{9\,000}{x^2}.$$

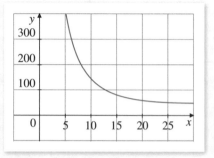

On note $R(x)$ la recette d'un spectacle en fonction du prix x en euros.

a. Déterminez le prix permettant d'obtenir la recette maximale et le prix permettant d'obtenir la recette minimale.

La recette est égale au produit du prix par le nombre de spectateurs, soit $x \times y$; la recette en fonction du prix x s'écrit donc : $R(x) = x \times \left(40 + \dfrac{9\,000}{x^2}\right) = 40x + \dfrac{9\,000}{x}$.

On étudie les variations de la fonction R.
Cette fonction est dérivable sur $[5 \,;\, 30]$ et a pour dérivée : $R'(x) = 40 - \dfrac{9\,000}{x^2}$.

D'où après mise au même dénominateur : $R'(x) = \dfrac{40(x^2 - 225)}{x^2}$.

On factorise : $R'(x) = \dfrac{40(x - 15)(x + 15)}{x^2}$.

Le signe de $R'(x)$ sur $[5 \,;\, 30]$ est celui de $x - 15$.
La dérivée est donc négative sur $[5 \,;\, 15]$ et positive sur $[15 \,;\, 30]$.
Donc la fonction R est décroissante sur $[5 \,;\, 15]$ et croissante sur $[15 \,;\, 30]$.
On dresse son tableau de variation :

x	5		15		30
$R'(x)$		$-$	0	$+$	
$R(x)$	2 000		1 200		1 500

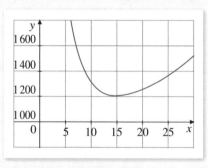

Conclusion : la recette maximale de 2 000 € est obtenue pour un prix de 5 € et la recette minimale de 1 000 € est obtenue pour un prix de 15 €.

b. Déterminez la fourchette de prix permettant d'obtenir une recette supérieure à 1 500 €.

On résout l'inéquation $R(x) > 1\,500$, soit : $40x^2 - 1\,500x + 9\,000 > 0$.
Le premier membre est un polynôme du second degré, de discriminant $\Delta = 810\,000$; il s'annule pour les valeurs 7,5 et 30. D'après le tableau de variation de R, la fourchette de prix permettant d'obtenir une recette supérieure à 1 500 € est donc **[5 ; 7,5[**.

1 Une troupe de théâtre amateur présente une pièce dans deux villes différentes. Le trajet à effectuer pour transporter les décors est de 500 km.

Pour ce trajet, on utilise un camion dont la consommation en gazole en fonction de la vitesse v, en km/h, du véhicule est $4 + \dfrac{v^2}{400}$ litres par heure.

On suppose que le prix du litre de gazole est de 1,20 € et que le chauffeur perçoit 14,40 € par heure.

a. On rappelle la formule reliant la distance d, le temps t et la vitesse v : $d = v \times t$.
Vérifiez que le coût du gazole, en euros, en fonction de v, est $\dfrac{2\,400}{v} + 1{,}5v$.

Déduisez-en le coût du transport, en euros.

b. Étudiez les variations de la fonction f définie sur]0 ; 90] par :

$$f(x) = \dfrac{9\,600}{x} + 1{,}5x.$$

c. À quelle vitesse doit rouler le camion pour que le coût du transport soit minimal ?

d. Le budget prévu pour le transport est de 267 €. Déterminez par le calcul l'intervalle dans lequel doit se situer la vitesse du véhicule pour ne pas dépasser ce budget. (On rappelle que la vitesse du camion ne doit pas excéder 90 km/h.)

2 Dans l'impression d'un livre, on doit respecter sur chaque page des marges de 6 cm à gauche, 2 cm à droite, de 3 cm en haut et 2 cm en bas. On désigne respectivement par x et y les mesures de la largeur et de la hauteur d'une page entière, en cm.

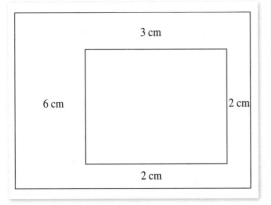

a. Sachant que l'aire d'une page est de 640 cm², exprimez y en fonction de x.

b. Calculez l'aire, en cm², de la surface imprimable d'une page en fonction de x et y.

Vérifiez que cette aire s'exprime seulement en fonction de x par $f(x) = -5x + 680 - \dfrac{5\,120}{x}$.

c. Étudiez cette fonction f sur l'intervalle]0 ; 40].

d. Déduisez-en les dimensions d'une page pour obtenir une surface imprimable maximale.

3 On dispose d'un carton carré de 1 mètre de côté. On cherche à construire une boîte sans couvercle ayant le plus grand volume possible. Pour cela, on découpe dans chaque angle un carré de côté x.

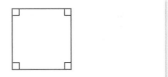

Soit $V(x)$ le volume de la boîte obtenue après pliage, en m³.

a. Quel est l'ensemble I des valeurs possibles de x ?

b. Calculez $V(0{,}1)$.

c. Montrez que, pour tout x de I :
$$V(x) = 4x^3 - 4x^2 + x.$$

d. On donne la courbe représentative de la fonction V.
Déterminez la valeur exacte de x permettant d'obtenir le volume maximal et calculez ce volume maximal (donnez la valeur exacte, puis une valeur approchée).

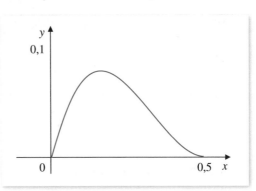

11 Pourcentages

● Lien entre une évolution et un pourcentage

- Soit E un ensemble de référence ayant n éléments et A une partie de E ayant m éléments.

La **part en pourcentage** de A dans E est le nombre a tel que $\dfrac{a}{100} = \dfrac{m}{n}$, ou encore $a = \dfrac{m}{n} \times 100$.

- Soit X_0 et X_1 deux nombres strictement positifs.

Le **pourcentage d'évolution** de X_0 à X_1 est le nombre i tel que $i = \dfrac{X_1 - X_0}{X_0} \times 100$.

S'il y a augmentation, i est positif ; s'il y a baisse, i est négatif.

Le **taux d'évolution** t correspondant au pourcentage d'évolution i est défini par $t = \dfrac{i}{100}$.

Le **coefficient multiplicateur** d'évolution de X_0 à X_1 est le nombre noté CM tel que $CM = \dfrac{X_1}{X_0}$.

Si t est le taux d'évolution de X_0 à X_1, alors $CM = 1 + t$.

● Évolutions successives et évolution réciproque

- Soit X_0, X_1 et X_2 des nombres strictement positifs.

On désigne par t et t' les taux d'évolution respectifs de X_0 à X_1 et de X_1 à X_2 et par T le **taux d'évolution global** de X_0 à X_2. Alors $1 + T = (1 + t) \times (1 + t')$.

(On multiplie les coefficients multiplicateurs.)

- Soit X_0 et X_1 deux nombres strictement positifs et t le taux d'évolution de X_0 à X_1.

Le taux t' de l'**évolution réciproque** qui permet de revenir de X_1 à X_0 est tel que $1 + t' = \dfrac{1}{1 + t}$.

(Le produit des coefficients multiplicateurs est égal à 1.)

● Indice

Soit Y_1 et Y_2 deux nombres strictement positifs.

On appelle **indice simple en base 100** de Y_2 par rapport à Y_1, le nombre $I = 100 \times \dfrac{Y_2}{Y_1}$.

Si t est le taux d'évolution entre Y_1 et Y_2, alors $I = 100(1 + t)$ et $t = \dfrac{I - 100}{100}$.

● Déterminer un taux d'évolution global

Un produit subit une augmentation de 15 % suivie d'une nouvelle augmentation de 20 %.
Déterminez le taux d'évolution global T du prix de ce produit après les deux augmentations.

Le nombre T est tel que : $1 + T = (1 + 0,15) \times (1 + 0,2) = 1,15 \times 1,2 = 1,38$;
donc $T = 1,38 - 1 = 0,38$.
Le taux d'évolution global est de 38 %.

● Déterminer un taux réciproque

Un produit subit une augmentation de 15 %.
Déterminez le taux d'évolution réciproque.

Le taux d'évolution réciproque t' est tel que $1 + t' = \dfrac{1}{1,15} \approx 0,87$;

donc $t' = 0,87 - 1$, soit **– 13 %.**

1 En 2011, en France, 3,1 millions d'adultes seraient illettrés, soit 9 % des Français de 18 à 65 ans. Quel est le nombre de Français de 18 à 65 ans en France, en 2011 ?

2 Le tableau suivant donne le nombre d'arrivées de touristes aux frontières en 2007 et 2008 dans les trois premières destinations mondiales.

en milliers

Rang	Pays	2007	2008
1	France	80 841	78 449
2	Espagne	58 666	57 316
3	États-Unis	55 986	58 030

a. Calculez le taux d'évolution de 2007 à 2008 dans ces trois pays.

b. Entre 2006 et 2007, le nombre d'arrivées en France a augmenté de près de 4 %. Le nombre d'arrivées en France en 2006, en milliers, était donc environ de :

1. 20 210

2. 84 075

3. 77 732

Justifiez votre réponse.

3 Pour chaque question, quatre réponses sont proposées. Une seule des réponses proposées est correcte.

a. Le prix d'un produit est passé de 50 € à 80 €. Le taux d'évolution est de :

1. 30 %   **3.** 160 %

2. 62,5 %   **4.** 60 %

b. Le prix d'un produit est passé de 50 € à 200 €. Le taux d'évolution est de :

1. 100 %   **3.** 200 %

2. 300 %   **4.** 400 %

c. Le prix d'un produit est passé de 50 € à 25 €. Le taux d'évolution est de :

1. 25 %   **3.** 50 %

2. – 25 %   **4.** – 50 %

d. Le prix d'un produit est passé de 50 € à 10 €. Le taux d'évolution est de :

1. 500 %   **3.** 80 %

2. – 20 %   **4.** – 80 %

4 Donnez, dans chaque cas, le coefficient multiplicateur.

a. Une hausse de 7 %.

b. Une baisse de 4 %.

c. Une hausse de 150 %.

d. Une baisse de 85 %.

5 Donnez, dans chaque cas, le coefficient multiplicateur global, puis le taux d'évolution sous forme de pourcentage. Précisez s'il s'agit d'une hausse ou d'une baisse.

a. Une hausse de 5 %, suivie d'une hausse de 4 %.

b. Une hausse de 8 %, suivie d'une baisse de 7 %.

c. Une baisse de 10 %, suivie d'une baisse de 15 %.

d. Une baisse de 20 %, suivie d'une hausse de 25 %.

6 La fréquentation d'un théâtre a baissé de 9 % dans l'année 2009 par rapport à l'année 2008 et le théâtre a retrouvé le même nombre de spectateurs dans l'année 2010.

Déterminez une valeur approchée du taux d'évolution de 2009 à 2010.

7 Un internaute a reçu 488 spams (messages publicitaires ou malhonnêtes) sur son ordinateur personnel au cours de l'année 2010. Il estime que le nombre de spams reçus augmente de 50 % chaque année.

a. Calculez le nombre de spams u_1 qu'il devrait recevoir au cours de l'année 2011.

b. Calculez le nombre de spams u_2 qu'il devrait recevoir au cours de l'année 2012.

c. Si 488 a pour indice 100, quel est l'indice de u_1 ? Quel est l'indice de u_2 ?

8 **a.** Le prix d'un article est passé de 71 € dans l'année 2009 à 73 € dans l'année 2010.

Si 71 a pour indice 100, quel est l'indice de 73 par rapport à 71 ?

b. L'indice du prix de cet article en 2011, en prenant pour base 100 l'année 2009, est 106.

Déduisez-en le prix de cet article en 2011, puis le taux d'évolution de 2010 à 2011.

Maths

12 Génération et variation d'une suite numérique

● Définition d'une suite numérique

Une **suite** u est une fonction définie sur l'ensemble des entiers naturels $\mathbb{N}$.

L'entier naturel n a pour image par u le réel $u(n)$, plutôt noté u_n, qu'on appelle le **terme de rang** n ou d'indice n de la suite u.

La suite u est notée $(u_n)_{n \in \mathbb{N}}$ ou plus simplement (u_n) quand on sait que $n \in \mathbb{N}$.

La notation $(u_n)_{n \geq n_0}$ signifie que la suite u est définie à partir du rang n_0.

● Modes de génération d'une suite numérique

On distingue deux méthodes principales pour générer une suite numérique :

– à l'aide d'une **formule explicite** : le terme général u_n est donné en fonction de n ; on peut ainsi calculer n'importe quel terme de la suite dès lors que l'on connaît n.

Dans ce cas de figure, il existe une fonction f définie sur $[0 ; +\infty[$ telle que $u_n = f(n)$.

– par une **relation de récurrence** : la suite (u_n) est entièrement définie par la donnée de son premier terme et d'une relation qui permet d'exprimer chaque terme de la suite en fonction du précédent. On peut dans ce cas déterminer une fonction g telle que $u_{n+1} = g(u_n)$.

● Sens de variation d'une suite numérique

● (u_n) est croissante (respectivement strictement croissante) lorsque, pour tout entier naturel n, $u_{n+1} \geq u_n$ (respectivement $u_{n+1} > u_n$).

● (u_n) est décroissante (respectivement strictement décroissante) lorsque, pour tout entier naturel n, $u_{n+1} \leq u_n$ (respectivement $u_{n+1} < u_n$).

● (u_n) est constante lorsque, pour tout entier naturel n, $u_{n+1} = u_n$.

● Une suite est dite **monotone** lorsqu'elle est soit croissante, soit décroissante, soit constante.

SAVOIR-FAIRE

● Générer une suite numérique

a. On considère la suite u définie sur $\mathbb{N}$ par $u_n = 5 - n^2$.

● Déterminez la fonction f telle que $u_n = f(n)$.

Il s'agit ici de la fonction f définie sur $[0 ; +\infty[$ par $f(x) = 5 - x^2$.

● Explicitez les termes de rangs impairs de la suite u.

On doit ici déterminer l'écriture de u_{2n+1} : $u_{2n+1} = 5 - (2n + 1)^2$.

On obtient sans difficultés $u_{2n+1} = -4n^2 - 4n + 4$.

b. On considère maintenant la suite v définie par $v_0 = 2$ et, pour tout entier naturel n, $v_{n+1} = f(v_n)$. Calculez les termes v_1 et v_2.

On a $v_1 = f(v_0) = f(2) = 5 - 4 = 1$ et $v_2 = f(v_1) = f(1) = 5 - 1 = 4$.

● Étudier le sens de variation d'une suite

Déterminez le sens de variation de la suite u définie précédemment sur $\mathbb{N}$ par $u_n = 5 - n^2$.

La fonction f telle que $u_n = f(n)$ est strictement décroissante sur l'intervalle $[0 ; +\infty[$.

On en déduit alors que la suite u est elle aussi **strictement décroissante**.

On peut aussi retrouver simplement ce résultat en déterminant le signe de $u_{n+1} - u_n$.

1 On considère la suite u définie pour tout entier naturel n par :
$$u_n = -2n + 6.$$

a. Calculez les termes de u_0 jusqu'à u_4.

b. Exprimez en fonction de n :
– le terme de rang $n + 1$;
– le terme de rang $n - 1$;
– le terme $u_{n+1} - u_{n-1} + 3u_n$.

2 Reprenez l'exercice 1 pour la suite définie sur $\mathbb{N}$ par :
$$u_n = 3n^2 - 2n + 4.$$

3 Reprenez l'exercice 1 pour la suite définie sur $\mathbb{N}$ par :
$$u_n = \frac{2 - n}{n + 1}.$$

4 On définit les deux suites (u_n) et (v_n) sur $\mathbb{N}$ par :
$$u_n = (-1)^n + \frac{n + 1}{2n + 3} \text{ et } v_n = \frac{3n + 4}{2n + 3}.$$

a. Calculez les cinq premiers termes de chacune de ces suites.

b. Ces deux suites sont-elles égales ?

c. Exprimez u_{2n} et v_{2n}. Que peut-on en conclure ?

5 Pour le match d'ouverture du championnat, il y a 3 000 spectateurs dans les tribunes d'un stade d'une capacité totale de 18 000 spectateurs. À chaque match suivant, le nombre de spectateurs augmente de 15 %, nombre auquel on doit enlever 300 spectateurs, mécontents du jeu pratiqué par leur équipe, qui ne reviennent pas au stade. Le terme u_n de la suite u donne le nombre de spectateurs au $n^{ième}$ match.

a. Exprimez u_{n+1} en fonction de u_n.

b. Déterminez le nombre de spectateurs aux deux matchs suivants.

c. Utilisez la calculatrice pour déterminer à partir de quel match l'équipe jouera devant un stade rempli aux deux tiers.

d. Élaborez un algorithme permettant de déterminer le nombre de spectateurs lors du $n^{ième}$ match.

6 Étudiez le sens de variation de la suite (u_n) dans chacun des cas suivants.

a. $u_0 = 1$ et, pour tout entier naturel n,
$u_{n+1} = -(u_n)^2 - 5u_n - 9$

b. $u_n = \dfrac{3^n}{n}$ pour $n > 0$

c. $u_n = \dfrac{2n - 3}{n + 2}$ pour $n \in \mathbb{N}$

d. $u_n = (-3)^n$ pour $n \in \mathbb{N}$

7 On considère la fonction f définie pour $x > 0$ par :
$$f(x) = -\frac{1}{x} + 2.$$

a. Déterminez le sens de variation de f sur $]0 ; +\infty[$.

b. u est la suite définie sur $\mathbb{N}^*$ par :
$$u_n = f(n).$$
Quel est le sens de variation de u ?

c. v est la suite définie sur $\mathbb{N}$ par :
$$v_0 = 2 \text{ et } v_{n+1} = f(v_n).$$
Tracez dans un repère orthonormé la courbe de la fonction f et la droite d'équation $y = x$.

Placez v_0 sur l'axe des abscisses, puis effectuez les tracés nécessaires à l'obtention des termes de v_1 à v_3.

Conjecturez alors le sens de variation de v puis démontrez-le.

13 Suites arithmétiques

Définition d'une suite arithmétique

Une suite (u_n) est dite **arithmétique** lorsqu'il existe un réel r tel que, pour tout entier naturel n, $u_{n+1} = u_n + r$. Le réel r est appelé **raison** de la suite (u_n).

On passe donc d'un terme de la suite (u_n) au suivant en ajoutant toujours ce même nombre r.

Écriture explicite

(u_n) étant une suite arithmétique de raison r, pour tous entiers naturels n et p, $u_n = u_p + (n - p)r$.
Lorsque $p = 0$, on obtient alors $u_n = u_0 + nr$ et lorsque $p = 1$, on a $u_n = u_1 + (n - 1)r$.

Sens de variation d'une suite arithmétique

Soit (u_n) une suite arithmétique de raison r.
- La suite (u_n) est strictement croissante si et seulement si $r > 0$.
- La suite (u_n) est strictement décroissante si et seulement si $r < 0$.
- La suite (u_n) est constante si et seulement si $r = 0$.

Démontrer qu'une suite est arithmétique

a. On considère la suite (u_n) définie par $u_n = 9 - 3n$.
Démontrez que cette suite est arithmétique et donnez sa raison, ainsi que son premier terme u_0.

Il s'agit de montrer ici que la différence entre deux termes consécutifs quelconques de la suite est constante. On remarque tout d'abord que (u_n) est définie sur $\mathbb{N}$ avec $u_0 = 9$.

On a de plus $u_{n+1} - u_n = (9 - 3(n + 1)) - (9 - 3n) = -3$.

On en conclut que (u_n) **est arithmétique de raison -3 et de premier terme $u_0 = 9$.**

b. Qu'en est-il de la suite (u_n) définie par $u_n = 2 - n^2$?

On a ici $u_{n+1} - u_n = (2 - (n + 1)^2) - (2 - n^2) = -2n - 1$; la différence n'est pas constante, donc **la suite (u_n) n'est pas arithmétique**.

Déterminer l'écriture explicite d'une suite arithmétique

On considère la suite arithmétique (u_n) de raison $r = 4$ et de premier terme $u_1 = 56$.

a. Déterminez l'expression de u_n en fonction de n.

On sait que : $u_n = u_1 + (n - 1)r$.
En appliquant cette formule du cours, on obtient : $u_n = 56 + 4(n - 1) = \mathbf{52 + 4n}$.

b. Que vaut u_{2011} ?

On a simplement : $u_{2011} = 52 + 4 \times 2\,011 = \mathbf{8\,096}$.

Étudier le sens de variation d'une suite arithmétique

On reprend la suite précédente, arithmétique de raison $r = 4$, de premier terme $u_1 = 56$.
Quel est son sens de variation ?

(u_n) étant arithmétique de raison $r = 4 > 0$, on en conclut que (u_n) **est strictement croissante**.

1 La suite (u_n) définie sur $\mathbb{N}$ par $u_n = \dfrac{-2 + 3n}{4}$ est-elle arithmétique ?

Si oui, précisez la raison et le premier terme.

2 Reprenez la question de l'exercice 1 pour les suites suivantes.

a. (u_n) définie sur $\mathbb{N}$ par $u_n = \dfrac{2}{n+1}$.

b. (v_n) définie sur $\mathbb{N}$ par $v_0 = -5$ et $v_{n+1} = \dfrac{1}{3} + v_n$.

c. (w_n) est l'aire de la partie du plan colorée en rouge ci-dessous.

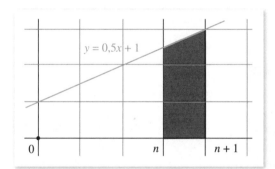

3 On considère la suite (u_n) définie sur $\mathbb{N}$ par $u_n = 2n + n^2$ et la suite (v_n) définie sur $\mathbb{N}$ par $v_n = u_{n+1} - u_n$.

a. Calculez les cinq premiers termes de la suite (v_n) et émettez une conjecture quant à la nature de cette suite.

b. Démontrez la conjecture ainsi émise.

4 (u_n) est une suite arithmétique de raison $r = 3$ et de premier terme $u_1 = 2$.

a. Calculez les cinq premiers termes de cette suite.

b. Exprimez u_n en fonction de n.

c. Déterminez alors la valeur de u_{2011}.

5 (u_n) est une suite arithmétique de raison r ; démontrez que la suite (v_n) définie par $v_n = u_{5n} + 2$ est aussi une suite arithmétique dont on donnera la raison.

6 On considère la suite (u_n) telle que $u_0 = 1$ et, pour tout entier naturel n, $u_{n+1} = \dfrac{u_n}{1 + 3u_n}$.

a. Calculez les termes de la suite (u_n) du rang 1 à 5.

On admet que, pour tout n, $u_n \neq 0$ et on pose alors $v_n = \dfrac{1}{u_n}$.

b. Montrez que la suite (v_n) est une suite arithmétique ; précisez la raison et le premier terme.

c. Exprimez alors v_n puis u_n en fonction de n.

d. Démontrez que, pour tout entier naturel n, $0 < u_n < \dfrac{1}{3}$.

7 Reprenez la suite (u_n) de l'exercice 6 et démontrez qu'elle est décroissante.

8 (u_n) est une suite arithmétique telle que $u_3 = 75$ et $u_{14} = -2$.

a. Déterminez la raison r et la valeur du premier terme u_0 de cette suite.

b. Quel est le sens de variation de cette suite ?

c. Exprimez u_n en fonction de n.

d. Existe-t-il une valeur de n pour laquelle $u_n = -349$?

9 Quentin a été embauché dans une entreprise le 1er janvier 2010 avec un salaire mensuel de 1 500 €. D'après les conditions de son contrat, au 1er janvier de chaque année, son salaire mensuel augmentera de 50 €.

On note v_n le salaire mensuel de Quentin au 1er janvier de l'année $2010 + n$ (donc $v_0 = 1\,500$).

a. Calculez v_1 et v_2.

b. Exprimez v_n en fonction de n. Calculez le salaire mensuel de Quentin en 2018.

Maths

14 Suites géométriques

● Définition d'une suite géométrique

Une suite (v_n) est dite **géométrique** lorsqu'il existe un réel q tel que, pour tout entier naturel n, $v_{n+1} = q \times v_n$. Le réel q est appelé **raison** de la suite (v_n). On passe donc d'un terme de la suite (v_n) au suivant en multipliant toujours par ce même nombre q.

● Écriture explicite

(v_n) étant une suite géométrique de raison q avec $q \neq 0$, pour tous entiers naturels n et p, $v_n = v_p \times q^{n-p}$. Lorsque $p = 0$, on obtient alors $v_n = v_0 \times q^n$ et lorsque $p = 1$, on a alors $v_n = v_1 \times q^{n-1}$.

● Sens de variation d'une suite géométrique

Soit q un réel non nul.
- La suite (q^n) est strictement croissante si et seulement si $q > 1$.
- La suite (q^n) est strictement décroissante si et seulement si $0 < q < 1$.
- La suite (q^n) est constante si et seulement si $q = 1$.
- La suite (q^n) n'est pas monotone si et seulement si $q < 0$.

La connaissance du signe du premier terme de la suite (v_n) de raison q permet alors de déterminer son sens de variation.

● Démontrer qu'une suite est géométrique

On considère la suite (v_n) par $v_n = \dfrac{3}{2^n}$. Démontrez que (v_n) est une suite géométrique et donnez ses éléments caractéristiques.

Pour tout entier naturel n, $v_n \neq 0$; on va donc prouver que le quotient $\dfrac{v_{n+1}}{v_n}$ ne dépend pas de n.

$\dfrac{v_{n+1}}{v_n} = \left(\dfrac{3}{2^{n+1}}\right) \times \left(\dfrac{2^n}{3}\right) = \dfrac{1}{2}$: **la suite (v_n) est géométrique de raison $q = \dfrac{1}{2}$, de premier terme**

$\boldsymbol{v_0 = 3}$.

● Déterminer l'écriture explicite d'une suite géométrique

On considère la suite géométrique (v_n) de premier terme $v_1 = -4\,731$ et de raison $q = \dfrac{1}{3}$.

a. Déterminez l'expression de v_n en fonction de n.

Quel que soit l'entier $n \geqslant 1$, $v_n = v_1 \times q^{n-1}$, donc ici $\boldsymbol{v_n = -4\,731 \times \left(\dfrac{1}{3}\right)^{n-1}}$.

b. Que vaut v_7 ? On a immédiatement $v_7 = -4\,731 \times \left(\dfrac{1}{3}\right)^6 = -\dfrac{4\,731}{3^6} = -\dfrac{4\,731}{729} = \boldsymbol{-\dfrac{1\,577}{243}}$.

● Étudier le sens de variation d'une suite géométrique

On reprend la suite précédente (v_n), de raison $q = \dfrac{1}{3}$ et de premier terme $v_1 = -4\,731$.

Quel est son sens de variation ?

On a $q = \dfrac{1}{3}$, soit $0 < q < 1$; donc la suite $\left(\dfrac{1}{3}\right)^n$ est décroissante et on a $\left(\dfrac{1}{3}\right)^n < \left(\dfrac{1}{3}\right)^{n-1}$.

D'où $-4\,731\left(\dfrac{1}{3}\right)^n > -4\,731\left(\dfrac{1}{3}\right)^{n-1}$, soit $v_{n+1} > v_n$: **ainsi la suite (v_n) est croissante**.

1 La suite (u_n) définie sur $\mathbb{N}$ par $u_n = \dfrac{2^n}{5^{n+3}}$

est-elle géométrique ?
Si oui, précisez la raison et le premier terme.

2 Reprenez la question de l'exercice 1 pour les suites suivantes.

a. (u_n) définie sur $\mathbb{N}$ par :
$$u_n = 2^n + 4n.$$

b. (v_n) définie sur $\mathbb{N}$ par :
$$v_0 = -5$$
$$\text{et } 2v_{n+1} - 3v_n = 0.$$

c. (w_n) définie sur $\mathbb{N}$ par :
$$w_n = \dfrac{3n - 4}{7}.$$

3 On considère la suite (u_n) définie par $u_0 = 3$ et, pour tout entier naturel n,
$u_{n+1} = 3u_n - 4$.

a. Calculez les cinq premiers termes de cette suite.

On pose, pour tout entier naturel n, $v_n = u_n - 2$.

b. Émettez une conjecture quant à la nature de la suite (v_n).

c. Démontrez cette conjecture.

4 Reprenez la suite (v_n) définie dans l'exercice précédent.

a. Exprimez v_n puis u_n en fonction de n.

b. Calculez alors u_{10}.

5 **a.** Montrez que la suite u définie sur $\mathbb{N}$ par $u_0 = 7$ et $\dfrac{u_{n+1} - u_n}{u_n} = -0{,}2$ est géométrique.

b. Calculez u_{10}.

6 Pierre a placé en banque 3 000 euros au 1er janvier 2011 qui vont lui rapporter 4,75 % tous les ans par rapport au capital de l'année précédente. On note v_0 le capital initial, v_1 le capital acquis l'année suivante…

a. Déterminez v_1, v_2 et v_3.

b. Exprimez v_{n+1} en fonction de v_n et déduisez-en la nature de la suite (v_n).

c. Exprimez alors v_n en fonction de n.

d. Utilisez la calculatrice pour déterminer à partir de quelle année le capital acquis par Pierre aura doublé.

7 On considère une suite géométrique (u_n) de raison positive.
a. On sait que u_4 est le double de u_6 et que $u_{10} = -8$. Calculez alors la raison et le premier terme de cette suite.

b. Exprimez u_n en fonction de n et calculez u_{20}.

8 (u_n) est une suite définie sur $\mathbb{N}$ par $u_0 = 3$ et $u_{n+1} = \left(\dfrac{1}{2}\right)u_n - 4$.

La suite (v_n) est définie sur $\mathbb{N}$ par $v_n = u_n + \alpha$.

a. Déterminez α pour que la suite (v_n) soit géométrique.

b. Déterminez alors l'expression de v_n puis de u_n en fonction de n.

9 Déterminez dans chaque cas le sens de variation de la suite géométrique (u_n).

a. $u_n = \left(\dfrac{1}{3}\right)^n$.

b. $u_n = -3 \times \left(\dfrac{5^n}{4^n}\right)$.

c. $u_0 = 2$ et $u_{n+1} = \left(\dfrac{2}{\sqrt{3}}\right)u_n$.

Maths

15 Résolution d'un système d'équations

SAVOIR

Définition

Un **système linéaire** (S) de deux équations du premier degré à deux inconnues x et y est un ensemble de deux équations qui peut s'écrire sous la forme :

$$\begin{cases} \alpha x + \beta y + \gamma = 0 \\ \alpha' x + \beta' y + \gamma' = 0 \end{cases}$$ où $\alpha, \beta, \gamma, \alpha', \beta', \gamma'$ sont des nombres fixés.

Résoudre ce système consiste à trouver tous les couples $(x ; y)$ qui vérifient à la fois les deux égalités.

Interprétation géométrique

Le plan est muni d'un repère (O ; I, J).
Si les coefficients β et β' sont non nuls, les deux équations peuvent s'écrire sous la forme $y = ax + b$. On peut donc les représenter par deux droites d et d'.
- Si d et d' sont strictement parallèles, le système n'a pas de solution.
- Si d et d' sont confondues, le système a une infinité de solutions.
- Si d et d' sont sécantes en K, le système a pour une solution unique le couple $(x_K ; y_K)$ des coordonnées de K.

SAVOIR-FAIRE

Résoudre un système d'équations et vérifier graphiquement

Résolvez le système $\begin{cases} 3x + 4y - 5 = 0 \\ -2x + y + 7 = 0 \end{cases}$ par la méthode de substitution et vérifiez graphiquement le résultat obtenu.

On calcule y en fonction de x dans la deuxième ligne : $y = 2x - 7$.
On reporte cette valeur de y dans la première ligne : $3x + 4(2x - 7) - 5 = 0$.
On résout l'équation d'inconnue x : $11x - 33 = 0$, d'où $x = 3$.
On calcule ensuite y : $y = 2 \times 3 - 7 = -1$.
La solution du système est le couple (3 ; – 1).
On peut vérifier la solution obtenue en remplaçant x et y par les valeurs trouvées :
$3 \times 3 + 4 \times (-1) - 5 = 9 - 4 - 5 = 0$ et $-2 \times 3 + (-1) + 7 = -6 - 1 + 7 = 0$.

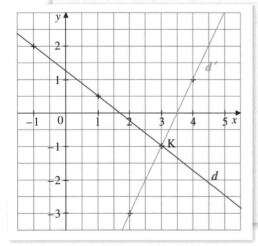

Pour effectuer la vérification graphiquement, on trace les droites associées à chacune des équations du système dans un même repère.
En « isolant » y dans le membre de gauche, le système s'écrit :
$\begin{cases} y = -\dfrac{3}{4}x + \dfrac{5}{4} \\ y = 2x - 7 \end{cases}$. La droite d d'équation $y = -\dfrac{3}{4}x + \dfrac{5}{4}$ passe

par les points $\left(1 ; \dfrac{1}{2}\right)$ et $(-1 ; 2)$. La droite d' d'équation

$y = 2x - 7$ passe par $(4 ; 1)$ et $(2 ; -3)$.

Sur le repère, les droites d et d' sont sécantes au point K de coordonnées $(3 ; -1)$.

1 Résolvez le système suivant.

$$\begin{cases} x - y + 3 = 0 \\ x + y + 1 = 0 \end{cases}$$

2 Résolvez le système suivant.

$$\begin{cases} 3x + 5y - 8 = 0 \\ x - y = 0 \end{cases}$$

3 Soit le système (S) :

$$\begin{cases} x - 3y + 6 = 0 \\ -2x + 6y + 6 = 0 \end{cases}$$

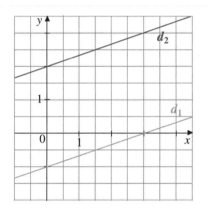

a. Vérifiez que les droites d_1 et d_2 tracées sur la figure représentent les deux équations du système.

b. Quelle est la position relative des droites d_1 et d_2 ?

c. Résolvez le système (S).

4 Soit f la fonction définie sur $\mathbb{R}$ par :

$$f(x) = ax^2 + bx + c.$$

On sait que la courbe P représentant f dans un repère passe par les points A, B et C de coordonnées $(0 ; 5)$, $(1 ; 0)$ et $(2 ; -1)$.

Déterminez les coefficients a, b et c.

Vérifiez en traçant la courbe de la fonction obtenue sur votre calculatrice.

5 On a tracé trois droites D_1, D_2 et D_3 dans un même repère.

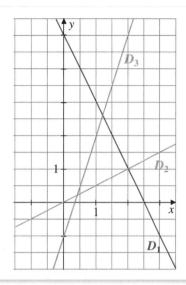

a. Associez chaque droite à une des équations suivantes : $x - 2y = 0$; $2x + y - 5 = 0$; $3x - y - 1 = 0$.

b. Résolvez les trois systèmes.

$$\begin{cases} x - 2y = 0 \\ 2x + y - 5 = 0 \end{cases}$$

$$\begin{cases} 2x + y - 5 = 0 \\ 3x - y - 1 = 0 \end{cases}$$

$$\begin{cases} 3x - y - 1 = 0 \\ x - 2y = 0 \end{cases}$$

c. Vérifiez graphiquement les solutions obtenues.

6 Soit f la fonction définie sur $]2 ; +\infty[$ par :

$$f(x) = \frac{3x - 2}{x - 2}.$$

Déterminez les coefficients a et b tels que $f(x)$ puisse s'écrire sous la forme $a + \dfrac{b}{x - 2}$.

7 **a.** Pierre dit qu'il possède 24,50 € dans son porte-monnaie, en pièces de 0,50 € et de 2 €. Combien y a-t-il de pièces de 0,50 € et de 2 € sachant qu'il y a 22 pièces au total ?

b. En réalité, Pierre possède aussi des pièces de 1 € parmi les 22 pièces dans son porte-monnaie. Montrez que le nombre de pièces de 1 € est un multiple de 3, puis donnez toutes les réponses possibles.

Maths

● Moyenne, variance et écart-type

On étudie sur une population de N individus un caractère quantitatif discret. Une série statistique est définie par les valeurs $x_1, x_2 \ldots x_p$ prises par le caractère et par les effectifs $n_1, n_2 \ldots n_p$ associés à chacune de ces valeurs. La **fréquence** f_i de la valeur x_i du caractère est $f_i = \dfrac{n_i}{N}$.

La **moyenne** est le nombre $\overline{x}$ tel que $\overline{x} = \dfrac{n_1 x_1 + n_2 x_2 + \ldots + n_p x_p}{N}$.

Lorsque le caractère quantitatif X est continu (il peut prendre toutes les valeurs intermédiaires entre deux valeurs données) ou lorsque les valeurs de la série sont regroupées en classes, les valeurs de x_i sont les centres des classes.

La **variance** est le nombre positif V défini par $V = \dfrac{n_1 (x_1 - \overline{x})^2 + n_2 (x_2 - \overline{x})^2 + \ldots + n_p (x_p - \overline{x})^2}{N}$.

L'**écart-type**, noté s, de la série statistique est la racine carrée de la variance : $s = \sqrt{V}$.
L'écart-type mesure la dispersion des valeurs de la série autour de la moyenne.

● Médiane et écart interquartile

On range les valeurs de la série statistique par ordre croissant.
La **médiane** M_e est la valeur qui partage la population étudiée en deux groupes de même effectif.
Le **premier quartile** Q_1 est la plus petite valeur telle qu'au moins 25 % des données lui sont inférieures ou égales. Le **troisième quartile** Q_3 est la plus petite valeur telle qu'au moins 75 % des données lui sont inférieures ou égales.
L'**intervalle interquartile** est l'intervalle $[Q_1 ; Q_3]$. L'écart interquartile est le nombre $Q_3 - Q_1$.
Il mesure la dispersion de la série autour de la médiane.

● Diagramme en boîte

Le diagramme en boîte d'une série statistique est un graphique permettant de résumer cette série par ses valeurs extrêmes, sa médiane, le premier quartile et le troisième quartile.

● Construire un diagramme en boîte

Construisez le diagramme en boîte de la série statistique suivante.

Valeurs	2	3	5	6	7	8	9	10
Effectifs	1	2	4	5	4	4	3	2

On cherche la médiane et les quartiles : $M_e = 7$, $Q_1 = 5$, $Q_3 = 8$.
Sur un axe, on place les valeurs extrêmes du caractère, puis la médiane et les quartiles.

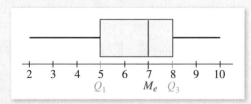

On construit, parallèlement à cet axe, un rectangle ayant pour longueur l'écart interquartile.

1 On reprend la série statistique du « Savoir-faire » de la page précédente.

Calculez la moyenne, la variance et l'écart-type.

(Effectuez les calculs à la main, puis utilisez le mode statistique de votre calculatrice ou un tableur.)

2 Le tableau suivant donne le résultat d'un test de mathématiques.

Notes	20	17	16	15	14	13	12	11	10	9	8	6
Effectifs	1	2	3	3	3	2	3	4	3	2	4	1

a. Calculez la moyenne, la variance et l'écart-type.

b. Déterminez la médiane, le premier quartile et le troisième quartile.

3 Le tableau suivant résume la fréquentation des grands festivals de l'été 2010 dans l'ouest de la France.

	Ville	Nom	Thème	Entrées payantes
1	Hérouville-Saint-Clair	Beauregard	Rock/Chanson	37 000
2	Briouze	Art Sonic	Rock alternatif	13 000
3	Saint-Laurent-de-Cuves	Papillons de nuit	Rock/Chanson	60 000
4	Coutances	Jazz sous les pommiers	Jazz	32 000
5	Saint-Malo	La route du rock	Pop-rock anglo-saxonne	20 200
6	Dinan	Fête des remparts	Spectacles médiévaux	33 000
7	Saint-Brieuc	Art-rock	Concerts/Expositions	30 000
8	Carhaix	Les Vieilles Charrues	Rock/Chanson	198 000
9	Landerneau	Fête du bruit	Rock/Chanson	26 000
10	Brest	Astropolis	Électro	10 000
11	Crozon	Le Bout du Monde	Musiques du monde	60 000
12	Douarnenez	Temps fête	Vieux bateaux/Concerts bretons	80 000
13	Quimper	Le Cornouaille	Culture celtique et du monde	70 000
14	Lorient	Festival interceltique	Musiques et danses celtiques	120 000
15	Malestroit	Le Pont du rock	Pop/Rock	15 000
16	Guérande	Les Terres Blanches	Pop/Rock	14 500
17	Saint-Nazaire	Les Escales	Musiques du monde	35 000
18	Corsept	Couvre-feu	Rock/Chanson	24 000
19	Clisson	Hellfest	Métal	67 000
20	Saint-Malo-du-Bois	Poupet	Chanson/Pop	30 000
21	Saint-Prouant	Les Feux de l'été	Rock/Chanson	15 000
22	Angers	Festival d'Anjou	Théâtre	24 000
23	Sablé-sur-Sarthe	Rock Ici Mômes	Spectacles pour enfants	10 600
24	Bain-de-Bretagne	West-Country	Musiques/Danses country	35 000
25	Rennes	Les Tombées de la Nuit	Théâtre/Musique	17 000
26	Saint-Denis-de-Gâtines	Au foin de la rue	Rock/Chanson	17 000

a. Résumez cette série statistique en calculant la moyenne et l'écart-type. Quel est le pourcentage de festivals ayant un nombre de spectateurs dans l'intervalle $]\overline{x} - s; \overline{x} + s[$?

b. Résumez cette série statistique en déterminant la médiane et l'écart interquartile.

c. On étudie la série statistique obtenue en retirant la plus grande valeur (198 000).

Calculez la moyenne et l'écart-type de cette nouvelle série. Que constatez-vous ?

Déterminez la médiane et l'intervalle interquartile de cette nouvelle série. Que constatez-vous ?

Construisez le diagramme en boîte de cette série (sans la valeur 198 000).

Maths

Définitions

En sciences économiques et sociales, les séries statistiques rencontrées sont souvent des suites d'observations ordonnées dans le temps ; on les appelle **séries chronologiques**.
On cherche à analyser la tendance générale de telles séries.
La méthode de **lissage par moyennes mobiles** est une méthode arithmétique qui consiste à remplacer chaque observation par la moyenne de plusieurs observations consécutives.
Soit x_i l'observation à la date i.

La **moyenne mobile centrée d'ordre 3** à la date i est $x_i' = \dfrac{x_{i-1} + x_i + x_{i+1}}{3}$.

La **moyenne mobile centrée d'ordre 4** à la date i est $x_i' = \dfrac{\dfrac{x_{i-2}}{2} + x_{i-1} + x_i + x_{i+1} + \dfrac{x_{i+2}}{2}}{4}$.

Lorsqu'on donne la courbe représentant une série chronologique, on peut observer sur un logiciel l'effet de « lissage » par moyennes mobiles de la courbe.

Calculer des moyennes mobiles et observer l'effet de lissage

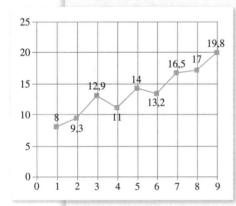

La courbe ci-contre montre l'évolution du chiffre d'affaires annuel d'une entreprise, en millions d'euros, sur une période de 9 ans.

a. Calculez les moyennes mobiles d'ordre 3.

La première moyenne mobile d'ordre 3 est : $\dfrac{8 + 9,3 + 12,9}{3} \approx 10,07$.

Voici les résultats donnés par un tableur :

Rang de l'année	Chiffre d'affaires	Moyennes mobiles d'ordre 3
1	8	
2	9,3	10,07
3	12,9	11,07
4	11	12,63
5	14	12,73
6	13,2	14,57
7	16,5	15,57
8	17	17,77
9	19,8	

Le deuxième graphique montre la courbe donnée et le lissage de cette courbe par la série des moyennes mobiles.

b. Peut-on dégager une tendance ?

La courbe des moyennes mobiles montre que le chiffre d'affaires a tendance à **augmenter**.

1 La courbe suivante montre l'évolution du chiffre d'affaires du commerce électronique en France, en milliards d'euros, depuis 2004.

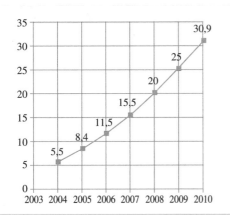

Calculez les moyennes mobiles d'ordre 3.

2 Le tableau suivant donne le nombre des naissances pendant dix années consécutives dans une ville.

Rang de l'année	1	2	3	4	5	6	7	8	9	10
Nombre de naissances	179	137	164	173	211	163	173	184	229	194

a. Calculez les moyennes mobiles d'ordre 4.

b. Le graphique suivant montre la courbe représentant la série chronologique et le lissage de cette courbe par la série des moyennes mobiles d'ordre 4. Quelle tendance voit-on apparaître ?

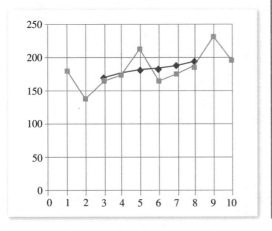

3 Monsieur S et Madame A voyagent régulièrement en Europe et aux États-Unis. Ils s'intéressent au cours des changes entre l'euro (€) et le dollar américain ($US). Par curiosité, ils ont relevé le cours €/$US depuis janvier 2007, le premier jour de chaque trimestre, puis utilisé un tableur pour éditer un graphique. Pour étudier la tendance générale, ils ont lissé la courbe avec les moyennes mobiles d'ordre 5.

a. Quelle est la formule écrite dans la cellule **D4** du tableur ?

b. Quelle est la tendance qui se dégage de ce graphique ?

	A	B	C	D
1	Date	Rang	Cours €/$US	Moyennes mobiles d'ordre 5
2	01/01/07	1	1,291	
3	01/04/07	2	1,348	
4	01/07/07	3	1,374	1,383
5	01/10/07	4	1,415	1,441
6	01/01/08	5	1,488	1,486
7	01/04/08	6	1,582	1,482
8	01/07/08	7	1,572	1,463
9	01/10/08	8	1,351	1,429
10	01/01/09	9	1,323	1,395
11	01/04/09	10	1,319	1,371
12	01/07/09	11	1,410	1,392
13	01/10/09	12	1,454	1,397
14	01/01/10	13	1,454	1,392
15	01/04/10	14	1,350	1,370
16	01/07/10	15	1,290	
17	01/10/10	16	1,304	

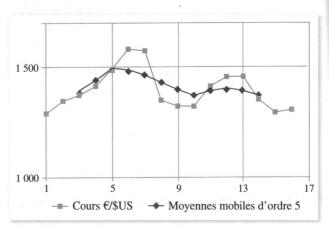

Cours €/$US — Moyennes mobiles d'ordre 5

Maths

Probabilités

● Modélisation d'une expérience aléatoire

Une expérience aléatoire est une expérience ayant plusieurs issues et dont le résultat est imprévisible. (On s'intéresse en classe de première à des expériences ayant un nombre fini d'issues.)

Une issue (ou résultat possible) est appelée éventualité.

Soit E = $\{e_1, e_2, \ldots, e_n\}$ l'ensemble des n éventualités d'une expérience aléatoire.

Définir une **loi de probabilité** P sur E, c'est associer à chaque éventualité e_i de E, un nombre réel p_i compris entre 0 et 1, avec la condition $p_1 + p_2 + \ldots + p_n = 1$.

D'après la **loi des grands nombres**, le nombre p_i correspond à la fréquence théorique de l'éventualité e_i, si on répétait l'expérience un très grand nombre de fois.

Modéliser une expérience aléatoire, c'est choisir une loi de probabilité sur l'ensemble E.

● Calcul des probabilités

Un **événement** A est un ensemble constitué d'une ou de plusieurs éventualités. Sa probabilité $p(A)$ est la somme des probabilités des éventualités qui le constituent.

Un **événement impossible** (ensemble vide, noté $\varnothing$) ne contient aucune éventualité : $p(\varnothing) = 0$.

Un **événement certain** contient toutes les éventualités : $p(E) = 1$.

Soit $\overline{A}$, l'événement contraire de A ; sa probabilité est : $p(\overline{A}) = 1 - p(A)$.

Soit A et B deux événements. L'**intersection** $A \cap B$ est l'ensemble constitué des éventualités qui appartiennent à la fois à A et à B. La **réunion** $A \cup B$ est l'ensemble constitué des éventualités qui appartiennent soit à A, soit à B, soit à $A \cap B$. On a $p(A \cup B) = p(A) + p(B) - p(A \cap B)$.

Si $A \cap B = \varnothing$, les événements A et B sont dits **incompatibles** et alors $p(A \cup B) = p(A) + p(B)$.

● Loi équirépartie

Lorsque les n éventualités de E ont la même probabilité $\dfrac{1}{n}$, on est en « **situation d'équiprobabilité** » et on dit que la loi de probabilité sur E est équirépartie.

Si un événement A contient m éventualités, $p(A) = \dfrac{m}{n} = \dfrac{\text{nombre de résultats favorables à } A}{\text{nombre de résultats possibles}}$.

● Déterminer la probabilité d'un événement

Une boîte de dominos contient 28 dominos différents (petites plaques dont le dessus est divisé en deux parties portant chacune un numéro de 0 à 6). Un joueur tire un domino de la boîte au hasard. Déterminez la probabilité des événements A « il tire un double » et B « il tire un domino dont la somme des deux numéros est 4 ». Déduisez-en $p(A \cup B)$.

Les 28 issues sont équiprobables. On utilise la loi équirépartie sur l'ensemble E des 28 dominos.

A contient les 7 doubles $\{0 ; 0\}$, $\{1 ; 1\}$, $\{2 ; 2\}$, $\ldots$, $\{6 ; 6\}$; B contient $\{0 ; 4\}$, $\{1 ; 3\}$, $\{2 ; 2\}$; donc $p(A) = \dfrac{7}{28}$; $P(A) = 0{,}25$ et $P(B) = \dfrac{3}{28}$.

$p(A \cup B) = p(A) + p(B) - p(A \cap B)$. Or $p(A \cap B) = p(\{2 ; 2\}) = \dfrac{1}{28}$.

Donc $p(A \cup B) = \dfrac{7}{28} + \dfrac{3}{28} - \dfrac{1}{28}$, soit $p(A \cup B) = \dfrac{9}{28}$.

1 On reprend la situation de la rubrique « Savoir-faire » avec la boîte de 28 dominos.

a. Expliquez pourquoi il n'existe que 28 pièces différentes dans une telle boîte.

b. Un joueur tire un domino au hasard dans la boîte.
Déterminez la probabilité des événements suivants :
C : « il tire un domino dont la somme des deux numéros est strictement supérieure à 4 » ;
D : « il tire un domino dont le produit des deux numéros est un multiple de 7 ».

c. A et B sont respectivement les événements :
« il tire un double » et « il tire un domino dont la somme des deux numéros est 4 ». Déterminez la probabilité des événements $A \cap C$, $A \cup C$, $B \cap C$, $B \cup C$.

2 On extrait une carte au hasard d'un jeu de 32 cartes. On s'intéresse aux événements :
T : « la carte tirée est un trèfle » ;
H : « la carte tirée n'est pas une figure ».
Déterminez la probabilité des événements T, $\overline{H}$, H, $T \cap H$, $T \cup H$.

3 Pour modéliser le tirage de deux dés non pipés et la somme des numéros inscrits, un élève a simulé trois fois 500 tirages sur un tableur.
Il communique ce qu'il a obtenu.

	A	B	C	D
1	N° du tirage	1er tirage	2e tirage	somme
2	1	6	3	9
3	2	2	5	7
4	3	6	2	8
5	4	2	6	8
6	5	6	2	8
7	6	1	5	6
8	7	2	1	3
9	8	6	5	11
10	9	1	5	6
11	10	2	6	8

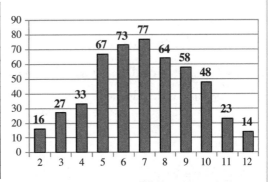

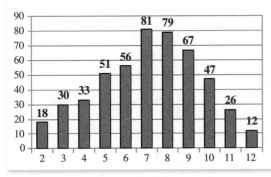

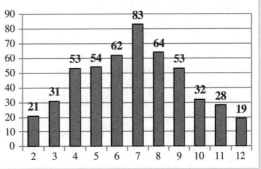

a. Quelles formules a-t-il écrites dans les cellules B2 et D2 du tableur ?

b. Quelle est la fréquence d'une somme égale à 7 dans chacune des trois simulations ?

c. Pour calculer la probabilité de l'événement « la somme est 7 », un autre élève a renseigné un tableau à double entrée.

Déterminez la probabilité de l'événement « la somme est égale à 7 ».

Comparez le résultat avec les résultats obtenus lors des simulations.

2e dé 1er dé	1	2	3	4	5	6
1	2	3	4	5	6	7
2	3	4	5	6	7	8
3	4	5	6	7	8	9
4	5	6	7	8	9	10
5	6	7	8	9	10	11
6	7	8	9	10	11	12

d. Dressez un tableau donnant la loi de probabilité dans l'ensemble E des sommes possibles.
Cette loi est-elle équirépartie ?

Variable aléatoire

● Définition

Soit E un ensemble sur lequel est défini une loi de probabilité P. Soit E' un ensemble de nombres. Lorsqu'on associe à toute issue de E un nombre de E', on dit que l'on définit une variable aléatoire de E dans E'.

● Loi de probabilité d'une variable aléatoire

La variable aléatoire X permet de transporter dans E' la loi de probabilité P définie sur E.
Soit x un élément de E'.
L'événement noté $(X = x)$ est l'ensemble des éléments de E associés à x par X.
La loi de probabilité P' de la variable aléatoire X est alors définie par le procédé $P'(x) = P(X = x)$.
Si $x_1, x_2 \ldots x_n$ sont les valeurs prises dans E' par la variable aléatoire X, on donne la loi de probabilité de X dans un tableau :

x_i	x_1	x_2	...	x_n	somme
$P(X = x_i)$	p_1	p_2	...	p_n	1

● Espérance d'une variable aléatoire

L'espérance mathématique de X, notée $E(X)$, est :
$$E(X) = x_1 P(X = x_1) + x_2 P(X = x_2) + \ldots + x_n P(X = x_n).$$

● Déterminer la loi de probabilité d'une variable aléatoire

Soit E l'ensemble des 32 cartes d'un jeu de cartes ; à chaque carte, on affecte un certain nombre de points : 5 points pour un as, 4 points pour un roi, 3 points pour une dame, 2 points pour un valet, 0 point pour les autres cartes.
Déterminez la loi de probabilité de la variable aléatoire X qui associe à chaque carte son nombre de points.

E' est l'ensemble des nombres affectés à chaque carte pour un jeu : E' = {0 ; 2 ; 3 ; 4 ; 5}.
C'est l'ensemble des valeurs prises par la variable aléatoire.

L'événement $(X = 5)$ contient les quatre as ; donc sa probabilité est $\dfrac{4}{32}$.

On procède de même pour les autres valeurs de X. D'où le tableau donnant la loi de probabilité de X :

x_i	0	2	3	4	5	somme
$P(X = x_i)$	$\dfrac{1}{2}$	$\dfrac{1}{8}$	$\dfrac{1}{8}$	$\dfrac{1}{8}$	$\dfrac{1}{8}$	1

● Déterminer l'espérance d'une variable aléatoire

Déterminez l'espérance de la variable aléatoire définie dans l'exemple précédent.

$$E(X) = 0 \times \frac{1}{2} + 2 \times \frac{1}{8} + 3 \times \frac{1}{8} + 4 \times \frac{1}{8} + 5 \times \frac{1}{8}, \text{ soit } E(X) = \frac{14}{8} = 1{,}75.$$

1 Une urne contient 7 boules blanches, 2 boules noires et 1 boule rouge, indiscernables au toucher. Un jeu consiste à tirer une boule de l'urne. On marque 10 points si la boule est rouge, 5 points si elle est noire, – 2 points si elle est blanche.
Soit X la variable aléatoire égale aux points marqués par un joueur après un tirage.

a. Déterminez la loi de probabilité de X.

b. Déterminez l'espérance mathématique de X.

2 Un groupe d'élèves d'une classe de première s'est intéressé à la fréquentation du cinéma dans sa ville pendant un mois. On interroge un individu de cette ville choisi au hasard. On appelle X la variable aléatoire égale au nombre de séances auxquelles cet habitant a assisté pendant ce mois. L'étude menée a permis de renseigner le tableau suivant donnant la loi de probabilité de la variable aléatoire X.

x_i	0	1	2	3	4	5
$P(X = x_i)$	0,36	0,24	0,18	0,15	0,06	0,01

Calculez l'espérance mathématique $E(X)$ de X. Interprétez le résultat obtenu.

3 Au cours d'une semaine promotionnelle dans un magasin, pour tout achat d'au moins un article, on remet à chaque client une enveloppe contenant un ticket.

Si l'enveloppe contient :
– un ticket violet, le client gagne 200 € ;
– un ticket gris, le client gagne 20 € ;
– un ticket blanc, le client ne gagne rien.

Durant cette semaine, 800 personnes reçoivent une enveloppe et toutes les enveloppes sont distribuées. Dans les 800 enveloppes, il y a 5 tickets violets, 25 tickets gris et les autres sont blancs.
On appelle X la variable aléatoire correspondant au montant du gain en euros.

a. Déterminez la loi de probabilité de X.

b. Déterminez l'espérance mathématique de X.

4 Pour récolter des fonds en vue d'un voyage, des élèves proposent de faire tourner une roue où sont inscrits des gains, correspondants à des bons d'achats dans une librairie, répartis de la manière suivante :

– sur $\dfrac{1}{40}$ de la roue le gain est de 100 euros ;

– sur $\dfrac{1}{20}$ de la roue le gain est de 20 euros ;

– sur $\dfrac{1}{8}$ de la roue le joueur est remboursé.

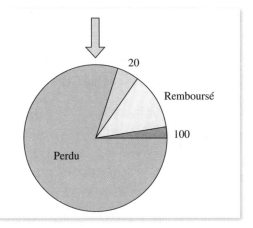

Pour faire tourner la roue, un joueur doit verser une somme initiale de m euros.

Soit X la variable aléatoire donnant le gain algébrique du joueur (c'est-à-dire la différence entre les sommes éventuellement perçues et la somme versée de m euros).

a. Quelles sont les valeurs prises par la variable aléatoire X ?

b. Calculez la probabilité de l'événement $(X = -m)$.

c. Démontrez que l'espérance mathématique de la variable aléatoire X est $E(X) = \dfrac{140 - 35m}{40}$.

d. Les élèves veulent fixer la somme initiale m à une valeur entière en euros.
Quelle valeur minimale faut-il donner à m pour que les élèves puissent espérer gagner de l'argent ?

e. Leur lycée compte 1 250 élèves et 160 adultes, professeurs ou personnels d'encadrement ou de service. En supposant que 70 % des élèves et 85 % des adultes participent, quelle somme peuvent-ils espérer récolter pour financer leur voyage ?

20 Loi de Bernoulli. Loi binomiale

● Loi de Bernoulli. Loi binomiale

● Une épreuve de Bernoulli est une expérience aléatoire n'ayant que deux résultats possibles appelés succès S et échec E. Si la probabilité d'avoir un succès est p, la probabilité d'avoir un échec est $1 - p$. La loi de probabilité pour cette épreuve est appelée **loi de Bernoulli**.

Lorsqu'on répète n fois dans les mêmes conditions et de façon indépendante une épreuve de Bernoulli, on parle d'un **schéma de Bernoulli**.

● Si on note X le nombre de succès, X est une variable aléatoire prenant les valeurs entières de 0 à n. Soit k un nombre entier naturel inférieur ou égal à n.

Un schéma en arbre, pour des petites valeurs de n, permet de dénombrer les façons d'obtenir k succès et de calculer la probabilité de l'événement $(X = k)$. La loi de probabilité pour cette répétition d'épreuves est appelée **loi binomiale** de paramètres n et p.

Le nombre de chemins de l'arbre réalisant k succès pour n répétitions d'un schéma de Bernoulli est appelé coefficient binomial ; on le note $\begin{pmatrix} n \\ k \end{pmatrix}$. On l'obtient en comptant le nombre de chemins dans un schéma de Bernoulli ou à l'aide d'une calculatrice.

La formule générale de la loi binomiale s'écrit, pour $0 \leqslant k \leqslant n$, $P(X = k) = \begin{pmatrix} n \\ k \end{pmatrix} p^k (1 - p)^{n-k}$.

● Utiliser un schéma de Bernoulli

Un joueur effectue trois tirages successifs dans un jeu de 32 cartes, en remettant à chaque fois la carte tirée dans le jeu. Soit X la variable aléatoire égale au nombre de cartes de « pique » obtenues en trois tirages. Calculez la probabilité de l'événement $(X = 2)$.

On modélise cette expérience par un schéma de Bernoulli, le succès S dans chaque épreuve étant « tirer une carte de pique », de probabilité $p = 0{,}25$ et l'échec E « tirer une autre carte », de probabilité $0{,}75$. On construit un arbre pour illustrer les différentes possibilités.

1er tirage	2e tirage	3e tirage	Résultats	Probabilités
		0,25 → S	SSS	
0,25 → S				
		0,75 → E	SSE	$0{,}25 \times 0{,}25 \times 0{,}75$
S				
		0,25 → S	SES	$0{,}25 \times 0{,}75 \times 0{,}25$
0,25	0,75 → E			
		0,75 → E	SEE	
		0,25 → S	ESS	$0{,}75 \times 0{,}25 \times 0{,}25$
	0,25 → S			
0,75		0,75 → E	ESE	
E				
		0,25 → S	EES	
	0,75 → E			
		0,75 → E	EEE	

L'événement $(X = 2)$ est constitué de trois issues : SSE, SES, ESS. Chacune de ces issues a la probabilité $0{,}25^2 \times 0{,}75$. Donc $P(X = 2) = 3 \times 0{,}25^2 \times 0{,}75$, soit $P(X = 2) = 0{,}140\,625$.

La probabilité de tirer exactement deux cartes de pique en tirant trois cartes est environ 0,141.

1 Dans un chapeau, un professeur place cinq jetons portant chacun une des cinq lettres du mot *choix*.

a. Un élève tire successivement avec remise trois jetons du chapeau ; on note X le nombre de « C » obtenus. Quel nom porte la loi de probabilité de X ? En vous aidant de l'arbre de la page précédente, calculez $P(X = 0)$ et $P(X = 2)$.

b. Un autre élève tire successivement avec remise quatre jetons du chapeau. Construisez ou imaginez un arbre illustrant les quatre tirages.
Dénombrez le nombre de chemins comportant exactement deux fois la lettre C.
Calculez $P(X = 2)$.

2 À l'aide d'un arbre ou d'une calculatrice, donnez les valeurs des nombres suivants :

$$\binom{4}{2}, \binom{9}{1}, \binom{5}{3}, \binom{10}{0}, \binom{7}{7}.$$

3 Une urne contient 1 boule noire et 9 boules rouges.
On tire quatre boules successivement avec remise dans cette urne.

a. Quelle est la probabilité de tirer exactement deux boules noires ?

b. Quelle est la probabilité de tirer quatre boules noires ?

4 Des études statistiques ont montré que le pourcentage de réussite à un test est de 80 %.
Cinq candidats se présentent pour passer ce test.

a. Quelle est la probabilité que les cinq candidats soient reçus ?

b. Quelle est la probabilité que trois candidats exactement soient reçus ?

5 Soit X une variable aléatoire suivant la loi binomiale de paramètres $n = 5$ et $p = 0,4$.
Parmi les diagrammes en bâtons suivants, quel est celui qui représente la loi de probabilité de X ?

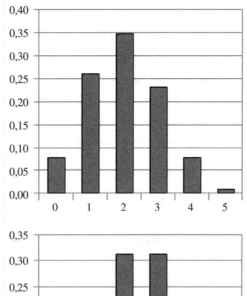
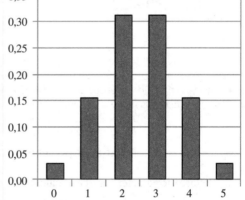

6 L'espérance mathématique et la variance d'une variable aléatoire X suivant la loi binomiale de paramètres n et p sont données par les formules :
$$E(X) = np \text{ et } V(X) = np(1 - p).$$

Déterminez l'espérance mathématique et la variance de X dans chacun des cas suivants.

a. $n = 5$ et $p = 0,4$

b. $n = 5$ et $p = 0,8$

c. $n = 10$ et $p = 0,5$

7 On lance 30 fois un dé à six faces bien équilibré et on s'intéresse à la sortie du « six ».

a. Déterminez la probabilité de l'événement « faire exactement quatre six ».

b. Déterminez l'espérance mathématique de la variable aléatoire donnant le nombre de « six » obtenus au cours des 30 lancers.

Maths

21 Loi binomiale et échantillonnage

Intervalle de fluctuation à 95 % d'une fréquence et loi binomiale

L'**intervalle de fluctuation à 95 %** d'une fréquence correspondant à la réalisation, sur un échantillon aléatoire de taille n, d'une variable aléatoire X de loi binomiale est l'intervalle $\left[\dfrac{a}{n} ; \dfrac{b}{n} \right]$ défini par :
- a est le plus petit entier tel que $P(X \leqslant a) > 0,025$;
- b est le plus petit entier tel que $P(X \leqslant b) > 0,975$.

Exploiter un intervalle de fluctuation

Dans un pays, on suppose que la proportion p de personnes répondant favorablement à un sondage téléphonique est de 25 %. Un institut de sondage effectue une enquête par téléphone pour juger de cette hypothèse. Il interroge au hasard et avec remise un échantillon de 50 personnes.
Voici les résultats de ce sondage :

Nombre de personnes ayant répondu favorablement	15
Nombre de personnes ayant refusé de répondre	35

a. Précisez le caractère étudié et calculez la fréquence observée f de ce caractère.

Le caractère étudié est : **« La personne interrogée répond favorablement au sondage téléphonique. »**

La fréquence observée f de ce caractère étudié est : $\dfrac{15}{50} = 0,30$, **soit 30 %**.

On se pose la question suivante : « L'hypothèse de proportion p égale à 25 % est-elle trop éloignée de la fréquence observée ? » Si oui, on rejette l'hypothèse de proportion p.
Mais on risque de rejeter l'hypothèse alors qu'elle est vraie.
On choisit de fixer le seuil de décision de sorte que la probabilité de rejeter l'hypothèse, alors qu'elle est vraie, soit inférieure à 0,05.
Pour calculer cette probabilité, on utilise une variable aléatoire.

b. Soit X la variable aléatoire donnant le nombre de personnes répondant favorablement à un sondage téléphonique dans un échantillon de 50 personnes avec l'hypothèse que 25 % des personnes répondent favorablement.
Quelles sont les valeurs prises par la variable aléatoire X ?
Que signifie l'événement $(X = k)$?
Quelle est la loi de probabilité de la variable aléatoire X ?

Les valeurs prises par X sont les valeurs entières de 0 à 50 ; elles correspondent au nombre de personnes pouvant répondre favorablement dans un échantillon de 50 personnes.
L'événement $(X = k)$ est l'ensemble des choix possibles de k personnes parmi les 50 personnes interrogées ayant répondu favorablement dans l'échantillon.
X suit la loi binomiale de paramètres $n = 50$ et $p = 0,25$.

Si k est un nombre entier tel que $0 \leqslant k \leqslant n$, on a : $P(X = k) = \dbinom{n}{k} p^k (1 - p)^{n-k}$.

c. On donne le tableur avec les valeurs des probabilités $P(X = k)$ et les valeurs des probabilités cumulées $P(X \leq k)$ pour toutes les valeurs de k entre 0 et 50, ainsi que le diagramme en bâtons de la loi binomiale de paramètres $n = 50$ et $p = 0,25$.

Calculez $P(X = 12)$ et vérifiez que vous obtenez la valeur donnée dans le tableur.

Avec une calculatrice : $P(X = 12) = \begin{pmatrix} 50 \\ 12 \end{pmatrix} 0,25^{12}(0,75)^{38}$.

$P(X = 12) \approx 0,129\,368$. C'est le résultat indiqué dans la cellule B14.

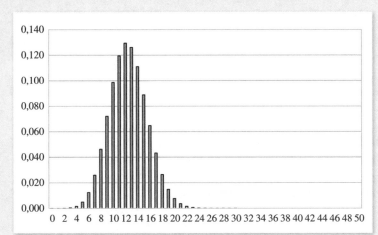

d. Pour respecter le choix du seuil de décision, on partage l'intervalle $[0 \,;\, 50]$ où X prend ses valeurs en trois intervalles $[0 \,;\, a-1]$, $[a \,;\, b]$ et $[b+1 \,;\, 50]$ de sorte que X prenne ses valeurs dans les deux intervalles extrêmes avec une probabilité proche de 0,025 (sans dépasser cette valeur).

Déterminez a et b tels que :
- a est le plus petit entier tel que $P(X \leq a) > 0,025$;
- b est le plus petit entier tel que $P(X \leq b) > 0,975$;

en utilisant le diagramme en bâtons et la colonne du tableur donnant les probabilités cumulées.

Déduisez-en l'intervalle de fluctuation.

On lit $a = 6$ et $b = 19$. $\left(\dfrac{6}{50} = 0,12 \text{ et } \dfrac{19}{50} = 0,38 \right)$

D'où l'intervalle de fluctuation : **[0,12 ; 0,38]**.

e. Énoncez la règle de décision permettant de rejeter ou non l'hypothèse $p = 0,25$, selon la valeur de la fréquence des personnes répondant favorablement au sondage téléphonique dans l'échantillon et concluez.

Si la fréquence observée f appartient à l'intervalle [0,12 ; 0,38], l'hypothèse $p = 0,25$ est acceptable, sinon, l'hypothèse $p = 0,25$ est rejetée, au seuil de 5 %.

Or, dans l'échantillon, la fréquence observée est $f = 0,30$. On ne peut donc pas, au vu de ce sondage, exclure la valeur 25 % d'opinions favorables.

	A	B	C
1	k	$P(X = k)$	$P(X \leq k)$
2	0	0,000001	0,000001
3	1	0,000009	0,000010
4	2	0,000077	0,000087
5	3	0,000411	0,000498
6	4	0,001610	0,002108
7	5	0,004938	0,007046
8	6	0,012345	0,019391
9	7	0,025865	0,045256
10	8	0,046341	0,091597
11	9	0,072087	0,163684
12	10	0,098518	0,262202
13	11	0,119416	0,381619
14	12	0,129368	0,510986
15	13	0,126050	0,637037
16	14	0,111044	0,748081
17	15	0,088836	0,836917
18	16	0,064776	0,901693
19	17	0,043184	0,944877
20	18	0,026390	0,971267
21	19	0,014816	0,986082
22	20	0,007655	0,993737
23	21	0,003645	0,997382
24	22	0,001602	0,998984
25	23	0,000650	0,999634
26	24	0,000244	0,999877
27	25	0,000084	0,999962
28	26	0,000027	0,999989
29	27	0,000008	0,999997
30	28	0,000002	0,999999
31	29	0,000001	1,000000
32	30	0,000000	1,000000
33	31	0,000000	1,000000
34	32	0,000000	1,000000
35	33	0,000000	1,000000
36	34	0,000000	1,000000
37	35	0,000000	1,000000
38	36	0,000000	1,000000
39	37	0,000000	1,000000
40	38	0,000000	1,000000
41	39	0,000000	1,000000
42	40	0,000000	1,000000
43	41	0,000000	1,000000
44	42	0,000000	1,000000
45	43	0,000000	1,000000
46	44	0,000000	1,000000
47	45	0,000000	1,000000
48	46	0,000000	1,000000
49	47	0,000000	1,000000
50	48	0,000000	1,000000
51	49	0,000000	1,000000
52	50	0,000000	1,000000

SES

SES

1 Dans un monde aux ressources limitées, comment faire des choix ?

Les choix sont nécessaires mais contraints

• Les ressources de la planète sont en quantité limitée. Nous ne pouvons pas, ni individuellement, ni collectivement, produire et consommer autant que nous le voudrions.

• Les hommes doivent donc faire des choix de consommation. L'**utilité** peut être un critère : chacun peut décider de l'utilité qu'il attribue à la consommation d'un bien. Mais il apparaît que l'utilité totale pour un bien décroît avec ses quantités. En effet, si un litre d'eau est essentiel à la vie, le millionième litre est d'une moindre importance individuelle. L'analyse microéconomique (qui analyse le comportement du consommateur ou du producteur) montre ainsi que l'**utilité marginale** (celle de la dernière unité consommée) est de plus en plus faible et qu'elle peut devenir nulle.

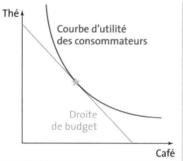

Mais les économistes font aussi l'hypothèse que tous les individus peuvent affirmer des préférences entre deux biens, et qu'il leur est possible de déterminer quelle quantité d'un bien ils sont capables d'abandonner pour obtenir des quantités d'un autre bien. Chacun possède ses préférences, qu'elles soient personnelles ou dues à des goûts familiaux et culturels.

• Mais il ne suffit pas de choisir pour consommer. En effet, si l'utilité est l'un des critères essentiels de la consommation, le **prix des biens** et la **contrainte de revenu** interviennent aussi dans la décision. La modélisation qu'effectuent les microéconomistes permet de mettre en relation une droite de budget correspondant à un revenu totalement consommé dans l'achat de deux biens à des prix différents, avec les préférences des consommateurs représentées par une courbe. Dans l'idéal, le choix de la quantité de chaque bien consommé est déterminé par la rencontre de la droite de budget avec la courbe d'indifférence aux biens.

L'arbitrage : une activité quotidienne

• Face à la rareté des ressources et à la nécessité de réaliser des choix, les agents économiques doivent réaliser des arbitrages, c'est-à-dire qu'ils doivent comparer les coûts et les bénéfices liés à une action. Les économistes construisent des modèles qui permettent de comprendre la manière dont les arbitrages se réalisent.

• Comme il est parfois difficile de tenir compte de la totalité des possibilités, les économistes considèrent généralement que l'arbitrage s'effectue « toutes choses par ailleurs ». Leurs modèles simplifient le réel et permettent un arbitrage entre peu d'options, tous les autres paramètres significatifs restant inchangés.

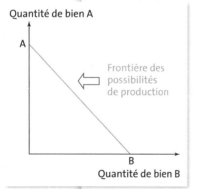

• Un des modèles utile pour comprendre la notion d'arbitrage est celui des **frontières des possibilités de production**. En simplifiant l'économie à un pays qui ne produirait que deux biens, il est possible de consacrer toutes les ressources à la production d'un seul des deux biens, ou de combiner la production des deux. On obtient alors la courbe ci-contre.

• La production réalisable se situe dans le triangle OAB. Il est impossible de produire au-delà de la droite AB. Mais pour que la production soit efficace, il faut aussi produire sur la droite AB et non pas en dessous car des ressources seraient inutilisées. Les choix réalisés dépendent donc des arbitrages et ceux-ci doivent intégrer les coûts d'opportunité. Ils représentent tout ce à quoi il faut renoncer pour obtenir une quantité d'un bien supplémentaire. Par exemple, combien de biens B faut-il abandonner pour obtenir une quantité de biens A supplémentaire ? Le véritable coût économique de l'acquisition de biens A supplémentaires comprend alors les coûts en ressources et l'absence d'utilité liée à l'abandon d'une quantité de biens B.

● Lire et analyser un texte

• Les cours de SES sont souvent construits à partir de textes. Leur analyse exige l'utilisation d'une méthode rigoureuse en **six temps** :
– lire le titre, s'il existe, et repérer la source ;
– lire rapidement le texte pour en saisir le sens général ;
– lire attentivement le texte, crayon à la main, pour saisir les diverses idées et comprendre leur articulation ;
– noter dans la marge ou sur une feuille séparée les idées de l'auteur et les vôtres, afin de ne pas les oublier ;
– noter l'idée essentielle du texte, et les idées secondaires si elles existent ;
– synthétiser le texte en quelques phrases.
• Durant la lecture, il est important de **repérer la nature du texte**. Il peut s'agir d'un texte fournissant des informations factuelles, des analyses ou des opinions.
Si le texte fournit des informations factuelles, il faut les intégrer dans un raisonnement en montrant, si possible, à quelle théorie ces faits peuvent se rattacher.
Si le texte est théorique, il faut reconstruire la logique du raisonnement de l'auteur. Pour cela, il est utile de construire des schémas d'implication faisant ressortir les enchaînements qui structurent la pensée de l'auteur.
Si le texte fournit des opinions, il faut s'en méfier et ne pas lui accorder le statut d'un texte rigoureux et scientifique. Ces opinions peuvent être utiles pour justifier des raisonnements opposés.

Lisez le texte suivant et répondez aux questions.

Le coût d'opportunité, un déterminant essentiel des choix

Quel est le coût d'opportunité pour un bachelier de poursuivre ses études à l'université ? Si lui-même ou ses parents se demandent combien coûte une année universitaire, ils penseront sûrement aux frais d'inscription, au logement, aux achats de livres, etc. Mais, si l'on raisonne en termes de coûts d'opportunité, cette liste comprend à la fois trop et trop peu d'éléments. Comme il faut de toute manière se loger quelque part et se nourrir quoi qu'il arrive, même si on arrête ses études, ces coûts ne font pas partie des coûts d'opportunité. [...]

Pour évaluer correctement les coûts d'opportunité, il faut imaginer ce que l'on ferait si l'on décidait de ne pas poursuivre ses études. Un économiste pense immédiatement au travail que l'on peut alors effectuer et au revenu que l'on peut gagner. Le chiffre variera d'un étudiant à l'autre, mais le Département américain de l'Éducation estimait en 2004 que les élèves entre 18 et 24 ans diplômés de l'enseignement secondaire qui travaillent à plein temps gagnent un peu moins de 15 000 dollars par an. Il faut ajouter ce revenu non gagné aux coûts directs, tels que les droits d'inscription, pour obtenir le coût d'opportunité de la poursuite d'études à l'université. Pour la plupart des étudiants, ce manque à gagner est une composante très importante du coût d'opportunité des études universitaires.

Joseph E. STIGLITZ, Carl E. WALSH et Jean-Dominique LAFAY, *Principes d'économie moderne*, De Boeck, 2007 (3e éd.).

1 Quels sont les différents coûts liés aux études ?

2 Les coûts sont-ils toujours directs ?

3 Comment définir le coût d'opportunité?

Que produit-on et comment le mesure-t-on ?

SAVOIR

Qui produit ?

• Pour satisfaire les besoins individuels ou collectifs, les sociétés doivent produire, c'est-à-dire fabriquer des biens et des services. La **production** peut être **marchande**, vendue sur un marché à un prix couvrant au moins les coûts de production, ou **non marchande** et fournie aux utilisateurs gratuitement ou à un prix ne couvrant pas les coûts de fabrication.

• Les unités qui produisent revêtent elles aussi des formes différentes. Les **entreprises** sont majoritairement **privées** et cherchent à faire un profit leur permettant de survivre, voire d'accroître leurs parts de marché. Toutes les entreprises possèdent un statut juridique qui les différencie les unes des autres ; ce statut dépend des risques encourus et de la nature de leur capital. Elles ont aussi des tailles différentes et participent à des secteurs d'activités distincts.

Poids des entreprises selon leur taille en termes de valeur ajoutée en 2007

	Nombre de salariés (en %)		
	0 à 19	**20 à 249**	**250 ou plus**
IAA	21,0	13,5	65,5
Industrie et énergie	10,1	13,6	76,4
Construction	51,8	22,3	25,9
Commerce	31,5	15,1	53,4
Transports	12,4	12,7	75,0
Services	28,3	13,1	58,6
Éducation, santé, action sociale	71,6	14,5	13,8
Total	**27,3**	**14,4**	**58,3**

Sources : Direction générale de la compétitivité, de l'industrie et des services (DGCIS) ; Insee, TEF, 2010.

• Mais **aucune entreprise ne peut produire seule** : elle doit s'insérer dans un réseau de fournisseurs, de clients, de banques et d'entreprises concurrentes. Elle doit associer des facteurs de production (capital et travail) au sein d'une combinaison productive pour produire au moindre coût.

• **Certaines entreprises sont publiques :** elles appartiennent partiellement ou totalement à l'État. Elles sont aujourd'hui moins nombreuses en raison de politiques libérales qui cherchent à désengager l'État de la sphère productive. Elles peuvent faire des profits, mais leur vocation est avant tout de satisfaire des besoins non marchands ou de fournir des biens ou des services stratégiques.

Il ne faut pas confondre entreprises publiques et **administrations**. Celles-ci produisent exclusivement des services non marchands, en réponse à une mission initiée par l'État, les collectivités territoriales ou la Sécurité sociale. Elles assurent un service public pour satisfaire des besoins auxquels on ne peut répondre de façon individualisée (police, armée, justice…) et des besoins pris en charge par la collectivité pour assurer une meilleure solidarité ou un bien-être individuel et/ou collectif (santé, éducation…). Le financement des administrations est assuré par les impôts et les cotisations sociales (appelés « prélèvements obligatoires »).

• D'autres organisations participent à la production nationale. Elles relèvent de l'**économie sociale ou** du **secteur associatif**. Dans le premier cas, les **mutuelles** réalisent des activités productives sans but lucratif, mais dans l'objectif de favoriser la solidarité et la justice sociale.

Les **associations**, quant à elles, sont aussi sans but lucratif mais elles ont des intérêts humanitaires, de défense d'intérêts collectifs. Elles sont régies par la loi de 1901 et près d'un Français sur deux en fait partie.

La mesure de la production

• Pour mesurer par un chiffre unique la production, il faut éviter de compter deux fois les mêmes choses. Pour ce faire, il faut déduire les consommations intermédiaires de la production d'une entreprise, et calculer la valeur ajoutée par l'activité productive de l'entreprise ou du pays.

Valeur ajoutée (VA) = valeur de la production − consommations intermédiaires utilisées pour la production

• La **valeur ajoutée** sert à rémunérer les différents acteurs de l'activité productive et l'État. La **mesure de la VA** est un exercice difficile car il faut additionner des productions relevant de la sphère non marchande et de la sphère marchande. Pour la seconde, le calcul est rapide. Pour la première, les comptables nationaux estiment la richesse créée par rapport au coût de fonctionnement.

● Lire et analyser des tableaux statistiques

• Les tableaux statistiques constituent une forme de document très utile en SES. On distingue les tableaux simples et les tableaux croisés.

– Les **tableaux simples** mettent en relation un critère (ou caractère) avec un dénombrement. Ils peuvent concerner la structure d'un phénomène (par exemple la répartition par sexe d'une population) ou décrire des faits (par exemple le chiffre d'affaires des entreprises).

– Les **tableaux croisés** mettent en relation au moins deux critères, chacun pouvant comprendre plusieurs modalités. Ils permettent de décrire la relation entre plusieurs phénomènes ou décrivent un même phénomène à plusieurs époques ou dans différents lieux.

• L'analyse des tableaux croisés nécessite l'emploi d'un vocabulaire spécialisé.

TITRE

Critère 1 (en ligne)	Critère 2 (en colonne)					
	Modalité 1	Modalité 2	Modalité 3	Modalité 4	Modalité 5	Ensemble
Modalité 1	Modalités croisées					Répartition marginale
Modalité 2						
Modalité 3						
Modalité 4						
Ensemble	Répartition marginale					Effectif total

Source.

Le champ d'un tableau est généralement la population sur laquelle porte l'étude.

• Pour analyser un tableau statistique, il faut :

– lire le titre et la source afin de connaître les variables et le champ étudié ;

– repérer les unités utilisées ;

– décrire le tableau, aller du général au particulier ;

– analyser en quelques phrases synthétiques les relations entre les variables.

SES

FAIRE

Entreprises selon le nombre de salariés et l'activité

	Taille en nombre de salariés							Total
	0	**1 à 9**	**10 à 49**	**50 à 199**	**200 à 499**	**500 à 1 999**	**2 000 ou plus**	
Au 1er janvier 2008								
Industries agricoles et alimentaires	20 880	35 620	6 238	1 053	265	120	16	**64 192**
Industries hors IAA	86 841	62 696	26 776	6 129	1 402	627	121	**184 592**
Construction	198 103	171 215	27 609	2 172	259	139	18	**399 515**
Commerce	378 151	248 730	38 495	5 452	829	317	83	**672 057**
Transports	51 044	26 687	9 677	2 033	398	126	32	**89 997**
Activités financières	31 742	17 689	2 072	560	179	192	63	**52 497**
Activités immobilières	147 842	39 788	3 475	499	121	38	2	**191 765**
Services aux entreprises	352 203	151 929	28 081	4 364	894	414	116	**538 001**
Autres services	545 899	235 057	25 858	3 697	419	111	36	**811 077**
Total	**1 812 705**	**989 411**	**168 281**	**25 959**	**4 766**	**2 084**	**487**	**3 003 693**

Source : Insee, TEF, 2010.

1 Quels sont les caractères, les modalités, les modalités croisées, les répartitions marginales et le champ du tableau ?

2 Analysez le tableau.

3

Comment répartir les revenus et la richesse ?

• Pour vivre dans une société marchande, les individus ont besoin de revenus. Ces revenus représentent ce qu'un agent économique peut consommer durant une période donnée sans perte de patrimoine. Cette définition de J. R. Hicks (1904-1989) précise donc que le revenu est un flux qui peut être, soit consommé, soit épargné. Mais comme, pour consommer un bien, il faut qu'il ait été produit, l'ensemble des revenus distribués doit être égal à la valeur de la production. Les revenus sont issus de la répartition de la valeur ajoutée.

• Il existe plusieurs formes de revenus. Les économistes distinguent traditionnellement les **revenus primaires** (ou de facteurs) et les **revenus de transfert**.

La répartition primaire des revenus

• Les **revenus de facteurs** sont issus de la répartition primaire, c'est-à-dire de la répartition de la valeur ajoutée entre les détenteurs de travail et les détenteurs de capital qui ont participé au processus productif.

• Les revenus de facteurs peuvent rémunérer l'apport de travail salarié dans un processus productif : il s'agit alors des **salaires**. Ce sont les revenus les plus importants. Cependant, le travail n'étant jamais le seul facteur de production utilisé, il faut aussi rémunérer le capital à travers les **revenus du capital** : il peut s'agir d'un intérêt, d'un dividende, d'un loyer, d'une rente… Enfin, il existe une dernière forme de revenu de facteurs : les **revenus mixtes** qui rémunèrent le travail d'un indépendant, lequel est à la fois le propriétaire de son entreprise et son principal employé.

• Comme la production n'est pas extensible à l'infini et que tous les participants veulent retirer une part maximale de leur apport, il existe une certaine **lutte pour le partage de la valeur ajoutée**. Cette lutte est visible à travers la part de la rémunération des salariés et de l'excédent brut d'exploitation dans la valeur ajoutée brute (voir Savoir-faire ci-contre).

• Les revenus ne sont pas toujours répartis égalitairement dans la société. Pour les **économistes libéraux**, les individus valorisent leurs capacités sur les marchés du travail ou du capital et obtiennent en échange un revenu qui est réparti équitablement, au sens où il y a une rétribution liée à l'importance du travail ou du capital considéré pour le processus de création de richesse. Mais, pour les **marxistes**, l'échange est inégal et les détenteurs de capital s'approprient une partie de ce qui revient aux travailleurs.
Sans entrer dans ce débat théorique, il est aisé de constater qu'il existe des inégalités de salaire et des inégalités de patrimoine. Aujourd'hui, par exemple, le salaire moyen d'un cadre est trois fois plus élevé que le salaire moyen d'un ouvrier.

La répartition secondaire des revenus

• Pour limiter les inégalités, l'État a mis en place un système de **redistribution des revenus**. Il s'agit d'une **répartition secondaire**, qui peut être **verticale ou horizontale**. Dans le premier cas, l'objectif est de lutter contre les inégalités ; dans le second, il s'agit de solidarité intergénérationnelle, entre malades et bien-portants, etc. Pour financer cette redistribution, l'État fait payer des **prélèvements obligatoires** composés des impôts et des cotisations sociales.

• Grâce à ce système, le **revenu disponible** (revenus primaires – cotisations sociales – impôts directs + revenus de transfert) des ménages les plus pauvres s'accroît et celui des plus riches diminue. D'ailleurs, plus les ménages sont pauvres, plus la part des revenus de transfert dans leur revenu disponible est élevé, et inversement.
Globalement, le revenu disponible est utilisé pour consommer (environ 85 %) et pour épargner (15 %).

Lire et analyser un graphique

Les graphiques constituent un type de document très utilisé en SES. Il peut s'agir d'une ou de plusieurs courbes, d'histogrammes, de représentations circulaires ou linéaires.

L'analyse d'une courbe doit débuter par la lecture des variables qui sont en relation. Généralement, une ou plusieurs variables économiques ou sociologiques sont croisées avec des années. Ce sont des graphiques chronologiques. La marche à suivre pour étudier une courbe est la suivante :
– définir les mots clés, les unités, la légende et la source ;
– repérer les échelles en abscisse et en ordonnée ;
– décrire la tendance générale du phénomène ;
– repérer des périodes de rupture dans la chronologie ;
– faire l'analyse.

Rédiger une analyse de graphique

• Commencer par **présenter le graphique** en précisant son titre et son champ d'application. Les termes importants, les salaires et le taux de marge figurent dans le graphique. On constate que les deux courbes sont symétriques et inversées, ce qui est dû à la définition même des deux taux puisqu'ils représentent la rémunération du travail et du capital à partir de la valeur ajoutée. Décrire l'une des deux courbes suffit donc à fournir les tendances de l'autre.

• Ensuite, **décrire les évolutions** des courbes **et les comparer**. Les deux courbes peuvent être périodisées comme suit :
– de 1949 aux années 1970, malgré quelques tendances erratiques, la courbe de la part des salaires est assez stable ;

– elle croît ensuite jusqu'à atteindre un maximum de 74 % en 1982 ;
– puis elle décline jusqu'en 1990, et elle est relativement stable depuis, autour de 65 %.

• Enfin, **expliquer les raisons** de ces évolutions. Première cause : la salarisation croissante de la société française a fait baisser les revenus mixtes et a accru les revenus du travail.

– De 1949 à 1970, des fluctuations caractérisent le partage de la valeur ajoutée dans un contexte où la masse salariale, traditionnellement, réagit plus lentement que les profits aux mouvements de la conjoncture économique.

– Au cours des années 1970, trois facteurs concomitants participent à la déformation du partage de la valeur ajoutée. 1. Les deux chocs pétroliers exercent une pression à la hausse sur le prix de la consommation. 2. Comme les revalorisations salariales tiennent compte de l'évolution du prix de la consommation, les salaires nominaux suivent ce mouvement haussier, alors que le prix de la valeur ajoutée reste moins dynamique. 3. La croissance de la productivité du travail connaît une baisse durable à cette époque, les salaires réels continuant d'être fixés en fonction du rythme de croissance passé.

– Dans les années 1980, le partage de la valeur ajoutée connaît une évolution inverse. D'une part, des dispositions sont prises pour mettre fin à l'indexation automatique des salaires sur les prix. D'autre part, le contre-choc pétrolier limite les coûts des entreprises alors que la croissance des salaires reste limitée, ce qui contribue à une baisse de la part des salaires.

– Depuis le début des années 1990, et jusqu'à l'entrée dans la crise en cours, le partage de la valeur ajoutée est à nouveau assez stable.

SES

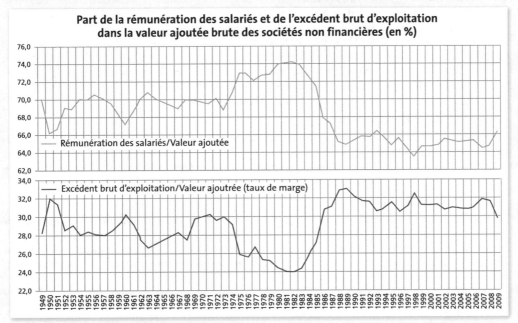

Part de la rémunération des salariés et de l'excédent brut d'exploitation dans la valeur ajoutée brute des sociétés non financières (en %)

4

Quels sont les grands équilibres macroéconomiques ?

La **macroéconomie**, terme créé en 1933 par R. Frish, désigne l'analyse économique qui s'intéresse aux quantités globales (PIB, investissement, consommation, etc.) agrégées au niveau d'une nation. Pour mener à bien ce type d'analyse, les agents économiques doivent être répertoriés. C'est ce que fait le **Système européen des comptabilités nationales (SEC)**, qui homogénéise les statistiques de l'UE. Les agents agissent à travers l'économie nationale qui est l'ensemble des unités résidentes, c'est-à-dire des unités ayant un centre d'intérêt sur le territoire économique.

● Les secteurs institutionnels

Le SEC regroupe les agents selon leur fonction principale.

– Les **ménages** représentent toutes les personnes physiques dont la fonction est la consommation.
– Les **sociétés non financières** se caractérisent par la production en vue de la vente de biens et de services non financiers, afin d'en retirer un revenu.
– Les **administrations** produisent des services non marchands destinés à la collectivité.
– Les **institutions sans but lucratif** produisent des services non marchands pour les ménages.
– Les **institutions de crédit et les sociétés d'assurance** effectuent des opérations financières : les premières financent l'activité économique et les secondes couvrent les risques.
– Le **reste du monde** : tout ce qui est en dehors du territoire national.

● Les opérations entre acteurs

Les acteurs de la vie économiques peuvent réaliser plusieurs types d'opérations, que le SEC classe et définit.

• Les opérations sur biens et services

Les opérations sur biens et services peuvent être synthétisées dans l'équation suivante :

$$P = C + FBCF + \Delta S + (X - M)$$

La **production** (ou PIB, **P**) est une activité économique socialement organisée, marchande ou non marchande, consistant à créer des biens et des services qui s'échangent habituellement sur un marché et/ou qui sont obtenus à partir de facteurs de production qui s'échangent sur un marché.
La **consommation (C)** peut être intermédiaire ou finale. La première représente la valeur des biens et services détruits au cours d'une année dans le processus courant de production. La seconde correspond à des biens et services utilisés pour satisfaire directement des besoins humains.
La **formation brute de capital fixe (FBCF)** représente la valeur des biens dont la durée d'utilisation est supérieure à un an et qui sont utilisés au cours du processus de production par les unités productrices.
La **variation des stocks (ΔS)** comprend tous les biens d'une durée de vie inférieure à un an, détenus par les unités productrices. Ils sont conservés en vue d'une utilisation ou d'une vente future.
(X – M) représente les opérations avec le reste du monde.

• Les opérations de répartition

La production crée une richesse qui est à l'origine des revenus. Ceux-ci peuvent rémunérer les salariés et les actionnaires. On distingue deux sortes de revenus : les **revenus primaires**, qui résultent du concours à une opération de production ; les **revenus de transfert**, qui résultent d'une redistribution des revenus entre les secteurs institutionnels.

• Les opérations financières

Elles portent sur les créances et les dettes des différents agents économiques. Les principales concernent les **instruments de paiement** et les **instruments de placement**.
Toutes les activités entre les agents peuvent se relier à travers un **circuit économique** montrant que les agents économiques sont dans une situation de **dépendance** fondamentale. L'activité des uns est nécessaire aux autres, et réciproquement.

● Établir l'équilibre emploi-ressources

• Le SEC utilise des tableaux pour synthétiser les différents équilibres de l'économie nationale. L'équilibre des opérations sur biens et services se traduit dans le **tableau entrées-sorties (TES)**.
Une nation ne peut utiliser que les ressources dont elle dispose. Celles-ci peuvent être produites ou importées. Elles sont donc égales à : $P + M$.
Ces ressources sont utilisées sous diverses formes : $C + FBCF + \Delta S + X$.
Et comme les emplois égalent les ressources, l'équilibre s'écrit : $P + M = C + FBCF + \Delta S + X$.
Le TES décrit la **structure de la production nationale par branches**. En effet, l'égalité entre les ressources et les emplois peut se décomposer par produit, donc par branche.

• La structure du TES est la suivante (en simplifiant à trois branches).

Ressources			
Branches Produits	Production	Import.	Total
Agriculture			
Industrie			
Services			
Total			

Entrées intermédiaires				
	Agriculture	Industrie	Services	Total
A				
I				
S				
T				

Emplois finaux				
	Consommation finale	FBCF	Variation des stocks	Export.
A				
I				
S				
T				

Compte de production	Agriculture	Industrie	Services	Total
Consommation intermédiaire des branches				
Valeur ajoutée				
Production				

Produit intérieur brut
Somme des VA
TVA
Droits de douane
PIB

• Le TES se présente donc sous la forme de plusieurs **tableaux articulés entre eux**.
Les deux tableaux centraux (entrées intermédiaires et compte de production) permettent de mettre en lumière la composition de la production. La diagonale du tableau des entrées intermédiaires permet de mesurer l'intraconsommation, c'est-à-dire la consommation par une branche de produits appartenant au même poste de la nomenclature. Le PIB apparaît alors comme la somme des valeurs ajoutées dans le tableau situé en bas à droite.

1 Supposons une économie à deux branches : l'agriculture et l'industrie. Les deux activités échangent entre elles. L'industrie achète pour une valeur de 50 de produits agricoles, et l'agriculture achète pour une valeur de 110 de produits industriels (les unités n'ont aucune importance : ce peut être des milliards d'euros, ou autres). L'intraconsommation de l'agriculture est de 30, et celle de l'industrie de 70.
Complétez le compte des entrées intermédiaires du TES.

2 Admettons que la valeur ajoutée par l'agriculture, grâce à ses consommations intermédiaires, est de 150, et celle de l'industrie de 240.
Complétez le tableau du compte de production. Calculez le PIB.

3 Admettons maintenant que l'agriculture importe pour une valeur de 20 et que l'industrie importe pour une valeur de 60.
Complétez le compte ressources du TES.

4 Les importations totales représentent une valeur de 80 et l'ensemble des ressources disponibles dans le pays est de 730.
La consommation de produits agricoles est de 130, les investissements des agriculteurs sont de 40, les stocks sont supérieurs de 10 à l'année précédente, et les exportations sont de 90.
La consommation de produits industriels est de 240, les investissements des industriels sont de 80, les stocks sont inférieurs de 10 à l'année précédente et les exportations sont de 150.
Complétez le tableau des emplois finaux.

5 Vérifiez l'équilibre emplois-ressources.

Comment l'entreprise produit-elle ?

SAVOIR

Les entreprises combinent des facteurs de production

• La diversité des entreprises

En France, la plupart des entreprises sont **privées**, et d'autres sont contrôlées par l'État : ce sont des entreprises **publiques**. Celles-ci vendent sur les marchés des biens ou des services, mais elles n'ont pas toujours pour but de faire des profits – ce qui ne signifie pas que les entreprises privées, elles, fassent toujours des profits. En effet, les **entreprises de l'économie sociale** sont privées, mais elles n'ont pas de but lucratif : ainsi, les mutuelles sont des entreprises privées constituées dans un objectif de solidarité. Par ailleurs, les entreprises se différencient par leur activité principale, leur taille ou leur statut juridique.

• La production

Les entreprises combinent deux **facteurs de production : travail et capital**. Le travail est l'activité de transformation de l'environnement que l'entreprise associe à du capital, c'est-à-dire à des biens de production durables. Lorsque différentes combinaisons productives sont possibles, les facteurs de production sont substituables ; sinon, ils sont complémentaires. La substitution du capital au travail est encouragée par l'augmentation du prix du travail, mais les délocalisations de la production peuvent conduire à substituer des travailleurs à l'étranger aux nationaux, trop coûteux.

Lorsqu'une entreprise fait face à une forte concurrence, sa capacité à fixer le prix de son produit devient très faible, et même nulle lorsque la concurrence est pure et parfaite (CPP). Considérant alors le prix du marché comme une donnée, elle atteint son objectif de maximisation du profit en égalisant sa recette marginale, le prix, à son coût marginal : la dernière unité produite est amenée sur le marché parce que son coût de production, composé d'un coût fixe et d'un coût variable, est juste compensé par le prix de vente. La loi des rendements décroissants implique que le coût marginal est croissant puisque, les difficultés de production s'accroissant à chaque unité supplémentaire produite, son coût de production est plus élevé que celui de la précédente.

Suivre l'activité et les performances de l'entreprise

• La performance d'une entreprise se mesure par rapport à des objectifs qui varient en fonction des différents intervenants. Les **propriétaires** chercheront la **performance financière**, alors que les **salariés** seront davantage intéressés par une **performance sociale**.

• La **comptabilité d'entreprise**, dont l'objectif est de retracer le fonctionnement de l'entreprise sur une période donnée (exercice comptable), est **plurielle**. On peut opposer une comptabilité **financière** à destination des tiers, notamment des apporteurs de capitaux, à une comptabilité **analytique** de gestion à destination interne, principalement du manager.

• Le **bilan** et le **compte de résultat** sont les documents comptables les plus importants : le premier retrace les stocks de l'entreprise, le second les flux. La comptabilité est en partie **double**, c'est-à-dire que chaque opération est écrite une fois comme ressource et une fois comme emploi.

L'analyse du bilan, mais surtout du compte de résultat, permet une évaluation de la performance économique de l'entreprise. Cette évaluation – par le résultat net, la marge opérationnelle ou encore la rentabilité économique et financière – est très délicate à mener et soumise aux informations dont le comptable a eu connaissance.

• Les débats récents autour de la **responsabilité sociale d'entreprise (RSE)** mettent en évidence que le bilan et le compte de résultat souffrent d'un biais patrimonial. Certes, le bilan social est obligatoire en France depuis 1977 pour les entreprises de plus de 300 salariés et on note quelques avancées pour intégrer dans le bilan les problèmes environnementaux posés par l'activité de l'entreprise – la « comptabilité verte » –, mais pas au point, à l'heure actuelle, de contrebalancer le biais patrimonial.

Les coûts et les profits

• L'objectif d'une entreprise est de **minimiser ses coûts** pour réaliser des **profits maximaux**. En augmentant sa production, une entreprise accroît ses coûts, mais aussi ses recettes.

– La **recette totale** est le chiffre d'affaires de l'entreprise. On la calcule ainsi :

$$RT = P \times Q$$

avec P = les prix et Q = les quantités.

– La **recette moyenne** est la recette par unité vendue. Elle est égale à :

$$RM = \frac{RT}{Q} = \frac{P \times Q}{Q} = P.$$

La recette moyenne est donc équivalente au prix. Et comme, en CPP, le prix est donné par le marché, la recette moyenne est une constante.

– La **recette marginale** est la recette de la dernière unité vendue. Elle est également égale au prix et elle aussi est constante.

• Pour réaliser un profit maximal, l'entreprise doit produire tant que le coût marginal est inférieur à la recette marginale. Cette idée peut être représentée graphiquement.

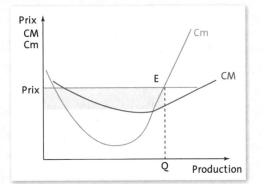

Le profit est maximal quand la recette marginale est égale au coût marginal. En effet, au point E, la recette marginale, qui est égale au prix, est égale au coût marginal.

En ce point, le profit est représenté par le rectangle bleuté. Il ne peut pas être plus important. Si le producteur décidait de produire plus, le coût marginal serait supérieur à la recette marginale. Par conséquent, son profit total serait amputé d'un montant équivalent à cet écart. L'entreprise pourrait donc encore faire du profit, mais celui-ci serait inférieur au profit réalisé au point E.

Quelques formes d'entreprises

• **Entreprise unipersonnelle à responsabilité limitée (EURL)**

Un seul associé (personne physique ou morale). Le capital social est librement fixé par l'associé, pas de minimum obligatoire. L'EURL est dirigée par un gérant (personne physique obligatoirement) qui peut être, soit l'associé unique, soit un tiers.

• **Société à responsabilité limitée (SARL)**

2 associés au minimum, 100 au maximum (personnes physiques ou morales). Le capital social est librement fixé par les associés, sans minimum obligatoire. La SARL est dirigée par un ou plusieurs gérants, obligatoirement personne(s) physique(s). Le gérant peut être, soit l'un des associés, soit un tiers. La responsabilité des associés est limitée au montant de leurs apports.

• **Société anonyme (SA)**

7 associés au minimum, pas de maximum (personnes physiques ou morales). Le capital minimal est de 37 000 euros. La SA est dirigée par un conseil d'administration, comprenant 3 à 18 membres, obligatoirement actionnaires. Le président est désigné parmi les membres du conseil d'administration. Un directeur général peut également être nommé pour représenter la société et assurer sa gestion courante. La responsabilité des associés est limitée au montant de leurs apports. Les bénéfices sont soumis à l'impôt sur les sociétés.

1 Que sont les *personnes physiques* et les *personnes morales* ?

2 D'après vous, un créateur d'entreprise peut-il choisir n'importe quelle forme juridique, indépendamment de son activité économique ?

3 Quelles peuvent être les intérêts d'une SA par rapport à une EURL ?

SES

6 La coordination par le marché

🔹 Qu'est-ce qu'un marché ?

• Le marché est un **lieu de rencontre entre** les désirs des consommateurs exprimés par leur **demande et** ceux des producteurs exprimés par leur **offre**. Cette confrontation aboutit au **prix**, c'est-à-dire à un accord entre demandeurs et offreurs, à un moment donné, sur la valeur d'un bien.

• En tant que lieux de rencontre entre une offre et une demande, les marchés sont présents très tôt dans l'histoire économique. Avec le développement de la **division du travail**, et la création de **surplus** importants, les marchés se sont développés et éloignés des lieux de production. Les marchés sont des **lieux d'échanges marchands**. Autrement dit, l'échange est payant, et le prix recouvre, au moins, les coûts de production.

• Le marché, au sens économique, se constitue autour d'**un seul bien** (pomme de terre, maison individuelle, automobile…) et la rencontre entre offreurs et demandeurs peut être **virtuelle**.

• Le marché a été **institué** : il a fallu élaborer des lois réglementant la propriété et les contrats, construire un système bancaire, gérer la monnaie et en développer l'usage, et le faire accepter par tous.

🔹 Comment un marché concurrentiel fonctionne-t-il ?

• Les marchés mettent en relation une demande et une offre. En situation de **concurrence pure et parfaite (CPP)**, l'équilibre existe quand l'offre est égale à la demande.

• La **demande** est la quantité d'un bien ou d'un service qu'un individu est prêt à acheter, **pour un prix donné**. Il souhaitera acheter un bien selon son prix et celui des biens **substituables** (thé contre café, par exemple). C'est pourquoi, pour simplifier les déterminants de la demande, il est plus aisé de raisonner « **toutes choses égales par ailleurs** », ce qui signifie que les variables sont constantes, à l'exception de celle qui est étudiée.

• L'**offre** d'un bien par une entreprise dépend des **coûts de production**. En effet, le **profit** étant le moteur de l'activité entrepreneuriale, l'entreprise proposera son bien ou son service si le prix de vente couvre les coûts de production.
Pour déterminer la forme de l'offre d'une entreprise, il faut donc s'appuyer sur les différentes sortes de coûts (voir le Savoir-faire ci-contre) et on peut estimer que la **courbe d'offre du producteur est la branche ascendante du coût marginal au-dessus du coût moyen**. Pour obtenir l'offre collective, il suffit d'additionner les offres individuelles.

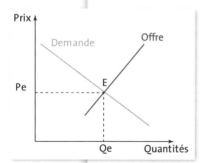

• La rencontre de l'offre et de la demande permet d'atteindre un équilibre (E) qui fixe le prix et les quantités échangées sur le marché dans une situation de CPP. Mais, pour que l'équilibre se réalise, certaines conditions doivent être respectées :
– l'**atomicité** : l'entreprise est trop petite pour influencer les prix ;
– l'**homogénéité** : les produits ne diffèrent que par leurs prix, seul critère de choix du consommateur ;
– la **libre entrée** (sortie) et la **mobilité des facteurs** : elles garantissent que de nouveaux agents pourront se présenter sur le marché tant qu'il y aura de l'argent à gagner, mais qu'ils pourront le quitter quand il deviendra trop étroit ;
– la **transparence** : elle permet à chaque agent d'être parfaitement informé et donc de faire les meilleurs choix.

Ces conditions remplies, le marché **s'autorégule**. Aucun agent extérieur (État, syndicats…) ne doit intervenir, et l'équilibre satisfait la majeure partie des intervenants. Aucun individu ne peut améliorer sa satisfaction sans que celle d'un autre ne diminue : c'est l'« optimum de **Pareto** ».

• La CPP doit permettre de satisfaire les individus (ménages et entreprises). L'élément essentiel qui va déterminer l'équilibre est le **prix**. En effet, si le mécanisme de prix reflète la rareté relative des biens et des services, il permet aussi le **rationnement** et la **coordination** entre les divers marchés.

La fonction d'offre et son déplacement

• L'**offre** d'un bien par une entreprise dépend de ses **coûts**. En effet, l'entreprise proposera son bien ou son service si le prix de vente couvre les coûts de production, le **profit** étant le moteur de l'activité entrepreneuriale.

• Le **coût total** est la somme des coûts fixes et des coûts variables : CT = CF + C(X).

• Le **coût moyen** est le coût par unité produite :

$$CM = \frac{CT}{X}$$ avec X = les quantités produites.

• Le coût total augmente quand l'entreprise produit en plus grande quantité. Le problème est alors de savoir quel est le **rythme d'accroissement**. Celui-ci dépend du coût marginal, c'est-à-dire du coût de la dernière unité produite. On calcule le **coût marginal** en faisant :

$$Cm = \frac{\Delta CT}{\Delta X}$$

Le coût marginal diminue au début de la production, lorsque le capital ou les salariés sont sous-employés. Au bout d'une certaine quantité produite, le coût marginal augmente parce que les équipements sont totalement utilisés et qu'il peut y avoir des difficultés d'organisation de la production (figure 1).

La courbe du coût marginal coupe la courbe du coût moyen en son minimum.

La **courbe d'offre du producteur est la branche ascendante du coût marginal au-dessus du coût**

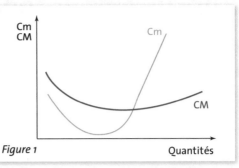

Figure 1

moyen. Pour obtenir l'offre collective, il suffit d'additionner les offres individuelles. L'offre de marché peut se déplacer. Certains événements, comme une amélioration de la technologie, déplacent l'offre O_1 vers la droite, reflétant une augmentation de la quantité offerte pour tout prix donné (figure 2). Et inversement.

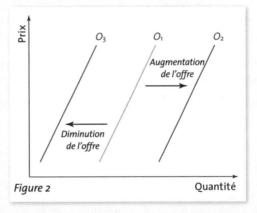

Figure 2

FAIRE

1 L'efficacité du libéralisme économique

> Les compagnies aériennes souhaitent que leurs avions soient aussi remplis que possible. Par ailleurs, elles savent qu'un certain pourcentage des personnes qui ont acheté un billet pour un vol donné ne se présentera pas à l'embarquement. Cela les incite donc à pratiquer ce qu'on appelle la surréservation (*overbooking*) : elles vendent davantage de tickets qu'il n'y a de places dans l'avion, avec l'espoir raisonnable qu'il sera possible d'embarquer ceux qui se présenteront effectivement. Mais il arrive parfois que tous ceux qui ont acheté un billet se présentent ; il faut alors décider quels voyageurs ne seront pas embarqués.
>
> Joseph STIGLITZ, *Principes d'économie moderne*, De Boeck Université, 2000.

• Trouvez des solutions qui ne vérifient pas et

des solutions qui vérifient les mécanismes de l'optimum économique.

2 Le marché et les institutions

> Douglass North [...] estime en effet que l'on doit faire appel, pour comprendre l'évolution économique, à des phénomènes qui sont en dehors du champ de préoccupation habituel des économistes : les règles sociales, les processus de décision politique, les organisations et les institutions. La structure institutionnelle d'une société comprend des règles informelles, comme les coutumes, les normes de comportement, les traditions, et des règles formelles comme les constitutions, les lois, les règles juridiques.
>
> Gilles DOSTALER, « Douglass C. North, une autre approche de l'histoire », *Alternatives économiques*, n° 274, novembre 2008.

• Pourquoi les marchés sont-ils des institutions ?

7 Comment les marchés imparfaitement concurrentiels fonctionnent-ils ?

SAVOIR

La concurrence n'est pas la seule situation de marché. Il en existe neuf.

Offre Demande	Un offreur	Quelques offreurs	Une infinité d'offreurs
Un demandeur	Monopole bilatéral	Monopsone contrarié	Monopsone
Quelques demandeurs	Monopole contrarié	Oligopole bilatéral	Oligopsone
Une infinité de demandeurs	Monopole	Oligopole	Concurrence

Les formes de monopoles

• Les **monopoles** sont souvent considérés comme des situations de marché très néfastes pour le consommateur car les entreprises peuvent fixer des prix trop élevés : elles réalisent des **sur-profits** en fixant des prix supérieurs à ceux que l'équilibre de concurrence favoriserait. Cependant, les marchés en situation de monopole existent dans la réalité.

• Les **monopoles** sont **naturels** quand les conditions techniques de production et/ou la taille des marchés interdisent la concurrence. Il en est ainsi des secteurs qui demandent des investissements ou des coûts fixes très importants, lesquels obligent les entreprises à atteindre un très fort chiffre d'affaires pour rentabiliser les mises de départ.

• Les **monopoles** sont dits **d'innovation** quand ils correspondent à une découverte qu'une entreprise est seule à proposer sur le marché.

• Enfin, les **monopoles** peuvent être **légaux** s'il existe des obstacles législatifs à l'entrée de nouvelles entreprises sur le marché.

Les bienfaits des monopoles

• **Schumpeter** a montré que les monopoles peuvent être indispensables à l'activité économique car ils permettent à une entreprise de **rentabiliser ses investissements** de recherche-développement. Ils incitent les chefs d'entreprise à prendre des risques en leur procurant une rémunération satisfaisante.

• Cependant, la tendance actuelle est de lutter contre les monopoles et de favoriser la concurrence. C'est pourquoi les États **déréglementent** de plus en plus. En ouvrant les marchés à la concurrence, ils veulent permettre la constitution de marchés les plus parfaits possible, de manière à ce que les prix soient les plus favorables aux consommateurs.

• Par ailleurs, les libéraux ont mis en évidence que le monopole pouvait satisfaire le consommateur si le **marché est contestable**. Un tel marché existe si l'entrée y est totalement libre, et si les coûts pour en sortir sont très faibles, c'est-à-dire que les contestataires qui tentent d'entrer sur le marché peuvent toujours s'en retirer sans grandes pertes.

Si un marché est contestable, en augmentant leurs prix, les entreprises attireraient immanquablement d'autres producteurs. Autrement dit, les entrées potentielles des concurrents entraînent les mêmes conséquences que leur présence effective.

Les stratégies d'entreprise

• Les **oligopoles** facilitent aussi les **ententes**. Pour éviter que le consommateur ne soit livré aux volontés des entreprises hégémoniques, les pouvoirs publics ont interdit les **cartels**. Mais les entreprises peuvent aussi proposer des produits originaux, pour lesquels les consommateurs accepteront de payer plus cher, ce qui rétablirait une marge de profit. Dans ce but, la firme utilise l'**innovation technique ou commerciale**, et la **différenciation**, notamment en associant une valeur symbolique à la marque.

• Plus simplement, les entreprises qui veulent obtenir des profits importants peuvent produire à des coûts faibles, soit en profitant d'**économies d'échelle**, soit en mettant au point des **innovations de procédés** (techniques ou organisationnelles), soit encore par une **baisse des charges**.

• **Ces pratiques remettent en cause les hypothèses de la CPP** : les avantages de la taille expliquent une concentration qui s'oppose à l'atomicité ; la différenciation des produits invalide l'hypothèse de l'homogénéité ; l'importance des investissements crée des barrières à l'entrée sur un marché. La concurrence est donc le plus souvent imparfaite et fondée sur d'autres éléments que le prix. On peut donc parler de **concurrence monopolistique**.

La fonction de demande et son déplacement

• On peut représenter par une courbe la demande des consommateurs (pour simplifier, la courbe est ici transformée en droite).

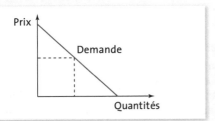

• Si la pente est décroissante, c'est parce que le consommateur accorde une importance de moins en moins grande à la possession d'une unité supplémentaire du bien.

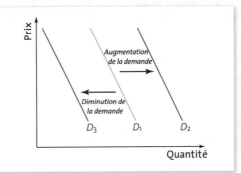

• Un accroissement de revenu déplace la courbe de demande vers la droite, reflétant une augmentation de la quantité demandée pour tout prix donné. Un événement qui diminue la demande déplace la courbe de demande vers la gauche, reflétant une diminution de la quantité demandée pour tout prix donné.

FAIRE

1 Après avoir lu le texte, répondez aux questions.

Qu'est-ce que l'entreprise « marquante » ?

À la fin des années 1980, la marque italienne, fondée dans les années 1950 par Luciano Benetton, s'était imposée sur un marché assez terne et classique du pull, en imposant un nouveau style de vie : le pull aux couleurs vives. Il s'agissait, en Italie, d'une véritable « révolution » portée par un ancien militant voulant briser les codes d'une société figée dans ses traditions. Porter un pull Benetton revenait donc à affirmer une identité : la jeunesse, la modernité, l'anticonformisme. Dans les années 1980, Benetton a réussi une nouvelle percée marketing grâce à des campagnes atypiques et provocatrices mettant en scène des mannequins trisomiques, une nonne sacrilège, un enfant noir. Le pull Benetton exprimait un projet éthique : l'éloge de la différence [...]. Tel est le propre de l'entreprise « marquante », selon J.-C. Thœning : elle ne propose pas un produit fonctionnel à un client anonyme sur un marché neutre. L'entreprise « marquante » conquiert un territoire comme le font les missionnaires : elle propose un produit chargé de sens et de valeurs à des individus en quête de sens.

Achille WEINBERG, « La garde-robe des économistes », *Sciences humaines*, Les Grands Dossiers, n° 16, 2009.

a. Pourquoi l'entreprise Benetton consacre-t-elle autant à des dépenses de publicité ?

b. Comment arrive-t-elle à s'émanciper de la concurrence du marché ?
c. Quels sont les objectifs recherchés par Benetton ?

2 Lisez le texte puis répondez aux questions.

Faut-il avoir peur des monopoles ?

Le terme de monopole définit en toute rigueur un marché servi par une entreprise unique, mais on peut l'utiliser, de manière plus large, pour désigner une entreprise de grande taille ayant un pouvoir de marché, c'est-à-dire la possibilité d'influer sur les prix. Cette situation est présente sur de nombreux marchés, ce qui suscite trois reproches : les monopoles font des profits injustifiés en vendant cher, ils font peu d'efforts pour être efficaces et ils utilisent l'État à leur profit.

[...] L'économiste autrichien Joseph Schumpeter [estime] que seule une grande firme faisant d'importants bénéfices peut accumuler les moyens d'innover. Par ailleurs, la constitution d'ententes monopolistiques, en imposant une norme, contribue à produire de la coordination d'une manière qui peut être bénéfique au consommateur.

Arnaud PARIENTY, « Quel est le rôle du marché ? », *Alternatives économiques pratiques*, n° 046, novembre 2010.

a. Donnez des exemples d'entreprises en situation de monopole.
b. Les monopoles sont-ils toujours néfastes ?

8 Quelles sont les principales défaillances du marché ?

L'information imparfaite

• L'hypothèse d'une information parfaite suppose que les acteurs disposent d'informations sur la qualité des biens achetés et vendus. Or, tel n'est pas toujours le cas dans la réalité.

• **Akerlof** explique pourquoi les voitures de quelques mois se vendent moins cher que les voitures neuves. Selon lui, les propriétaires, s'étant rendu compte de défauts du véhicule, désirent le vendre dans les meilleures conditions. Si les prix sur le marché de l'occasion s'élèvent, les propriétaires de bonnes voitures qui désirent en changer viendront étoffer l'offre des voitures à défauts (*lemons*). Quand les prix baissent, les bonnes voitures se font rares car les propriétaires ne désirent pas vendre dans de mauvaises conditions. La qualité des voitures diminue. Il s'agit d'une « **sélection adverse** » due à une information asymétrique : le vendeur connaît mieux sa voiture que l'acheteur. Ce dernier doit faire appel à des moyens détournés pour avoir une idée réaliste de la qualité du véhicule. Mais un prix élevé n'est pas toujours la preuve de la qualité du véhicule. Le **modèle de la concurrence est alors insuffisant pour comprendre la réalité** des échanges.

Les biens collectifs

• Le marché ne peut pas prendre en charge la satisfaction de certains besoins. L'État doit intervenir pour assurer la fabrication des biens ou des services non produits par la sphère privée.

• Ces biens particuliers sont **indivisibles** : ainsi de l'armée ou de la police, qui protègent les citoyens, mais dont il serait impossible de faire payer le coût aux utilisateurs. Les ouvrages publics sont eux aussi indivisibles. Cependant, il faut distinguer l'**indivisibilité de l'offre** de l'**indivisibilité d'usage**. Un tunnel est indivisible du point de vue de l'offre, car il est impossible de faire payer au consommateur un prix qui serait fonction du coût marginal : le tunnel est unique. En revanche, il est possible de mettre en place une divisibilité d'usage, car il est facile de faire payer à l'utilisateur un montant fixe destiné à rentabiliser le coût de fabrication et d'entretien du tunnel.

Les externalités

• Les défaillances du marché concernent les effets externes, positifs ou négatifs. Les **effets externes négatifs** sont les plus visibles. La pollution en fait partie. L'État intervient en réglementant les émissions toxiques ou en mettant en place des compensations pour la collectivité.

• Les **effets externes positifs** sont nombreux. Les dépenses réalisées pour enjoliver une ville sont financées par les contribuables, mais tous les visiteurs en profitent. On peut aussi chercher à comprendre pourquoi un contribuable est prêt à financer un service qu'il n'utilise jamais : quel bénéfice un automobiliste impénitent retire-t-il de sa contribution au financement des transports en commun ? Il peut tout d'abord justifier son acceptation par le principe de solidarité, mais il peut aussi indiquer l'intérêt qu'il en retire. En effet, en acceptant de payer pour que les transports en commun coûtent moins cher à leurs utilisateurs, il incite ceux-ci à les utiliser, limitant par là même le nombre d'automobilistes, ce qui restreint les embouteillages et fluidifie sa circulation.

La protection des consommateurs

• Enfin, le rôle de l'État est de **protéger les citoyens contre les dysfonctionnements du marché**. En interdisant les ententes entre producteurs, il limite le pouvoir des grands groupes et favorise la concurrence. Son rôle est aussi de mettre sur pied des institutions garantes du droit à la propriété industrielle ou intellectuelle. Les innovateurs peuvent ainsi chercher à commercialiser leurs découvertes. Par ailleurs, l'État protège le consommateur en se dotant d'un appareil de **répression des fraudes** et en assurant, de la meilleure manière possible, la qualité des biens et des services vendus.

● Rédiger une analyse de graphique

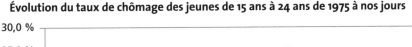

Évolution du taux de chômage des jeunes de 15 ans à 24 ans de 1975 à nos jours

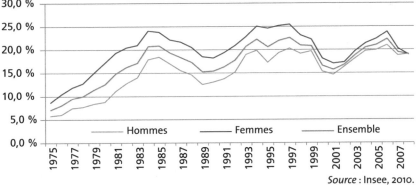

Source : Insee, 2010.

• **Analyse du graphique**

Il faut commencer par définir le taux de chômage, qui est la proportion du nombre de chômeurs par rapport au nombre d'actifs. Le graphique est en pourcentages, il débute en 1975 (début de la crise économique) et va jusqu'à nos jours. La tendance générale est à l'accroissement du chômage. On constate également que les femmes sont plus touchées que les hommes. Mais les trois courbes peuvent être périodisées de la même manière :

– de 1975 à 1985 : forte augmentation du chômage ;

– de 1985 à 1990 : baisse du chômage ;

– de 1990 à 1994 : augmentation.

De 1994 à 2000 : les évolutions sont divergentes, les femmes voient leur chômage s'accroître alors que celui des hommes diminue. Par la suite, les taux augmentent légèrement (hors graphique, le taux de chômage baisse depuis 1999).

De 2001 à 2006 : on note de nouveau une augmentation pour toutes les catégories.

De 2006 à 2008 : on constate une nouvelle baisse. Les raisons de ces évolutions doivent être expliquées. Au départ, il s'agit des effets de la crise économique. Par la suite, les récessions et les politiques anti-crise ont des effets, sans remettre en cause la montée du chômage des jeunes. Ce n'est plus le cas aujourd'hui.

SES

FAIRE

Les trois voies de la concentration

Trois modalités coexistent pour les fusions. Tout d'abord, la concentration sur une base nationale, sur le modèle Carrefour-Promodès ou TotalFina-Elf. Ce type d'opération garantit le maintien des centres de décision et des emplois qualifiés sur le territoire. [...]

Seconde possibilité : la concentration entre entreprises européennes sur le modèle d'Aventis, fruit de la fusion à l'amiable entre Rhône-Poulenc et Hoechst [...]. Tant qu'il s'agit pour des entreprises basées dans des grands pays, comme la France, de racheter des entreprises de « petits » pays, comme la Belgique, la Suède ou les Pays-Bas, cela peut se faire sans trop de problèmes. [...] Mais dès qu'il s'agit pour une entreprise d'un grand pays de racheter une entreprise qui compte dans un autre grand pays, les susceptibilités nationales demeurent très vives et les problèmes politiques et sociaux difficiles à gérer. [...]

Dernière option : le grand large. C'est celle qu'a choisie Renault, en s'alliant avec Nissan [...]. C'est le type d'opération qui pose le moins de problèmes politiques. Il est bien mieux adapté à des marchés de plus en plus mondialisés, vis-à-vis desquels des alliances européennes présentent peu d'avantages. Il est probable que de nombreuses entreprises emprunteront plutôt cette voie.

Alternatives économiques, n° 82, juin 2000.

1 Quels sont les avantages et les inconvénients des fusions nationales ?

2 Pourquoi les fusions européennes sont-elles intéressantes ?

3 À quelle problématique actuelle la troisième forme de fusion décrite dans le document répond-elle ?

La monnaie et le financement

À quoi sert la monnaie ?

• **Selon Adam Smith** (XVIIIᵉ siècle), la monnaie a été créée afin de **faciliter les échanges** entre les hommes. En effet, dans un système de troc, il est difficile de mettre en correspondance tous les besoins humains.

L'usage de la monnaie s'est développé avec la division du travail, la généralisation des échanges nécessitant une unité commune ne lésant personne et mesurant les unités échangées.

• Le **billet de banque** apparaît en Suède au XVIIᵉ siècle : à cours fixe, **anonyme** et **payable à vue**, on peut néanmoins le refuser comme moyen de paiement. Si l'importance du billet s'accroît progressivement dans les disponibilités monétaires des pays, il n'acquiert ses caractéristiques actuelles que le 2 août 1914 : il est alors déclaré **inconvertible**, car il n'y a plus assez d'or contre lequel l'échanger. Après 1945, tous les pays mettent en place une inconvertibilité à **cours forcé**.

• La quantité de monnaie métallique ou papier en circulation est souvent insuffisante. Pour contourner cette difficulté, les banques autorisent leurs clients à payer leurs créanciers à l'aide de crédits. Ceux-ci constituent une nouvelle monnaie, créée par les banques : la **monnaie scripturale** qui, comme son nom l'indique, **circule par un jeu d'écriture**.

• La monnaie possède **trois fonctions** : elle est un moyen de paiement, elle sert d'étalon de valeur et elle peut constituer une réserve de valeur. À côté de ses fonctions économiques, elle remplit aussi des fonctions sociales et politiques. La monnaie est donc un instrument du lien social, à condition que les individus aient confiance en elle.

Comment l'activité économique est-elle financée ?

• Lorsque les agents économiques veulent financer leurs projets, plusieurs solutions s'offrent à eux. Ainsi, ils peuvent **s'autofinancer**. On distingue deux types de financement sur fonds propres : le **financement interne** à l'aide des capitaux empruntés par les propriétaires au moment de la constitution de l'entreprise ou lors d'une augmentation de capital, et des bénéfices non distribués. Les agents économiques peuvent aussi recourir à un **financement externe**. Deux solutions s'offrent alors à eux : ils peuvent faire appel aux banques : on parle en ce cas de financement indirect ou intermédié. Ils peuvent également choisir un financement direct ou désintermédié en cherchant les fonds nécessaires sur le marché des capitaux.

• Lorsque les agents économiques recourent au **financement externe indirect**, ils se financent par le crédit bancaire. Il existe deux types de financement indirect : le financement indirect avec création monétaire et le financement indirect sans création monétaire. Dans ce dernier cas, le crédit est fondé sur la collecte d'épargne auprès des agents économiques en capacité de financement. Le financement indirect dépend du niveau des taux d'intérêt. Le taux d'intérêt dépend du type de crédit souscrit, à taux d'intérêt fixe ou variable, mais aussi de la durée du crédit et de la solvabilité des agents économiques.

• J. Hicks a distingué deux types d'économie en matière de financement : l'**économie d'endettement** et l'**économie de marché financier**. En France, depuis le début des années 1980, l'économie de marché financier a pris de l'ampleur. En finance directe, les demandeurs de financement émettent des titres et ne s'adressent plus aux banques pour obtenir un crédit. Les offreurs ne font plus de placements sous forme de dépôts : ils achètent des titres, comme des actions ou des obligations.

● Calculer une moyenne arithmétique simple

• La moyenne arithmétique est la valeur centrale – c'est-à-dire représentative – d'une distribution. Elle permet d'avoir une idée approximative et simplifiée d'un phénomène. C'est ainsi qu'un élève qui a une moyenne générale de 12 peut être considéré comme un assez bon élève. Mais cette note moyenne cache peut-être des différences importantes entre les notes de certaines matières.

• Soit les notes suivantes :

Matières	Notes
SES	12
Mathématiques	11
Français	8
Histoire-géographie	13
LV 1	10
LV 2	9
Biologie	8
Éducation physique et sportive	14

La moyenne de cet élève est de :

$$\frac{12 + 11 + 8 + 13 + 10 + 9 + 8 + 14}{8} = 10,62.$$

Cette moyenne cache donc des variations assez importantes selon les matières.

• On peut la calculer en reprenant la formule de la moyenne arithmétique simple :

$$\overline{x} = \frac{x_1 + x_2 + x_3 + ... + x_i + ... + x_n}{n}$$

Cette écriture étant un peu lourde, on la résume en écrivant :

$$\overline{x} = \frac{\sum\limits_{i=1}^{n} x_i}{n}$$

qui se lit : x barre est égale à *sigma* des x_i pour $i = 1$ à n, le tout divisé par n. *Sigma* des *xi* pour $i = 1$ à n signifiant qu'il faut faire la somme de tous les *xi* lorsque *i* prend successivement les valeurs de *1* jusqu'à *n*.

1 Lisez le texte et répondez aux questions.

Monnaie et pouvoir

La monnaie est considérée généralement comme un moyen d'échange, quelque chose d'utile qui permet d'effectuer des transactions. Les économistes soulignent les difficultés à organiser une économie d'échanges sur la base du troc et justifient l'apparition des monnaies comme l'innovation permettant enfin aux activités de commerce de se développer.

Pourtant, l'histoire montre combien le développement de la monnaie a tenu à des causes autres que purement économiques. Ainsi, de nombreuses civilisations ont promulgué des lois réclamant le versement de compensations lors de jugements d'actes de violence. Le mot « payer » lui-même vient du latin *pacare*, qui signifiait à l'origine pacifier, apaiser ou faire la paix avec quelqu'un. De même, le paiement d'une dot, afin de dédommager le père de la perte des services rendus par sa fille, était – et reste encore – une coutume dans nombre de sociétés. Les obligations religieuses rendaient également nécessaires des paiements réguliers. Sans oublier les impôts et autres prélèvements imposés de tout temps par les princes à leurs sujets. Monnaie-violence, monnaie-mariage, monnaie pieuse, monnaie-taxe, les causes n'ont pas manqué pour induire des besoins de paiements qui ont joué un rôle important dans le développement des signes monétaires. Les nécessités du commerce ont aussi leur part, mais elles sont loin d'être la cause unique de l'utilisation croissante de la monnaie.

Christian CHAVAGNEUX, *Alternatives économiques*, n° 45, juillet 2000.

a. Pourquoi, selon les économistes, le troc interdit-il la croissance des échanges ?
b. Peut-on dire que la monnaie est d'origine sociale ?

2 a. Expliquez l'évolution du financement de l'économie européenne depuis 1980.
b. Comment justifier ces changements ?

Financement par marché des capitaux et par endettement bancaire dans la zone euro (en %)

	1980	1993	2003	2010
Financement par marché des capitaux :	44	67	70	72
dont actions	10	15	20	23
dont dettes privées	18	27	29	31
dont obligations	17	25	21	18
Financement par endettement bancaire	56	33	30	28
Montant total (Mds $)	3	10	26	51

Source : Banque de France.

10 Qui crée la monnaie ?

Les diverses formes de monnaie sont créées par des agents différents. La **monnaie fiduciaire** (billets de banque) est créée par la banque centrale, la **monnaie métallique** (pièces) par le Trésor public, et la **monnaie scripturale** essentiellement par les banques.

● La création monétaire par la banque de France

• Aujourd'hui, la **banque de France**, dépositaire en France du pouvoir de la **Banque centrale européenne (BCE)**, crée de la monnaie dite « banque centrale », c'est-à-dire les billets de banque qui alimentent en liquidités le système économique. Elle **refinance** les banques ordinaires en **monétisant** leurs actifs, c'est-à-dire en achetant des titres ou des créances. En échange, la banque centrale fournit des billets ou crédite les comptes des banques.

• Mais la banque de France joue un rôle assez minime dans la création monétaire.

● La création monétaire par les banques

• Les **banques créent de la monnaie en achetant des actifs non monétaires qu'elles payent au moyen d'une créance** que la banque émet sur elle-même. Trois types d'actifs peuvent être achetés par les banques :
– de l'or et des devises ;
– des créances sur l'économie, c'est-à-dire soit l'escompte de créances commerciales, soit l'octroi de dépôts aux clients de la banque ;
– des avances à l'État sous forme essentiellement d'achat de bons du Trésor.

• Aujourd'hui, la création monétaire s'effectue surtout par l'**octroi de prêts aux entreprises et aux particuliers**. Ce sont donc les crédits qui font les dépôts.

Exemple : une banque A reçoit de ses clients 100 000 €. Elle conserve 10 % de ces dépôts pour faire face à un retrait éventuel de liquidités ; elle peut prêter les 90 000 € restants. La banque a donc créé de la monnaie car il y a 90 000 € supplémentaires en circulation.

Les emprunteurs peuvent tirer des chèques sur leurs comptes au profit de fournisseurs qui, eux-mêmes, déposeront les créances dans la banque B. Cette dernière peut à son tour prêter 90 % du dépôt de ses clients, soit 81 000 €. Et le mécanisme peut se reproduire.

Les banques créent de la monnaie, mais la quantité se restreint à chaque étape. Pourtant, au terme du mécanisme, la création sera bien supérieure au montant initial.

● Les ratios prudentiels

Il existe des **limites** à la création de monnaie par les banques. Celles-ci sont soumises à des **ratios prudentiels**, c'est-à-dire qu'elles doivent garder de quoi satisfaire les demandes de liquidités des usagers. Parmi les principaux ratios prudentiels, on distingue :
– le coefficient de **réserve obligatoire** : il oblige les banques à posséder un pourcentage de leurs dépôts en réserves non rémunérées sur les comptes de la banque centrale ;
– le ratio de **fonds propres** et de ressources permanentes : ces deux éléments doivent être supérieurs ou égaux à 60 % des emplois à long terme des banques ;
– le **ratio « Cooke »** : il établit un rapport minimal entre les fonds propres et les risques pondérés selon leur nature.

• Finalement, une banque pourra créer de la monnaie scripturale en fonction :
– de la marge que lui laisse la moyenne des dépôts habituellement retirés ;
– des possibilités de compensation avec les autres banques ;
– du montant des réserves obligatoires ;
– des facilités octroyées par la banque centrale pour fournir des liquidités.

● Calculer des moyennes pondérées

• Soient les coefficients d'un élève de terminale dans chacune des matières suivantes (en supposant qu'il ait pris la spécialité SES) :

Matières	Coefficient
SES	9
Mathématiques	5
Français	2+2
Histoire-géographie	5
LV 1	3
LV 2	3
Biologie	2
Philosophie	4
Éducation physique et sportive	2

Pour avoir une idée plus exacte des chances que cet élève a d'obtenir le bac, il faut pondérer les notes obtenues par leur coefficient et calculer la moyenne pondérée selon la formule suivante :

$$\bar{x} = \frac{\sum\limits_{i=1}^{n} x_i n_i}{\sum n_i}$$

Les calculs peuvent être récapitulés comme suit :

Matières	Notes	Coeff.	$x_i \times n_i$
SES	12	9	$12 \times 9 = 108$
Mathématiques	11	5	$11 \times 5 = 55$
Français	8	4	$8 \times 4 = 32$
Histoire-géographie	13	5	$13 \times 5 = 65$
LV 1	10	3	$10 \times 3 = 30$
LV 2	9	3	$9 \times 3 = 27$
Biologie	8	2	$8 \times 2 = 16$
Philosophie	7	4	$7 \times 4 = 28$
Éd. physique et sportive	14	2	$14 \times 2 = 28$
Total		37	389

La moyenne est : $\bar{x} = \dfrac{389}{37} = 10,51$, ce qui suffit pour avoir le bac.

• La moyenne est un indicateur **très utilisé** en économie. C'est ainsi que l'on parlera du salaire moyen, du taux de change moyen, etc. Cependant, elle n'est pas un indicateur parfait. La première des limites de la moyenne est qu'elle est très sensible aux valeurs extrêmes de la distribution. La seconde est qu'elle ne permet pas de saisir les fluctuations : elle n'est pas un bon indicateur de la dispersion de la série. Pour cela, il faut utiliser d'autres indicateurs statistiques comme la variance ou l'écart-type.

FAIRE

1 Sachant que la contribution française à M3 est de 1 704 Mds € en juillet 2010, calculez la valeur monétaire de chaque contrepartie.

Les contreparties de M3

	Encours en % de M3
M1	49,5
Billets et pièces en cirulation	8,3
Dépôts à vue	41,1
M2-M1 (= autres dépôts court terme)	38,5
Dépôts à terme d'une durée < 2 ans	19
Dépôts remboursables avec un préavis < 3 mois	19,5
M2	88
M3-M2 (= instrument négociable)	12
M3	100

2 Lisez le texte puis répondez aux questions.

Les banques centrales, prêteurs en dernier ressort

[...] En 2007, les premières manifestations de la crise des *subprimes* ont installé un tel climat de défiance qu'elles [les banques] refusaient de se prêter mutuellement de l'argent via le marché monétaire : de nombreuses banques se sont donc trouvées en situation de manque de liquidités, ne pouvant honorer leurs engagements par incapacité à trouver la liquidité nécessaire alors même que les banques en question détenaient des actifs ayant une valeur supérieure aux engagements pris ! Afin d'éviter une vague de faillites bancaires dommageable pour l'ensemble de l'économie, les banques centrales ont joué leur rôle de « prêteur en dernier ressort » : elles ont « injecté » des liquidités, ce qui signifie qu'elles ont alimenté le marché interbancaire en liquidités. Leur action a consisté à accorder massivement des prêts aux banques qui en avaient besoin, en échange d'actifs servant de garantie. L'offre de liquidités aux banques commerciales figure parmi les « activités normales » des banques centrales, même en l'absence de crise.

Nicolas Couderc, Olivia Montel-Dumont, *Des subprimes à la récession, comprendre la crise*, La Documentation française, 2009.

a. En quoi le rôle de prêteur en dernier ressort consiste-t-il ?
b. Pourquoi la BCE joue-t-elle le rôle de prêteur en dernier ressort ?

Pourquoi l'État intervient-il dans la régulation des économies contemporaines ?

Un État interventionniste

Depuis le XIXᵉ siècle, la dépense publique ne cesse de s'accroître. Pour l'Allemand Adolphe Wagner (1835-1917), cette évolution s'explique par le fait que : 1. l'industrialisation exigerait des formes développées ou nouvelles d'organisation de la vie collective, et entraînerait donc un accroissement des « frais généraux » de la collectivité ; 2. l'augmentation de l'échelle des investissements accompagnant l'industrialisation (chemins de fer surtout) est telle que ces investissements ne peuvent être entrepris sans l'intervention de la puissance publique.
Mais il apparaît aujourd'hui que la puissance publique intervient pour trois motifs.

• La puissance publique intervient pour corriger les défaillances du marché
Le libre fonctionnement des marchés ne permet pas d'obtenir une concurrence suffisante car quelques entreprises cherchent à imposer leur point de vue. Il faut donc une régulation publique qui empêche les abus de position dominante. Par ailleurs, les externalités négatives (pollution notamment) ne sont pas intégrées dans les prix de revient des entreprises, ce qui conduit l'État à imposer la prise en compte des coûts pour la collectivité. Enfin, l'existence de monopoles naturels peut nécessiter qu'ils soient pris en charge par l'État.

• La puissance publique intervient pour modifier la répartition des richesses
Le libre jeu du marché peut aboutir à des situations d'inégalité croissante. C'est ainsi que, dans certains pays, l'écart entre les plus riches et les plus pauvres peut s'accroître. Pour éviter que ces disparités ne soient préjudiciables à l'harmonie sociale, l'État doit mettre en place des politiques de réduction des inégalités à travers son activité de répartition.

• La puissance publique intervient pour corriger les déséquilibres économiques
Enfin, l'État peut intervenir pour lutter contre les crises économiques et éviter leurs effets : chômage, baisse des revenus, insuffisance de la consommation ou de l'investissement.

Les fonctions de régulation de la puissance publique

• En 1959, l'économiste Richard Musgrave a distingué ces trois fonctions essentielles de l'État. Elles sont depuis connues comme les fonctions d'allocation des ressources pour la production de certains biens publics, la fonction de redistribution des revenus et des patrimoines et enfin la fonction de stabilisation de l'activité économique c'est-à-dire la lutte contre les dysfonctionnements économiques.
• Pour mener ces actions, l'État intervient de manière réglementaire en contrôlant les prix, les investissements, les activités industrielles, les capacités d'entrée dans certaines industries. Si, depuis les années 1970, le renouveau libéral a promu le terme de déréglementation, ce vocable est trompeur.
• En effet, l'action réglementaire de l'État est maintenue mais ses objectifs sont différents. Il s'agit donc davantage d'une nouvelle forme de réglementation plutôt que d'une disparition de celle-ci. Le rôle de la puissance reste prépondérant, y compris dans les économies dites libérales. Par contre, des changements interviennent dans les moyens utilisés. Ainsi, pour mettre en place de nouvelles normes en termes de pollution, par exemple, la puissance publique laisse jouer au marché un rôle plus important en utilisant les marchés des droits à polluer.

Des niveaux d'intervention différents.

Aujourd'hui, l'intervention de la puissance publique n'est plus réductible à la seule intervention de l'État. En effet, celui-ci intervient au niveau national, mais les régions et les départements interviennent aussi dans la vie économique au niveau territorial, en même temps que l'Union européenne élabore des règlements et des lois qui s'imposent à tous les pays membres.

● **Réaliser des diagrammes de répartition**

• Si les courbes permettent de représenter une évolution chronologique, d'autres types de graphiques permettent de **visualiser des répartitions**. Il est assez facile de représenter des séries statistiques à l'aide de secteurs circulaires dont l'aire est proportionnelle à l'effectif ou à la fréquence de la variable.

La totalité des 360° de la circonférence correspond à l'effectif total de la distribution N. Si n_i est l'effectif à représenter, on construit un angle de :
$$360 \times (n_i/N)$$

• **Exemple de calcul**

L'emploi total par secteur en France en 2008

Primaire 3,3 %	Secondaire 20,1 %	Tertiaire 76,6 %

On calcule les angles correspondant à chaque secteur :
– secteur primaire : 360 × 3,3 % = 12° ;
– secteur secondaire : 360 × 20,1 % = 72° ;
– secteur tertiaire : 360 × 76,6 % = 276°.

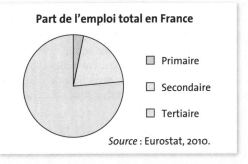

Part de l'emploi total en France

☐ Primaire
☐ Secondaire
☐ Tertiaire

Source : Eurostat, 2010.

Les dépenses de l'État (prévisions)

31 missions (crédits de paiement en milliards d'euros – hors contributions directes de l'état au CAS Pensions	2013	2014
Action extérieure de l'État	2,83	2,81
Administration générale et territoriale de l'État	1,96	2,19
Agriculture, alimentation, forêt et affaires rurales	3,10	3,00
Aide publique au développement	3,10	3,07
Anciens combattants, mémoire et liens avec la Nation	3,04	2,95
Conseil et contrôle de l'État	0,49	0,50
Culture	2,43	2,38
Défense	30,15	30,15
Direction de l'action du Gouvernement	1,10	1,08
Écologie, développement et aménagement durables	7,64	7,28
Économie	1,56	1,53
Égalité des territoires, logement et ville	7,77	7,73
Engagements financiers de l'État*	1,11	1,04
Enseignement scolaire	45,70	46,10
Gestion des finances publiques et des ressources humaines	8,91	8,83
Immigration, asile et intégration	0,67	0,66
Justice	6,20	6,30
Médias, livre et industries culturelles	1,22	1,09
Outre-mer	1,99	2,07
Politique des territoires	0,32	0,31
Pouvoirs publics	0,99	0,99
Provisions	0,16	0,21
Recherche et enseignement supérieur	25,64	25,74
Régimes sociaux et de retraite	6,54	6,75
Relations avec les collectivités territoriales	2,61	2,57
Santé	1,29	1,30
Sécurité	11,61	11,78
Sécurité civile	0,39	0,40
Solidarité, insertion et égalité des chances	13,17	13,48
Sport, jeunesse et vie associative	0,46	0,48
Travail et emploi	10,12	9,68

* Hors charge de la dette, dotation au Mécanisme européen de stabilité et à la Banque européenne d'investissement.

1 Qui vote le budget de l'État ?

2 Représentez par un diagramme circulaire les dépenses de l'État en 2013.

12 Comment le budget de l'État permet-il d'agir sur l'économie ?

L'article 14 de la déclaration des Droits de l'homme et du citoyens du 26 août 1789 précise que « tous les citoyens ont le droit de constater par eux-mêmes ou par leurs représentants, la nécessité de la contribution publique, de la consentir librement, d'en suivre l'emploi, et d'en déterminer la quotité, l'assiette, le recouvrement et la durée ». Ainsi la fiscalité est reconnue comme un moyen essentiel d'assurer l'intervention de l'État car, admise par les citoyens, elle permet l'élaboration d'un budget fait de recettes et de dépenses et destiné à améliorer le fonctionnement économique et social de la société.

Un budget voté par le parlement

En France, le budget de l'État est voté tous les ans, en fin d'année, à travers la loi organique relative aux lois de finances, la LOLF. Celle-ci présente donc les recettes et les dépenses de l'État.

Contrairement à ce qui existait avant 2006, le budget n'est plus présenté par nature des dépenses (fonctionnement, investissement, etc.) mais par des missions qui sont répertoriées dans la LOLF et qui fournissent les grandes orientations de l'action de l'État.

La structure globale de la LOLF peut être représentée par un arbre qui va des grandes missions aux actions concrètes en passant par des programmes mis en œuvre par les services de l'État.

• Aujourd'hui, les actions de l'État sont environ 500, regroupées en 120 programmes et une trentaine de missions.

Par exemple, la mission « Ville et logement » est déclinée en 4 programmes :
– Prévention de l'exclusion et insertion des personnes vulnérables.
– Aide à l'accès au logement.
– Développement et amélioration de l'offre de logement.
– Politique de la ville.

• Ainsi, le projet de Loi de Finances (PLF) pour 2013 prévoit des dépenses pour un montant de 395 371 039 655 euros. Les recettes de l'État sont composées des recettes fiscales (impôt sur le revenu, impôt sur les sociétés taxes diverses, etc.) et des recettes non fiscales (recettes des entreprises publiques, amendes, etc.). Si le budget est déséquilibré, il existe un déficit budgétaire qui va ensuite contribuer à accroître la dette de l'État.

L'action économique du budget

La puissance publique intervient dans l'activité économique à travers les **prélèvements obligatoires** qui constituent les recettes de l'État et des organismes sociaux, ainsi que dans leur répartition.

• **Le déficit budgétaire**

Le budget peut être en équilibre ou en déficit (plus rarement en excédent).
Pour financer les déficits, l'État doit recourir à l'**emprunt**. Cette situation accroît les dépenses car il faut non seulement rembourser les dettes, mais aussi payer les intérêts.

• **Le rôle théorique de l'État**

Pour les **néoclassiques**, l'État doit faire face aux imperfections du marché. Il permet aux individus de poursuivre leur intérêt propre, même lorsque le marché est inefficient. L'État doit rétablir les conditions de l'optimum si le marché en est incapable. Il doit financer la production des biens collectifs, financer les déficits des monopoles publics, faire respecter les conditions de la concurrence. La régulation essentielle doit donc se **réaliser par le marché**, et l'intervention publique doit être exceptionnelle. Telle n'est pas la **conception de Keynes**. Critiquant la loi de Say stipulant que l'offre crée sa propre demande, Keynes admet qu'il peut exister des déséquilibres permanents dans l'économie. La croissance de l'activité économique dépend de la demande effective, c'est-à-dire de la demande anticipée par les chefs d'entreprise en termes de biens de consommation et de biens d'investissement. Keynes préconise une action publique qui permettrait d'améliorer les anticipations des entrepreneurs. Cette action passe essentiellement par une politique de **relance de l'activité** qui comporte deux éléments : une action au niveau du déficit budgétaire et une action au niveau de la politique de revenu.

SAVOIR-FAIRE

● Calculer la médiane

• En économie, la médiane sert, par exemple, à calculer la valeur des bas salaires. Les seuils de bas et très bas salaires sont définis par rapport au salaire médian, c'est-à-dire le salaire au-dessous (et au-dessus) duquel se situent la moitié des salariés.

Cela signifie que, dans une population donnée, il y a autant d'individus qui sont situés avant la médiane que d'individus situés après.

Par exemple, dire que le salaire médian est d'environ 1 370 € signifie que 50 % des individus qui travaillent gagnent plus que cette somme, et que 50 % gagnent moins que cette somme.

• Comment calculer la médiane ? La médiane est la valeur qui partage en deux l'effectif total.

Pour la calculer, il faut calculer les effectifs cumulés.

Voici les notes obtenues par une classe de première ES :

Notes	7	8	9	10	11	12	13	14	15	16	Total
Effectifs	2	3	5	7	10	8	6	4	2	1	48
Effectifs cumulés	2	5	10	17	27	35	41	45	47	48	

L'effectif étant de 48, il faut trouver où se situe le 24e élève. Il a entre 11 et 12. Il est l'un des 10 élèves qui ont 11. Par simplification on peut supposer qu'il a plus de 11 et moins de 12.

$$Médiane = 11 + \left(1 \times \frac{7}{10}\right) = 11,7$$

Il a 7/10e de la note de plus que le 17e élève. La médiane sera donc : 11,7.

FAIRE

En 1971, Nicholas Kaldor propose une représentation des différents déséquilibres sous forme de carré magique.

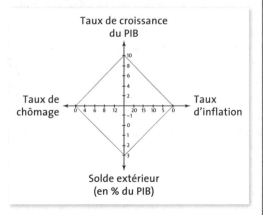

• À partir des données et des axes suivants, représentez le carré magique de l'économie française en 2009.

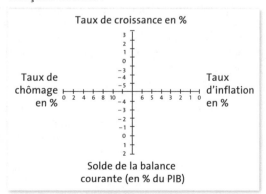

En 2009, taux de croissance = – 2,1 % ;
taux de chômage = 10 % ;
taux d'inflation = 0,1 % ;
solde = – 1,9 %.

Quelles politiques conjoncturelles ?

SAVOIR

Les principaux déséquilibres macroéconomiques

• L'équilibre macroéconomique peut être synthétisé à travers l'équation emplois – ressources :

$$PIB = consommation + FBCF + variation\ des\ stocks + (exportations – importations).$$

Les **évolutions conjoncturelles** (ou cycliques) du PIB proviennent des variations de la consommation des ménages et des administrations, de l'investissement et des stocks des entreprises, et du commerce extérieur. Pour évaluer la part conjoncturelle de l'activité, il faut donc déterminer la capacité de production de l'économie, entendue non pas comme le maximum qu'il serait possible de produire avec les équipements et la population disponibles, mais comme la production qu'une économie est capable de soutenir durablement sans générer de tensions correctrices à la hausse ou à la baisse sur l'évolution des prix. Cette capacité de production est appelée **PIB potentiel**.

• En effet, lorsque la demande excède la capacité de production, des **tensions** sur l'emploi, sur les salaires et *in fine* sur les prix apparaissent. Ces tensions se mettent à peser progressivement sur la demande : par exemple, les pertes de compétitivité des exportateurs résultant de la hausse de leurs coûts occasionnent des pertes de parts de marché. Elles ne disparaissent que lorsque la demande est revenue au niveau de la capacité de production. Les mêmes mécanismes jouent en sens inverse, en cas de dégradation de la demande. Ces évolutions génèrent des cycles économiques, et l'évolution du PIB effectif peut donc être vue comme une **fluctuation cyclique autour du PIB potentiel**.

Les objectifs des politiques conjoncturelles

• Les politiques conjoncturelles répondent à **quatre objectifs finaux** (carré magique) :
– la croissance économique, mesurée par le taux de croissance du PIB ;
– l'équilibre de la balance des paiements, mesuré par son solde rapporté au PIB ;
– le plein emploi, mesuré par le niveau du taux de chômage ;
– la stabilité des prix, mesurée par l'indice de variation annuelle du niveau général des prix.
• Par rapport à ces objectifs, **deux paires d'objectifs** sont **interdépendantes** :
– la recherche d'une croissance économique soutenue et le plein emploi ;
– la recherche d'un équilibre de la balance des paiements et d'une inflation maîtrisée.
En revanche, la réalisation simultanée de ces deux paires d'objectifs se heurte à des difficultés. Ainsi, l'expansion économique en situation de plein emploi suscite des tensions inflationnistes et stimule les importations, au risque d'une dégradation des comptes extérieurs.

Le rôle des gouvernements

Les politiques conjoncturelles dépendent aussi de la situation économique et des choix politiques faits par les gouvernements. Ces politiques peuvent être de relance ou de rigueur.
• La **politique de relance** accorde une **priorité à l'emploi**. Elle est d'inspiration **keynésienne**. Les mesures sont les suivantes : déficit budgétaire, relèvement des bas revenus, hausse des prestations sociales, baisse des taux d'intérêt, créations d'emplois publics.
• La **politique de rigueur** accorde une **priorité à la lutte contre l'inflation**. Elle est d'inspiration **libérale**. Les moyens de la rigueur sont : recherche de l'équilibre budgétaire, politique de crédit restrictive, politique de ralentissement de la croissance des revenus, désindexation des salaires. Ces mesures doivent permettre de restreindre la demande afin que l'inflation recule et que la compétitivité-prix des entreprises s'accroisse.

Le rôle des banques centrales

• Les banques centrales, et notamment la Banque centrale européenne, peuvent elles aussi agir sur la conjoncture. Elles peuvent en effet **fournir à l'économie des liquidités** pour faire face à une insuffisance de la demande. Elles peuvent notamment mener des opérations d'*open market*, c'est-à-dire vendre ou acheter des titres afin d'influer sur la liquidité (c'est-à-dire la quantité de monnaie banque centrale). Elles peuvent aussi jouer le **rôle de prêteur en dernier ressort**. Ainsi, en 2007, les premières manifestations de la crise des *subprimes* ont installé un tel climat de défiance entre les banques ordinaires qu'elles ont refusé de se prêter de l'argent via le marché monétaire : nombre d'entre elles se sont donc trouvées en situation de manque de liquidités. Afin d'éviter une vague de faillites bancaires, les banques centrales ont joué leur rôle de « **prêteur** en dernier ressort » : elles ont « injecté » des liquidités, ce qui signifie qu'elles ont alimenté le marché interbancaire en liquidités. Leur action a consisté à accorder massivement des prêts aux banques qui en avaient besoin, en échange d'actifs servant de garantie.

● Calculer des proportions et des pourcentages de répartition

• Calculer une proportion consiste à **exprimer la valeur d'un élément par rapport à un ensemble**. On exprime généralement les proportions en pourcentages. La proportion exprime alors la valeur relative de la variable par rapport à l'ensemble dans lequel elle est incluse.

• Soit, par exemple, le tableau ci-contre.

Il est possible d'exprimer la répartition de ces valeurs en indiquant quelle est la part de chaque épreuve dans le total. Pour cela, on utilise des proportions, des rapports, des pourcentages.

Ainsi, pour l'option économie, on fait $\frac{9}{37} \times 100 = 24,3$ %. Cela signifie que la note du bac dépend pour 24,3 % des résultats en économie.

Coefficients du bac SES, spécialité économie

Français	4
Biologie	2
Maths	5
SES	9
Hist.-Géo.	5
Philo	4
LV1	3
LV2	3
EPS	2
Total	37

L'impact de la dette publique

Une dette publique soutenable est celle qui ne met pas en danger la solvabilité future de l'État, c'est-à-dire sa capacité à rembourser les sommes dues. Elle ne génère donc pas de dérapages inflationnistes excessifs et en même temps contribue à « fabriquer » suffisamment de croissance économique pour régler la charge d'intérêt. On a donc une méthode d'évaluation de la soutenabilité pleine de bons sens, qui procède du calcul de coût d'opportunité : on compare le gain, les perspectives de croissance, au coût, à la charge d'intérêt. La soutenabilité est ainsi caractérisée par le ratio dette/PIB ; ce dernier peut varier dans trois cas : augmentation des dépenses, baisse des recettes, via le mécanisme de l'effet « boule de neige ». Lorsque le taux d'intérêt de la dette est supérieur au taux de croissance de l'économie, le poids de la dette dans le PIB augmente de manière automatique. Deux variables paraissent donc essentielles : l'excédent primaire, qui permet à l'État de rembourser sa dette, et le taux d'intérêt de la dette. Malgré cette logique apparente, la notion de « soutenabilité » demeure imprécise : en effet, son critère est que « la politique budgétaire menée peut être maintenue sans ajustement excessif dans le futur », ce qui est, pour le moins, soumis à interprétation. [...]

Autre problème, et pas des moindres : toutes les dépenses publiques ont-elles des retombées tangibles et mesurables de manière monétaire ou en pourcentage de croissance du PIB ?

La réponse est non, à l'évidence ! Un simple exemple urbain permet d'illustrer ce qui ressemble fort à une impasse statistique : supposons que le nombre de lignes de métro ou de RER augmente dans Paris, ou que la fréquence des rames augmente. Cette dépense d'infrastructure, financée ou non par endettement, génère automatiquement de la croissance, parce qu'elle fait travailler Alstom, le fabriquant des rames, ainsi que tous les équipementiers spécialistes de ce type d'infrastructure de transport. Mais elle fabrique aussi de la croissance de façon plus masquée statistiquement, mais tout aussi importante (qualitativement) : en améliorant le réseau de transport, les pouvoirs publics (État ou collectivités locales) améliorent les conditions de transport des usagers, diminuent leur fatigue et leur anxiété, accroissent leur sérénité et leur productivité, créent de la croissance. Alors que le premier gain de croissance est mesurable, le deuxième, tout aussi réel, ne l'est pas, ou fort difficilement.

Marc Bousseyrol, *Vive la dette*,
© Éditions Thierry Magnier, 2009.

1 Qu'est-ce que l'excédent primaire ?

2 La dette est-elle toujours néfaste à la croissance ?

3 Les outils de mesure de l'impact de la dette prennent-ils bien en compte sa contribution à la croissance ?

SES

14 Comment la socialisation de l'enfant s'effectue-t-elle ?

La socialisation est le processus par lequel un individu apprend les normes, les manières de penser, de sentir et d'agir propres à la société dans laquelle il vit. La **socialisation primaire** correspond à l'apprentissage dans le cadre de la prime enfance et de la famille, et la **socialisation secondaire** s'effectue tout au long de la vie.

Les méthodes de la socialisation

• Chaque groupe social, chaque époque, chaque société ont leurs règles, leurs valeurs, inculquées lors de la socialisation. **Le groupe exerce sur l'individu une contrainte** afin qu'il respecte les normes, sous peine de sanction.
• Il existe deux formes fondamentales de transmission : l'**imprégnation ou** l'**inculcation**. C'est en regardant ses parents que le jeune enfant apprend les règles de la vie sociale. Il apprend aussi par la contrainte. Mais cela ne suffit pas : il doit reconnaître comme siennes les valeurs de son groupe. En dehors du milieu familial (école, armée, groupes de pairs, entreprises), la socialisation suit les mêmes méthodes. Tout individu devra se comporter en fonction de son statut. Ce statut peut être imposé par la société ou acquis par l'individu.

Les théories de la socialisation

• Pour les **déterministes**, l'individu est conditionné par son milieu social. Les **analyses culturalistes**, représentatives de ce courant, estiment que le milieu culturel modèle des personnalités de base différentes. La conception fonctionnaliste reprend l'idée de détermination de l'individu par le groupe, en stipulant que l'individu, grâce à la socialisation, devient conforme aux attentes de la société pour pouvoir y être intégré.
• Selon les **interactionnistes**, l'individu n'est pas déterminé à ce point. Pour Piaget, la société se construit sans cesse à travers les relations qu'elle entretient avec les individus. Ceux-ci peuvent réagir diversement aux situations qui leur sont proposées, selon leur personnalité, leurs expériences passées.
• Cette vision peut être complétée par celle de **Pierre Bourdieu**. L'**habitus** représente l'ensemble des dispositions acquises dans le milieu d'origine (façon de se tenir, style de vie, habitude de fréquentation des lieux culturels, etc.) ; il est inculqué lors de la socialisation. Chaque groupe social possède son habitus qui lui permet de se différencier des autres groupes sociaux, en même temps qu'il permet de se reconnaître. La norme externe est intériorisée grâce à la socialisation : elle apparaît comme naturelle.

Les instances de la socialisation

• C'est dans la **famille** que l'enfant est tout d'abord socialisé. Il apprend les règles nécessaires à la vie commune, il est confronté à son éducation sexuée. Même si, aujourd'hui, les rôles traditionnels de l'homme et de la femme se transforment, la **socialisation différentielle** perdure.
Cependant, la famille est un **lieu de socialisation pluriel**. Pour François de Singly, les parents socialisent les enfants, mais les adultes se socialisent aussi entre eux, de même que les enfants socialisent les parents.
• L'**école**, les **groupes de pairs**, le **travail** sont des **lieux de socialisation secondaire**. Les adolescents apprennent les règles sociales au sein des groupes qu'ils fréquentent. L'école fournit un cadre à la socialisation globale, en même temps qu'elle permet au jeune de connaître les règles du fonctionnement d'un groupe restreint d'amis. Dans le milieu professionnel, la socialisation est aussi nécessaire.

La socialisation ne nuit pas au changement

La socialisation est un phénomène culturel qui fournit à l'individu les fondements de sa personnalité et ses modes de fonctionnement collectifs. Mais elle n'est pas à sens unique et les individus, par leur action propre ou celle de leurs représentants, par un jeu complexe d'interactions, peuvent modifier leur milieu de vie et **créer de nouvelles règles et de nouvelles normes**.

● Mesurer l'évolution d'une variable en volume et en valeur

• Il est possible de mesurer les évolutions d'une variable en l'exprimant par un taux de croissance, un coefficient multiplicateur ou encore un indice. Cependant, de telles mesures laissent de côté une appréciation importante : celle de la transformation de la grandeur elle-même. Ainsi, s'il est possible de mesurer les taux de variation du PIB d'un pays, ou des salaires versés, le calcul ne donnera pas une indication exacte de la variation de la richesse réellement créée ou du pouvoir d'achat des ménages.

• Pour tenir compte de ce phénomène, il faut différencier les évolutions en volume des évolutions en valeur.

Exemple : salaires horaires nets par catégorie socioprofessionnelle (euros courants).

	2006	2007
Cadres	24,59	25,53
Professions intermédiaires	12,78	13,12
Employés	8,96	9,17
Ouvriers	9,31	9,57
Smic	6,4	6,56
Salariés à temps complet	12,63	13,04

À partir de ce tableau, il est possible de calculer l'accroissement des salaires horaires nets, en indice, base 100 en 2006. Cela donne :

	2006	2007
Cadres	100	103,823
Professions intermédiaires	100	102,660
Employés	100	102,344
Ouvriers	100	102,793
Smic	100	102,500
Salariés à temps complet	100	103,246

Ainsi, les salaires horaires ont augmenté de 3,246 % en moyenne, ceux des ouvriers s'étant accrus de 2,793 % et ceux des cadres de 3,823 %.

Mais le pouvoir d'achat s'est-il accru d'autant ? Pour l'affirmer, il faut tenir compte de l'inflation. Celle-ci a été de 1,2 % entre 2006 et 2007. Il faut donc déflater la série. Pour cela, on utilise la formule :

Indice en euros constants (en volume) =

$$\frac{\text{indice en euros courants (en valeur)}}{\text{indice des prix}} \times 100$$

Attention ! Il faut évidemment que les bases des indices soient les mêmes, qu'il s'agisse de l'indice en euros courants ou de l'indice des prix.

Pour l'ensemble des salariés à temps complet, cela donne :

Indice du salaire horaire net en volume =

$$\frac{103,246}{101,2} \times 100 = 102,02$$

Pour les autres salaires :

Indice des salaires horaires nets en euros constants (en volume)

	2007
Cadres	102,592
Professions intermédiaires	101,443
Employés	101,130
Ouvriers	101,574
Smic	101,285
Salariés à temps complet	102,022

On constate que le pouvoir d'achat des cadres s'est accru de 2,592 %, alors que celui des ouvriers s'est accru de 1,574 %.

FAIRE

L'homme est-il un être naturel ?

Leibniz cite, dans le livre III de ses *Nouveaux Essais*, le cas de ce roi de l'Antiquité qui avait fait isoler depuis leur naissance, dans une île, deux enfants et avait donné pour consigne aux serviteurs qui leur apportaient soins et nourriture d'observer un silence complet. Il espérait découvrir la langue première, instinctive et universelle de l'espèce humaine, qui ne devait pas manquer de resurgir spontanément dans le babil privé de ces deux enfants. Plus près de nous, la curiosité suscitée par des cas d'enfants trouvés dans un état d'extrême isolement, et parfois supposés avoir été élevés dans une famille adoptive animale, répondait à une intention voisine.

F. ARMENGAUD, « Nature et culture », *Encyclopædia Universalis*, 1998.

1 Qu'est-ce que le caractère inné de l'être humain ?

2 L'homme est-il un être culturel ou un être naturel ?

De la socialisation de l'enfant à celle de l'adulte : continuité ou ruptures ?

François Dubet et Danilo Martuccelli considèrent la socialisation comme « le double mouvement par lequel une société se dote d'acteurs capables d'assurer son intégration, et d'individus, de sujets, susceptibles de produire une action autonome ». Guy Rocher, lui, la définit comme « le processus par lequel la personne humaine apprend et intériorise tout au cours de sa vie les éléments socioculturels de son milieu, les intègre à la structure de sa personnalité sous l'influence d'expériences et d'agents sociaux significatifs et par là s'adapte à l'environnement social où elle doit vivre ». Cette seconde définition a le mérite d'insister sur le fait que la socialisation est un processus permanent. Dans ce cadre, Peter Berger et Thomas Luckmann, dans *La Construction sociale de la réalité* (1966), distinguent une **socialisation primaire et** une **socialisation secondaire**.

La socialisation primaire

La socialisation primaire s'inspire de la théorie des groupes primaires énoncée par le sociologue américain Charles H. Cooley. Les groupes primaires reposent sur un **lien de type communautaire construit sur l'affectif**. Les individus y intériorisent les codes, les schémas de base (notamment le langage), les dispositions qui leur permettront de se repérer et de s'intégrer dans le monde social. La **famille** ou les **bandes**, ou encore l'**école** tiennent une place importante dans la socialisation primaire.

La socialisation secondaire

• Mais la socialisation est un **processus qui se poursuit tout au long de la trajectoire sociale des individus**. L'identité n'est pas figée à la sortie de l'enfance, elle est mouvante et se construit tout au long de la vie.

• Au fur et à mesure que l'enfant grandit, il est amené à participer à de **nouveaux espaces sociaux** : monde professionnel, monde associatif, etc. Il doit apprendre à s'intégrer dans chacun de ces espaces, apprentissage qui s'effectue à travers la socialisation secondaire. Celle-ci est donc le processus qui permet aux individus de s'intégrer à ces mondes particuliers.

Socialisations et construction de l'identité

• Pour Claude Dubar, la succession des socialisations primaire et secondaire est à l'origine de la constitution de l'identité. Il distingue l'**identité pour soi**, qui correspond à l'élaboration de l'identité personnelle, et l'**identité pour autrui**, qui est au fondement de l'ordre social. Dans ce cadre, le passage d'un groupe à l'autre représente une forme de continuité dont l'identité est le dénominateur commun.

• Les individus appartiennent à des groupes proches, ce qui leur permet d'être en harmonie avec eux-mêmes. Mais il peut aussi exister des **ruptures**, car ils peuvent aussi appartenir à des groupes très divers, ce qui suppose une socialisation différente. La socialisation conduit donc les individus à construire des statuts et des rôles sociaux qui vont permettre d'établir le lien entre comportements individuels et conduites collectives. Selon les lieux et les moments, chaque individu exerce différentes fonctions mais, à un moment donné, il n'occupe qu'un statut (ensemble des comportements d'autrui auquel un individu peut s'attendre). L'appartenance à différents groupes contribue à caractériser le statut social des individus et leur place dans la société.

• L'étude de la socialisation permet donc de comprendre les mécanismes de transmission de la culture, la manière dont les individus reçoivent cette transmission et intériorisent les valeurs, les normes, les statuts et les rôles sociaux. Ces mécanismes sont en lien direct avec la façon dont les individus construisent leur identité, édifient leur rapport à la société, développent leurs sentiments d'appartenance à des groupes.

● Calculer des coefficients multiplicateurs

• Pour exprimer une valeur relativement à une autre, on peut utiliser le **coefficient multiplicateur** :

$$\text{coefficient multiplicateur} = \frac{\text{valeur au temps 1}}{\text{valeur au temps 0}}$$

En reprenant l'exemple du chapitre précédent (p. 129), on trouve que le coefficient multiplicateur de l'évolution des salaires horaires des salariés à temps complet est de :

$$\frac{13,04}{12,63} = 1,03.$$

Et pour les autres catégories, cela donne :

	2007
Cadres	1,038
Professions intermédiaires	1,027
Employés	1,023
Ouvriers	1,028
Smic	1,025
Salariés à temps complet	1,032

Mais on peut aussi exprimer la variation relative en indice en multipliant le coefficient multiplicateur par 100.

Ainsi on calcule :
indice au temps 1, base 100 au temps 0 =

$$\frac{\text{valeur au temps 1}}{\text{valeur au temps 0}} \times 100.$$

Dans l'exemple, cela donne :

	2006	2007
Cadres	100	103,82
Professions intermédiaires	100	102,66
Employés	100	102,34
Ouvriers	100	102,79
Smic	100	102,50
Salariés à temps complet	100	103,25

Ainsi, il est équivalent de dire que le taux de croissance du salaire horaire est de 3,25 % entre 2006 et 2007, qu'il a été multiplié par 1,032, ou que le niveau des salaires est passé à l'indice 103,25 en 2007, base 100 en 2006.

• Il faut **se méfier des unités**. En effet, des points ne sont pas des pourcentages. Ainsi, quand on passe d'un taux de croissance de 5 % à un taux de croissance de 7 %, on ne peut pas dire qu'il y a eu une augmentation du taux de croissance de 2 %. En effet, une telle augmentation donnerait : 5 % + (5 % × 2%) = 5,1 %. Il faut donc dire qu'il y a eu une augmentation de 2 points. Ce qui traduit bien 5 + 2 = 7.

SES

FAIRE

Le tableau suivant présente la pratique religieuse de familles françaises.

		Pratique des enfants			
		Régulière	*Irrégulière*	*Sans pratique*	*Sans religion*
Pratique des parents	*Régulière*	<u>67</u>	26	6	2
	Irrégulière	13	59	23	5
	Sans pratique	4	29	54	13
	Sans religion	–	5	22	<u>74</u>

Source : Guy MICHELAT, « L'identité catholique des Français »,
Revue française de sociologie, n° 31 – 4, p. 614, 1990.

Pratique régulière : regroupe les pratiquants dominicaux (messe une ou plusieurs fois par semaine) et les pratiquants mensuels (une ou deux fois par mois).
Pratique irrégulière : quelques fois dans l'année, aux grandes fêtes.
Sans pratique : ne vont jamais à la messe, sauf aux cérémonies.

1 Exprimez en une phrase ce que représentent les nombres soulignés.

2 Analysez le tableau en montrant les effets de la socialisation.

16 Comment les individus s'associent-ils pour constituer des groupes sociaux ?

Individus et groupes sociaux

• Les hommes vivent dans des groupes divers : famille, entreprise, école, syndicat… Mais si les groupes sont visibles, les groupes sociaux sont difficiles à définir. Il est en effet plus facile de dire ce qu'ils ne sont pas que ce qu'ils sont. Par exemple, lorsque des individus sont dans une file d'attente, appartiennent-ils à un groupe social ? Non. **On parle de groupe social quand il existe des relations interpersonnelles** directes (en « face-à-face ») ou indirectes (communautés virtuelles sur Internet) **et la conscience d'appartenir au groupe** et de se distinguer des autres groupes (groupe de travail, famille, groupe de supporters…).

• Les caractéristiques des groupes sociaux diffèrent. Une typologie usuelle distingue les **groupes primaires de faible taille**, fondés sur des relations interpersonnelles fortes et stables, orientés vers un but qui dépasse l'intérêt individuel (famille, groupe d'amis…) et les **groupes secondaires plus grands**, où les rôles et objectifs sont définis à l'avance (entreprise, administration…).

• Les groupes sociaux peuvent parfois entrer en contradiction et comme l'individu appartient à une multitude de groupes, il est amené à jouer **plusieurs rôles**. Ces rôles peuvent former un tout cohérent en se rejoignant autour des mêmes normes et des mêmes valeurs : ce sont des **rôles congruents**. Mais ils peuvent aussi entrer en **conflit**. Celui-ci intervient notamment lorsque l'individu prend comme modèle un autre groupe (le **groupe de référence**) que celui auquel il appartient (le **groupe d'appartenance**).

Taille des groupes et action collective

• Les relations dans les **grands groupes** sont le plus souvent **impersonnelles** : les individus y sont moins visibles, plus réservés et ont tendance à développer des logiques d'indifférence – en même temps, d'ailleurs, qu'ils accèdent à davantage de liberté.
En revanche, dans les **petits groupes**, les relations seront plus **personnelles** parce que, d'une part, les individus se connaissent et que, d'autre part, un contrôle social plus fort s'y exerce, limitant la liberté individuelle, tous étant sous le regard de tous. La visibilité sociale de leurs actions est plus grande.

• En évoluant, les groupes peuvent grandir, ce qui les oblige à trouver de nouvelles formes d'organisation des actions individuelles. Comment faire pour conserver l'unité du groupe alors que l'individu dispose d'une marge de liberté de plus en plus grande ? Pour répondre à ce problème, des procédures sont élaborées, qui divisent le travail et coordonnent les actions individuelles.

• Parallèlement, un groupe qui grandit peut rencontrer des difficultés pour défendre ses intérêts : **il est confronté au paradoxe de l'action collective**. Appelé paradoxe d'Olson, il affirme que si l'individu rationnel ne s'engage pas dans une action collective, c'est qu'il espère que les autres le feront à sa place. Il peut ainsi récupérer les bénéfices de l'action (augmentation de salaire, par exemple) sans avoir à en supporter les coûts (perte de temps, cotisations…). L'individu qui se comporte de la sorte est un « passager clandestin » (*free rider*).
Ce problème touche principalement les grands groupes. En effet, plus le groupe est grand, plus l'action individuelle sera négligeable dans l'action collective et plus la tentation d'agir en « passager clandestin » sera grande. Cependant, certains groupes d'intérêts parviennent à se mobiliser en accordant à ceux qui acceptent de participer à l'action collective des **incitations sélectives** (primes, aides juridiques…).

● Calculer des taux de variation

Il peut être utile de mesurer les variations d'une grandeur entre deux années.

• Pour l'obtenir la **variation absolue** on calcule :

valeur d'arrivée – valeur de départ.

Par exemple, les banques ont prêté aux ménages 158,1 milliards d'euros en 1996 et 175,6 milliards d'euros en 1998. La variation absolue est de 175,6 – 158,1 = 17,5 milliards d'euros.

• La **variation relative** met en relation cette variation absolue avec la valeur de départ. Ainsi, on calcule :

$$\frac{\text{valeur d'arrivée – valeur de départ}}{\text{valeur de départ}}.$$

• On parle de pourcentage de variation, ou de **taux de croissance**, lorsque l'on exprime la variation relative en pourcentage. On utilise la formule :

$$g = \frac{\text{valeur au temps 1 – valeur au temps 0}}{\text{valeur au temps 0}} \times 100.$$

On peut alors dire que le taux de croissance des crédits bancaires aux ménages, entre 1998 et 1996, est de :

$$\frac{175,6 - 158,1}{158,1} \times 100 \ = \ 11,1 \ \%.$$

1 Lisez le texte puis répondez aux questions.

Les passagers clandestins

Olson souligne le particularisme des petits groupes. Certains d'entre eux peuvent correspondre à des situations où un membre peut à lui seul prendre en charge tous les coûts de l'action et y trouver cependant son compte. Plus encore dans les petits groupes, le sentiment de peser sur la décision est plus fort, plus mobilisateur. Les pressions sociales et morales entre membres du groupe y sont aussi plus présentes, plus efficaces. [...] On peut se demander si l'attention qu'Olson porte ainsi aux effets des relations sociales ou affectives dans la dynamique propre aux petits groupes ne mine pas la cohérence de son modèle. Le traitement assez embarrassé réservé par Olson à la sociabilité, aux relations affectives, aux croyances est d'ailleurs significatif. Tantôt les éléments « affectifs et idéologiques » sont évacués comme peu importants car peu efficaces. En d'autres cas, ils sont considérés comme des incitations sélectives secondaires, la fidélité au groupe jouant par exemple en faveur de la solidarité.

E. Neveu, *Sociologie des mouvements sociaux*,
© La Découverte, 2005, 4ᵉ édition.

a. Le paradoxe de l'action collective s'observe-t-il dans les petits groupes ? Pourquoi ?
b. Pourquoi les grands groupes rencontrent-ils plus de difficultés pour éviter le problème du « passager clandestin » ?

2 Après avoir lu le texte, répondez aux questions.

Les incitations sélectives permettent de limiter les passagers clandestins

Des incitations positives, qu'est-ce que ça veut dire ? Il s'agit de l'obtention de rétributions qui incitent les individus à la solidarité. [...] Dans le contexte français, nous pouvons citer le cas de la Fédération nationale des syndicats d'exploitants agricoles (FNSEA). Son grand nombre d'affiliés s'explique certes par le succès plus ou moins important de son activité de représentation des intérêts agricoles auprès des pouvoirs publics. Mais les incitations sélectives qu'elle offre sont aussi importantes. Ainsi, les fédérations départementales offrent des soutiens à l'obtention des crédits, des conseils juridiques et administratifs, en particulier par rapport aux subventions de l'Union européenne et de la Politique agricole commune, ou encore des stages de formation.

E. Grossman et S. Saurugger, *Les Groupes d'intérêt. Action collective et stratégies de représentation*, © Armand Colin, 1968.

a. Trouvez des exemples d'incitations positives et d'incitations négatives.
b. En quoi les incitations sélectives (positives ou négatives) peuvent-elles constituer une réponse au paradoxe de l'action collective ?

SES

Comment les réseaux sociaux fonctionnent-ils ?

Facebook, MSN, You Tube… les réseaux sociaux sont de plus en plus prégnants dans notre société. Pourtant, ils sont peu étudiés par les sociologues dont les travaux fondateurs sur le sujet datent des années 1970. C'est surtout à propos du marché du travail que les réseaux sociaux ont montré leur pertinence.

● Une enquête fondatrice

• En effet, la bonne circulation de l'information est centrale pour le fonctionnement du marché du travail : il est nécessaire que les employeurs connaissent l'état de la main-d'œuvre disponible et que les salariés connaissent les emplois offerts et leurs caractéristiques.

• L'étude qui a eu le plus fort impact sur la réflexion théorique a été réalisée par **Mark Granovetter** en 1973 dans une petite ville du Massachusetts, près de Boston. Son enquête cherchait à savoir comment ceux qui changeaient d'employeur avaient obtenu un nouvel emploi. Près de 56 % des personnes interrogées l'avaient obtenu par contact personnel, dont 31 % de liens familiaux et 69 % de liens professionnels. Pour Granovetter, ce sont les individus qui utilisent des **liens faibles** (réseau professionnel) plutôt que des **liens forts** (réseau familial) qui réussissent le mieux à trouver un emploi.

● La « force des liens faibles »

La « force des liens faibles » est aujourd'hui une thèse classique. L'idée est que des **réseaux denses** de relations, tels ceux existant entre des individus qui entretiennent des **liens forts** (en termes de temps passé ensemble, de fréquence des rencontres et d'intensité émotionnelle), font circuler une information largement redondante entre les membres du groupe, tandis que des **liens faibles** entre des individus appartenant à deux groupes de relations fortes sont, eux, susceptibles d'y introduire des informations nouvelles. Pour trouver un emploi, les liens faibles apportent plus fréquemment une information pertinente (peu diffusée et transitant par un petit nombre d'intermédiaires) et débouchent sur des emplois plus satisfaisants et mieux rémunérés.

● Le capital social

• Les analyses en termes de réseaux montrent donc que la notion essentielle pour comprendre les relations et les actions humaines est le **capital social**. Notion déjà développée chez Hobbes qui écrivait dans le *Léviathan* (1651) qu'« avoir des amis, c'est avoir du pouvoir ». Pour Hobbes, les conditions d'existence d'un individu dépendent donc des ressources sociales dont il dispose.

• Cette idée sera reprise par **Max Weber** dans son analyse de la **stratification sociale**. Selon lui, les ressources dont disposent les individus sont de trois ordres : **économiques, symboliques et politiques**. Les ressources économiques définissent les chances d'obtenir des biens, les ressources symboliques permettent d'obtenir du prestige, les ressources politiques permettent d'obtenir le pouvoir.

• Pour **Pierre Bourdieu**, chaque ressource est liée à une **forme de capital** : capital économique, capital symbolique et capital politique. Or, il existe une autre forme de capital, présente à tous les niveaux, mais d'une autre nature : le **capital social**. **Irréductible aux autres formes de capital**, il se compose du réseau personnel des individus et il permet d'accroître le rendement des autres formes de capital. Ainsi, on peut admettre qu'il ne sert à rien d'avoir le bac, ou un diplôme élevé, si on ne dispose pas d'un réseau capable de le valoriser en le transformant en emploi.

● La sociabilité est essentielle, mais elle ne suffit pas

• Ces analyses montrent que **la sociabilité est essentielle à la vie en société** car elle est à l'origine de la constitution des réseaux sociaux. L'analyse des réseaux permet de comprendre que les actions humaines sont **orientées vers la poursuite d'une finalité** qui, pour être atteinte, nécessite une **compétition** ou une **coopération** entre acteurs. Le capital social est donc une forme d'obligation réciproque : un individu qui donne s'attend à recevoir lorsqu'il en aura besoin. Si cela montre bien qu'il s'agit d'un capital puisque les actions sont orientées vers l'obtention d'avantages futurs, cela ne signifie pas que les individus sont de purs égoïstes. En effet, si l'intégration à un réseau relève de la constitution d'un capital, l'individu ne sait jamais si l'investissement sera efficace.

• De la même manière, il serait faux de croire que les individus cherchent à maximiser le nombre de leurs relations pour obtenir du pouvoir. La réalité est plus **complexe** : il faut déjà avoir des amis qui ont eux-mêmes du pouvoir pour en obtenir. Ensuite, le fonctionnement des réseaux est très complexe : on peut en effet obtenir des avantages de son réseau en raison d'informations obtenues indirectement, par les réseaux d'un membre de son propre réseau. Ce n'est donc pas en augmentant son réseau social Facebook que l'on peut devenir président de la République…

● Calculer des taux d'intérêt réels

• Le coût d'un emprunt est le taux d'intérêt. Ce taux est exprimé nominalement lors de la passation du contrat. Cependant, le coût réel de l'emprunt doit tenir compte de l'inflation. Il faut donc distinguer le taux d'intérêt nominal et le taux d'intérêt réel.

• Le **taux d'intérêt nominal** est celui qui s'exprime couramment. Par exemple, on peut dire qu'un ménage a emprunté à un taux de 7 % sur 15 ans pour acheter son appartement. Mais qu'en est-il vraiment de ce taux d'intérêt ? En effet, dans 10 ans, l'inflation aura fait baisser la valeur relative des remboursements.

• Il faut donc pouvoir exprimer le taux d'intérêt en fonction de l'inflation. Pour cela, on réalise une approximation. Si l'on estime que le taux d'inflation sera de 10 % pendant les 15 ans à venir, alors, le **taux d'intérêt réel** sera négatif. Il sera de 7 % – 10 % = – 3 %. Ce cas n'est pas rare. Pour plus de précision, on utilise la formule suivante :

$$\text{taux d'intérêt réel} = \frac{\text{taux d'intérêt nominal}}{\text{indice des prix}}.$$

1 Lisez le texte puis répondez aux questions.

L'intelligence collaborative

Amazon, eBay et Apple nous ont appris comment une plate-forme de participation peut donner naissance à un écosystème dynamique, construit sur une activité simple comme la vente au détail. Des échanges intenses de pair à pair sont possibles grâce à la messagerie instantanée, le chat et d'autres applications. Sous la poussée des acheteurs et des vendeurs qui partagent une passion comme la collection d'antiquités, les bandes dessinées rares [...] des réseaux se forment qui permettent aux intéressés d'échanger des informations et de réaliser des transactions. Les clients utilisent souvent les outils les plus simples pour créer une communauté collaborative qui réponde à leurs besoins.

Apple, eBay et Amazon « associent » également à leur écosystème des magasins ou d'autres sites qui vendent leurs propres articles en utilisant, par exemple, l'interface d'Amazon ou son système de traitement des paiements, ou encore qui commercialisent les livres d'Amazon ou les téléchargements de musique d'Apple. S'intégrer de cette façon à un groupe important, c'est en devenir l'un des acteurs majeurs. Comme le fait remarquer Meg Whitman, directeur général d'eBay : « Nous avons un partenariat dans cette affaire, et ce partenaire, c'est la communauté des utilisateurs. »

Don Tapscott, Anthony D. Williams, *Wikinomics, Wikipedia, Linux, YouTube... Comment l'intelligence collaborative bouleverse l'économie*, Pearson, 2007.

a. Les réseaux ne sont-ils que des réseaux informatiques ?
b. Les réseaux ne sont-ils constitués que d'individus ?

c. En quoi la réussite des plates-formes informatiques est-elle liée au nombre de leurs utilisateurs ?

2 Lisez le texte puis répondez aux questions.

Des réseaux au service de l'emploi

Pour un chasseur de têtes, les ressources offertes sur le Net sont impressionnantes. Sur LinkedIn, on trouve plus de 60 millions de profils, avec CV et projets de chaque membre. Contrairement à MySpace et Facebook, qui séduisent une majorité d'adolescents, et surtout les « post-ados », cette catégorie floue de jeunes à peine sortis du lycée mais ne se considérant pas encore complètement adultes, LinkedIn est le réseau des quadragénaires. Les études faites aux États-Unis montrent que l'adhérent moyen a 43 ans, qu'il est diplômé de l'enseignement supérieur et gagne 107 000 dollars par an (81 000 euros au cours de mai 2010), soit près de quatre fois le salaire moyen du pays. [...]

Le point commun des réseaux sociaux, celui qui les rend précieux pour les chasseurs de têtes, est leur principe même : nombre d'adhérents connus ou facilement identifiables sont membres d'un ou plusieurs groupes auxquels ils donnent un accès facile. Le recruteur peut ainsi entrer en contact avec des gens ayant des profils proches, dont il ignorait l'existence.

Marc Mousli, « Les réseaux sociaux "professionnels" sur Internet, un outil puissant de recrutement », *Alternatives économiques*, dossier Web n° 055.

a. Tous les réseaux ont-ils les mêmes caractéristiques ?
b. Quel est l'intérêt d'appartenir à un réseau professionnel sur le Net ?

SES

18 Comment le contrôle social s'exerce-t-il aujourd'hui

La déviance comme transgression des normes en vigueur

• Dans toutes les sociétés, il existe des individus ou des groupes qui ne suivent pas, ou mal, les normes et les valeurs qu'elles préconisent. Les individus qui s'éloignent des valeurs préconisées sont des **déviants**, voire des délinquants.

• Le terme de déviance a remplacé, dans la sociologie américaine, les notions plus connotées de pathologie sociale ou de criminalité. Ces deux notions ont été utilisées par Durkheim pour insister sur leur caractère amoral et il utilisait son concept d'**anomie** (du grec *a*, « sans » et *nomos*, « loi » : absence de loi) pour indiquer comment la société, incapable de faire respecter les normes qu'elle préconise, incite les individus à les enfreindre.
Pour Durkheim, il n'existe pas de forme de l'activité sociale qui puisse se passer d'une discipline morale propre. En effet, tout groupe est un tout composé de parties, l'élément de base en étant l'individu. Or, pour qu'un groupe puisse se maintenir, il faut que chaque partie ne « procède pas comme si elle était seule mais […] au contraire qu'elle se comporte de manière à ce que le tout puisse exister ». Si la société ne parvient pas à faire respecter la nécessité de vivre ensemble par les individus, il peut exister de la déviance.

• Les sociologues ne sont pas les seuls à étudier les phénomènes de déviance afin de mieux comprendre les sociétés. Ainsi, Malinowski (1884-1942), l'un des premiers anthropologues, lors d'une étude sur la population des îles Trobriand, a assisté au suicide d'un jeune homme sous la pression de l'hostilité générale du village, hostilité due au fait qu'il avait enfreint la règle essentielle de l'exogamie. Le groupe sanctionne donc le déviant de manière brutale en l'excluant et en l'obligeant à disparaître.

• **La théorie de Becker ou théorie de l'étiquetage**
La déviance, défaut d'obéissance aux normes du groupe, peut être sanctionnée. Cependant, H. Becker a montré que la déviance ne relève pas de l'individu mais qu'elle est provoquée par la **stigmatisation** de la société. En effet, « les groupes sociaux créent la déviance en instituant des normes dont la transgression constitue la déviance » : les individus auxquels ces normes sont appliquées sont **étiquetés comme déviants**.
La déviance peut s'accompagner d'une vie sociale, mais différente de celle de la société globale.

Les formes du contrôle social

• Pour faire face à la déviance ou à la délinquance, il existe un **contrôle social**. Celui-ci se définit comme l'ensemble des moyens (matériels et symboliques) mis en œuvre par une société pour s'assurer de la conformité de ses membres aux normes en vigueur et permettre ainsi la cohésion sociale.

• Le **contrôle social informel** s'exerce dans les groupes primaires (famille, groupes de pairs, voisinage…) sous la forme d'une pression sociale diffuse. L'individu socialisé s'autocontrôle aussi dans nombre de situations d'interaction.

• Cependant, plus les relations sociales deviennent impersonnelles, plus le **contrôle social formel** – contrôle exercé par les instances spécialisées (justice, médecins, école) – tend à l'emporter sur le contrôle informel.

• Quelle que soit la forme du contrôle social, la conformité est obtenue par la mise en œuvre de **sanctions négatives** (punitions, réprobation…) **ou positives** (récompenses, encouragements).

• Si le contrôle social peut favoriser le conformisme par son **effet dissuasion**, il peut aussi induire un **effet stigmatisation** susceptible d'enfermer l'individu ou le groupe dans sa pratique et d'aggraver la déviance. Enfin, lorsqu'il prend appui sur les nouvelles technologies, il peut remettre en cause les libertés individuelles.

● Calculer un taux de croissance annuel moyen (TCAM)

• Les taux de croissance permettent de mesurer les évolutions entre des variables. Il peut être intéressant, lorsqu'il existe plusieurs variables, de mesurer l'accroissement moyen sur l'ensemble de la période.

• Pour cela, on calcule le taux de croissance annuel moyen, qui s'obtient en calculant la moyenne géométrique des taux de croissance. Ainsi, l'on suppose que le nombre de délits

routiers en France était de 27 302 en 2006, de 27 835 en 2007 et de 27 708 en 2008.

Les taux de croissance sont respectivement de 1,43 % et de − 0,46. Le taux de croissance moyen est alors de $(1,0143 \times 0,54)^{1/2} = 0,30$, soit une hausse de 0,7 %.

• Il est aussi possible d'utiliser la formule des **intérêts composés** : $V_n = V_0 (1 + t)^n$

avec V_n = valeur au temps n ;

V_0 = valeur au temps 0 ;

t = taux de croissance annuel moyen ;

n = nombre d'années.

FAIRE

1 Lisez le texte suivant, puis répondez aux questions.

Le contrôle social et ses effets

Il ressort [...] que les principaux mécanismes par lesquels les contrôles sociaux pèsent sur les choix des délinquants sont au nombre de quatre.
– Ils augmentent les difficultés de réalisation des délits.
– Ils augmentent les risques auxquels s'exposent les délinquants.
– Ils font baisser leurs espérances de gain.
– Ils jettent un discrédit moral sur les actes délictueux et y associent des sentiments de culpabilité et de honte. [...]

Par exemple, imaginons deux adolescents qui cherchent un remède à leur ennui et hésitent entre trois possibilités :
– voler une automobile pour y faire une joyeuse balade (crime A) ;
– aller écrire des graffitis sur les murs de leur école (crime B) ;
– aller à la piscine (non-crime).

Nous dirons que la pression exercée par les contrôles sociaux incite le délinquant à ne pas choisir l'option la plus criminelle. En effet, si le crime A est plus grave que le crime B, on aura tendance à le sanctionner plus rigoureusement et à s'en protéger plus systématiquement. Le vol d'automobile est un délit plus grave que le graffiti et il est réprouvé et puni plus sévèrement. Les automobiles sont mieux protégées contre le vol que les murs d'école ne le sont contre les graffitis. Plus un crime est grave, plus les coûts associés à sa commission risquent d'être élevés. Les contrôles sociaux canalisent le délinquant potentiel vers l'option la moins criminelle parmi celles qui se présentent à lui. Ils orientent son choix vers le non-crime ou, à défaut, vers le crime le moins grave.

M. CUSSON, « L'effet structurant du contrôle social », *Criminologie*, vol. 26, n° 2, 1993.

a. D'après M. Cusson, quel est l'effet attendu du contrôle social sur le crime ?
b. Selon le texte, la peine encourue doit-elle être faible ou forte pour dissuader de commettre un crime ?

2 Après avoir lu le texte ci-dessous, vous répondrez aux questions.

Le contrôle social informel

Pendant la plus grande partie de l'histoire des sociétés humaines, les relations sociales sont restées enfermées dans une forte contrainte de proximité. Pareille situation donnait un grand poids à la communauté des voisins, au village ou au quartier. Ses règles informelles s'imposaient d'autant plus impérieusement que la solidarité des proches constituait le seul filet de sécurité dans des sociétés de précarité. [...] À partir de la seconde partie du xxᵉ siècle, cette contrainte géographique s'est progressivement allégée [...] Au lieu d'inscrire toutes ses relations dans un cercle communautaire, chacun participe à plusieurs réseaux – on travaille avec les uns, on voisine avec d'autres, on se distrait ou on part en vacances avec d'autres encore –, tous partiels ; à chacun on ne consent donc qu'une loyauté limitée et il n'en demande pas davantage ; les qualités que l'on attend d'un bon collègue de travail ne sont pas celles que l'on exige de son voisin de palier ou encore de son compagnon de plage. Quand tout un chacun peut échapper à la contrainte de proximité, le règne de la collectivité locale s'achève : ses règles informelles ne règnent plus sur le contrôle social.

P. ROBERT, *L'Insécurité en France*, © La Découverte, 2002.

a. Dans quel type de société le contrôle social informel prédomine-t-il ?
b. Comment peut-on expliquer son affaiblissement ?
c. Comment va dès lors s'opérer le contrôle social ?

SES

19 Quels sont les processus qui conduisent à la déviance ?

SAVOIR

Définition de la déviance

• D'un point de vue **statistique**, la déviance est **ce qui s'écarte de la moyenne**. Si une telle définition conduit à classer comme déviantes de nombreuses personnes, elle évite aussi de mettre en exergue des jugements de valeurs.

• Une autre définition consiste à considérer la déviance comme un défaut d'obéissance aux normes du groupe, transgression qui aboutit à une sanction. On différencie la **déviance primaire** (transgression de la norme) et la **déviance secondaire** (reconnaissance et étiquetage par les autres d'un comportement déviant).

• La déviance revêt des formes variées selon les sociétés mais aussi selon les groupes sociaux à l'intérieur d'une société. Nous avons vu que, pour Durkheim (voir p. 136), la déviance, comme pathologie, trouve ses racines dans la société elle-même : celle-ci, incapable de faire respecter les normes qu'elle préconise, incite indirectement les individus à les enfreindre (concept d'anomie).

La codification de Merton

• Les comportements face aux normes ont été classés par le sociologue américain Merton, en fonction des valeurs propres aux sociétés et des moyens qu'elles donnent à leurs membres. Le tableau ci-contre est établi à partir de la règle américaine selon laquelle « les hommes ont le devoir de s'élever dans la hiérarchie sociale ».

Typologie des modes d'adaptation individuelle

Modes d'adaptation	Buts	Moyens
I. Conformisme	+	+
II. Innovation	+	−
III. Ritualisme	−	+
IV. Évasion	−	−
V. Rébellion	+/−	+/−

• I. Le comportement **conformiste** correspond à une société stable, peu affectée par le changement social. Le conformiste accepte à la fois les buts que la société se donne et les moyens qu'elle utilise pour parvenir à les réaliser.

• II. L'**innovateur** accepte les buts que se fixe la société mais estime qu'il faut modifier les moyens permettant de les réaliser. Ainsi en va-t-il des chevaliers d'industrie qui, dans l'Amérique du XIXe siècle et du début du XXe, acceptaient les buts économiques, comme la maximisation du profit, mais refusaient les moyens utilisés.

• III. Le **ritualiste** utilise tout ce qu'il est permis d'utiliser mais, n'osant pas prendre de risque par rapport à la norme de l'ascension sociale, il se contente d'obéir aux moyens sans se fixer individuellement le but que prescrit la société.

• IV. L'**évasion** est probablement le mode d'adaptation le plus rare, adopté par des personnes qui font partie de la société mais qui ne sont pas *dans* la société. Sociologiquement, ce sont de véritables étrangers. Cette catégorie rassemble les malades mentaux, les parias, les exilés, les vagabonds, les ivrognes chroniques…

• V. La **rébellion** rejette les individus hors de la structure sociale et les pousse à tenter d'en créer une nouvelle. Cela suppose que les individus soient étrangers aux buts et aux moyens de la société dans laquelle ils vivent, ces buts et moyens leur paraissant dénués d'autorité légitime. En revanche, ils seraient d'accord pour de nouveaux buts et de nouveaux moyens.

Déviance et vie sociale

• Cependant, selon H. Becker, pour qu'il y ait déviance, il faut aussi que le comportement hors norme soit qualifié de « déviant » : ainsi, selon le contexte, un même acte pourra ou non être qualifié de déviant. De ce point de vue, la déviance peut être considérée comme le **résultat d'interactions multiples qui aboutissent à étiqueter certains comportements**. On peut alors mettre au jour une carrière de déviant comportant différentes étapes, au cours de laquelle l'individu fait l'apprentissage du comportement déviant.

• Les études de Becker montrent que **la déviance peut s'accompagner d'une vie sociale**. La double signification de la déviance indique en effet que les déviants sont rejetés – volontairement ou involontairement – de la société, mais qu'ils ne sont pas pour autant des êtres sans foi ni loi. La déviance peut être le produit d'un refus des normes en vigueur, et peut permettre de constituer des groupes sociaux possédant une culture et une réglementation propre. Le déviant de la société globale n'est donc pas automatiquement exclu de tous les groupes sociaux.

● Mesurer la dispersion d'une série

• Les notions de position et de dispersion constituent les piliers de la logique statistique. Avec la **notion de position**, le statisticien cherche à résumer par un chiffre la caractéristique essentielle de la distribution : on calcule alors la médiane, la moyenne. La position correspond donc à l'idée qu'il existe une valeur centrale.

• La **notion de dispersion** correspond à l'idée que des séries statistiques peuvent avoir des valeurs centrales identiques alors même qu'en leur sein les écarts ne sont pas les mêmes. Ainsi, dans deux classes, la moyenne peut être de 10 mais avec des différences : dans la première classe, tous les élèves peuvent avoir 10 et dans la seconde la moitié de la classe peut avoir 5 et l'autre moitié 15. La seconde classe est donc plus dispersée que la première.

• Pour mesurer la dispersion, on utilise généralement – mais pas exclusivement – la **variance V(x)**. Celle-ci mesure une valeur qui synthétise les écarts. Pour comprendre le sens de la variance, il faut comprendre qu'il s'agit de mesurer un écart par rapport à une valeur fixe : plus l'écart est grand, plus la dispersion est forte.

$$V(x) = \frac{1}{n} \sum n_i \left(x_i - \overline{x} \right)^2$$

On constate donc que la variance est une mesure des écarts qui est élevée au carré, ce qui est difficile à interpréter. Pour revenir à l'unité de départ, il faut alors calculer la racine carrée de la variance, appelée **écart-type** :

$$\sigma x = \sqrt{V(x)}$$

Plus l'écart-type sera grand, plus la dispersion de la série sera grande, et inversement.

FAIRE

1 Lisez le texte puis répondez aux questions.

Le repliement sur soi d'un groupe déviant

Le système de croyances relatives à ce que sont respectivement les musiciens et leurs auditoires est symbolisé par l'usage du mot « cave » (*square* en argot du monde du jazz américain) qu'utilisent les musiciens pour désigner ceux qui ne le sont pas. Ce terme s'emploie comme substantif et comme adjectif, et s'applique aussi bien à un type de personne qu'à une qualité de conduite. Il désigne les personnes qui sont le contraire de tout ce que sont, ou devraient être, les musiciens ; il vise aussi les manières de penser, de sentir et de se conduire qui sont à l'opposé de celles qu'apprécient les musiciens.

Le musicien se considère comme un artiste possédant un don mystérieux qui le met à part des autres personnes et qui devrait le mettre à l'abri de leur contrôle.

Le musicien estime qu'en aucun cas un non-musicien ne doit lui dire quoi jouer, ni comment jouer. En fait, l'élément central du code du comportement entre collègues est l'interdiction de critiquer un autre musicien, ou même de tenter de l'influencer pendant qu'il joue. [...]

Ressentant fortement leurs différences, les musiciens pensent également qu'ils ne sont pas obligés d'adopter les comportements conformistes des « caves » [...] En conséquence, les comportements qui tournent en dérision les normes sociales conventionnelles sont très admirés. [...]

Howard S. BECKER, *Outsiders : études de sociologie de la déviance*, Éditions Métaillié, 1985 (1ʳᵉ édition américaine 1963).

a. Les musiciens suivent-ils des règles et obéissent-ils à des normes ?
b. Les musiciens sont-ils déviants ?

2 Lisez le texte puis répondez aux questions.

Les bandes de jeunes

Engagées entre elles dans une lutte pour la réputation, où le contrôle du territoire revêt une importance décisive, les bandes se caractérisent par la valorisation de la force et par une violence principalement expressive. Souvent marquées par l'échec scolaire, leurs recrues vont aussi chercher à prendre une revanche sur le capital culturel en attaquant les individus et les symboles bourgeois. Les dispositions viriles (force, courage) que leurs membres cultivent – dans des affrontements dont ils constituent les premières victimes – vont cependant pouvoir être reconverties dans un travail manuel exigeant, comme le note Gérard Mauger. [...]

Loin d'être chaotique, l'univers dans lequel évoluent les bandes est au contraire saturé de codes et de normes de comportement. Enfin, si tous les jeunes de quartiers populaires sont loin d'appartenir à des groupes de délinquants, réciproquement, ceux-ci ne sont pas composés que de « jeunes de cité ». Thomas Sauvadet pointe la présence de « fils à papa encanaillés », tandis que le rôle des jeunes de bonne famille est par ailleurs essentiel dans les trafics de drogue.

Igor MARTINACHE, « Les bandes de jeunes, un phénomène classique », *Alternatives économiques* n° 284, octobre 2009.

a. Quelles sont les valeurs privilégiées dans les bandes de jeunes ?
b. Tous les jeunes sont-ils déviants ?

20 Comment mesurer le niveau de la délinquance ?

Délinquance et déviance

• La délinquance se distingue de la déviance : **elle ne recouvre que les actes qui transgressent la loi et font l'objet d'une sanction pénale**. En fonction de la gravité de l'acte, on parlera de contraventions, de délits ou de crimes.

• La société s'est progressivement pacifiée. Les morts violentes sont en très nette régression mais, en raison d'exigences de sécurité plus élevées, le phénomène est peu visible. En revanche, depuis 1945, les faits de délinquance constatés ont été **multipliés par plus de six**.
Pour comprendre cette explosion, il faut s'intéresser aux statistiques. Celles-ci proviennent des « faits constatés » par les services de police.

Les statistiques produites par la police

• La mesure de la délinquance par les institutions policières montre une baisse récente de la criminalité « constatée », mais ces « comptes du crime » doivent être interprétés avec précaution parce qu'ils ne mesurent pas l'intégralité de la délinquance. Il existe en effet un certain nombre d'actes qui échappent à la connaissance de la police, tout simplement parce que personne ne porte plainte.

• Il faut donc considérer les statistiques policières comme un **indicateur** qui mesure le résultat d'une « rencontre » entre une institution publique et des plaignants (dans le cas des actes de délinquance qui font des victimes, comme les vols et les agressions) et le résultat d'une activité prise à l'initiative de cette institution publique pour les crimes dits « sans victime », comme le trafic de drogue ou l'immigration illégale.
Dans les deux cas, cet indicateur mesure une **délinquance apparente**, qui ne constitue qu'une partie de la délinquance totale.

La notion de « chiffre noir »

• La différence entre la criminalité « réelle » ou « totale » et la délinquance « apparente » représente ce que l'on appelle le « **chiffre noir** » (en anglais *dark figure*).

• La notion de « chiffre noir » est indispensable pour **interpréter les statistiques officielles**. Elle permet d'évaluer le niveau de délinquance pour les différentes catégories d'infractions prises en compte. Certaines ont un taux d'enregistrement très élevé : par exemple, les homicides ou les vols d'automobiles (dans ce dernier cas, pour des raisons liées à l'assurance). Les statistiques policières sont alors des indicateurs fiables de la réalité des phénomènes.

• En revanche, d'autres infractions présentent des taux de dépôt de plainte assez faibles (agressions sexuelles), et les statistiques officielles tendent à minimiser, dans des proportions plus ou moins importantes, l'incidence du phénomène auquel elles se rapportent.

• Cette notion est également indispensable pour **donner leur sens véritable à certaines évolutions dans les statistiques policières**. Ainsi, ce n'est pas parce que celles-ci varient que le phénomène qu'elles sont censées mesurer varie dans le même sens ou avec la même ampleur. L'exemple typique est, ici encore, celui des agressions sexuelles. Le nombre de viols enregistrés est passé de 1 538 en 1974 à 5 605 en 1993, soit une multiplication par un facteur 3,64. La progression est considérable, mais on peut raisonnablement penser qu'une part non négligeable de cette augmentation est due à des changements dans les comportements vis-à-vis du dépôt de plainte. En effet, en raison de l'impact des mouvements associatifs et des médias, et à l'amélioration de l'accueil de ce type de plainte dans les commissariats, des femmes (et des mineur[e]s) qui n'auraient sans doute pas porté plainte il y a une vingtaine d'années décident aujourd'hui de le faire.

• Cette situation renforce l'intérêt de réaliser des **enquêtes de victimation** (voir Faire ci-contre) pour mesurer autrement la délinquance.

● Représenter des séries chronologiques

Les données statistiques se présentent généralement sous la forme de tableaux. Il est parfois utile de modifier la présentation de données statistiques pour les rendre plus claires, plus visibles, pour le lecteur. On utilise alors des représentations graphiques.

• Pour représenter des séries chronologiques, on utilise généralement des **courbes**. En effet, le temps est continu, ce qui permet d'obtenir toutes les valeurs entre deux périodes. Si les chiffres ne sont pas disponibles, il est cependant possible de réaliser une interpolation linéaire, c'est-à-dire de faire comme si les différentes valeurs de la série étaient réparties équitablement sur tout l'intervalle.

• On peut également se servir d'une autre représentation graphique des séries chronologiques : les **histogrammes**. Il est préférable de les utiliser lorsque les deux variables mises en relation sont continues. Chaque classe est alors représentée par un rectangle dont la largeur, repérée sur l'axe des abscisses, est proportionnelle à l'amplitude de la classe, et dont la hauteur, mesurée sur l'axe des ordonnées, est proportionnelle à l'effectif de la classe.

Données sur les faits constatés d'atteintes aux biens, d'atteintes volontaires à l'intégrité physique et d'escroqueries et infractions économiques et financières de 2004 à 2009 et évolutions quinquennales

	2004	2005	2006	2007	2008	2009
Atteintes aux biens	2 700 954	2 600 571	2 534 097	2 060 519	2 240 490	2 227 649
Atteintes volontaires à l'intégrité physique	391 857	411 350	434 183	433 284	443 671	455 911
Escroqueries et infractions économiques et financières	329 955	318 680	334 064	345 416	381 032	370 728

Source : d'après l'Observatoire national de la délinquance et des réponses pénales, « Criminalité et délinquance enregistrées en 2009 » in *Bulletin pour l'année 2009*, janvier 2010.

Les enquêtes de victimation

En France, la première enquête nationale [de victimation] a été réalisée au CESDIP* au milieu des années 1980. Une décennie, elle est restée sans lendemains : en raison de la taille nécessaire des échantillons, ces enquêtes coûtent trop cher pour qu'il soit possible de les développer sans financement spécial ; les producteurs de statistiques officielles – les ministères de la Justice et surtout de l'Intérieur – répugnaient à commanditer le développement d'un outil de connaissance qu'ils percevaient comme concurrent et gros de douloureuses remises en question. Tout a changé au milieu des années 1990 : sous l'impulsion de programmes européens de production d'enquêtes, l'Insee a entrepris d'inclure un module de victimation dans son enquête annuelle sur les conditions de vie des ménages. [...]

Pas plus que les sources traditionnelles, les enquêtes de victimation ne constituent une panacée qui dispenserait de toute autre investigation. Elles supposent une victime capable de répondre à l'enquête, ce qui exclut les infractions qui la font disparaître (homicide réalisé...), celles où la victimation est seulement indirecte (fraude fiscale...), celles enfin où il n'existe pas de victime individuelle directe (immigration irrégulière...). Elles nécessitent encore que la victime soit disposée à répondre, ce qui exclut les infractions consensuelles ou conspiratoires (corruption, consommation de substances prohibées...), ou celles dont la définition est trop compliquée pour être comprise de la même manière par tous les enquêtés (abus de confiance, escroquerie).

Elles sont surtout utilisées dans le domaine – il est vrai, très débattu actuellement – des agressions et vols de toutes sortes.

Il faut aussi savoir surmonter les oublis, mauvaises datations ou réticences à répondre, ce qui demande la mise en œuvre de compétences particulières dans la construction des instruments d'enquête et dans l'analyse des résultats.

* Centre de recherches sociologiques sur le droit et les institutions pénales.

Source : Philippe ROBERT, Marie-Lys POTTIER et Renée ZAUBERMAN, « Les enquêtes de victimation et la connaissance de la délinquance », in *Bulletin de méthodologie sociologique*, n° 80, 2003.

1 Pourquoi les enquêtes de victimation sont-elles rares ?

2 Quelles conditions doivent être réunies pour mener une enquête de victimation ?

21 Pourquoi un ordre politique ?

Certaines sociétés historiques ont pu exister sans organisation politique. C'est le cas des Arapesh, tribu océanienne étudiée par l'anthropologue Margaret Mead durant l'entre-deux-guerres. Mais de tel cas sont devenus rares et il apparaît que le pouvoir politique soit devenu dominant car il naît d'une nécessité : celle de maintenir la cohésion sociale et de limiter les conflits. Si traditionnellement, les pouvoirs politiques prenaient la forme de chefferies, dans les sociétés modernes, ils prennent la forme d'États.

● L'avènement de l'ordre politique

• Pour le sociologue allemand Max Weber dans *Le Savant et le Politique* (1919), le pouvoir politique a le monopole de la violence légitime. Les États peuvent imposer leur puissance à tous les acteurs sociaux de manière à favoriser la solidarité. Ce pouvoir n'a pas pour objectif de supprimer toutes les inégalités qui sont intimement liées à l'existence des sociétés humaines, mais il cherche à les rendre acceptables.

• L'évolution des sociétés ne s'est pas réalisée rapidement. Il a fallu un long processus d'institutionnalisation pour que la souveraineté des États s'impose. Selon le sociologue allemand Norbert Elias, l'émergence des États modernes est liée à une compétition entre plusieurs groupes ou individus recherchant l'hégémonie sur un territoire.

● L'évolution de l'État en France

En France, l'État moderne commence à se constituer à partir du XIIIe siècle, succédant à l'organisation féodale. Cette transition trouve ses racines du côté de la constitution d'un double monopole fiscal et militaire d'une part, et de la séparation du politique et du religieux d'autre part. Les institutions politiques et administratives ont par la suite pu s'étendre et se diversifier jusqu'à l'État-providence d'aujourd'hui.

● La légitimité de l'État

Pour pouvoir s'imposer, l'État doit être légitime. Max Weber distingue la légitimité et la domination charismatique qui reconnaît la puissance d'un chef aux qualités exceptionnelles ; la légitimité et la domination traditionnelle, en vertu de laquelle une famille régnante obtient le monopole de la direction de la cité ou du pays ; la légitimité et la domination légale-rationnelle, qui affirme le primat du droit sur l'individu et le pouvoir. Ces formes ne sont pas directement présentes dans la réalité sociale mais il s'agit « d'idéal type ». Pour Weber, ce sont des représentations simplifiées de la réalité qui, en exagérant les traits les plus caractéristiques de cette réalité sociale, permettent de mieux en rendre compte et d'analyser les relations et les actions sociales.

L'État n'a donc rien d'universel : il s'agit d'une forme d'organisation politique située et datée.

● L'État-nation

• Il existe au moins deux conceptions de la nation. La première est **ethnoculturelle** et la nation est assimilée à une communauté culturelle. Elle regroupe des individus qui vivent sur un même territoire et qui sont liés par une communauté de langue, de religion, d'histoire et de culture.

• La seconde conception de la nation est **élective**. Elle est composée de citoyens qui sont égaux devant la loi et qui participent volontairement à la vie politique d'un territoire. Cette conception est dominante en France.

• Depuis la Révolution française, l'État a joué un rôle central dans la constitution de la nation jusqu'à coïncider avec elle pour former un État-nation. C'est en effet lui qui, par l'intermédiaire d'institutions comme l'école ou l'armée et de symboles (le 14 Juillet, la Marseillaise…), a créé un sentiment d'appartenance à la nation. C'est à cette conception de la nation que fait référence Ernest Renan en 1882 quand il déclare que « l'existence d'une nation est un plébiscite de tous les jours ».

Comprendre l'élasticité prix de la demande

Le consommateur peut être sensible à la variation du prix. Il est donc intéressant de mesurer la variation relative de consommation du bien consécutive à la variation du prix.

• Calcul

Le coefficient d'élasticité prix (Ep) est le rapport de la variation relative de la consommation du bien (ΔC/C) à la variation relative du prix de ce même bien (ΔP/P) :

$$Ep = \frac{\dfrac{\Delta C}{C}}{\dfrac{\Delta P}{P}}$$

Il s'agit donc d'une évaluation de la réaction de la demande face à une modification du prix du produit. Dans le cas d'une demande « normale »,

une variation du prix entraîne une variation de la consommation en sens opposé.

• Interprétation

Ainsi, en général, Ep < 0, mais plusieurs cas peuvent être distingués selon l'intensité de la réaction face au changement de prix.

Si – 1 < Ep < 0, la demande est dite *inélastique*. Dans cette hypothèse, la réaction de la demande est moins que proportionnelle à la variation de prix qui exerce donc une influence relativement faible sur le niveau de la demande.

Si Ep = – 1, le prix et la demande varient proportionnellement mais en sens opposé. Une hausse du prix de 5 % se traduit par une diminution de la demande de 5 %.

Si Ep < – 1, la demande du bien considéré est dite *élastique* : si Ep = – 2 (cas des biens d'équipement domestique, des loisirs…), cela signifie que lorsque le prix varie de 1 %, la demande varie en sens inverse de 2 %.

SES

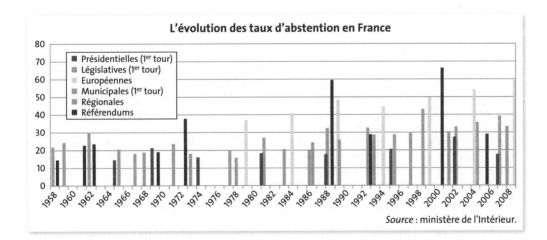

L'évolution des taux d'abstention en France

- ■ Présidentielles (1er tour)
- ■ Législatives (1er tour)
- ■ Européennes
- ■ Municipales (1er tour)
- ■ Régionales
- ■ Référendums

Source : ministère de l'Intérieur.

1 Comment les taux de participation aux élections ont-ils évolué ?

2 Peut-on affirmer que cette évolution est inquiétante pour le système démocratique ?

Quelles sont les formes institutionnelles de l'ordre politique ?

SAVOIR

Il existe plusieurs formes étatiques qui sont le fruit d'un contexte institutionnel évolutif. Cette évolution n'est pas figée et de nouvelles formes de participation politique et de légitimation démocratique apparaissent.

L'État de droit

• Pour asseoir son autorité, l'État est la seule organisation à pouvoir **recourir légitimement à la violence**. Mais il ne doit pas abuser de ce pouvoir exorbitant : c'est pourquoi l'État de droit cherche à soumettre l'État au droit, garantissant par là les droits et libertés individuels.

• Pour assurer cet objectif, une **séparation des pouvoirs** est souvent organisée par les Constitutions, entre les pouvoirs exécutif, législatif et judiciaire. Cependant, dans les sociétés modernes, les **médias** constituent un quatrième pouvoir.

• Pour que l'État de droit existe, il est également nécessaire que la citoyenneté puisse être organisée. Celle-ci représente les droits et obligations attachés à la qualité de citoyen : membre d'une communauté politique qui possède des prérogatives et qui est chargé de responsabilités liées à son appartenance à un État-nation.

• Pour le sociologue anglais Thomas E. Marshall, la **citoyenneté** résulte d'un processus historique d'addition de trois types de droits :

– des **droits civils** et des libertés essentielles : droit de se marier ; droit d'être propriétaire ; droit à la sécurité, à l'égalité devant la loi (notamment fiscale), devant la justice et dans l'accès aux emplois publics ; liberté de pensée, d'opinion et d'expression ; liberté de religion ; liberté de circulation ; liberté de réunion, d'association ou de manifestation ;

– des **droits politiques** : droit de voter, d'être élu, de concourir à la formation de la loi par la voie des représentants qu'il élit (article 6 de la Déclaration des droits de l'homme et du citoyen du 26 août 1789) ;

– des **droits sociaux** : droit au travail, droit de grève, droit à l'éducation, droit à la Sécurité sociale.

• Le citoyen doit aussi remplir des **obligations** : respecter les lois, participer à la dépense publique en payant ses impôts, s'informer, participer à la défense du pays.

État unitaire et État fédéral

• Tous les États n'ont pas pris la même forme. En France, la constitution de l'État s'est accompagnée d'une forte **centralisation** des activités (État unitaire). En Allemagne ou en Belgique, la constitution de l'État a privilégié la **forme fédérale**.

• Dans un État unitaire, les communautés ou les collectivités qui le composent ne disposent pas de compétences constitutionnelles ou législatives. Les divisions qui existent sont créées par l'État pour les besoins de son fonctionnement ou pour assurer la stabilité et la solidarité de la nation.

• Dans le cas des États fédéraux, les entités qui composent l'État fédéral disposent d'une autonomie plus grande dans les domaines exécutif, législatif comme judiciaire. L'État fédéral répond à trois principes : l'**immédiateté**, car chaque niveau de la structure fédérale est autonome, la **suppléance**, car les niveaux supérieurs ne prennent en charge que ce que les niveaux inférieurs ne peuvent assumer et la **subsidiarité** qui répartit les compétences au niveau d'efficacité le meilleur pour les intéressés.

Démocratie représentative et démocratie participative

• La plupart des États sont aujourd'hui démocratiques. Ces démocraties modernes sont **représentatives** : le peuple délègue à des représentants élus l'élaboration et l'exécution des lois. La légitimité des représentants repose donc sur la **participation des citoyens**. Celle-ci est sollicitée au moment des élections, mais aussi avec le développement de dispositifs comme les forums participatifs, les conseils de quartiers ou les conseils municipaux d'enfants.

• Dans certains pays, comme la France, la participation aux élections semble connaître une crise et l'**abstention** se développe. Toutefois, plus qu'un désintérêt, cette évolution marque probablement l'existence d'une **mutation de la participation politique**.

● Comprendre l'élasticité revenu de la demande

• L'élasticité revenu de la demande mesure la sensibilité de la demande d'un produit, exprimée par un ou des consommateurs, à une modification du revenu de ce ou ces consommateurs.

• En effet, la modification du revenu d'un consommateur ne le conduit pas simplement à consommer plus ou moins. Elle affecte aussi la structure de sa consommation, l'affectation de son budget entre les différents « postes » de consommation, c'est-à-dire les catégories de produits consommés.

$$Ep = \frac{\dfrac{\Delta C}{C}}{\dfrac{\Delta R}{R}}$$

• L'élasticité revenu compare l'évolution relative (en %) de la consommation d'un produit et l'évolution relative du revenu d'un ou de plusieurs consommateurs. Si le taux de variation de la consommation est supérieur au taux de variation du revenu, cela indique que la consommation, c'est-à-dire la demande, est très sensible à la variation du revenu. La demande peut dans ce cas être dite *élastique* ou *très élastique* par rapport au revenu. En revanche, si le taux

de variation de la demande d'un produit est plus faible que l'évolution en pourcentage du revenu du ou des consommateurs étudiés, alors la demande, étant peu sensible à l'évolution du revenu, pourra être qualifiée de *peu élastique* voire d'*inélastique*.

• L'élasticité revenu permet donc de comprendre l'évolution de la consommation. Dès le XIXe siècle, Ernst Engel (1821-1896) s'est intéressé à la manière dont les familles répartissaient leur budget entre les différents postes de consommation. Il a étudié des familles modestes et des familles plus aisées, et il a remarqué que les premières consommaient une proportion plus grande de leur revenu pour les biens alimentaires que les secondes. Cette loi est connue sous le nom de « loi d'Engel ».

• D'autres régularités statistiques ont été mises en évidence par Engel et un économiste américain de la fin du XIXe siècle, Caroll Wright. Ces observations sont parfois considérées comme des lois d'Engel supplémentaires, même si elles ne se vérifient pas autant que la première : l'élasticité revenu des dépenses d'habillement est globalement proche de 1 (deuxième loi) ; il en va de même des dépenses de logement (troisième loi) ; les dépenses de loisir ou de santé sont plutôt consacrées à des produits supérieurs (quatrième loi).

La constitution de la nation française

Si l'idée nationale était née au Moyen Âge, [...] les républicains de la IIIe République, à leur arrivée au pouvoir dans les années 1880, ont créé en toute conscience les institutions chargées de constituer la nation moderne. Les institutions nationales – l'École et l'Armée – ont organisé la vie collective autour de pratiques régulières et diffusé un système de valeurs nationales cohérentes. L'unification de la société par la centralisation de l'enseignement et, plus généralement, de l'administration française, même s'ils avaient été, au moins pour une part, hérités de la monarchie, furent renforcés par la volonté [...] de construire la nation moderne autour de et par l'État. [...] Les instituteurs de la IIIe République ont effectivement nationalisé les enfants des paysans des provinces de France et des immigrés en leur apprenant, éventuellement avec brutalité, le français et le calcul et en leur interdisant d'user de la langue de leurs parents. L'armée contribuait aussi à cette nationalisation des populations dont la guerre de 1914-1918 a tragiquement démontré l'efficacité. À la suite de l'établissement de la conscription (1872) et d'une loi sur la nationalité (1889) qui imposait

la nationalité française aux enfants d'étrangers nés sur le sol français pour pouvoir les recruter, elle brassait des populations issues de tous les pays d'émigration, de toutes les régions et de toutes les classes sociales. Elle entretenait le sentiment de communauté nationale avec l'aide d'instituteurs qui poursuivaient la scolarisation des recrues et la diffusion du patriotisme.

Dominique SCHNAPPER,
La Communauté des citoyens,
© Gallimard, coll. « Folio essais » (1994), 2003.

1 Comment la nation s'est-elle constituée ?

2 Quel rôle a joué l'État dans la constitution de la nation française ?

3 Quelle est la contrepartie qu'ont reçue les individus intégrés à la nation française ?

23 Comment les rapports sociaux s'organisent-ils au sein de l'entreprise ?

SAVOIR

• Une entreprise est une unité de production qui vend ses produits sur un marché, en combinant des facteurs de production apportés par différents agents. Outre des techniques de production, elle doit donc mettre en œuvre aussi des **rapports humains** : des liens durables doivent être établis entre les différents intervenants (employés, directeurs…), de même que doivent être **fixées des règles** de fonctionnement et déterminées des **autorités** hiérarchiques.

• Cependant, avant d'être un lieu de coopération, l'entreprise est d'abord une **structure hiérarchique** qui délimite le rôle de chacun et affirme qui commande à d'autres à travers un **système de délégation**.

L'entreprise, lieu de pouvoir

• L'entreprise est donc traversée par des **relations de pouvoir**, autrement dit des relations asymétriques donnant à un ou plusieurs individus le droit d'imposer une décision à un ou plusieurs autres. Le pouvoir est matérialisé par des relations d'autorité qui doivent être reconnues comme légitimes (par le droit, le charisme ou la tradition, selon Max Weber).

• Le rôle du pouvoir est double : il différencie l'entreprise du marché et il conditionne la coopération des individus qui la composent. Il intervient à tous les niveaux, comme le montre très bien tout organigramme d'entreprise, qui formalise aussi bien la division du travail que la hiérarchie au sein de la firme. Le pouvoir est borné par les dispositions légales, en particulier par le **contrat de travail**, qui prévoit un lien de **subordination** entre le salarié et son employeur.

L'entreprise, lieu de conflits

• L'entreprise, lieu d'une **coopération** institutionnalisée, peut aussi être le terrain de **conflits**, individuels ou collectifs. Ces derniers regroupent différentes formes de litiges, avec ou sans arrêt de travail, et impliquent simultanément plusieurs salariés.

• La **grève**, droit reconnu par le Code du travail, est la cessation totale du travail afin d'appuyer des revendications professionnelles. Le **débrayage** est un arrêt de travail de quelques heures. En revanche, la **grève perlée** et la **grève du zèle** ne sont pas des cessations complètes du travail : la première est une baisse concertée du rythme de production, la seconde ralentit le travail sous prétexte d'un respect scrupuleux du règlement.

Les conflits en France

• Les **salaires** sont au cœur de plus de 50 % des revendications ; viennent ensuite les questions de durée du travail (29 %) et l'emploi (21 %).

• Le **secteur industriel** demeure le plus conflictuel, mais la protestation connaît des transformations. Ainsi, les débrayages permettent de rendre un mouvement moins coûteux et de l'inscrire plus facilement dans la durée. Il est en effet difficile d'entraîner dans une action longue des ouvriers dont les salaires sont très bas et le statut éventuellement précaire.

• La taille des établissements et la **présence syndicale** jouent un rôle décisif dans le déclenchement des mouvements. Les entreprises connaissent une situation plus agitée quand elles sont dotées de délégués syndicaux (50 % des directions déclarent en ce cas au moins un conflit, contre 15 % quand il n'y a pas de présence syndicale). Cependant, il serait faux de croire que c'est lorsque la négociation est absente que les conflits se développent : une forte activité de négociation va de pair avec un haut niveau de conflictualité. **Négociation et conflictualité sont interdépendantes**, la première faisant surgir la seconde, et, inversement.

La dissertation accompagnée d'un dossier documentaire

La dissertation est l'une des deux épreuves proposées au baccalauréat. Elle demande des qualités d'expression et d'analyse. La marche à suivre pour réaliser une dissertation comporte huit étapes.

1. Analyse du sujet

Face au sujet, vous devez commencer par en faire l'analyse, c'est-à-dire réfléchir au sens des mots. Cependant n'oubliez pas de noter les idées que vous inspire le sujet.

2. Première lecture rapide des documents

Après avoir réfléchi au sujet, vous devez lire les documents rapidement, crayon à la main, en notant sur une feuille de brouillon ou dans la marge le sujet de chaque document, ainsi que leur contenu. Cette lecture doit être rapide. Elle est destinée à vous faciliter le cadrage du sujet.

3. Mise sur papier des connaissances

Après la lecture rapide des documents, vous devez noter les idées que le sujet a éveillées en vous, et les connaissances que vous pouvez mobiliser. Les seules idées présentées dans les documents ne suffisent pas à construire la dissertation. Il faut apporter des connaissances personnelles, théoriques et d'actualité.

4. Lecture attentive des documents

Une fois le sujet cadré, il faut, pour chaque document, inscrire sur une feuille séparée les idées essentielles et les articulations entre ces idées. Si vous avez affaire à des documents statistiques, il est préférable de les transformer en utilisant des calculs simples, qui permettent de comprendre le problème ou son évolution.

5. Écriture de la problématique

La problématique est l'élément essentiel de la dissertation. Elle représente à la fois la question à laquelle vous allez répondre dans le développement et la manière dont vous allez organiser votre pensée. La problématique doit être centrée autour du sujet ; elle doit aussi l'interroger et montrer ses difficultés.

6. Construction et rédaction du plan

Une fois que les documents ont été lus et que la problématique a été définie, il reste à trouver un plan et à rédiger son contenu. Habituellement, les plans les plus faciles à construire sont des plans en deux parties. Il faut cependant éviter le oui/non.

7. Rédaction de l'introduction

Une fois le plan détaillé rédigé, vous devez passer à l'écriture de l'introduction au brouillon. Une introduction doit toujours comporter : une accroche qui présente le sujet à partir d'un exemple ou d'une donnée intéressante pour le lecteur ; la problématique détaillée qui cible le sujet et pose clairement le fil directeur du devoir ; et enfin l'annonce du plan.

8. Écriture du développement et de la conclusion

Après avoir recopié l'introduction, vous devez passer directement à l'écriture du développement, sans brouillon, le temps ne le permettant pas. Grâce au plan détaillé, il est facile de rédiger. Toutes les idées existent, il suffit de soigner le style.

Après avoir écrit la première partie, voire le début de la seconde (s'il n'y en a que deux), il est souhaitable de rédiger au brouillon la conclusion. En effet, faute de temps, cette dernière partie est souvent négligée. Or, c'est elle qui conclut le devoir et donne la touche finale à votre démonstration. Vous devez donc prendre le temps de rédiger correctement les deux moments de la conclusion : la synthèse de votre réflexion et une ouverture qui prolonge la réflexion.

Enfin, vous reprendrez la rédaction de la dernière partie et vous garderez un peu de temps pour la relecture finale, ainsi que pour la correction des fautes d'orthographe et de syntaxe.

Lecture et analyse du sujet	15 min
Lecture rapide des documents	10 min
Mobilisation des connaissances	15 min
Lecture attentive des documents	30 min
Élaboration de la problématique	20 min
Construction et rédaction du plan	30 min
Écriture de l'introduction	10 min
Écriture du développement	100 min
Relecture	10 min
Total	**240 min = 4 h**

SES

24 Comment l'État-providence contribue-t-il à la cohésion sociale ?

SAVOIR

L'État-providence

• C'est en Angleterre, en 1942, qu'apparaît la forme moderne de l'État-providence. **Beveridge** rompt avec la conception libérale fondée sur la prévoyance et l'assurance individuelles. La protection sociale, financée par des cotisations assises sur le travail, devient un droit.

• Les objectifs de l'État-providence sont doubles : **économiques**, car il s'agit de produire des biens collectifs ; **politiques**, car le développement de la solidarité permet le lien social et la diminution des inégalités.

• L'État et les organismes de **Sécurité sociale** redistribuent une partie des richesses produites dans le pays et améliorent le revenu disponible des personnes nécessiteuses. Pour cela, les prélèvements obligatoires sont redistribués de manière **verticale** (les riches paient pour les pauvres…) ou **horizontale** (les bien-portants paient pour les malades…).

L'efficacité des prélèvements obligatoires

• Pour financer sa lutte en faveur de la cohésion sociale, l'État-providence recourt aux **prélèvements obligatoires** (cotisations sociales et impôts). L'effet redistributif des prélèvements est d'autant plus fort que la proportion des prélèvements progressifs est élevée. Il existe trois sortes d'impôts :
– **proportionnels** : la part de l'impôt par rapport au revenu qu'acquitte chaque contribuable est identique (ex. : CSG...) ;
– **progressifs** : plus le revenu est élevé, plus le poids de l'impôt dans le revenu est important (ex. : impôt sur le revenu...) ;
– **dégressifs** : le poids relatif de l'impôt dans le revenu diminue quand le revenu s'élève (ex. : TVA...).

• Le système français de redistribution a une efficacité limitée car les prélèvements sont peu progressifs (forte place des impôts indirects, système de plafond ou de forfait, dispositions limitant la progressivité...). De plus, les prestations reproduisent les inégalités de la distribution primaire (retraites...) ou profitent davantage aux catégories bénéficiant de capital culturel (éducation...).

Diversité des formes de l'État-providence

• Historiquement, deux modèles ont inspiré les systèmes de protection sociale en Europe :
– le **modèle bismarckien**, qui repose sur une logique d'assurance : pour pouvoir être protégé contre les risques sociaux, il faut au préalable avoir cotisé ;
– le **modèle beveridgien**, qui est fondé sur l'assistance : l'individu n'est pas obligé de cotiser pour être protégé contre les risques sociaux.

• Les transformations récentes du **système français** de protection sociale en font désormais un **modèle hybride** : son financement repose sur les cotisations sociales, mais l'existence de minimas sociaux financés par les impôts renvoie à la logique d'assistance.

• Il existe aujourd'hui plusieurs modèles d'État-providence. Chaque pays a construit son système de protection sociale en fonction de ses valeurs, de son histoire, de ses ressources… Gosta Esping Andersen en dresse une typologie : le modèle **corporatiste** repose sur la contributivité, le modèle **libéral** repose sur la sélectivité, le modèle **social-démocrate** est fondé sur la citoyenneté.

Remise en cause de l'État-providence

• L'État-providence connaît une **crise de financement** : les dépenses sont supérieures aux recettes. Ce sont les dépenses de santé, de vieillesse et liées à l'emploi qui s'accroissent le plus.

• L'État-providence connaît aussi une **crise de légitimité**. Le système **manque** en effet **de transparence** et les individus ne font pas toujours le lien entre ce qu'ils perçoivent et ce qu'ils paient. Par ailleurs, les mentalités ont changé et ce qui apparaissait comme un progrès considérable il y a quelques années – la quasi-suppression de la misère et du manque d'hygiène – est désormais considéré comme un dû, alors même que les cotisations engendrent des mécontentements.

La crise de légitimité du système vient aussi de l'individualisme : pour les plus nantis, un système d'assurance volontaire semble plus juste.

Tous les États-providence connaissent aujourd'hui des **mutations**, qui posent la question du maintien de la solidarité ou de ses transformations. Certains systèmes évoluent vers une logique de *workfare state*, afin de réduire les difficultés de financement des régimes de protection sociale et d'inciter les assurés à reprendre une activité.

● L'épreuve composée

L'épreuve composée est la seconde épreuve de SES qu'il est possible de choisir au baccalauréat.

● Définition de l'épreuve

L'épreuve composée est constituée de trois parties distinctes.

1. La **mobilisation des connaissances** (6 points) consiste en deux questions de cours. Il est demandé au candidat de répondre en faisant appel à ses connaissances personnelles dans le cadre du programme de l'enseignement obligatoire.

2. L'**étude de document** (4 points) propose un document (tableau statistique, représentation graphique, texte factuel) accompagnée d'une question générale. Il est demandé au candidat d'adopter une démarche méthodologique rigoureuse de présentation du document, de collecte et de traitement de l'information.

3. La **construction d'un raisonnement argumenté**, appuyé sur un dossier documentaire (10 points), consiste à fournir une argumentation structurée composée d'une introduction, d'un développement et d'une conclusion. Le développement doit proposer une argumentation rigoureuse mais il n'existe pas de nombre de parties imposées. Il est donc demandé au candidat de traiter le sujet :

– en développant un raisonnement ;

– en exploitant les documents du dossier ;

– en faisant appel à ses connaissances ;

– en composant une introduction, un développement, une conclusion.

Pour toutes ces parties, il est tenu compte, dans la notation, de la clarté de l'expression et du soin apporté à la présentation.

● Marche à suivre

Dans un premier temps, il est nécessaire de lire la totalité de l'épreuve afin d'avoir une première idée de son contenu. Il faut alors vérifier sa compréhension implicite et ne pas être empêché de réfléchir par des termes ou des données incompréhensibles. Après cette première lecture, il faut s'attacher à répondre aux trois parties de l'épreuve.

Partie 1

Les deux questions portent sur des chapitres différents du programme.

Il faut commencer par repérer les mots importants et les concepts présents dans les questions. Les mots importants concernent les notions comme les consignes. Une fois les questions comprises, il est nécessaire de rédiger au brouillon les réponses en prenant soin de mobiliser les notions du programme et les mécanismes nécessaires à la compréhension de la question et à sa réponse. Cette première partie ne doit pas prendre trop de temps car il s'agit de questions de cours et, par définition, les réponses doivent être « automatiques ».

Partie 2

Dans un premier temps, il faut identifier le titre, la source, la date, l'auteur, le champ géographique du document. Il faut ensuite noter au brouillon les connaissances sur le sujet car le document ne se suffit pas à lui-même. Il est utile de maîtriser des concepts et des mécanismes économiques pour faciliter la compréhension des données présentées. Il faut alors répondre à la question posée en trouvant des arguments dans le document lui-même. La réponse doit être structurée autour du document et les apports de connaissances extérieures sont des compléments indispensables, mais ils restent des compléments.

Partie 3

Il s'agit d'une question générale qui fait raisonner à partir des connaissances du candidat et des documents proposés. Ces documents peuvent être de nature diverse et rien n'oblige à ce que les textes soient interprétatifs et non factuels.

Le libellé n'est plus en deux temps (après avoir…, vous montrerez…) et il ne propose donc pas de démarche à suivre. Le libellé sera unique et de la forme : « Montrer que… », « Analyser que… ». Pour répondre au sujet, il faut proposer une structure qui comportera une introduction, un développement, une conclusion. Attention, il ne s'agit pas d'une dissertation traditionnelle mais de la mise en œuvre d'une argumentation. Dès lors, il est possible que le nombre de parties soit de 1, 2, 3 ou 4, voire plus. Il faut cependant éviter de les multiplier car la pertinence de l'argumentation risque d'en pâtir. Il est fondamental de montrer une logique de raisonnement scientifique.

Lecture et analyse des sujets	10 minutes
Lecture rapide des documents	15 minutes
Partie 1 : Mobilisation des connaissances	5 minutes
Partie 1 : Rédaction des réponses	10 minutes
Partie 2 : Étude d'un document Lecture du document	15 minutes
Partie 2 : Rédaction de la réponse	15 minutes
Partie 3 : Raisonnement s'appuyant sur un dossier documentaire	
Lecture attentive des documents	20 minutes
Élaboration de la démonstration et construction et rédaction du plan	30 minutes
Écriture de l'introduction	15 minutes
Écriture du développement	90 minutes
Relecture	15 minutes
Total	240 minutes = 4 heures

25 Comment un phénomène social devient-il un problème public ?

Pour **Durkheim**, « est fait social toute manière de faire, fixée ou non, susceptible d'exercer sur l'individu une contrainte extérieure ». Pour le traiter, il énonce une méthode : **les faits sociaux doivent être étudiés comme des choses**, ce qui signifie que le sociologue doit les observer de l'extérieur. Présents dans toute la société, les faits sociaux ne doivent pas pour autant se transformer en problèmes publics.

Problèmes sociaux et agenda politique

• Lorsque les faits sociaux deviennent des **problèmes sociaux**, ils risquent de mettre en danger la **cohésion sociale**. Un ou plusieurs acteurs peuvent alors se saisir du problème : associations, partis politiques, groupes de citoyens. Mais l'acteur central reste l'État. Quand le problème est perçu comme appelant un débat public voire l'intervention de l'autorité politique, il est inscrit à l'**agenda politique**.

• L'agenda politique peut prendre deux formes : l'**agenda institutionnel**, qui rassemble les problèmes relevant de la compétence des pouvoirs publics et l'**agenda conjoncturel**, où figurent les problèmes qui n'en relèvent pas.
L'agenda principal est l'agenda institutionnel. C'est en effet l'État qui, étant au cœur de l'élaboration des **politiques publiques**, tranche en dernier ressort. Ainsi, l'inscription de la délinquance routière à l'agenda politique a entraîné des mesures de sécurité routière qui orientent le comportement de tous les usagers de la route.

• Les politiques publiques s'appuient sur les réglementations, les incitations ou encore l'attribution d'autorisations. Elles ont pour objectif final de garantir l'**ordre social** et de contribuer au bon fonctionnement et à la cohésion de la société.

Tous les problèmes ne sont pas pris en charge par l'État

• Les problèmes sociaux et leur définition varient selon le temps, le lieu et le contexte dans lequel ils s'inscrivent. Ainsi, un problème social apparaît quand les conditions le permettent : la société doit être capable de se l'approprier et les difficultés acquérir de la visibilité aux yeux de tous.

• Par ailleurs, les **conditions objectives** d'une situation ne suffisent pas à l'émergence d'un problème social : la dimension **subjective** des problèmes sociaux est tout aussi importante. L'inscription d'un problème social à l'agenda politique résulte en effet d'une **interaction complexe** entre de multiples acteurs : associations, syndicats, société civile, lobbies, partis politiques, experts… Et c'est leur **mobilisation** qui permet que le problème entre dans le débat public, l'idée étant qu'il est possible de transformer une situation afin d'améliorer le sort des membres de la société.

• Les problèmes sociaux n'existent donc pas en tant que tels dans la réalité sociale, **ils sont construits par le jeu des acteurs individuels ou collectifs**. C'est parce que les problèmes sociaux sont définis comme tels qu'ils le deviennent.

L'inscription à l'agenda politique : un enjeu de conflit et de coopération

Pour que les pouvoirs publics inscrivent un problème social à l'agenda politique, il faut que se créent des alliances fortes. Ainsi, tant que les problèmes écologiques n'ont été portés que par une minorité de personnes souvent qualifiées de « décroissantes », les règlements n'ont pas évolué dans le sens de la préservation de la planète. Seule l'existence d'une **coopération** solide entre les divers groupes écologiques et les pouvoirs publics a permis l'inscription de l'écologie à l'agenda politique. De plus, les mesures préconisées par certains acteurs sociaux allant à l'encontre des intérêts d'autres acteurs sociaux, des **conflits** d'intérêts se font jour qui rendent les décisions difficiles. Si le **consensus** ne peut être obtenu, c'est aux pouvoirs publics de trancher dans le sens de l'intérêt général.

● L'oral du baccalauréat

• Il s'agit d'un **oral de rattrapage** destiné aux candidats ayant obtenu une moyenne comprise entre 8 et 10 aux épreuves écrites.

• Les candidats ont le choix entre **deux sujets**, qui s'appuient chacun sur deux documents courts et de nature différente. Pour ceux qui ont suivi l'enseignement de spécialité, l'un des documents porte obligatoirement sur les auteurs du programme.

Chaque sujet est par ailleurs associé à deux ou trois questions simples permettant de vérifier la connaissance des notions du programme.

• L'**exposé** doit débuter par une introduction et se terminer par une conclusion. Le temps de préparation ne permettant pas de les rédiger, il faut noter quelques mots clés au brouillon et « improviser ».

L'argumentation développée doit être structurée autour d'un plan contenant au minimum deux ou trois grands axes de réflexion. Vous devez y intégrer l'analyse des documents, mais surtout faire appel aux connaissances acquises durant l'année. Il faut par ailleurs utiliser correctement le vocabulaire économique et sociologique. L'exposé doit durer une dizaine de minutes.

• Les dix minutes restantes sont réservées à l'**entretien** avec l'examinateur. Il portera sur certains points de l'exposé afin d'approfondir des notions ou de corriger des erreurs, mais des questions diverses pourront être posées pour tester les connaissances du candidat.

FAIRE

1 Le traitement médiatique du malaise social

L'un des obstacles majeurs au traitement politique des malaises sociaux pourrait bien résider dans le fait que ceux-ci tendent à avoir une existence visible seulement à partir du moment où les médias en parlent, c'est-à-dire lorsqu'ils sont reconnus comme tels par la presse. Or, ils ne se réduisent pas aux seuls malaises médiatiquement constitués, et surtout à l'image qu'en donnent les médias lorsqu'ils les aperçoivent. Sans doute les journalistes n'inventent-ils pas de toutes pièces les problèmes dont ils parlent. Ils peuvent même penser, non sans raison, qu'ils contribuent à les faire connaître et à les faire entrer, comme on dit, dans le « débat public ». Il reste qu'il serait naïf de s'arrêter à ce constat. Les malaises ne sont pas tous également médiatiques et ceux qui le sont subissent inévitablement un certain nombre de déformations dès qu'ils sont traités par les médias car, loin de se borner à les enregistrer, le champ journalistique opère un véritable travail de construction qui dépend très largement des intérêts propres à ce secteur d'activité.

Patrick CHAMPAGNE, « La construction médiatique des malaises sociaux », *Actes de la recherche en sciences sociales*, 1991, vol. 90.

a. Quel est le rôle des médias dans l'émergence des problèmes sociaux ?
b. Selon P. Champagne, quel danger le travail des médias sur les problèmes sociaux présente-t-il ?

2 Le chômage, inscrit depuis longtemps à l'agenda politique

Nicolas Sarkozy l'a assuré le 25 janvier 2010 : « Dans les semaines ou les mois qui viennent, vous verrez reculer le chômage. » [...] 3,8 millions de chômeurs étaient inscrits à Pôle emploi en octobre 2009, 700 000 de plus qu'en décembre 2007. Au cours des trente dernières années – les « Trente Piteuses » qui ont succédé aux « Trente Glorieuses » –, le pays a déjà connu quelques moments où le chômage a été encore plus important qu'aujourd'hui, mais jamais il n'avait été confronté à une hausse aussi brutale et rapide que celle que nous sommes en train de vivre. [...] Dans ces conditions, on s'attendrait logiquement à une « mobilisation générale », à ce qu'on fasse feu de tout bois pour arrêter le flot du chômage. D'autant que nos gouvernants n'avaient pas hésité l'an dernier à faire preuve d'un volontarisme quasiment sans limite pour empêcher l'écroulement du système financier. Or, pour l'instant, rien ou presque. Il n'y a certes aucun remède miracle, mais on connaît nombre de moyens éprouvés pour limiter les dégâts : réduction du temps de travail, emplois aidés, emplois publics.

Guillaume DUVAL, « 2010, priorité à la lutte contre le chômage », *Alternatives économiques*, article Web, 26 janvier 2010.

• Suffit-il d'inscrire la résorption du chômage à l'agenda politique pour que le problème soit résolu ?

SES

Histoire

Géographie

Histoire Géographie

1

Croissance et mondialisation depuis le milieu du XIXᵉ siècle

SAVOIR

Une expansion économique sans précédent

• Depuis le milieu du XIXᵉ siècle, le monde connaît une **croissance économique** inédite : l'augmentation des productions de biens et services dégage des revenus nouveaux. Ainsi, de 1820 à 1992, le PIB par habitant est multiplié par 8 dans le monde et par près de 20 en Europe.

• Cette croissance s'accompagne d'une **mondialisation des échanges**, accélérée autour de 1900 et depuis les années 1970. Les flux de biens, de capitaux et d'informations se diffusent sur la planète : la valeur des exportations mondiales est multipliée par près de 500 entre 1820 et 1992, et continue de croître.

• Trois « **économies-monde** » (F. Braudel) se succèdent : la **britannique**, dont l'industrie et l'empire colonial dominent jusque vers 1920 ; l'**américaine**, qui tire profit des guerres mondiales et d'un territoire étendu à la démographie dynamique ; la **multipolaire**, mondialisée, appuyée depuis la fin du XXᵉ siècle sur la **Triade** (Amérique du Nord, Europe, Japon) et des pays émergents (Asie orientale, Inde, Brésil, Russie).

Les moteurs fondamentaux du dynamisme

• **Trois lentes révolutions industrielles** font la croissance : la première, vers 1850 (charbon, fer, textile ; rail ; travail en usines) ; la seconde, vers 1900 (acier, pétrole, électricité ; automobile ; travail à la chaîne) ; la troisième, depuis les années 1960 (informatique, nucléaire ; containers ; division internationale du travail).

• Le **capitalisme industriel** structure l'économie : la grande entreprise privée du XIXᵉ siècle évolue vers la firme transnationale (FTN) de la fin du XXᵉ siècle, dont les investissements directs à l'étranger (IDE) et les filiales nourrissent les échanges. Le **libéralisme économique** promeut ce système de production, encourageant le libre-échange.

• Les États définissent des **politiques économiques** (cadre légal du marché, fiscalité, investissement, redistribution), variables selon le contexte et les idéologies : protectionnisme (années 1880 et 1930), libéralisation (fin du XIXᵉ siècle et après 1970), régulation (État-providence des années 1930 et 1950), à une échelle toujours plus internationale depuis les accords de Bretton Woods en 1944 (FMI, Banque mondiale) et du GATT en 1947 (future OMC).

Limites, résistances et contestations

• La croissance subit des **crises** (récessions, dépressions) : de 1873 à 1896 ; dans les années 1930 (krach de Wall Street, 1929) ; durant les années 1970 et 1980 (chocs pétroliers, 1973 et 1979) ; depuis 2007 (crise bancaire). Spéculation, guerre ou surproduction provoquent ces crises, parfois vues comme l'achèvement de **cycles** d'innovations (J. Schumpeter).

• Capitalisme et libre-échange sont alors l'objet de **critiques**. À droite, aux tenants de l'ordre ancien succèdent les partisans d'un capitalisme moral. À gauche, on veut corriger les écarts de richesse par la réforme (**social-démocratie**, **socialisme**) ou la révolution (**marxisme**, **anarchisme**). Certains États rompent même avec le marché (URSS, République populaire de Chine).

• Accélération des échanges, financiarisation de l'économie, ouverture de la Chine et de l'URSS (1991) conduisent à la **généralisation du capitalisme** depuis les années 1970. La croissance progresse dans les pays émergents, mais ralentit dans les pays développés, marginalise une part du tiers monde (Afrique, Asie centrale) et altère les environnements. De nouveaux réformismes s'affirment alors (**altermondialisme**, **écologisme**).

● **Étudier des statistiques**

Sujet : Croissance et mondialisation depuis 1945

● **Aborder le document** : ce **graphique en courbes** représente l'évolution du PIB des grandes puissances économiques de la seconde moitié du XXᵉ siècle. L'unité de référence est le dollar de 1990. Ce choix de monnaie constante gomme les variations de cours, mais ne donne la valeur réelle du PIB qu'en 1990.

● **Exploiter le document** : l'**allure générale** des courbes révèle une croissance des PIB continue mais contrastée : les États-Unis se détachent par une croissance plus rapide ;

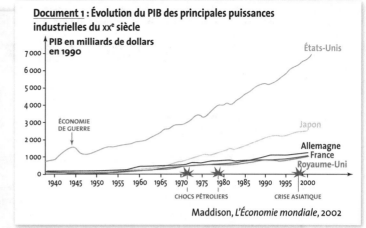

Document 1 : Évolution du PIB des principales puissances industrielles du XXᵉ siècle

Maddison, *L'Économie mondiale*, 2002

les trois puissances européennes se suivent (PIB multiplié par 3), mais sont dépassées par l'émergence du Japon dès les années 1960. On perçoit donc le passage d'une économie-monde américaine à une économie-monde multipolaire, mais hiérarchisée. Il faut, en outre, contextualiser les **rythmes** de cette croissance : de 1940 à 1945, la guerre creuse l'écart entre États-Unis et Europe ; plus tard, les chocs pétroliers ralentissent la croissance américaine sans affecter gravement le Japon.

Document 2 : Évolution des principaux secteurs d'activité

	1950			1990		
	Primaire	Secondaire	Tertiaire	Primaire	Secondaire	Tertiaire
Monde	66,6	15,0	18,4	49,0	19,9	31,1
Asie	81,2	7,4	11,4	61,9	16,9	21,2
Afrique	82,2	6,4	11,4	62,8	11,0	26,2
Amérique latine	53,1	19,5	27,4	25,4	23,6	51,0
Amérique du Nord	12,9	36,6	50,5	2,9	25,8	71,3
Europe	31,4	39,6	28,5	12,2	36,2	51,6
Océanie	16	38,8	45,2	6,3	26,1	67,6

Source : BIT, *Population active*, 1950-2010, 4ᵉ éd. 2010

● **Aborder le document** : ce **tableau statistique** est relatif à la répartition sectorielle des populations actives du monde et des différents continents, à deux moments précis (1950 et 1990). Il permet ainsi une **approche évolutive et comparative** de l'industrialisation et de la tertiarisation des économies.

● **Exploiter le document** : de **petites opérations** peuvent faire sens : le secondaire asiatique a gagné près de 10 points de pourcentage (et non 10 %) de 1950 à 1990 ; la part du primaire nord-américain a été divisée par plus de 4 en 50 ans. Mais il est impossible d'additionner ou de soustraire des continents aux populations différentes. Par ailleurs, la comparaison entre continents présente des limites. Car, sauf en Amérique, leur développement n'est pas homogène : ainsi, la population active de l'Europe est similaire à celle de l'Amérique du Nord à l'Ouest, mais très différente à l'Est.

FAIRE

Document : Droits de douanes et échanges internationaux (1947-2005)

1 Présentez le document.

2 Décrivez successivement l'évolution générale des droits de douane et celle des échanges.

3 Dans quelle mesure peut-on établir une corrélation entre ces deux évolutions ?

Source : OMC 1995, WTQ, *International Trade Statistics*, 2004

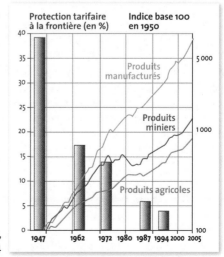

2

Des sociétés en mutation depuis le milieu du XIXᵉ siècle

L'avènement de la société industrielle

• Dans la seconde moitié du XIXᵉ siècle, **industrialisation et libéralisme mettent fin à la société d'ordres** en Occident. En même temps que la propriété privée s'enracine, l'égalité devant la loi devient le ciment de sociétés de plus en plus unies par la formation d'**États-nations** de citoyens.

• Une **société de classes sociales** prend forme. La **bourgeoisie**, qui possède les moyens de production, tire profit de son capital et transmet son héritage, en constitue l'élite. Le **prolétariat**, ensemble croissant des travailleurs industriels, vit des salaires rémunérant sa force de travail. Enfin, les **classes moyennes** s'affirment progressivement, dans leur diversité (employés, commerçants, fonctionnaires).

• Cela entraîne une **redéfinition des rapports sociaux**, autour de la place du travail. **Mérite et paternalisme**, vertus bourgeoises, permettent des **mobilités sociales**. Mais, surtout lors des crises, c'est par la lutte d'organisations collectives (**syndicats**) que sont acquis des **droits sociaux** (limitation du temps de travail, assurances maladie et chômage, retraite).

L'affirmation de nouveaux cadres et modes de vie

• Entamée au XVIIIᵉ siècle, la **révolution agricole** accroît les rendements grâce aux engrais et machines. L'alimentation s'enrichit et l'accroissement de la population favorise l'**exode rural**, accélérant l'**urbanisation** : l'Angleterre est à majorité urbaine dès la fin du XIXᵉ siècle, la France l'est vers le milieu du XXᵉ siècle.

• Les **villes** grossissent et se transforment : essor des faubourgs, puis des banlieues étendues ; aménagements. La **sortie de la société artisanale** ouvre l'ère de la **consommation de masse** au XXᵉ siècle (automobile, électroménager, loisirs). L'**essor des transports** (train, métro, avion, automobile) et des **communications** (téléphone, Internet) accroît les circulations, notamment les **migrations**.

• Les **conditions de vie s'améliorent** : généralisation de l'instruction, développement des sciences, doublement de l'espérance de vie en 150 ans. La **foi dans le progrès** s'affirme et **les mœurs évoluent**, notamment vers un recul des pratiques religieuses (**sécularisation**).

Vers des sociétés de communication plus intégrées ?

• Ces mutations se poursuivent durant les **Trente Glorieuses** (1945-1975). Les classes moyennes deviennent dominantes, le travail se tertiarise et le plein emploi assure une prospérité croissante dans un contexte de **modernisation** accélérée et de naissance d'une opinion publique au sein du « village global ».

• On assiste alors à des **progrès de la démocratie** (droit de vote des femmes en France, droits civils pour les Noirs aux États-Unis). Une libération des femmes, des minorités et des mœurs s'amorce. Mais, depuis la crise des années 1970, les sociétés développées connaissent un chômage chronique, une hausse des inégalités et font face aux déséquilibres mondiaux.

• En effet, au même moment, les sociétés du **Tiers Monde** subissent les effets du **sous-développement** (explosion démographique, pauvreté, endettement), qui entraînent des migrations de misère étendues. Dans les **pays émergents**, la croissance rapide provoque des transformations sociétales accélérées (industrialisation, exode rural, urbanisation) parfois problématiques. Ainsi, à côté d'un enrichissement global, certains insistent sur l'**affirmation de sociétés fragmentées**, de plus en plus hiérarchisées, à toutes les échelles spatiales.

● Croiser des documents complémentaires

Sujet : L'immigration et la société française au XXᵉ siècle

• **Aborder les documents :** ces deux documents statistiques abordent, sur la longue durée, la présence des étrangers en France (doc. 1) et la part et l'origine des immigrés (doc. 2). Ils permettent d'étudier l'évolution quantitative et qualitative de l'immigration mais n'en exposent ni les causes ni les conséquences.

• **Décrire l'évolution de l'immigration :** globalement, la part des immigrés dans la population totale augmente mais reste très en dessous de 10 % (doc. 2). Logiquement, le nombre d'étrangers augmente un peu plus vite que la population nationale : 1 million en 1901, ils sont 3,5 millions en 2004 (doc. 1). Mais l'on observe des **variations** importantes :
– les principaux pays d'origine des immigrés changent (Italie et Pologne au début du siècle, puis péninsule ibérique et Maghreb), reflétant des évolutions tant démographiques (stabilisation des populations européennes) qu'économiques (développement plus tardif et plus lent des pays du Sud) [doc. 2] ;
– le nombre d'étrangers oscille (doc. 1) sans que les documents ne l'expliquent. Des **hypothèses** sont toutefois possibles : la chute brutale des années 1930 pourrait être imputée à un recul de l'immigration durant la crise économique ; la baisse survenue entre 1936 et 1946 s'expliquerait aisément par la guerre et la politique de fermeture de Vichy ; quant à l'accélération des années 1960 et 1970, elle pourrait résulter d'un besoin de main-d'œuvre accru lors des Trente Glorieuses. Mais, pour être validées, ces hypothèses doivent être confrontées à d'autres documents.

Document 1 : Les étrangers en France d'après les recensements (1901-2004)

Ordonnée : Étrangers (en millions) ; abscisse : Années

pas de renseignements   pas de renseignements

Source : G. Noisiel, *Le Creuset français*, Le Seuil, 2006.

Document 2 : Les immigrés dans la population totale

	Part des immigrés dans la population totale	Origines dominantes
1931	6,6 %	Italie, Pologne
1946	5,0 %	Italie, Espagne
1975	7,4 %	Portugal, Algérie
2004	8,1 %	Algérie, Maroc

FAIRE

Document 1 : 1934, expulsion par convois collectifs de familles polonaises à Leforest (Pas-de-Calais)

Document 2 : Un député défend une loi facilitant les naturalisations

Si angoissant que soit ce problème de la natalité française, il y a cependant pour nous un remède [...]. Je compte d'abord sur la vitalité de la population française elle-même [...]. Mais nous pouvons compter également sur un autre élément qui, sans être d'origine nationale, peut être utilisé parce qu'il est chez nous. Vous n'ignorez pas qu'il y a en France un grand nombre d'étrangers. Ils s'y sont fixés, ils y ont leurs intérêts, leur activité. Ils ont, pour ainsi dire, adopté la France comme pays d'élection [...]. Si ces étrangers viennent à nous, s'ils acceptent notre nationalité, s'ils nous la demandent, nous n'avons aucune raison pour ne pas la leur accorder et ne pas en faire des Français comme les autres (*Très bien ! Très bien !*).

Chambre des députés, rapport d'André Mallarmé sur la loi de la nationalité en 1927, qui ouvre un mouvement de plus de 400 000 naturalisations jusqu'en 1940.

1 Présentez les documents.

2 Dans quelle mesure le document 1 peut-il aider à comprendre la chute du nombre d'étrangers en France durant les années 1930 ?

3 Montrez que le document 2 est plus pertinent pour expliquer ce phénomène.

La Première Guerre mondiale

La mondialisation d'une guerre européenne

• Le 28 juin 1914, l'assassinat de l'héritier du trône d'Autriche-Hongrie déclenche un mécanisme qui conduit à la guerre le 1er août : les **ambitions territoriales** des nations européennes et les **jeux d'alliances** embrasent l'Europe. La Triple-Entente (Royaume-Uni, France, Russie) affronte les Empires centraux (Allemagne, Autriche-Hongrie).

• Le **conflit se mondialise progressivement**. Empire ottoman (1914) et Bulgarie (1915) rallient les Empires centraux, tandis que Japon (1914), Italie (1915), Roumanie et Portugal (1916), puis Chine et États-Unis (1917) rejoignent l'Entente. Parallèlement, les populations colonisées d'Asie et d'Afrique sont mobilisées.

• Mais **l'Europe reste le cœur du conflit**. À l'Ouest, le front se stabilise dès 1915 en une longue **guerre de position et d'usure** (tranchées). À l'Est, les grandes offensives durent jusqu'en 1917. À la périphérie, les opérations se multiplient (guerre sous-marine dans l'Atlantique, premiers combats aériens, offensives au Proche-Orient).

L'expérience de la guerre totale

• **La mobilisation est d'une ampleur inédite**. L'engagement volontaire (1,5 million d'hommes au Royaume-Uni) et la **conscription** engagent au total 60 millions de combattants. Ainsi, tout Européen est concerné par la guerre (hommes civils, femmes et enfants). Le moral des troupes et de l'arrière est alors encadré (**censure**, « bourrage de crâne », diabolisation de l'ennemi).

• Très vite, le conflit se mue en **guerre totale**. Les moyens déployés sont sans précédent et impliquent toutes les sphères de la société : sciences et techniques (armement, gaz, médecine), économie (planification étatique, emprunts, travail des femmes et prisonniers), politique (unions sacrées).

• S'opère alors une **brutalisation** des sociétés en guerre. L'expérience combattante (« boucherie » des tranchées, conditions de vie difficiles), l'omniprésence du front à l'arrière (presse, lettres de « poilus », retours de mutilés, annonces de décès, jeux guerriers) et les violences d'occupation (réquisitions, arrestations, viols) font émerger une véritable **culture de guerre**, qui détermine psychologies et comportements.

Sortir de la guerre : la paix des vainqueurs

• **Le conflit s'achève lentement**. La guerre de mouvement reprend avec le retrait de la Russie et l'arrivée des États-Unis en Europe. Les Empires centraux tombent : de septembre à novembre 1918 sont signés les armistices avec l'Empire ottoman, la Bulgarie, l'Autriche-Hongrie, puis, le **11 novembre 1918**, avec l'Allemagne, à Rethondes.

• Les **traités de paix de 1919** bouleversent la carte de l'Europe (disparition de l'Empire ottoman, naissance de la Tchécoslovaquie et de la Pologne, scission de l'Autriche-Hongrie, restitution de l'Alsace-Lorraine à la France, etc.). Le **traité de Versailles** condamne l'Allemagne : réarmement limité, frais de réparation, occupation de la Rhénanie. Pour éviter tout nouveau conflit mondial, la **Société des nations (SDN)** voit le jour à Genève.

• Avec près de 9 millions de morts, des destructions colossales et une désorganisation des sociétés, **le bilan est lourd** et le traumatisme profond. La reconstruction doit être matérielle, mais aussi morale. Cimetières, monuments aux morts, témoignages et cérémonies nourrissent des **mémoires contrastées** de la Grande Guerre, fondant tantôt un bellicisme revanchard, tantôt un pacifisme intégral.

Étudier des témoignages

Sujet : L'expérience combattante durant la Grande Guerre

• Un témoignage requiert au moins deux précautions :

– **subjectif et partiel**, voire falsifié, il doit être confronté à d'autres documents pour éviter une généralisation abusive ;

– **formulé *a posteriori***, il faut analyser le contexte dans lequel il est produit.

Par là, un témoignage renseigne souvent tout autant sur les faits que sur le témoin et sur son contexte de formulation.

Document 1

Des fusants* sortent du ciel, des explosifs sortent de la terre. C'est un effroyable rideau qui nous sépare du monde, nous sépare du passé et de l'avenir. [...]

On trébuche, on se retient les uns aux autres, dans de grands flots de fumée. [...] J'ai entrevu des faces étranges qui poussaient des espèces de cris, qu'on apercevait sans les entendre dans l'anéantissement du vacarme. Un brasier avec d'immenses et furieuses masses rouges et noires tombait autour de moi, creusant la terre, l'ôtant de dessous mes pieds, et me jetant de côté comme un jouet rebondissant. Je me rappelle avoir enjambé un cadavre qui brûlait, tout noir, avec une nappe de sang vermeil qui grésillait sur lui, et je me souviens aussi que les pans de la capote** qui se déplaçait près de moi avaient pris feu et laissaient un sillon de fumée.

Henri Barbusse, *Le Feu*, 1916.

* Obus. ** Manteau.

Paru pendant la guerre, l'ouvrage de Barbusse témoigne publiquement de son expérience du front. Cet extrait fait ressentir l'horreur, le chaos infernal du front, où les armes déchaînent les éléments : « des fusants sortent du ciel, des explosifs sortent de la terre » ; le « feu », les « flots de fumée » habitent le texte. Ainsi, Barbusse rend compte de l'omniprésence de la mort autour de lui.

Document 2

Dans le secteur voisin, on a retrouvé certains de nos camarades dont le nez avait été coupé et dont les yeux avaient été crevés avec ces baïonnettes à scie. Puis on leur avait rempli de sciure la bouche et le nez et on les avait ainsi étouffés [...]. À vrai dire, la baïonnette a perdu de son importance. Il est maintenant de mode chez certains d'aller à l'assaut simplement avec des grenades et une pelle. La pelle bien aiguisée est une arme plus commode et beaucoup plus utile ; [...] spécialement si l'on frappe obliquement entre les épaules et le cou, on peut facilement trancher jusqu'à la poitrine.

Erich-Maria Remarque, *À l'ouest rien de nouveau*, 1929.

Proche du premier (violence, présence de la mort), ce témoignage apporte d'autres éléments : l'auteur est allemand, ce qui indique une similitude des expériences combattantes des deux côtés de la ligne de front ; la violence est ici plus active (déshumanisation de l'ennemi et brutalisation des combattants). Rédigé dix ans après la guerre, il témoigne en outre de la persistance du traumatisme chez son auteur.

Document 3

Avant-hier – et cela a duré deux jours [...] – Français et Allemands se sont serré la main ; incroyable, je vous dis ! Pas moi, j'en aurais eu regret.

Voilà comment cela est arrivé [...]. Ils nous demandent de nous rendre « pour la frime ». [...] Ils sortent alors de leurs tranchées, sans armes, rien du tout, officier en tête ; nous en faisons autant et cela a été une visite d'une tranchée à l'autre, échange de cigares, cigarettes, et à cent mètres, d'autres se tiraient dessus [...].

Lettre censurée de Morillon à ses parents, 14 décembre 1914, extraite de *Paroles de poilus*, Librio-Radio France, D.R., 1998.

Lettre privée de 1914, ce document retranscrit une situation vécue presque immédiatement. Le **contexte** de sa production et celui des faits relatés se confondent donc. On observe ainsi que l'arrière était directement informé par les soldats, mais sous le contrôle de la hiérarchie. En outre, la scène ici racontée contraste fortement avec les documents 1 et 2, car elle évoque une brève fraternisation avec l'ennemi. Cette lettre pose ainsi la **question de la représentativité des témoignages**. L'expérience vécue, marginale (« incroyable »), ne peut être généralisée, mais nuance l'idée d'une brutalisation profonde des combattants dès 1914.

FAIRE

• Observez le tableau et répondez aux questions.

1 Dans quelle mesure ce document peut-il être considéré comme un témoignage ?

2 Quelle est la structure générale de l'œuvre ?

3 Quelle vision de la Grande Guerre Otto Dix propose-t-il dans ce tableau ?

Un ancien combattant allemand peint la Grande Guerre

Otto Dix, *La Guerre*, tempéra sur bois, 1929-1932. Galerie Neue Meister, Dresde.

4

La Seconde Guerre mondiale

Une guerre totale et idéologique

• En 1939, après l'Anschluss et l'annexion des Sudètes, l'**Allemagne nazie d'Hitler**, alliée à l'Italie, à la Hongrie, et avec la complicité de l'URSS (pacte germano-soviétique), attaque la Pologne. Elle entend conquérir l'« **espace vital** » du peuple allemand et **venger l'humiliation du traité de Versailles**. En Asie, le **Japon impérialiste**, allié de l'Allemagne et en guerre contre la Chine, projette d'être le cœur d'une **grande Asie orientale**, à soumettre.

• Comme en 1914, la **guerre totale** s'installe, mais à plus grande échelle. Les mobilisations sont immédiatement massives, y compris dans les colonies. Partout, l'effort industriel est intense et les populations directement touchées par le conflit sont plus nombreuses.

• **Les forces de l'Axe progressent** : le Reich envahit une grande partie de l'Europe ; les opérations gagnent l'Afrique du Nord et le Proche-Orient ; les Japonais contrôlent le Pacifique occidental. **1942** marque un **tournant** : ayant agressé l'URSS, l'Allemagne peine à Stalingrad, tandis que les États-Unis entrent en guerre, après l'attaque de Pearl Harbor par les Japonais.

Les paroxysmes de la violence

• Les belligérants mènent une **guerre d'anéantissement**. L'armement est d'une puissance nouvelle (chars, aviation, missiles), produisant d'âpres combats (batailles d'Angleterre, de Stalingrad). Les **civils** sont une **cible de guerre**, notamment lors des bombardements urbains (Londres, Dresde, Hiroshima et Nagasaki), destinés à démoraliser les populations.

• Les **violences d'occupation** se déploient sur de grands territoires (Mandchourie, Asie du Sud-Est, France, Belgique, Pologne, Balkans) : réquisitions, rationnements, exécutions, massacres, camps de prisonniers, ségrégations (ghettos). La **collaboration** y contribue, dépassant parfois les intentions des occupants (régime de Vichy en France).

• Surtout, l'Allemagne met en œuvre une **politique génocidaire** industrielle. Dès 1941 et 1942, les **camps de concentration** de déportés conduisent aux **camps d'extermination** (Chelmno, Auschwitz-Birkenau…). Les **Einsatzgruppen** (« groupes d'intervention »), procèdent à des massacres de masse à l'Est. La « Solution finale » tue ainsi près de 6 millions de Juifs et entre 200 et 500 000 Tziganes. Des millions de Polonais, d'handicapés et de prisonniers politiques sont également assassinés.

Victoire des Alliés et construction d'un ordre mondial

• Appuyée par des **réseaux de résistance** (renseignement, sabotage), la victoire des Alliés est obtenue en Europe par des **débarquements** (Sicile, Normandie, Provence) et des **bombardements** à l'Ouest, et par l'avancée rapide des Soviétiques à l'Est. **L'Allemagne capitule le 8 mai 1945**. En Asie, les États-Unis obtiennent la **reddition du Japon** après les bombardements nucléaires d'Hiroshima et Nagasaki (6 et 9 août 1945).

• Le **bilan** de la guerre est lourd : **60 millions de morts**, villes rasées, économies désorganisées, sociétés traumatisées et divisées par la collaboration. Les Alliés ont triomphé des fascismes, ils occupent l'Allemagne, l'Autriche et le Japon, mais doivent bâtir un nouvel ordre mondial.

• Des **procès** de grande envergure (Nuremberg et Tokyo) et des **épurations** nationales visent à punir les responsables et à rétablir un ordre légal humaniste. Pour garantir la paix dans le monde après l'échec de la SDN, l'**ONU** voir le jour dès 1945, dotée de pouvoirs de décision.

Étudier un texte

Sujet : La charte des Nations unies

Nous, peuples des Nations unies, résolus :
– à préserver les générations futures du fléau de la guerre [...] ;
– à proclamer à nouveau notre foi dans les droits fondamentaux de l'homme [...] dans l'égalité de droit des hommes et des femmes, ainsi que des nations, grandes et petites ;
– à créer les conditions nécessaires au maintien de la justice et du respect des obligations nées de traités et autres sources du droit international ;
– à favoriser le progrès social et instaurer de meilleures conditions de vie dans une liberté plus grande ;
et à ces fins :
– à pratiquer la tolérance, [...] à unir nos forces pour maintenir la paix et la sécurité internationales ;
– à accepter des principes et instituer des méthodes garantissant qu'il ne sera pas fait usage de la force des armes, sauf dans l'intérêt commun ;
– à recourir aux institutions internationales pour favoriser le progrès économique et social de tous les peuples ;
avons décidé d'associer nos efforts pour réaliser ces desseins.
En conséquence, nos gouvernements respectifs [...] ont adopté la présente charte des Nations unies et établissent [...] une organisation internationale qui prendra le nom de Nations unies.

Préambule de la charte des Nations unies, signée par 50 pays réunis à San Francisco le 26 juin 1945.

● **Présentation** : le préambule de la charte des Nations unies, signée à San Francisco le 26 juin 1945 par 50 pays, intervient dans un **contexte** particulier : l'Allemagne nazie a capitulé, mais le Japon est toujours en guerre. Les signataires anticipent donc la défaite nipponne, fondant une instance internationale destinée à assurer une paix durable, après une période de confrontation des nationalismes. Ce texte fait office de déclaration de principes et d'objectifs.
● **Compréhension** : le texte expose les motifs de l'établissement de l'ONU en deux parties. La première énonce les principes que les « peuples » sont « résolus » à suivre : « droits fondamentaux de l'homme », « justice », « droit international », « progrès social », « liberté ». La seconde énumère les règles et « méthodes » qui gouverneront la concertation internationale : « tolérance », « paix » et recours aux futures « institutions internationales » deviendront le souci premier des nations.
● **Mise en perspective** : reprenant la tradition libérale occidentale (Déclaration des droits de l'homme et du citoyen, Déclaration d'indépendance des États-Unis), ce texte s'inscrit dans la continuité des tentatives de réglementer les relations internationales (traités, conventions, SDN, charte de l'Atlantique). Mais il se conçoit comme l'acte de naissance d'une nouvelle ère, celle d'une gouvernance mondiale, au-delà des spécificités nationales. Toutefois, son rayonnement à venir est incertain : « méthodes » et « principes » restent à « instituer » et à être « accept[és] » pour « réaliser ces desseins ». Surtout, en 1945, seuls 50 pays sont signataires.

FAIRE

● Lisez le texte suivant et répondez aux questions.

Un Conseil de sécurité distinct de l'Assemblée générale des Nations unies

Chapitre 5 : Conseil de sécurité*
Article 24. – Afin d'assurer l'action rapide et efficace de l'Organisation, ses membres confèrent au Conseil de sécurité la responsabilité principale du maintien de la paix et de la sécurité internationales [...].
Article 27. – Les décisions du Conseil de sécurité [...] sont prises par un vote affirmatif de neuf de ses membres, dans lequel sont comprises les voix de tous les membres permanents. [...]
Chapitre 7 : Action en cas de menace contre la paix, de rupture de la paix et d'acte d'agression
Article 41. – Le Conseil de sécurité peut décider quelles mesures n'impliquant pas l'emploi de la force armée doivent être prises [...]. Celles-ci peuvent comprendre l'interruption complète ou partielle des relations économiques et des communications [...], ainsi que la rupture des relations diplomatiques.
Article 42. – Si le Conseil de sécurité estime que les mesures prévues à l'article 41 seraient inadéquates ou

qu'elles se sont révélées telles, il peut entreprendre [...] toute action qu'il juge nécessaire [...]. Cette action peut comprendre des démonstrations, des mesures de blocus et d'autres opérations exécutées par des forces aériennes, navales ou terrestres des membres des Nations unies.

Extrait de la charte des Nations unies,
San Francisco, 26 juin 1945.

*Il est alors composé de 5 membres permanents et 6 membres élus pour 2 ans.

1 Présentez le document (nature, auteur, source, date, contexte).

2 Quelles sont, d'après le texte, les prérogatives du Conseil de sécurité de l'ONU ?

3 Expliquez la critique suivante, formulée en 1947 par Albert Einstein : « L'Assemblée générale ne devrait pas abandonner ses propres compétences au Conseil de sécurité, d'autant plus que celui-ci est paralysé par [...] le droit de veto. »

5

De la guerre froide à de nouvelles conflictualités

Le monde des deux Grands

• Vainqueurs en 1945, **URSS et États-Unis** proposent au monde **deux modèles idéologiques**. Le régime stalinien, totalitaire, développe une économie dirigée communiste, pour une société sans classes. La démocratie américaine, libérale et individualiste, promeut une économie de marché capitaliste.

• L'URSS domine l'Europe de l'Est et son modèle se diffuse (Chine, Indochine). Dès 1947, les États-Unis épousent la **doctrine Truman du *containment*** (« endiguement »). L'URSS répond par la **doctrine Jdanov**, qui défend la « résistance » face à « l'impérialisme » américain. La **guerre froide** commence.

• Des accords soudent **deux blocs antagonistes**, de part et d'autre du « rideau de fer » :
– plan Marshall (aide à la reconstruction de l'Europe, 1947), OECE (Organisation européenne de coopération économique, 1947) et OTAN (Organisation du traité de l'Atlantique Nord, 1949) à l'Ouest ;
– CAEM (Conseil d'assistance économique mutuelle, 1949), Kominform (organisation des mouvements communistes, 1947) et Pacte de Varsovie (alliance militaire, 1955) à l'Est.

Tensions, conflits et effondrement du bloc de l'Est

• **De 1947 à 1991**, la **rivalité** est constante (CIA contre KGB, propagande, armement, économie, aérospatiale, sport), mais son intensité varie. La guerre froide connaît son **apogée entre 1947 et 1962**, mais, après une **période de détente (1962-1975)**, on observe un regain des tensions durant la **guerre fraîche (1975-1985)**.

• Crises et conflits indirects se succèdent. La **crise de Cuba**, où l'URSS tente d'implanter des missiles en 1962, fait redouter une guerre nucléaire puis encourage l'apaisement. Des guerres, comme celle du **Vietnam (1959-1975)**, opposant États-Unis et guérillas communistes, menacent de s'étendre. La ville de **Berlin**, victime d'un blocus soviétique (1948) et scindée en deux par un mur (1961), symbolise ces tensions.

• Cependant une partie du monde veut y échapper : les pays décolonisés prônent le **non-alignement (1961)**. Puis, à partir des années 1970, le bloc de l'Est éprouve des difficultés économiques et son modèle s'érode : après l'incomplète déstalinisation de Khrouchtchev (1953-1964), **Gorbatchev (1985)** clôt la guerre fraîche, démocratise l'URSS (*glasnost*) et l'ouvre au marché (*perestroïka*). Enfin, la chute du mur de Berlin (1989) amorce l'**effondrement du bloc soviétique (1991)**.

L'affirmation de nouvelles conflictualités

• La **fin du monde bipolaire** ouvre une nouvelle ère. Le philosophe Fukuyama prédit une « fin de l'histoire », où triompheraient démocratie, libéralisme et paix. Les **États-Unis, unique superpuissance**, semblent incarner ces idéaux. Mais, au lieu de disparaître, les conflits se transforment.

• **De 1991 à 2000, la guerre revient en Europe**, avec l'éclatement de la Yougoslavie, opposant des identités nationales et religieuses. **En 1994, au Rwanda, un génocide** des Tutsis est perpétré par les Hutus. Aux conflits locaux s'ajoutent les **actions multilatérales** de la communauté internationale, comme au Koweït contre l'envahisseur irakien (**guerre du Golfe, 1990-1991**).

• Parallèlement progresse un **islamisme radical**, dont le terrorisme international culmine lors des **attentats du 11 septembre 2001 à New York**, encourageant un certain **unilatéralisme** américain. Dans ces nouvelles conflictualités, le géopoliticien Huntington lit un « choc des civilisations ». Critiquée, son analyse paraît caricaturale dans un **monde multipolaire** complexe.

● **Étudier une œuvre de propagande**

Sujet : La propagande soviétique face au bloc de l'Ouest

● **Présentation** : éditée en 1952 et intitulée « Liberté à l'américaine », cette affiche soviétique porte un regard sur l'une des valeurs fondamentales revendiquées par les États-Unis, adversaire de l'URSS dans le **contexte** de la guerre froide, ouverte depuis cinq ans. Il s'agit donc d'un document de propagande, destiné à l'affichage public, qui entend mobiliser l'opinion contre l'ennemi.

● **Compréhension** : d'une structure composite, ce **document icono-graphique** doit être abordé avec méthode :
– l'arrière-plan, sombre, représente un paysage new-yorkais duquel ressort la puissance financière de Wall Street, donc du capitalisme ;
– au centre, la statue de la liberté est cadenassée et dominée par un agent menaçant ;
– quant aux vignettes, elles servent à illustrer des situations concrètes de négation des libertés élémentaires aux États-Unis (presse manipulée, opinion muselée, individus rejetés en raison de leurs différences, manifestations réprimées).
Ces trois éléments s'articulent pour mettre en scène une société aux libertés illusoires, totalement encadrée par la collusion entre autorité publique et intérêts du capital.

Document : « Liberté à l'américaine », affiche de propagande stalinienne. Musée royal de l'armée, Bruxelles.

Gratte-ciel : « Wall Street ».
Vignettes de gauche : « liberté de la presse » puis « liberté d'opinion ».
Vignettes de droite : « liberté de l'individu » puis « liberté de manifestation ».

● **Mise en perspective** : caricaturale, l'affiche s'appuie néanmoins sur des faits d'actualité : existence de médias d'émanation étatique aux États-Unis (Voice of America), chasse aux communistes (maccarthysme, affaire des époux Rosenberg), violences à l'égard des Noirs (groupuscules du Ku Klux Klan). Interprétés à l'aune de l'idéologie soviétique, ils viennent encourager la doctrine Jdanov : les États-Unis sont impérialistes et méprisent la liberté des peuples au nom de l'extension des intérêts capitalistes.

Histoire

FAIRE

● Observez le document suivant et répondez aux questions.

1 Quel est le propos explicite de cette affiche ?

2 Montrez que le personnage du speaker en fait la synthèse.

3 Quelle politique américaine concrète est ici dénoncée ?

4 En quoi l'affiche est-elle fidèle à la doctrine Jdanov ?

« Des phrases et... des bases », affiche soviétique de 1952

Mots du speaker : « Paix, défense, désarmement ».

Genèse et affirmation des régimes totalitaires dans l'entre-deux-guerres

De nouveaux régimes en Europe

• Au sortir de la Grande Guerre, désorganisation économique, souffrances et traumatismes engendrent des **contestations** : démocratie, aristocratie et bourgeoisie en sont les cibles. Dans cette Europe troublée émergent des **dictatures d'un genre nouveau**, marquées par l'âge des masses industrielles et nationales.
• En **Russie**, en 1917, mutineries et grèves déclenchent deux **révolutions** : celle de **février** substitue au tsar un régime libéral ; celle d'**octobre** porte au pouvoir les **soviets bolcheviques** de **Lénine**. Celui-ci sort de la guerre (1918) et fonde l'URSS (Union des Républiques socialistes soviétiques), dont **Staline**, son successeur en **1924**, renforce l'autoritarisme.
• **Italie** et **Allemagne** connaissent aussi des **troubles sociaux**, parfois galvanisés par l'expérience russe (spartakistes en Allemagne). Dès 1919, les Faisceaux de combat, groupuscules paramilitaires, entendent rétablir l'ordre et revigorer la nation italienne. En 1922, **Mussolini**, chef des **fascistes**, accède au pouvoir. Parallèlement, en Allemagne, s'affirme le **parti nazi d'Hitler**, inspiré du fascisme, victorieux aux élections de 1933.

La matrice totalitaire

• Les **idéologies** de ces régimes diffèrent : l'URSS se revendique du communisme (collectivisation des moyens de production pour une société sans classes) ; les fascismes sont capitalistes, conservateurs et nationalistes, et l'Allemagne se distingue par le rôle central du racisme (lois de Nuremberg, 1935). Dans les trois cas, toutefois, l'idéologie définit un **projet d'homme nouveau** à bâtir par la **force de l'État**. Cette matrice commune forme le socle du « totalitarisme ».
• L'« **État total** » se caractérise par : le culte du chef, le parti unique, le contrôle de l'opinion et de la presse (police politique, propagande, art officiel), l'encadrement des populations et de l'économie, la **terreur d'État**.
• Ces régimes sont le **produit de la brutalisation** des sociétés par la Grande Guerre : communisme de guerre en URSS, soif de revanche en Allemagne (victime du « diktat » de Versailles) et en Italie (privée des terres irrédentes). La violence d'État est alors légitimée : **assassinats politiques** (Matteotti en Italie, Nuit des longs couteaux en Allemagne, famine et purges en URSS), **enfermements** (*confinati* italiens, camps de concentration nazis, camps de travail du Goulag soviétique).

Les totalitarismes face aux démocraties dans les années 1930

• Régimes bourgeois pour les soviétiques et faibles pour les fascistes, **les démocraties sont menacées**. URSS, Allemagne et Italie sortent de la SDN. Surtout, Mussolini et Hitler développent un **bellicisme expansionniste** : l'Italie envahit l'Éthiopie (1935), l'Allemagne remilitarise la Rhénanie (1936) et annexe les territoires germanophones voisins (1938).
• Au sein même des démocraties, les totalitarismes rayonnent : **mouvements fascistes**, **partis communistes** pilotés par Moscou. Certains États évoluent même en **dictatures d'inspiration fasciste** : Hongrie de Horthy (1920), Pologne de Piłsudski (1926), Portugal de Salazar (1932).
• Un affrontement a lieu lors de la **guerre d'Espagne (1936-1939)**, qui oppose Franco (aidé par les fascistes) aux communistes (aidés par Moscou), anarchistes et républicains. Mais les démocraties libérales restent neutres et, avec les **accords de Munich (1938)**, entérinent l'annexion des Sudètes par Hitler, qui entreprend bientôt la conquête de l'Europe.

Comparer deux situations historiques

Sujet : Le totalitarisme en Italie et en Allemagne

• **Comparer n'est pas assimiler** : il s'agit de définir les similitudes et les différences entre des réalités distinctes, afin d'éprouver une analyse ou un concept historique. Ici, le « totalitarisme » peut être mis à l'épreuve des faits qu'il recouvre, à la fois en Italie et en Allemagne.

Le Duce et la foule italienne

Hitler et la foule allemande

- **Comparer à partir de deux images**

On peut relever des **similitudes** : le chef du régime est porté par la foule ; indifférenciée et infinie, celle-ci incarne l'unité d'un peuple autour d'un projet (drapeau italien, étendard nazi) ; Mussolini et Hitler, en tenue militaire, affichent leur bellicisme. Ces images illustrent donc bien le totalitarisme (culte du chef, propagande, manipulation des masses).

Couverture du journal *La Domenica del Corriere*, 13 octobre 1935.

Adolf Hitler montant les gradins pour parler à 70 000 fermiers, à Hamelm, le 30 septembre 1934.

Mais d'autres détails (symboles romains, croix gammée) soulignent tout autant l'ancrage nationaliste commun que les **spécificités** de chacun des fascismes.

- **Comparer à partir de deux chronologies**

L'affirmation du fascisme en Italie

1919 : création des *fasci*
1922 : marche sur Rome et prise du pouvoir
1924 : assassinat de l'opposant socialiste Matteotti
1925-1926 : les lois fascistissimes fondent la dictature
1935 : invasion de l'Éthiopie
1938 : lois racistes
1939 : pacte d'acier avec l'Allemagne

L'affirmation du nazisme en Allemagne

1919 : création du NSDAP
1923 : coup d'État manqué d'Hitler
1933 : Hitler, chancelier, organise la dictature

1934 : assassinat des chefs nazis rivaux (Nuit des longs couteaux)
1935 : lois antisémites, dites « de Nuremberg »
1938 : pogrom antisémite (Nuit de cristal)
1938 : annexion des Sudètes et de l'Autriche
1939 : pacte germano-soviétique ; pacte d'acier avec l'Italie et invasion de la Pologne

Des **similitudes** apparaissent : nés en 1919, les deux mouvements sont dictatoriaux, violents (assassinats), expansionnistes (colonisation, annexions), s'encouragent et s'associent (pacte d'acier). Mais les **décalages** expriment des **différences** : Mussolini prend le pouvoir par la force dès 1922, tandis qu'Hitler passe par la voie légale en 1933 ; le racisme nazi (lois de Nuremberg, 1935) se greffe sur le fascisme italien en 1938 ; enfin, l'expansionnisme allemand est plus tardif mais vise à dominer l'ensemble de l'Europe.

FAIRE

- À l'aide du Savoir-faire et des deux documents ci-dessous, répondez à la question suivante : « Le concept de totalitarisme peut-il qualifier à la fois le nazisme et le stalinisme ? »

Document 1 :
Un historien s'exprime sur le comparatisme

Le premier usage, le plus évident, relève du souci d'analyser ensemble deux ou plusieurs systèmes définis comme totalitaires afin de mettre en évidence le fait qu'ils sont autant de types appartenant à un même genre politique. [...] À vrai dire et au risque de paraître schématique, la production qui vise à cet objectif de manière prioritaire donne le sentiment que la liste des ressemblances ne cesse de s'allonger tout autant que la liste des différences et que le procédé bute toujours sur les mêmes obstacles : la différence du projet initial et des intentions respectives du bolchevisme et du nazisme, la

différence du niveau de développement des sociétés prises en compte, leur durée de vie très inégale, la singularité du génocide des juifs, etc.»

Henry Rousso, *Stalinisme et nazisme : histoire comparée*, préface, Complexe, 1999.

Document 2 :
L'affirmation du totalitarisme soviétique

1917 : Lénine et les bolcheviks prennent le pouvoir
1918-1921 : guerre civile, communisme de guerre
1922 : naissance de l'URSS
1924 : Staline succède à Lénine
1928 : premier plan quinquennal, début de la collectivisation
1932-1933 : grandes famines, surtout en Ukraine
1936 : début des procès de Moscou, grandes purges
1939 : pacte germano-soviétique

La fin des totalitarismes

La mort des régimes fascistes

• Débarqués en Sicile en 1943, les Alliés progressent en Italie. Emprisonné par le gouvernement, Mussolini est libéré par les Allemands mais, contraint de fuir, est exécuté par des communistes italiens (1945). Ainsi, la **défaite** a privé le Duce de ses soutiens et **le fascisme italien est marginalisé par la République proclamée en 1946**.

• L'éradication du nazisme est orchestrée par les Alliés. Pour éteindre les velléités territoriales de l'Allemagne, **plusieurs millions d'Allemands sont expulsés des territoires annexés ou envahis par le Reich**. En Allemagne et Autriche mêmes, les administrations des Alliés, conformément aux accords de Potsdam (1945), procèdent à une **dénazification** des institutions publiques par l'ouverture d'enquêtes judiciaires et une refonte juridique.

• Les Alliés veulent aussi punir les crimes nazis. **Une justice internationale voit le jour lors du procès de Nuremberg (1945-1946)**. Le choix est fait de ne pas condamner tout un peuple, mais seulement les principaux responsables arrêtés. Crimes contre la paix, crimes de guerre et **crimes contre l'humanité** sont jugés. Quelques **fugitifs** sont longtemps pourchassés pour être jugés à leur tour, en d'autres lieux (Barbie, Eichmann).

La lente agonie de l'URSS

• En 1945, le totalitarisme soviétique jouit du prestige de la victoire. La **mort de Staline** en **1953** est un tournant : son successeur, **Khrouchtchev**, entame la **déstalinisation**. Il libère plus d'un million de prisonniers du Goulag et dénonce les crimes de Staline (1956). Mais **l'entreprise est limitée** et critiquée par la nomenklatura (cadres du régime), qui le destitue en 1964.

• **La guerre froide conforte alors les structures de l'URSS** : propagande, surveillance et répression policières, parti unique, culte du mythe révolutionnaire et planification économique sont toujours la règle. En Europe de l'Est, le modèle soviétique est même transposé dans les « **démocraties populaires** ».

• Les **difficultés économiques des années 1970** favorisent les contestations venues des PC européens et d'Union soviétique. En **1985**, **Gorbatchev** lance la **glasnost** (transparence politique) et la **perestroïka** (ouverture économique), qui assouplissent le régime, puis l'affaiblissent : l'URSS succombe avec l'indépendance des démocraties populaires (1989-1991).

Le triomphe de la démocratie libérale ?

• Avec l'extinction des totalitarismes européens, une page de l'histoire semble se tourner. **D'autres régimes ont épousé des formes totalitaires** (Roumanie de Ceauşescu, Chine de Mao, Cuba de Castro, Cambodge de Pol Pot, Corée du Nord de Kim Il-Sung), mais tous datent de la guerre froide. Le totalitarisme peut donc apparaître comme une **dégénérescence étatique des nationalismes de masse dans un contexte belliqueux**, propre au XXe siècle.

• Cependant, **certains contestent la pertinence du concept de totalitarisme**, insistant sur les spécificités des régimes concernés et rappelant que certains phénomènes dits « totalitaires » se retrouvent dans d'autres despotismes (Espagne de Franco, Portugal de Salazar, Irak de Saddam Hussein).

• Il reste que, depuis 1945, **le modèle de la démocratie libérale s'est répandu**. La plupart des dictatures ne montrent pas d'aspirations totalitaires. Mais les populismes, les restrictions de libertés et les xénophobies racistes, largement hérités des expériences totalitaires, sont diffus.

 Confronter deux documents

Sujet : La fin du totalitarisme soviétique

Répondre à une consigne : d'après ces documents et vos connaissances, montrez que l'effondrement du totalitarisme soviétique est progressif et issu de mouvements internes.

• **Présenter les documents et en dégager l'intérêt :** il s'agit de deux textes relatifs à deux leaders soviétiques réformateurs, mais

Document 1 : Khrouchtchev critique l'ère stalinienne

Staline [...] rendit possible l'utilisation de la répression la plus cruelle, violant toutes les normes de la légalité révolutionnaire [...]. Des arrestations et des déportations de plusieurs milliers de personnes, des exécutions sans procès et sans instruction normale, créèrent des conditions d'insécurité, de peur et même de désespoir. [...] Cette terreur était en fait dirigée [...] contre d'honnêtes travailleurs du Parti et de l'État soviétique ; on portait contre eux des accusations mensongères, diffamatoires et absurdes de « duplicité », d'« espionnage », de « sabotage », de préparation de « complots » imaginaires.

Rapport secret de Khrouchtchev au XXe Congrès du PCUS en 1956.

Document 2 : La perestroïka

Gorbatchev n'avait pas de plan précis en tête, mais il avait, en revanche, une détermination, des idéaux, des critères politiques et moraux qui dataient de sa jeunesse. [...] Pour secouer l'appareil politique, il a l'idée de redonner vie aux soviets, aux assemblées locales, régionales, professionnelles, dont le fonctionnement était purement formel, mais dont l'appareil ne pouvait évidemment pas contester la légitimité. Pour recréer une culture de marché, il autorise la création de coopératives, de petites entreprises familiales. Pour redonner la parole aux citoyens et faire souffler un vent de liberté, il fait appel aux journalistes pour que la presse en devienne une.

Petit à petit, le pays se réveille alors [...]. Dès lors, tandis que les radicaux qui ont émergé dans son sillage lui reprochent d'être trop lent, les conservateurs l'accusent de mener le régime à sa perte.

Propos d'Andreï Gratchev, ancien porte-parole de Mikhaïl Gorbatchev, lors d'un entretien avec Bernard Guetta, L'Express, 13 décembre 2001.

à deux époques différentes : Khrouchtchev succède à Staline et choisit de tourner la page du stalinisme ; Gorbatchev entreprend une réforme structurelle de l'URSS, dans une période difficile, trente ans plus tard. Ces deux documents sont donc des sources d'information sur la progressivité de la sortie du totalitarisme soviétique, à l'intérieur même de l'URSS.

• **Faire une analyse explicative des documents :** après la mort de Staline, Khrouchtchev décide, en 1956, d'abolir la « terreur », l'un des outils du totalitarisme soviétique (*à décrire*). Pour lui, Staline portait atteinte aux « normes de la légalité révolutionnaire ». Khrouchtchev se proclame ainsi fidèle à l'idéal soviétique (*à préciser*) et maintient les structures fondamentales du régime, le « Parti » et « l'État ». Des éléments totalitaires restent donc en place durablement, notamment parce que la nomenklatura (élite politique) et le contexte de guerre froide empêchent toute transformation profonde. C'est dans un contexte très différent, en 1985, alors que l'URSS traverse une crise économique profonde et est devancée par les États-Unis, que Gorbatchev ouvre un temps de réformes (*à énumérer en citant le texte*). D'après son porte-parole, cet homme du Parti veut « secouer l'appareil politique » et y parvient en libérant partiellement l'opinion et l'économie du contrôle étatique. Les résidus du totalitarisme s'effondrent alors face aux réactions contrastées de l'élite soviétique (« radicaux » et « conservateurs »).

• **Conclure en répondant explicitement à la consigne :** ainsi, ces deux documents témoignent d'une sortie du totalitarisme stalinien, lente (des années 1950 aux années 1980) et menée par le sommet de la hiérarchie soviétique. Toutefois, Khrouchtchev s'avère moins libéral que Gorbatchev, lui-même socialiste. C'est donc à la faveur de circonstances difficiles que des acteurs internes à l'URSS contribuent à l'extinction du totalitarisme.

FAIRE

• Montrez que ces deux documents contribuent à expliquer l'effondrement du bloc soviétique.

Document 1 : La contestation dans une démocratie populaire

1. Nous revendiquons la mise en place d'une réforme autogestionnaire et démocratique à tous les niveaux du pouvoir de décision, d'un nouvel ordre socioéconomique qui conciliera le plan, l'autogestion et le marché. [...]

7. L'approvisionnement en nourriture est aujourd'hui la question la plus importante ; les cartes de rationnement doivent être pleinement honorées [...].

19. Le pluralisme des opinions sociales, politiques et culturelles doit être à la base de la démocratie de notre république autogestionnaire. [...]

27. L'éducation de nos enfants doit rester entre nos mains. Le syndicat s'interposera résolument contre la subordination du système scolaire, de l'éducation politique, économique, idéologique aux intérêts du pouvoir et du parti.

Programme de Solidarnosc, 7 octobre 1981.

Document 2 : Le basculement de 1989

Mars : Estonie, Lettonie, Lituanie proclament leur indépendance, sans réaction de Moscou.
Mai : ouverture du rideau de fer en Hongrie.
Juin : les candidats de Solidarnosc accèdent au pouvoir en Pologne.
Octobre : sortie du socialisme en Hongrie.
Novembre : chute du mur de Berlin.
Décembre : révolution de velours en Tchécoslovaquie, Vaclav Havel au pouvoir.
Décembre : exécution de Ceausescu en Roumanie.

Le temps des dominations coloniales

Le partage du monde

• La colonisation européenne a des **racines anciennes**. Depuis les xve et xvie siècles, des territoires américains, africains et asiatiques sont sous domination européenne. Alors que de nombreuses indépendances américaines surviennent entre 1776 et 1830, les puissances d'Europe développent un **nouvel impérialisme** au xixe siècle.

• Une **conjonction de facteurs** favorise l'entreprise coloniale : des **missions**, scientifiques ou religieuses, suscitent un engouement exotique ; l'**industrialisation** recherche de nouveaux marchés et des ressources ; la **rivalité entre nations** encourage l'expansion territoriale, parfois par la guerre (conquête de l'Algérie en 1830).

• En **1885**, la **conférence de Berlin** réunit quatorze États autour du sort de l'Afrique. On y trace des frontières et l'on décide qu'une puissance coloniale doit arrêter son territoire au contact d'une autre. Mais cet accord n'empêche pas les **tensions** : entre Anglais et Boers en Afrique du Sud, de 1880 à 1902 ; Français et Anglais à Fachoda, en 1898 ; Français et Allemands au Maroc, en 1905 et 1911.

Le système colonial

• D'autres États s'étendent (États-Unis à l'Ouest et dans le Pacifique, Japon en Corée et en Mandchourie, Russie en Asie), mais **le monde est dominé par l'Europe**, Empires britannique et français en tête. Divers **statuts territoriaux** sont instaurés : protectorats autonomes, colonies administrées depuis la métropole, dominions britanniques gouvernés par des colons.

• **Les colonies sont exploitées**, pour produire à moindre coût (coton indien) ou pour leurs denrées exotiques ou rares (or, cuivre, diamant, ivoire, bois, caoutchouc, chocolat, canne à sucre). D'**énormes investissements**, publics et privés, sont ainsi consentis pour aménager les colonies, tandis que les terres sont parfois accaparées et la main-d'œuvre asservie.

• Convaincues de leur supériorité, les métropoles s'imprègnent aussi d'une « **mission civilisatrice** » paternaliste, qui consiste à exporter la culture métropolitaine pour acculturer les « indigènes » : écoles, bibliothèques et hôpitaux se construisent. L'ambition assimilatrice évolue alors vers une **politique d'association** des élites locales à l'administration coloniale.

Représentations et contestations

• Des **représentations spécifiques** des territoires et populations colonisés s'épanouissent. L'enrichissement des sciences du vivant, de la géographie, de l'ethnologie et des arts accompagne la curiosité exotique et patriotique pour les civilisations « primitives », mises en scène lors de grandes **expositions coloniales**, comme à Vincennes en 1931.

• Mais **la colonisation n'emporte pas l'adhésion de tous**. Certains y voient une dépense inutile, d'autres condamnent la violence coloniale, voire contestent la légitimité des Européens à dominer le monde. Cet **anticolonialisme** reste toutefois marginal, malgré le soutien des États-Unis et de la SDN dans les années 1920.

• En revanche, **des contestations multiformes se structurent dans les colonies** : guerre du Rif au Maroc (1925-1926), révolte syrienne (1925-1927) ; mouvements identitaires nationalistes (Bourguiba en Tunisie, Soekarno en Indonésie, Zaghloul en Egypte), communistes (Hô Chi Minh en Indochine), arabes (Ben Badis en Algérie), africains (Blaise Diagne au Sénégal) ; désobéissance civile (Gandhi en Inde).

Élaborer une introduction, un plan et une conclusion en histoire

Sujet : La France et son empire colonial, du milieu du xixe siècle aux années 1930

1. Introduire le sujet : il faut présenter au lecteur le **contexte** et les **termes du sujet** :

– « empire colonial » : il s'agit de l'ensemble des territoires et populations soumis à la domination d'une métropole, qui les administre et les exploite dans un contexte d'expansion industrielle et de rivalités entre États européens ;

– « La France » : la France possède un empire, le deuxième plus important après l'Empire britannique, concentré sur l'Afrique et s'étirant jusqu'en Indochine et en Polynésie ;

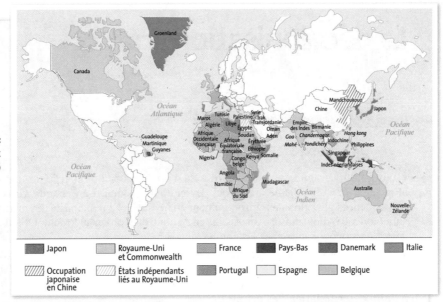

**Document d'appui :
Les Empires coloniaux
à la fin des années 1930**

– « du milieu du XIXᵉ siècle aux années 1930 » : la période n'embrasse pas toute la durée de l'Empire colonial français ; elle recouvre à la fois sa phase d'expansion et l'âge d'or de son administration.

2. Poser une problématique : découlant de la confrontation des éléments du sujet, la problématique est une **question** qui pose un **problème** suscitant l'intérêt du lecteur. Elle doit être **large et simple** et rester rigoureusement historique : il faut **décrire**, **expliquer et analyser** les faits passés, et non les « raconter », ni en juger les aspects « positifs » ou « négatifs ».

Ici, les problématiques suivantes conviendraient : « Comment l'Empire colonial français s'est-il constitué et organisé ? » ; « Quelles relations la France entretient-elle avec son Empire colonial ? »

3. Annoncer le plan : on annonce ensuite les **étapes de la démonstration** (deux à quatre parties), qui doit mener à la formulation d'une réponse dans la conclusion. Tout plan est possible, à condition d'être logique et complet. Quelques **plans types** existent : chronologique (organisé autour de dates clés) ; analytique (causes – faits – conséquences) ; thématique (une partie par thème majeur).

Ici, un plan chronologico-thématique semble adapté :

I. La formation de l'Empire français
II. Les administrations de l'Empire
III. L'apogée des années 1930 face aux oppositions

4. Conclure : il s'agit de **faire la synthèse** des apports du développement et de proposer un **dépassement** du problème, ou bien une simple **mise en perspective** du sujet traité.

Proposition d'introduction

Au XIXᵉ siècle, dans un contexte d'affirmation des États-nations et de déploiement du capitalisme industriel, les puissances européennes entreprennent la conquête du monde. Les Empires coloniaux qui prennent forme atteignent leur apogée au début du XXᵉ siècle. La France possède alors le second plus grand Empire, qu'elle domine et dont la culture nationale s'imprègne durablement. Quelles relations la France entretient-elle avec son Empire colonial ?

Pour comprendre ces relations nous étudierons d'abord la formation de l'Empire, déterminante pour son organisation et son exploitation, que nous analyserons ensuite. Enfin, à travers les représentations coloniales des années 1930, nous interrogerons l'enracinement de cet Empire à son apogée, quand s'affirment des oppositions structurées au colonialisme triomphant.

Proposition de conclusion

Acquis en un demi-siècle, l'Empire colonial de la France est un ensemble hétéroclite de territoires. Progressivement, il constitue un appendice unifié et indispensable de la nation, qui en tire profits et prestige. L'ancrage social et mental du colonialisme est donc solide au début du XXᵉ siècle mais, dès les années 1920, commence à poindre une série d'oppositions, en métropole comme dans les colonies.

Ainsi, l'Empire français est caractéristique des relations que les nations européennes entretiennent avec le reste du monde à cette époque. Les tensions particulières qui l'animent relèvent de la contradiction entre idéal républicain assimilationniste et réalité de la domination coloniale. Âge d'or des colonies, les années 1930 montrent la fragilité, voire l'aporie, de l'ambition coloniale.

Histoire

FAIRE

• Proposez une introduction, un plan et une conclusion répondant au sujet suivant :
« La formation des Empires coloniaux ».

9

La décolonisation

Un contexte favorable

• Les **conflits** fragilisent les Empires. En 14-18, pour contrer les Ottomans, les Britanniques alimentent le nationalisme arabe, qui devient anticolonial. La **Seconde Guerre mondiale** a des conséquences plus globales : effondrement du mythe de l'invincibilité des métropoles ; propagande anticoloniale (Allemands et Américains en Afrique du Nord et au Proche-Orient ; Japonais en Asie) ; désir de reconnaissance chez les combattants « indigènes ».

• Le **nouveau contexte international** bouleverse les équilibres coloniaux. Les puissances européennes sont amoindries, au profit des **deux « Grands »** (URSS et États-Unis), tous deux anticolonialistes. L'**ONU**, dont la charte est signée par les métropoles européennes, affirme le **droit à l'autodétermination des peuples**.

• L'après-guerre est donc favorable à la **montée des contestations dans les colonies**. Un peu partout, émergent des revendications qui s'appuient sur les leaders des mouvements de l'entre-deux-guerres et quelques indépendances récentes (Égypte, 1936).

Des modalités contrastées

• La décolonisation est un **processus en cascade**, dont la chronologie s'étale jusqu'aux années 1980. En **Asie**, les proclamations d'indépendance de l'Indochine et de l'Indonésie (1945) ouvrent la voie à Ceylan (1947), à l'Inde (1947) et à la Birmanie (1948). Puis vient l'**Afrique**, presque totalement émancipée en 1962. Quelques indépendances sont toutefois plus tardives : Malaisie (1957) ; Angola, Mozambique et Guinée-Bissau après la chute du régime salazariste au Portugal (1974).

• Certaines décolonisations sont plutôt **pacifiques**, même si les puissances européennes tentent des aménagements intégrant davantage les populations indigènes. C'est le cas dans l'Afrique noire française et dans la plupart des colonies britanniques, dont les Indes, grâce à la politique associative du Commonwealth.

• Souvent, l'indépendance est obtenue dans la violence. Des **répressions** sont organisées : à Sétif, en Algérie, et à Madagascar par la France (1945) ; au Kenya par les Britanniques (1952). Intérêts économiques, présence de colons et enjeux politiques ont même mené à des **guerres de décolonisation** : contre les Pays-Bas en Indonésie (1945-1949) ; contre la France en Indochine (1946-1954) et en Algérie (1954-1962).

De nouveaux équilibres mondiaux ?

• Les États nouvellement indépendants obtiennent la **reconnaissance de l'ONU**, mais **sous-développement** et faiblesse géopolitique menacent de les marginaliser. Aussi la **conférence de Bandung (1955)** cherche-t-elle à créer une dynamique commune, trouvée lors de la **conférence de Belgrade (1961)** : le **non-alignement** vis-à-vis des deux « Grands ».

• Ces conférences marquent l'entrée du « **tiers monde** » sur la scène mondiale. Mais **les difficultés se multiplient** : conflits politiques (entre l'Inde et le Pakistan, au sein des États africains), manque de capacités d'investissement, influence croissante des États-Unis et de l'URSS durant la guerre froide.

• Ainsi, exclu du jeu mondial, **le tiers monde perd son unité en se différenciant** à partir des années 1970. Certains pays d'Asie adoptent des **modèles de développement** exportateurs de produits manufacturés qui les font **émerger** dans la mondialisation, tandis que les États d'Afrique noire peinent à profiter de matières premières dont les cours chutent.

● Expliquer et argumenter en histoire

• L'écriture de l'histoire ne se limite pas à une restitution de connaissances générales. Celles-ci doivent être justifiées à l'aide des faits établis par l'étude des documents qu'interrogent les historiens de manière scientifique. C'est à cette condition qu'il devient possible de **confirmer** une analyse du passé, voire, dans le cadre de controverses, de la **réviser** ou de l'**infirmer**.

• Il faut donc **expliquer et prouver** la pertinence des idées générales à l'aide d'**arguments**, qui peuvent être de deux natures :

– parfois **logiques**, faisant appel à la raison seule ;

– le plus souvent **factuels**, appuyés sur des exemples précis.

Il s'agit donc de **démontrer** et de **convaincre**, non de persuader. Les justifications appuyées sur les sentiments, les valeurs et les jugements sont inappropriées.

Sujet 1 : « Pourquoi la décolonisation de l'Algérie passe-t-elle par un long et violent conflit ? »

• Il s'agit d'**expliquer** la guerre d'Algérie, à la fois le conflit, sa violence et sa durée. Il faut donc faire intervenir un **faisceau de causes** et non une explication isolée. Il faut aussi inclure le cas algérien dans le contexte plus large de la décolonisation pour en saisir la spécificité. On doit donc **comparer le cas algérien** aux autres colonies françaises.

• **Proposition de réponse**

La violence du conflit algérien (opérations militaires, attentats, torture), s'explique d'abord par la spécificité de l'Algérie. Colonie ancienne (conquête entamée en 1830), peuplée de plus d'un million de colons français (pieds-noirs), départementalisée et riche en ressources (agriculture et hydrocarbures), l'Algérie fait partie intégrante du territoire national, les « indigènes » possédant toutefois une citoyenneté de second rang. Compliquée et douloureuse, la séparation est aussi lente.

Une fois le conflit engagé, il devient délicat pour la France de renoncer à ce territoire (peu après l'humiliante défaite de 1954 en Indochine), de s'opposer aux nombreux partisans de l'Algérie française et de se trouver dans l'obligation d'assister les Français d'Algérie en cas de séparation. Ainsi, tandis que la France se divise, l'opinion algérienne, au départ elle-même divisée, se radicalise en faveur de l'indépendance, rendant impensable tout avenir colonial.

Sujet 2 : « Montrez que la décolonisation des Indes ne peut être pleinement considérée comme un processus pacifique. »

• Il s'agit ici d'apporter des **arguments** appuyant les deux idées principales de l'affirmation : la décolonisation indienne est, d'une part, globalement pacifique ; mais, d'autre part, des éléments peuvent nuancer ce point de vue. Les arguments à fournir devront être essentiellement **factuels** : voie douce et négociée de l'indépendance indienne ; suites conflictuelles liées à la partition du territoire en deux États souverains distincts.

• **Proposition de réponse**

La décolonisation des Indes britanniques s'est faite par la négociation. Après la montée, durant l'entre-deux-guerres, de revendications indépendantistes, le succès rencontré par certaines mobilisations (autour du Parti du Congrès et de la Ligue musulmane notamment), leur caractère souvent pacifique (désobéissance civile) et la promesse d'une reconnaissance de l'engagement indien durant la Seconde Guerre mondiale, la Couronne d'Angleterre est prête à se séparer de cette colonie, en l'intégrant au Commonwealth, la communauté des territoires affiliés à la Grande-Bretagne. En 1947, le vice-roi des Indes, lord Mountbatten, signe donc l'indépendance du pays.

Mais ces tractations n'aboutissent qu'après une longue lutte, parfois ponctuée de heurts et de violences. Surtout, elles conduisent à la partition de l'Inde en deux États définis selon des critères religieux : le Pakistan musulman (le long de l'Indus et dans le golfe du Bengale) et l'Inde hindouiste. Or, cette partition engendre des mouvements de population massifs de part et d'autre des frontières et une série de guerres entre les deux États, notamment pour la souveraineté au Cachemire. Il ne s'agit pas de conflits coloniaux proprement dits, mais ils sont directement issus du processus de décolonisation.

Histoire

FAIRE

Montrez que la décolonisation résulte d'une conjonction de facteurs.

Trois républiques pour une République française au XXᵉ siècle

La IIIᵉ République : l'enracinement de la culture républicaine

• Après la défaite du Second Empire face à la Prusse, la **République** est **proclamée (4 septembre 1870)**. La paix est négociée mais, tandis qu'est réprimée la Commune de Paris, les républicains restent minoritaires. C'est grâce à la **division des monarchistes** que sont votées les **lois constitutionnelles de 1875** et qu'en 1880 les républicains contrôlent le régime.

• **Démocratie parlementaire**, la IIIᵉ République définit ses **symboles** (*Marseillaise*, Marianne, 14 juillet), entame la **démocratisation** du pays (suffrage universel, liberté de réunion, liberté de la presse) et cherche l'**enracinement**. Pratique citoyenne, école, armée et Grande Guerre en sont les meilleurs vecteurs.

• Mais la République affronte des **oppositions** : monarchistes et anarchistes (fin du XIXᵉ siècle), ligues d'extrême droite (entre-deux-guerres). Elle traverse des **crises** : boulangisme (1886-1889), scandale de Panama (1892) et affaire Dreyfus (années 1890), qui nourrissent l'**antiparlementarisme**. Le régime les surmonte et la démocratie se structure autour de **partis politiques**.

De Vichy à la IVᵉ République : des périls à la refondation

• La **défaite de 1940** porte au pouvoir le **maréchal Pétain** qui, le 10 juillet, obtient les pleins pouvoirs constitutionnels, puis abroge les lois de 1875 pour instituer le « **régime de Vichy** », dictatorial et collaborateur. Quelques-uns continuent la guerre, comme **Charles de Gaulle** qui, le 18 juin, a lancé un appel à la **résistance**.

• La résistance est multiforme (communiste, républicaine, nationaliste) mais, à la Libération, elle adhère massivement au **gouvernement provisoire** dirigé par de Gaulle, qui déclare en 1944 que « la République n'a jamais cessé d'être ». L'ambition est donc de **refonder la République**, dans une France profondément divisée.

• Discréditée, l'ancienne République est remplacée **en 1946** par la **IVᵉ République**, confrontée aux difficultés de la reconstruction et de la décolonisation. Une **instabilité ministérielle** chronique s'installe, favorisée par des coalitions mouvantes entre des parlementaires élus à la proportionnelle. La guerre d'Algérie approfondit la crise politique et divise le pays.

La Vᵉ République : rénovation et adaptations

• Dans ce contexte, naît la **Vᵉ République en 1958** : profitant de la crise algérienne, de Gaulle pèse pour reprendre le pouvoir. La nouvelle Constitution élabore un **régime mixte**, où le **poids de l'exécutif** est **accru** par un président de la République doté de réels pouvoirs de décision et de nomination.

• L'élection du président au suffrage universel direct (1963) renforce la **présidentialisation** de la République : incarnant l'unité de la nation souveraine, le président jouit d'un « domaine réservé » (nominations, défense, affaires étrangères). Par ailleurs, le scrutin majoritaire à deux tours aux législatives favorise le **bipartisme** (un pôle gaulliste et un pôle socialiste). Malgré l'absence de consensus, ces bases constituent les fondements pérennes de la Vᵉ République.

• Des adaptations notoires sont toutefois survenues depuis. L'élection du socialiste François Mitterrand (1981) ouvre une **période d'alternance et de cohabitations** entre un président et un gouvernement de bords opposés. Parallèlement, **la République se décentralise**, donnant plus de pouvoir aux collectivités territoriales. Le **quinquennat** (2000) aligne les mandats présidentiel et législatif, rendant la cohabitation improbable et favorisant une **représidentialisation**. Souvent critiquée, la Vᵉ République appuie sa stabilité sur cette perpétuelle évolution.

Organiser ses révisions

• En histoire, le travail de révision consiste essentiellement à assimiler du **contenu**, ensemble de **faits et concepts contextualisés** et mis en perspective. Le « par cœur », par ailleurs fastidieux, ne saurait donc suffire.

• Au sein d'un chapitre, chaque information, ou « connaissance », sert la cohérence de l'ensemble. Il est inutile de la mémoriser si son « sens » n'est pas compris. Il faut donc constamment **s'interroger sur l'apport d'une information précise à la problématique générale du sujet**.

• Pour y parvenir au mieux et rapidement, on peut se fier à **quelques procédés**.

– **Maîtriser l'armature du cours**, en procédant « par échelle » : ne pas lire le cours comme un roman mais commencer par bien saisir l'articulation de chaque partie, puis de chaque sous-partie, avant d'en lire le contenu.

– **Construire une chronologie** structurée, pas forcément exhaustive, distinguant les périodes des événements, voire classant les informations par thème. Sur l'histoire républicaine depuis la fin du XIXe siècle, on peut faire la chronologie ci-contre.

– **Réaliser un schéma synthétique** pour résumer une chaîne causale, ou un ensemble de relations entre éléments du cours. Sur l'enracinement de la IIIe République, le schéma ci-contre peut être imaginé.

– **Isoler les idées et notions principales**, pour ensuite y rattacher, en cours de lecture, puis de mémoire, l'ensemble des faits et exemples s'y rapportant.

– **Choisir des exemples** significatifs : il n'est pas toujours utile de les connaître tous. Seuls les plus représentatifs d'une idée peuvent être retenus.

– **Confronter son cours à d'autres outils** (manuels, fiches, ouvrages, sites internet), en s'assurant de leur sérieux. Utile seulement **en fin de révision**, cette démarche permet de consolider ses acquis, de les compléter et de prendre du recul en découvrant une autre approche du même sujet.

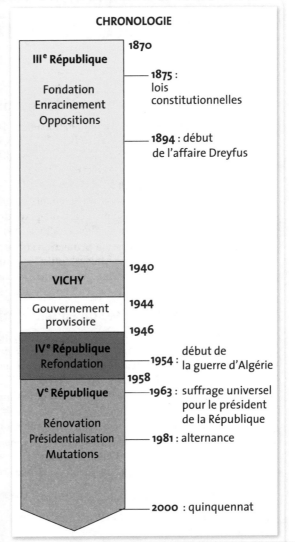

CHRONOLOGIE

- **IIIe République** — Fondation, Enracinement, Oppositions
  - **1870**
  - **1875** : lois constitutionnelles
  - **1894** : début de l'affaire Dreyfus
- **VICHY**
  - **1940**
- Gouvernement provisoire
  - **1944**
  - **1946**
- **IVe République** — Refondation
  - **1954** : début de la guerre d'Algérie
  - **1958**
- **Ve République** — Rénovation, Présidentialisation, Mutations
  - **1963** : suffrage universel pour le président de la République
  - **1981** : alternance
  - **2000** : quinquennat

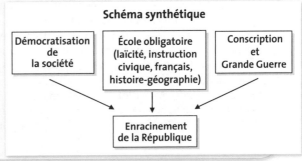

Schéma synthétique

- Démocratisation de la société
- École obligatoire (laïcité, instruction civique, français, histoire-géographie)
- Conscription et Grande Guerre

→ Enracinement de la République

FAIRE

1 Dégagez le plan du cours proposé dans le Savoir ci-contre (parties et sous-parties).

2 Relevez les principales caractéristiques institutionnelles de chacune des Républiques.

3 Rassemblez les arguments et exemples nécessaires aux idées suivantes, puis apportez au moins une nuance.

a. « Tout au long du XXe siècle, il existe une continuité républicaine en France. »

b. « Tout au long du XXe siècle, le régime républicain français connaît des mutations. »

La République et les évolutions de la société française

Les évolutions de la question sociale

• Loi du maximum (1793), Ateliers nationaux (1848), droit de grève (1864) et Commune de Paris (1871) initient l'action sociale de l'État. Face aux effets de l'**industrialisation**, la IIIe République prend des **mesures sociales** : autorisation des **syndicats** (1884), **logements sociaux** (1894), **journée de 8 heures** et **conventions collectives** (1919).

• La **crise des années 1930** exacerbe la question ouvrière et porte au pouvoir le **Front populaire (1936)**. Hausse des salaires (accords Matignon), **congés payés** et **semaine de 40 heures** approfondissent la République sociale, qui se mue en **État-providence** avec la **création de la Sécurité sociale en 1945** (assurances maladie et vieillesse, allocations familiales).

• **Lors des Trente Glorieuses, la protection sociale s'étoffe** : salaire minimum, allocation chômage, extension des congés payés. Mais, **depuis les années 1970**, chômage, précarité et vieillissement conduisent à une **crise de l'État-providence**, coûteux et fragilisé par la mondialisation libérale. Sa réforme suscite de vives tensions (35 heures, retraites).

Religions et laïcité : un équilibre original depuis la fin du xixe siècle

• Le **Concordat (1801)** établit avec l'Église catholique des rapports privilégiés et reconnaît les cultes minoritaires (protestantisme, judaïsme). La IIIe République refuse l'influence religieuse au nom de l'**universalisme républicain**. Un **anticléricalisme** vigoureux se développe (fermeture d'écoles et de congrégations religieuses).

• Aristide Briand fait adopter la **loi de séparation des Églises et de l'État en 1905**. Dès lors, la pratique religieuse relève du domaine privé. La France se divise mais l'école et la Grande Guerre favorisent la **sécularisation** de la société et l'adhésion au **projet laïc**, ciment de l'intégration nationale.

• Cette laïcité se traduit par la **neutralité** religieuse des institutions publiques. Mais **cet équilibre reste débattu** : réforme de l'enseignement privé, souvent confessionnel (1984) ; place de l'islam (depuis les années 1990) ; interdiction des signes religieux « ostentatoires » (2004).

Le genre et la place des femmes dans la vie politique et sociale

• **Démocratie masculine**, la IIIe République pérennise la **minorité légale des femmes** : exclues de la vie politique, elles dépendent de leur mari. Les **revendications et les figures féministes** se heurtent à l'idéal patriarcal d'une femme procréatrice et garante de la moralité privée.

• La **Grande Guerre** valorise le rôle social des femmes et accélère l'obtention des droits civiques dans d'autres pays. Les **mouvements suffragistes** s'affirment alors mais sont rejetés par la droite et parfois par la gauche, qui redoute des votes conservateurs, proches de l'Église.

• **Le droit de vote et d'éligibilité (1944)** ouvre une **seconde vague d'émancipation**, contre la différenciation sexuelle en matières sociale et culturelle, à la suite du *Deuxième Sexe* de Simone de Beauvoir (1949). Mai 1968 et le militantisme féministe (MLF) conduisent à l'obtention de **droits nouveaux** (contraception, avortement, égalité matrimoniale et financière). Aujourd'hui, tandis que le débat sur le **rôle du genre** dans la société se poursuit, des inégalités persistent (salaires, vie politique).

Confronter deux documents de nature différente

Sujet : La place des femmes dans la vie politique et sociale de la France républicaine

Répondre à une consigne : en analysant ces documents, vous montrerez qu'ils éclairent différemment les aspirations féministes sous la IIIe République.

• **Présenter les documents et en dégager l'intérêt :** ces documents diffèrent par leur nature, leur date et leur sujet : le texte d'Hubertine Auclert, destiné à un congrès ouvrier de 1879, exprime les positions d'une femme militante, tandis que la photographie rend compte d'une

Document 1 : Le féminisme d'Hubertine Auclert

Citoyens et Citoyennes,

[...] Admettre les femmes au milieu de vous, au même titre que les prolétaires, c'est faire avec elles un pacte d'alliance défensive et offensive contre nos communs oppresseurs.

Je ne ferai ni l'historique ni le procès de notre subordination dans les temps anciens. Comme vous, nous avons été victimes des abus de la force. [...] Et tout cela s'abrite sous le couvert de la République ! [...]

Une République qui maintiendra les femmes dans une condition d'infériorité ne pourra pas faire les hommes égaux. Avant que vous, hommes, vous conquériez le droit de vous élever jusqu'à vos maîtres, il vous est imposé le devoir d'élever vos esclaves, les femmes, jusqu'à vous. [...]

Ainsi, économiquement, civilement, politiquement, nous n'existons pas [...]. Nous protestons contre la situation de mortes civiles, de dégradées d'origine qui nous est faite.

Nous proclamons comme vous, citoyens, le principe de l'égalité humaine, nous entendons par là, non seulement l'égalité de tous les hommes entre eux, mais encore l'égalité des hommes et des femmes. [...]

Aidez-nous à nous affranchir.

Rapport de H. Auclert au 3ᵉ Congrès national ouvrier, Marseille, 20-31 octobre 1879 ; cité par Madeleine Rebérioux, Christiane Dufrancatel et Béatrice Slama, « Hubertine Auclert et la question des femmes à "l'immortel congrès" », in *Romantisme*, 1976, n° 13-14, Mythes et représentations de la femme.

Document 2 : Manifestation de suffragettes, 1914

et associe leur « servitude » à celle des prolétaires, « compagnons d'infortune » auxquels elle demande « un pacte d'alliance ». Son féminisme est alors intégré à une lutte de classes contre la République bourgeoise et masculine.

La photographie témoigne de l'affirmation de revendications précises (dont le droit de suffrage), portées par des mouvements organisés, comptant des femmes et des hommes. On voit ici que les aspirations féministes s'organisent progressivement et investissent l'espace public.

• **Conclure en répondant explicitement à la consigne :** tous deux signes de l'exclusion persistante des femmes de la vie politique, ces documents sont complémentaires. De leur confrontation ressortent l'engagement précoce de figures individuelles et la prise de parole collective de quelques organisations au début du XXᵉ siècle. Mais ces deux documents ne reflètent pas la diversité des féminismes d'alors.

manifestation de suffragettes en 1914. Ces deux documents peuvent donc éclairer les aspirations féministes sous la IIIᵉ République.

• **Faire une analyse explicative des documents :** H. Auclert proteste contre « la situation de mortes civiles » des femmes (*à décrire*)

FAIRE

• Après avoir présenté ces documents, vous montrerez qu'ils reflètent une évolution des luttes féministes dans la seconde moitié du XXᵉ siècle.

Document 1 : L'homme et la femme selon Simone de Beauvoir

Socialement l'homme est un individu autonome et complet ; il est envisagé avant tout comme producteur et son existence est justifiée par le travail qu'il fournit à la collectivité ; on a vu pour quelles raisons le rôle reproducteur et domestique dans lequel est cantonnée la femme ne lui a pas garanti une égale dignité. Certes, le mâle a besoin d'elle [...] ; l'individu souhaite une vie sexuelle stable, il désire une postérité et la société réclame de lui qu'il contribue à la perpétuer. Mais ce n'est pas à la femme elle-même que l'homme adresse un appel : c'est la société des hommes qui permet à chacun de ses membres de s'accomplir comme époux et comme père : intégrée en tant qu'esclave ou vassale aux groupes familiaux que dominent pères et frères, la femme a toujours été dominée et donnée en mariage à certains mâles par d'autres mâles.

Simone de Beauvoir, *Le Deuxième Sexe*, Gallimard, 1949.

Document 2 : Publicité de 1961

Une agglomération en mutation : Nice (étude de cas)

SAVOIR

Un tramway pour mieux vivre la ville

• Confinée entre mer et montagne, l'agglomération niçoise se caractérise par l'étroitesse de son espace urbain : 75 km² pour 347 000 habitants. Nice se singularise par la saturation de son site d'estuaire du Paillon, dans lequel ne se réalisent plus que des opérations de réaménagement depuis la fin du XIXᵉ siècle. La politique d'aménagement actuelle entreprise dans le centre-ville est marquée par le retour du tramway dans la cité touristique.

• Le choix de son tracé s'explique par la forte concentration de population (126 000 hab.) et d'emplois (42 000) situés à moins de 500 m de la ligne de tramway. Le pavage des zones piétonnes, l'élargissement des trottoirs, l'installation de nouveaux mobiliers urbains et la plantation de nouvelles essences d'arbres font de cet axe de tramway, jadis encombré par les voitures et les nuisances induites, un espace majeur de consommation et de culture urbaine.

Relier et dynamiser les territoires urbains

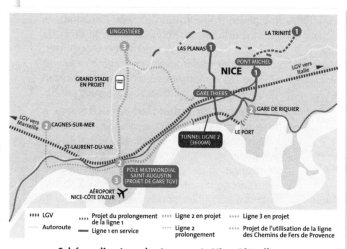

Schéma directeur des transports Nice-Côte d'Azur

• Le centre de Nice est facilement accessible pour les habitants des banlieues. Moins d'une demi-heure suffit pour relier les deux terminaux de la ligne 1. Et il faut moins d'un quart d'heure de part et d'autre de la ligne pour accéder au centre-ville et aux boutiques de luxe de la place Masséna.

• Le tramway dessert de nombreux centres de vie : gares, centres commerciaux, hôpitaux, Vieux Nice, Palais des congrès et des expositions, stade du Ray, faculté des sciences de Valrose, pôle universitaire de Saint-Jean. Pour inciter la population à prendre le tramway, 1 200 places de stationnement, réparties dans trois parcazurs, sont mises en service.

• Le succès du tramway est incontestable. Toutefois, ces aménagements ne règlent pas encore le problème des 130 à 140 000 véhicules qui traversent chaque jour la ville d'est en ouest. C'est dans ce contexte que la suite de l'aménagement de la ligne 2 est vivement attendue.

Intégrer art et développement durable dans le processus de mutation

L'agglomération niçoise a sélectionné 13 artistes internationaux d'art contemporain pour embellir le tracé de la ligne 1. L'art s'installe ainsi dans l'espace public, aussi bien dans le centre-ville que dans les quartiers périphériques traversés par le tramway. Le « plan vert du tramway » a permis de planter 900 nouveaux arbres (pins parasols, cyprès, micocouliers de Provence…).

Les acteurs et les enjeux de l'aménagement des territoires

• La réalisation du projet d'aménagement de l'agglomération niçoise a nécessité l'intervention de l'État et des collectivités territoriales. L'agglomération niçoise (CANCA) a déboursé en 2007 près de 400 millions € (85 % du coût global). La contribution de l'État (28 M€), du conseil régional PACA (13 M€) et du conseil général des Alpes-Maritimes (25 M€) complète le budget de réalisation.

• L'orientation globale d'une telle politique d'aménagement vise, d'une part, à faire des grandes villes de France des métropoles incontestées à l'échelle régionale et nationale et, d'autre part, à mieux intégrer la métropole dans le réseau urbain européen et mondial. Ainsi, disposant du deuxième aéroport français (10 M passagers/an), Nice a maintenant les atouts pour devenir un « hub », une plateforme multimodale combinant transport aérien, ferroviaire, autoroutier.

● Lire et analyser une carte topographique

Une carte topographique est la représentation d'un espace donné à une échelle donnée. Elle rassemble et fournit des informations sur le milieu naturel, les frontières, les limites administratives, le peuplement, les activités humaines. La carte porte des informations sur le relief (courbes de niveau liant les points de même altitude), sur le paysage et sur les dynamiques de l'espace représenté.

Comment procéder pour lire et analyser une carte topographique ?

• **Repérer l'échelle** de la carte, souvent exprimée en 1/25 000ᵉ. Localiser ensuite l'espace représenté et la date. La lecture de deux cartes d'un même espace donné à des dates différentes permet de faire apparaître les mutations et/ou les nouvelles dynamiques.

• **Saisir la carte.** Entrer dans la carte par la légende, c'est-à-dire décoder le langage cartographique. Chaque carte a son propre langage, sa propre légende qui permet de comprendre :
– l'organisation du relief : formes du relief, altitude, pente, talus, écoulement des cours d'eau à l'aide des courbes de niveau ;
– l'organisation des activités humaines et du peuplement : centres urbains, villages, lieux-dits, nombre d'habitants, lieux et espaces de production ou de loisirs, axes de communication.

• **Donner un sens** à la carte, ce qui revient à interpréter et à expliquer les informations cartographiques décodées à l'aide de la légende ;
– préciser le type de milieu dominant et les différentes activités (tourisme, industrie, agriculture, commerce) ;
– indiquer l'ouverture ou l'enclavement de l'espace, ses dynamiques et ses mutations (périurbanisation, nouvelles activités commerciales, extension de l'aire urbaine...).

FAIRE

1 Repérage géographique : situez la ville de Nice et précisez l'échelle de la carte.

2 Saisissez la carte :
– identifiez le « H niçois » et son rôle dans l'organisation de l'espace urbain ;
– quelle partie du « H niçois » est dynamisée par le tramway ?

3 Expliquez :
– quelle forme de paysage domine sur la carte ?
– comment le paysage niçois a-t-il changé avec le retour du tramway ?

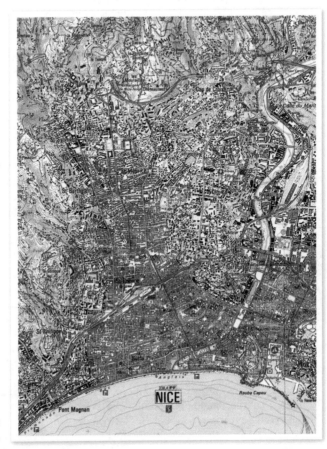

Carte topographique de Nice, E : 1/25 000, IGN.

Géographie

Un territoire aménagé :
la région Rhône-Alpes (étude de cas)

Une région puissante, jeune et attractive

• Confinée entre Alpes occidentales et Massif central, la région Rhône-Alpes couvre une superficie de 43 698 km². Deuxième région française par son étendue derrière Midi-Pyrénées (45 000 km²), Rhône-Alpes est aussi vaste que le Danemark (43 000 km²), et plus étendue que la Suisse (41 290 km²) ou la Belgique (30 530 km²). Le territoire régional rhônalpin représente 8 % de la superficie de la France métropolitaine (543 695 km²), et près de 1 % de la superficie des 27 pays de l'Union européenne.

• Rhône-Alpes est la 6e région européenne la plus peuplée après l'Île-de-France, le Bade-Wurtemberg (10,7 M hab.), la Lombardie (9,3 M hab.), le Grand Londres (7,3 M hab.), la Catalogne (6,7 M hab.).

• Avec 140 hab./km², la densité du peuplement rhônalpin est supérieure à celle de la France métropolitaine (109 hab./km²) et à celle de l'UE (117 hab./km²). C'est une population relativement jeune – 26 % des Rhônalpins ont moins de 20 ans contre 23 % en Europe –, ce qui explique en partie son dynamisme démographique lié à l'excédent naturel et à l'attraction migratoire.

Une région aménagée, un territoire de vie

• La situation de Rhône-Alpes au cœur de l'Europe en fait un carrefour important pour le transport. Lyon, la grande métropole régionale, commande un puissant nœud de communication qui connecte voies ferrées, axes autoroutiers, lignes aériennes reliant le nord et le sud du territoire national, et desservant les territoires proches, les vallées alpines et les pays européens. L'ouverture de la région à l'Europe augmente sensiblement les flux de personnes et de marchandises : 4 000 camions transitent chaque jour dans les vallées de la Maurienne.

• La maîtrise de ces flux passe par la réalisation du projet de liaison TGV Lyon-Turin : 200 km de lignes à grande vitesse pour acheminer annuellement, à travers les Alpes, 40 millions de tonnes de marchandises et 7 millions de voyageurs, renforçant au passage la place de carrefour européen de la région. La nouvelle ligne Lyon-Turin reliera à terme Lisbonne (Portugal) à Kiev (Ukraine).

• Le projet ViaRhôna, en cours de réalisation, constitue le plus imposant itinéraire cyclable de France. L'objectif étant de concilier environnement et aménagement pour créer de nouvelles dynamiques intercommunales. ViaRhôna vise à valoriser les berges du Rhône et à relier le lac Léman à la Méditerranée sur un parcours de 415 km.

Une région ouverte sur l'Europe

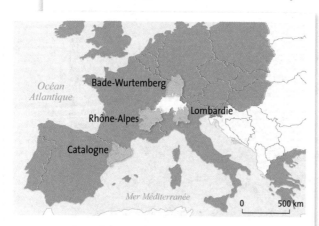

Les « Quatre Moteurs pour l'Europe »

• Rhône-Alpes fait partie de deux grandes eurorégions. La plus ancienne est celle des « Quatre Moteurs pour l'Europe », association transfrontalière créée en 1988. Elle regroupe quatre régions européennes, Rhône-Alpes, Lombardie (Milan), Catalogne, Bade-Wurtemberg (Stuttgart). L'objectif étant de concevoir des projets communs qui dynamisent les territoires.

• La deuxième association régionale, l'eurorégion Alpes-Méditerranée, créée en novembre 2006, regroupe Rhône-Alpes, PACA, Piémont (Turin), Val d'Aoste (Aoste), Ligurie (Gênes). La coopération interrégionale, transfrontalière et transnationale y est privilégiée.

• D'autres régions européennes sont régulièrement associées aux actions des Quatre Moteurs pour l'Europe : la Transdanubie méridionale (Hongrie), la Malopolska ou Petite Pologne (Pologne), la Flandre (Belgique), le pays de Galles (Royaume-Uni).

● Savoir différencier les divisions régionales

● Qu'est-ce qu'une région ?

Structure administrative devenue collectivité territoriale à la suite des lois de décentralisation (1982). Les conseillers régionaux élisent le président du conseil régional qui gère le budget et la politique de la région. Les compétences propres de la région concernent principalement l'aménagement du territoire, le développement économique, la formation professionnelle, la construction ou l'entretien des lycées, les transports ferroviaires de voyageurs.

● Qu'est-ce qu'une collectivité territoriale ?

Structure administrative devant prendre en charge les intérêts de la population d'un territoire précis : commune, département, région, collectivités d'outre-mer.

Voir la liste des collectivités territoriales sur le site www.insee.fr

● Qu'est-ce qu'une eurorégion ?

Association de territoires transfrontaliers, ne disposant pas de pouvoirs politiques, mais dotée de compétences équivalentes à celles des collectivités locales et régionales qui l'ont fondée. L'objectif est de créer un espace intégré à travers des politiques spécifiques d'aménagement du territoire, dans divers secteurs : économie locale, réseaux sociaux, activités culturelles, institutions scolaires, réseaux de transport, protection et conservation environnementales. Les eurorégions ont fait leur apparition au début des années 1980, impulsées par le Conseil de l'Europe et l'UE.

Découvrir la liste des eurorégions sur le site (en anglais) de l'Association des régions européennes transfrontalières (ARFE) : www.aebr.eu/en/index.php :

La nomenclature des unités territoriales statistiques (NUTS)

Établie par Eurostat en 1981, la NUTS a été créée dans le but de disposer d'un découpage territorial comparable d'un pays à l'autre pour l'établissement de statistiques régionales et l'application des politiques régionales de l'UE. La nomenclature NUTS est structurée en 3 niveaux : NUTS 1, NUTS 2 et NUTS 3. Chaque État membre est divisé en une ou plusieurs régions NUTS 1, lesquelles sont divisées en une ou plusieurs régions NUTS 2 et de même pour les régions NUTS 3. Cette nomenclature est le plus souvent fondée sur les découpages institutionnels des pays concernés. Ainsi, en France, le niveau NUTS 2 correspond aux régions et le niveau NUTS 3 aux départements. En revanche, le niveau NUTS 1 (regroupement des régions en zone d'étude et d'aménagement du territoire, ZEAT) ne correspond pas à un réel échelon administratif. Le règlement NUTS fixe les seuils minimal et maximal (en nombre d'habitants) pour la taille moyenne des régions de la NUTS.

Niveau	Seuil minimal	Seuil maximal
NUTS 1	3 millions	7 millions
NUTS 2	800 000	3 millions
NUTS 3	150 000	800 000

Depuis l'élargissement à 10 nouveaux pays (1er mai 2004), la nomenclature NUTS subdivise le territoire européen en 89 régions de niveau NUTS 1, 254 régions de niveau NUTS 2 et 1 214 régions de niveau NUTS 3. La France compte 9 NUTS 1, 26 NUTS 2, 100 NUTS 3.

Source : « Ma région en Europe », Insee, *Actualités Magazine*, octobre 2006.

● Décrivez une eurorégion.

1 Localisez l'eurorégion Arc-Manche.

2 Quel est le poids démographique de cet ensemble ?

3 Quels sont les atouts de cette eurorégion ?

4 Quelles sont les limites de cette eurorégion ?

Document : La zone transmanche et le partenariat Arc-Manche

Membres de droit — Non membres
Membres associés — Espace Manche

Géographie

3 Valoriser et ménager les milieux : le viaduc de Millau (étude de cas)

Le viaduc de Millau

Inauguré le 16 décembre 2004 après trois années de travaux, le viaduc de Millau constitue une réalisation remarquable de la politique d'aménagement du territoire. Long de 2 460 m, large de 32 m, il culmine à 343 m (19 m de plus que la tour Eiffel) au-dessus du Tarn, affluent de la Garonne orienté est-ouest. Dessiné par l'architecte britannique Norman Foster, et conçu par le groupe français Eiffage, le viaduc s'inscrit dans la lignée des ouvrages de légende.

• Un maillon fort de l'aménagement du territoire…

Le viaduc de Millau constitue aujourd'hui le **maillon central de l'autoroute A75** (la Méridienne). Cet axe nord-sud permet de relier, sur un parcours de 340 km, Clermont-Ferrand à Béziers. Il dessert 6 départements (Puy-de-Dôme, Haute-Loire, Lozère, Cantal, Aveyron et Hérault). L'aménagement du viaduc avec la mise en circulation de l'axe A10-A71-A75 réduit de 60 km le trajet entre Paris et Perpignan. Il met un terme au traditionnel « bouchon de Millau » et ses interminables files d'attente, incommodantes pour la population, les automobilistes et les vacanciers.

• … au service d'un développement économique durable

4,7 millions de véhicules dont 369 000 poids lourds ont traversé le viaduc en 2009. Le trafic augmente régulièrement : plus de 22 millions de véhicules sont passés par le viaduc depuis sa mise en circulation. Le nombre de visiteurs (659 000 en 2009) croît chaque année. Avec l'autoroute A75 (gratuite sauf pour le passage sur le viaduc), celui-ci contribue au développement économique des communes. L'État souhaite ainsi **faciliter le développement économique et touristique du sud du Massif central** qui, grâce aux nombreux échangeurs situés tous les 10 km le long des 340 km du parcours, est devenu un territoire bien irrigué.

Véritable lien entre les territoires de proximité, le viaduc assure la continuité des dynamiques territoriales nord et sud de la France. Il permet aussi de relier plus aisément l'Europe du Nord, l'Espagne et la façade méditerranéenne.

L'aménagement du territoire

• C'est une **action volontaire des pouvoirs publics** visant à refaçonner un territoire dans le cadre d'un projet cohérent et dont l'objectif est de favoriser le développement économique et la préservation de l'environnement. Remontant aux années 1950, la politique d'aménagement du territoire a le souci de corriger les déséquilibres industriels entre la région parisienne et la province. La création de la **Datar (Délégation à l'aménagement du territoire et à l'action régionale)**, en 1963, a donné une autre dimension à cette politique. Grâce aux fonds dont elle dispose, de nombreux investissements ont été réalisés pour équiper les zones en déprise : création de stations de ski dans les Alpes ou de stations balnéaires en Languedoc-Roussillon, lancement des **métropoles d'équilibre** et des **villes nouvelles**, création d'autoroutes, lignes ferroviaires à grande vitesse...

Depuis la **loi Defferre** (1982), dite **de décentralisation**, les collectivités territoriales sont devenues les acteurs majeurs de l'aménagement du territoire. La constitution de communautés urbaines d'agglomérations ou de communes et l'Union européenne augmentent le nombre de décideurs.

• La politique actuelle d'aménagement des territoires **intègre** pleinement **la notion de développement durable**, défini comme la capacité de répondre aux besoins des générations du présent sans compromettre la capacité des générations futures à répondre aux leurs. Il s'agit de garantir sur un territoire à la fois le développement économique, le progrès social et la préservation de l'environnement.

● Réaliser un schéma

• **Qu'est-ce qu'un schéma ?**

Un schéma est la **représentation simplifiée d'un phénomène géographique**. Il diffère du croquis, qui est réalisé sur un fond de carte à une échelle donnée. Un schéma comporte un nombre d'informations limité : il sert à montrer le ou les principaux phénomènes géographiques (dynamique, organisation, structure) d'un territoire. Un schéma peut être réalisé à partir d'informations tirées d'une carte ou de visuels (image, photographie aérienne…).

• **Quelle est l'utilité d'un schéma ?**

Un schéma peut être **utilisé dans l'argumentation de la composition**. Il sert à illustrer le propos, à traduire les arguments en représentation spatiale. Le schéma doit s'insérer dans la composition et être intégré dans la réflexion. Vous devez renvoyer le correcteur au schéma (« on remarque sur le schéma… »), indiquer son numéro et sa page si votre devoir contient des annexes. En composition de géographie, un schéma bien réalisé, pertinent et intégré à la réflexion, valorise la copie.

• **Comment réaliser un schéma ?**

– Commencez d'abord par **délimiter l'espace** à représenter en en traçant les contours, que vous simplifierez, à partir d'une carte. Il faut donc éviter de reproduire à l'identique les formes et les courbures du territoire.

– Sélectionnez ensuite les **informations utiles** à la compréhension du phénomène géographique.

– Enfin, réalisez le schéma en respectant le **langage cartographique** (voir Savoir-faire p. 129) : représentez les traits géographiques majeurs par des figurés de surface (plages de couleur), des figurés ponctuels (géométriques), des figurés linéaires (lignes, flèches…).

FAIRE

Document : Vue aérienne du territoire de Millau

Source : Google maps.

• À partir du document, réalisez un schéma sur le sujet suivant : « **Le viaduc de Millau, un maillon central de l'aménagement du territoire** ».

1 Sélectionnez les informations : déterminez le cours du Tarn ; puis identifiez les différentes zones urbaines, les zones rurales, les axes de circulation, le viaduc.

2 Organisez la légende : choisissez les figurés (voir p. 183).

3 Réalisez le schéma : placez sur la carte les informations sélectionnées.

Géographie

4 Comment les villes organisent-elles le territoire français ?

SAVOIR

Définition de la ville

• La ville peut être considérée comme un **nœud dans un réseau**. L'importance d'une ville tient donc à ses capacités de structurer les flux permettant la cohésion entre les territoires. La ville, c'est d'abord un **centre où se concentrent** populations, pouvoirs de commandement, et activités spécialisées ou hautement qualifiées.

• Cependant la déconcentration des fonctions urbaines et l'étalement de l'habitat dans les périphéries accélèrent les **mutations** des territoires urbains. La ville ne se définit plus par un rapport à un centre mais par rapport à un ensemble de pôles.

Le système urbain français

• Le système urbain français se caractérise par la **macrocéphalie** (très grosse tête). L'agglomération parisienne (9,9 M hab. en 2007) concentre en effet 1/6 de la population française. Les agglomérations de Marseille (1,4 M hab.), Lyon (1,4 M hab.) et Lille (1 M hab.) peinent à atténuer la domination parisienne.

Les nouveaux territoires des villes françaises

• Près de **75 %** de la population française vit dans des **territoires urbains** qui s'étalent sur une superficie d'environ 100 000 km^2 (18 % de la superficie métropolitaine). Le territoire des villes s'est étiré de 10 000 km^2 supplémentaires entre 1990 et 1999. Près de 677 communes rurales sont devenues des villes ayant atteint le seuil des 2 000 habitants retenu pour définir une agglomération (ensemble d'habitations tel qu'aucune ne soit séparée de la plus proche de plus de 200 m, et abritant au moins 2 000 habitants).

• Cette croissance des territoires urbains confirme, d'une part, la redistribution de la population et des activités dans de nouveaux territoires de plus en plus en plus éloignés du centre. Elle confirme d'autre part l'étalement du tissu urbain dans les zones rurales, intégrant les communes rurales dans le territoire des villes pour former une **aire urbaine** (ensemble de communes, d'un seul tenant et sans enclave, constitué par un **pôle urbain et par des communes rurales**, dont au moins 40 % des actifs travaillent dans le pôle ou dans des communes attirées par celui-ci).

• La **périurbanisation** explique également la diffusion de l'urbanisation. Les familles quittent les centres urbains saturés et leurs banlieues pour s'installer en périphérie, tout en conservant leur emploi dans le pôle urbain.

La place des villes françaises en Europe

• **Paris** s'impose par sa taille au premier rang des métropoles européennes. La puissance parisienne se matérialise par la très forte concentration des pouvoirs, politique, économique, culturel. Excepté Lyon, aucune autre métropole française ne peut réellement rivaliser avec les grandes métropoles européennes telles que Francfort, Milan, Barcelone.

Agglomérations urbaines de l'UE de plus d'un million d'habitants

Agglomération	Population (en M)		Rang		Taux d'évolution annuel (en %)	Poids dans la population du pays (en %)
	1975	2007	1975	2007	2005-2010	2007
Paris (France)	**8,6**	**9,9**	**1**	**1**	**0,2**	**16,1**
Londres (Royaume-Uni)	7,5	8,6	2	2	0,2	14,1
Madrid (Espagne)	3,9	5,6	3	3	1,3	12,6
Barcelone (Espagne)	3,7	4,9	4	4	1,0	11,1
Berlin (Allemagne)	3,1	3,4	6	5	0,2	4,1
Rome (Italie)	3,3	3,3	5	6	-0,1	5,7
Athènes (Grèce)	2,7	3,2	8	7	0,2	29,1
Milan (Italie)	3,1	2,9	7	8	-0,1	5,0
Lisbonne (Portugal)	2,1	2,8	11	9	0,9	26,5
Birmingham (RU)	2,4	2,3	9	10	0,1	3,8
Marseille-Aix-en-P.	**1,3**	**1,4**	**22**	**21**	**0,5**	**2,3**
Lyon (France)	**1,2**	**1,4**	**24**	**22**	**0,5**	**2,3**
Lille (France)	**0,9**	**1,0**	**31**	**33**	**0,5**	**1,7**
Cologne (Allemagne)	0,9	1,0	32	34	1,2	1,2
Rotterdam (Pays-Bas)	0,9	1,0	33	35	0,3	6,1

Source : ONU.

Connaître le langage cartographique

Le langage cartographique représente l'ensemble des informations identifiables sur une représentation spatiale : carte, croquis, schéma. Une bonne lecture ou une bonne réalisation de la carte nécessite de maîtriser les **figurés cartographiques**. Ceux-ci se divisent en trois catégories essentielles.

	Type de figurés	Informations représentées
Figurés de surface Plages de couleur pour des phénomènes qui s'étendent en surface.	couleur chaude couleur froide	Densités de population Espaces de production (agriculture, industrie) Espaces de loisirs : tourisme, zones climatiques
Figurés ponctuels Figures géométriques pour des phénomènes localisés sur un lieu du territoire.	● ▲ ■ ● ▲ ■	Agglomération, métropole, technopôle, usine, port, aéroport, gare, station de ski
Figurés linéaires Lignes pour les axes de communication. Flèches pour les échanges et les flux.	▬ ◄► ➔ ▬ ◄► ➔	Voies de communication : route, autoroute, chemin de fer, cours d'eau. Flux : financier, migratoire

FAIRE

1 Représentez le figuré des phénomènes évoqués.

Phénomène de surface	Figuré
Densités de population : forte, moyenne, faible	
Région d'élevage Région céréalière Vieille région industrielle	
Pays développés	
Pays pauvres	

Phénomène ponctuel	Figuré
Réseau urbain	
Ville monde, métropole	
Port, aéroport	
Technopôle	

Phénomène linéaire	Figuré
Axe majeur Axe secondaire Axe ferroviaire LGV / TGV	
Interface	
Flux financier Flux de marchandises Flux migratoire	

2 À l'aide des informations données dans le Savoir-faire, faites le croquis suivant : « **Organisation urbaine du territoire français** ».

Manche

Océan Atlantique

Mer Méditerranée

0   200 km

Géographie

Un espace productif ouvert sur l'Europe et le monde : la Bretagne (étude de cas)

La région Bretagne

• Avec 27 208 km², la région Bretagne est deux fois plus vaste que la région Île-de-France, mais trois fois moins peuplée (3,163 M hab. en 2010). Elle est située à l'extrémité nord-ouest du territoire français et au **carrefour de l'Arc atlantique européen** entre l'Atlantique et la Manche.

• Le découpage administratif régional distingue **4 départements** (Côtes-d'Armor, Finistère, Île-et-Vilaine, Morbihan) de superficie quasi identique mais d'un **peuplement inégal** : les Côtes-d'Armor (571 000 hab. en 2010) comptent près de 300 000 habitants de moins que l'Île-et-Vilaine. À l'exception de Rennes, les territoires urbains s'égrènent essentiellement sur les 2 700 km de littoral.

La Bretagne, une région dynamique

• Le **secteur agricole** et les **industries agroalimentaires**, fortement dynamiques, fournissent 8,6 % des emplois salariés privés de la région. Les industries agroalimentaires représentent 36 % de la valeur ajoutée industrielle bretonne, contre 13,5 % au niveau national. L'agriculture contribue à hauteur de 3,3 % à la valeur ajoutée régionale, contre 2 % pour l'ensemble de la France. Cependant depuis le début des années 1990, la valeur ajoutée de l'agriculture bretonne diminue (– 0,2 %) contrairement aux autres grands secteurs économiques.

• Confrontés au défi du développement durable et de la modernisation de la production, les **secteurs de la pêche et de l'aquaculture** demeurent attractifs. Concentrant 15 000 emplois directs et 2 500 entreprises, ils font de la Bretagne la première région maritime de France.

• La **construction** et la **réparation navales** représentent l'autre pilier de l'économie marine, avec près de 6 000 emplois directs. Depuis 2007, la région est propriétaire des ports de Lorient, Brest et Saint-Malo, dont elle assure la gestion, l'entretien et l'aménagement. Ainsi, en 2010, elle a investi 27 M€ dans ses ports pour soutenir les activités commerciales.

• Le **secteur tertiaire** est un secteur en développement. Il concentre 71 % des 1,26 million d'emplois que compte la région (4,9 % de l'emploi en France métropolitaine en 2007). La région projette de se connecter au haut débit (100 Mbits/s) d'ici 2012. L'objectif est de permettre aux particuliers de recevoir plusieurs chaînes de télévision à haute définition et aux entreprises de disposer de données et d'échanges plus nombreux et plus rapides. Le très haut débit facilite entre autres le télétravail pour les salariés. Plus largement, il participe à l'aménagement du territoire en permettant le maintien et le développement d'activités économiques en dehors des grands centres urbains.

La Bretagne, une région intégrée dans l'Arc atlantique

• Avec une vingtaine d'autres régions européennes, la région Bretagne est intégrée dans l'Arc atlantique. Créé en 1989, l'**Arc atlantique regroupe, du nord de l'Écosse à l'Andalousie, 27 régions de coopération**. L'objectif est de favoriser la mise en œuvre des programmes européens de coopération interrégionale dans divers domaines. Ces politiques favorisent en Bretagne l'amélioration et la modernisation des transports régionaux, le maintien des activités de pêche et des activités portuaires.

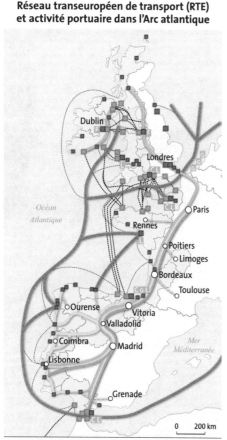

Réseau transeuropéen de transport (RTE) et activité portuaire dans l'Arc atlantique

Dublin

Londres

Océan Atlantique

Paris

Rennes

Poitiers

Limoges

Bordeaux

Toulouse

Ourense

Vitoria

Valladolid

Coimbra

Madrid

Mer Méditerranée

Lisbonne

Grenade

0   200 km

Projets RTE-T

▬▬▬ Axe ferroviaire de fret
▬▬▬ Axe ferroviaire GV
▬▬▬ Axe multimodal

Autre projet
- - - - Réseau grande vitesse

Liaisons maritimes
▬▬▬ Autoroutes de la mer
········ Lignes de cabotage
---------- Liaisons ferries

Spécificité des ports de l'Arc atlantique

■ Volume > 30 Mt (top 35)
■ Autres ports

C Conteneurs (top 20)
F Ferries (top 20)
G Cargos (top 20)
L Vrac liquide (top 20)

■ Gares maritimes

• L'Arc atlantique impulse l'orientation de la Bretagne vers le développement durable avec l'utilisation des **énergies renouvelables**. La Bretagne s'est ainsi engagée à une production d'**énergies marines** de 500 mégawatts (sur les 6 000 nationaux) pour 2020. Des **parcs éoliens** offshore au large de Saint-Brieuc, de Saint-Malo et à proximité de Lorient devraient produire 7 % de la consommation énergétique bretonne.

• La Bretagne entretient avec d'autres régions européennes hors Arc atlantique une politique de coopération régionale renforcée : en l'occurrence avec le Land Saxe (Allemagne), le pays de Galles (Royaume-Uni) et la Voïvodie de Wielkopolska (Pologne).

La Bretagne, une région ouverte sur le monde

• La Bretagne assure son rayonnement dans le monde en finançant plusieurs programmes de développement dans les pays du Sud. À **Madagascar**, la région Bretagne s'appuie sur la présence de plusieurs dizaines d'organismes bretons pour réaliser d'importants programmes de développement orientés vers les ressources de la mer, ainsi que vers le développement agricole et touristique.

• La Bretagne est aussi présente en **Chine**, dans la province du Shandong, où elle conduit une politique de coopération fondée sur l'éducation et la formation professionnelle.

• La Bretagne prend également une part active dans la mise en œuvre des programmes de **développement durable dans le monde**.

SAVOIR-FAIRE

Construire une légende

• **Qu'est-ce que la légende d'un croquis ?**

C'est la clé de lecture du croquis, indispensable pour comprendre les informations qui y sont contenues. La légende se construit avec un plan en deux ou trois parties. Ce plan est une réponse à la problématique que le sujet soulève. La légende se doit donc d'être cohérente et logique.

• **Comment faire une légende ?**

– Il faut tout d'abord analyser le sujet : repérer et comprendre les notions clés ; repérer les limites géographiques du sujet ; comprendre la problématique que le sujet proposé soulève.

– Il faut ensuite sélectionner les informations qui doivent figurer sur le croquis.

– Puis vous devez bâtir le plan en fonction de la problématique, et titrer chacune de ses parties.

– Enfin, il vous reste à choisir les figurés qui représenteront chaque information cartographique.

FAIRE

Voici un sujet de croquis : **« Mutations de l'espace productif français »**. Entraînez-vous à construire la légende de ce croquis en répondant aux questions suivantes.

1 Analysez le sujet : définissez l'expression « espace productif français », et le mot « mutations ».

2 Sélectionnez les informations : quels sont les secteurs productifs ? Où sont les espaces de production ? Où se situent les nouveaux espaces productifs ? Quelles informations doivent figurer sur le croquis ?

3 Organisez le plan : deux, trois ou quatre parties sont conseillées pour recouper et classer les informations avec logique et pertinence. Déterminez le titre de chaque partie.

4 Choisissez les figurés (voir Savoir-faire p. 129).

5 Esquissez à présent les contours de l'espace français ou utilisez un fond de carte pour y reporter les figurés de la légende.

6 Une plateforme européenne et mondiale : Roissy

SAVOIR

Roissy, un puissant hub européen et mondial

• Roissy a accueilli en 2009 près de 57 millions de passagers sur les 83 millions que comptabilisent les Aéroports de Paris (ADP). Comparée à l'année 2008, cette fréquentation est en recul de 4,9 % (– 4,7 % ADP). De même, les mouvements d'avions ont diminué de 6 % (– 5,5 % ADP). La crise financière de 2008 explique en partie ce léger recul des flux de passagers et de fret. **Roissy** demeure néanmoins le **premier aéroport français** devant Orly (25 millions de passagers) et le **deuxième aéroport européen** derrière Londres/Heathrow (66 millions de passagers).

• La présence de la compagnie Air France KLM, premier transporteur européen (75 millions de passagers en 2009) et leader mondial du transport de fret aérien, constitue un atout considérable pour le développement de Roissy. Le satellite n° 3, mis en service en 2007, constitue la plus grande plateforme d'embarquement en France (4 500 passagers/heure). Cette plateforme, spécialement conçue pour accueillir les très gros porteurs, peut recevoir six A 380 simultanément. Avec près de 23 000 opportunités de connexions en moins de deux heures par semaine, **Roissy** se positionne au **premier rang des hubs européens** et au **6ᵉ rang mondial**.

Une situation géographique très avantageuse

Roissy s'appuie d'abord sur la taille de l'agglomération parisienne (11 M hab.) et sur sa puissance économique et culturelle (1ʳᵉ ville mondiale pour les congrès internationaux). Roissy s'appuie ensuite sur l'Île-de-France, première région économique française (près du quart du PIB métropolitain), et sur la France, 5ᵉ puissance économique mondiale (1ʳᵉ destination touristique dans le monde). La plateforme tire également profit de la proximité des grandes métropoles d'Europe et de la puissance économique de la mégalopole européenne et des villes rhénanes, pour la plupart à moins de 2 h de vol. Roissy dispose ainsi d'une aire de chalandise de 25 millions d'habitants dans un rayon de moins de 200 km.

Roissy, une plateforme orientée vers le développement durable

Aéroports de Paris, la société gestionnaire de Roissy, envisage l'aménagement d'un nouveau satellite 4 dédié aux vols long-courriers. Un bâtiment de 10 000 m² pouvant accueillir à terme 7,8 millions de passagers/an et 16 avions simultanément, dont 7 A 380, est en voie de réalisation. Sa conception s'inscrit dans le cadre du Grenelle de l'environnement (2007). Il est prévu de diminuer la consommation énergétique globale d'environ 30 % par rapport à la moyenne des aérogares existantes. La mise en place d'un système de transport automatique et électrique pour les passagers ou l'utilisation d'un système hydro-économe et la valorisation des eaux pluviales sont d'autres mesures d'ordre environnemental.

L'aménagement du réseau aérien, une priorité nationale

Aéroports de Paris, variation du trafic total 2008-2009

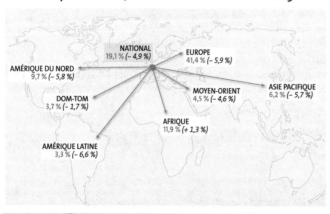

NATIONAL 19,1 % (– 4,9 %)
EUROPE 41,4 % (– 5,9 %)
AMÉRIQUE DU NORD 9,7 % (– 5,8 %)
MOYEN-ORIENT 4,5 % (– 4,6 %)
ASIE PACIFIQUE 6,2 % (– 5,7 %)
DOM-TOM 3,7 % (– 1,7 %)
AFRIQUE 11,9 % (+ 1,3 %)
AMÉRIQUE LATINE 3,3 % (– 6,6 %)

• Dans le cadre de l'aménagement du territoire, la Datar a favorisé le développement du transport aérien intérieur. Dès les années 1960, toutes les grandes villes de la périphérie sont équipées d'un aéroport permettant d'assurer une liaison avec Paris. Les villes moyennes le sont à leur tour dans les années 1970 et 1980. Grâce à cette politique volontariste, le transport aérien intérieur en France a connu un développement supérieur à celui des autres pays d'Europe.

• Les **vols internationaux** demeurent la **priorité** du hub de Roissy. En dehors de Paris, seul l'aéroport de Nice (9,8 M de passagers) montre un réel dynamisme dans le trafic international, suivi par Marseille (7,3 M) qui tire profit du développement du transport à bas coût. Cependant, aucun aéroport de province ne figure parmi les 20 premiers aéroports européens.

● Analyser une carte en anamorphose

● **Qu'est-ce qu'une carte en anamorphose ?**

C'est une carte qui transforme un contour selon un principe défini. Elle attribue aux portions d'espace une superficie sur le papier qui est proportionnelle à une autre donnée. La carte en anamorphose modifie volontairement les contours physiques d'un espace pour mieux représenter un phénomène géographique. Cela peut être une population, une richesse produite, une durée de trajet, etc. La carte en anamorphose est en général épurée et a pour objectif de montrer une tendance générale. C'est un procédé efficace dans le domaine de la communication.

● **Comment analyser une carte en anamorphose ?**

– Repérer d'abord l'espace à représenter et l'échelle (ville, région, État, continent) ainsi que le type de projection.

– Déterminer la donnée utilisée : distance, richesse, population…

– Analyser la carte : observer la déformation de la carte (anamorphose) en la comparant avec une représentation réelle de l'espace déterminé. Dégager ensuite les caractéristiques de la déformation.

– Interpréter la carte : relever les informations tirées de l'observation de la carte en les confrontant avec vos connaissances.

FAIRE

● Confrontez une carte en anamorphose et un tableau statistique.

Document 1 : Décollage d'avions dans le monde, 2005

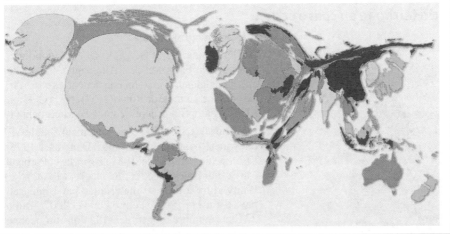

Document 2 : Nombre d'avions par zone de départ pour 1 000 hab./an

Rang	Territoire	Décollage d'avions[1] pour 1 000 hab./an
1	Antigua & Barbade	672
2	Monaco	412
3	Seychelles	186
4	Luxembourg	102
5	Bahamas	82
6	Îles Marshall	75
7	Nouvelle-Zélande	65
8	Irlande	59
9	Norvège	55
10	Îles Fidji	48

1. Pays d'enregistrement de l'avion.

Source : www.worldmapper

1 Identifiez le type de projection et l'échelle de la carte.

2 Déterminez le phénomène géographique à l'aide du titre de la carte et du tableau statistique.

3 Quelles déformations observez-vous ?

4 Quelles interprétations pouvez-vous faire ?

Géographie

De l'espace européen aux territoires de l'Union européenne

SAVOIR

Qu'est-ce que l'Europe ?

• Des territoires plus qu'un continent

Avec près de 10 millions de km², le territoire européen est à peine plus étendu que des États continents comme les États-Unis (9,3 M km²), la Chine (9,5 M km²), le Brésil (8,5 M km²). Avec 47 pays membres au Conseil de l'Europe (ne pas confondre avec l'UE), l'Europe se singularise par des **fragments territoriaux** que tentent de remodeler les nouvelles orientations politiques.

• Une mosaïque culturelle et des milieux naturels divers

L'Europe regroupe près de 700 millions d'habitants. Plusieurs vagues migratoires en provenance d'Asie sont à l'origine de son peuplement. Aujourd'hui, divers flux migratoires contribuent à atténuer le vieillissement de la population. L'Europe est une **mosaïque de populations et de langues** : on y dénombre entre 220 et 230 langues indigènes. À cette diversité linguistique s'ajoute la **diversité religieuse**, dominée par le christianisme.

L'espace européen présente une **grande variété de milieux naturels**. L'organisation du relief est caractérisée par la présence de grandes plaines au nord et un relief de montagne fortement dominé par le système alpin. La trame climatique révèle un climat tempéré marqué par une double opposition : climat polaire au nord, méditerranéen au sud ; climat océanique à l'ouest, continental à l'est.

Un territoire en construction

Programme Interreg IV

Régions de coopération frontalière

• L'Union européenne

Au lendemain de la Seconde Guerre mondiale, réunis autour de la France et de l'Allemagne, l'Italie, les Pays-Bas, la Belgique, le Luxembourg jettent les bases de l'Union européenne. Le traité de Rome (1957) crée la CEE qui devient l'Union européenne après le traité de Maastricht (1992).

L'Europe des Six s'est progressivement élargie à l'Europe du Nord (Royaume-Uni, Irlande, Danemark,1973), puis à l'Europe du Sud (Grèce, 1981 ; Espagne et Portugal,1986), à la Scandinavie (Suède et Finlande) et à l'Autriche (1995). L'ouverture à l'est se matérialise par l'intégration des pays d'Europe de l'Est entre 2004 et 2007. Aujourd'hui, 27 États membres constituent l'Union européenne qui est d'abord une **union économique**.

• Une Europe sans frontières est la volonté des États signataires des accords de Schengen (1985). L'**espace Schengen** regroupe 25 États en 2010, dont 22 États membres de l'UE, sauf l'Irlande, le Royaume-Uni, la Bulgarie, la Roumanie et Chypre qui maintiennent des contrôles aux frontières. La Norvège, l'Islande et la Suisse, pays extérieurs à l'UE, sont associés à Schengen.

• Des territoires inégalement développés

Avec un PIB de près de 20 000 €/hab., l'Europe fait partie des grands ensembles développés de la planète. Cependant les pays d'Europe de l'Est, nouveaux membres de l'UE, accumulent d'importants retards de développement. Pauvreté et chômage caractérisent le passage d'une économie planifiée à une économie libérale. Depuis 1989, l'UE met en œuvre des programmes d'aide au développement régional appelés **Interreg**. Un budget de 340 Mds €, provenant exclusivement du Fonds européen de développement régional (Feder), est mobilisé pour le programme Interreg IV en cours (2007-2013).

● Analyser un phénomène
à différentes échelles

● **Qu'est-ce qu'observer un phénomène à différentes échelles ?**

Observer un phénomène à différentes échelles permet d'obtenir des informations diverses sur le phénomène dans l'espace considéré. La lecture du phénomène par emboîtement des échelles permet d'extraire du document quelques données précises favorisant une meilleure compréhension.

– L'**échelle continentale ou planétaire** est la petite échelle. Elle permet de représenter le phénomène sur une grande étendue terrestre.

– L'**échelle régionale** est la moyenne échelle.

Elle permet de représenter le phénomène dans un ensemble géographique (une partie d'un continent ou un État).

– L'**échelle locale** est la grande échelle. Elle permet de représenter le phénomène sur une petite étendue terrestre (une aire urbaine par exemple).

● **Comment procéder ?**

– Identifier d'abord le phénomène puis en donner une définition.

– Identifier ensuite les échelles d'observation du phénomène : échelle continentale ou planétaire, échelle régionale, échelle locale.

– Enfin, confronter les informations extraites de l'observation du phénomène aux différentes échelles.

FAIRE

● Analysez l'immigration clandestine à différentes échelles.

Document 1 : Causes de décès des migrants clandestins dans l'espace euroméditerranéen

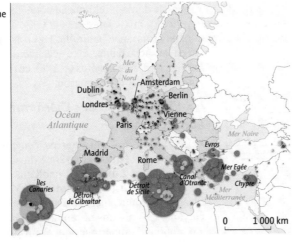

1 Quel phénomène géographique peut-on identifier dans les documents 1 et 2 ? Définissez-le.

2 Quelles sont les échelles d'observation ?

3 Quelles informations peut-on extraire des deux documents ?

Document 2 : 21 immigrés clandestins noyés, 200 portés disparus

Dimanche et lundi, de nombreux bateaux chargés d'immigrés clandestins ont quitté la Libye pour tenter de rejoindre l'Europe, notamment l'île italienne de Lampedusa, au large de la Sicile. Lundi, les conditions météorologiques étaient difficiles avec de forts vents soufflant en tempête. Cela n'a pas découragé les candidats au départ. Plusieurs embarcations ont ainsi quitté les côtes libyennes. L'une d'entre elles, transportant environ 300 personnes, a fait naufrage à une trentaine de kilomètres au large. Selon un dernier bilan diffusé mardi en début d'après-midi, 21 clandestins sont morts, plus de 200 sont portés disparus et 23 ont été retrouvés vivants. Un autre bateau a en revanche pu être remorqué jusqu'à la côte par les secours.

Avec ses 1 770 km de frontières maritimes, la Libye est devenue un pays de destination et de transit d'immigrés originaires notamment de l'est et du sud de l'Afrique, vers Malte ou Lampedusa. Les naufrages sont fréquents lors de la périlleuse traversée. Dimanche soir, le naufrage d'une embarcation avait ainsi déjà fait 21 morts et un nombre indéterminé de disparus. Lundi, environ 350 clandestins, dont l'embarcation était en difficulté au large des côtes libyennes, avaient été sauvés par un tanker italien.

Le ministre italien de l'Intérieur Roberto Maroni a affirmé lundi que l'immigration clandestine en provenance des côtes libyennes devrait cesser le 15 mai avec l'entrée en vigueur des patrouilles communes italo-libyennes. Dans le cadre d'un accord d'amitié entre l'Italie et la Libye, signé en août 2008, les autorités de Tripoli se sont en effet engagées à renforcer la lutte contre l'immigration clandestine, notamment à travers des patrouilles mixtes en mer.

Source : www.lci.tf1.fr/DR, 31 mars 2009

Géographie

Les territoires ultramarins de l'UE et leur développement

SAVOIR

Des territoires ultramarins définis comme des régions périphériques

• L'Europe détient le **domaine maritime le plus vaste du monde** (25 millions de km²) grâce à ses territoires d'outre-mer ou régions ultrapériphériques (RUP). Ces territoires ultramarins se caractérisent par leur éloignement du continent européen. C'est en 1999, lors du traité d'Amsterdam, que les territoires ultramarins sont reconnus comme régions ultrapériphériques ayant des **particularismes spécifiques** : l'insularité, l'étroitesse du territoire, et l'éloignement du continent européen.

• Ces territoires se caractérisent également par leur **faible développement économique**, comparés à l'Europe métropolitaine. Écarts de développement en partie accentués par l'isolement géographique des RUP. La reconnaissance par l'UE des territoires ultramarins comme **régions** permet aux RUP de bénéficier des fonds européens pour le développement (programme Interreg) et de disposer d'avantages fiscaux considérables.

Sept RUP d'inégale croissance démographique

• On distingue **sept régions ultrapériphériques** : Guadeloupe, Guyane, Martinique, Réunion (DOM-ROM français), Canaries (Espagne), Açores et Madère (Portugal). Excepté la Guyane, les six autres régions retenues sont des territoires insulaires.

• Ces régions regroupent près de **4 millions d'habitants**. L'archipel des Canaries concentre près de la moitié des habitants des RUP. La croissance démographique au cours des dernières années est particulièrement importante en Guyane (+ 37 %), aux Canaries (+ 23 %), à la Réunion (+ 11 %) entre 2007 et 2008, en raison d'un fort taux de croissance naturelle. La croissance démographique est en revanche faible, voire négative, dans les îles portugaises, Madère (– 3 %) et Açores (+ 2 %), ce qui s'explique en partie par le fort taux d'émigration.

L'intégration des DOM français aux RUP européennes

• Les territoires ultramarins français représentent une superficie de 110 000 km² (20 % du territoire métropolitain) et concentrent 2 millions d'habitants (3 % de la population française). On distingue **quatre DOM-ROM** (départements et régions d'outre-mer) : Réunion, Guadeloupe, Martinique, Guyane. Ces régions ultramarines françaises sont intégrées aux régions ultrapériphériques européennes.

• Si le **tourisme** constitue le **secteur économique dominant pour l'ensemble des RUP**, quelques différences sont néanmoins observables. Les RUP françaises accueillent moins de touristes que les RUP espagnoles et portugaises. L'éloignement des RUP françaises et les tarifs élevés qui y sont appliqués expliquent en partie cette différence. Les RUP françaises bénéficient d'une importante **économie de transfert**, faisant d'elles des îlots de prospérité dans des régions marquées par d'importants retards de développement.

• En dépit de leur appartenance à l'UE, les RUP françaises ne font pas partie de l'espace Schengen, contrairement aux Açores, à Madère et aux Canaries.

Les défis communs aux RUP

• Le **phénomène migratoire non maîtrisé** est un défi particulièrement important dans les RUP. Guyane, Réunion et Guadeloupe subissent la pression migratoire des pays voisins, notamment d'Haïti et la de la République dominicaine dans les Caraïbes.

Données et localisation des RUP

	Açores	Canaries	Guade-loupe	Guyane	Madère	Marti-nique	La Réunion
Localisation	Océan Atlantique	Océan Atlantique	Mer des Caraïbes	Amérique du Sud	Océan Atlantique	Mer des Caraïbes	Océan Indien
Capitale	Ponta Delgada	Las Palmas	Pointe-à-Pitre	Cayenne	Funchal	Fort-de-France	Saint-Denis
Superficie (en km²)	2 333	7 447	1 703	83 534	795	1 128	2 504
Population en 2007	243 500	2 019 200	403 000	213 500	246 200	400 000	790 500
Index PIB/habitant (SPA 2006) (1)	68,6	92,6	68,4	49	97,7	73,6	61,6
Taux de chômage 2008 (en %)	5,5	17,4	22	16,7*	6	22,4	24,5
Fonds structurels 2007-2013 (millions d'€)	1 423	1 788	602	405	606	515	1 531
Fonds européens (2) 2007-2013 (millions d'€)	275**	153**	143,2	79,2	175**	106,6	333

* en 2007.   ** sauf Fonds européens pour la pêche (FEP).
(1) Standard de pouvoir d'achat (UE 27 = 100).
(2) Fonds européen agricole pour le développement rural (Feader) et Fonds européen pour la pêche (FEP).

Açores
Madère
Canaries
Guadeloupe
Martinique
Guyane
Océan Atlantique
Océan Indien
La Réunion

Source : Tableau économique de la Réunion, 2010, fiche RUP, Insee.fr

Les Canaries, les Açores et Madère subissent la pression migratoire en provenance d'Afrique.
● Le **défi environnemental** vise à réduire l'impact du changement climatique lié au réchauffement de la planète. Le **défi agricole**, pour sa part, tente d'améliorer la production agricole et l'approvisionnement alimentaire.

SAVOIR-FAIRE

● Rédiger une composition

La composition doit permettre au candidat de faire la preuve de ses connaissances tout en les situant dans un questionnement. Certains éléments peuvent être fournis pour aider le candidat (chronologie, données statistiques, indications spatiales…). Les sujets portent sur un ou plusieurs thèmes ou ensembles géographiques du programme. Les productions graphiques (schéma[s]…) que le candidat peut réaliser à l'appui de son raisonnement, en fonction du sujet et de ses choix, seront valorisées (extraits du *BO* n° 7, 12 février 2004).

● **Première étape : analyser le sujet, dégager la problématique, bâtir un plan**

Prendre le temps de réfléchir pour ne pas « se tromper » de sujet si un choix est possible :
– bien le comprendre pour ne pas commettre de hors-sujet ;
– analyser sa structure grammaticale : repérer la construction du libellé, la ponctuation, les liens logiques, afin de découvrir le mot clé ;
– délimiter son champ : le libellé du sujet indique l'espace considéré.

Dégager une problématique : le sujet énonce ou sous-entend une problématique. Il s'agit de formuler un questionnement pour dégager le fil conducteur permettant d'organiser la réflexion.

Bâtir le plan : en géographie, deux types de plans sont à privilégier :
– le plan thématique : organisation de la réflexion par thème en rapport avec la problématique ;
– le plan scalaire : organisation de la réflexion à travers l'emboîtement des échelles (locale, régionale, mondiale).

Remarque : il n'existe pas de plan type. Un plan étant une réponse à la formulation de la problématique, la première qualité recherchée est la cohérence par rapport à la problématique. Il peut comporter deux, trois ou quatre parties. Le plan détaillé fait apparaître les sous-parties.

● **Deuxième étape : la rédaction de la composition**

– **L'introduction** : elle doit comporter trois éléments :

1. Elle présente le sujet, explique les notions clés, et détermine les limites spatiales.

2. Elle pose la problématique.

3. Elle annonce le plan de manière explicite.

– **Le développement** : il peut comporter deux, trois ou quatre parties. Chaque partie est constituée de plusieurs sous-parties construites en paragraphes. Chaque paragraphe contient une idée et un ou plusieurs exemples-arguments.

Avant de commencer la rédaction d'une grande partie, il faut évoquer brièvement (quelques phrases) son thème général.

Une phrase de transition (conclusion partielle et ouverture) doit assurer le passage d'une grande partie à l'autre.

– **La conclusion** : elle doit comporter deux éléments :

1. une réponse à la problématique soulevée dans l'introduction ;

2. une ouverture évoquant les continuités possibles de la problématique.

● **Conseils pratiques**

– Rédiger au brouillon l'intégralité de l'introduction et de la conclusion. Ces deux parties doivent être correctement rédigées. Ne pas attendre d'avoir terminé le devoir pour rédiger de manière hâtive la conclusion.

– Présenter proprement le devoir. Soigner l'écriture, sauter une ligne entre l'introduction, le développement et la conclusion, et entre chacune des grandes parties. Utiliser un retrait de ligne pour commencer un paragraphe.

– Un plan comportant plus de quatre parties est fortement déconseillé.

Géographie

FAIRE

Après l'avoir analysé et en avoir dégagé la problématique, proposez un plan sur le sujet suivant : « **Unité et diversité de l'Europe** ».

9

L'Union européenne dans la mondialisation

Au nord, la Northern Range, acteur majeur de la mondialisation

• La Northern Range est une **rangée de villes portuaires s'étirant entre la France, la Belgique, les Pays-Bas et l'Allemagne** sur un millier de kilomètres. Des côtes de la Manche à la mer du Nord, du Havre à Hambourg, la façade maritime du nord de l'Europe constitue l'**interface maritime la plus dynamique des pays de l'Union européenne**. Les atouts majeurs de cette façade maritime résident dans la puissante capacité d'adaptation de ses ports aux mutations du commerce mondial, dans la puissance économique de la mégalopole européenne et dans les grandes aires urbaines de l'arrière-pays qui concentrent près de 150 millions d'habitants.

Interface majeure entre les territoires dominants de l'UE et les autres pôles de la Triade, la Northern range demeure un espace de concurrence portuaire dominé par le puissant port de Rotterdam.

• Avec 420 millions de tonnes de marchandises transbordées en 2008, **Rotterdam** confirme son rang de **premier port européen et de troisième port mondial**. Longtemps resté dans l'ombre d'Anvers et d'Amsterdam, le site portuaire s'est développé grâce à l'aménagement, dans la seconde moitié du XIXᵉ siècle, du canal Nieuwe Waterweg, voie d'eau ouvrant un accès direct à la mer du Nord.

• Rotterdam est aujourd'hui un **puissant hub portuaire** ouvert sur l'Europe et le monde. Les flux majeurs du trafic portuaire se composent de matières premières (hydrocarbures, charbon, cuivre, sables) et de produits agricoles (céréales, fruits). Près de **60 % du trafic de marchandises se réalisent entre les pays de l'UE**. Le reste des flux de marchandises est réparti entre l'Amérique Nord et du Sud (20 %), l'Asie (10 à 15 %) et l'Afrique (5 à 10 %).

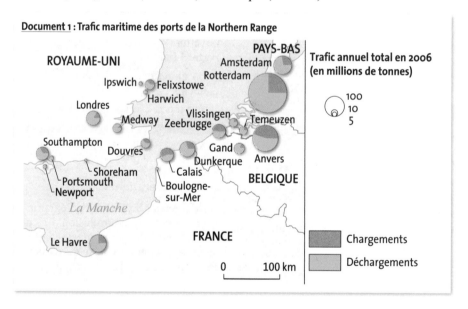

Document 1 : Trafic maritime des ports de la Northern Range

Au sud, l'Arc Méditerranée latin, interface majeure Nord-Sud

• L'espace de la façade méditerranéenne s'articule autour de l'**Arc Méditerranée latin (AML)**, vaste zone transfrontalière d'une superficie de près de 400 000 km² couvrant les territoires de l'Europe méditerranéenne (Espagne, France, Italie). Avec près de 65 millions d'habitants, l'AML concentre 15 % de la population de l'UE et 12 % de sa population active.

• L'AML est également un espace dominé par deux régions transfrontalières. La première, l'**eurorégion Pyrénées-Méditerranée** (créée en 2004) regroupe deux régions françaises (Languedoc-Roussillon et Midi-Pyrénées) et trois régions espagnoles (Aragon, Catalogne et îles Baléares), polarisées par la métropole de Barcelone.

La seconde, l'**eurorégion Alpes-Méditerranée** (créée en 2006), réunit pour sa part deux régions françaises (Rhône-Alpes et Provence-Alpes-Côte d'Azur) et trois régions italiennes (Ligurie [Gênes],

Piémont [Turin] et Val d'Aoste [Aoste]). Avec 17 millions d'habitants, l'eurorégion Alpes-Méditerranée se positionne au cœur de l'AML. C'est un espace de coopération transfrontalière dont le développement économique s'appuie sur des métropoles portuaires, Marseille et Gênes, respectivement 4e et 14e ports de rang européen (en 2009). Cependant l'essor de ces grands ports de la façade méditerranéenne est fortement entravé par le faible poids démographique de leur arrière-pays, contrairement aux ports de la Northern Range.

• L'interface AML met en contact les pays riches d'Europe dont le PIB moyen annuel par habitant est supérieur à 20 000 euros et les pays du Sud en retard de développement. Cet espace est fortement **dynamisé par le secteur du tourisme** qui produit 15 à 20 % du PIB des territoires de l'Arc méditerranéen. Avec plus de 270 millions de touristes en 2007-2008, soit 30 % du tourisme mondial, l'**AML** demeure la **première destination touristique au monde**.

SAVOIR-FAIRE

● Analyse de documents

L'étude de documents est une épreuve du Bac consistant à répondre à un sujet à partir d'un ou deux documents de nature diverse.
Le sujet est accompagné d'une consigne écrite pour vous guider et vous indiquer ce que l'on attend de vous.

• Méthode

– lire les documents et dégager la portée de chaque document ;
– comprendre ce que l'on vous demande de faire ;
– sélectionner les informations utiles à la formulation de la réponse ;
– rechercher, à partir de vos connaissances, quelques arguments et exemples pouvant compléter les informations fournies par le ou les documents ;
– organiser la réponse en deux ou trois grands thèmes. Chaque thème doit comporter deux, trois ou plusieurs paragraphes. Chaque paragraphe doit présenter une idée principale induite par le ou les documents, des arguments et des exemples tirés des documents et de vos connaissances.
– rédiger la réponse au sujet de la manière suivante : reprendre la problématique en une phrase introductive ; développer les thèmes choisis à partir des paragraphes ; conclure en une ou deux phrases.

Vous devez penser à présenter un travail équilibré et cohérent, répondant à la problématique sous-tendue par le sujet.

FAIRE

• Confronter deux documents de nature différente (un tableau et une carte).

Document 2 : Activité des principaux ports maritimes européens (Mt)*

	Rang européen	2000	2005	2006	2007
1	Rotterdam (Pays-Bas)	302,5	345,8	353,6	374,2
2	Anvers (Belgique)	116,0	145,8	151,7	145,8
3	Hambourg (Allemagne)	77,0	108,3	115,5	118,2
5	Le Havre (France)	63,9	70,8	70,0	78,9
7	Amsterdam (Pays-Bas)	42,0	47,1	56,8	62,5
11	Dunkerque (France)	44,3	48,5	50,4	50,2

* Poids brut de marchandises.

Source : Insee.fr.

1 Identifiez l'espace représenté sur la carte (document 1). Justifiez votre réponse.

2 Quelle est l'évolution du trafic maritime des ports de la façade du nord de l'Europe (documents 1 et 2) ?

3 Quelles remarques pouvez-vous faire sur la répartition spatiale des ports de la Northern Range (document 1) ?

La place de la France dans la mondialisation

La France, un pays moyennement étendu et faiblement peuplé

• Avec 543 965 km², la superficie de la France métropolitaine, plus vaste État de l'UE mais seulement 46ᵉ au niveau mondial, présente des dimensions modestes. La France est 16 fois moins étendue que des États continents comme les États-Unis, le Canada ou la Chine. De forme grossièrement hexagonale, l'espace français occupe un isthme étroit entre l'Atlantique et la Méditerranée.

• Avec 61 millions d'habitants en 2009 (1 % de la population mondiale), la France métropolitaine se situe au 18ᵉ rang mondial et au 2ᵉ rang dans l'UE derrière l'Allemagne. Avec 113 habitants au km², la densité moyenne du peuplement est 2,3 fois supérieure à celle du peuplement mondial (49 hab./km²). Le taux d'urbanisation du territoire (77 %) est comparable à celui de l'Amérique du Nord et légèrement supérieur à la moyenne européenne (72 %).

La France, cinquième puissance économique mondiale

• La France se positionne au **5ᵉ rang des échanges mondiaux de biens et de services**. Le commerce de marchandises est surtout constitué de biens manufacturés. Avec 700 Mds € d'exportations et d'importations en 2004, la France se place derrière l'Allemagne, les États-Unis, la Chine, et le Japon.

• Les **échanges de services** se sont eux aussi développés : 88 Mds € en 2004, soit le quart des exportations mondiales de services. La France se place au 4ᵉ rang des pays exportateurs de services derrière les États-Unis, le Royaume-Uni et l'Allemagne, et au 5ᵉ rang des pays importateurs.

• Avec 997 Mds € investis à l'étranger en 2008, soit 7,8 % du stock mondial d'IDE (investissements directs à l'étranger), la France occupe la **3ᵉ place des pays investisseurs à l'étranger** derrière les États-Unis et le Royaume-Uni. Avec près de 685 Mds € d'IDE investis sur son territoire en 2008, la France se place au 5ᵉ rang des pays attirant les investissements mondiaux.

• Les groupes industriels français sont bien positionnés au plan mondial : on compte 47 entreprises françaises parmi les 1 000 premiers groupes mondiaux. Avec près de 1 000 milliards d'euros en 2008, la France occupe le 4ᵉ rang mondial pour le chiffre d'affaires réalisé par ses groupes industriels, derrière les États-Unis (5 051 Mds), le Japon (2 677 Mds), l'Allemagne (1 244 Mds).

La France, premier pays touristique du monde

• En 2008, la France a reçu **78 millions de touristes**, 60 millions la choisissant comme destination finale. Pour les autres, elle est une porte d'entrée qui leur permet de transiter vers d'autres territoires européens. La France est le pays le plus visité au monde, devant l'Espagne, les États-Unis, la Chine et l'Italie.

La France, une puissance culturelle

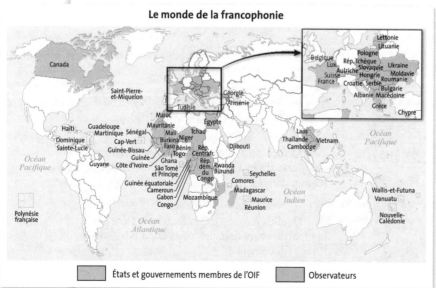

Le monde de la francophonie

États et gouvernements membres de l'OIF   Observateurs

• Le français est la 9ᵉ langue la plus parlée dans le monde et la seule à être **présente sur les cinq continents**. On compte 200 millions de francophones dans le monde. L'**Organisation internationale de la francophonie (OIF)** regroupe 75 États et gouvernements, dont 32 ont le français comme langue officielle. En Europe, le français est la 2ᵉ langue maternelle la plus parlée (16 %), derrière l'allemand (23 %) et devant l'anglais (15 %). Le français est diffusé à travers le monde par la chaîne TV5 Monde, reçue par 207 millions de foyers dans 200 pays et territoires.

Étudier un tableau statistique

• Qu'est-ce qu'un tableau statistique ?

Un tableau statistique présente des données qui permettent de recueillir une ou plusieurs informations sur un phénomène géographique. Ces données peuvent être d'ordre géographique, démographique, économique, politique, social... L'analyse du tableau permet d'entrevoir l'évolution du ou des phénomènes considérés.

• Méthode

Comprendre d'abord les caractéristiques générales du tableau :
– repérer le ou les phénomènes quantifiés par le tableau ;
– repérer les unités employées : valeur absolue, pourcentage (valeur relative), indice de référence (100 ou 1 000) ;
– repérer l'année de référence ou la période ;
– repérer s'il s'agit d'une situation ponctuelle ou d'une évolution.

Ensuite, **sélectionner** les informations fournies par le tableau :
– identifier celles qui permettent de comparer les séries de données : valeurs les plus fortes confrontées aux valeurs les plus faibles ;
– identifier celles qui permettent de comparer les grandes évolutions dans le temps ou dans l'espace.

Enfin, **commenter** les données :
– interpréter les évolutions ou les résultats observés ;
– dégager l'intérêt du phénomène abordé ;
– mettre en évidence les limites des données.

FAIRE

• Analysez un tableau statistique.

Investissements directs étrangers (IDE) en France (Mds €)

	2008 (r)		2009	
	Flux	**en %**	**Flux**	**en %**
Union européenne à 27	**31,2**	**73,4**	**33,0**	**76,9**
UEM* à 16, *dont* :	29,5	69,4	19,7	46,0
Allemagne	6,9	16,2	– 0,3	– 0,7
Belgique	3,4	8,0	5,5	12,8
Espagne	– 3,7	– 8,7	1,7	4,0
Irlande	3,0	7,1	0,5	1,2
Italie	– 3,0	– 7,1	2,5	5,8
Luxembourg	17,5	41,2	– 0,5	– 1,1
Pays-Bas	4,3	10,1	9,8	22,8
Autres pays de l'UE, *dont* :	1,7	4,0	13,3	30,9
Pologne	1,1	2,6	0,6	1,4
République tchèque	0,1	0,2	0,5	1,3
Roumanie	0,2	0,5	0,3	0,6
Royaume-Uni	– 0,9	– 2,1	10,3	24,0
Suède	0,4	0,9	0,5	1,1
Autres pays industrialisés, *dont* :	**10,1**	**23,8**	**3,4**	**7,9**
États-Unis	5,4	12,7	– 1,0	– 2,4
Japon	1,0	2,4	0,7	1,7
Suisse	2,2	5,2	2,6	6,2
Reste du monde, *dont* :	**1,2**	**2,8**	**6,5**	**15,2**
Brésil	0,2	0,5	– 0,1	– 0,3
Chine	– 0,1	– 0,2	0,1	0,3
Inde	0,0	0,0	0,0	0,0
Total	**42,5**	**100,0**	**42,9**	**100,0**

Source : Banque de France.

(r) : données révisées.

* Union économique et monétaire.

Le signe moins indique un désinvestissement.

1 Identifiez le phénomène quantifié et ses caractéristiques en vous aidant des remarques évoquées dans le Savoir-faire.

2 Sélectionnez les données en opposant quelques valeurs significatives. Confrontez les valeurs les plus hautes aux valeurs les plus faibles.

3 Dégagez les grandes tendances du tableau. Quelle interprétation pouvez-vous leur donner ?

Géographie

Sciences

Sciences

Fonctionnement de l'œil

SAVOIR

Notre œil fonctionne comme un appareil photographique. De l'extérieur vers l'intérieur, il possède trois enveloppes : la **sclérotique** protectrice, la **choroïde** noire et la **rétine** photosensible.

Le globe oculaire

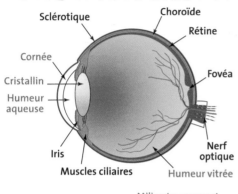

Milieu transparent
Membrane opaque

• La **cornée** transparente limite l'**humeur aqueuse**. Également transparent, le **cristallin**, une lentille convergente, déformable (grâce aux muscles ciliaires) permet l'accommodation pour que les images atteignent la rétine pour des objets à moins de 5 mètres de l'œil. La distance maximale à laquelle l'œil peut voir sans accomodation est le ***punctum remotum***. L'ensemble cornée, cristallin et humeur aqueuse constitue la lentille de l'œil. À moins de 25 cm (***punctum proximum***), l'image est floue

• Entre la rétine et le cristallin, il y a une chambre optique transparente, l'**humeur vitrée**.

• Le diaphragme de l'œil est formé par l'**iris** percé en son centre par la **pupille**. L'ouverture réflexe de la pupille fait varier la quantité de lumière qui pénètre dans l'œil.

La rétine, une membrane photoréceptrice

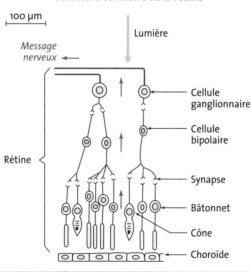

Structure cellulaire de la rétine

• De structure complexe, la rétine possède des **photorécepteurs** :
– trois types de **cônes** assurant la vision des couleurs (rouge, vert et bleu) ;
– les **bâtonnets**, sensibles aux intensités lumineuses mais donnant une vision en noir et blanc.

• Située dans le prolongement de la pupille centrale, ou **fovéa**, la partie axiale de la rétine ne possède que des cônes. La distinction entre deux points différents, ou discrimination, est excellente car la connexion de chaque récepteur au neurone suivant se fait avec une seule **synapse** (zone de communication entre deux cellules excitables).

• Les trois pigments rétiniens, ou opsines, sont synthétisés grâce au fonctionnement de trois gènes. La ressemblance, ou **homologie**, de ces trois gènes permet de conclure à leur origine commune. Ces trois gènes constituent une **famille multigénique**. La **duplication**, puis des **mutations** différentes de chaque copie, ont permis d'aboutir à ces trois gènes. Une **transposition** a permis d'avoir le gène dirigeant la synthèse du bleu sur le chromosome 7 alors que les gènes dirigeant le vert et le rouge sont sur le chromosome X. La présence de cette famille multigénique chez les primates permet d'**apparenter** l'homme aux singes.

• Des anomalies des **pigments rétiniens** se traduisent par des **perturbations de la vision des couleurs**. Ainsi, le daltonisme correspond à un gène pour le vert non fonctionnel.

• Le message nerveux issu de l'œil est acheminé par le **nerf optique** à l'arrière du cerveau vers les **aires visuelles** où le message est interprété. Ainsi, à la suite d'un accident, alors que les yeux sont intacts, une section du nerf optique provoque la cécité.

Savoir exploiter un texte scientifique

• Le texte scientifique a un caractère rationnel puisqu'il s'appuie sur une démarche scientifique. Il permet de faire avancer les connaissances sur un sujet précis.

Exemple :

Le diabète sucré est une affection chronique qui peut conduire [...] à des lésions affectant plusieurs appareils ou systèmes, en particulier les vaisseaux et les nerfs. [...] Des données récentes révèlent qu'il y a environ 150 millions de diabétiques dans le monde et que leur nombre pourrait bien doubler d'ici 2025. [...] Complication du diabète sucré, la rétinopathie diabétique est la principale cause de cécité et de troubles visuels. Le diabète sucré provoque, au niveau des capillaires de la rétine, des lésions qui entraînent une baisse de l'acuité visuelle. Des observations, répétées d'une étude à l'autre, conduisent à penser que, après un diabète de 15 ans, environ 2 % des malades perdent la vue et environ 10 % sont affectés d'un grave handicap visuel. La baisse de l'acuité visuelle attribuable à certains types de glaucome et de cataracte pourrait également être plus fréquente chez les diabétiques.

D'après le site de l'OMS, Aide-mémoire n°138, révisé en avril 2002.

• **Cherchez des renseignements** sur l'auteur, le contexte et la source du texte : le texte en exemple est tiré d'une publication de l'Organisation mondiale de la Santé.
• Lisez le texte et **recherchez la signification des mots** que vous ne comprenez pas : dans ce cas, les mots *cécité* et *glaucome* par exemple.
• Lisez de nouveau le texte et dégagez les **grandes idées**.
• Faites-en un **résumé**, en évitant la paraphrase et en trouvant, si possible, la démarche qui soutient le raisonnement de l'auteur, les problèmes posés : dans le texte proposé, le rôle fondamental de la rétine dans la vision est mis en évidence.

1 À partir du « Savoir-faire » et du texte, répondez aux questions suivantes.

« Une des questions qui anime la science de l'Antiquité est la suivante : la vision est-elle le résultat de l'émission ou de l'entrée dans l'œil de quelque chose ? Aristote propose une solution en considérant que si tous les sens fonctionnent de la même façon (à savoir qu'un organe serait sensible à un stimulus extérieur), alors l'œil doit lui-même posséder son propre stimulus. La science médiévale (arabe et perse) sera héritière de cette question du sens de la vision, de la solution proposée par Aristote, ainsi que des premières descriptions biologiques de l'œil réalisée par Galien au IIe siècle après J.C. à la suite de nombreuses dissections.

C'est à partir de quelques principes hérités notamment de la science de l'Antiquité et des travaux anatomiques de Galien qu'Alhazen va proposer une explication révolutionnaire du mécanisme optique de la vision. Celle-ci ouvrira la voie à l'élaboration des théories actuelles. Ces principes sont les suivants : la vue, comme tous les autres sens, est le résultat d'une action d'un agent extérieur sur un organe sensoriel ; l'œil, parce qu'il est transparent, laisse pénétrer la lumière ; enfin, la pupille de l'œil est un régulateur d'intensité lumineuse. »

Cécile DE HOSSON, chercheuse en didactique des sciences, projet de document d'accompagnement des programmes de physique-chimie au collège.

a. Recherchez le sens des mots *stimulus*, *pupille*, *didactique*.

b. En 4 à 5 lignes, donnez l'approche historique de la vision.

2 Associez chaque mot à sa définition.

a. Bâtonnet
b. Choroïde
c. Humeur vitrée
d. Fovéa
e. Synapse

1. Zone de communication entre deux cellules
2. Enveloppe de l'œil
3. Région de la rétine
4. Récepteur visuel sensible aux intensités lumineuses
5. Chambre optique transparente

2

L'œil, organe de la vision

Conditions de visibilité d'un objet

Pour être vu, un objet doit être éclairé ou émettre de la lumière, et la lumière qu'il envoie doit pénétrer dans l'œil de l'observateur.

Lentilles minces

• Une lentille mince est un milieu transparent limité par deux surfaces dont l'une au moins n'est pas plane. Une lentille à bord mince qui transforme un faisceau de rayons parallèles en un faisceau de rayons convergents est dite **convergente**.

	Lentille convergente	Lentille divergente
Représentation symbolique	↕	)(

Une lentille à bord épais qui transforme un faisceau de rayons parallèles en un faisceau de rayons divergents est dite **divergente**.

• Pour une lentille convergente, tout rayon incident parallèle à l'axe optique émerge de la lentille en passant par un point de l'axe optique appelé **foyer image** et noté **F′ (figure a)**. Tout rayon incident passant par le **foyer objet** noté **F (figure b)** émerge de la lentille parallèlement à l'axe optique.

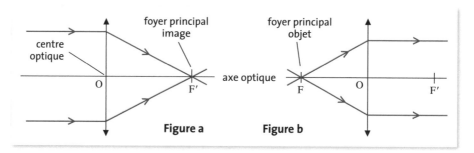

Figure a   Figure b

• La **distance focale** d'une lentille convergente est la distance entre le centre optique O et le foyer image F′, on la note f', et elle s'exprime en mètres (m). Plus une lentille est bombée, plus elle est convergente, plus sa distance focale est petite.
La **vergence C** est l'inverse de la distance focale, elle s'exprime en **dioptries (δ)** :

$$C = \frac{1}{f'}.$$

Modéliser l'œil

• L'œil est un système optique complexe et performant que l'on peut modéliser par :
– une **lentille mince convergente** correspondant aux milieux transparents de l'œil (la cornée, l'humeur aqueuse, le cristallin…) ;
– un **écran** (la rétine) sur lequel se forme les images.
Ce modèle est appelé **œil réduit**.

• La distance lentille-écran est fixe et correspond pour un œil normal à la distance focale de la lentille. Un œil normal permet donc de voir nettement sans fatigue un objet à l'infini. Lorsque cet objet se rapproche de l'œil, le cristallin se courbe, devient plus convergent pour que l'image se forme encore sur la rétine : on dit que l'œil **accommode**.

• Avec l'âge, la possibilité d'accomodation diminue : c'est la presbytie.

● Déterminer graphiquement la position, la grandeur et le sens d'une image

Un objet plan AB de hauteur 0,9 cm est situé à 2,7 cm devant une lentille convergente de distance focale $f' = 1,0$ cm.

Pour construire l'image A′B′ d'un objet AB, il suffit de construire l'image B′ de l'extrémité B de l'objet. Trois rayons particuliers faciles à tracer sont en général utilisés :
– le rayon incident issu de B et passant par O n'est pas dévié ;
– le rayon incident issu de B et parallèle à l'axe optique émerge de la lentille en passant par F′ ;

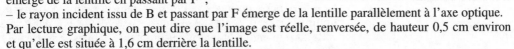

– le rayon incident issu de B et passant par F émerge de la lentille parallèlement à l'axe optique.
Par lecture graphique, on peut dire que l'image est réelle, renversée, de hauteur 0,5 cm environ et qu'elle est située à 1,6 cm derrière la lentille.

● Reconnaître la nature du défaut d'un œil

Associez à chaque schéma du document 1 les légendes suivantes : œil emmétrope (normal), œil hypermétrope, œil myope.
Dans le document 2, PR signifie « *punctum remotum* » (point le plus éloigné observable nettement) et PP signifie « *punctum proximum* » (point le plus proche observable nettement). Associez chaque œil à l'un des domaines de vision et proposez un ou plusieurs modes de correction lorsque l'œil possède un défaut.

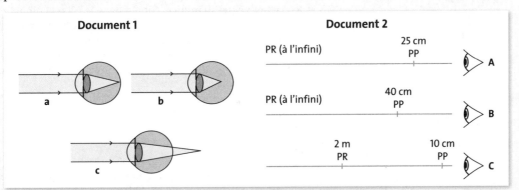

Document 1

Document 2

a. A : œil emmétrope ; l'image d'un objet à l'infini se forme sur la rétine.
b. C : œil myope ; l'image d'un objet à l'infini se forme en avant de la rétine, l'œil est trop convergent.
La myopie est corrigée par des lentilles de contact ou des verres **divergents**.
c. B : œil hypermétrope ; l'image d'un objet à l'infini se forme en arrière de la rétine, l'œil doit accommoder même pour voir les objets à l'infini. L'hypermétropie (comme la presbytie) est corrigée par des lentilles ou des verres **convergents**.
La modification de la courbure de la cornée par chirurgie au laser peut également corriger ces défauts.

FAIRE

1 Afin de déterminer la distance focale d'une lentille mince convergente, un élève place sur un banc d'optique un objet AB de hauteur 3,0 cm à 12,0 cm devant une lentille convergente. L'image A′B′ de cet objet est renversée, de taille 2,1 cm et elle se forme à 8,3 cm derrière la lentille.
Déterminez la distance focale f' de la lentille par une construction géométrique.

2 Un œil normal est modélisé par une lentille mince convergente dont le centre optique O se trouve à 17 mm de la rétine, surface où doit se former l'image pour une vision nette. La vergence de la lentille s'adapte selon la distance à laquelle se trouve l'objet : l'œil accommode.

a. L'image d'un objet très éloigné se forme sur la rétine sans accommodation. Déduisez-en la vergence C de la lentille de l'œil modélisé.

b. L'œil regarde maintenant un objet situé à 50 cm. La nouvelle vergence C′ de la lentille de l'œil modélisé est-elle supérieure ou inférieure à C ?

Physique-Chimie

Perception visuelle et cerveau

3

SAVOIR

Issus des cellules ganglionnaires de la rétine, les axones (fibres conduisant le message nerveux depuis le corps cellulaire vers la périphérie des cellules) forment le nerf optique et se dirigent vers l'encéphale.

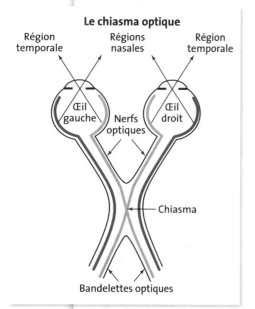

Le chiasma optique

Région temporale · Régions nasales · Région temporale

Œil gauche · Nerfs optiques · Œil droit

Chiasma

Bandelettes optiques

Une projection particulière

Les deux nerfs optiques se croisent dans la région du **chiasma optique**. Des expériences de section des nerfs optiques avant et après cette zone montrent qu'un certain nombre d'**axones** se croisent. On observe un **croisement** des fibres provenant du côté nasal de la rétine de chaque œil, alors que les fibres du côté temporal se projettent dans l'hémisphère situé du côté de l'œil dont elles proviennent.

Le cortex visuel

• Après ces croisements partiels, les fibres arrivent dans un premier **relais** : le **corps genouillé latéral**. D'autres neurones enverront les messages vers la surface, ou cortex, de l'aire visuelle cérébrale. C'est le **cortex visuel primaire**. Située dans le lobe occipital du cerveau, cette région est qualifiée de **zone de projection primaire** car c'est là que l'image commence à être reconstituée.

• Les neurones suivants se projettent vers une zone plus postérieure du **cortex visuel secondaire**. Cette région permet la reconnaissance de formes plus complexes.

• L'ensemble de ces structures fonctionne sans apprentissage. On parle de structures cérébrales **innées**.

Une intégration supérieure

• Lorsque vous voyez un objet, votre mémoire associe immédiatement à l'image un nom et, éventuellement, d'autres sensations (une odeur, un son, un souvenir…). Différentes **zones associatives** relient en effet les **centres visuels** et les autres zones spécialisées dans la **réception de l'information** et dans la **mémorisation**. Suite à un traumatisme crânien, on a déjà observé des patients en difficulté pour reconnaître des symboles ou, plus concrètement, la forme des objets, des couleurs, des physionomies comme celles d'un visage… On parle d'**agnosie visuelle**. Ces personnes sont souvent soignées par des séances de **rééducation**.

• L'importance de la mémoire met en évidence l'existence de structures qui se construisent lors des **apprentissages** de l'histoire individuelle. Ces chemins sont constamment remaniés (renforcés ou amoindris) car les structures nerveuses sont capables de se modifier selon les voies utilisées. On parle de **plasticité cérébrale**. L'apprentissage nécessite la sollicitation répétée des mêmes **circuits neuroniques** afin d'augmenter l'efficacité de l'utilisation de la voie pour une tâche précise.

• L'**imagerie fonctionnelle** du cerveau permet d'observer l'activation de zones différentes selon que l'on voie une forme immobile ou un objet en mouvement :

– l'**imagerie métabolique** s'appuie sur la consommation des tissus en activité d'O_2 et de glucose (tomographie par émission de positons, ou TEP) ou sur l'augmentation du débit du sang en mouvement (imagerie par résonance magnétique, ou IRM) ;

– l'**imagerie électrique ou magnétique** détecte l'activité électrique des messages nerveux (magnétoencéphalographie, ou MEG, et électroencéphalographie, ou EEG).

L'influence négative des hallucinogènes

Des substances comme le **cannabis**, l'**ecstasy** ou le **LSD** sont des **hallucinogènes**. Elles perturbent le fonctionnement des aires cérébrales associées à la vision et provoquent des **hallucinations** qui peuvent provoquer des perturbations cérébrales graves et définitives.

Interpréter une image scientifique

C'est une **représentation** d'un objet, d'un être, souvent accompagnée d'un titre, d'un commentaire. Elle peut être obtenue par un moyen technique.

• Commencez par **étudier le titre, la légende**.

• **Retrouvez l'échelle** : elle peut être donnée dans le texte qui l'accompagne ou dans l'image elle-même.

• Donnez alors les **dimensions de l'objet** de votre image, en le rangeant dans une catégorie (planétaire, macroscopique, microscopique, moléculaire). Cela fait référence à l'instrument qui a permis l'exploration : télescope, œil, microscope optique ou électronique…

• **Décrivez** ce que vous voyez comme si vous deviez expliquer à une personne qui ne voit pas l'image que vous avez sous les yeux.

• À l'aide de vos connaissances et grâce à votre logique de déduction, **donnez une signification** à l'image (ou aux images) scientifique(s) proposée(s).

FAIRE

1 Une série d'accidents est reportée sur le schéma anatomique de gauche ; à droite, sont présentées les anomalies visuelles (en noir) correspondantes. Le champ visuel témoin représente un individu sans lésion.

Retrouvez les affirmations exactes parmi celles qui sont proposées.

a. La rétine temporale de l'œil gauche d'une personne saine perçoit la partie gauche du champ visuel.

Schéma anatomique du champ visuel et lésions

Substance grise • Substance blanche • Champs visuels normaux • SECTIONS • Avant • Œil gauche • Œil droit • 1 • 2 • 3 • Arrière • Gauche • Droit

b. En 1, la personne aura une cécité totale de l'œil droit.

c. Ce qui explique l'anomalie 2 est le croisement des fibres rétiniennes temporales droite et gauche.

d. Le résultat en 3 illustre la projection dans la zone visuelle droite des fibres de la rétine nasale de l'œil gauche et les fibres rétiniennes temporales de l'œil droit.

2 Au cours d'une nuit, un patient se réveille brusquement, privé de vision. On pratique sur lui un scanner (B) et on le compare au scanner d'un sujet normal (A).

Grâce à la rubrique « Savoir-faire » et à l'aide de vos connaissances, proposez des conclusions suite à l'étude de ce scanner (B).

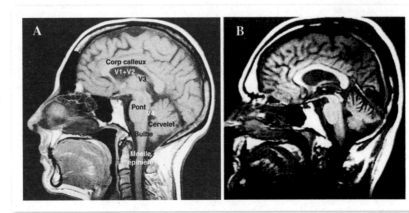

3 Définissez les termes suivants : *plasticité cérébrale*, *hallucinogène*, *chiasma optique*.

SVT

Couleurs et arts

Pigments et colorants

- Les **pigments** sont des substances solides colorées, le plus souvent d'origine minérale, qui sont **insolubles** dans le milieu qui les contient. Se présentant sous forme de très petites particules, ils sont utilisés en suspension (dans les peintures ou les encres d'imprimerie par exemple), ou dispersés dans tout le milieu (comme dans les matières plastiques).
- Les **colorants** sont des substances colorées qui se **dissolvent** dans le milieu dans lequel ils sont introduits.
- La couleur d'une espèce chimique peut varier, notamment selon l'humidité, la température ou le pH du milieu dans lequel elle se trouve.

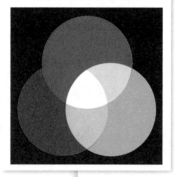

Synthèse additive : superposition de faisceaux de lumière

Synthèse additive

- La **synthèse additive** est une méthode de création de nouvelles couleurs obtenues en superposant plusieurs faisceaux lumineux colorés.

En utilisant seulement trois faisceaux colorés, rouge, bleu et vert, il est possible de reconstituer la lumière blanche. Rouge, bleu et vert sont les **couleurs primaires** de la lumière. Leur mélange en différentes proportions donne toutes les autres couleurs.

Une couleur est dite **secondaire** si elle peut être obtenue en superposant deux couleurs primaires. Les trois couleurs secondaires sont le **cyan**, le **magenta** et le **jaune**.

Deux couleurs sont dites **complémentaires** si leur superposition donne du blanc. Les couples de couleurs complémentaires sont rouge et cyan, vert et magenta, bleu et jaune.

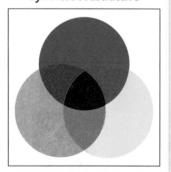

Synthèse soustractive

Synthèse soustractive

- La **synthèse soustractive** consiste à retrancher certaines couleurs à la lumière blanche grâce à des filtres colorés ou des pigments qui absorbent certaines radiations et **transmettent** (laissent passer) les autres.

Magenta, cyan et jaune sont les couleurs fondamentales en synthèse soustractive. Le principe de la synthèse soustractive est à la base de l'**imprimerie** et de la **peinture**. En faisant varier les proportions de magenta, cyan et jaune dans le mélange, on peut théoriquement obtenir toutes les teintes possibles, y compris le blanc (absence d'encre) et le noir (mélange des trois encres).

	Filtre magenta	Filtre cyan	Filtre jaune
Couleurs primaires que laisse passer le filtre	Rouge et bleu	Bleu et vert	Vert et rouge
Couleur primaire absorbée par le filtre	Vert	Rouge	Bleu

● Interpréter la couleur d'un mélange obtenu à partir de matières colorées

Un peintre mélange des peintures magenta et cyan sur sa palette éclairée en lumière blanche.
Quelle couleur va apparaître ?
La peinture magenta **absorbe le vert**, la peinture cyan **absorbe le rouge** : seul le bleu est diffusé.
Le mélange apparaîtra **bleu** (s'il est éclairé en lumière blanche).

● Déterminer la présence de différents colorants dans un mélange

On procède à une extraction des pigments présents dans du paprika commercial, suivie d'une chromatographie sur couche mince avec comme éluant le dichlorométhane. On obtient le chromatogramme ci-contre (à gauche).
Faites un schéma annoté du dispositif utilisé pour réaliser une chromatographie, en précisant le rôle de l'éluant. Indiquez le nombre de pigments dans le paprika.

L'éluant permet la migration vers le haut de la plaque des différentes espèces déposées : plus l'espèce est soluble dans l'éluant, et plus elle migre haut.

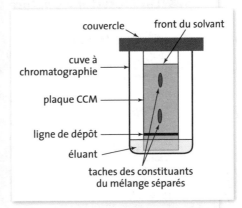

L'obtention de 3 taches sur le chromatogramme permet de supposer l'existence de 3 pigments dans le paprika.

1 La synthèse additive est le principe de composition des couleurs utilisé notamment dans les écrans cathodiques ou les écrans LCD. Chaque pixel de l'image est en fait constitué de trois luminophores bleu, rouge ou vert.
Pour chaque zone de l'image ci-contre, observée sur un écran, entourez dans le tableau le(s) luminophore(s) éclairé(s).

Sapin vert			Boule bleue			Boule blanche			Boule rouge			Étoile jaune			Tronc noir		
R	V	B	R	V	B	R	V	B	R	V	B	R	V	B	R	V	B

2 Le jaune de plomb et d'étain était employé par les artistes peintres du XIVe au XVIIe siècle. Ce pigment, de couleur jaune vif, était le plus souvent associé à de l'huile de lin.

a. Qu'est-ce qu'un pigment ?

b. Le pigment cité est-il d'origine organique ou minérale ?

c. Quel est le rôle de l'huile utilisée ?

d. Les peintures au plomb sont-elles toujours utilisées aujourd'hui ? Pourquoi ?

e. Quelle est la couleur complémentaire du jaune ?

f. Quelle(s) lumière(s) colorée(s) diffuse ce pigment ? Quelle(s) lumière(s) colorée(s) absorbe-t-il ?

3 Dans un tube à essai, on met un peu d'eau et une pincée de poudre de chlorure de cobalt, on agite pour dissoudre : la couleur de la solution obtenue est rose.

Dans un autre tube, on met un peu d'éthanol et une pincée de poudre de chlorure de cobalt, on agite pour dissoudre : la couleur de la solution obtenue est bleue.

On verse trois ou quatre gouttes d'eau dans ce dernier tube, on agite : la solution vire au rose.
On chauffe le tube devenu rose au bec Bunsen : la solution redevient bleue. On refroidit le tube bleu sous le robinet : la solution redevient rose.

Quels sont les paramètres influençant la couleur d'une espèce chimique mis en évidence par ces expériences ?

Physique-Chimie

5 Nourrir l'humanité

Un **écosystème** est un ensemble constitué par le milieu, ou **biotope**, et par les êtres vivants qui le peuplent qui forment la **biocénose**.

Les écosystèmes naturels

Pyramide des flux d'énergie dans un lac

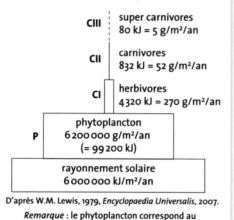

D'après W.M. Lewis, 1979, *Encyclopaedia Universalis*, 2007.
Remarque : le phytoplancton correspond au plancton végétal réalisant la photosynthèse.

- En forêt, le premier maillon est constitué d'organismes réalisant la photosynthèse. Ces **producteurs primaires** alimentent un réseau de **producteurs secondaires** végétariens, carnivores ou omnivores. L'ensemble des **chaînes alimentaires** au sein d'un écosystème est un **réseau trophique**.

- On apprécie l'efficacité de ces relations alimentaires par la **biomasse**, masse de matière vivante d'un maillon. L'accroissement de cette biomasse par unité de temps ou vitesse de production est la **productivité**. Exprimée en unités d'énergie, la **pyramide de productivité** montre les pertes successives de productivité à chaque maillon. La taille de chaque compartiment est proportionnelle à la productivité du niveau trophique représenté. Il faut donc beaucoup de producteurs primaires (P) pour faire vivre moins d'herbivores (carnivores de premier ordre, CI), encore moins de carnivores (de deuxième ordre, CII) et très peu de super carnivores (de troisième ordre, CIII).

Les écosystèmes artificiels

- L'Homme crée des écosystèmes artificiels ou **agrosystèmes**. Ils doivent lui fournir les produits nécessaires à ses besoins, essentiellement alimentaires, mais aussi industriels (comme le coton ou les biocarburants). Les lois du marché, donc de l'offre et de la demande, conditionnent en partie leurs productivités.

- Dans l'**agriculture traditionnelle**, des mouvements ou **flux de matière** (dont l'eau) **et d'énergie** conditionnent aussi la productivité. De plus, l'exportation de biomasse hors de l'agrosystème, lors des récoltes, contribue à un appauvrissement du sol en matières minérales.
Ainsi, la fertilité menacée des sols et la recherche de rendements posent le problème de l'**apport d'intrants** dans les cultures, malgré leurs impacts sur l'environnement. Les **engrais** sont des intrants utilisés pour fertiliser le sol, alors que les **produits phytosanitaires** ou **pesticides** sont des intrants visant à soigner les plantes.

La science au service d'une agriculture plus respectueuse

- Dans un agrosystème, le **rendement** global de la production par rapport aux consommations (énergie, matière) dépend de la **place du produit consommé** dans la pyramide des productivités. Cette dernière montre que consommer de la viande ou un produit végétal n'a pas le même impact écologique (le franchissement de chaque maillon s'accompagne de pertes incompressibles).

- Le choix d'autres **techniques culturales** concilie la nécessaire **production** et la gestion durable de l'**environnement**. Ainsi, l'**agriculture biologique** n'utilise pas de produits de synthèse et emploie des méthodes respectueuses du milieu.

- Grâce à un choix des meilleurs descendants, l'Homme a amélioré **artificiellement** les espèces qu'il cultive et qu'il élève. On **sélectionne** ainsi les allèles, donc les différentes versions du gène, donnant des caractéristiques désirées. Lorsque deux individus sont de race pure (pour un ou plusieurs gènes, donc homozygotes), leurs descendants **hybrides** (hétérozygotes) sont souvent plus vigoureux.

- Les **progrès** des sciences et des techniques doivent permettre à l'Homme de maîtriser son environnement au cours du temps.

● **Étudier un graphique**

• Commencez par regarder le **titre**. Si le document n'en possède pas, trouvez-en un en lisant les indications des axes et énoncez-le de la façon suivante : variation de… (ce qu'il y a sur l'axe *y* des ordonnées) en fonction de… (ce qu'il y a sur l'axe *x* des abscisses) : dans l'exemple, on observe la variation d'une croissance de cellules en fonction de la température du milieu.

• Repérez les **variations** de la valeur étudiée et exprimez-les de façon scientifique et non mathématique. Ainsi, un phénomène (lu sur *y*) augmente, diminue ou reste constant en fonction de (ce qui est lu sur *x*).

• Lorsque vous décrivez le document, repérez et donnez quelques **valeurs significatives** (entre lesquelles la variation du phénomène change). Dans l'exemple, on note une croissance d'abord nulle puis, à partir de – 10 °C, très lente. La croissance s'accélère après 0 °C pour atteindre un maximum à 20 °C. Après, elle ralentit fortement jusqu'à 40 °C, puis devient très faible pour devenir nulle à 60 °C.

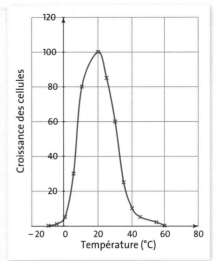

• Une fois la description réalisée, à l'aide de votre logique (et de vos connaissances), **interprétez** les variations observées. Dans le graphique proposé, l'augmentation de la température favorise l'activité cellulaire jusqu'à 20 °C, où elle est optimale. Avant 20 °C, elle joue un rôle de facteur limitant. Après 20 °C, elle devient néfaste à la croissance.

FAIRE

1 Montrez pourquoi le texte illustre des pertes à chaque maillon des chaînes alimentaires et en quoi il est prédictif.

« Les plantes sont capables de capter l'énergie solaire avec une efficience de 0,1 %, les herbivores captent à leur tour environ 10 % de l'énergie accumulée dans les plantes, les carnivores de premier ordre, 10 % de l'énergie accumulée dans les herbivores et ainsi de suite pour les carnivores des ordres suivants. L'efficience des carnivores de premier ordre est donc de 0,001 % et, chaque fois qu'on passe à un ordre supérieur dans la chaîne alimentaire, on ne garde que 10 % de l'efficience de l'ordre précédent. On conçoit que dans les pays surpeuplés la base de l'alimentation soit végétale : en ne gardant qu'un seul maillon de la chaîne on améliore l'efficience qui peut alors atteindre 0,01 %. L'alimentation carnée la plus rationnelle doit se faire directement à partir d'herbivores pour la meilleure utilisation de l'énergie qui est à notre disposition : manger un carnivore est un luxe. En masse les herbivores sont bien plus importants que les carnivores à la surface du globe ; la masse des carnivores ne peut guère excéder 10 % de celle des herbivores.

On en arrive à faire un bilan planétaire. Si l'on admet que la ration quotidienne de l'homme moyen est de 2 750 kcal/jour, les besoins en calories de l'humanité entière (2,71 · 10⁹ humains en 1960) s'élèvent à 2,7 · 10¹⁵ kcal/année. Or, on estime à 2,4 · 10¹⁵ kcal la quantité d'énergie qu'offre actuellement la biosphère. Cela signifie que cette énergie ne suffit pas, déjà depuis quelques années, à nourrir l'humanité. Si donc des hommes mangent à leur faim, c'est que d'autres ne peuvent le faire. Les évaluations sont les suivantes : la moitié des hommes disposent de 2 250 kcal, donc sont sous-alimentés ; un tiers des hommes disposent de 2 250 à 2 750 kcal et sont donc plus ou moins mal alimentés ; un sixième seulement disposent de plus de 2 750 kcal et sont donc bien alimentés. »

D'après C. SAUVAGE, *Initiation à l'écologie*, Annales du Centre régional de documentation pédagogique de Montpellier, 1966/DR.

2 Définissez les termes suivants : *biomasse*, *intrant*, *agrosystème*, *hétérozygote*.

3 Analysez et interprétez la courbe de croissance des racines d'une plante (patate douce) en fonction du pH du sol.

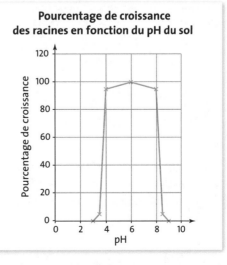

Pourcentage de croissance des racines en fonction du pH du sol

Qualité des sols et de l'eau

Le sol, milieu d'échange

Le sol est constitué principalement de silice SiO_2, de calcaire $CaCO_3$, d'argile et d'humus, ces deux derniers se liant pour former le **complexe argilo-humique CAH**. Grâce à leurs charges négatives, les particules du CAH retiennent à leur surface des cations (K^+, Mg^{2+}...) qui peuvent s'échanger avec la solution du sol et les plantes.

Engrais et produits phytosanitaires

• Pour compenser les carences du sol et son appauvrissement, l'agriculteur a recours à la fertilisation.

• Les **engrais** apportent, sous forme d'ions, les éléments fondamentaux dont la plante a besoin : l'**azote N**, le **phosphore P** et le **potassium K**.

• Un engrais simple comme le nitrate d'ammonium NH_4NO_3 n'apporte qu'un seul de ces éléments. Un engrais composé renferme deux ou trois éléments fertilisants, il est du type NP, NK, PK ou NPK. Ces lettres sont généralement suivies de trois nombres, indiquant respectivement les teneurs massiques en N, P_2O_5 et K_2O.

• D'autres éléments nécessaires aux plantes (soufre, calcium, magnésium) et même des oligoéléments (éléments présents dans une plante à l'état de traces) peuvent également être incorporés à un engrais.

• Les **produits phytosanitaires** sont utilisés pour protéger les cultures contre les mauvaises herbes (herbicides), contre les parasites, contre les insectes ravageurs (insecticides) ou contre les champignons (fongicides).

Eaux de consommation

• L'eau à usage domestique provient d'**eaux de surface** (rivières, lacs...) ou d'**eaux souterraines**.

• Une eau souterraine est la plupart du temps directement consommable, elle peut même être mise en bouteilles. Une **eau minérale naturelle** possède des propriétés thérapeutiques officiellement reconnues, sa composition est constante, son origine est connue. Une **eau de source** peut provenir de sources différentes, sa composition n'est pas nécessairement constante.

• Une eau de surface subit, avant d'arriver au robinet, une série de traitements ayant pour but de la rendre **potable**, c'est-à-dire propre à la consommation humaine. Des **analyses physiques** (couleur, saveur...) et des **analyses chimiques** (pH, composition...) sont effectuées régulièrement.

• La **dureté** d'une eau est liée à la présence d'ions calcium Ca^{2+} et d'ions magnésium Mg^{2+}. Une eau dure diminue les propriétés détergentes des lessives et savons qu'il faut alors utiliser en plus grande quantité ; elle peut poser des problèmes d'entartrage des appareils et des canalisations. Une eau dure peut être adoucie par passage sur une **résine échangeuse d'ions**.

Réaliser une analyse qualitative d'eau

• Une eau minérale gazeuse contient des ions chlorure Cl^-, des ions calcium Ca^{2+}, des ions sulfate SO_4^{2-}, des ions hydrogénocarbonate HCO_3^- et des ions potassium K^+. Décrivez les tests permettant de mettre en évidence ces ions.

Ion	Réactif	Observations
potassium	ions picrate	précipité jaune de picrate de potassium
calcium	ions carbonate CO_3^{2-}	précipité blanc de carbonate de calcium, $CaCO_3(s)$
chlorure	ions argent Ag^+	précipité blanc de chlorure d'argent $AgCl(s)$ qui noircit lentement à la lumière
sulfate	ions baryum Ba^{2+}	précipité blanc de sulfate de baryum $BaSO_4(s)$
hydrogénocarbonate	solution d'acide chlorhydrique	dégagement gazeux de CO_2

● **Expliquer les différentes étapes du traitement d'une eau naturelle**

Classez par ordre chronologique les cinq étapes suivantes et expliquez leur rôle : floculation ; décantation ; dégrillage ; désinfection ; filtration.

Étape 1. Dégrillage : passage de l'eau au travers de grilles de plus en plus fines qui retiennent les matières les plus volumineuses.

Étape 2. Floculation : des produits chimiques sont ajoutés aux eaux à traiter pour favoriser l'agglomération des particules entre elles.
Étape 3. Décantation : séparation, sous l'effet de la pesanteur, des matières solides en suspension qui viennent se déposer au fond des bassins.
Étape 4. Filtration : sur lit de sable en général.
Étape 5. Désinfection : élimination des micro-organismes par ozonation (action de l'ozone O_3) et par chloration (action du dichlore Cl_2).

FAIRE

1 L'étiquette présente sur le paquet d'un produit anti-mousse utilisé pour traiter les pelouses indique un pourcentage massique en fer (sous forme d'ions Fe^{2+}) de 14 %. Afin de contrôler l'étiquetage, on dissout une masse $m = 0,22$ g de ce produit dans 20 mL d'eau distillée. On verse goutte-à-goutte une solution de permanganate de potassium dans la solution ainsi obtenue. Au changement de couleur, le volume versé de solution de permanganate de potassium est $V_1 = 11,0$ mL. On réalise le même dosage avec une solution de concentration massique en ions fer II connue : $t_2 = 1,9$ g · L^{-1}, et il faut alors un volume $V_2 = 13,3$ mL de solution de permanganate de potassium pour avoir le changement de couleur.

a. Légendez le schéma du montage expérimental.

b. Déterminez la concentration massique en ions Fe^{2+} de la solution préparée avec le produit antimousse.

c. Déduisez-en le pourcentage massique de fer dans le produit antimousse et comparez avec la valeur indiquée sur l'étiquette.

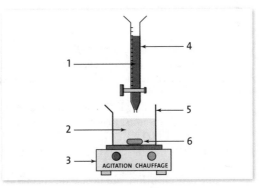

2 Pour éliminer les ions Ca^{2+} et les ions Mg^{2+} de l'eau d'un puits, on la fait passer sur une résine échangeuse d'ions. Le pH de cette eau est 7,5. Après avoir traversé la résine, il est de 5,8.

a. L'eau du puits est-elle acide, basique ou neutre ? Le sol dans lequel est creusé le puits est-il argileux ou calcaire ?

b. Par quels ions les ions Ca^{2+} et Mg^{2+} sont-ils remplacés ?

c. Quel est le signe de la charge de la résine ?

Aliments et conservation

L'Homme a toujours eu besoin de conserver ses aliments. Jadis, la simple cuisson, le salage ou le fumage étaient utilisés. Aujourd'hui, les techniques sont plus nombreuses. Pour comprendre leurs fondements, il faut commencer par recenser les besoins des microbes qui contaminent nos denrées.

Les besoins des microbes

• On trouve principalement trois catégories de microbes qui contaminent nos aliments :
– les **bactéries** sont des cellules procaryotes qui peuvent soit être utiles si on les contrôle (comme les bactéries assurant la transformation du lait en yaourt), soit altérer nos aliments, soit se révéler pathogènes et nous intoxiquer (salmonelle, Clostridium…) ;
– les **levures** sont des champignons unicellulaires, pouvant souvent altérer le goût des aliments et plus rarement provoquer des troubles intestinaux ;
– les **moisissures**, champignons unicellulaires sont souvent utiles (fermentation de nombreux fromages), mais leur prolifération peut abîmer le goût de l'aliment.

• Pour vivre, les micro-organismes ont besoin :
– de **nourriture** (matières organiques et minérales, vitamines) ;
– d'un **environnement favorable** (température, pH, humidité…) ;
– de **dioxygène** (sauf pour les bactéries vivant en anaérobiose, c'est-à-dire sans dioxygène).

Les méthodes de conservation

• Elles ont pour but de priver les microbes de l'accès à l'un des éléments dont ils ont besoin, puis de les empêcher de coloniser l'aliment conservé, ce qui permet de préserver sa comestibilité, son goût et ses propriétés nutritives.

• Les principales méthodes de conservation ont pour objectif d'allonger la durée de vie des produits alimentaires :
– le **chauffage**, détruisant les microbes (stérilisation à plus de 100 °C et pasteurisation à moins de 100 °C) ;
– la **réfrigération** ou la **congélation**, ralentissant ou empêchant l'action des enzymes, des microbes ;
– la **déshydratation**, ralentissant ou empêchant le développement des micro-organismes (séchage, lyophilisation ou dessiccation par le froid, salage, fumage, départ d'eau par le sucre dans les fruits confits par exemple…) ;
– la conservation dans l'**alcool** ou le **vinaigre**, qui tuent les microbes ;
– l'addition d'un **conservateur**, qui empêche toute multiplication cellulaire, ce qui prolonge la conservation (E200 à E297…) ;
– l'**ionisation** ou l'**irradiation** des aliments, qui éliminent ou réduisent le nombre d'organismes pathogènes et d'altération ;
– la **bio-préservation**, qui utilise des bactéries pathogènes contre les souches indésirables.

Publicité et méfiance

• Certains messages vantent les **propriétés nutritionnelles attractives** pour un consommateur qui recherche des aliments peu énergétiques (sans sucre ajouté, faible valeur énergétique, allégé…). D'autres font référence à la **santé** (riche en calcium, en vitamine D, combat le cholestérol…).

• L'Agence française de sécurité sanitaire des aliments (**AFSSA**) vérifie que ces allégations sont conformes ; entre autres, elles doivent être compréhensibles et argumentées par des preuves scientifiques. Elles ne peuvent donc pas tromper le consommateur. Mais celui-ci doit cependant rester vigilant et faire preuve de bon sens car les **publicités mensongères** existent.

● **Connaître quelques principes de la démarche scientifique**

Votre cours, les travaux pratiques réalisés en classe ou les exercices sont très souvent des illustrations de la démarche scientifique.

En vous familiarisant avec cette démarche, vos propres apprentissages et vos productions seront facilités.

- Elle débute par une **observation**.
- Un **problème** est alors posé sur un point non expliqué de l'observation.
- Pour chercher à y répondre, une **hypothèse** provisoire est élaborée.
- Une **expérimentation** teste la solution explicative précédente, ou bien on recherche à collecter des **arguments** pour la valider.
- En fonction des résultats, l'**hypothèse** est **validée ou non**. Dans ce dernier cas, une nouvelle réponse provisoire au problème soulevé est à reformuler.

Exemple de démarche scientifique : Du pain a été oublié ; au bout de quelques jours, on observe dessus des taches vertes de moisissure. On se demande dans quelles conditions se développent ces moisissures. On suppose qu'elles trouvent sur le pain des conditions favorables. On veut vérifier si l'eau est un élément indispensable à cette contamination. On place deux tranches de pain dans un sac plastique fermé. Dans le premier sac, le pain est humide, dans le second, il est sec. Les autres conditions sont les mêmes (température, exposition à la lumière). On observe un développement de moisissure uniquement sur le pain humide. L'eau favorise donc le développement de ce champignon microscopique sur le pain.

FAIRE

1 Lisez le texte et répondez aux questions.

« Depuis 1857, Pasteur combattait l'idée défendue par de nombreux scientifiques, les partisans de la génération spontanée, croyant que les matières en fermentation ou en putréfaction pouvaient spontanément donner naissance à de nouveaux êtres vivants.

Pasteur, lui, était convaincu qu'aucun micro-organisme ne pouvait être présent dans un milieu de culture, tel que ses ballons, sans y avoir été apporté. Les microbes sont partout, notamment dans l'air.

En 1862, l'Académie des Sciences offre un prix à celui qui éluciderait ce problème, vieux de plusieurs siècles.

Il n'en fallait pas moins pour que Pasteur recherche à défendre sa théorie sur les origines de la vie. En effet, depuis ses études de la fermentation, il était convaincu que rien ne naissait spontanément, pas même les êtres microscopiques qui sont des êtres vivants.

Pendant quatre ans, il multiplie les expériences avec des ballons emplis de bouillon de culture.

Ses travaux réduisirent à néant la doctrine de la génération spontanée. En fondant le principe même de la microbiologie, Pasteur ouvre la voie à la pratique de l'asepsie, pour éviter les contaminations microbiennes que ce soit dans le domaine médical, chirurgical, agro-alimentaire... »

Musée Pasteur de Dole, www.musee-pasteur.com

a. Dégagez en une phrase l'idée essentielle du texte.

b. Pourquoi ce travail permet-il de comprendre l'origine d'une contamination alimentaire ?

2 Au collège, des enfants veulent rechercher l'influence de la température sur le développement de la moisissure du pain. Un groupe d'élèves met dans un sac noir un morceau de pain sec au frigidaire et un autre dispose un morceau de pain humide dans un sac transparent sur la table du laboratoire. Au bout d'une semaine, le pain du frigidaire n'est pas contaminé alors que celui qui est sur la table du laboratoire est couvert de moisissures. Ils en concluent que la température basse empêche le développement de la moisissure. Pourtant, leur professeur de SVT critique leur conclusion.

Expliquez la démarche scientifique qui permet de rejeter l'expérience proposée.

3 Lisez la recette du yaourt et répondez à la question.

> Faire bouillir du lait puis le laisser refroidir.
> Quand il est tiède, rajouter du yaourt nature acheté dans le commerce et verser la préparation dans des pots.
> Placer les pots dans une cocotte pendant quelques heures dans un fond d'eau à 45 °C.
> Après ouverture de la cocotte, conserver les yaourts au réfrigérateur.

À l'aide de vos connaissances, expliquez les étapes de cette préparation.

8 Conservation des aliments et stabilisation d'une émulsion

SAVOIR

Oxydation des aliments

Sous l'action du dioxygène de l'air et de la lumière, la majorité des aliments se dégradent :
– certains fruits et les légumes brunissent ;
– les matières grasses changent d'odeur et de saveur : on parle de **rancissement**.
Ceci est dû à des réactions chimiques d'oxydation des molécules qui les constituent (glucides, lipides et autres…). Ces dégradations sont accélérées par une augmentation de température.

Conservation des aliments

● La prévention de l'oxydation des aliments peut être réalisée en protégeant les aliments de l'air (emballage sous vide ou sous atmosphère contrôlée), de la lumière (emballage opaque) et en les conservant à basse température.
● Les **anti-oxydants** sont des espèces chimiques qui, naturellement présentes dans les aliments ou incorporées à ceux-ci lors de leur fabrication, ont pour fonction de retarder leur détérioration par le dioxygène de l'air. Dans l'industrie alimentaire, on nomme les anti-oxydants en utilisant un code compris entre E300 et E321. Par exemple, E306 désigne la vitamine E, présente dans les huiles végétales ou le lait.
● Les **conservateurs** ont pour but d'empêcher la présence et le développement de micro-organismes indésirables, comme les moisissures ou les bactéries, responsables d'intoxications alimentaires. Leur code est compris entre E200 et E297.

Stabilisation d'une émulsion

● Une molécule d'eau, bien qu'électriquement neutre, possède un atome d'oxygène chargé négativement et deux atomes d'hydrogène chargés positivement. L'atome d'oxygène d'une molécule peut attirer l'atome d'hydrogène d'une autre molécule : il se forme une **liaison hydrogène**.
● Une molécule lipidique est une grosse molécule en forme de trident appelée **triglycéride**. Elle est constituée principalement d'atomes de carbone et d'hydrogène et ne peut pas établir de liaisons hydrogène avec l'eau. C'est notamment le cas de l'oléine, espèce majoritaire de l'huile d'olive, dont la représentation moléculaire est la suivante :

$$
\begin{array}{l}
CH_2-O-CO-(CH_2)_7-CH=CH-(CH_2)_7-CH_3 \\
\quad | \\
CH-O-CO-(CH_2)_7-CH=CH-(CH_2)_7-CH_3 \\
\quad | \\
CH_2-O-CO-(CH_2)_7-CH=CH-(CH_2)_7-CH_3
\end{array}
$$

Les lipides et l'eau ne sont donc pas miscibles.
L'agitation d'un mélange lipides-eau provoque la dispersion de gouttelettes de l'un au sein de l'autre : il s'agit d'une **émulsion**.
● L'introduction dans une émulsion d'une **molécule tensioactive**, qui comporte une partie **hydrophile** (qui « aime » l'eau) et une longue chaîne carbonée **hydrophobe** (qui « n'aime pas » l'eau), permet de la stabiliser.

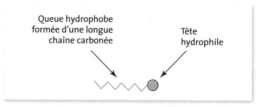

Queue hydrophobe formée d'une longue chaîne carbonée

Tête hydrophile

● Analyser la formulation d'un produit alimentaire

Relevez le nom des anti-oxydants inscrits sur les étiquettes suivantes.

Dans le jus d'orange, il s'agit de la vitamine C ou acide ascorbique (E300), que l'on trouve naturellement dans tous les fruits, surtout les agrumes.

Dans les lardons, il s'agit de l'ascorbate de sodium (E301).

JUS D'ORANGE SANS CONSERVATEUR ET SANS COLORANT

INFORMATION NUTRITIONNELLE POUR 100 mL	
VALEUR ÉNERGÉTIQUE :	202 kJ, 47 kcal
PROTÉINES :	0,7 g
GLUCIDES (DONT SUCRES) :	11 g (11 g)
LIPIDES :	0 g
ACIDES GRAS SATURÉS :	0 g
FIBRES ALIMENTAIRES :	0 g
SODIUM :	< 0,01 g
VITAMINE C :	18 mg (30 %*)
* AJR : APPORTS JOURNALIERS RECOMMANDÉS	

ALLUMETTES DE LARDONS FUMÉS DE QUALITÉ SUPÉRIEURE

INGRÉDIENTS

Poitrine de porc, sel, dextrose de blé et/ou de maïs, conservateur : nitrite de sodium, antioxygène : ascorbate de sodium

● Associer un changement d'état à un processus de conservation

Quels changements d'état retrouve-t-on lors des techniques de conservation suivantes ?

Congélation, surgélation (congélation très rapide obtenue par un refroidissement brusque pouvant aller jusqu'à − 40 °C puis par le maintien d'une température au cœur des aliments de − 18 °C) et lyophilisation (congélation d'un aliment que l'on soumet ensuite au vide. L'eau passe ainsi directement de l'état solide à l'état de vapeur).

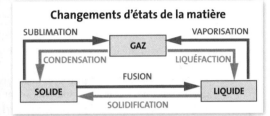

Changements d'états de la matière

Lors de la congélation (− 18 °C) ou de la surgélation, l'eau liquide contenue dans les aliments change d'état, elle subit une **solidification**.

Lors de la lyophilisation, l'eau subit une **solidification**, puis une **sublimation**.

● Interpréter le rôle d'une espèce tensioactive dans la stabilisation d'une émulsion

Pour fabriquer de la mayonnaise, on utilise de l'huile et du jaune d'œuf, qui est constitué de 50 % d'eau et d'un composé tensioactif : la lécithine. Que se passe-t-il lorsqu'on fouette le mélange ? Faites un schéma annoté.

Le battage divise en fines gouttelettes l'huile ajoutée. Les molécules tensioactives se regroupent autour des gouttelettes d'huile pour former des structures sphériques stables que l'on appelle des **micelles**. On obtient ainsi une émulsion stable d'huile dans l'eau.

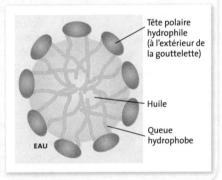

Tête polaire hydrophile (à l'extérieur de la gouttelette)

Huile

Queue hydrophobe

EAU

FAIRE

1 Lisez le texte et répondez aux questions.

Le but de la lyophilisation est d'enrayer le développement des microbes en retirant l'eau qui favorise leur prolifération et ainsi d'obtenir des produits stables à température ambiante.

Les aliments lyophilisés en général ne nécessitent pas de réfrigération pour se conserver ; les coûts d'entreposage et de transport sont ainsi réduits de façon appréciable. La lyophilisation entraîne une diminution importante du poids ce qui facilite grandement le transport. Le seul inconvénient de cette méthode est son coût de mise en œuvre qui est assez élevé.

a. Donnez des exemples d'aliments lyophilisés.

b. Énoncez les raisons qui peuvent conduire à l'emploi d'aliments lyophilisés, plutôt que d'aliments frais. Citez quelques exemples d'utilisateurs de ce type d'aliments.

c. Pourquoi la lyophilisation ne reste-t-elle utilisée que pour certaines applications ?

2 Lorsque Julie épluche des pommes de terre à l'avance, elle les plonge dans de l'eau froide jusqu'à leur utilisation.

a. Que se passe-t-il lorsqu'on coupe une pomme de terre et qu'on l'abandonne à l'air libre quelques minutes ? Quelles sont les causes de ce phénomène ?

b. Quelle solution utilise Julie pour empêcher cela et à quoi cela sert-il ?

9 Devenir homme ou femme et vivre sa sexualité

Les sexes sont séparés au niveau du **génotype** (chromosomes XX chez la femme et XY chez l'homme) et au niveau du **phénotype** (caractères sexuels **primaires** existant à la naissance, puis **secondaires** à partir de la puberté). Comment le phénotype sexuel se met-il en place ?

Des sexes différenciés

- Les caractères sexuels primaires montrent des **points communs** :
– extérieurement, un **orifice reproducteur**, un **organe d'accouplement** (verge et vagin) ;
– intérieurement, des **gonades** (testicules et ovaires) fabriquant des gamètes, des **conduits évacuateurs** (canaux déférents et oviductes).
- Les **différences** concernent :
– extérieurement, un **orifice urogénital mâle**, mais uniquement **génital chez la femelle** ;
– des testicules externes dans les **bourses**, alors que les ovaires sont dans la **cavité abdominale** ;
– un **utérus** servant à la nidation chez la femelle et différentes **glandes annexes** chez le mâle (vésicules séminales, prostate…).
- Alors que le **sexe génotypique** existe déjà dans la **cellule œuf**, les caractères sexuels primaires n'existent pas chez le jeune embryon (avant la 7e semaine pour les gonades et les voies génitales et avant la 12e semaine pour le pénis) ; on parle alors de **stade phénotypique indifférencié**.

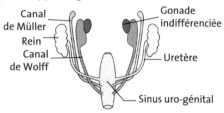

Appareil génital indifférencié

Canal de Müller — Gonade indifférenciée
Rein
Canal de Wolff — Uretère
Sinus uro-génital

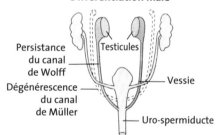

Différenciation mâle

Persistance du canal de Wolff — Testicules
Dégénérescence du canal de Müller — Vessie
Uro-spermiducte

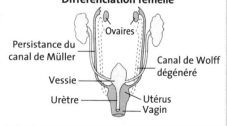

Différenciation femelle

Ovaires
Persistance du canal de Müller — Canal de Wolff dégénéré
Vessie
Urètre — Utérus
Vagin

La différenciation du sexe phénotypique

- Au **stade phénotypique indifférencié**, on trouve une paire de **gonades embryonnaires**, des **canaux de Müller** (futures voies génitales femelles) et des **canaux de Wolff** (futures voies génitales mâles).
- Entre la 8e et la 10e semaine, lorsque le **sexe gonadique** est établi, une paire de canaux persiste. Chez la **femelle**, les canaux de Müller demeurent et se différencient en oviductes et cornes utérines. Chez le **mâle**, les canaux de Wolff persistent et forment l'épididyme, le canal déférent et les vésicules séminales.

Le rôle des hormones dans l'apparition du phénotype sexuel

- Diverses expériences montrent qu'avant la différenciation sexuelle, quel que soit le sexe chromosomique, le développement est de type femelle.
- Les gonades mâles fabriquent deux hormones :
– la testostérone, qui maintient les canaux de Wolff et permet leur différenciation ;
– l'AMH, ou hormone anti-Müllérienne, qui entraîne la dégénérescence des canaux de Müller.
- En l'absence de testostérone et d'AMH, on a la différenciation du tractus femelle :
– maintien des canaux de Müller qui deviennent les voies génitales femelles ;
– disparition des canaux de Wolff.

La puberté

À l'adolescence, l'apparition de la fonctionnalité reproductrice et des caractères sexuels secondaires s'effectue sous l'**action hormonale** :
– testostérone chez l'homme ;
– œstrogènes chez la femme.
Cette mise en place à la puberté est progressive (différents organes cibles sont atteints) et elle dépend des individus (apparition plus ou moins rapide) et du contexte social (représentation variable de l'individu sexué dans la société).

● Réaliser un schéma de synthèse

C'est une représentation qui montre les relations entre divers éléments d'un phénomène précis.

• Avant de commencer

– Choisissez **ce que vous allez mettre** dans votre schéma en rapport avec votre objectif.

– Au brouillon, **classez les éléments** choisis en les regroupant par thème.

– Réfléchissez à la **disposition** de ces éléments, à leur **symbolisation**, aux **liens** qui les unissent.

• Représentez votre schéma

– **Disposez** correctement vos éléments en pensant à avoir assez de place pour **rendre lisible** le travail.

– **Reliez les éléments** pour visualiser les relations qu'ils ont entre eux (attention au soin).

– **Légendez** votre travail en donnant une signification aux symboles employés.

– Donnez un **titre explicatif** traduisant ce qui a été schématisé.

Exemple : Illustrez par un schéma de synthèse le passage du sexe génétique indifférencié au sexe phénotypique chez l'Homme.

• Les éléments du schéma : gonades indifférenciées, caryotype XY, sexe génétique, testicules, cellules de Leydig et AMH, cellules de Sertoli et testostérone, canaux de Müller et de Wolff, voies génitales, glandes annexes sont les éléments à utiliser.

Les regroupements possibles : ici il faut distinguer l'étape indifférenciée avec le sexe génétique et la différenciation gonadique aboutissant au sexe masculin.

• Les choix de la disposition : trois rectangles avec le sexe indifférencié, le sexe gonadique, le sexe phénotypique.

Les relations entre éléments : des flèches reliront les étapes ; le symbole + montre l'effet stimulant.

Le titre du schéma final : schéma du passage entre le sexe génétique et le sexe phénotypique masculin.

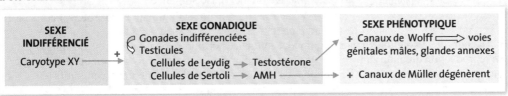

SEXE INDIFFÉRENCIÉ	**SEXE GONADIQUE**	**SEXE PHÉNOTYPIQUE**
Caryotype XY	Gonades indifférenciées / Testicules	+ Canaux de Wolff ⟹ voies génitales mâles, glandes annexes
	Cellules de Leydig → Testostérone	
	Cellules de Sertoli → AMH →	+ Canaux de Müller dégénèrent

FAIRE

1 Faites correspondre chaque terme à sa définition.

a. Hormone féminine

b. Nom du canal donnant les voies génitales femelles

c. Nom du canal se maintenant lors de la différenciation sexuelle mâle

d. Hormone testiculaire

1. Wolff
2. Œstrogènes
3. AMH
4. Müller

2 À partir du document suivant, expliquez l'atrophie (dégénérescence) de l'appareil génital des souris transgéniques.

L'AMH, hormone anti-Müllérienne synthétisée par les cellules de Sertoli immatures, a pour cible les canaux de Müller dont elle entraîne la disparition chez le fœtus mâle. Elle stimule aussi les cellules de Leydig (interstitielles) du testicule. On constate d'autre part que des souris mâles transgéniques produisant de l'AMH en grande quantité présentent un appareil génital atrophié.

La synthèse de testostérone à partir du cholestérol s'effectue dans les cellules interstitielles du testicule. Le cholestérol est d'abord transporté par une protéine appelée StAR, puis traité par une chaîne de biosynthèse dans laquelle interviennent successivement les enzymes E1, E2 et E3. Le graphique ci-dessous traduit les résultats du dosage des quatre molécules : la protéine StAR et les enzymes E1, E2 et E3 chez des souris mâles transgéniques.

Bac S, Amérique du Sud, 2004.

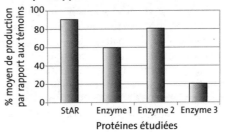

Quantités moyennes de protéines étudiées, produites par les souris mâles transgéniques, en % par rapport aux souris mâles témoins

10 Prendre en charge sa vie sexuelle

Plaisir sexuel et système de renforcement
(+ = stimulation)

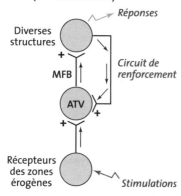

La procréation permet la pérennité mais, dans l'espèce humaine, elle est aussi liée au plaisir.

Le cerveau et le système de récompense

• Le principal facteur à l'origine du **comportement sexuel** chez l'être humain est un **renforcement du système de récompense** relié par voies nerveuses aux zones érogènes sensibles aux stimulations répétitives du corps. Le renforcement est dit **positif** car il provoque la **répétition** de l'activité sexuelle qui est à l'origine de la sensation de plaisir.

• Les structures cérébrales sollicitées sont situées :

– dans l'**aire tegmentale ventrale** (ATV) recevant les divers stimuli. Grâce à la dopamine, ces neurones communiquent avec les autres structures ;

– dans la **région médiane du télencéphale** reliée aux diverses structures et dont la stimulation provoque la répétition de l'activité sexuelle, ce qui consolide la voie nerveuse sollicitée ;

– dans les structures du **septum** et du **noyau accumbens**, liées à l'effet de renforcement.

• Au cours de l'évolution du monde animal, l'influence hormonale dans le contrôle du comportement de reproduction diminue alors que le système de récompense domine dans la sexualité des primates et plus particulièrement celle de l'Homme. Les facteurs affectifs (liens amoureux), cognitifs (éducation à la sexualité), et surtout le contexte culturel (famille ou autre) ont une influence majeure sur le comportement sexuel humain.

Les méthodes de contraception

• Certaines **méthodes contraceptives** sont plus ou moins efficaces : **retrait** (8 à 17 % d'échec), **abstinence périodique en fonction des courbes de température corporelle** (20 % d'échec), **spermicides** (3,5 % d'échec), **stérilet** (moins de 1 % d'échec ; détruisant les gamètes, rendant la glaire cervicale dense et empêchant le développement correct de l'endomètre), **diaphragme**, **préservatif masculin** (2 % d'échec).

Mis au point dès 1956 par Pincus, les **contraceptifs oraux** interviennent à différents niveaux dans le but d'empêcher la fécondation. La **pilule** (moins de 0,1 % d'échec), prise du 5e au 25e jour du cycle ou en continu (selon la composition), agit à trois niveaux :

– rétrocontrôle négatif, donc pas de pic de LH et pas d'ovulation ;

– endomètre utérin peu accueillant à la nidation de l'embryon ;

– glaire cervicale imperméable.

• Les **contragestifs** assurent un déséquilibre brutal qui empêche l'ovulation, la fécondation ou bloque la nidation. De structure proche de la progestérone, donc atrophiant la muqueuse utérine, la pilule **RU 486** (mise au point en 1981) est utilisée à des fins abortives en raison de son action anti-progestérone. Arrivée en France en 1999, massivement dosée en dérivé de la progestérone (lévonorgestrel), la **pilule du lendemain** (à prendre au plus tard 72 heures après l'acte) provoque une irritation locale rendant l'utérus impropre à la nidation et empêche l'ovulation.

La procréation médicalement assistée

Les **causes de stérilité** sont surtout des anomalies des gamètes ou des voies génitales. Parmi les méthodes de **procréation médicalement assistée** (PMA), la plus simple est l'**insémination artificielle** (don de spermatozoïdes, d'ovules ou d'embryons). Lors de la **fivete** (fécondation *in vitro* et transfert embryonnaire), on stimule la croissance des follicules, puis la ponte ovarienne, par des injections d'hormones. La fécondation est réalisée à l'extérieur. Le début du développement se fait en milieu de culture, puis on transfert l'embryon dans l'utérus. L'injection intra-cytoplasmique de spermatozoïdes (**ICSI**) consiste à introduire à l'aide d'une micropipette un spermatozoïde dans un ovule. On l'utilise lorsque le pouvoir fécondant des spermatozoïdes est déficient.

● **Quelques pistes pour rechercher sur Internet**

• Quel que soit le moteur de recherche que vous utilisez, il est important de **veiller à la fiabilité des sites** que vous consultez : sites institutionnels (par exemple les sites de certains ministères, de musées...), sites à but pédagogique reconnus (par exemple des sites d'enseignants ou les sites académiques)…
En cas de doute, n'hésitez pas à consulter votre professeur ou le documentaliste de votre lycée.
• Si vous utilisez une information provenant d'Internet, prenez garde à la **reformuler** : ne pratiquez pas le « copier-coller ». Si vous citez un site, mentionnez toujours sa **source précise**.
• Pour mener une recherche, certains sites peuvent vous être très utiles, comme ceux des **revues scientifiques** qui proposent des dossiers ou des articles sur les dernières actualités scientifiques.
Consultez, par exemple, www.science-et-vie.com, www.sciencesetavenir.fr…
• **Sélectionnez les bons mots clés**. Cela vous permettra de ne pas vous éparpiller. En effet, si elle n'est pas menée avec méthode, une recherche sur Internet peut rapidement s'avérer longue et fastidieuse.

FAIRE

1 Lisez le texte ci-dessous puis répondez aux questions.

> Libérée dans certaines zones du cerveau par les terminaisons (ou synapses) des axones des neurones, la dopamine déclenche des sensations de plaisir. Ces neurones sont directement stimulés par d'autres neurones à dopamine. Lors d'une stimulation qui provoque du plaisir, comme un acte sexuel, des potentiels d'actions (ou messages nerveux) sont conduits par le long prolongement (ou axone) des neurones qui stimulent les neurones à dopamine. En même temps, les neurones libérant du GABA, neurotransmetteur inhibiteur, ne fonctionnent pas. En effet, à partir des vésicules synaptiques qui s'ouvrent, il y a libération d'un neurotransmetteur, l'enképhaline. Agissant sur des récepteurs spécifiques, elle empêche le fonctionnement des neurones à GABA. Ce sont également les stimuli provoquant du plaisir qui activent ces neurones à enképhaline.

a. À partir de ce texte, attribuez une légende aux lettres de A à J du schéma muet.

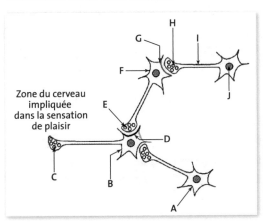

Zone du cerveau impliquée dans la sensation de plaisir

b. Que se passe-t-il en l'absence de stimulations agréables ?

2 Répondez aux questions suivantes.

a. Quelle différence faites-vous entre contraceptif et contragestif ?

b. Quelle est la seule méthode contraceptive qui assure une protection contre les infections sexuellement transmissibles ?

c. Pourquoi le stérilet est-il déconseillé aux femmes n'ayant jamais eu d'enfant ?

d. Après l'arrêt de la pilule, une femme peut-elle avoir un rapport fécondant dès le mois suivant ?

3 Retrouvez la (ou les) bonne(s) réponse(s).

a. La pilule :

   1. n'agit que sur la perméabilité de la glaire cervicale.

   2. ne permet que le blocage de la nidation.

   3. ne fait qu'empêcher l'ovulation.

   4. agit sur ces trois cibles à la fois.

b. Dans un système de récompense :

   1. la dopamine est un neurotransmetteur.

   2. il existe un renforcement par une répétition du stimulus.

   3. les neurones sont tous indépendants.

   4. le renforcement a une action négative sur la sensation de plaisir.

SVT

11 Ressources énergétiques disponibles

Activités humaines et besoins en énergie

• La plupart des activités humaines nécessitent la consommation d'énergie : vivre (les aliments sont une source d'énergie), se chauffer, faire fonctionner des machines, se déplacer…
• L'énergie se mesure en **Joules** (noté J), mais dans l'industrie ou la vie quotidienne on utilise le **wattheure** (Wh) ou le **kilowattheure** (kWh) : 1 Wh = 3 600 J et 1 kWh = 1 000 Wh.
• La puissance traduit la rapidité du transfert d'énergie électrique :

$$P_e = \frac{W_e}{\Delta t}$$

P_e : puissance fournie, en watts (W)

W_e : énergie fournie, en Joules (J)

Δt : durée du transfert, en secondes (s)

Ressources énergétiques non renouvelables

• Une ressource énergétique est non renouvelable lorsqu'elle est prélevée plus rapidement que la nature ne parvient à la régénérer ; c'est le cas des **sources d'énergie fossiles** (pétrole, gaz naturel, charbon) dont la formation a nécessité des millions d'années, et des **ressources d'énergie fissiles** (uranium 235).
• Ces ressources sont caractérisées par de **bonnes prédispositions au stockage**, mais des gisements qui sont souvent éloignés des zones de consommation, et des **réserves épuisables**.

• Une ressource d'énergie fossile contient un stock d'énergie chimique qu'elle libère par **combustion** en émettant du dioxyde de carbone (à l'origine d'une augmentation de l'**effet de serre**) ainsi que des polluants divers (oxyde d'azote, de soufre…). Le pétrole est un mélange de nombreux composés qu'il est nécessaire de séparer par **distillation fractionnée**.
• Sous l'impact d'un neutron, un noyau d'uranium 235 se scinde en deux morceaux. Cette réaction nucléaire est une **fission** qui s'accompagne de la libération d'une grande quantité d'énergie.

Ressources énergétiques renouvelables

• L'augmentation de la population mondiale engendre des besoins en énergie croissants, tandis que les ressources d'énergie fossiles et l'uranium s'épuisent, d'où la nécessité d'économiser l'énergie et de développer l'utilisation des ressources d'énergie renouvelables.
• Les ressources d'énergie renouvelables se renouvellent assez rapidement pour être considérées comme **inépuisables** à l'échelle de temps humaine : le vent, le rayonnement solaire, l'eau en mouvement, la marée, la géothermie, la biomasse.
• Elles représentent des quantités d'énergie considérables, mais elles sont, sauf exception, difficilement stockables, intermittentes, aléatoires et diffuses.

Exploiter des informations portant sur une lampe basse consommation

Voici représentées les étiquettes de deux lampes, l'une à incandescence, l'autre à économie d'énergie. Quelles informations peut-on relever ?

• La catégorie d'efficacité énergétique (de A à G). Cet indice a été mis en place par l'Union européenne, d'où la présence du drapeau, en haut à droite.
• Le flux lumineux de la lampe en lumens.
• La puissance électrique absorbée par la lampe en watts.
• La durée de vie moyenne en heures.
On remarque donc que la lampe à incandescence a une puissance quatre fois plus élevée que l'autre, une durée de vie dix fois moins longue pour une efficacité lumineuse quasi égale. (Elle a été retirée de la vente au 31/12/2009.)

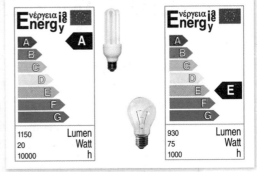

Utiliser la relation liant puissance et énergie

Calculez l'énergie économisée sur un an à raison de 3 h d'éclairage par jour si l'on utilise la lampe basse consommation à la place de la lampe à incandescence. Déduisez-en le coût en euros, sachant que le prix du kWh est 0,121 8 euro.

L'énergie électrique consommée en kWh par la lampe à incandescence en un an est $W_e = P_e \times \Delta t$ où $P_e = 0,075$ kW et $\Delta t = 3 \times 365 = 1,1 \cdot 10^3$ h soit $W_e = 82$ kWh.

L'énergie électrique consommée en kWh par la lampe basse consommation en un an est :

$$W_e = 0,020 \times 1,1 \cdot 10^3 = 22 \text{ kWh.}$$

L'énergie économisée est de 60 kWh, ce qui correspond à un coût de 7,3 euros.

Utiliser la représentation symbolique d'un noyau $_Z^A X$

Indiquez la composition des noyaux de deux atomes de chlore ayant pour symboles $_{17}^{35}Cl$ et $_{17}^{37}Cl$. Quelle particularité présentent ces atomes ? Comment les nomme-t-on ?

Le premier atome possède 17 protons ($Z = 17$), 35 nucléons ($A = 35$) et $35 - 17 = 18$ neutrons.

Le second possède également 17 protons ($Z = 17$), mais 37 nucléons ($A = 37$) et donc : $37 - 17 = 20$ neutrons.

Ces deux noyaux ont des nombres de neutrons différents, mais des numéros atomiques identiques, et ils appartiennent au même élément : ce sont des **isotopes**.

FAIRE

1 L'uranium naturel, tel qu'il est extrait du sol, est constitué essentiellement de deux isotopes : l'uranium 238 ($_{92}^{238}U$) pour 99,3% et l'uranium 235 ($_{92}^{235}U$) pour 0,71%. Or seul l'uranium 235 est fissile et peut constituer une source d'énergie.

a. Donnez la composition de ces deux noyaux. Lequel est le plus lourd ?

b. Si l'on dispose de 2 000 noyaux d'uranium naturel, combien de noyaux légers a-t-on ?

c. Qu'appelle-t-on l'« uranium enrichi » ?

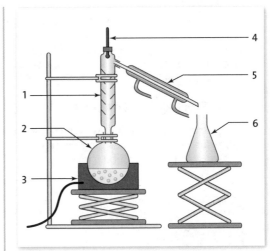

2 On réalise une distillation fractionnée pour séparer les constituants d'un mélange de pentane, méthylbutane et pentan-1-ol.

a. Reproduisez et légendez le schéma suivant.

b. Quel est le constituant qui est extrait en premier ?

Données : températures d'ébullition :
pentane = 36 °C ; méthylbutane = 28 °C ;
pentan-1-ol = 138 °C.

3 Le bois est-il une ressource d'énergie renouvelable ? Argumentez. Brûler du bois a-t-il une incidence sur l'effet de serre ?

Conversion et stockage de l'énergie

Production d'énergie électrique

• Une tension électrique apparaît aux bornes d'une bobine au voisinage de laquelle un **aimant** est en mouvement. C'est le phénomène d'induction électromagnétique.

• Dans presque toutes les centrales électriques (hormis dans les centrales photovoltaïques), l'électricité est produite par des **alternateurs** constitués d'un aimant (ou d'un électroaimant) et d'une bobine. Un alternateur convertit l'énergie mécanique en énergie électrique. Il est entraîné par une **turbine**, elle-même mise en mouvement par un fluide : vapeur d'eau sous haute pression dans les centrales thermiques classiques ou les centrales nucléaires, eau liquide en mouvement dans les centrales hydroélectriques, air en mouvement dans les centrales éoliennes.

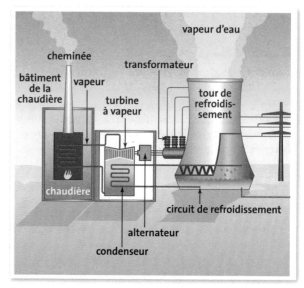

• En France, la majeure partie de l'électricité produite est d'origine nucléaire.

• Dans une **centrale thermique classique**, c'est la chaleur produite par la **combustion** d'une ressource d'énergie fossile qui vaporise l'eau.

• Le mode de fonctionnement d'une **centrale thermique nucléaire** est identique au précédent si ce n'est que l'énergie provient de la **fission** contrôlée d'atomes d'uranium 235. Les noyaux obtenus par fission (appelés **produits de fission**) sont instables : ils sont dits **radioactifs** et se transforment spontanément en d'autres noyaux. Cette transformation est appelée **désintégration**. La désintégration d'un noyau radioactif s'accompagne de l'émission d'un **rayonnement électromagnétique** γ potentiellement dangereux.

• La **fusion** est une **réaction nucléaire** au cours de laquelle deux noyaux légers s'unissent pour former un noyau plus lourd. La fusion est la source d'énergie du Soleil. Des recherches sont en cours pour tenter de maîtriser l'énergie de fusion dans une réaction contrôlée.

Stockage de l'énergie

Une **pile** ou un **accumulateur électrochimique** sont des dispositifs destinés à stocker de l'**énergie chimique** et à la restituer ultérieurement sous forme d'**énergie électrique**. L'accumulateur est rechargeable par opposition à une pile.

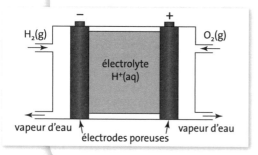

La pile à hydrogène est une **pile à combustible** utilisant le dihydrogène et le dioxygène, et ne rejetant que de l'eau. L'équation de la réaction chimique de son fonctionnement est :

$$2\ H_2\ (g) + O_2\ (g) \rightarrow 2\ H_2O\ (l).$$

Convertisseur d'énergie non polluant, la pile à hydrogène serait le générateur idéal des voitures à moteur électrique, mais le coût de fabrication élevé (présence de platine) et la difficulté de stocker le dihydrogène freinent son développement.

● Écrire l'équation de réactions nucléaires

Un neutron peut provoquer la fission d'un noyau d'uranium $^{235}_{92}U$ qui se scinde en deux fragments, l'un peut être un noyau de strontium $^{94}_{38}Sr$, l'autre un noyau de xénon $^{139}_{54}Xe$ et plusieurs neutrons sont libérés.

La fusion d'un noyau de deutérium $^{2}_{1}H$ et d'un noyau de tritium $^{3}_{1}H$ donne naissance à un noyau d'hélium $^{4}_{2}He$. Écrivez les équations de ces réactions nucléaires.

Une équation nucléaire vérifie la loi de conservation du nombre de nucléons et la loi de conservation de la charge électrique.

$$^{235}_{92}U + ^{1}_{0}n \rightarrow ^{94}_{38}Sr + ^{139}_{54}Xe + 3\,^{1}_{0}n$$
$$^{2}_{1}H + ^{3}_{1}H \rightarrow ^{4}_{2}He + ^{1}_{0}n$$

● Analyser une courbe de décroissance radioactive

L'iode radioactif 131, dont la courbe de décroissance radioactive est donnée ci-contre, est un produit de fission de l'uranium 235. Déterminez graphiquement la période radioactive de l'iode 131 (on définit la période radioactive T comme la durée au bout de laquelle la moitié de la population initiale de noyaux s'est désintégrée).

On lit sur le graphique qu'à l'instant initial l'échantillon étudié contient 1 000 noyaux radioactifs. Il en contiendra la moitié, c'est-à-dire 500, au bout de 8 jours : T = 8 jours.

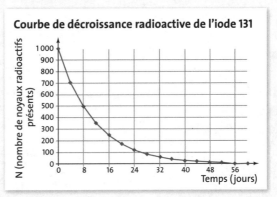

Courbe de décroissance radioactive de l'iode 131

● Schématiser une chaîne énergétique

Une chaîne énergétique comprend un réservoir d'énergie initial, un ou plusieurs convertisseurs (dispositifs permettant la transformation d'une forme d'énergie à une autre) et un réservoir final. Établissez la chaîne énergétique d'une centrale au charbon.

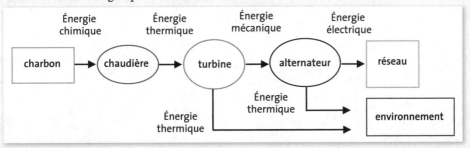

1 Une tranche de centrale nucléaire a une puissance $P = 900$ MW. Cette puissance est fournie au réseau en moyenne 200 jours par an.

Une éolienne de 2,0 MW fonctionne à pleine puissance pendant un quart de l'année.

a. Comparez ces deux centrales en termes de puissance.

b. Calculez l'énergie électrique produite en un an par la tranche de centrale nucléaire.

c. Calculez l'énergie électrique produite en un an par l'éolienne.

d. Calculez le nombre d'éoliennes de ce type nécessaires pour remplacer la tranche de centrale nucléaire.

e. Indiquez les avantages et les inconvénients de ces deux types de centrales.

2 L'énergie dégagée lors de la fission de 1,0 g d'uranium 235 est E = 8,2 · 10^{10} J, l'énergie dégagée lors de la combustion de 1,0 g de pétrole est 42 kJ.

Quelle masse de pétrole produirait la même quantité d'énergie qu'un seul gramme d'uranium 235 ?

Physique-Chimie

Anglais

Anglais

English in the press

VOCABULARY

account for (v.) : expliquer
caption : légende
circulation : tirage
classified ads : petites annonces
daily, weekly, monthly : quotidien, hebdomadaire, mensuel
deal with (v.) : traiter de
editor : rédacteur en chef
issue : numéro ; problème
point out (v.) : signaler ; souligner
report (n.) : compte rendu ; reportage

Background

• The British press

More than one Briton out of two buys a daily paper, and it is quite common to have it delivered at your door by a newspaper boy or girl early in the morning. The British press can be roughly divided into tabloids (small size popular press) and broadsheet. Quality papers belong to the latter category, and the main ones are *The Guardian, The Independent, The Daily Telegraph, The Times*. Among the daily papers it is *The Sun* (a tabloid) which has the highest circulation (around 4,000,000). The Sunday press also has a very high rate of readers per copy.

• The American press

Most of the American press is regional although such papers as *The New York Times* or *The Washington Post* have a national edition. About 1,700 daily papers and 850 Sunday papers are issued either as tabloids or broadsheet. Magazines such as *Newsweek, Time* or *US News and World Report* deal with national and international issues and sell all over the country.

• **News online**: most papers now have websites and the online versions are bringing in more "readers". Their success is probably due to their availability at any time on mobile devices such as mobile phones. Moreover the digital editions can be updated in no time and they offer multimedia capabilities and links to other sources such as blogs.

• **Blogs** have gained a leading part in breaking and shaping news. Bloggers provide nearly-instant commentary on events. Their role becomes increasingly mainstream, and news services and/or candidates begin using them as tools for reaching-out and opinion forming. This raises the question of the reliability of such sources and the risks of manipulation through false information or rumours.

L'article de presse est l'une des formes d'anglais écrit auxquelles vous pouvez le plus facilement avoir accès, soit en visitant les sites web des différentes publications anglo-saxonnes, soit en vous procurant journaux ou revues.
• *Étape 1 :* on repérera ce qui permet de **situer** l'article, l'organe de presse dont il est extrait, son auteur, sa date de parution. Pour se faire une première idée du sujet traité, on observera le **titre** (*headline*), le « **chapô** » (*heading, introductory paragraph*) qui se situe entre le titre et le début de l'article et en résume le contenu. On repérera, dans l'article même, les mots plusieurs fois repris, les noms propres, les données chiffrées.
• *Étape 2 :* un article part, habituellement, de **faits** (*facts*) pour présenter ensuite diverses **réactions** ou **opinions** et aboutir à une **conclusion** qui est souvent un **élargissement** de la problématique. On approfondira la compréhension par une lecture attentive permettant d'identifier les **lieux**, les **événements**, les **points de vue exprimés**, les **questions** posées.

L'extrait ci-dessous renvoie à l'un des grands enjeux du monde contemporain : les risques liés à l'accélération des avancées techniques qui, si elles sont mal maîtrisées, peuvent avoir des conséquences dramatiques à une échelle qui ignore les frontières.

The Meaning of the Mess

A blown oil well in the Gulf of Mexico creates an environmental catastrophe – but the accident could at last provide the impetus to craft an energy policy that is smart, pragmatic and green.

By Brian Walsh

The (Horizon) massive rig [...] was finishing up preparations to drill an oil well deep beneath the surface of the Gulf of Mexico, about 50 miles (80 km) south of the Louisiana coast. It was familiar, dangerous work, and the rig had been there before: less than a year earlier, it had drilled the deepest oil and gas well ever, more than 35,000 ft. (10,000 m) beneath water and rock. Late on the evening of April 20, however, something went terribly wrong. An explosion rocked the rig, igniting a massive fire. Eleven workers were killed in the inferno, and 17 more were injured. Within two days, while Coast Guard ships were still searching fruitlessly for survivors, the ruined Horizon sank, dragging its equipment and pipes to the bottom of the ocean, 5 000 ft. (1,500 m) below. Terrible as the loss of life and property were, they were just the beginning. [...] An oil slick formed on the surface and grew by the day, drifting inexorably toward the coast of Louisiana, home to vulnerable marshes and wetlands, and the most productive fishery in the lower 48 states.

More than two weeks after the accident, no easy way to close off the well has been found, and it has become clear that what started as an oil spill has become an uncontrolled gusher with economic, political and social consequences as far as the eye can see. The slick [...] threatens to kill wildlife and wreck the fishing industry along nearly 1,300 miles (2,100 km) of coastline. Scientists worry that ocean currents could carry the oil around the tip of Florida to the beaches of the East Coast. President Obama, not given to overstatement, called the scene unfolding in the Gulf a "massive and potentially unprecedented environmental disaster." The damage won't be measured just in environmental and economic costs; there could be political blowback for Obama. [...] Too often the US has let its energy policy be driven by the emotion of disasters, rather than by smart, long-term and realistic decisionmaking. [...] Energy policy, like so much else in the country, has been set to drift for too long. But the moment is there for the taking, a chance for something worthwhile to rise out of the muck still bubbling up from the floor of the Gulf of Mexico.

From *TIME*, May 17, 2010.

FAIRE

1 Lisez rapidement l'extrait et complétez le tableau.

paper/ magazine	American press/ British press	date	author	main key words in headline and presentation

2 Les paragraphes 1 et 2 relatent des faits. Dites si ces affirmations sont *true* or *false*.

a. A fire broke out on the rig followed by an explosion. ….
b. There were 28 casualties. ….
c. The rig sank on the evening of April 20. ….
d. The rig was about 50 miles south of the Florida coast. ….
e. The deepest oil and gas well so far had been 35,000 ft under water and rock. ….

3 Donnez les adverbes du texte qui correspondent aux définitions.

a. Without any chance of being stopped: …
b. To no result: . . . .
c. In a possible way: . . . .
d. In an awful way: . . . .
e. Just about: . . . .

4 Mettez en relation les mots anglais et leurs équivalents français.

a. blowback
b. impetus
c. inferno
d. injured
e. loss
f. marshes
g. oil slick
h. smart
i. threaten
j. worthwhile

1. perte
2. blessé(e)
3. marée noire
4. brasier
5. qui vaut la peine
6. menacer
7. impulsion
8. retour de flamme
9. marais
10. sage/intelligent

5 Choisissez le sens à donner à chaque citation.

a. "Coast Guard ships were still searching fruitlessly for survivors" means:
   1. No survivor had been found by the Coast Guard ships so far.
   2. Survivors were taken care of aboard the Coast Guard ships.
b. "Terrible as the loss of life and property were, they were just the beginning" means:
   1. More people were to be killed or injured.
   2. The terrible loss of life and property won't be the only consequence of the accident.
c. "not given to overstatement" means:
   1. not inclined to exaggerate.
   2. prone to exaggerate.
d. "has been set to drift" means:
   1. has not been seriously dealt with.
   2. has been definitely settled.
e. "the moment is there for the taking" means:
   1. you can take your time.
   2. it's time to seize the opportunity.

6 Dans le dernier paragraphe le journaliste donne son point de vue. Répondez aux questions.

a. Is Brian Walsh's opinion about decision makers positive or negative? (justify)
b. Is Energy policy the only subject he considers not properly dealt with? (justify)
c. What paradoxical outcome does he expect? (justify)

Anglais

2

Le passif

SAVOIR

La voix passive permet à celui qui parle de porter un éclairage particulier sur l'action et de montrer qu'il s'intéresse prioritairement à son résultat.

● La construction du passif

On emploie la voix passive quand on choisit de mettre en lumière – en position de sujet grammatical – celui (humain, animal ou objet) qui subit l'action. Il peut s'agir du bénéficiaire, de la victime ou du simple objet de l'action. La construction est caractérisée par la présence de **be** suivi du **participe passé** du verbe concerné.

> **Construction du passif :**   Sujet (qui subit)   +   *be*   +   verbe (participe passé)

On trouve à la voix passive la même variété de temps, d'aspect, de modalité qu'à la voix active. Seul **be** peut prendre les marques de personnes, de forme, de temps, etc.
Le participe passé est invariable.

● Présent simple
Ex. :   ***Nearly everything is done*** *automatically in this factory.*
Presque tout se fait automatiquement dans cette usine.

● Simple past
Ex. :   ***Many houses were destroyed*** *by the earthquake.*
Beaucoup de maisons ont été détruites par le tremblement de terre.

● Present perfect
Ex. :   ***New regulations*** *on downloading* ***have*** *just* ***been inforced***.
De nouvelles règles concernant le téléchargement viennent d'entrer en vigueur.

● Modal : *will*
Ex. :   ***These letters won't be delivered***, *the postmen are on strike.*
Ces lettres ne seront pas distribuées, les facteurs sont en grève.

● *Be + -ing* au présent
Ex. :   ***Your request is being processed*** *(on an ATM – Automated Telling Machine – screen).*
Votre demande est en cours de traitement (sur un écran de distributeur automatique de billets).

> Si l'on veut indiquer **qui** fait l'action, on utilise la préposition **by** pour introduire le complément d'agent
> Ex. :   *Dr D. Livingstone was found by H. M. Stanley*
> Le docteur D. Livingstone a été retrouvé par H. M. Stanley.

● Des constructions particulières

● Remarquez les constructions du type :

She is said to be lenient.	On dit qu'elle est indulgente.
He is thought to have left home.	On pense qu'il a quitté la maison.
If scientists are to be believed.	S'il faut en croire les scientifiques.

Dans ces exemples, on s'intéresse prioritairement à ce qui est répandu dans l'opinion et non pas à ceux qui disent, pensent ou croient. Ce sont les verbes exprimant l'opinion qui sont construits à la voix passive suivie de *to* et d'un infinitif présent ou parfait. Ces constructions n'ont pas d'équivalents français au passif, elles correspondent généralement à des tournures actives impersonnelles avec « on ».

● On trouve ainsi :

is believed to	on croit que
is expected to	on s'attend à ce que
is forecast to	on prévoit que
is reckoned to	on compte que
is rumoured to	selon la rumeur publique
is said to	on dit que
is thought to	on pense que

SAVOIR-FAIRE

La voix passive est beaucoup plus fréquente en anglais qu'en français.

Ex. : *My wallet has been stolen!*　　On m'a volé mon portefeuille !
They shouldn't be sent home.　　On ne devrait pas les renvoyer chez eux.

Entraînez-vous au passage d'une voix à l'autre. Dans les phrases suivantes, les sujets sont inconnus ou l'on ne s'y intéresse pas. Reformulez ces phrases à la voix passive.

a. No one has understood this lesson properly.　→　This lesson hasn't been understood properly.

b. Has anyone checked the tyres?　→　Have the tyres been checked?

c. They arrested her for shoplifting last week.　→　She was arrested for shoplifting last week.

d. They are examining your case.　→　Your case ……

e. They can't stop him. He's raving mad.　→　He ……

f. They won't sign the documents for the house sale.　→　The documents ……

g. Where will they send you next year?　→　…… ?

Solutions :

d. is being examined.

e. can't be stopped.

f. for the house sale won't be signed.

g. Where will you be sent next year?

FAIRE

1 Complétez avec une forme passive appropriée du verbe proposé.

a. These cameras (*make*) …… in Japan.

b. Saint Paul's Cathedral (*build*) …… around 1700.

c. The new stadium (*finish*) …… next year.

d. I found that all my money (*steal*) …… .

e. The park benches (*just paint*) …… .

f. This work can (*do*) …… easily.

2 Transformez ces phrases en donnant un éclairage nécessitant le passif.

a. People think the government is wrong.

b. People say Harry is somewhere in Australia.

c. Everybody considered her a genius.

d. Some people thought she was crazy.

e. Everybody thinks highly of James's paintings.

3 Dites-le en anglais.

a. On s'attend à ce que M. Bevin soit nommé Secrétaire d'État.

b. On dit qu'Hawaï est une île de rêve.

c. On pensait que les explorateurs s'étaient perdus dans le désert.

d. On sait que Mary fut victime de l'ambition de ses parents.

e. On dit qu'ils sont millionnaires, je ne le crois pas.

f. On s'attend à ce que le président fasse une déclaration avant l'ouverture de la session.

g. On dit que ce ministre est le plus populaire de tous.

h. S'il faut se fier au baromètre, nous allons avoir une tempête !

English on the stage

Background

• **Arthur Miller**

Born in New York City in 1915, Miller was the son of a coat manufacturer who was ruined by the Great Depression of the 1930s. He was a student at the University of Michigan when he won awards for his comedy *The Grass Still Grows*. His plays such as *All My Sons* (1947), *Death of a Salesman* (1949), *The Crucible* (1953), *A View From the Bridge* (1955), *After the Fall* (1964), *Incident At Vichy* (1964) or *The Ride Down Mount Morgan* (1991) continue to be widely produced. Most of them have been adapted for the screen. Other works include a novel, *Focus*, short stories, television dramas and a screenplay, *The Misfits*, written for his second wife, American film star Marilyn Monroe. His works are simply and colloquially written and show his compassion for those who are vulnerable.

• ***Death of a Salesman*** (*Mort d'un commis voyageur*) : The play was first performed in 1949. It tells the tragic story of Willy Loman, a salesman betrayed by his own values and those of American society. Miller defined his aim as being "to set forth what happens when a man does not have a grip on the forces of life".

SAVOIR-FAIRE

Une pièce de théâtre est, bien entendu, écrite pour être jouée sur scène. Pour une lecture fructueuse du texte, il faut être attentif au « ton » des répliques, à ce qu'elles révèlent de la situation des personnages, de leurs sentiments (*feelings*) et des relations (*relationships*) qui se nouent et se dénouent entre eux au fil de l'intrigue. Les indications scéniques de l'auteur doivent également retenir votre attention.

La pièce dont la scène ci-dessous est extraite touche au mythe de *l'American Dream*. Willy Loman s'accroche au mythe du succès par la popularité (*being well-liked*) alors que sa vie est marquée par l'échec : le sien et celui de son fils, Biff, qu'il voyait en héros et qui, refusant les illusions paternelles, se cherche d'autres repères.

Biff: Why didn't you ever write me about this, Mom?
Linda: How would I write to you? For over three months you had no address.
Biff: I was on the move. But you know I thought of you all the time. You know that, don't you, pal?
Linda: I know, dear, I know. But he likes to have a letter. Just to know that there's still a possibility for better things.
Biff: He's not like this all the time, is he?
Linda: It's when you come home he's always the worst.
Biff: When I come home?
Linda: When you write you're coming, he's all smiles, and talks about the future, and – he's just wonderful. And then the closer you seem to come, the more shaky he gets, and then, by the time you get here, he's arguing, and he seems angry at you. I think it's just that maybe he can't bring himself to – to open up to you. Why are you so hateful to each other? Why is that?
Biff (*evasively*): I'm not hateful, Mom.
Linda: But you no sooner come in the door than you're fighting!
Biff: I don't know why, I mean to change. I'm tryin', Mom; you understand?
Linda: Are you home to stay now?
Biff: I don't know. I want to look around, see what's doin'.
Linda: Biff, you can't look around all your life, can you?
Biff: I just can't take hold, Mom. I can't take hold of some kind of a life.
Linda: Biff, a man is not a bird, to come and go with the springtime.
Biff: Your hair... (*He touches her hair.*) Your hair got so grey.
Linda: Oh it's been grey since you were in high school. I just stopped dyeing it, that's all.
Biff: Dye it again, will ya? I don't want my pal looking old. (*He smiles.*)
Linda: You're such a boy! You think you can go away for a year and... You've got to get it into your head now that one day you'll knock on this door and there'll be strange people here.
Biff: What are you talking about? You're not even sixty, Mom.
Linda: But what about your father?
Biff: (*lamely¹*) Well, I meant him too.

1. *lamely* : faiblement.

Arthur MILLER, *Death of a Salesman*, 1949, © Penguin Books Ltd

1 Lisez l'extrait, consultez les informations complémentaires et répondez aux questions suivantes.

a. Is *Death of a Salesman* Arthur Miller's first play?

b. When was the play performed for the first time?

c. Do you think this is the opening scene? Justify.

d. How many characters are there on stage in this scene?

e. Where are they? How do you know?

f. What is their relationship? How do you know?

g. A character is mentioned in several lines but does not appear in the scene, who do you think that character is? What can help you make sure?

2 Examinez attentivement les répliques.

a. Relevez les tournures et expressions typiques du "*spoken English*".

b. Notez les noms utilisées par Biff envers Linda.

c. Notez ceux que Linda emploie envers Biff.

3 Cochez les réponses vous paraissant adaptées.

a. Which adjectives could apply to Linda's tone?

❏ 1. cheerful   ❏ 8. resentful
❏ 2. worried   ❏ 9. aggressive
❏ 3. affectionate   ❏ 10. sharp
❏ 4. impatient   ❏ 11. sad
❏ 5. angry   ❏ 12. reproachful
❏ 6. relieved   ❏ 13. disappointed
❏ 7. kind   ❏ 14. responsible

b. Cochez les réponses qui vous paraissent inadaptées. Which feelings towards Linda do you think Biff expresses in this passage?

❏ 1. love   ❏ 6. jealousy
❏ 2. pity   ❏ 7. tenderness
❏ 3. frustration   ❏ 8. hate
❏ 4. admiration   ❏ 9. indifference
❏ 5. sadness   ❏ 10. boredom

4 Choisissez l'interprétation la plus adaptée aux répliques proposées.

a. "I was on the move."

1. He means he was working in movie-making.
2. He means he was travelling around.
3. He means he was working for a removal firm.

b. "He's not like this all the time, is he?"

1. He means he finds his father is better.
2. He means he envies his father.
3. He means his father's attitude worries him.

c. "I just can't take hold…"

1. He means he can't get settled.
2. He means he can't make money.
3. He means he can't go on like that.

d. "… there'll be strange people here."

1. She means they'll have moved.
2. She means they are expecting new people.
3. She means they'll have died.

e. "You're not even sixty, …"

1. He means she is still quite young.
2. He means he thought she was older.
3. He means she looks older.

5 Relisez la dernière réplique de Biff et répondez aux questions.

a. Do you think Biff is telling the truth?

b. What can help you to decide?

c. What other lines in the passage show Biff feels rather uneasy about his father?

Anglais

4

Les « tags »
L'emploi de *for* et *since*

⬤ Les tags

• Les « tags » sont des reprises **interrogatives** de fin de phrase comportant un pronom sujet et un **opérateur** : *be*, *have*, *do / does / did* ou un **modal** en écho à l'énoncé de départ. C'est **le même opérateur** qui apparaît dans l'énoncé de départ et dans le « tag ».

Celui qui parle demande à son interlocuteur de confirmer ce qu'il vient de dire.

énoncé **positif**	→	*« tag » interro-négatif*
énoncé **négatif**	→	*« tag » interrogatif*

Ex : *You were at the theatre last night, **weren't you?***
Tu étais bien au théâtre, hier soir ?
*Al Pacino plays Richard III, **doesn't he?***
Al Pacino joue Richard III, non ?
*They can't stay after the performance, **can they?***
Ils ne peuvent pas rester après la représentation, n'est-ce pas ?

• Quand le sujet de l'énoncé est ***nobody***, ***somebody*** ou ***everybody*** (ou ***no one***, etc.), on utilise ***they*** dans le *tag*.

Ex. : *Nobody phoned, **did they?***   Personne n'a téléphoné, si ?

• Quand le sujet de l'énoncé est ***nothing***, on utilise ***it*** dans le *tag*.

Ex. : *Nothing bad can happen, **can it?***   Rien de mal ne peut arriver, n'est-ce pas ?

• Un énoncé à l'impératif est repris par un *tag* avec ***will*** ou ***won't*** :

Ex. : *Lend me your pen, **will you?***   Prête-moi ton stylo, s'il te plaît.
*Have some more tea, **won't you?***   Reprenez du thé, je vous en prie.
*Don't forget to book the seats, **will you?***   N'oublie pas de réserver les places, d'accord ?

• Un énoncé avec ***Let's*** est repris par un *tag* avec ***shall*** :
Ex. : *Let's go, **shall we?***   Allons-y, d'accord ?

⬤ For / since

• ***For***

La préposition *for* est associée à l'idée de **durée** (mesurable en unités de temps).

Ex. : *They haven't performed this play **for** years.* Ils n'ont pas joué cette pièce depuis des années.
*It has been on **for** 5 months.*   Elle est à l'affiche depuis 5 mois.
       Cela fait 5 mois qu'elle est à l'affiche.

• ***Since***

Since, préposition ou conjonction, est associé au **point de départ** dans le temps.

Ex. : *I have known David **since** the 1970s.*
Je connais David depuis les années 1970.
*I have known David **since** university.*
Je connais David depuis l'université.
Remarque : attention à ne pas vous laisser « piéger » par l'équivalent français (depuis).

• On utilise *for* et *since* en réponse à une question avec ***How long***...

Ex. : *How long have you played this part?*
Depuis combien de temps joues-tu ce rôle ?
*I've played this part **for** nearly one month, **since** the opening night.*
Je joue ce rôle depuis près d'un mois, depuis le soir de la première.

SAVOIR-FAIRE

● Les « tags »

Voici les répliques de l'extrait p. 192 comportant des « tags ».

a. "You know that, don't you, pal*?"

b. "He's not like this all the time, is he?"

c. "Biff, you can't look around all your life, can you?"

d. "Dye it again, will ya?"

Comment pouvez-vous justifier la construction des « tags » ?

Solutions :

L'énoncé a. est affirmatif au présent simple ; on utilise donc une interro-négation avec *do* ; le sujet de l'énoncé, qui est un pronom, est repris tel quel. L'énoncé b. est négatif et comporte l'auxiliaire *is*, qui est repris dans le « tag » interrogatif, de même que le pronom sujet : *he*.

Même mode de fonctionnement pour l'énoncé c..

* petit mot affectueux.

L'énoncé d. est à l'impératif : il nécessite l'utilisation de *will you* (prononcé *will ya*).

● For/since

Les répliques comportant *for* et *since* dans l'extrait de la page 192 sont :

a. "For over three months you had no address."

b. "Oh, it's been grey since you were in high school."

c. "You think you can go away for a year…"

Comment justifiez-vous l'emploi de *for* ou de *since* ?

Solutions :

a. et c. : *over three months* et *a year* sont des expressions de durée, donc on utilise *for*.

b. *you were in high school* est une proposition qui marque le début des « cheveux gris », donc on utilise la conjonction *since*.

FAIRE

1 Mettez en relation les énoncés et les « tags » qui leur correspondent.

a. You aren't quite yourself tonight, …

b. Nothing else matters, …

c. Don't speak too fast, …

d. You wouldn't like to play the shrew, …

e. The play was first performed on Broadway, …

f. Nobody could have imagined such a flop, …

1. could they?
2. would you?
3. are you?
4. wasn't it?
5. does it?
6. will you?

2 Quel est le « tag » approprié ?

a. He's a great director, …….

b. They've been really good in the first act, …….

c. Somebody's forgotten their coat, …….

d. Let's start again, …….

e. Nobody likes this set, …….

f. Everyone can come to the rehearsal, …….

3 Traduisez en anglais.

a. Il n'écoutait pas vraiment, si ?

b. Je devrais écrire pour les remercier, non ?

c. Tu ne lui as rien dit, n'est-ce pas ?

d. Tout le monde a vu *Mort d'un commis voyageur*, non ?

e. Allons voir la pièce, voulez-vous ?

4 Reformulez les situations suivantes en construisant des phrases avec *for* et *since*.

a. Edward became a dentist last year. He started working in March.

b. Sarah lives in Singapore. She moved there two years ago.

5 Traduisez en anglais.

a. Nous répétons depuis des heures, depuis midi.

b. Depuis combien de temps faites-vous la queue ? – Depuis trois quarts d'heure.

c. La salle a applaudi pendant de longues minutes.

5 English in adverts

VOCABULARY

advertise : faire de la publicité
advertisement/advert/ ad : une publicité
advertising : la publicité
agency : agence
aim (v.) : viser à
aim (n.) : but
appeal to : faire appel à ; plaire à
attractive : séduisant

brand (n.) : marque
campaign : campagne (publicitaire)
catchy : accrocheur
efficient : efficace
influence (v.) : influencer
manipulate (v.) : manipuler
poster : affiche
praise (v.) : vanter
product : produit
slogan : slogan
target : cible

● Background

• Adverts are everywhere in our everyday life. They are a major feature in our "cityscapes", you see huge posters on hoardings, ads on buses and taxis, on bus-shelters and in the underground. You find ad pages in your newspaper and magazines, not to speak of the commercials on the screen of your computer or TV set.

• An advert usually combines a visual element – photo, drawing, video – and a more or less extended text. The text includes a **catching**, a **slogan**, a few lines for information, the name of the **product**, the **brand** or **organisation** which launched the advertising campaign.

• The visual impact of an advert mainly relies on the use of **famous people or places**, **symbolical images**, historical/cultural **references**, attractive or repulsive pictures.
The slogan mostly derives its strength and efficiency from **rhythm** – alliteration, assonance, repetition – **contrast**, **play on words** or **allusion** to well-known phrases.

SAVOIR-FAIRE

Pour décrire et commenter une publicité, tous les éléments doivent être pris en compte, d'abord *at first sight* (au premier coup d'œil), puis dans une démarche plus approfondie, *let's go further* (regardons plus en détail). On s'interrogera sur la cible visée et le but poursuivi.

La publicité proposée ici joue sur les « nouveaux héros » de la société moderne et les liens entre les peuples et les pays du monde dans une action d'échange à l'échelle planétaire.

POVERTY AFFECTS THE LIVES OF MILLIONS OF PEOPLE

INCLUDING TWO OF THE WORLD'S BEST-PAID FOOTBALL PLAYERS.

What's more surprising: the fact that we now live in a world where almost a quarter of the population live in absolute poverty? Or the fact that for the first time ever, we possess the wealth, technology and knowledge to create a poverty free world in less than a generation?

Ronaldo and Zidane are supporting educational activities in Kosovo and Albania as part of the UNDP "Teams to End Poverty" campaign. Improving access to education is one way we can end poverty. Educational programmes and vocational training will make it easier to create and find jobs, improve health care, farming and trade, as well as developing opportunities for men, women and children.

We're closer to ending world poverty than you might think. Find out how you, your company or organisation can make a difference by contacting UNDP or by logging onto www.undp.org/teams or www.netaid.org.

Everyone will be richer without poverty.

UNDP, Palais des Nations, CH-1211, Geneve 10, Switzerland.

undp ● UNITED NATIONS DEVELOPMENT PROGRAMME

Everyone will be richer without poverty.

1 Parcourez la publicité du regard et faites les activités ci-dessous.

a. What part of the ad does the photo take up?

b. What can you see in the photo? Describe its layout.

c. What is the focal point?

d. What does its shape evoke?

e. Who are the two men?

f. Tick the five best possible answers:

The photo has been chosen because…

❏ they are handsome

❏ they are famous

❏ people like them

❏ they are young

❏ they have a good job

❏ people envy them

❏ they are champions

❏ they symbolize success

❏ they make a lot of money

❏ they come from underprivileged classes

g. What could you expect the advert to be for? (Give four propositions at least.)

2 Lisez le texte en lettres capitales et répondez aux questions.

a. How are the lines placed?

b. Which words stand out most in the first two lines?

c. And in the last two lines?

3 Relisez les deux phrases en lettres capitales et faites les activités ci-dessous.

a. Did you expect "poverty" to be connected with the two men? Why or why not?

b. How could you qualify the echo between the first word and the last two words?

c. Which words stress the opposition rich / poor?

d. The verb "affect" can mean:
   1. have effect on/consequences for
   2. move/give emotion

Which meaning do you think it has here?
Tick your answer and justify.

❏ 1.   ❏ 2.   ❏ both

4 Approfondissez l'analyse de cette publicité en répondant aux questions suivantes.

a. Is the first paragraph a real question or a statement in disguise? Explain your point of view.

b. What does the word "Teams" (to End Poverty) make you think of?

c. What does UNDP stand for?

d. What does paragraph 3 mean:
   1. The Internet is a great thing?
   2. It is up to you to make things change?
   3. The end of the world is close?

e. What is the slogan?

f. Its impact is based upon (rank the propositions 1, 2, 3) :
   1. aliterations/sound
   2. paradoxical meaning
   3. balance

g. Could you make up another one?

5 Vous voulez vous impliquer.

Write an e-mail to say you would like to get involved in the programme and offer your participation.

6 Lisez tout le texte de la publicité puis dites si les propositions suivantes sont vraies ou fausses.

	True	False
a. About 25% of the world population live in absolute poverty.	❏	❏
b. Thanks to our technology, wealth and knowledge, we could get rid of poverty in less than 25 years.	❏	❏
c. Ronaldo and Zidane are supporting sports teams in Kosovo and Albania.	❏	❏
d. Access to education is a major issue in fighting against poverty.	❏	❏
e. "Teams to End Poverty" is only concerned with children.	❏	❏
f. UNDP is located in New York City.	❏	❏
g. You can contact UNDP via the Internet.	❏	❏

Anglais

6

Comparatifs et superlatifs

SAVOIR

Pour des raisons évidentes, l'emploi de comparatifs et de superlatifs est très fréquent dans les messages publicitaires, qu'ils soient commerciaux ou qu'ils promeuvent des causes publiques ou humanitaires. Les règles de construction ci-dessous s'appliquent aussi bien aux adjectifs qu'aux adverbes.

● Comparatifs

À RETENIR

Comparatifs
et superlatifs irréguliers

bad/worse/the worst
far/farther/the farthest
good/better/the best
Changements orthographiques
quand on ajoute une terminaison :
big – bigger
nice – nicer
busy – busier

- **Comparatifs d'égalité**
  as + adjectif + *as*, pour tous les adjectifs
  Ex. : *Dan is **as good as** gold.*   Dan est sage comme une image.
                                              (littéralement : aussi bon que l'or)

- **Comparatifs d'infériorité**
  less + adjectif + *than*, pour tous les adjectifs
  Ex. : *It is **less difficult than** last time.*   C'est moins difficile que la dernière fois.

- **Comparatifs de supériorité**
  adjectif + *-er* + *than*, pour les adjectifs d'une syllabe
  Ex. : *She is **older than** her husband.*   Elle est plus âgée que son mari.
  more + adjectif + *than*, pour les adjectifs de plus d'une syllabe
  Ex. : *That flood is **more disastrous than** the last one.*
  Cette inondation est plus désastreuse que la dernière.

Remarque : certains adjectifs de plus d'une syllabe sont considérés comme courts, notamment ceux de deux syllabes terminés en *-y* : *happy, busy, pretty, silly...*

● Superlatifs

- **Superlatifs d'infériorité**
  the least + adjectif, pour tous les adjectifs
  Ex. : *It is the **least questionable** claim.*   C'est la demande la moins contestable.

- **Superlatifs de supériorité**
  the + adjectif + *-est*, pour les adjectifs courts
  Ex. : *It is **the highest** level.*   C'est le niveau le plus haut.

  the most + adjectif, pour les adjectifs longs
  Ex. : *That flood is **the most disastrous** ever.*   Cette inondation est la plus désastreuse de toutes.

- On utilise le **comparatif**, et non le superlatif, quand il n'y a que **deux éléments**.
  Ex. : *Peter is **the taller** of the two brothers.*   Le plus grand (des deux)
  *Peter is **the tallest** in the family.*   Le plus grand (de tous, au moins trois)

● Double comparatif

Le double comparatif marque une évolution et correspond à « de moins en moins... », « de plus en plus... ». En anglais, on utilise **deux fois la marque du comparatif avec and.**
Ex. : *It's getting **easier and easier.***   ... de plus en plus facile.
*It's getting **more and more boring.***   ... de plus en plus ennuyeux.
*It's getting **less and less exciting.***   ... de moins en moins passionnant.

● Accroissement parallèle

Il indique le même accroissement dans plusieurs domaines. Il s'agit de constructions du type : « plus... plus », « moins... moins ». En anglais, on répète *the* + **adjectif au comparatif.**
Ex. : ***The** less you train **the more difficult** it gets.* Moins vous vous entraînez, plus ça devient difficile.
***The** more I see you, **the** more I love you.*   Plus je te vois, plus je t'aime.
***The** sooner **the** better.*   Le plus tôt sera le mieux. (Notez l'absence de verbe.)

SAVOIR-FAIRE

Il convient surtout d'être attentif à la longueur de l'adjectif pour les comparatifs et superlatifs de supériorité.

Entraînez-vous en mettant les adjectifs de ce texte au superlatif.

Barcelona is not one of (*beautiful*) ...... cities in the world: it is (*busy*) ...... and (*noisy*) ...... moneymaking city. All the same, on a warm spring morning, there are some fine places to spend a quiet hour or two. The Rambles, a tree-lined avenue as broad and beautiful as any Paris boulevard, is magical at that time of day, (*colourful*) ...... symphony of flowers and sunlight and people.

Adapted from *A Spray of Heather*, (1989), by Jake Allsop.

Solutions : one of the most beautiful / the busiest / noisiest / the most colourful.

FAIRE

1 Complétez ce passage sur le festival de Cannes en choisissant parmi les adjectifs proposés et en les mettant au superlatif :

big – glamorous – silly – solemn – tiny.

Cannes is one of ...... film festivals in the world. In the early years, many of ...... stars would cruise along the Croisette in convertibles, waving to the crowds and stopping to sign autographs. Young stars-to-be reclined on the sand in ...... bikinis you had ever seen. This great festival is at once ...... and ...... of places.

2 Traduisez.

a. Ce n'est pas aussi loin que je croyais.

b. Je crois que ces cartouches d'encre sont meilleures que celles que nous achetons d'habitude.

c. C'est l'endroit le plus lugubre (*gloomy*) de la terre !

d. Ne vous sentez-vous pas mieux ainsi ?

e. Vos problèmes sont-ils pires que les nôtres ?

f. Il a plus de chance que moi.

3 Consultez ce tableau et posez, en anglais, au moins huit questions du type :
qui est la plus âgée ? Qui s'entraîne le plus longtemps ?

	Tara Lipinsky	**Michelle Kwan**
Age	14 years old	16 years old
Height	4 feet 8 inches	5 feet 2 inches
Weight	75 pounds	100 pounds
Key win	1997 U.S. champion	1996 U.S. champion
Training time	Four 45-minute sessions daily	Three 45-minute sessions daily
Music for long programme	"Sense and Sensibility" and "Much Ado About Nothing"	"Taj Mahal" by Fikret Amirov

4 Dites-le en anglais.

a. Plus tu attends, plus ce sera difficile.

b. Nous recevons des informations[1] de plus en plus précises.

c. La région devient de moins en moins sûre.

d. Plus j'y pense, plus j'ai peur.

e. Plus nous approchons de l'heure de la cérémonie, plus les enfants sont agités.

f. Il y a de moins en moins de visiteurs.

g. Quel est le plus grand monument, le musée ou le palais ?

1. Attention : « information » est toujours singulier en anglais.

English in a 20th century novel

● Background

adventures : aventures ;
   péripéties
author : auteur
convey (v.) : transmettre ;
communiquer ; évoquer
diary : journal intime
feel (v.) : sentir ; ressentir
hero/heroine : héros / héroïne
novel : roman
novelist : romancier / romancière
publish (v.) : éditer ; publier
publisher : éditeur
short story : nouvelle
writer : écrivain

• Literature in English is first and foremost **British**, **Irish** or **American** literature. But many English-language novels have been written by Australian, Canadian, Indian, Jamaican, South African… authors, especially in the 20th century. A large number of them have gained prominent fame all over the world but their works bear testimony of their specific identities.

• Here are but a few names of such writers and the titles of some of their books.
– Margaret **Atwood** (1939-), **Canadian**: *Cat's Eye* (1989), *The Year of the Flood* (2009).
– Alan **Paton** (1903-1988), **South African,** *Cry, The Beloved Country* (1948).
– Nadine **Gordimer** (1923-), **South African**, Nobel Prize in 1991, *The Lying Days* (1953), *A World of Strangers* (1958), *Get a Life* (2005).
– John Maxwell **Coetzee** (1940-), **South African**, Nobel Prize in 2003, *Disgrace* (1999), *Summertime: scenes from Provincial Life* (2009).
– Anita **Desai** (1937-) **Indian,** *The Peacock* (1963), *Clear Light of Day* (1980), *In Custody* (1984), *Journey to Ithaca* (1995), *Fasting, Feasting* (1999).
– V. S. **Naipaul** (1932-) **Indo-Trinidadian**, Nobel Prize in 2001, *A Flag on the Island* (1967), *A Bend in the River* (1979), *A Way in the World* (1994), *Half a Life* (2001).

• Dans un roman, les personnages évoluent dans l'espace et le temps. Les descriptions, l'évocation des lieux, les atmosphères jouent un rôle important. Pour l'analyse d'un passage de roman, on s'attachera : à la scène (*place and people),* au moment, au décor *(scenery)*, à l'atmosphère (*lights, colours, noises, movements*) et au ressenti (*feelings*) du narrateur (*narrator*) et/ou des personnages (*characters*).

Cet extrait d'un roman de l'Anglais David Lodge renvoie à certains aspects des grandes métropoles et à l'ouverture au monde qui s'y manifeste à travers la diversité de leurs habitants.

1 *Wednesday 10.15 p.m.* Amy has just left. We came back to the flat from Gabrielli's to watch "News at Ten" on my little Sony, to keep abreast of the global gloom (atrocities in Bosnia, floods in
5 Bangladesh, drought in Zimbabwe, imminent collapse of Russian economy, British trade deficit worst ever recorded), and then I put her in a cab back to St John's Wood. She doesn't like to be out late if she can help it, on account of Zelda,
10 though her lodger, Miriam, a speech therapist with a conveniently quiet social life, keeps an eye on the girl when Amy is out in the evenings. Now I'm alone in the flat, and possibly in the whole building. The other owners, like me, are
15 only occasionally in residence – there's a long-haul air hostess, a Swiss businessman whose job requires him to shuttle between London and Zürich, accompanied by his secretary and/or mistress, and a gay American couple, academics of
20 some kind, who only come here on university vacations. Two flats are still unsold, because of the recession. I haven't seen anybody in the lift or hall today, but I never feel lonely here, as I sometimes do at home during the day, when Sally is at work.
25 It's so quiet in those suburban streets. Whereas here it is never quiet, even at night. The growl and throb of buses and taxis inching up the Charing Cross Road in low gear carry faintly through the double glazing, punctuated occasionally by the
30 shrill ululation of a police car or ambulance. If I go to the window, I look down on pavements still thronged with people coming out of theatres, cinemas, restaurants and pubs, or standing about munching takeaway junk food or swigging beer
35 and coke from the can, their breath condensing in the cold night air. Very rarely does anyone raise their eyes from the ground level of the building, which is occupied by a pizza & pasta restaurant, and notice that there are six luxury flats above
40 it, with a man standing at one of the windows, pulling the curtain aside, looking down at them. It isn't a place where you would expect anybody to live, and indeed it wouldn't be much fun to
45 do so three hundred and sixty-five days a year.

David Lodge, *Therapy*, 1995, © Penguin Books Ltd

1 Observez le passage et répondez aux questions.

a. Which literary genre does the passage belong to?

b. How do you know?

2 Lisez le passage en entier et répondez aux questions générales en justifiant par des citations.

a. What city is the narrator telling us about?

b. Where was the narrator earlier in the evening?

c. Who was he with?

d. Who are Zelda and Miriam?

e. Where is the narrator now?

f. Where does he usually live?

g. Who do you think Sally is?

3 A qui ou quoi renvoient les pronoms personnels ou adjectifs possessifs suivants ?

a. her (l. 7)

b. him (l. 17)

c. their (l. 35)

d. their (l. 37)

e. it (l. 40)

f. them (l. 41)

4 Relisez avec soin les lignes 1 à 12 et répondez.

a. How does the narrator illustrate the "global" dimension in "News at Ten"?

b. Which words point out the "gloomy" side of the bulletin?

c. Which words in the following list would not be fit to comment "News at Ten"?

alluring – dismay – bracing – dreadful – catastrophe – dreamland – disaster – entertainment – dismal – peaceful – amusing – miserable.

5 En relisant les lignes 13 à 26 (… even at night), trouvez les réponses aux questions suivantes.

a. What do the various owners of the flats have in common?

b. What aspects of modern life in big cities does that reveal?

c. Why doesn't the narrator feel lonely?

d. Where does he feel lonely and why?

6 Relisez les lignes 26 à 41 et faites les activités ci-dessous.

a. Pick out the words and expressions referring to the noises of the city.

b. Which ones of the following adjectives best apply to the atmosphere of the city as seen by the narrator?

busy – dirty – lively – crowded – threatening – rustling – sleepy – warm – anonymous – noisy – tiresome – cosmopolitan – dangerous – mixed.

c. What does the last sentence (l. 43 à 45) of the passage reveal?

7 Lisez cet autre passage du roman et répondez.

" If I go down into the street to get a newspaper or pick up a pint of milk from the 24-hour Asian grocery store on the corner, and mingle with the tourists and the bums and the young runaways and the kids up from the suburbs for an evening out and the office workers who stopped for a drink on the way home and decided to make a night of it, and the actors and catering workers and buskers and policemen and beggars and newspaper vendors — their gaze will slide over me without clicking into focus, nobody will recognize me, nobody will greet me or ask how I am, and I don't have to pretend to anyone that I am happy."

a. Which sentence in the text page 200 does it relate to?

b. How does the narrator create the impression of a street swarming with people?

c. What effect do the last lines "their gaze …. I am" create?

d. Do you think the narrator appreciates or suffers from the anonymity of the city?

Anglais

237

English on a screen or in a guidebook

SAVOIR

VOCABULARY

accommodation : hébergement
be located : être situé
location : situation
book (v.) : réserver
campsite : terrain de camping
exhibit (v.) : exposer
exhibition : exposition
fee : tarif, prix à payer
go sightseeing : visiter la ville/
  la région/faire du tourisme
regulations : règlement
schedule : horaire

● Background

Electronic mass media have collapsed space and time barriers in human communication. So that, if you want to know about almost any place in the world, or if you are preparing a visit, you can easily get informed thanks to the Internet. The information you could, so far, find in guidebooks is now available on screen with a couple of clicks. A large amount of the data about any point of interest is available in English.

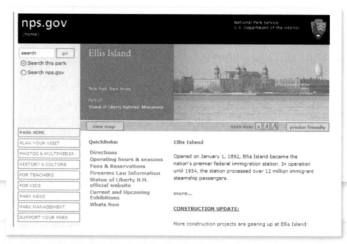

SAVOIR-FAIRE

Sur les sites ou dans les guides touristiques, on trouve aussi bien des renseignements concernant les heures d'ouverture des monuments que des éléments historiques ou culturels. Il faut donc s'entraîner à repérer rapidement le plan des sites et les menus sur les écrans ainsi que les informations pratiques (encadrés, horaires...) et les données culturelles sur le papier.

Par le choix du lieu, le document ci-dessous touche au mythe du rêve américain. Il renvoie également à l'immigration aux USA et donc à la problématique des frontières dans un espace mondialisé.

Ellis Island Visitor Services

Location
Ellis Island is located in New York Harbor.
General information
Call (212) 363-7620, or write the Statue of Liberty National Monument and Ellis Island, Liberty Island, New York, NY 10004.
Hours
Ellis Island is open daily year-round from 9:30 a.m. to 5 p.m., with extended hours during summer. It is closed December 25.
Entrance fee
There is no admission charge to Ellis Island; donations are gratefully accepted.
Tours
An audio tour with Tom Brokaw through the Ellis Island Immigration Museum retraces the immigrants' first steps through this gateway to the New World. It is available at the museum in English, French, German, Italian, and Spanish. Public tours are periodically conducted by rangers.
Dining
The Ellis Island Café serves a menu of

tasty American and ethnic food. It has indoor seating, plus an outdoor deck with seating overlooking the Statue of Liberty, the American Immigrant Wall of Honor, and lower Manhattan.
Gift shop
Books about immigration and the immigration experience are available at the gift shop, as are a videotape of the movie shown in the museum theater, international gifts, and souvenirs. All items are available by mail order.
Medical
If you need first aid, contact a ranger at the information desk or any uniformed personnel. The nearest hospital is in New Jersey, about 30 minutes from the island.
Museum
The gemstone and focal point of Ellis Island is the 100,000-square-foot **Ellis Island Immigration Museum** housed in the island's main building. The museum's exhibit space is devoted to the history of Ellis Island and the story of immigration to America from the arrival of the first immigrants to the present day.

Park regulations
The following regulations are intended to enhance your enjoyment of Ellis Island. These guide lines protect the monument and you, the visitor.
● No eating, drinking, smoking, or chewing gum is allowed inside the museum or exhibit areas. Please keep food within the food service areas.
● Camping is not permitted on the island.
● Students must be chaperoned at all times with one teacher or adult for each group of 10.
● There is no vehicle access to Ellis Island.
● A permit must be obtained for commercial photography at Ellis Island.
● No pets are allowed, but Seeing Eye and hearing dogs are permitted.
● Please do not deface, damage, or remove any park features.
Visitor facilities
Rest rooms, public telephones, one ATM, and other facilities are available.
Special services
All facilities, including elevators and rest rooms, are accessible to visitors with disabilities. Be careful on slippery walkways in inclement weather.

At Your Fingertips	
Park information	(212) 363-3200
	www.ellisisland.com
Emergencies	(212) 363-3260
Ferryboat information	(212) 269-5755
Lost and found	(212) 363-3200
Dining, gifts, and audio tours	(212) 344-0996

Transportation
Statue of Liberty and Ellis Island Ferry: Boats leave from Battery Park, Manhattan, and from Liberty State Park, New Jersey. They run about every 30 to 45 minutes beginning at 9:15 a.m. (ferry schedules subject to change).
Hours: May vary; call the number bellow. **Closed:** December 25.
Ferry fees (includes Liberty and Ellis Islands): Adult, $7; senior citizens, $6; children (ages 3 to 17), $3. (Group rates are available for 25 or more adults.)

1 Parcourez le texte du regard et faites l'exercice suivant.

	True	False
a. You are not allowed to camp on the Island.	❏	❏
b. You can get to Liberty and Ellis Islands for less than $10.	❏	❏
c. Access to Ellis Island is possible every day except Christmas Day and New Year's Day.	❏	❏
d. Visitors can take their pets with them on the Island.	❏	❏
e. You won't have to pay anything to get onto the Island.	❏	❏
f. You can get audio tours in six languages.	❏	❏
g. You can get a ferry to Ellis Island from New Jersey.	❏	❏
h. Opening and closing hours are the same all year round.	❏	❏
i. You can order gifts from the gift shop from home.	❏	❏

2 Lisez rapidement le texte pour répondre aux questions.

a. Where is Ellis Island located?

b. Where can you get food and drinks on the Island?

c. Can you visit the Island by car or on a motorcycle?

d. Can disabled people use the elevators?

e. How large must a group be to benefit from a special rate?

3 Parcourez le texte pour retrouver les équivalents anglais des mots suivants.

a. prix d'entrée (2 équivalents) : . . . .

b. bureau de renseignements : . . . .

c. quotidiennement : . . . .

d. disponible : . . . .

e. premiers pas : . . . .

f. le plus proche : . . . .

g. avec reconnaissance : . . . .

h. donnant sur : . . . .

i. articles : . . . .

j. joyau : . . . .

k. mètre carré : . . . .

l. principal : . . . .

m. consacré à : . . . .

n. chien d'aveugle : . . . .

o. accompagné : . . . .

4 Répondez aux questions suivantes.

a. Why is Ellis Island called "the gateway to the New World"?

b. What do you think "the American Immigrant Wall of Honor" is?

c. More than 12 million people passed through Ellis Island between 1892 and 1954. Which parts of the world did they mostly come from?

d. Can you give some of the reasons which incited them to emigrate?

e. Do you have an idea of what the Peak Immigration Years in the USA were?

f. Can you explain why?

g. Immigrants inspected on Ellis Island could see the Statue of Liberty on the island close by. Do you know where the statue was constructed?

h. Do you know who by?

i. Do you know when it was unveiled?

j. What event was then commemorated?

5 These people are immigrants who became famous in the USA.

What was their field of activity?

a. Frank Capra: . . . .

b. Claudette Colbert: . . . .

c. Alfred Hitchcock: . . . .

d. Elia Kazan: . . . .

e. Lee Strasberg: . . . .

f. Khalil Gibran: . . . .

Anglais

239

Les modaux

● Types de modalité

Il existe deux types de modalités.

• **Type 1**, le point de vue de celui qui parle est centré sur le sujet grammatical : a-t-il la capacité, la possibilité, l'autorisation, l'obligation… de faire quelque chose ?

Ex. : *Her daughter is only five and she **can** read and write!*
Sa fille n'a que cinq ans et elle sait lire et écrire !
*You **may** go now.*
Vous pouvez partir à présent. (Façon polie et formelle de congédier quelqu'un.)

• **Type 2**, le point de vue de celui qui parle est centré sur la réalisation du lien sujet grammatical/ verbe qui suit : la réalisation de ce lien est-elle possible, probable, inévitable… ?

Ex. : *She **can't** be wrong.*
Il n'est pas possible qu'elle se trompe/ait tort.
*They **might** change their minds.*
Il se pourrait qu'ils/elles changent d'avis. (Ils/Elles pourraient changer d'avis.)

● Les différents types de modalité avec *must*

• **Type 1**, obligation / interdiction
Avec *must* et *mustn't*, celui qui parle indique ce qui, à ses yeux, est une obligation ou une interdiction pour le **sujet grammatical**. Cela n'est possible qu'au **présent**.

Ex. : *You **must** be on time for the performance.*
Il faut que tu sois à l'heure pour la représentation. (Tu dois être à l'heure.)
*You **mustn't** be late for the performance.*
Il ne faut pas que tu sois en retard... (Tu ne dois pas être en retard.)

Notez bien qu'avec *must* il y a toujours une idée d'**obligation** :
– obligation de faire : *I **must** go*. Je dois partir.
– obligation de ne pas faire : *He **mustn't** go*. Il ne doit pas partir.
(Littéralement : il doit ne pas partir, il doit rester.)
Attention ! Pour nier l'obligation, la faire disparaître, on emploie *don't have to*.
*He **doesn't have** to go*. Il n'est pas obligé de partir.
On a recours à *have to* quand il n'est pas possible d'utiliser *must* pour exprimer l'obligation (voir pages précédentes).
Bien entendu, on utilise *have to* au passé (*must* n'existe qu'au présent).
*I was too tired, I **had** to stop*. J'étais trop fatigué, j'ai dû faire une halte.

• **Type 2**, forte probabilité
Avec *must*, celui qui parle indique qu'à ses yeux la réalisation du lien sujet grammatical/verbe qui suit est quasi certaine. C'est une hypothèse forte.

Il fait une déduction   au **présent** avec   *must* + base verbale
                                    must + *be* + forme en *-ing*
                   au **passé** avec   *must* + *have* + participe passé
                                      must + *have* + *been* + forme en *-ing*

Ex. : *They **must** want some rest after this long night.*
Ils doivent vouloir se reposer après cette longue soirée.
*They **must** be waiting for the actors.*
Elles doivent attendre les acteurs.
*I looked for her but she **must** have left early.*
Je l'ai cherchée mais elle a dû partir tôt.
*Look at her! She **must** have been crying.*
Regarde-la ! Elle a dû pleurer.

SAVOIR-FAIRE

Familiarisez-vous avec les deux types de modalités.

Dans ces phrases sur la conduite automobile, indiquez de quel type de modalité relève chaque affirmation.

a. In England you must drive on the left-hand side of the road.

b. The driver must have fallen asleep at the wheel! There's no other possible explanation for the accident.

c. It must be an English car, the steering wheel is on the right.

d. You must not drink and drive.

e. You must have forgotten to check the oil!

f. You must remember to check the rear-view mirror before going off into the traffic.

g. You must never forget to fasten your seat belt.

Solutions : les phrases a, d, f, g constituent des obligations pour le conducteur (sujet grammatical). Les phrases b, c, e font des constats marquant la quasi-certitude de celui qui parle.

FAIRE

1 Dans ces répliques entendues pendant une répétition théâtrale, indiquez s'il s'agit :

a. d'une obligation pour le sujet ;

b. d'une quasi-certitude.

1. What's this sword? – It must be part of Richard's costume.

2. Come on Paul, try again, you mustn't raise your voice.

3. There must be a line missing in my text, it doesn't make any sense.

4. She must have forgotten there was a rehearsal tonight!

5. For heaven's sake, Glenda! You must cut Ben's line!

6. Remember, the lights must follow Richard all the time.

7. It must be the first time he acts in such a play.

8. They must be too tired to do any better by now.

2 Complétez avec *must / mustn't* quand cela est possible, sinon utilisez *have to*.

I … tell you about our evening last Saturday! We … to be at the Odeon at 7.15 to meet Brian and Olivia. But Olivia called to say they were not going. She had a funny voice, they … have had a row. We decided we'd leave at 6.30 and go by car, but it just refused to start. There … have been something wrong with the plugs. So, we … take a taxi. Unfortunately there were roadworks, the driver … take another route, a longer one, and we got there at 8.45!! We … book for another day and we … be so careless then or we'll never see the show.

3 Reformulez les phrases suivantes en exprimant l'idée de forte probabilité avec *must*.

a. I am quite sure the show has started, the lights are out in the hall.

b. I am certain she is the actress who played Cordelia.

c. You were probably joking when you said he was hopeless.

d. He forgot the tickets, that's for sure.

e. No doubt she is trying to get his autograph.

f. I'm convinced he is American.

g. I'm convinced he has lived in England for quite a while.

4 Traduisez les phrases suivantes.

a. Je ne dois pas oublier l'anniversaire de Dan.

b. Il doit dormir, je n'entends aucun bruit.

c. Les voisins ont dû oublier de fermer leur porte.

d. Elle a dû courir, elle est hors d'haleine.

e. Dites à Brian qu'il doit être ici demain à midi.

f. Ils doivent déménager.

g. Ils doivent déménager, il y a des cartons partout.

h. Elle a dû avoir peur.

Anglais

SAVOIR

Si le dictionnaire – qu'il soit sur papier, sur CD-Rom ou en ligne – est un auxiliaire précieux qui vous permet de sortir d'embarras dans bien des cas, il est aussi un instrument à utiliser avec prudence. Une consultation rapide qui ne tiendrait pas compte de la complexité de certains articles, des différentes natures grammaticales pour un même mot, des sens multiples qu'un mot peut avoir selon le champ sémantique considéré, pourrait vous conduire à des erreurs regrettables.

Que vous consultiez la partie anglais/français ou la partie français/anglais d'un dictionnaire, il conviendra d'être attentif :

- aux abréviations et symboles ;
- à la nature grammaticale des mots ;
- à la multiplicité des sens possibles (polysémie) ;
- au niveau de langue (familier, formel…) ;
- aux indications de civilisation.

SAVOIR-FAIRE

pendant[1] [pãdã] **1.** hanging, pendent; dangling (legs); drooping (moustache); **oreilles pendantes**, flap ears, lop ears. **2.** pending, undecided, outstanding (lawsuit, question, etc.); in abeyance.
pendant[2] *n. m.* **1.** pendant; **p. (d'oreille)**, drop earing; *Mil*: **p. de ceinturon**, sword-belt sling, frog. **2.** counterpart, match (of picture, etc.); **ces deux tableaux (se) font p.**, these two pictures make a pair.
pendant[3] **1.** *prep.* during; **p. l'été**, during the summer ; in summer; **restez là p. quelques minutes**, stay there for a few minutes; **route bordées d'arbres p. un kilomètre**, road lined with trees for a kilometre, *NAm*: kilometer. **2.** *conj. phr.* **p. que**, while; whilst; **p. que j'y pense**, while I think of it; **p. que vous y êtes**, while you're about it. **3.** *adv.* **avant la guerre et p.**, before and during the war.
relief[1] [ri'li f] *n.* **1.** *(a)* soulagement *m* (d'une douleur, etc.); allègement *m* (d'une détresse, etc.); **to bring r. to s.o.**, apporter du soulagement à qn; **to heave a sigh of r.**, pousser un soupir de soulagement; **that's, what, a r.!** ouf ! on respire ! *(b)* **blank wall without r.**, mur d'une nudité monotone; **it was a r. to the eye**, cela reposait la vue; *(c)* décharge *f*; **r. valve**, soupape *f* de sûreté; clapet *m* de décharge; **tax r.**, dégrèvement fiscal. **2.** secours *m*, assistance *f*, aide *f*; **r. fund**, caisse de secours (en cas de sinistre, etc.); **r. train**, (i) train de secours; (ii) (train) supplémentaire *(m)*. **3.** *(a) Mil*: délivrance *f*, dégagement *m* (d'une ville); **r. troops**, (troupes de) secours; *(b) Mil*: relève *f* (d'une garde, etc.); *Nau*: relève du quart; **r. worker**, travailleur suppléant. **4.** *Jur*: réparation *f* (d'un grief); redressement *m* (d'un tort).
relief[2] *n.* **1.** *Art*: relief *m*; modelé *m*; **high, low, r.**, haut relief, bas-relief; **in r.**, en relief; **to stand out in r.**, ressortir; se détacher (**against**, sur); **to bring, throw, sth. into r.**, relever qch.; faire ressortir qch.; **r. map**, carte, plan, en relief. **2.** *(a) Geog*: relief (terrestre); *(b) Typ*: **r. printing**, typographie f.

● Savoir exploiter une définition

- Entraînez-vous à observer un article à la loupe. Consultez l'article sur le mot « pendant » de la partie français/anglais d'un dictionnaire puis faites l'activité proposée.

a. Les affirmations suivantes sont-elles vraies ou fausses ?

	Vrai	Faux
1. Trois natures grammaticales différentes sont répertoriées pour le mot « pendant ».	❏	❏
2. Les noms « pendant » et « grenouille » peuvent avoir la même traduction anglaise.	❏	❏
3. Quatre traductions sont proposées pour « pendant tout(e) ».	❏	❏
4. *While* est la traduction anglaise de « pendant » (préposition).	❏	❏
5. *Pendant* est une traduction anglaise possible du français « pendant ».	❏	❏

- Consultez maintenant l'article *relief* de la partie anglais/français d'un dictionnaire puis faites l'activité proposée.

b. Les affirmations suivantes sont-elles vraies ou fausses ?

	Vrai	Faux
1. Le mot *relief* appartient à une seule catégorie grammaticale.	❏	❏
2. L'article présente plus de six changements de sens.	❏	❏
3. Dans la plupart des cas, *relief* est un faux ami.	❏	❏
4. Les mots anglais *relief* et *help* peuvent se traduire par le même mot français.	❏	❏
5. Il est possible de traduire *relief* par « relief ».	❏	❏

1 Observez cette série de douze phrases comportant toutes le mot « régime », puis répondez aux questions qui suivent.

a. Le singe tenta d'attraper un régime de bananes.

b. Le moteur tourne à plein régime.

c. À ce régime, nous n'arriverons pas avant demain soir.

d. Je souhaite que tous les pays aient un régime démocratique.

e. Le régime climatique méditerranéen est chaud et sec.

f. Je suis au régime.

g. Nous avons atteint notre régime de croisière.

h. Le régime des prisons est souvent contesté.

i. Mon père doit suivre un régime sans sel.

j. Que seront les États-Unis sous le régime du nouveau président ?

k. Payait-on moins d'impôts sous l'Ancien Régime ?

l. C'est le régime jockey ici !

1. Dans quelles phrases emploierez-vous le même mot anglais pour traduire « régime » ?
2. Dans quelle phrase traduirez-vous « régime » par *administration* ?
3. Dans la phrase g., traduirez-vous « régime » par *rate*, *power* ou *speed* ?
4. Dans quelle phrase traduirez-vous « régime » par *conditions* ?
5. Y a-t-il une phrase dans laquelle « régime » sera traduit par *object* ?
6. Y a-t-il une phrase dans laquelle « régime » sera traduit par *regime* ?

2 Les verbes à particules ou *phrasal verbs* sont très fréquents en anglais. On les trouve après l'entrée principale du verbe à la place alphabétique de la particule. Apprenez à privilégier ces verbes. Votre anglais en sera plus idiomatique. Reportez dans le tableau ci-dessous les *phrasal verbs* qui correspondent aux verbes proposés.

put off *wind up* *make up* *back up* *give up*
trip up *get away* *wind down* *wheel around* *whip up*
twist up *mix up* *tie in* *bring about*

invent	abandon	escape	reduce	end	cause	support

spin	tangle	stumble	correspond	muddle	galvanize	postpone

3 Sans changer de forme, un même mot anglais peut être soit un nom ou un verbe, soit un adjectif ou un verbe. Prêtez attention à la nature grammaticale du mot que vous cherchez. Inscrivez dans le tableau la traduction française du mot proposé selon sa catégorie grammaticale.

	mot anglais	verbe	nom	adjectif
a.	warm			
b.	heat			
c.	empty			
d.	bend			
e.	back			
f.	weed			
g.	aim			
h.	murder			

4 Le dictionnaire peut être très utile pour trouver des expressions familières imagées. Aucune des expressions suivantes ne contient le mot « poisson » et pourtant tous leurs équivalents anglais comportent le mot *fish*. Traduisez.

a. J'ai d'autres chats à fouetter.

b. Un(e) de perdu(e), dix de retrouvé(e)s.

c. Ne pas se sentir dans son élément.

d. Une gloire locale.

Anglais

11 Verbes irréguliers

SAVOIR

Infinitif	Prétérit	Part. passé	Traduction
to awake	awoke	awoken	(se) réveiller
to be	was/were	been	être
to bear	bore	borne	supporter
to beat	beat	beaten	battre
to become	became	become	devenir
to begin	began	begun	commencer
to bend	bent	bent	courber, se pencher
to bet	bet	bet	parier
to bite	bit	bitten	mordre
to bleed	bled	bled	saigner
to breed	bred	bred	élever
to blow	blew	blown	souffler
to break	broke	broken	casser
to bring	brought	brought	apporter
to build	built	built	construire
to burn	burnt	burnt	brûler
to burst	burst	burst	éclater
to buy	bought	bought	acheter
to catch	caught	caught	attraper
to choose	chose	chosen	choisir
to come	came	come	venir
to cost	cost	cost	coûter
to creep	crept	crept	ramper
to cut	cut	cut	couper
to deal	dealt	dealt	distribuer
to dig	dug	dug	creuser
to do	did	done	faire
to draw	drew	drawn	dessiner
to drink	drank	drunk	boire
to drive	drove	driven	conduire
to eat	ate	eaten	manger
to fall	fell	fallen	tomber
to feed	fed	fed	nourrir
to feel	felt	felt	(se) sentir
to fight	fought	fought	(se) battre
to find	found	found	trouver
to flee	fled	fled	s'enfuir
to fly	flew	flown	voler en avion
to forbid	forbade	forbidden	interdire
to forget	forgot	forgotten	oublier
to forgive	forgave	forgiven	pardonner
to freeze	froze	frozen	geler
to get	got	got	obtenir, devenir
to give	gave	given	donner
to go	went	gone	aller
to grow	grew	grown	pousser, faire pousser
to hang	hung	hung	accrocher, pendre
to have	had	had	avoir
to hear	heard	heard	entendre
to hide	hid	hidden	se cacher
to hit	hit	hit	frapper, atteindre
to hold	held	held	tenir
to hurt	hurt	hurt	blesser, faire mal
to keep	kept	kept	garder

Infinitif	Prétérit	Part. passé	Traduction
to kneel	knelt	knelt	s'agenouiller
to know	knew	known	savoir
to lay	laid	laid	poser, étendre
to lead	led	led	mener
to learn	learnt	learnt	apprendre
to leave	left	left	quitter, laisser, partir
to lend	lent	lent	prêter
to let	let	let	laisser, permettre
to lie	lay	lain	être étendu
to lose	lost	lost	perdre
to make	made	made	faire, fabriquer
to mean	meant	meant	signifier, vouloir dire
to meet	met	met	rencontrer
to pay	paid	paid	payer
to put	put	put	mettre
to read	read	read	lire
to ride	rode	ridden	aller (à cheval, à bicyclette)
to ring	rang	rung	sonner
to rise	rose	risen	s'é!ever, se lever
to run	ran	run	courir
to say	said	said	dire
to see	saw	seen	voir
to seek	sought	sought	(re)chercher
to sell	sold	sold	vendre
to send	sent	sent	envoyer
to set	set	set	fixer, placer, poser
to shake	shook	shaken	secouer
to shine	shone	shone	briller
to shoot	shot	shot	tirer, fusiller
to show	showed	shown	montrer
to shut	shut	shut	fermer
to sing	sang	sung	chanter
to sink	sank	sunk	couler, sombrer
to sit	sat	sat	être assis
to sleep	slept	slept	dormir
to smell	smelt	smelt	sentir
to speak	spoke	spoken	parler
to spend	spent	spent	dépenser, passer (temps)
to split	split	split	fendre
to spoil	spoilt	spoilt	gâter, gâcher
to spread	spread	spread	étaler
to spring	sprang	sprung	bondir, jaillir
to stand	stood	stood	être debout
to steal	stole	stolen	voler, dérober
to stick	stuck	stuck	coller
to strike	struck	struck	frapper
to swear	swore	sworn	jurer
to sweep	swept	swept	balayer
to swim	swam	swum	nager
to take	took	taken	prendre
to teach	taught	taught	enseigner
to tear	tore	tom	déchirer
to tell	told	told	dire, raconter
to think	thought	thought	penser
to throw	threw	thrown	jeter, lancer
to understand	understood	understood	comprendre
to wake	woke	woken	(se) réveiller
to wear	wore	worn	porter (vêtements)
to weep	wept	wept	pleurer
to win	won	won	gagner
to write	wrote	written	écrire

Anglais

Allemand

Allemand

1 Directif et locatif / La négation

VOKABELN

ausgeschlossen : exclu
ausschließen (o,o) : exclure
bei Rot : au feu rouge
billig : bon marché, peu cher
die Kreuzung (en) : le carrefour
die Stadtmitte (n) : le centre-ville
öffentlich : public
unbedingt : absolument
das Verkehrsmittel (-) : le moyen
de transport

Warum fahren Sie Auto?

Michael und Claudia, zwei junge Berliner, gehen an einem heißen Tag auf die Straße und stellen den Autofahrern, die bei Rot an der Kreuzung halten, einige Fragen.

Michael: – Warum brauchen Sie unbedingt Ihren Wagen, wenn es so warm ist?
Erster Autofahrer: – Weil ich in der Stadtmitte arbeite und dreißig Kilometer entfernt wohne.
Claudia *(zu einem anderen Autofahrer)*: – Und Sie, fahren Sie jeden Tag mit Ihrem Opel?
Zweiter Fahrer: – Natürlich! Die Fahrt mit dem Opel ist viel billiger als mit der Bahn.
Michael *(zu einer Dame in einem eleganten BMW)*: – Warum benutzen Sie nicht die öffentlichen Verkehrsmittel?
Die Dame: – Das ist ausgeschlossen! Ich kaufe so viel ein, dass ich meinen großen Kofferraum für meine Einkäufe brauche. Allein kann ich nicht alles tragen. Es ist also praktischer, mit meinem Wagen zu fahren.
Claudia *(zu einem Studenten)*: – Und du, warum fährst du mit dem Auto? Hast du kein Rad?
Der Student: – Mein Fahrrad ist kaputt. Sonst fahre ich nie mit dem Wagen!

● Directif et locatif

• Le **directif** répond à la question *wohin* ? C'est le lieu où l'on va.

Ex. :   *Sie fährt in die Stadt.*   Elle va en ville.

D'une manière plus générale, le directif correspond à la notion de déplacement d'un lieu à un autre.

Ex. :   *Er legt das Buch auf den Tisch.*   Il pose le livre sur la table.

• Le locatif répond à la question wo ? C'est le lieu où l'on est.

Ex. :   *Sie kauft in der Stadt ein.*   Elle fait ses courses en ville.

D'une manière plus générale, le locatif correspond à la localisation, dans un endroit donné, d'une personne, d'un objet ou d'une action.

Ex. :   *Das Buch liegt auf dem Tisch.*   Le livre est sur la table.

Le locatif n'exclut pas le mouvement, considéré dans son déroulement en un seul lieu.

Ex. :   *Er lief im Garten hin und her.*   Il courait en tous sens dans le jardin.

● La négation : *kein* et *nicht*

• On utilise *kein, keine, kein* pour la négation d'un groupe nominal indéfini ou sans article.

Ex. :   *Hast du kein Rad?*   Tu n'as pas de vélo ?

• On utilise *nicht* pour la négation d'un groupe nominal défini, d'un adverbe ou d'un adjectif, ainsi que pour la négation globale de la phrase.

Ex. :   *Sie nimmt nicht den Bus.*   Elle ne prend pas le bus.

• Dans le cas d'une négation partielle, *kein* ou *nicht* précède immédiatement l'élément nié, et la rectification éventuelle (après *sondern*) est introduite par *ein*.

Ex. :   *Er hat kein Fahrrad, sondern   Il n'a pas une bicyclette mais*
        ein Motorrad.   une moto.

SAVOIR-FAIRE

● **Savoir exprimer le directif et le locatif**

● Avec les noms de villes et de pays sans article, on utilise **nach** pour le directif et **in** pour le locatif.

Ex. : *Im Sommer fahre ich **nach** Berlin.*　　Cet été, je vais à Berlin.
*Er wohnt **in** Berlin.*　　Il habite à Berlin.

● Avec les noms de personnes ou de professions, on utilise **zu** (+ D) pour le directif et **bei** (+ D) pour le locatif.

Ex. : *Heute abend gehe ich **zu** Peter.*　　Ce soir, je vais chez Peter.
*Wann gehst du **zum** Friseur?*　　Quand vas-tu chez le coiffeur ?
Ex. : *Gestern war ich **bei** Claudia.*　　Hier, j'étais chez Claudia.
*Ich habe sie **beim** Bäcker gesehen.*　　Je l'ai vue chez le boulanger.

● Avec les groupes nominaux, on utilise une préposition spatiale, suivie de l'accusatif pour le directif et suivie du datif pour le locatif. Il y a neuf prépositions spatiales :
an, auf, in, hinter, vor, unter, über, zwischen, neben.

Ex. : *Sie gehen **auf die** Straße.*　　Ils vont dans la rue.
*Sie laufen **auf der** Straße.*　　Ils marchent dans la rue.

● **Savoir exprimer la négation avec *kein***

La déclinaison de l'adjectif qui suit éventuellement **kein**, **keine**, **kein** est forte au singulier (comme avec *ein*, *eine*, *ein*) et faible au pluriel (comme avec *die*).

Ex. : *Das ist **kein** großer Wagen.*　　Ce n'est pas une grande voiture.
*Das sind **keine** großen Wagen.*　　Ce ne sont pas de grandes voitures.

FAIRE

1 Transposez du directif au locatif.

Ex. : *Michael und Claudia gehen auf die Straße.* (sein)
→ *Michael und Claudia sind auf der Straße.*
a. Die Autofahrer kommen an die Kreuzung. (halten)
b. Viele Autofahrer fahren in die Stadtmitte. (parken)
c. Michaels Freund fährt nach Frankreich. (studieren)
d. Claudias Freundin fährt zu ihren Großeltern. (eine Woche bleiben)
e. Jugendliche gehen in eine Fabrikhalle. (tanzen)
f. Michael und Claudia fahren nach Köln. (wohnen)

2 Répondez par la négative en formant des phrases complètes.

a. Benutzen Sie die öffentlichen Verkehrsmittel?
b. Brauchst du einen Wagen?
c. Können Sie das allein tragen?
d. Fahren Sie mit dem Wagen?
e. Haben Sie einen Hund?
f. Wohnen Sie in der Stadtmitte?

3 Introduisez, dans les phrases suivantes, le complément entre parenthèses à l'aide de la préposition qui convient.

a. Morgen esse ich mit Paula. (Freunde)
b. Ich musste hinaufsteigen. (das Dach)

c. Im Sommer möchte er reisen. (Österreich)
d. Sie wohnen dort seit zwei Jahren. (Berlin)

4 Complétez à l'aide de *nach* (directif) ou de *in* (locatif).

a. Wann fliegst du ..... Madrid?
b. Waren Sie schon ..... Österreich?
c. Morgen fahren wir ..... Frankreich zurück.
d. ..... Paris habe ich viele Bekannte.

5 Formez des phrases à l'aide des éléments suivants en veillant au régime des prépositions.

a. das chinesische Restaurant (neben) – ist – eine Apotheke
b. der Bus (in) – er – sein Bruder (hinter) – setzte sich
c. mein Bett (über) – ein Gemälde – hängt

6 Transposez du directif au locatif en utilisant le verbe indiqué entre parenthèses.

a. Ich möchte im Garten spielen. (gehen)
b. Die Katze schlief unter dem Bett. (springen)
c. Er saß zwischen mir und meinem Bruder. (sich setzen)
d. Ich lag auf dem Sofa. (sich legen)
e. Sie wohnen in Österreich. (fahren)

7 Comment diriez-vous en allemand ?

a. Assieds-toi à côté de moi !
b. J'ai suspendu un tableau au-dessus de mon lit.
c. Mes chaussures sont sous mon lit.
d. J'ai dû attendre une heure chez le dentiste.
e. As-tu mis le beurre sur la table ?

2 La proposition infinitive
Les prépositions

VOKABELN

der Pferdemist : le crottin
der Handfeger (-) : la balayette
die Schaufel (n) : la pelle
der Diener (-) : le domestique
<u>*abweisen, wegschicken*</u> :
renvoyer
der Smoking (s) : le smoking
der Zylinder (-) : le chapeau haut
de forme
sich verneigen : s'incliner,
se courber

Kleider machen Leute

E. O. Plauen,
Vater und Sohn, 1949.

● La proposition infinitive

● L'infinitif complément est toujours précédé de zu, sauf lorsqu'il est complément d'un verbe de modalité, des verbes lernen, lassen, helfen et de verbes de perception comme hören et sehen.
Ex. :   *Ich habe noch viel **zu tun**.*   J'ai encore beaucoup à faire.
         *Ich **muss** noch viel **trainieren**.*   Il faut que je m'entraîne encore beaucoup.

● Une virgule sépare en général l'infinitive de la principale (pour les exceptions, voir la rubrique « Savoir-faire »), et le verbe, dans l'infinitive comme dans toute proposition subordonnée, se place à la fin.
Ex. :   *Ich habe vor, nach Deutschland zu fahren.*
         J'ai l'intention d'aller en Allemagne.

● L'infinitive de but est introduite par ***um***. Elle est séparée de la principale par une virgule, et l'infinitif complément placé en fin de subordonnée est précédé de ***zu***. Le sujet sous-entendu de l'infinitive doit être le même que celui de la principale.
Ex. :   ***Um** Fortschritte **zu** machen, muss ich viel studieren.*
         Pour faire des progrès, il faut que j'étudie beaucoup.

● Les prépositions

● Prépositions spatiales suivies de l'**accusatif** (pour le directif) ou du **datif** (pour le locatif) : *voir* p. 221.

● Prépositions toujours suivies de l'**accusatif** :
durch (par, à travers), *für* (pour), *gegen* (contre), *ohne* (sans), *um* (autour de).
Ex. :   *Für dich habe ich Blumen gekauft.*   Pour toi, j'ai acheté des fleurs.

● Prépositions toujours suivies du **datif** :
aus (hors de), *bei* (chez), *mit* (avec), *nach* (vers), *seit* (depuis), *von* (de), *zu* (chez, vers).
Ex. :   *Ich bin mit Freunden ins Kino gegangen.*   Je suis allé au cinéma avec des amis.

● Prépositions toujours suivies du **génitif** :
statt ou *anstatt* (au lieu de), *trotz* (malgré), *während* (pendant), *wegen* (à cause de).
Ex. :   *Während der Ferien bin ich zu Hause geblieben.*   Pendant les vacances, je suis resté
         à la maison.

Construire une proposition infinitive

• Savoir placer *zu* dans la proposition infinitive

Zu précède le verbe à l'infinitif, mais lorsque ce verbe comporte une particule séparable, *zu* s'intercale entre la particule et l'infinitif.

Ex. : *ausgehen* → *Ich habe Lust, heute abend auszugehen.*   J'ai envie de sortir ce soir.

• Savoir utiliser la virgule

Lorsque le groupe infinitif se réduit à *zu* + infinitif (sans autre élément) ou lorsque l'infinitif n'est pas précédé de *zu*, il n'y a pas de virgule entre la principale et l'infinitif complément.

Ex. : *Diese Bildgeschichte ist lustig zu lesen.*   Cette histoire en images est amusante à lire.

• Savoir utiliser les formes contractées des prépositions suivies d'un article défini

Certaines prépositions peuvent se contracter avec l'article défini qu'elles régissent.

Ex. : *Ich traf ihn **beim** (= bei + dem) Bäcker.*
Je l'ai rencontré chez le boulanger.
***Vom** (von + dem) vierzehnten bis **zum** (zu + dem) siebzehnten Mai.*
Du quatorze au dix-sept mai.

FAIRE

1 Construisez ces phrases en utilisant l'infinitif entre parenthèses.

a. Sie – im Sommer – Zeit haben –? *(uns besuchen)*

. . . .

b. für mich – ein großes Vergnügen – sein *(in Urlaub fahren)*

. . . .

c. ich – vor den Ferien – noch – manches – haben *(erledigen)*

. . . .

d. ich – zunächst nach Deutschland – dann nach Schweden – vorhaben *(fahren)*

. . . .

e. Vater und Sohn - den ganzen Pferdemist – versuchen *(aufsammeln)*

. . . .

2 Réécrivez chaque phrase en intégrant l'infinitif entre parenthèses à l'aide de *um... zu*.

a. Ich brauche Geld. *(einkaufen)*

. . . .

b. Ich fahre nach Deutschland. *(Deutsch sprechen)*

. . . .

c. Der Wagen braucht Benzin. *(fahren)*

. . . .

d. Ich habe viele Bücher mitgebracht. *(studieren)*

. . . .

e. Wir müssen regelmäßig arbeiten. *(Fortschritte machen)*

. . . .

f. Vater und Sohn müssen elegante Kleider anhaben. *(eintreten dürfen)*

. . . .

3 Placez les virgules dans ces phrases.

a. Sie haben vor im Sommer nach Österreich zu fahren.

b. Ich finde es wichtig mit den anderen höflich zu sein.

c. Hast du Lust mit mir in die Stadt zu gehen?

d. Es ist doch angenehm ans Meer zu fahren.

e. Wir freuen uns sehr euch bald wieder zu sehen!

f. Da der Diener nicht bemerkt dass die eleganten Personen Vater und Sohn sind verneigt er sich.

4 Complétez à l'aide de *zu* lorsque c'est nécessaire. Dans les autres cas, indiquez ø.

a. *Kannst du mir bitte ... helfen?*

b. *Lass mich ... sehen, was du gemacht hast!*

c. *Ich habe noch viel ... tun!*

d. *Vergiss nicht ... schreiben, wenn du in Deutschland bist!*

e. *Sie hat vor, eine lange Reise ... machen.*

f. *Vater und Sohn haben vor, soviel Pferdemist ... sammeln wie möglich.*

3

Le prétérit / La proposition relative

VOKABELN

der Auswanderer : l'émigrant
das Gericht (e) : le plat cuisiné
das Hackfleisch : la viande hachée
heimatlich : du pays natal
roh : cru
die Zwiebel (n) : l'oignon

Kommen die Hamburger aus Hamburg?

Was ist ein Hamburger? Ein Einwohner von Hamburg, natürlich!

Doch „Hamburger", das sind auch die runden Brötchen mit Hackfleisch, die wie in den USA in allen europäischen Städten verkauft werden. Warum?

Nach dem Autor Jeffrey Tennyson brachten im 19. Jahrhundert deutsche Auswanderer aus Hamburg ein heimatliches Fleischgericht, das aus Hackfleisch, rohen Eiern und Zwiebeln bestand, mit in die neue Welt.

Als „Hamburger Steak" erschien es zum ersten Mal 1834 auf der Speisekarte eines amerikanischen Restaurants in New York.

Man weiß aber nicht, wer die kluge Idee hatte, das Hackfleisch zwischen zwei Brötchen zu legen. Aber damit wurde es zum weltbekannten „Hamburger Sandwich".

● Le prétérit

● Le prétérit correspond à l'utilisation, en français, du passé simple, de l'imparfait ou encore du passé composé (qui remplace souvent en français le passé simple).

● Pour les verbes réguliers (tel *spielen*), il se forme à partir du radical du verbe, auquel on ajoute **-te** puis les terminaisons *[ ], st, [ ], n, t, n.*

● Pour les verbes forts (tel *gehen*) et pour les verbes faibles irréguliers (tel *bringen*), les terminaisons sont les mêmes que pour les verbes réguliers, mais il faut apprendre par cœur le radical du prétérit en même temps que l'infinitif. Reportez-vous à une liste de verbes irréguliers (en général à la fin des manuels de cours et de grammaire) pour apprendre systématiquement les formes du prétérit et du participe II.

Prétérit du verbe *spielen*
ich spielte
du spieltest
er/sie/es spielte
wir spielten
ihr spieltet
sie spielten

Prétérit	
gehen (**ging**, *gegangen*)	*bringen* (**brachte**, *gebracht*)
ich ging	*ich brachte*
du gingest	*du brachtest*
er/sie/es ging	*er/sie/es brachte*
wir gingen	*wir brachten*
ihr ginget	*ihr brachtet*
sie gingen	*sie brachten*

● La proposition relative

● La relative est obligatoirement séparée de la principale par une virgule (si elle est intégrée dans une proposition, elle est encadrée par des virgules), et le verbe y occupe la dernière place (structure de subordonnée).

Ex. : *Das ist ein Problem, das wir auch kennen.*
C'est un problème que nous connaissons aussi.

● Le pronom relatif prend le genre et le nombre de son antécédent et le cas qui correspond à sa fonction dans la relative.

Ex. : *Gestern habe ich den Mann gesehen, von **dem** du mir erzählt hattest.*
Hier, j'ai vu l'homme dont tu m'avais parlé.

dem : pronom relatif masculin singulier, comme l'antécédent *Mann*; ***dem*** est au datif, car il est régi par la préposition *von* (voir *Les prépositions*, p. 222).

● Les formes du pronom relatif sont les suivantes :

	Masculin	**Féminin**	**Neutre**	**Pluriel**
Nominatif	*der*	*die*	*das*	*die*
Accusatif	*den*	*die*	*das*	*die*
Datif	*dem*	*der*	*dem*	*denen*
Génitif	*dessen*	*deren*	*dessen*	*deren*

● Savoir former le prétérit des verbes de modalité

Les verbes de modalité (*wollen, mögen, können, dürfen, müssen, sollen*) suivent la règle des verbes faibles réguliers et perdent l'inflexion quand ils en ont une :

wollen → wollte
mögen → mochte
können → konnte
dürfen → durfte
müssen → musste
sollen → sollte

● Savoir utiliser le pronom relatif au génitif

Le pronom relatif au génitif n'est jamais suivi d'un déterminant. La structure est la même que pour le génitif saxon.
Ex. :   *Ich habe deine Kusine Ulrike getroffen, deren großes Haus so schön ist.*
      J'ai rencontré ta cousine Ulrike, dont la grande maison est si belle.
On peut rapprocher la structure *deren großes Haus* du génitif saxon *Ulrikes großes Haus.*

FAIRE

1 Transposez au prétérit.

Ex. : *Das Hamburger Fleischgericht besteht aus Hackfleisch, Eiern und Zwiebeln.*
→ Das Hamburger Fleischgericht bestand aus Hackfleisch, Eiern und Zwiebeln.

a. Die Einwohner von Hamburg nennt man Hamburger.
b. Im 19. Jahrhundert wandern viele Hamburger nach Amerika aus.
c. Sie bringen Hamburger Sandwiches mit.
d. Sie wollen ihre Traditionen behalten.

2 Transposez au prétérit.

a. Er redet so viel, dass ich einschlafe.
b. Wenn er mit uns spielt, gewinnt er immer.
c. Am Abend geht er aus und kommt erst spät zurück.
d. Sie bringt uns immer Kuchen und nennt uns „die Kleinen".
e. Ich darf nicht hinaus und muss zu Hause bleiben.

3 Complétez en conjuguant les verbes entre parenthèses au prétérit.

a. Er .... den ganzen Tag an seinem Schreibtisch. *(sitzen)*
b. Sie .... schon alle, als ich zurückkam. *(schlafen)*
c. Wir .... den ganzen Nachmittag. *(schwimmen)*
d. Er .... sich eine Scheibe Brot. *(schneiden)*
e. Es .... ihm gar nicht. *(gefallen)*

4 Transformez la seconde proposition en relative.

a. Mein Freund lächelte. Ich gratulierte ihm für seine Arbeit.

b. Die Frau meines Freundes freute sich. Ich hatte ihr Blumen geschenkt.

c. Der Architekt hat dieses Haus nicht gut gebaut. Die Tür des Hauses ist zu klein.

d. Diese Frau hat einen schönen Garten. Ihr Mann ist ein Gärtner.

e. Diese Kinder haben große Schlafzimmer. Ihr Vater hat das Haus selber gebaut.

f. Seine Freunde haben ihm schlechte Ratschläge gegeben. Er hat das Haus mit ihrer Hilfe gebaut.

Allemand

4 Parfait / Plus-que-parfait

VOKABELN

altes Zeug : des vieilleries
anmelden : déposer
die Ernte : la cueillette
die Gebühr (en) : la redevance,
le droit
der Gegenstand (¨e) : l'objet
je nach + datif : selon
die Konsumgesellschaft :
la société de consommation
der Manschettenknopf (¨e) :
le bouton de manchette
die Nahrungsmittel [pluriel] :
l'alimentation, les vivres
das Patent (e) : le brevet
die Pfanne (n) : la poêle
der Tausch : le troc
der Wert (e) : la valeur

Tauschen statt kaufen

Früher benutzten die Menschen kein Geld. Sie lebten von der Ernte, von der Jagd, vom Fischfang, und vom Tausch.

Heute kauft man Waren und Nahrungsmittel mit Geld. Es wird immer wieder gesagt, dass wir in einer Konsumgesellschaft leben, wo mit Geld alles zu haben ist.

Doch nicht überall. Ein junger Unternehmer in der Nähe von Frankfurt hat ein Geschäft aufgemacht, wo man nur tauschen kann. Jeder darf Gegenstände bringen und bekommt dafür eine Plastikkarte – grün, gelb, blau oder rot, je nach dem Wert –, mit der er etwas anderes bekommen kann. Nach dem Tausch bezahlt man eine Gebühr.

Natürlich darf man kein altes Zeug geben! Die Kunden sind oft Leute, die zweimal das gleiche Geschenk bekommen haben, oder die etwas nicht gebrauchen können.

Zum Beispiel wechselte ein Student eine Pfanne gegen ein Wörterbuch ein, ein junges Ehepaar ließ eine Kaffeemaschine und nahm sich Gläser dafür, ein älterer Herr tauschte Manschettenknöpfe gegen einen Rasierapparat. Der Erfinder dieses Tauschladens hat ein Patent angemeldet. Die Lizenz wird in ganz Deutschland verkauft.

⬤ Le parfait

Le parfait correspond souvent au passé composé en français. Il se forme à l'aide des auxiliaires **sein** ou **haben** conjugués au présent et du participe II du verbe. *Sein* s'utilise pour les verbes intransitifs de mouvement *(laufen, springen, schwimmen…)*, pour les verbes de changement d'état *(geschehen, entstehen…)* et pour les verbes *sein, bleiben* et *werden ; haben* s'utilise pour tous les autres verbes.

Ex. : *Ich **bin** krank **gewesen**.*   J'ai été malade.

*Ich **habe** einen neuen Laden **entdeckt**.*   J'ai découvert un nouveau magasin.

⬤ Le plus-que-parfait

Le plus-que-parfait s'utilise de la même manière en allemand qu'en français. Il se forme comme le parfait, mais l'auxiliaire est conjugué au prétérit.

Ex.: *Ich **hatte** diesen Termin **vergessen**.*   J'avais oublié ce rendez-vous.

*Ich **war** an jenem Wochenende zu Hause **geblieben**.*   Ce week-end-là, j'étais resté à la maison.

⬤ Savoir former le participe II

• Pour tous les verbes accentués sur la première syllabe (comme *spielen*), le participe II se forme à l'aide de l'augment **ge-**. Si le verbe comporte une particule séparable (donc accentuée), **ge-** s'intercale entre la particule et le radical du verbe.

Ex. : *fahren → **ge**fahren*
*regnen → **ge**regnet*
*<u>auf</u>machen → auf**ge**macht*

• Si le verbe est accentué sur une autre syllabe que la première, il n'y a pas de **ge-**.

Ex. : *bezahlen → bezahlt*
telefonieren → telefoniert
widersprechen → widersprochen

⬤ Connaître la terminaison du participe II

Le participe II des verbes faibles se termine par **-t**, celui des verbes forts par **-en**.

Ex. : *wechseln → ge<u>wechsel</u>**t***
*<u>an</u>melden → ange<u>melde</u>**t***
*nehmen → ge<u>nomm</u>**en***
*bekommen → be<u>komm</u>**en***

1 Transposez du prétérit au parfait.

Ex. : *Die Menschen lebten von der Jagd.*
   → Die Menschen haben von der Jagd gelebt.

a. Ein junger Unternehmer machte ein Geschäft auf.

b. Ein älterer Herr brachte Manschettenknöpfe mit.

c. Jeder bekam eine Plastikkarte.

d. Viele Leute kamen in dieses Geschäft.

e. Nach dem Tausch bezahlte er eine Gebühr.

2 Transposez au parfait.

a. Was er will, das weiß sie nicht.

b. Keiner denkt, dass er krank ist.

c. Siehst du, wie es geschieht?

d. Sie unterbricht ihn und erklärt, dass sie das unverständlich findet.

e. Sie fahren nach Frankfurt, weil sie Einkäufe machen wollen.

f. Sie versteht ihn nicht und sie ärgert sich.

g. Er rennt in die Stadt und bringt seinen Kassettenrecorder zum Reparateur.

h. Wir kommen zu spät an, weil wir lange auf einen Parkplatz warten mussten.

i. Sie sieht sich einen Film an, der mir nicht gefällt.

j. Ich denke darüber nach und treffe eine Entscheidung.

3 Transposez au plus-que-parfait.

a. Er bringt einen schönen Blumenstrauß.

b. Sie geht die Treppe hinauf.

c. Alle seine Versuche scheitern.

d. Keiner wollte diese Frage beantworten.

e. Dachtest du daran, einen Tisch im Restaurant zu reservieren?

f. Er fragte mich, ob die Leute früher fernsehen konnten.

g. Er nahm schließlich die Einladung an, aber ich wusste es nicht.

h. Sie hilft uns, und ich bin ihr sehr dankbar.

i. Er warnte mich, aber ich glaubte ihm nicht.

j. Sie wollen ihn besuchen, aber er fährt schon weg.

4 Traduisez en allemand.

a. Comme vous n'aviez pas répondu, j'ai pensé que vous n'aviez pas reçu ma lettre.

b. Soudain, j'ai compris pourquoi il était revenu.

c. J'ai cru que vous aviez oublié notre rendez-vous.

5 Transposez au parfait.

a. Ein Freund ruft an und lädt mich ein.

b. Er geht weg und vergisst sein Buch.

c. Wir bleiben länger in der Klasse, weil der Lehrer noch einen Text diktiert.

d. Ich spreche ein wenig mit ihm, und dann rennt er weg.

e. Sie wollen unbedingt mit uns fahren, aber sie können es nicht.

6 Complétez à l'aide de *ge-* s'il y a lieu, et de la terminaison *-(e)t* ou *-n*.

a. Er hat nicht ...wart..., und ich bin zu spät an...komm... .

b. Sie haben mir ...versproch..., dass sie mein Moped ...reparier... haben.

c. Er hat leckere Kuchen ...back..., und wir haben alles ...gess... .

d. Wir sind ins Wasser ...sprung... und wir sind lange ...schwomm... .

e. Hast du den Film gestern abend im Fernsehen ...seh...?

7 Complétez à l'aide des formes correctes de *haben* ou de *sein*.

a. Wir .... uns alle gefreut, dass ihr uns besucht ....

b. Ich .... mich nicht daran erinnert, dass du schon nach Frankreich gekommen ....

c. Ich .... ihn in der Stadt getroffen, als ich Einkäufe gemacht ....

d. Er .... lange krank gewesen, und ich .... es nicht gewusst.

e. Wir .... viel Arbeit gehabt, und wir .... den ganzen Tag gesessen.

Allemand

Damit et um... zu

VOKABELN

der Werbefilm (e) : le film publicitaire
die Werbung (en) : la publicité
das Kunstwerk (e) : l'œuvre d'art
auftauchen : surgir
erfolgreich : qui a du succès
werben (a,o ; i) für + A : faire de la publicité pour
die Steuer (n) : l'impôt
der Lohn (¨e) : le salaire
die Ware (n) : la marchandise, le produit
bestellen : passer commande

Werbefilme

Im Fernsehen sowie auch im Kino spielen die Werbefilme eine große Rolle. Manche sind echte Kunstwerke. Man ist jetzt daran gewöhnt, dass eine Reihe von Werbefilmen plötzlich mitten in einem Film auftaucht.

Manchmal engagiert man Stars, damit die Werbung attraktiver wird. Zum Beispiel spielt ein berühmter Sprinter in einer Werbung für – schnelle – Wagen. Erfolgreiche Top-Models werben für Diät-Kuren, vermutlich um ihre Steuern mit ihrem Lohn zu bezahlen.

Neues Interesse für klassische Musik erwecken Werbefilme für Versicherungen, Banken, Autos, Reisen... Man kennt den Komponisten nicht, aber man kennt die Ware, die mit dem Musikstück verbunden ist. Der Zuschauer sieht und hört in wenigen Sekunden magische Bilder und Töne, so dass die Ware an sich eine magische Wirkung zu haben scheint. Und dann wird bestellt, dann wird gekauft!

● *Damit* et *um... zu*

Pour exprimer la finalité, on dispose en allemand de deux structures :
– *um... zu* + infinitif : pour, afin de…
– *damit* (conjonction de subordination) : pour/afin que…

Ex. :   *Ich habe dich angerufen, **um** dich einz**u**laden.*
Je t'ai téléphoné pour t'inviter.
*Ich habe dich angerufen, **damit** du weißt, dass ich zurück bin.*
Je t'ai appelé pour que tu saches que je suis de retour.

● Savoir employer *damit* et *um... zu*

• Quand utiliser *um... zu* ?

On ne peut utiliser *um...zu* que si le sujet est le même dans la principale et dans la dépendante.

Ex. :   *Ich will nach Berlin fahren, **um** die Stadt **zu** besichtigen.*
Je veux aller à Berlin pour visiter la ville.

• Savoir placer *zu*

Lorsque le verbe comporte une particule séparable, *zu* s'intercale entre la particule séparable et le radical du verbe.

Ex. :   *Er hat mir geschrieben, **um** seinen Besuch anz**u**kündigen.*
Il m'a écrit pour annoncer sa venue.

• Quand utiliser *damit* ?

Damit est une conjonction de subordination (verbe en dernière position). Le sujet est généralement différent dans les deux propositions (principale et dépendante), mais il peut être le même.

Ex. :   *Er hat mich angerufen, **damit** ich ihm helfe.*
Il m'a téléphoné afin que je l'aide.

• Savoir placer la virgule

Il ne faut pas oublier la virgule, qui précède obligatoirement *um* (dans l'utilisation de *um... zu*) et *damit* dans le cas de la subordonnée conjonctive.

Ex. :   *Ich muss schlafen gehen, **um** morgen frisch und munter **zu** sein.*
Il faut que j'aille dormir pour être en bonne forme demain matin.
*Ruf mich an, wenn du ankommst, **damit** ich dich abhole!*
Appelle-moi quand tu arrives pour que j'aille te chercher.

1 Transformez la seconde proposition en proposition de but à l'aide de *damit* (selon le modèle 1) ou de *um… zu…* (selon le modèle 2).

<u>Modèle 1</u> : *Musik wird in den Werbespots benutzt. Der Zuschauer merkt sich die Ware besser.* → *Musik wird in den Werbespots benutzt, damit der Zuschauer sich die Ware besser merkt.*

<u>Modèle 2</u> : *Top-Models werben für Schönheitsprodukte. Sie bezahlen ihre Steuern.* → *Top-Models werben für Schönheitsprodukte, um ihre Steuern zu bezahlen.*

a. Im Fernsehen werden Filme unterbrochen. Werbespots werden gezeigt.

b. Die Werbefilme benutzen klassische Musik. Sie verkaufen die Ware besser.

c. Die Zuschauer bestellen die Ware. Sie wollen die magische Wirkung wiederfinden.

d. Große Firmen engagieren Stars für Werbefilme. Sie verschönern die Stimmung.

e. Klassische Musik wird in den Werbespots benutzt. Die Ware sieht schöner aus.

2 Transformez la seconde proposition en infinitive à l'aide de *um… zu* ou en conjonctive à l'aide de *damit*.

a. Ich möchte Pralinen kaufen. Ich schenke sie meinen Freunden.

b. Könntest du mich bald anrufen? So kann ich meine Reise vorbereiten.

c. Ich habe ihn angerufen. Ich weiß, wie es ihm geht.

d. Wir haben viel überlegt. Wir fanden die Lösung des Problems.

e. Ich musste ihn mehrmals anrufen. Er kam endlich.

3 Transformez la première proposition en infinitive à l'aide de *um… zu* ou en conjonctive à l'aide de *damit*.

a. Endlich fand ich seine Wohnung. Ich musste lange suchen.

b. Du verfährst dich nicht. Ich gebe dir einen Stadtplan.

c. Ich kann dich anrufen. Gib mir deine Telefonnummer an!

d. Ich rufe dich an. Ich brauche deine Telefonnummer.

e. Du verfährst dich nicht. Benutze meinen Stadtplan

f. Er möchte den ganzen Abend wach bleiben. Er trinkt Kaffee.

4 Complétez (uniquement lorsque c'est nécessaire) à l'aide de *um* ou de *zu*.

a. Du musst den Text zweimal ..... lesen, ... besser ..... verstehen.

b. Er wollte die Tür ..... schließen, ... seine Ruhe ..... haben.

c. Ich möchte Pralinen ..... kaufen, ... sie unseren Freunden ..... schenken.

d. Können wir alle Koffer ..... packen, ... morgen früh sofort wegfahren ..... können?

e. Du solltest ihn mal anrufen, ... wissen, ob er mit ..... kommen möchte.

f. Hättest du Lust, ... mit mir in die Stadt ..... gehen, ... einige Einkäufe ..... machen?

5 Transformez la première proposition en infinitive avec ou sans *zu*, ou à l'aide de *um… zu*. (Vous commencerez vos phrases par la deuxième proposition.)

a. Ich reise jeden Monat nach Deutschland. Ich möchte es.

b. Ich besuche Freunde und ich spreche Deutsch. Ich fahre in Urlaub nach Deutschland.

c. Ich kann mehrere Sprachen sprechen. Ich finde es wichtig.

d. Ich lerne viele Leute kennen. Es ist sehr angenehm.

6 *Um… zu* ou *damit* ? Transformez la seconde proposition en subordonnée infinitive ou conjonctive selon le cas.

a. Er gab mir eine Straßenkarte. Ich verfahre mich nicht.

b. Sie übt jeden Tag zwei Stunden. Sie spielt gut Klavier.

c. Wir fahren am Wochende nach Paris. Wir besuchen die vielen Museen.

d. Sie sprachen ganz leise. Wir hörten nichts.

e. Ich habe schon alle Koffer gepackt. Wir verlieren morgen früh keine Zeit.

7 Traduisez en allemand.

a. Il faut manger pour vivre et non vivre pour manger.

b. Donne-moi ta nouvelle adresse pour que je puisse t'écrire.

c. J'ai acheté un livre pour l'offrir à nos amis.

d. As-tu pris ton maillot de bain pour aller à la piscine ?

e. Veux-tu que je mette la table pour que tu puisses te préparer ?

6 — Lire et comprendre un texte

SAVOIR

VOKABELN

der Rektor (en) : le directeur d'école
senken : baisser
die Geduld : la patience
trösten : consoler
vermutlich : probablement
der Bericht (e) : le rapport, le compte rendu, les nouvelles
entsetzlich : horriblement
schluchzen : sangloter
schlucken : avaler
etwas (A) bestehen (a,a) : réussir quelque chose
feierlich : solennel
lähmen : paralyser
die Überraschung (en) : la surprise
vollends : tout à fait
der Primus : le premier
schwindelig : pris de vertige
die Linde (n) : le tilleul
der Sturm (¨e) : la tempête
das Gefühl (e) : le sentiment
der Pfarrer (-) : le pasteur
der Laden (¨) : la boutique
das Kontor (e) : le bureau de commerce

Das Examen

Der junge Hans Giebenrath, der in einem Dorf wohnt, hat zum ersten Mal in seinem Leben ein Examen in der Stadt (Stuttgart) gemacht. Diese Prüfung soll für seine Zukunft entscheiden. Aber er hat den Eindruck, als ob alles schief gegangen wäre und wartet gespannt und pessimistisch auf das Ergebnis...

Am Montag früh ging er wieder in die Schule. „Wie geht's?" fragte der Rektor und gab ihm die Hand. „Ich dachte, du würdest schon gestern zu mir kommen. Wie war's denn im Examen?" Hans senkte den Kopf.

„Na, was denn? Ist's dir schlecht gegangen?"

„Ich glaube, ja."

„Nun, Geduld!" tröstete der alte Herr. „Vermutlich kommt noch heute vormittag der Bericht aus Suttgart."

Der Vormittag war entsetzlich lang. Es kam kein Bericht, und beim Mittagessen konnte Hans vor innerlichem Schluchzen kaum schlucken.

Nachmittags, als er um zwei ins Schulzimmer kam, war der Klassenlehrer schon dort.

„Hans Giebenrath", rief er laut.

Hans trat vor. Der Lehrer gab ihm die Hand.

„Ich gratuliere dir, Giebenrath. Du hast das Landesexamen als Zweiter bestanden."

Es entstand eine feierliche Stile. Die Tür ging auf, und der Rektor trat hinein.

„Ich gratuliere. Nun, was sagst du jetzt?"

Der Bub war ganz gelähmt vor Überraschung und Freude.

„Na, sagst du gar nichts?"

„Wenn ich das gewusst hätte", fuhr es ihm heraus, „dann hätt' ich auch vollends Primus werden können."

„Nun geh heim", sagte der Rektor, „und sag es deinem Papa. In die Schule brauchst du jetzt nicht mehr zu kommen, in acht Tagen fangen ja ohnehin die Ferien an."

Schwindelig kam der Junge auf die Straße hinaus, sah die Linden stehen und den Marktplatz in der Sonne daliegen, alles wie sonst, aber alles schöner und bedeutungsvoller und freudiger. Er hatte bestanden! Und er war Zweiter! Als der erste Freudensturm vorüber war, erfüllte ihn ein heißes Dankgefühl. Nun brauchte er dem Stadtpfarrer nicht aus dem Wege zu gehen. Nun konnte er studieren! Nun brauchte er weder dem Käsladen noch das Kontor mehr zu fürchten!

Hermann Hesse, *Unterm Rad (L'Ornière)*, Frankfurt am Main, Suhrkamp Verlag, 1906.

Die Hauptthemen

- Die Rolle der anderen:
  – Verständnis
  – Dialog
- Nach dem Ergebnis:
  – Überraschung
  – Freude/Enttäuschung
  – Dankbarkeit/Wut…

Zum Autor

Hermann Hesse (1877-1962) ist in Calw (Württemberg) als Sohn eines baltendeutschen Missionars und einer schwäbisch-schweizerischen, in Indien geborenen Missionarstochter geboren und starb 1962 in Montagnola bei Lugano (Schweiz). Er hat zahlreiche Bücher geschrieben, und sein Werk wurde 1946 mit dem Nobelpreis ausgezeichnet. Mit dem französischen Schriftsteller Romain Rolland war er befreundet und sie haben einen langen Briefwechsel miteinander gehabt.

⬤ Le comparatif

- Le comparatif de supériorité se forme à l'aide du suffixe **-er** (suivi, pour les adjectifs épithètes, de la marque de la déclinaison), et le second terme de la comparaison est introduit par **als**.
  Ex. : *klein → kleiner*   *schnell → schneller*
  Früher hatte ich einen kleineren Wagen.   Autrefois, j'avais une plus petite voiture.
  Er läuft schneller als ich.   Il court plus vite que moi.

- Quelques adjectifs-adverbes monosyllabiques prennent une **inflexion** :
  alt → älter   *groß → größer*   *jung → jünger*   *arm → ärmer*   *nah → näher*
  Ex. : *Ist er größer als du?*   Est-il plus grand que toi ?

- Attention aux **formes irrégulières** :
  gern → lieber   *gut → besser*   *hoch → höher*   *viel → mehr*

- *Le comparatif d'infériorité* s'exprime à l'aide des structures **weniger… als** ou **nicht so … wie**.
  Ex. : *Er ist weniger groß als ich./Er ist nicht so groß wie ich.*
  Il est moins grand que moi./Il n'est pas aussi grand que moi.

● Savoir utiliser *als* ou *wie* pour introduire le second terme de la comparaison

Le second terme de la comparaison est introduit par *als* dans le cas d'un comparatif de supériorité, par *wie* lorsque l'adjectif est précédé de *so* (comparatif d'égalité ou d'infériorité).

Ex. : *Sie ist **älter als** er.* Elle est plus âgée que lui.
*Sie ist **so alt wie** er.* Elle a le même âge que lui.
*Er ist **nicht so alt wie** sie.* Il n'est pas aussi âgé qu'elle.

● Savoir placer le second terme de la comparaison

Dans la subordonnée, le second terme de la comparaison est hors construction, tout à la fin de la proposition (« en avant-dernière position ».)

Ex. : *Glauben Sie, dass dieser Wagen **größer ist als dieser andere**?*
Croyez-vous que cette voiture soit plus grande que cette autre ?
*Ich wusste nicht, dass sie **nicht so alt ist wie er**.*
Je ne savais pas qu'elle n'était pas aussi âgée que lui.

1 Que signifient les mots suivants ? Entourez la bonne réponse.

a. *vermutlich:*
– vielleicht – sicher – schnell
b. *entsetzlich:*
– gar nicht – sehr – schrecklich
c. *gelähmt:*
– aufgeregt – froh – bewegungslos

2 *Richtig oder falsch?* Cochez la case qui convient.

	R	F
a. Nach dem Examen hat der Junge den Rektor sofort besucht.	❏	❏
b. Der Rektor macht ihm Mut.	❏	❏
c. Der Junge braucht nur noch acht Tage in die Schule zu gehen.	❏	❏
d. Er ist so froh, dass er zunächst kein Wort sprechen kann.	❏	❏
e. An jenem Tag regnet es.	❏	❏
f. Der Junge träumt davon, in einem Käseladen zu arbeiten.	❏	❏
g. Nach dem Ergebnis fühlt er sich leichter und fröhlicher.	❏	❏

3 À l'aide des citations suivantes, expliquez brièvement en quoi l'attitude de Hans évolue.

a. Hans senkte den Kopf.
b. Beim Mittagessen konnte Hans vor innerlichem Schluchzen kaum schlucken.
c. Der Bub war ganz gelähmt vor Überraschung und Freude.
d. „Wenn ich das gewusst hätte, […] dann hätt' ich auch vollends Primus werden können."
e. Schwindelig kam der Junge auf die Straße hinaus.

4 Relevez dans le texte les expressions montrant la considération dont jouit Hans après son succès.

5 *Am folgenden Tag geht Hans Giebenrath zum Rektor. Er erklärt ihm, warum er ihn nicht sofort besucht hatte.*

Complétez le texte avec les éléments suivants (conjuguez les verbes si besoin) :

den Eindruck haben – deshalb – die Unzufriedenheit – die Zukunft – entsetzlich – enttäuschen – erklären – jm (D) etwas (A) ermöglichen – unglücklich.

Guten Tag, Herr Rektor! Ich muss Ihnen ...., warum ich gestern nicht gekommen bin. Ich weiß, dass Sie dachten, ich würde Sie sofort besuchen. Aber ich .... wirklich ...., dass es mir im Examen so schlecht gegangen war. .... kam ich nicht zu Ihnen, denn ich war so .... und böse auf mich, und ich hatte Angst, Sie zu .... Ich war ganz gelähmt vor Angst und .... Nun aber weiß ich, dass ich studieren kann, ich weiß, dass ich Sie nicht enttäuscht habe, und es freut mich, Sie zu besuchen. Wenn Sie wüssten, wie .... es für mich war, ich hatte immer den Käsladen und das Kontor vor den Augen, und ich dachte: Gibt es wirklich keine andere .... für mich? Aber jetzt bin ich dankbar, Ihnen bin ich dankbar, dass Sie es mir .... haben, dieses Examen zu machen.

6 *Der Junge kommt nach Hause und erzählt seinem Vater, wie der Tag abgelaufen ist.*

Rédigez un petit développement en faisant parler Hans à la première personne.

Allemand

L'expression de l'hypothèse
Le participe II

VOKABELN

die Grenze (n) : la frontière
heutzutage : de nos jours
die Lebensauffassung (en) :
la conception de la vie
Meinungen austauschen :
échanger des opinions
die Muttersprache (n) :
la langue maternelle
die Sitten : les mœurs
überschreiten (i,i) : franchir
der Vertrag (¨e) : le contrat
einen Vertrag abschließen (o,o) :
conclure un contrat

Fremdsprachen lernen: Warum?

Heutzutage reisen die Leute öfter und leichter als vorher. Die Grenzen haben sich geöffnet, manchmal sind sie sogar verschwunden.

Wenn man nur seine Muttersprache kann, sind die Kontakte in einem anderen Land sehr begrenzt. Wie kann man Meinungen austauschen, wenn man die Sprachgrenzen nicht überschreitet? Wenn man ein fremdes Land wirklich kennen und verstehen will, dann muss man die Sprache dieses Landes lernen. Durch die Sprache entdeckt man neue Lebensauffassungen, neue Sitten und neue Gewohnheiten. Die Sprachkenntnisse liefern den Schlüssel zur Kultur eines Landes.

Auch für Geschäftsreisen ist es immer besser, die Sprache des Partners sprechen zu können. Große Firmen haben festgestellt, dass sie leichter Verträge abschließen, wenn sie Interesse für die Sprache des fremden Landes zeigen.

L'expression de l'hypothèse

- L'hypothèse s'exprime au moyen de la conjonction de subordination *wenn* (« si ») et de l'indicatif, lorsque l'action ou l'événement envisagé est une éventualité, un potentiel et non un irréel.

Ex. : *Wenn das Wetter schön ist, dann gehen wir spazieren.*
S'il fait beau, nous irons nous promener.

- Pour exprimer l'irréel, on utilise le **subjonctif II** dans les deux propositions

Ex. : *Wenn das Wetter schön **wäre**, dann **gingen** wir spazieren.*
S'il faisait beau, nous irions nous promener. (irréel du présent)
*Wenn das Wetter schön **gewesen wäre**, dann **wären** wir **spazieren gegangen**.*
S'il avait fait beau, nous serions allés nous promener. (irréel du passé)

- Comme dans toute subordonnée, le verbe est à la fin de la proposition introduite par *wenn*. Cependant, on peut aussi utiliser, au lieu d'une subordonnée introduite par *wenn*, une subordonnée à verbe premier.

Ex. : ***Ist** das Wetter schön, dann gehen wir spazieren.*   S'il fait beau, nous irons
nous promener.

***Wäre** das Wetter schön, dann gingen spazieren.*   S'il faisait beau, nous irions
nous promener.

***Wäre** das Wetter schön **gewesen**, dann **wären** wir **spazieren gegangen**.*
S'il avait fait beau, nous serions allés nous promener.

Le participe II à forme d'infinitif

Lorsqu'on utilise un verbe de modalité avec un infinitif *(er kann kommen)*, la forme du participe II du verbe de modalité au parfait (et au plus-que-parfait) est semblable à l'infinitif.

Ex. : *Er hat kommen **können**.*   Il a pu venir.

● **Savoir exprimer l'irréel**

• Le subjonctif II est en allemand le mode de l'irréel, à la fois dans la principale et dans la subordonnée.

• Pour exprimer l'irréel du présent, on emploie le subjonctif II présent. Il se forme :
– pour les verbes **faibles réguliers**, à l'aide de l'auxiliaire **werden** conjugué au subjonctif II et de l'infinitif du verbe ;
Ex. : *Ich **würde** gern mit dir **spielen**!*   Je jouerais volontiers avec toi !
– pour les verbes **forts**, à partir de leur **prétérit**, infléchi lorsque c'est possible.
Ex. : *Wenn du **kämest**, würde ich mich freuen!*   Si tu venais, je serais content !

• Au subjonctif II, les terminaisons sont : *-e, -est, -e, -en, -et, -en*.

● **Savoir utiliser le participe II à forme d'infinitif dans une subordonnée**

Dans la subordonnée, la partie conjuguée du groupe verbal **précède**, contrairement à la règle générale, les autres éléments verbaux (infinitif et participe II à forme d'infinitif).
Ex. : *Ich weiß, dass er um fünf Uhr **hat kommen können**.*
      Je sais qu'il a pu venir à cinq heures.

FAIRE

1 Transformez la première proposition en dépendante exprimant un potentiel avec *wenn*.
Ex. : *Man will ein fremdes Land wirklich kennen. Man muss die Sprache dieses Landes lernen.*
→ *Wenn man ein fremdes Land wirklich kennen will, muss man die Sprache dieses Landes lernen.*
a. Man will Meinungen austauschen. Man muss die Sprachgrenzen überschreiten.
b. Man möchte Verträge im Ausland abschließen. Man muss Interesse für die fremde Sprache zeigen.
c. Man spricht mehrere Sprachen. Man erweitert seine Kenntnisse und seine Lebensauffassung.
d. Man zeigt Interesse für die fremde Sprache. Man schließt leichter Verträge ab.

2 Transposez au parfait.
Ex. : *Viele Leute können reisen.* → *Viele Leute haben reisen können.*
a. Wir können unsere Meinungen austauschen.
b. Er muss die Sprache des Landes lernen.
c. Sie dürfen viele Grenzen überschreiten.
d. Sie können leichter Verträge abschließen.

3 Formez des phrases à l'irréel du présent (subjonctif II présent) puis à l'irréel du passé (subjonctif II passé).
a. Er will dieses Land nicht verstehen. Er muss die Sprache nicht lernen.
b. Sie ändern nicht ihr Leben. Ihr Gesundheitszustand verbessert sich nicht.
c. Sie verstand die Sprache ihres Partners nicht. Sie schloss keinen Vertrag ab.
d. Er war nicht hilfsbereit. Er lernte seine Mitmenschen nicht kennen.

4 Transposez au parfait.
a. Warum will er nicht nach Berlin fahren?
b. Kannst du ihm sagen, dass er mich anruft?
c. Ich weiß nicht, ob er ihn sehen will.
d. Ich bin sicher, dass er es nicht tun wollte, aber er musste es wohl.
e. Wir können leider nicht zu Ihnen kommen.
f. Er musste langsamer fahren, weil die Geschwindigkeit begrenzt war.
g. Er ging weg, denn er musste unbedingt heute abend zurück sein.

5 Réécrivez les phrases suivantes en utilisant des subordonnées à verbe premier.
a. Wenn er schon achtzehn wäre, könnte er einen Wagen fahren.
b. Wenn du morgen Zeit hast, räume bitte dein Zimmer auf!
c. Wenn wir an der See wohnten, könnten wir segeln.
d. Wenn er das gewusst hätte, wäre er nicht gekommen.
e. Wenn er mich noch einmal unterbricht, dann gehe ich einfach weg.

6 Comment diriez-vous en allemand ?
a. Ah, si seulement j'y avais pensé !
b. Comment réagirais-tu si tu gagnais le gros lot ?
c. Que choisiriez-vous si je voulais vous faire un cadeau ?
d. Si vous voulez venir à la plage, prenez un maillot de bain.
e. Si vous me l'aviez dit plus tôt, j'aurais pu faire quelque chose.

Allemand

8

Les dépendantes conjonctives
Ob et *wenn*

VOKABELN

komisch : bizarre, bizarrement
die Bühne (n) : la scène (lieu)
gerührt : ému
die Not (¨e) : la détresse,
le dénuement
die Gefahr (en) : le danger
der Held (en) : le héros

Ein Theaterabend : „Wilhelm Tell"

Heute abend waren Chris und Lisa im Theater. Es wurde „Wilhelm Tell" von Friedrich Schiller (1759-1805) gespielt.

Chris: - Na, wie hat's dir gefallen?
Lisa: - Mensch! Das war echt toll!
Chris: - Obwohl die doch komisch sprechen...
Lisa: - Was heißt *komisch*? Das ist doch klassische Sprache.
Chris: - So spricht aber keiner!

1. Wir wollen... Gefahr : « Nous voulons être un seul peuple de frères et ne jamais nous diviser, ni dans la détresse, ni dans le danger. »

Lisa: - Eben! Auf der Bühne ist alles anders, auch die Sprache, die man benutzt:
„Wir wollen sein ein einzig Volk von Brüdern In keiner Not uns trennen und Gefahr[1]."
Wie schön! Wihelm Tell und seine Freunde kämpfen für die Freiheit, sie sind Helden.
Chris: - Na, so gerührt bin ich nicht!

Friedrich von Schiller, *Wilhelm Tell (Guillaume Tell)*, [1804], Aubier-Montaigne, éd. bilingue.

🔵 Les dépendantes conjonctives

- Dans la proposition dépendante, le verbe conjugué occupe la dernière place.
- Ex. : *Lisa denkt, **dass** Wilhelm Tell und seine Freunde Helden **sind**.*
  Lisa pense que Guillaume Tell et ses amis sont des héros.

- Quand il y a une dépendante en tête de phrase, la principale commence par le verbe, suivi du sujet.
- Ex. : *Wenn man auf der Bühne ein klassisches Stück spielt, **spricht man** eine andere Sprache als im Alltag.*
  Quand on joue une pièce classique au théâtre, on parle une autre langue que celle de tous les jours.

- Une virgule sépare obligatoirement la principale de la dépendante.
- Ex. : *Ich weiß, **dass** du nicht so gerührt bist.* Je sais que tu n'es pas tellement ému.

🔵 *Ob* et *wenn*

- La conjonction de subordination *ob* sert à introduire l'interrogative indirecte.
- Ex. : *Lisa fragt Christ, **ob** er das Stück nicht toll gefunden hat.*
  Lisa demande à Chris s'il n'a pas trouvé la pièce formidable.

- La conjonction de subordination *wenn* sert à introduire une conjonctive temporelle (avec « quand ») ou de condition (avec « si »).
- Ex. : *Wenn du den Kampf eines Helden für die Freiheit sehen willst, dann geh ins Theater, um Schillers „Wilhelm Tell" zu sehen.*
  Si tu veux voir le combat d'un héros pour la liberté, va au théâtre voir *Guillaume Tell* de Schiller.

🔵 Savoir distinguer *ob* et *wenn*

Ob et **wenn** correspondent tous deux au français « si » mais il ne faut pas les confondre.
– *Wenn* est un « si » de condition, d'hypothèse ou de regret :
Ex. : **Wenn** du willst, kannst du mitkommen! Si tu veux, tu peux venir avec nous !
Wenn ich das gewusst hätte, wäre ich nicht gekommen. Si j'avais su, je ne serais pas venu.
– *Ob* est un « si » interrogatif indirect :
Ex. : *Ich weiß nicht, **ob** er mitkommen wird.* Je ne sais pas s'il viendra.
– Il peut aussi introduire une interrogative directe :
Ex. : ***Ob** es morgen schön wird?* Est-ce qu'il fera beau demain ?

🔵 Savoir utiliser une subordonnée à verbe premier

Au lieu d'utiliser une subordonnée introduite par *wenn* exprimant une condition, une hypothèse, un souhait ou un regret, on peut utiliser une subordonnée à **verbe premier**. La principale est alors généralement introduite par *dann* ou par *so*.
Ex. : **Wenn** es morgen regnet, gehen wir nicht spazieren./**Regnet** es morgen, dann gehen wir nicht spazieren. S'il pleut demain, nous n'irons pas nous promener.

1 Transformez la première proposition en dépendante en passant de l'interrogation directe à l'interrogation indirecte.

Werden Wilhelm Tell und sein Volk ihre Freiheit erringen? Das wissen wir am Anfang nicht.
→ *Wir wissen am Anfang nicht, ob Wilhelm Tell und sein Volk ihre Freiheit erringen werden.*

a. Ist diese klassische Sprache doch nicht schön? Das fragt Lisa.

b. Kann man auch in Frankreich Schillers „Wilhelm Tell" sehen? Das wissen wir nicht.

c. Kann der Kampf eines Individuums ein ganzes Volk retten? Das weiß er nicht.

d. Spielte das Stück eine Rolle später in Deutschlands Geschichte? Das weiß ich nicht.

2 Complétez à l'aide de *ob* ou de *wenn*.

a. Wir fragen uns, ... viele Leute in Deutschland Schillers „Wilhelm Tell" gesehen haben.

b. ...... es für dich wichtig ist, klassische Sprache zu lesen, dann lese auch Goethes und Thomas Manns Werke!

c. ...... ich besser Deutsch könnte, dann würde ich jeden Tag klassische Texte lesen.

d. Ich weiß nicht, ... viele Franzosen die Werke von Schiller kennen.

3 Transformez la première proposition en dépendante conjonctive à l'aide de la conjonction indiquée.

a. Sie räumt ihr Zimmer auf ; sie hört gern Musik. *(indem)*

b. Er stand unter der Dusche ; das Telefon läutete. *(während)*

c. Sie ist krank ; sie darf nicht hinausgehen. *(solange)*

d. Mein Freund Hans kommt vorbei ; du sollst ihm dieses Buch geben. *(falls)*

4 Complétez à l'aide de *ob* ou de *wenn*.

a. Ich frage mich, ... es sich lohnt, in diesen Film zu gehen.

b. ..... ich ins Kino gehe, möchte ich nicht enttäuscht sein.

c. ..... du morgen mit ins Kino kommst?

d. ..... du Lust hast, können wir am Samstag ins Museum gehen.

e. Wer sind Sie, ... ich fragen darf?

5 Formez des phrases en faisant de la seconde proposition une subordonnée à verbe premier.

a. Du sprichst jeden Tag Deutsch. Du lebst in Deutschland.

b. Sie lernt auch Italienisch. Sie hat mehr Zeit.

c. Du kannst meine anderen Freunde kennenlernen. Du kommst zu uns.

d. Er kauft mehr Bücher und Platten. Er ist sehr reich.

e. Wir kommen natürlich. Man lädt uns ein.

6 Placez les virgules.

a. Ich weiß nicht ob ich ins Gymnasium gehen kann da ich so krank bin.

b. Da er gestern abend in der Disco war ist er heute morgen spät aufgestanden.

c. Da sie viele Haustiere haben können meine Freunde nicht in Urlaub fahren weil sie ihre Haustiere füttern müssen.

d. Dass die Deutschen zum Frühstück oft ein Ei essen wusste ich schon weil meine Deutschlehrerin es uns erzählt hatte.

7 Complétez à l'aide de *ob* ou de *wenn*.

a. ..... er zurückgekommen ist, weiß ich nicht.

b. Haben Sie eine Ahnung, ... diese Nachricht stimmen mag?

c. Er meinte, das Wochenende solle schön sein. ..... er recht hatte?

d. Ach, ... er nur recht haben könnte!

e. Ich habe nicht erfahren können, ... die Bücher, die ich bestellt hatte, schon da sind.

f. ..... wir unseren Termin auf nächsten Dienstag verschieben?

g. Wie wär's, ... wir unseren Termin auf nächsten Dienstag verschieben?

h. Kannst du bitte nachsehen, ... die Tür geschlossen ist?

Allemand

9

Le passif / *Als ob* + subjonctif II

VOKABELN

die Materie : la matière
röntgen = durchleuchten : faire
une radio, passer aux rayons X
der Strahl (en) : le rayon
zufällig : par hasard
der Zoll : la douane
die Herstellung : la fabrication,
la production

Röntgen

Wissen Sie, was Röntgen heißt? Es ist der Name eines deutschen Physikers, Wilhelm Conrad Röntgen (1845-1923), der vor mehr als hundert Jahren Strahlen entdeckte, die die Materie durchdringen. Deshalb bedeutet „röntgen" soviel wie durchleuchten.

Wenn im Jahre 1895 der Professor an der Universität Würzburg nicht zufällig bei einem Experiment das Skelett seiner Hand gesehen hätte, wäre es heute nicht möglich, viele Krankheiten und Gesundheitsprobleme rechtzeitig zu entdecken und besser zu heilen.

Röntgenstrahlen werden auch benutzt, um Pakete und Koffer beim Zoll zu kontrollieren oder Gemälde und andere Kunstwerke zu untersuchen. Bei der Herstellung von Autorädern und Flugzeugteilen, beim Bau von Brücken spielen Röntgenstrahlen eine wichtige Rolle. Sogar die Gesundheit der Bäume kann dadurch kontrolliert werden.

Aber zuviel Röntgenstrahlung ist gefährlich für den Menschen. Deshalb sollte man sich nur dann röntgen lassen, wenn es wirklich notwendig ist und nicht tun, als ob es ohne Gefahr wäre.

Le passif

● Le passif se forme à l'aide de l'auxiliaire *werden* et du participe II du verbe, placé en fin de proposition (dans la proposition autonome).

Ex. :   *In der Vorstadt **werden** jeden Monat neue Häuser **gebaut**.*
         Dans la banlieue, on construit chaque mois de nouvelles maisons.
         Littéralement : Dans la banlieue, de nouvelles maisons sont construites chaque mois.

● Seul l'auxiliaire *werden* sert à la formation du passif, tandis que l'auxiliaire *sein* désigne un état.

Ex. :   *Hier **wird** ein Haus **gebaut**.*
         Ici, **on construit** une maison.
         *Das Haus **ist** auf dem Hügel **gebaut**.*
         La maison **est construite** sur la colline.

● Conjugaison de l'auxiliaire *werden* :

Werden	
Présent	**Prétérit**
ich werde	*ich wurde*
du wirst	*du wurdest*
er/sie/es wird	*er/sie/es wurde*
wir werden	*wir wurden*
ihr werdet	*ihr wurdet*
sie werden	*sie wurden*

● Il ne faut pas confondre la structure du passif avec celle du futur : ce dernier se construit à l'aide de l'auxiliaire *werden* et de l'infinitif du verbe.

Ex. :   *Das Haus **wird gebaut*** (passif).   On construit la maison.
         *Er **wird** das Haus **bauen*** (futur).   Il construira la maison.

Als ob + subjonctif II

Pour exprimer une comparaison sur le mode de l'irréel (« comme si… »), on utilise *als ob* suivi du subjonctif II. (Pour la formation du subjonctif II, *voir* pp. 232-233.)

Ex. :   *Er lacht, **als ob** es lustig **wäre**.*   Il rit comme si c'était drôle.

SAVOIR-FAIRE

● Savoir former le futur du passif

L'auxiliaire *werden* servant à la fois à la formation du passif et à la formation du futur, on l'utilisera deux fois pour former le futur du passif : une fois comme verbe conjugué (c'est l'auxiliaire du futur), une fois à la forme infinitive (infinitif passif = participe II du verbe + *werden*).

Ex. : *Das neue Haus **wird** hier **gebaut werden**.*   La nouvelle maison sera construite ici.

● Savoir former le parfait et le plus-que-parfait du passif

Au passif parfait et plus-que-parfait, *sein* est l'auxiliaire de l'auxiliaire *werden*, dont le participe II est *worden* (à la différence de la forme régulière du participe II du verbe *werden*, qui est *geworden*).

Ex. : *Dieses Haus ist vor drei Jahren **gebaut worden**.*
Cette maison a été construite il y a trois ans.
*Das ältere Haus **war** vor mehreren Jahrhunderten **gebaut worden**.*
La maison plus ancienne avait été construite il y a plusieurs siècles.

● Savoir alléger la structure *als ob*

Dans une langue écrite soignée, on peut aussi utiliser *als* directement suivi du verbe conjugué au subjonctif II.

Ex. : *Er lacht, **als wäre es** lustig.*
Il rit comme si c'était drôle.
*Er isst, **als hätte er** seit drei Tagen nichts gegessen.*
Il mange comme s'il n'avait rien mangé depuis trois jours.

FAIRE

1 Transposez à la voix passive en conservant le temps.

Ein deutscher Physiker entdeckte die Röntgenstrahlen. → Die Röntgenstrahlen wurden von einem deutschen Physiker entdeckt.

a. Zollbeamte benutzen Röntgenstrahlen, um die Koffer zu kontrollieren.
b. Experten kontrollieren mit Röntgenstrahlen die Gesundheit der Bäume.
c. Die Strahlen durchdringen die Materie.
d. Prof. Dr. Röntgen durchleuchtete auch die Hand von Frau Röntgen.

2 Complétez à l'aide de *sein* ou de *werden* au temps ou au mode indiqué.

a. Dieser Artikel ..... von einem deutschen Journalisten geschrieben. *(prétérit)*
b. Dieser Artikel ..... einer österreichischen Zeitschrift entnommen. *(présent)*
c. Plötzlich ..... die Tür aufgemacht. *(prétérit)*
d. Das Fenster ..... die ganze Nacht auf geblieben. *(prétérit)*
e. Diese Novelle muss dreimal gelesen ..... , damit man sie richtig versteht. *(infinitif)*
f. Diese Geschichte ist völlig erfunden ..... . *(participe II)*
g. Der Kuchen ..... durchgebacken. *(présent)*
h. Von wem ..... dieser Kuchen gebacken? *(prétérit)*

i. Warum ..... alle Fenster zugemacht? *(présent)*
j. Nun ..... alle Fenster zugemacht! *(présent)*
k. Hier ..... es nicht erlaubt zu rauchen. *(présent)*
l. Hier ..... Deutsch gesprochen. *(présent)*
m. Wir ..... heute abend eingeladen. *(présent)*
n. Dieser Roman ..... in Südamerika verfasst. *(prétérit)*
o. Dieser Roman ..... sehr schön geschrieben. *(présent)*
p. Nun können wir die Nähmaschine wieder benutzen, sie ..... repariert. *(présent)*
q. Nun können wir die Nähmaschine wieder benutzen, sie ..... repariert. *(prétérit)*

3 Transformez les propositions suivantes en comparatives à l'irréel, introduites par *als ob* puis par *als*.

a. Er hat ein leichtes Leben.
b. Er ist ein Ideal für alle.
c. Er darf keinen Unfall haben.

4 Transformez la seconde proposition en dépendante introduite par *als ob*.

a. Der Hund bellte. Jemand war ins Haus eingetreten.
b. Es wurde ihm übel. Er hatte zuviel gegessen.
c. Er wurde ganz rot. Er musste sich schämen.
d. Der Hund sah mich an. Er sagte mir etwas.

SAVOIR

oben

links

rechts

im Hintergrund

unten

im Vordergrund

Faust ist eine historische Figur – ein Georg Faust lebte in Deutschland zwischen 1480 und 1540 –, die bald zur Legende geworden ist. Er war ein Gelehrter, Magister oder Doktor der Universität, der in den Städten Wittemberg, Erfurt, Ingolstadt wohnte. Medizin, aber auch Astrologie und Alchemie waren damals anerkannte und beliebte Wissenschaften. Man behauptete, Faust könnte mit einem Zaubermantel durch die Luft fliegen. Dann dachte man, dass Faust einen Pakt mit dem Teufel geschlossen hatte.

1587 erschien ein Volksbuch des Dr. Faust, das am Anfang einer langen Reihe von Texten den Gegensatz zwischen Gut und Böse darstellt, den wir auch auf diesem Filmplakat sehen. Inzwischen haben viele Schriftsteller diesen Stoff benutzt, insbesondere Christopher Marlowe in England (*The Tragical History of Doctor Faustus*, zwischen 1594 und 1605) und Johann Wolfgang Goethe in Deutschland, mit der großen Tragödie *Faust*, in zwei Teilen. Als Kind hatte Goethe die Faust-Geschichte durch Puppenspiele entdeckt und schon in den Jahren 1773-1774 fing er mit seinem eigenen *Faust* an. 1790 veröffentlichte er ein *Faust-Fragment*, 1808 den ersten Teil der Tragödie, und der zweite Teil wurde erst kurz vor seinem Tod beendet, so dass er sich fast sein ganzes Leben mit diesem Thema beschäftigt hat.

Filmplakat, 1926 : Faust – Eine deutsche Volkssage
(*Faust* – Une légende populaire allemande)

● La description

das Bild (er) : l'image, le tableau, la photographie
das Gemälde (-) : le tableau
die Zeichnung (en) : le dessin
das Cartoon (s) : le dessin satirique
das Porträt (s) : le portrait
die Werbung (en) : la publicité
das Titelbild (er) : la couverture (d'une revue)
in der oberen (unteren) Bildhälfte : dans la moitié supérieure (inférieure) de l'image
der Rand (¨er) : le bord
der Rahmen (-) : le cadre
die Kulisse (n) : le décor
ganz vorne : au tout premier plan
ganz hinten : tout au fond
oben rechts/rechts oben : en haut à droite
unten rechts/rechts unten : en bas à droite
hinten links/links hinten : au fond à gauche
vorne links/links vorne : devant à gauche
in der Mitte : au centre

● Le commentaire

die Vordergrundfigur (en) : le personnage du premier plan
die Hintergrundfigur (en) : le personnage de l'arrière-plan
die Szene (n) : la scène (action)
der Kontrast (e) : le contraste
ausdrücken : exprimer
einen Eindruck machen auf (+ A) : faire une impression à qqn
der Blick (e) : le regard
der Betrachter (-) : l'observateur
die Stellung (en) : la position
das Aussehen : l'apparence
der Gesamteindruck (¨e) : l'impression d'ensemble
der Aufbau des Bildes : la structure de l'image
darstellen : représenter
die Darstellung (en) : la représentation
das Symbol (e) : le symbole
symbolisieren : symboliser

● **Savoir se poser les bonnes questions**

• **Sur l'image**

Was stellt dieses Bild dar?   Que représente cette image ?

Was fällt Ihnen beim Betrachten des Bildes besonders auf?
Qu'est-ce qui vous frappe particulièrement en regardant cette image ?

Inwiefern passen Bild und Titel zusammen?   Dans quelle mesure l'image et le titre vont-ils ensemble ?

• **Sur les personnages**

Was stellen diese Figuren dar?   Que représentent ces personnages ?

In welcher Haltung werden sie dargestellt?   Dans quelle position sont-ils représentés ?

Was verkörpert die Figur links (rechts, in der Mitte, im Vordergrund, im Hintergrund)?
Qu'incarne le personnage de gauche (ou de droite, du milieu, du premier plan, de l'arrière-plan) ?

• **Sur les objets**

Welcher Gegenstand ist auf dem Bild zu sehen?   Quel objet peut-on voir sur l'image ?

Welche (symbolische) Bedeutung hat dieser Gegenstand? Quelle signification (symbolique) a cet objet ?

● **Savoir décrire et commenter**

• **Impression générale**

Dem Betrachter bietet sich hier ein Ausblick auf… (+ A).
Une vue de… s'offre ici au regard de l'observateur.

Was ins Auge fällt, ist…   Ce qui saute aux yeux, c'est…

Was beim ersten Blick auffällt, ist…   Ce qui frappe au premier coup d'œil, c'est…

• **Observation détaillée**

Bei näherer Betrachtung entdeckt man…   En y regardant de plus près, on découvre…

Unsere Aufmerksamkeit wird auf diese Figur gelenkt. Notre attention est dirigée vers ce personnage.

• **Analyse**

Diese Figur ist die Personifizierung von…   Ce personnage est la personnification de…

Die Farben haben eine symbolische Bedeutung.   Les couleurs ont une signification symbolique.

FAIRE

Complétez avec les mots ci-dessous (en les déclinant si besoin) la présentation du *Faust* de Goethe et le commentaire de l'affiche du film : *(die) Ambivalenz – erleben – (der) Frieden – (das) Geheimnis(se) – der Kontrast(e) – (das) Plakat(e) – retten – (die) Seite(n) – sich verlieben – (der) Teufel(-) – (der) Untertitel – verführen – verurteilen*

In Goethes Stück sagt der Held : „Zwei Seelen wohnen, ach! in meiner Brust"

Am Anfang gibt es einen Prolog im Himmel, wo Mephistopheles eine Wette mit dem Herrn machen möchte, um Faust zu ………... Der Herr sagt: „Es irrt der Mensch, solang er strebt". Dann sehen wir Faust als einen alten Gelehrten, der vergeblich versucht hat, alle ………... der Wissenschaften und des Universums zu entdecken, der des Lebens müde ist und Selbstmord begehen möchte. Da trifft er Mephistopheles, einen Gesandten des ………..., und wird dank seiner Hilfe zu einem jungen Mann, der ………... in die schöne Margarethe (Gretchen) ………... . Leider wird er das Böse in das einfache Leben des jungen Mädchens bringen: Gretchens Mutter, Gretchens Bruder sterben, Faust geht mit Mephistopheles weg, während Gretchen ein Kind von Faust bekommt. Sie wird verstoßen, tötet das Kind, wird zum Tode ………... . Am Ende des Dramas kommt Faust zurück und will sie ………..., aber es ist zu spät. Sie wird aber gerettet, während Faust mit Mephistopheles weggeht. Erst im zweiten Teil der Tragödie finden wir Faust wieder, der mehrere fantastische Abenteuer ………..., bevor er selbst weise wird, stirbt und gerettet wird. „Wer immer strebend sich bemüht, den können wir erlösen", sagen die Engel bei seinem Tode. Auf diesem ………... sehen wir den Kontrast in den Farben, das Schwarze des Teufels und des Todes und das Rote des Lebens und der Liebe von Faust, der immer nach mehr Wissen strebt und auch Gretchens Liebe wünscht. Der ………... „Eine deutsche Volkssage" zeigt in der Zeit der Weimarer Republik (1919-1933) die ………... der verschiedenen Interpretationen von *Faust*. Der ………... erinnert an die doppelte Seele von Faust in Goethes Stück: das Böse und das Gute, die Gewalt und die Ruhe, der Krieg und der ………... werden hier symbolisch dargestellt. Die zwei Figuren können auch als zwei ………... eines einzigen Individuums erscheinen, der im Sturm einer allgemeinen Dynamik gefangen zu sein scheint.

Espagnol

Espagnol

1 Comentar un documento

À l'épreuve du baccalauréat, on attend de vous que vous soyez capable de communiquer avec l'examinateur, en espagnol, à partir d'un document, c'est-à-dire de « rendre compte de ce que vous aurez lu, vu ou entendu, formuler une opinion personnelle, porter un jugement motivé ».

SAVOIR-FAIRE

VOCABULARIO

un texto : un texte
un poema : un poème
un extracto : un extrait
una novela : un roman
una novela corta : une nouvelle
un artículo de periódico :
un article de journal
un diálogo : un dialogue
una obra de teatro : une pièce
de théâtre
un cuento : un conte
un relato : un récit
un cuadro : un tableau
una foto : une photo
un fotograma : une photo tirée
d'un film
una publicidad : une publicité
un cómic : une bande dessinée
un dibujo humorístico : un dessin
humoristique

Qu'il s'agisse d'un texte ou d'une image, prenez le temps d'observer, de lire et de relire le document.
Pour mieux le comprendre, aidez-vous des indications qui vous sont données : le titre (*el título*), le chapeau (*la introducción*), les notes (*las notas*)…

● Présenter le document

- *El tipo de documento* : ce peut être un texte ou un document iconographique.
- *El autor* : *el poeta, el escritor, el pintor, el fotógrafo, el publicista, el dibujante…*
- *El país* (point de vue, codes de lecture, langue… peuvent varier selon les pays.).
- *La fecha, la época* (la date et l'époque sont à prendre en compte pour éviter contresens ou anachronisme).

● Analyser, commenter

- **Éviter la paraphrase** (la répétition sous une forme généralement moins heureuse), en se posant des questions :

Qui ? Chercher des noms propres et les énumérer ne présente aucun intérêt. Se demander plutôt qui sont les personnages, quel lien existe entre eux, quel âge ils ont, à quel groupe social ils appartiennent, quel aspect de leur personnalité est montré…
Quand ? Chercher des indices : les salutations, les repas, la végétation, le temps qu'il fait, la lumière, l'évocation d'un personnage historique…
Où ? Espagne, Amérique, ville, village, campagne, intérieur, extérieur…
Quoi ? *El asunto* (le sujet) *del texto… El documento trata de… El cuadro evoca…*

- **Approfondir**
Comment ? Pourquoi ?
Que veut nous dire l'auteur ? Comment s'y prend-il pour nous convaincre ? Analyser les figures de style, les images, les métaphores, les répétitions, la structure des phrases… Pour une image, trouver les lignes directrices, les couleurs, la lumière, la répartition des masses…
Pourquoi les personnages agissent-ils ainsi ? Quels sont les sentiments qui les animent ?

● Conclure

- Dire ce qu'inspire le document, ce qu'il évoque : c'est le moment de montrer que vous êtes capable d'établir des liens entre le document étudié et vos connaissances personnelles.
- Donner son **avis motivé** sur le document.

Es un texto irónico, satírico, nostálgico…	Il s'agit d'un texte ironique, satirique, nostalgique…
La descripción es cómica, conmovedora, porque…	La description est comique, émouvante, car…
En este extracto vemos cómo el autor pone en escena los personajes…	Dans cet extrait, nous voyons comment l'auteur met en scène les personnages…
cómo describe con nostalgia una escena de su infancia…	comment il décrit avec nostalgie une scène de son enfance…
cómo se burla de…	comment il se moque de…
cómo plantea el problema de…	comment il pose le problème de…
cómo intenta explicar…	comment il tente d'expliquer…
(No) Comparto su opinión pues…	Je (ne) partage (pas) son opinion car…
Imagino que…	J'imagine que…
Para concluir, puedo decir que…	Pour conclure, je peux dire que…

1 Lisez le texte et répondez aux questions.

– ¿Qué pensó usted señor Cayo?
– Pensar ¿de qué?
– De Franco, de que se hubiera muerto₁.
El señor Cayo dibujó con sus grandes manos un ademán ambiguo.
– Mire, para decir verdad, a mí ese señor me cogía un poco a trasmano.
– Pero la noticia era importante, ¿no? Nada menos que pasar de la dictadura a la democracia.
– Eso dicen en Refico.
– Y usted ¿Qué dice?
– Que bueno.
Laly le miraba comprensiva, amistosamente. Añadió:
– De todos modos, al comunicárselo Manolo, algo pensaría usted.
– ¿de lo de Franco?
– Claro
– Mire, como pensar que le habrían dado tierra. Ahí sí que somos todos iguales.
Rafa bebió otra taza de vino.Tenía las orejas y las mejillas congestionadas. Dijo excitado:
– Pues ahora tendrá usted que participar, señor Cayo, no queda otro remedio. ¿Ha oído el discurso del Rey? La soberanía ha vuelto al pueblo.
– Eso dicen.
– ¿Va a votar el día 15₂?
– Mire, si no está mal el tiempo, lo mismo me llego a Refico con Manolo.
– ¿Votan ustedes en Refico?
– De siempre, sí señor. Nosotros y todo el personal de la parte de aquí, de la montaña.
– Y ¿Ha pensado usted qué va a votar?
El señor Cayo introdujo un dedo bajo la boina y se rascó ásperamente la cabeza. [...]. Murmuró al fin:
– Lo más seguro es que vote que sí, a ver, si todavía vamos a andar con rencores...
Rafa se echó a reír. Levantó la voz:
– Que eso era antes, joder, Señor Cayo. Esos eran los inventos de Franco, ahora es diferente, que no sabe usted ni de qué va la fiesta.
– Eso – dijo humildemente el señor Cayo.
La voz de Rafa se fue haciendo, progresivamente, más cálida, hasta alcanzar un tono mitinesco:
– Ahora es un problema de opciones, ¿ me entiende? Hay partidos para todos y usted debe votar la opción que más le convenza. Nosotros, por ejemplo.

Miguel DELIBES,
El disputado voto del señor Cayo,
© Destino, 1978.

1. Franco fue jefe del estado durante cuarenta años. Murió en 1975. 2. 15 de junio de 1977.

a. Presentar el documento: el tipo de documento, el autor y su nacionalidad, la fecha.
b. ¿Quiénes son los personajes?
● El señor Cayo:
1. es ❑ viejo / ❑ joven.
2. es ❑ hombre político / ❑ campesino / ❑ obrero.
3. Vive ❑ en Refico / ❑ en la montaña / ❑ en Madrid.
● Rafa y Laly son:
1. ❑ chicas / chicos / ❑ un chico y una chica
2. ❑ amigos / ❑ adversarios políticos / ❑ hermanos.
c. ¿Dónde pasa la escena?
❑ en Madrid / ❑ en un pueblo / ❑ en Refico.
d. ¿Cuándo pasa la escena?
❑ en 1975 / ❑ en 1977 / ❑ en 1978.
e. ¿Cuál es el asunto del texto?
❑ la muerte de Franco / ❑ el último referéndum / ❑ las elecciones.

2 Relevez les indices qui permettent de situer les textes suivants en Amérique.

Texte 1
– No hay monos en la sierra. Tampoco Saínos. No cazan las gentes de la sierra.
– ¿Y qué comen entonces?
– Lo que se puede. Papas, maíz. A veces un puerco o una gallina, para las fiestas.

Luís SEPÚLVEDA,
Un viejo que leía novelas de amor, 1993.

Texte 2
El árbol de Navidad, cada año más pelado, [...], y siempre cubierto de algodón, contrastaba con el calor sofocante del día.

Alfredo Bryce ECHENIQUE, *Huerto cerrado*, 1968.

Texte 3
A medida que avanzaban hacia el sudoeste, la pampa se abría más y más, el paisaje se volvía imponente. Ahora Martín se sentía útil:tuvieron que cambiar una cubierta, cebaba mate, preparaba el fuego.

Ernesto SÁBATO, *Sobre héroes y tumbas*, 1961.

Texte 4
Neto: ¿Que este carro no es placa ciento setenta y cinco RB...? ¿Y está pintado de amarillo, no?
Taxista: ¿Y qué?
Neto: ¿Cómo que qué...? pos que me manda Teógenes con usted, para que me pase del otro lado de la frontera, y aquí traigo mis mil pesos...

ARAU, *Mojado Power*, 1979.

2 Comentar una historieta

VOCABULARIO

una historieta, un tebeo (TBO) :
une bande dessinée, une BD
una tira : une bande dessinée,
une ligne
la organización, la disposición :
l'organisation, la disposition
una viñeta : une vignette
el encuadre : le cadrage
los planos : les plans
primer plano : gros plan
plano medio : plan moyen
plano de conjunto : plan
d'ensemble
la desproporción : la disproportion
un globo, un bocadillo : une bulle
una onomatopeya : une
onomatopée
las letras : les caractères
mayúsculas : majuscules
negrillas : caractères gras
bastardillas : italiques
el tamaño : la taille

Lire la bande dessinée

- **Lire** une première fois pour prendre connaissance de l'anecdote et découvrir l'intention de l'auteur.
- **Relire** afin de mieux saisir le sens et la valeur des éléments qui ont pu nous échapper, car certains d'entre eux ne deviennent vraiment compréhensibles qu'après la chute.
- **Tenir compte** de ce que vous aurez découvert pour éviter les contresens et attirer l'attention sur certains détails significatifs, **sans dévoiler la chute**.

Présenter la BD

Présenter le dessinateur, les personnages (Tintin, Mafalda…) s'ils sont connus et le thème de la bande dessinée.

Décrire la BD

- **L'image**

Le cadrage permet au dessinateur de montrer ce qu'il veut bien montrer d'une scène. Il peut donc aussi choisir de ne pas montrer des éléments parfois essentiels, pour mieux ménager certains effets.
Dans le dessin, chaque détail a son importance. Il s'agit donc de bien observer tous les personnages et leurs expressions, de déterminer où et quand se passe la scène, non seulement en fonction des éléments du dessin, mais aussi en s'aidant de ce que la lecture complète aura révélé.
Noter éventuellement les éléments manquants ou dont on ne voit qu'une partie, ceux qui vont changer, disparaître ou qui vont jouer un rôle dans le déroulement de l'histoire.
Entre deux images, l'action continue de se dérouler. Il faut donc imaginer ce qui a pu se passer entre deux plans (changement de lieu, temps écoulé, retour en arrière, événement non représenté …).

- **Les bulles**

Il faut également prêter attention à **la forme** de la bulle et à son contenu : texte (taille et épaisseur des **caractères**), ponctuation (**?** : *signo de interrogación* ; **!** : *signo de exclamación* ; **…** : *puntos suspensivos*), signes codés, onomatopées, dessins…
La bulle donne un éclairage sur le dessin de la vignette. Elle peut renforcer ce qui est montré, le nuancer et même le contredire.

Dégager l'intention de l'auteur

Il y a souvent, dans une bande dessinée, une satire (*la sátira*) sociale, morale ou politique. Lors du commentaire, il faut l'identifier et analyser son traitement. L'auteur peut utiliser le mode humoristique, l'effet de surprise, le décalage ou l'exagération (*lo cómico, lo sorprendente*).

Conclure

En conclusion, il est recommandé de donner son point de vue sur le sujet (*el tema*) en s'aidant éventuellement des connaissances acquises dans d'autres disciplines.

1 Commentez la bande dessinée ci-dessous en suivant les consignes données.

La liberación de la mujer, **Quino**.

a. Présentez le document.
Tipo de documento: ...
Autor: ...
Tema: ...

b. Complétez la description de la bande dessinée.
1. La primera viñeta es un plano...............
Sirve para..
2. Gracias al plano .... de la segunda y de la tercera viñeta, vemos que Mafalda ....
y va descubriendo ....
3. En la última viñeta Mafalda...................

4. El único globo .... indicando que
Mafalda..
5. Las letras .... lo que indica que
Mafalda .... a medida que .... y ....
6. El efecto cómico nace de la oposición
entre .... y ....

c. Quelle est l'intention de l'auteur ? Quino quiere mostrar que...

d. Rédigez votre conclusion sur une feuille de papier. Da tu opinión sobre este problema de la liberación de la mujer.

2 Commentez la scène ci-dessous et répondez aux questions sur une feuille de papier.

No se me occure nada, **Quino**.

a. ¿Cómo nos entera Quino del tema?
b. ¿Qué detalles indican en la primera y en la segunda viñeta que estamos en la calle?
c. ¿Por qué no nos muestra el entorno desde el principio?
d. ¿Qué idioma domina en los rótulos, carteles y letreros que aparecen en la última viñeta?
e. ¿Qué podría ocurrírsele a Felipe?

3 Commentez cette illustration.
Recuerda lo que sabes de las relaciones Norte-Sur. Puedes sacar provecho de este dibujo del mexicano **Helguera** que ilustra a su manera el imperialismo de Estados Unidos para con su país.

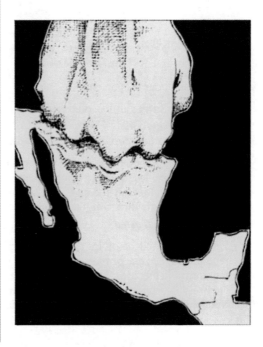

Espagnol

3 Les constructions affectives
Les pronoms personnels

VOCABULARIO

agradar : plaire
apetecer : avoir envie de
chiflar : raffoler
doler : avoir mal
extrañar : étonner
tocar : échoir
(*a ti te toca* : c'est à ton tour)
fascinar : fasciner
ilusionar : adorer
costar : avoir du mal à

Les constructions « affectives »

● **Construction affectives « simples », du type gustar (plaire)**

gustar : **a** Pedro le gustan los tebeos
complément · · · · · sujet

Dans ce type de construction, le sujet est généralement placé derrière le verbe qui est toujours conjugué à la 3e personne. Sur ce modèle se construisent un certain nombre de verbes (*voir* le vocabulaire ci-contre).

● **Constructions affectives des verbes réfléchis**

Avec les verbes réfléchis, on garde la même construction et on ajoute le pronom réfléchi de la 3e personne (personne à laquelle le verbe est conjugué).

Olvidarse : oublier	***Se** me olvidó decírselo.*
Acordarse : se souvenir	*No **se** le acordó darme el libro.*
Ocurrirse : venir à l'esprit	*¿No **se** os ocurre nada?*
Figurarse : s'imaginer	***Se** nos figuraba otra cosa.*
Antojarse : prendre la fantaisie	***Se** le antojó irse sin avisar a nadie.*

Une connaissance correcte des pronoms personnels vous est indispensable pour construire convenablement les verbes dits « affectifs ».

Les pronoms personnels

En espagnol, comme en français, les pronoms personnels ont des formes différentes selon leur fonction.

Sujet	Réfléchi	COD	COI	Après préposition	Après *con*
yo	me	me	me	a mí	conmigo
tú	te	te	te	a ti	contigo
él, ella, usted	se	le*, lo, la	le	a él, a ella, a usted	con él, ella, usted, consigo,
nosotros, -as	nos	nos	nos	a nosotros, -as	con nosotros, -as
vosotros,-as	os	os	os	a vosotros, -as	con vosotros, -as
ellos, ellas, ustedes	se	les*, los, las	les	a ellos, a ellas, a ustedes	con ellos, ellas, ustedes, consigo

* uniquement pour les personnes.

● **Le pronom sujet** s'utilise pour insister ou différencier.

Ex. : *Yo no quiero ir.* **Moi**, je ne veux pas y aller.
Él vino a las ocho, ella llegó después. Il est venu à huit heures, elle est arrivée après.

● *Usted* est un pronom de la 3e personne qui correspond au vouvoiement français.
On utilisera donc les pronoms compléments de la 3e personne.
¿Le gusta? Cela lui plaît-il ? **ou** Cela vous plaît-il ?
Le contexte vous le dira. S'il y a risque de confusion, on ajoutera un pronom.
Ex. : *¿Le gusta a usted?*

● **Enclise** : on soude le ou les pronoms compléments à la fin du verbe à l'infinitif, au gérondif et à l'impératif : *Tiene que **prepararse**. Estamos **preparándonos**. **Prepárate**.*
Il faut que tu te prépares. Nous sommes en train de nous préparer. Prépare-toi.
L'enclise des pronoms est facultative à l'infinitif et au gérondif s'ils sont précédés d'un verbe auxiliaire ou semi-auxiliaire. Dans ces cas-là, on place le pronom complément devant.
Ex. : ***Se** tiene que **preparar**. **Nos** estamos **preparando**.*

SAVOIR-FAIRE

● Construire un verbe « affectif »

Pour construire un verbe « affectif », il faut chercher le sujet (en français, celui-ci est souvent le complément).

Ne pas oublier que le verbe est toujours conjugué à la 3e personne (du singulier ou du pluriel). Le pronom complément peut être repris ou précisé par un complément, toujours introduit par a. Avoir présent à l'esprit l'équivalence « aimer-plaire » :

Ex. : *A Pedro le gustan los videojuegos.*   Pierre aime les jeux vidéo (Les jeux vidéo plaisent à Pierre).

(A vosotros) os gusta el deporte.   Vous aimez le sport (Le sport vous plaît).

FAIRE

1 Construisez des phrases à partir des éléments suivants en utilisant les tournures affectives.

a. (Ayer) yo / ocurrirse / leer estos tebeos.
b. Nosotros / chiflar / la música moderna.
c. Tú / olvidarse / el móvil.
d. Tus padres / gustar / ir a España.
e. Vosotros / interesar / los cómics.
f. Felipe / costar / hacer la redacción.

2 Répondez en réutilisant le verbe de la question. (Attention aux pronoms compléments !)

a. ¿Te duelen los pies?
– Sí, ...
b. ¿Qué se te figuraba?
– (algo mejor).....
c. ¿Les apetecen a ustedes unos churros?
– No, ...
d. ¿Os extraña que no hayan llegado?
– Sí, ...
e. ¿Les costaría tanto a tus padres prepararlo?
– No, ...
f. ¿Se os acordaron las direcciones web?
– Sí, ...

3 Construisez convenablement le verbe entre parenthèses et conjuguez au bon temps.

a. Seguimos yendo a clases porque (interesar) los estudios.
b. (extrañar) que no sepas cómo funciona.
c. Cuando trabajaba mucho en el ordenador, (doler) los ojos.

d. Ustedes pueden probarlo, pero temo que no (gustar).
e. No podéis entrar si (olvidarse) los billetes.
f. Felipe conoce a todos los héroes de historietas porque (chiflar) los tebeos.

4 Remplacez le COI et le COD par des pronoms compléments.

a. La profesora explica las lecciones a los alumnos.
b. Doy un libro a mi amigo.
c. Descargas música para tu hermano.
d. Les compramos un DVD a los niños.
e. Ustedes hacen la compra para la abuelita.

5 Transformez suivant le modèle.

No te preparo el trabajo.
→ *No quiero preparártelo.*
a. No le cantas la canción.
b. No me prestan sus libros.
c. No les regalamos la flor.
d. No os dan su contraseña.
e. No nos decís la verdad.
f. No me pongo las botas

6 Répondez aux questions en faisant une double enclise.

a. ¿Me quieres leer este libro?
b. ¿Te pueden facilitar la entrada?
c. ¿Os están mostrando las fotos?
d. ¿Les estáis escribiendo un mail?
e. ¿No nos debéis dar los folletos?
f. ¿Te puedo hacer este trabajo?

4

Comentar un texto

una línea : une ligne
un párrafo : un paragraphe
un capítulo : un chapitre
titularse : s'intituler
el narrador : le narrateur
el protagonista : le
personnage principal
el poeta : le poète
un verso : un vers
una estrofa : une strophe
un libro de poesías :
un recueil de poèmes
el ritmo : le rythme
la rima : la rime
las sonoridades :
les sonorités

⬤ A propósito de la literatura española

● Le **roman picaresque** est une invention de la littérature espagnole au xvıᵉ siècle. C'est le récit des aventures d'un héros sympathique et rusé, le *picaro*. Les œuvres qui représentent ce genre littéraire sont d'abord le roman *Lazarillo de Tormes* (dont l'auteur est anonyme), puis viennent celles de Mateo **Alemán**, Miguel de **Cervantès**, **Quevedo**, Alain René **Lesage** (auteur français).

● Le « Siècle d'or » (xvıᵉ-xvııᵉ) est celui de la *comedia*, avec les auteurs **Lope de Vega**, **Tirso de Molina**, **Calderón de la Barca**…

● Le xxᵉ siècle est marqué par la génération de 1898, notamment avec **Azorín** et Ramón del **Valle-Inclán**, puis par celle de la dictature (1927), avec Federico **Garcia Lorca**, Pedro **Salinas**… En littérature, le réalisme domine avec des courants tels que le *tremendismo* (Carmen **Laforet**), le *neorealismo* (Camilo José **Cela**) et le *realismo testimonial* (Juan **Goytisolo**). Par la suite, Manuel Vázquez **Montalbán** et Eduardo **Mendoza** seront les pionniers de la *nueva narrativa*.

⬤ A propósito de la literatura hispanoamericana

● La littérature hispano-américaine nous entraîne dans un monde vaste et souvent étrange où le temps et l'espace acquièrent d'autres dimensions.

Dans *El mundo es ancho y ajeno*, publié en 1941, le péruvien Ciro **Alegría** raconte les tribulations d'une communauté d'indiens aux prises avec un grand propriétaire terrien. Ce roman est l'une des œuvres maîtresses de l'**indigénisme**, courant littéraire dénonçant les conditions de vie des Indiens de l'Amérique hispanique. Les écrivains hispano-américains appartiennent à des nations différentes qui ont en commun une même langue et une partie de leur histoire.

● Vous découvrirez donc, en lisant leurs œuvres, des univers différents et souvent très inattendus. Chili : Pablo **Neruda** et Gabriela **Mistral** ; Cuba : Alejo **Carpentier** ; Colombie : Gabriel **García Márquez** ; Uruguay : Mario **Benedetti** ; Argentine : Jorge Luis **Borges** ; Mexique : Carlos **Fuentes** et Octavio **Paz** ; Pérou : Mario **Vargas Llosa**.

⬤ Lire un texte

● Le « paratexte » fournit souvent de nombreux renseignements pour la présentation du texte : notes, « chapô », titre, indications sur l'auteur, sur l'époque…

● À la lecture du texte, il faut s'appuyer sur les mots connus, les mots transparents, les structures familières. La ponctuation, les articulations, les répétitions aident à se repérer.

● Il est préférable d'essayer de comprendre le sens général d'une phrase au lieu de buter sur un mot dont on ne comprend pas le sens : tous les mots ne sont pas des « mots clés », indispensables à la compréhension d'une phrase ou d'un paragraphe.

⬤ Présenter le texte

Tipo de texto, autor, nacionalidad del autor, fecha de la obra (date de l'œuvre), *tema del texto (muy breve resumen).*

Reportez-vous à la méthode détaillée du chapitre 1, p. 270.

● **Analyser et commenter**

- Situer la scène : *¿Quién(es)? ¿Dónde? ¿Cuándo? ¿Qué?*
- Dégager l'intérêt du texte : *buscar el mensaje detrás de la anécdota.*
- Donnez la progression des idées, cela vous permettra une explication ordonnée.
- Pour aller plus loin, se poser d'autres questions : *¿Por qué? ¿Cómo?*
- Repérer les procédés utilisés pour convaincre ou émouvoir : *repetición, metáfora, exageración…*

● **Conclure**

Se demander si l'on est d'accord avec l'auteur et pourquoi. A-t-on été ému ou convaincu ? Ne pas oublier de justifier son opinion.

FAIRE

El cautivo (Un mito argentino)

En Junín o en Tapalqué [1] refieren la historia. Un chico desapareció después de un malón [2]; se dijo que lo habían robado los Indios. Sus padres lo buscaron inútilmente; al cabo de los años, un soldado que venía de tierra adentro les habló de un Indio de ojos celestes que bien podía ser su hijo. Dieron al fin con él (la crónica ha perdido las circunstancias y no quiero inventar lo que no sé) y creyeron reconocerlo. El hombre, trabajado por el desierto y la vida bárbara, ya no sabía oír las palabras de la lengua natal, pero se dejó conducir, indiferente y dócil, hasta la casa. Ahí se detuvo, tal vez porque los otros se detuvieron. Miró la puerta, como sin entenderla. De pronto bajó la cabeza, gritó, atravesó corriendo el zaguán y los dos largos patios y se metió en la cocina. Sin vacilar, hundió el brazo en la ennegrecida campana [3] y sacó el cuchillito de mango de asta que había escondido allí cuando chico. Los ojos le brillaron de alegría y los padres lloraron porque habían encontrado al hijo. Acaso a este recuerdo siguieron otros, pero el Indio no podía vivir entre paredes y un día fue a buscar su desierto. Yo querría saber qué sintió en aquel instante de vértigo en que el pasado y el presente se confundieron; yo querría saber si el hijo perdido renació y murió en aquel éxtasis o si alcanzó a reconocer, siquiera como una criatura o un perro, los padres y la casa.

Jorge Luis BORGES, *El Hacedor*,
© Emecé Editores, 1960.

1. Ciudades de la provincia de Buenos Aires. 2. Táctica militar de los Indios mapuches para obtener ganado, provisione... raptando eventualmente a hombres y mujeres jóvenes en las luchas fronterizas hasta fines del siglo XIX. 3. Chimenea.

Lisez le texte et répondez aux questions.

1 El relato.

Las historias y relatos de cautivos (y sobretodo cautivas) son numerosos en Argentina. Las circunstancias podrían ser éstas u otras un poco diferentes.

a. ¿Cómo presenta su relato el narrador?
Busca en el texto el vocabulario y las formas gramaticales que indican la duda y la posibilidad.
b. ¿Cómo podemos interpretarlas?
c. ¿En qué se diferencian las frases: "De pronto …… chico." del resto del relato? ¿A qué corresponden?
d. "no quiero inventar lo que no sé / Yo querría saber…":
¿Qué es lo que le interesa al narrador?
¿Qué mundos se oponen en el texto?
e. ¿Cómo los caracteriza el autor? Explica:" Miró la puerta <u>como sin entenderla</u>".

2 El protagonista.

a. ¿Cómo va nombrando el narrador al protagonista?
b. ¿A qué corresponden estos diferentes nombres?
c. ¿Cómo sabemos que transcurrió mucho tiempo entre el rapto y la vuelta al pueblo?
d. ¿Qué quiere decirnos cuando habla de "indio de ojos celestes"?

3 Este texto plantea el problema de la identidad.

a. Según la anécdota, ¿qué domina en definitivo: el origen o la educación? ¿Cómo nos lo deja a entender el autor?
b. "Ya no sabía oír las palabras de la lengua natal": ¿Es la lengua un elemento importante de la identidad?

4 Teniendo en cuenta la historia de Argentina se puede también plantear el problema de la identidad nacional.

Espagnol

5

Comentar un cuadro

VOCABULARIO

el pintor : le peintre
un lienzo : une toile
un mural : une peinture murale
*una pintura abstracta, figura-
tiva* : une peinture abstraite,
figurative
un retrato : un portrait
un bodegón : une nature morte
un paisaje : un paysage
una escena histórica : une scène
historique
los colores vivos, apagados : les
couleurs vives, ternes
los matices : les nuances
*primer, segundo, tercer plano/
término* : premier, deuxième,
troisième plan
las líneas : les lignes
los contrastes : les contrastes
la luz : la lumière

● A próposito de la pintura española

Vous devez connaître les grands noms de la peinture espagnole.
● **El Greco** (1541-1614) vécut à Tolède sous Philippe II. Sa peinture, surtout religieuse, peut être considérée comme austère.
● **Velázquez** (1599-1660) naquit à Séville et devint le peintre de la cour de Philippe IV. Il possède une grande maîtrise de la couleur, de la lumière et de l'organisation de l'espace. **Zurbarán** (1598-1664) et **Murillo** (1618-1682) appartiennent aussi au « Siècle d'or » espagnol.
● **Goya** (1746-1828) vit l'invasion des troupes de Napoléon. Son œuvre est remarquable dans tous les genres et dans toutes les techniques qu'il pratique : cartons de tapisseries, portraits, scènes historiques, eaux-fortes…
● **Picasso** (1881-1973), **Miró** (1893-1983) et **Dalí** (1904-1989) comptent parmi les figures les plus marquantes du XXᵉ siècle.
● Au Mexique, **Diego Rivera** raconte l'histoire de son pays dans ses célèbres peintures murales.

● Qu'est-ce qu'un tableau ?

Un tableau est une composition voulue par l'artiste qui choisit tous les éléments et les agence comme il veut (sujet, lignes, couleurs…). À travers son œuvre, le peintre offre une vision destinée à faire naître chez le spectateur une impression, une émotion, une réflexion... Pour ce faire, il utilise divers moyens, qu'il faut repérer pour réaliser le commentaire du tableau : la composition, les lignes qui guident le spectateur dans l'œuvre, les couleurs, les volumes, la lumière, la matière...

SAVOIR-FAIRE

● Présenter l'œuvre

Il s'agit de s'aider des informations qui sont généralement données.
Donner le titre de l'œuvre, le nom de l'artiste, la date, le genre : *título, autor, fecha, genero.*
Imaginer que l'on veuille rapidement dire de quoi il s'agit à quelqu'un qui n'a pas l'œuvre sous les yeux.
Es un cuadro de … (pintor y nacionalidad), del siglo... Se trata de un retrato... (un portrait…). *Representa...*

● Décrire l'œuvre

Comment l'œuvre est-elle composée (répartition des masses sur la surface) ?
Quels en sont les différents éléments ?
Avec quelles lignes directrices (symétrie, mouvement, directions) le peintre conduit-il notre regard à travers son tableau ?
Quelles sont les couleurs, comment est la lumière ? Quels effets produisent-elles ?

● Analyser et commenter

● Il s'agit d'expliquer ce que l'on comprend. Qu'a voulu montrer le peintre ? Quelle peut être son intention ? Que veut-il faire passer ? Comment fait-il ressortir tel ou tel détail ? Pourquoi ?

● Donner son sentiment personnel sans oublier de le justifier : quelle émotion le tableau suscite-t-il ? Que suggère-t-il ? Qu'évoque-t-il ?
La escena es divertida o impresionante por... el retrato es emocionante pues... me hace pensar en…

● Faire appel à ses connaissances dans d'autres domaines comme la musique, la littérature, la sociologie, la géographie, l'histoire…

Remarque : si vous avez à commenter un tableau contemporain, vous aurez aussi à vous intéresser aux effets de matière – très importants chez Tàpies, par exemple – et insisterez sur l'émotion esthétique.

Francisco de Goya, *El 3 de mayo*, 1814.

No se sabe con certeza si Goya presenció la escena que tuvo lugar el 3 de mayo de 1808 cuando Murat mandó fusilar a los españoles que se habían rebelado el 2 de mayo en Madrid contra las tropas de Napoleón.

1 Présentez le tableau.
Complétez la phrase suivante :
Este documento es un cuadro de ....,
pintor español del siglo......................... .
Se trata de.............................. .

2 Analysez le tableau.
Décrivez le tableau en suivant les indications ci-dessous. Tracez préalablement les grands axes selon lesquels le tableau est composé.
a. La composición: utilizando las líneas trazadas tratar de caracterizar cada uno de los dos grupos que componen el cuadro.
b. La luz: ¿de dónde viene? ¿Qué alumbra? ¿Qué deja en la sombra? ¿Qué delimita?
c. Los colores: ¿qué colores utiliza el pintor? Cómo los utiliza? ¿Qué pueden simbolizar?
d. Líneas principales: fijarse en la oposición entre las líneas rectas y simétricas de la parte derecha y el desorden de la parte izquierda.
e. Gracias a todos estos elementos ¿qué impresión se desprende de la escena?

3 **a.** Que comprenez-vous ?
La escena acaece durante la madrugada del 3 de mayo, en el monte del Príncipe Pío en Madrid. ¿Cómo evoca el pintor el momento y el sitio? ¿Qué puede simbolizar esta noche?
　1. Frente a nosotros, los fusilados:
　– notar las diferentes actitudes de los que van a ser fusilados (entre los cuales, un clérigo);
　– el personaje central, con la camisa blanca, los brazos abiertos, y un estigma (stigmate) en la mano derecha: ¿qué evoca?;
　– los muertos bañados en su sangre: ¿qué sentimientos inspiran?
　2. De espaldas, los soldados de Napoleón: grupo compacto e indiferenciado. ¿Qué impresión producen?

b. Quelles sont les intentions de l'auteur ?
A partir de la impresión general, ¿te parece que el autor quiso mostrar, denunciar…?
¿Cuáles te parecen ser sus sentimientos frente a este fusilamiento?

4 Donnez votre avis.
Con este cuadro el pintor inaugura un nuevo modelo de pinturas históricas haciendo del pueblo madrileño anónimo el héroe de la escena.¿Qué piensas del cuadro? (justifica)

Espagnol

6

La concordance des temps
Le style direct, le style indirect

SAVOIR

● Concordance des temps

La concordance des temps consiste à maintenir une unité de temps entre la principale et la subordonnée.

Ex. :   présent : *No me dice adónde va.* → passé : *No me dijo adónde iba.*
         Présent : *Creo que le gustará.* → passé : *Creí que le gustaría.*

Lorsque la subordonnée est au subjonctif, on respecte scrupuleusement la concordance des temps.

Principale	Subordonnée au subjonctif	Exemples

Indicatif présent
           passé composé
           futur
Impératif
	Présent ou passé composé	*No pienso que lo haya visto.*
		Me ha dicho que lo coja.
		Se lo daré para que lo lea.
		Dile que pase.

Indicatif imparfait
           passé simple
           plus-que-parfait
Conditionnel
	Imparfait ou plus-que-parfait	*Pensaba que se lo hubieran dicho.*
		Lo guisé para que lo probaras.
		Le había aconsejado que se fuera.
		Me gustaría que vinieras.

● Style direct, style indirect

On peut rapporter les propos ou la pensée de quelqu'un de différentes façons.

• **Au style direct** : on rapporte les paroles telles qu'elles ont été prononcées.

Ex. :   *"No me gustan las películas de horror" dijo.*

• **Au style indirect** : on les insère dans un autre discours sous la forme d'une proposition subordonnée.

Ex. :   *Dijo que no le gustaban las películas de horror.*

SAVOIR-FAIRE

● Savoir passer du style direct au style indirect

Le passage du style direct au style indirect entraîne des modifications de ponctuation, de temps, de mode, de personne, d'adverbe, de démonstratif…

• **Changement de mode et de temps**

Le style indirect utilise un verbe introducteur, qui peut être :

– Un verbe déclaratif : *decir, declarar, afirmar, contestar, pretender, confesar…*

a. Si le verbe déclaratif est au présent, au passé composé ou au futur → pas de changement de temps au style indirect.

Ex. :   *Le confirma: "Vivo en Madrid". → Le confirma que vive en Madrid.*
         Le preguntaré: "¿Quieres venir a mi casa?" → Le preguntaré si quiere venir a mi casa.

b. Si le verbe déclaratif est à un temps du passé → respecter la concordance des temps.

Style direct		Style indirect	
Présent :	*"Salgo a las ocho."* →	Imparfait :	*Dijo que salía a las ocho.*
Passé simple :	*"No lo hice adrede."* →	Passé simple :	*Dijo que no lo hizo adrede.*
Passé composé :	*"No lo he hecho adrede."* →	Plus que parfait :	*Dijo que no lo había hecho adrede.*
Futur :	*"Se lo diré."* →	Conditionnel :	*Dijo que se lo diría.*

– Un verbe exprimant un ordre, une prière : *pedir, decir, rogar, ordenar…*

Le verbe de la subordonnée au subjonctif respectera la concordance des temps (*voir* tableau en haut de page).

FAIRE

1 Mettez les phrases suivantes au passé.

a. Mis padres no quieren que salga.

b. No me gusta lo que estás haciendo.

c. Te lo dejamos para que lo leas.

d. Os pedimos que digáis la verdad.

e. ¿Crees que lo lograrán?

f. La profesora exige que sepamos la lección.

g. No recuerdo lo que me dijiste.

h. Prefiero que sigas poniendo tu blog al día.

2 Mettez chaque phrase au présent.

a. No le dijimos lo que había pasado.

b. ¿Querías que fuéramos a España?

c. Me rogó que le acompañara.

d. No me hizo gracia lo que me contó.

e. Le aseguré que lo haría.

f. No pude decirle lo que sentía.

3 Passez le dialogue suivant au style indirect.

> – ¿Tú conoces alguna buena discoteca?
> El camarero pareció desorientado [...].
> – No sé, señor, depende.
> – Tiene que haber muchas – insistió el Lagarto.
> – En realidad, yo voy a una que está cerca de la Plaza Real, pero no sé si a usted...
>
> RAÚL NÚÑEZ, *Sinatra*, 1984.

4 Écrivez les phrases suivantes au style indirect.

a. "intentaré explicártelo" dijo.

b. El señor Torres lamentó: "Lástima que no podamos salir hoy hasta el salar".

c. – "Haz lo que te hé dicho" ordenó el padre.

d. – "No creo que sea posible encontrarlo en la Web" dije.

e. – "Dejen el equipaje dónde puedan y vengan corriendo" les gritó.

f. – "¿Cómo queréis que se enteren si nadie les dice nada?" preguntaron los dos.

5 Écrivez les phrases suivantes au style direct.

a. Me confiaron que sus padres habían quedado en Cuba.

b. Dijo que no sabía cuál era el suyo.

c. Nos preguntaron si era posible que les ayudáramos.

d. Le dije que se preparara rápidamente y que se fuera para la escuela.

e. Nos explicó que habían venido el día anterior y que no había nadie.

f. Prometí que volvería el día siguiente con mi hermano si aceptaban que se lo presentara.

6 Passez le dialogue suivant au style indirect.

> – ¿Me dirás de una vez la verdad?
> – La verdad no la sé. No me quedan verdades. Te puedo decir la mía. Te conté lo que pasó la noche del allanamiento. No. No fue como te lo conté.
>
> Manuel VÁZQUEZ MONTALBÁN, *Quinteto de Buenos Aires*, 1997.

7 Imaginez le dialogue et rédigez-le.

> El director le dijo que no se hiciera ilusiones de que iba a firmar artículos ni a viajar por cuenta de su periódico, que le contrataba únicamente para que editara trabajos firmados por sus mejores firmas y para que redactara los pies de las fotografías. Le preguntó si había entendido cuál iba a ser la naturaleza de su trabajo.
> Juan asintió. Lo había entendido. Aquél era su primer trabajo. Estaba de acuerdo.
>
> D'après IGNACIO CARRIÓN, *Cruzando el Danubio*, © Destino, 1995.

Espagnol

7

Comentar una publicidad

SAVOIR

● A propósito de la publicidad

● On peut distinguer deux types de campagnes publicitaires : celles dont l'objectif est de vendre un produit ou un service et celles qui visent à défendre l'intérêt général ou de grandes causes (anti-tabac, femmes battues…).

● Souvenez-vous qu'une campagne publicitaire donne lieu à de nombreuses enquêtes préliminaires, coûte très cher et doit rapporter. Par conséquent, rien n'est laissé au hasard. Une publicité doit attirer l'attention *(llamar la atención)* et si possible la retenir. L'utilisation d'images chocs, de jeux sur les mots et les structures, de répétitions ou de glissements de sens est donc fréquente et doit être rigoureusement analysée quand vous commentez ce type de document.

SAVOIR-FAIRE

VOCABULARIO

el soporte : le support
la empresa : l'entreprise
la prensa : la presse
un cartel : une affiche
un anuncio : une publicité
el lema, el eslogán : le slogan
el logo(tipo) : le logo
el anunciante : l'annonceur
un juego de palabras : un jeu de mots
el mensaje : le message
la sigla : le sigle
el consumidor : le consommateur
pregonar, alabar, promover : promouvoir un produit

● Présenter la publicité

Il s'agit de relever les différents éléments qui permettent de situer la publicité : *¿Cúal es la empresa anunciadora? ¿Cuál es su propósito? ¿Qué vende? ¿Cuál es el soporte? ¿A quién se dirige esta publicidad?*

● Décrire les différents éléments

Décrire précisément la forme du texte : *la imagen* (l'image), *el eslogan* (le slogan), *el logo* (le logo)…

Penser à la valeur des couleurs ; on dit habituellement que : *el roio excita* (le rouge excite), *el azul tranquiliza* (le bleu apaise), *el verde evoca la naturaleza* (le vert évoque la nature)…

● Analyser

● **Quels sont les moyens utilisés pour convaincre ?**
– Le matraquage *(el machacar)*.
– Le ton : *el humorismo, el misterio, la sorpresa* (la surprise), *el miedo* (la peur), *suscitar un deseo* (susciter un désir)…
– Les arguments ou la promesse : *el bienestar* (le bien-être), *el éxito* (le succès), *la libertad, la tranquilidad, el amor, la aventura*…
– L'utilisation d'éléments qui en rappellent d'autres, bien connus : *refranes* (proverbes), *personajes célebres* (personnages célèbres), *lugares famosos* (lieux fameux)…
– La composition : *¿Qué importancia se da a los diferentes elementos?* (Quelle importance donne-t-on aux différents éléments ?)
– Les sentiments ou les envies suscités : *sensibilidad, razón* (raison), *agresividad, sueño* (rêve), *sexo* (sexe)…

● **Quelle image de notre société la publicité nous renvoie-t-elle ?**
Remarque : si l'on travaille sur un message radio ou TV, il faut analyser le son et les techniques cinématographiques.

● Conclure

Donner et justifier son opinion : la publicité semble-t-elle réussie *(acertada)* ? Est-elle plaisante à regarder ? Pourquoi ? Est-elle drôle *(divertida)*, émouvante *(emocionante)*, choquante *(chocante)*… ? Est-elle efficace ? (Essayez de vous mettre à la place du public ciblé.) Serait-on enclin à obéir à la consigne donnée ?

SERVICIOS A DISTANCIA DE UNICAJA

Andalucía siempre ha sido tierra de navegantes universales.

Nos gusta seguir la tradición.

1 Présentez la publicité.

Soporte: ....

Empresa anunciadora: .....

Propósito: ....

2 Décrivez la publicité.

Texto: ....

Eslogan: ....

Logo: ....

Imagen: ....

Color dominante: ....

3 Relevez les répétitions sur une feuille de papier.

a. ¿Cuántas veces se repite el nombre de la empresa anunciadora (Unicaja)?

b. ¿Qué otras palabras aparecen varias veces?

c. Apuntar las palabras que pertenecen al vocabulario marítimo.

4 Trouvez les associations suggérées par cette publicité et les références culturelles utilisées.

a. Los servicios a distancia de Unicaja se asocian con:
1. El amor.
2. El bienestar.
3. La aventura.
4. El éxito.
5. La libertad.

b. Andalucía es asociada con:
1. El sol.
2. Las vacaciones.
3. Los descubridores.

c. ¿A qué acontecimiento famoso alude la publicidad?
1. El descubrimiento de América.
2. La toma de Granada.
3. La exposición universal de Sevilla.

d. ¿Con qué personaje famoso puede identificarse el lector?
1. Carlos Quinto.
2. Cristobal Colón.
3. El Cid.
4. Los Reyes Católicos.

5 Commentez la publicité en vous aidant des questions suivantes.

a. Fíjate en la utilización del vocabulario, en la oposición entre lo tradicional y lo moderno.
1. ¿Qué te parece la frase: ¡Atrévase (*osez*) a navegar en Internet con Unicaja! ¿Será peligrosa la navegación en la Web? ¿Qué otro camino propone la publicidad para beneficiarse de las ventajas que ofrece Unicaja?
2. ¿A quién se dirige este anuncio? Si formaras parte de este grupo, ¿qué harías?

b. Concluye diciendo si esta publicidad te parece acertada y si te gusta, y por qué.

Espagnol

Comentar un artículo de prensa

VOCABULARIO

la prensa : la presse
el periodista : le journaliste
una investigación : une enquête
un suceso, un acontecimiento : un événement
una revista : une revue
un diario : un quotidien
un semanario : un hebdomadaire
un mensual : le mensuel

● La prensa en España

En Espagne paraissent chaque jour près de 150 quotidiens, dont une grande partie a une diffusion exclusivement régionale. Les plus connus des journaux nationaux sont : *El País*, *El Mundo*, *ABC*, *La Vanguardia*. Plus de 300 revues sont également publiées chaque année. Les revues généralistes les plus lues sont : *Interviú*, *Cambio 16*, *Época*. Parmi les principaux journaux hispano-américains, on peut citer *La Nación* (Buenos Aires), *El Excelsior* (México), *La Jornada* (México), *El Comercio* (Lima).

● Un artículo de prensa

Un article de presse est en relation avec l'actualité. Il permet de réfléchir notamment à des problèmes sociaux ou économiques.
Si l'on ne peut consacrer plusieurs heures à la lecture des journaux, on commence d'abord, en général, par parcourir **les titres** et éventuellement les « chapôs ».
C'est pourquoi le titre doit à la fois présenter le thème et retenir l'attention du lecteur. Lorsqu'on commente et analyse un article de presse, il faut être conscient que les jeux de mots et les glissements de sens sont souvent utilisés.

● Présenter l'article

• Donner le nom du journal, sa nationalité et sa date de publication.
Ex. :   *Este artículo es sacado de* (tiré de…), *periódico* (*español*…). *Se publicó…* (Il a été publié…).
• Dans quelle rubrique l'article est-il publié ? *Deporte* (sport), *educación, política, sociedad, cultura, economía, internacional, nacional, opinión, anuncios clasificados* (petites annonces)…
• De quel type de texte s'agit-il ? ***Investigación, análisis, humor, relato*** (récit)…
• De quel sujet l'article traite-t-il ?
Ex. :   *El periodista cuenta…* (raconte), *analiza…, critica…, presenta… El tema del artículo es…*

● Analyser, commenter

• Lire l'article en se posant les questions habituelles : Qui ? Où ? Quand ? Quoi ?
Comment le sujet est-il traité ? Quelle(s) question(s) plus générale(s) soulève-t-il ? Quelle(s) question(s) laisse-t-il en suspens ?
Quels moyens utilise le journaliste pour nous faire réagir ? *Sorpresa, indignación, toma de conciencia* (prise de conscience), *crítica, denuncia. Es un texto divertido.* (C'est un texte amusant.)
Remarque : un même fait peut être présenté de façons très différentes selon la tendance politique du journal, son pays ou sa région d'origine.

• Donner son opinion sur les faits exposés, sur le parti pris du journaliste. On peut partager *(compartir)* ou non la conviction de l'auteur. Dans les deux cas, il ne faut pas oublier d'argumenter, voire de présenter des contre-exemples.

● Conclure

Essayer de dégager ce qui fait la force du texte : *el impacto del texto reside en…*
Expliquer le titre s'il comporte un jeu de mots ou un glissement de sens.

Pueblos indígenas en peligro. Progreso que mata

Miles de indígenas salieron a la calle la pasada semana en Colombia en una marcha pacífica por la reivindicación de sus tierras. Tierras que, en este caso concreto, les son arrebatadas[1] en aras[2] de un "progreso" que responde al nombre de una alta rentabilidad para el país de los cultivos de palma. Cultivos de palma en este caso que pueden ser sustituidos en otros tantos por intereses madereros, arroceros, ganaderos, petroleros o incluso la construcción de carreteras en estos terrenos sin que la ecuación varíe ni un ápice[3]. En Colombia en concreto han muerto más de 1.253 nativos, al tiempo que otros 54.000 han sido expulsados de sus tierras ancestrales desde que el presidente Álvaro Uribe[4] subiera al poder. Varios de los cerca del centenar de pueblos indígenas que existen en este país están a punto de desaparecer. Sin embargo, desgraciadamente, no se trata éste de un caso aislado sino, más bien, de un paradigma[5] representativo de la situación de extremo peligro a la que se están viendo abocados multitud de pueblos indígenas en todo el mundo.

Por Lorena Bajatierra, *http://Cambio 16.info*, 27 de octubre – 02 de noviembre 2008.

1. arrebatar: quitar con violencia. 2. aras: altar en que se ofrecen sacrificios. 3. un ápice: parte pequeñísima. 4. presidente de Colombia de 2002 a 2010. 5. paradigma: ejemplo.

Para completar...

Los proyectos que desalojan a los indígenas de sus tierras e imponen el "progreso" causan una miseria incalculable. Eso no es sorprendente: el "progreso" – la convicción de que "nosotros" sabemos más – comparte con el colonialismo el efecto de apropiación de tierras y recursos nativos. Los pueblos indígenas no sobreviven a esta situación. Por el contrario, cuando están en sus propias tierras y eligen su propio desarrollo, simplemente prosperan.

Informe de Survival International, *El progreso puede matar*, 2010.

1 Présentez les textes.
¿En qué rúbrica se publicó el primer texto?
¿Qué denuncian los autores en los dos textos?

2 Commentez les textes.
a. ¿Cierto o falso?

	C	F
1. Los indios cultivan la palma.	❑	❑
2. Con la palma se hace aceite.	❑	❑
3. La palma tiene un rendimiento excepcional.	❑	❑
4. El cultivo de la palma es bueno para el medio ambiente.	❑	❑
5. Con la palma los impresores ganan mucho dinero.	❑	❑

b. En vous reportant au premier texte, répondez aux questions suivantes.
1. ¿Qué reivindican los indios? ¿Cómo?
2. ¿Qué representan para ellos estas tierras ancestrales?
Busca en el texto palabras que evocan la violencia.
3. ¿Quién ejerce esta violencia? ¿Contra quién? ¿Por qué?
4. ¿Qué otros "intereses" amenazan las tierras de los indígenas según la periodista? ¿Puedes dar otros ejemplos de peligros que amenazan a esta población?
5. ¿Es un problema propio de Colombia?

3 Para concluir.
a. ¿Qué es el progreso?
¿Es sólo tecnología, abundancia de bienes y servicios?
b. Entre las palabras siguientes: "peligro", "alta rentabilidad", "pacífica", "mata" ¿cuál te parece más próxima a la idea de progreso?
c. ¿Puede ser la eliminación de pueblos indígenas compatible con el progreso?
d. ¿Bajo qué condiciones podría ser la "alta rentabilidad" sinónimo de progreso?
e. ¿Tienen la libertad y la justicia reivindicadas por los indígenas algo que ver con el progreso?

Espagnol

L'expression des modalités de l'action

⬤ Durée, continuité, progression

- *Estar* + gérondif : être en train de...
Ex. : *Están chateando.* → Ils sont en train de tchatter.

- *Quedarse* + gérondif : rester à...
Ex. : *Me quedé durmiendo.* → Je restai à dormir.

- *Andar, ir, venir* + gérondif : faire... peu à peu.
Ex. : *Fuile queriendo bien.* → Petit à petit, je me mis à l'aimer.

- *Seguir* + gérondif : continuer à + infinitif.
Ex. : *Sigue leyendo.* → Il continue à lire.

- *Llevar* + gérondif + complément de temps : temps écoulé depuis le début d'une action.
Ex. : *Llevaba media hora hablando.* → Cela faisait une demi-heure qu'il parlait.

- *A medida que, conforme, según* + verbe à l'indicatif ou au subjonctif : au fur et à mesure que...
Ex. : *Lo leeré conforme lo vayan publicando.* → Je le lirai au fur et à mesure qu'il sera publié.

- *Cada vez más* : de plus en plus. *Cada vez menos* : de moins en moins.
Ex. : *Me gusta cada vez más esta película.* → Ce film me plaît de plus en plus.

⬤ Début de l'action

- *Comenzar, empezar a/por...* + gérondif : commencer à/par...
Ex. : *Empezamos preguntando lo que se podía hacer.* →
Nous commençâmes par demander ce que l'on pouvait faire.

- *Echarse a, ponerse a* + infinitif : se mettre à...
Ex. : *Echó a correr.* → **Il se mit à courir.**

- *Ir a* + infinitif : aller + infinitif (futur immédiat).
Ex. : *Voy a preguntarle si le apetece.* → **Je vais lui demander s'il en a envie.**

⬤ Fin de l'action

- *Acabar, terminar* + gérondif : finir par...
Ex. : *Acabó denunciando al gato.* → Il finit par dénoncer son chat.

- *Acabar de* : venir de
Ex. : *No sé lo que pasa, acabo de llegar.* → **Je ne sais pas ce qui se passe, je viens d'arriver.**

⬤ Répétition, habitude

- *Volver a* + infinitif : refaire.
Ex. : *No está bien, vuelve a hacerlo.* → Ce n'est pas bien, refais-le (recommence).

- Verbe + *de nuevo/otra vez* : faire de nouveau, encore.
Ex. : *¡Otra vez está tirando piedras a este pobre perro!* → Il est encore en train de jeter des cailloux à ce pauvre chien !

- *Cada vez que* + indicatif : chaque fois que…
Ex. : *Cada vez que sale, se resfría.* → Chaque fois qu'il sort, il prend froid.

- *Soler* + infinitif : avoir l'habitude de.
Ex. : *Suelo levantarme a las siete.* → Je me lève à sept heures (régulièrement).

● Simultanéité

- *Al* + infinitif est équivalent à *cuando* + verbe : en/quand...
- Ex. : *Al llegar a casa, encendio el ordenador.* → En arrivant à la maison, il alluma l'ordinateur.

- *En* + gérondif : dès que...
- Ex. : *En llegando a casa, se fue a la cama.* → Dès qu'il arriva à la maison, il se mit au lit.

- *Mientras, en cuanto, tan pronto como* + indicatif ou subjonctif : pendant que, tant que, dès que.
- Ex. : *Tan pronto como llega, enciende el ordenador.* → Dès qu'il arrive, il allume l'ordinateur.
  ¿Quieres callar mientras estoy hablando? → Veux-tu te taire pendant que je parle ?
  Mientras no trabaje, no podré comprarlo. → Tant que je ne travaillerai pas, je ne pourrai pas l'acheter.

● Transformation

Selon la nature de la transformation, il y a plusieurs façons de traduire « devenir ».

- *Volverse* + adjectif ou nom : exprime un changement brusque et définitif.
- *Ponerse* + adjectif : exprime un changement brusque et passager.
- *Convertirse en* + nom : exprime un changement progressif.
- *Hacerse* + nom ou adjectif : exprime un changement progressif par la volonté du sujet.
- *Llegar a ser* + nom : exprime un changement progressif avec durée exprimée.

FAIRE

1 Transformez suivant le modèle.

Ex. : *He dormido durante dos horas.*
→ *Llevo dos horas durmiendo.*

a. Ha viajado durante tres meses.
b. Sólo han estudiado durante diez minutos.
c. Han reñido durante toda la tarde.
d. Has jugado durante demasiado tiempo.
e. Hemos buscado esta calle durante horas.

2 Réécrivez les phrases suivantes en remplaçant les mots en gras par des structures équivalentes avec *ir, soler, seguir* ou *volver*.

a. Esta mujer ha tenido un accidente muy grave pero **anda de nuevo** como antes.
b. **Siempre mira** la tele después de cenar.
c. No quiero que **salgas otra vez**.
d. **Poco a poco** las niñas **aprenden** a leer.
e. **Me molesta siempre** que no llegues a la hora.
f. Manuel **iba a menudo** al parque para ver a sus amigos.

4 Reliez les débuts de phrase à leur fin.

a. Cada vez que sonaba el teléfono…
b. Mientras tecleas en el buscador…
c. Al comprobar el aspecto de Juanito…
d. Desde que salimos de Santurce…
e. Conforme nos íbamos acercando…
f. A pesar de los años…
g. En cuanto acabe de comer…

g. El tren **está a punto de llegar.**
h. **Tocaremos** música hasta que los vecinos se impacienten.
i. Su mujer es española, y **las más veces cenan** más tarde que nosotros.
j. Siempre habían pasado las fiestas de Navidad con la abuela y lo **hicieron** hasta el último año.

3 Traduisez en français.

a. Después de 138 años, el jean sigue siendo de moda.
b. Sus padres solían mandarle turrón para Navidad.
c. Nunca se hicieron amigos.
d. Al llegar a casa de su abuela, le pedía que le contara un cuento.
e. Llevaba dos horas intentando instalar el antivirus.
f. Ya van comprendiendo cómo funciona este programa.
g. ¡No vuelvas nunca a decir esto!
h. Tan pronto como te enteres, dímelo.

1. sigue siendo muy activa.
2. aumentaba el ruido.
3. mandó avisar al médico.
4. iré a navegar por la red.
5. yo busco en el diccionario.
6. estoy conduciendo al tacto.
7. mi papá me iba a buscar para que yo atendiera.

10 Passer d'une langue à l'autre

SAVOIR

Savoir exprimer sa pensée

Pour s'exprimer et se faire comprendre, en espagnol comme dans toutes les langues, il faut savoir clairement ce que l'on veut dire. Il est donc important de préciser sa pensée avant de parler.
L'idéal est de penser directement en espagnol, mais cela reste souvent un idéal. Il est cependant possible d'acquérir un certain nombre d'automatismes.

● Certaines structures sont ainsi très utiles :
(no) me gusta (pour donner son opinion) ; *mientras que* (pour opposer deux éléments) ; *lo cómico, lo triste es que* (pour caractériser)…

● Dans le cas d'un texte à commenter, on peut réutiliser le vocabulaire et les structures de ce texte.

● Quand on n'a pas la traduction immédiate d'un mot, on peut chercher un équivalent français et trouver un mot transparent.
Ex. :   « façon » peut être synonyme de « manière » → *manera* ; « il s'en moque » peut devenir « cela lui importe peu » → *no le importa* (tournure plus proche de l'espagnol).

Comprendre un discours en espagnol

● Un mot, hors d'un contexte, peut avoir plusieurs sens.
Ex. :   *copa*. S'agit-il d'un verre (à pied), de la cime d'un arbre, d'une couleur de carte à jouer…?
Il faut donc s'efforcer de lire ou d'écouter une phrase jusqu'au bout pour en saisir le sens général : en s'appuyant sur les éléments que l'on comprend, ceux que l'on ne saisit pas peuvent devenir plus clairs.

● Dans un texte hispano-américain, le même mot peut avoir un sens différent.
Ex. :   *saco* signifie « veste » en Amérique et « sac » en Espagne.

● Il faut se méfier des faux amis ; ils existent en espagnol comme dans toutes les langues.
Ex. :   *salir* signifie « sortir ».

● L'espagnol utilise très peu les pronoms sujets, il faut donc être attentif à la terminaison des verbes : c'est elle qui indique le sujet.

● Repérer l'accent tonique est très important : *sé/se* → je sais/se (pronom réfléchi) ; *esta/ésta/está* → cette/celle-ci/il est ; *compro/compró* → j'achète/il acheta.

● Les « petits mots », les prépositions et les pronoms sont souvent ceux qui donnent le sens d'une phrase : *Vengo a Madrid/Vengo de Madrid.*

Savoir utiliser un dictionnaire bilingue

Le dictionnaire est un instrument précieux qui vous renseignera sur le sens d'un mot ou d'une expression mais ne comprendra pas pour vous. Pour toute recherche dans un dictionnaire, il faut :

● Connaître l'alphabet espagnol qui comporte vingt-huit lettres dont trois consonnes propres : **ch**, **ll**, **ñ**, placées respectivement après **c**, **l**, **n**.

● Définir ce que l'on cherche : un nom, un verbe, un pronom, un adverbe… Par exemple, « pendant » peut être préposition, adjectif, nom, partie de locution conjonctive ou verbe au participe présent.

● Vérifier l'orthographe : amende/amande (seule la seconde est comestible !).

● Vérifier dans l'autre partie du dictionnaire (français-espagnol/espagnol-français) que le mot trouvé correspond bien à ce que l'on cherche.

● Décrypter les informations données par le dictionnaire.

• Chercher les verbes à l'infinitif : dans la phrase « il est », si vous cherchez « est », vous trouverez *este*, l'est, c'est-à-dire l'un des points cardinaux.

• Savoir que certains mots ne se traduisent pas en français (mais il ne faudra pas les oublier dans une traduction en espagnol) et inversement : *a* devant un COD ne se traduira pas.

Ex. : *Espero a mi hermano.* → **J'attends mon frère.**

transcription phonétique du mot

nom féminin

sens figuré

Plaie [plɛ] f. Herida (blessure). // Llaga, úlcera (ulcère). // Cicatriz (cicatrice). // Plaga (fléau) // FIG. Herida, llaga (morale). //
– *Quelle plaie !*, ¡qué lata¡ // FIG. *Mettre le doigt sur la plaie*, poner el dedo en la llaga. // *Ne rêver que plaies et bosses*, buscar camorra, soñar siempre con peleas. // *Retourner le couteau dans la plaie*, hurgar en la herida, renovar la herida, herir en carne viva.

différents sens du mot

le mot dans des expressions

Dictionnaire moderne Français Espagnol, © Larousse.

FAIRE

1 Classez dans l'ordre alphabétique les mots suivants

a. 1. chorizo ; 2. casa ; 3. cuchillo ; 4. coche ; 5. correo ; 6. cocina.

b. 1. llamar ; 2. lamentar ; 3. lobo ; 4. llover ; 5. llegar ; 6. luz.

c. 1. altavoz ; 2. allí ; 3. ala ; 4. alzar ; 5. allanar.

d. 1. piña ; 2. pantano ; 3. paño ; 4. pintar ; 5. piojo ; 6. pino ; 7. panorama.

2 Quel verbe espagnol utiliseriez-vous pour traduire « demander » dans les phrases suivantes ?

a. Je me demande si c'est possible.

b. Je ne demande pas mieux.

c. Cette plante demande beaucoup d'eau.

d. Ils lui demandèrent des renseignements.

e. On vous demande au téléphone.

f. Si tu veux le voir, demande une entrevue !

3 Par quel mot français pourriez-vous traduire les mots espagnols en gras ?

a. Este árbol **da** mucha fruta.

b. **Llevaba** un sombrero de paja.

c. ¿Qué tal **está** tu padre?

d. Lo que dijiste me **causó** gran perjuicio.

e. **Brindaron** por su éxito.

4 Traduisez. Attention aux faux amis !

a. Cuando tocó el timbre, salí.

b. Los niños esperaban en la parada del autobús.

c. La receta era muy larga, les costó bastante tiempo atenderme en la botica.

d. Se asomó a la ventana cuando oyó a su nieta.

e. Dejó la plancha en la mesa, el pastel en la tabla, y se marchó.

5 Traduisez les phrases suivantes. Attention au temps, au mode et à la personne !

a. Ayer **habló** el director, hoy **hablo** yo.

b. Cuando **salimos** del colegio, eran las siete.

c. Si **salimos** temprano, iremos a pasear.

d. En cuanto me **entere**, te avisaré.

e. Me **enteré** cuando me avisaron.

6 Quel est l'équivalent français de chacun des proverbes espagnols suivants ?

a. De tal palo, tal astilla.

b. Cuando el río suena, agua lleva.

c. El que no llora, no mama.

d. Quien va a Sevilla pierde su silla.

e. En boca cerrada no entran moscas.

Français

1 page 9

1 a. Le lexique religieux (« sentiment religieux », « foi », « église », « Pères », « bénirez ») est associé à un lexique appréciatif (« véritable », « très vif »), qui marque l'intensité du sentiment. Le présentatif « C'est avec », l'expression « n'en sont pas moins » et le recours au discours direct mettent en évidence l'attitude religieuse de la foule qui, paradoxalement, vient défendre la Révolution française. L'évocation du sacrifice dans le deuxième paragraphe renvoie aussi à la thématique religieuse. **b.** Michelet insiste sur le dénuement des hommes (l. 2-3), leur sincérité (l. 9-10) et la force de leur conviction (lexique du cœur) ; leur « impuissance pour exprimer ce qu'ils [sentent] » devient une qualité car elle manifeste la pureté de leur cœur. Le lexique hyperbolique (« véritablement universel, immense et sans bornes »), l'utilisation des pluriels et l'union des hommes (« tous leurs cœurs, d'un même élan ») dans le sacrifice mettent en évidence l'admiration de Michelet : le peuple est le héros de la scène. **c.** Registre épique. **2 a.** Le thème est celui du temps, représenté par l'allégorie de l'« Ennemi ». **b.** Le lyrique est visible à travers la présence du « je » représentant le poète, l'expression des sentiments (« Ô douleur ! ») et le choix du thème : évocation du temps qui passe, image des saisons. Mais le poème prend une tonalité pathétique et même tragique dans le dernier tercet : le poète est soumis à la fatalité du temps, qui conduit inexorablement à la mort ; le Temps est l'Ennemi, le monstre qui se nourrit du poète. **3** L'incipit de *Candide* utilise les éléments traditionnels du conte : formule d'ouverture (« Il y avait ») qui renvoie à un passé indéfini, lieu (un château) et figures aristocratiques (baron, gentilhomme…), présentation des personnages dans une évocation idyllique (lexique appréciatif). Cependant, Voltaire introduit différents procédés qui viennent rompre l'harmonie apparente : raisonnements faussement logiques (lien entre la puissance et le nombre de portes et de fenêtres, entre la considération et le poids), dénonciation implicite de l'apparence (« meute dans le besoin ») notamment. Le texte appartient donc au registre comique et joue sur l'ironie avec le décalage entre ce qui est dit et ce qui est sous-entendu. La dimension satirique et critique de l'œuvre est ainsi mise en place.

2 page 11

1 a. « qui semblaient des colosses » / « des nains » : comparaison et métaphore ; ces deux expressions forment une antithèse • « les faits matériels tombent, et les idées grandissent » : double antithèse, entre deux groupes nominaux et entre deux verbes • « cette grande chose, ce décret fécond » : hyperbole • « adopté… consacré… placé… au sommet de… » : gradation • anaphore de « comme » repris quatre fois • « comme une sorte de porte ouverte » : comparaison • antithèse entre « obscurs » et « lumière ». **b.** L'ensemble de ces figures met en valeur la force du progrès que constitue l'abolition de la peine de mort pour des motifs politiques : les antithèses soulignent le caractère révolutionnaire de la mesure (qui renverse totalement l'ordre du monde et des valeurs) ; les hyperboles lui confèrent éclat et grandeur ; la gradation inscrit une tonalité épique faisant de cette avancée des lois une action quasi héroïque. On comprend donc qu'ici Hugo fait l'éloge de l'abolition de la peine de mort politique, qu'il voit comme une première étape vers l'abolition totale. **2** Hyperboles : « Ô nuit désastreuse ! ô nuit effroyable », « cette étonnante nouvelle » (sens fort

de l'adjectif : qui frappe comme la foudre), « un mal si étrange », « de toutes parts ». Comparaison : « comme un coup de tonnerre ». Gradation : « Madame se meurt, Madame est morte », « Le Roi… tout… ». Anaphores : « partout… partout », « toute… tout… tout… tout… ». Bossuet souligne ici combien la nouvelle de la mort d'Henriette d'Angleterre a profondément frappé les esprits ; il donne ainsi la mesure de ce que la cour et le pays ressentent selon lui comme un désastre, mais il entend ainsi opposer ce désespoir à la parole biblique pour montrer que là où les hommes voient de l'injustice, il ne s'agit que de la réalisation de l'ordre divin du monde. Donc tout en rendant hommage à la défunte, il rappelle, comme un avertissement, aux hommes leur fragilité pour les conduire à se tourner vers Dieu. **3** Dans tout le poème : comparaison entre les fleuves et les amants ; vers 2 : métonymie du cœur qui renvoie au poète aimant ; vers 6/7 : suite d'antithèses et parallélisme de construction.

3 page 13

1 a. Ce tableau est une nature morte qui a pour titre *Vanité*. Le mot renvoie ici à la fugacité de l'existence, à la fragilité de la vie, à l'aspect illusoire des divertissements face à la réalité de la mort. Le crâne, symbole de la mort au centre du tableau, est entouré d'éléments symboliques : plaisirs de la vie et divertissements – le savoir et l'écriture (livre, lunettes, papier et encrier) ; la musique (flûte et partition) ; le jeu (les dés) ; la richesse (les pièces). Cependant, ceux-ci sont dominés par d'autres symboles montrant la fragilité de l'existence : le papillon, à la vie éphémère, auprès de fleurs qui se fanent ; le sablier, qui marque la fuite du temps, le livre (lumière), lui-même ouvert à la page « Le tombeau des plaisirs » ; et surtout, le crâne (lumière), évoquant le squelette, la décomposition du corps, le tombeau et le cimetière. **c.** Il s'agit pour le peintre, à travers ce tableau, de rappeler à l'homme sa condition mortelle et la vanité des divertissements. **2** Ce tableau ne met en scène aucun soldat ou aucun bombardier. L'accent est donc mis sur la douleur et la souffrance des personnages, dans un univers noir et blanc. L'absence de perspective classique tord les corps, disproportionnés, et amplifie la souffrance. Les personnages humains, des femmes et des enfants, sont les victimes du massacre : enfant mort dans les bras de sa mère, femme s'échappant d'une maison en flammes… Autres personnages : la statue du soldat brisée au premier plan, épée dérisoire, arme d'une autre époque ; le cheval et le taureau, que certains ont interprétés comme le symbole du fascisme (le cheval) s'emparant de l'Espagne (le taureau).

4 page 15

1 a. Le poème se construit à partir de la comparaison : les quatrains introduisent les comparants (« Comme », v. 1, « Et comme », v. 5), le premier tercet introduit le comparé (« Ainsi », v. 9). Le passage du premier au second tercet marque le passage comparé-comparant, reprenant ainsi l'image initiale. La comparaison emprunte ses images au domaine agricole (comparant) pour évoquer, à travers le déroulement des saisons, l'histoire de Rome (comparé) : naissance, croissance et mort. **b.** Le rythme plus saccadé (utilisation de termes monosyllabiques) évoque la déchéance progressive de Rome, la marche pesante du glaneur. Le terme « tombant », accentué et placé avant la césure, est particulièrement mis en évidence. **2 a.** Sonnet régulier : rimes embrassées pour les quatrains, rimes CCD-EED pour les tercets, ensemble syntaxique pour les quatrains. Après l'évocation de l'agonie, le premier tercet évoque les réactions de l'entourage (le « je » est moins présent), pitié et compassion, et les derniers mots du poète. Le dernier vers éclaire différemment le sonnet : la mort du poète préfigure la mort des autres hommes (termes à la césure), et la description de sa mort est généralisable à tous les hommes. Ainsi, Ronsard rappelle à l'homme sa condition mortelle. **b.** Le vers 1, construit en chiasme, met en évidence autour de la césure l'image du cadavre (« os » et « squelette ») ; le son [k] et les sifflantes renforcent le lien entre les termes. Le vers 2 est un tétramètre (3/3//3/3) construit à partir d'une énumération de participes adjectivés de 3 syllabes ; ces termes sont construits à l'identique : préfixe privatif « dé » (évocation de la dégradation du corps) et terminaison en « é », ce qui crée un réseau sonore. Le vers 8 a un rythme beaucoup plus ample (6//6), les sonorités à la fois assourdies et douces évoquent la mort progressive ; la rime intérieure marque le lien entre la mort et la « dislocation » du corps. **3** Les quatrains présentent chacun le même système de rimes (AAAA-BBBB), les tercets suivent le modèle dit français. Le premier quatrain évoque le cadre automnal, tandis que le deuxième s'attache davantage aux sentiments. **4** Ce sonnet énumère au vers 1 les différentes voyelles en leur associant une couleur ; la suite du poème développe les correspondances entre la lettre et la couleur sous la forme d'images. Chaque strophe s'attache à une voyelle, sauf la deuxième, qui évoque le « e » et le « i ». L'évocation se fait sous la forme d'une énumération de phrases généralement nominales. Les correspondances peuvent s'expliquer par la symbolique des couleurs, par les formes, les sons, les sensations, par le contexte ou la connotation.

5 page 17

1 Le poème est une petite ode (ou odelette) : octosyllabes, trois strophes égales. La présence du « je », l'expression des sentiments, le thème de l'amour et du temps qui passe, l'évocation de la jeune fille, la fugacité de la « rencontre » et l'idéalisation de l'inconnue sont des caractéristiques classiques du registre lyrique. **2** L'écriture poétique apparaît notamment dans la construction du poème (paragraphes de longueurs différentes, sans que les liens logiques apparaissent toujours), dans le jeu sur les oppositions et les paradoxes (1ère phrase), dans les figures stylistiques et le rythme des phrases (énumérations, anaphores, périodes oratoires [l. 4-5]), dans le rythme ternaire (l. 8-9) et les antithèses. Le « je » est l'observateur mais aussi le poète, à la fois narrateur, créateur et destinataire de sa propre création (« je me la raconte à moi-même »). Le deuxième paragraphe débute par une anecdote qui met en scène le regard (« j'aperçois »). Puis le récit de cette expérience vécue permet l'invention d'une histoire, d'une « légende », ce qui montre l'action de l'imagination (« j'ai refait »). Le personnage peut changer, la démarche reste la même. La création poétique est donc observation des autres et découverte de soi (dernier paragraphe). **3** Poème en vers libres : mètres différents, disparition des rimes, strophes irrégulières. La première strophe, la plus longue, évoque le « jardin de France », la seconde synthétise les caractéristiques. La troisième, constituée d'un vers éclaté, introduit une rupture, marquée par le « Mais » et la déstructuration du discours : au caractère paisible de la France s'oppose la musique du tam-tam, évocatrice de l'Afrique. Cette dynamique musicale est marquée par le rythme du vers et la place des mots sur la page, ainsi associés au lexique (« bondissant ») et révèle le sentiment de nostalgie du poète, évoqué dans la dernière strophe. **4 a.** Ce poème est constitué d'un seul vers. Il s'agit d'un monostiche. **b.** L'expression « unique cordeau » semble désigner métaphoriquement la forme même du poème (un vers, une ligne).

6 page 19

1 Alexandrin : 12 syllabes. Hendécasyllabe : 11. Octosyllabe :

8. Tétrasyllabe : 4. Pentasyllabe : 5. Heptasyllabe : 7. Décasyllabe : 10. Trisyllabe : 3. Ennéasyllabe : 9. Hexasyllabe : 6. **2 a.** Ce quatrain est constitué de rimes croisées et le mètre utilisé est l'alexandrin. **b.** Le premier vers est un tétramètre (4 mesures égales : 3/3//3/3), mais la coupe du second hémistiche est moins marquée (absence de virgule). On remarque ainsi les deux éléments du cadre (« soleil » et « sable » sous l'accent) dans le premier hémistiche et l'apparition du personnage dans le second, défini par deux adjectifs antithétiques. **c.** La femme aimée est endormie et le cadre harmonieux, paisible et propice à l'amour, révèle la sensualité de la scène et du personnage. Si le sommeil évoque le calme et la langueur et permet la contemplation, la femme est aussi une « lutteuse » à la « joue ennemie ». La femme aimée est donc source de bonheur, mais la relation amoureuse est aussi une lutte, un combat qui peut provoquer des « pleurs ». Les rimes croisent les thèmes antithétiques et les rimes intérieures amplifient l'effet. **3 a.** Sonnet avec un schéma rimique du type : ABBA / ABBA / CCD / EED. **b.** Rythme accentuel des quatre premiers vers identique : 3333. **c.** Le poème repose sur un jeu de paronomases (mots identiques sur un plan sonore, à un son ou une syllabe près : la mer/ l'amour/ l'amer ; la mer/ amère / la mère / l'amour, etc./ l'amour, amère), renforcé par l'allitération en [m] et les assonances en [a] et en [ou] notamment. Ce jeu sur les sonorités renforce le sentiment de la douleur amoureuse qu'exprime le texte qui sonne comme une plainte. **4 a.** Le poème est une ode (voir p. 22) composée de deux dizains d'octosyllabes. Les rimes sont embrassées, puis plates, puis de nouveau embrassées. **b.** Le poème traduit l'image d'un monde instable et inattendu par les verbes de mouvement, le lexique de la chute dans la première strophe, puis par le chaos qui renverse l'ordre du monde (avec des séries d'antithèses et de paradoxes) et sa logique naturelle. Le poète crée ainsi un monde inquiétant qui fait écho aux incertitudes baroques du temps, où tous les repères sont remis en cause. Le « je » poétique est à la fois témoin et victime de ces bouleversements. **5 a.** La première strophe met en place la scène (un homme, une ville), la deuxième met en évidence les éléments importants, la troisième annonce le discours de l'homme et la quatrième le révèle. On remarque une concentration sur l'homme dans l'univers de la ville. Les vers, d'abord longs, évoquent la marche de l'homme à travers la ville, présentée de façon négative. La diminution progressive du vers renforce l'isolement et l'errance de l'homme, la déshumanisation du lieu. Le vers 9, bref, met en évidence le cri, et la dernière strophe, la plus courte, montre à la fois la révolte et l'appel au secours. Le dernier vers, bref aussi, met en évidence l'appel sur le mode impératif. **b.** La ville est donc un lieu froid, aux rues longues et anonymes, univers déshumanisé, présenté la nuit, avec de rares lumières. L'homme tente dans cet univers, « Entre deux lampadaires », de créer un lien, une relation avec un humain, et ce cri lancé dans le vide et le silence est la revendication de son existence.

7 page 21

1 Le calligramme permet de représenter visuellement le sens du texte : la disposition des mots reproduit le contour d'un miroir et, comme lorsque l'on se regarde dans une glace, le « je », le visage, apparaît au centre : ici, le nom du poète est « enclos » par les mots. **3 a.** Le texte est réparti en différentes strophes, de longueurs inégales, mais généralement courtes. Cet éclatement permet au poète de peindre différentes scènes, en introduisant des considérations plus générales, en mettant en scène des moments différents, des personnages différents, en créant des images denses et suggestives. **b.** Les procédés de répétition (anaphores de « Visages », « les femmes et les enfants », « Hommes »…) créent l'illusion d'un discours immobile, mais les variations montrent la progression du discours : par exemple, les strophes VIII, IX et X se ressemblent, mais l'image du sang se met progressivement en place. Le dernier vers est un chant d'espoir, l'assurance de la victoire collective, marquée par le futur et l'emploi du « nous ».

8 page 23

1 a. Raisonnement par l'absurde : l'auteur entre dans la fausse logique des esclavagistes pour en révéler le caractère non fondé. **b.** Raisonnement par induction, à partir d'un exemple, le mépris de l'or, qui suffirait à traduire l'absence de raison. Le raisonnement est ici ironique. **c.** Montesquieu veut convaincre le lecteur, le scandaliser en révélant les arguments fallacieux des esclavagistes mais aussi par l'ironie (soulignée d'entrée par l'emploi de la formule hypothétique), qui repose sur des antiphrases (« On ne peut se mettre dans l'esprit que... »). **2** Force de persuasion : engagement de l'auteur (« je », « nous »), porte-parole des « anciens », marques multiples du jugement et du sentiment (« formidable », « le plus passionné », « les plus honnêtes et les plus solides », « terribles »), enthousiasme du propos (exclamations, relance du discours par « et », termes forts, accumulations par la juxtaposition des expressions et des propositions). Dimension polémique (opposition entre le monde de la justice démocratique et celui de la dictature, entre termes mélioratifs et termes péjoratifs) ; recours à des images percutantes : métaphore architecturale de la construction (« ouvrière », « assises », « vaste édifice », « bâtir ») pour désigner la marche vers le progrès. Métaphore de « la moisson » (pour désigner le combat pour la démocratie), images violentes de la dictature et de l'injustice (« botte d'un maître sur la poitrine », « sabre du dictateur », « poids faux du mauvais juge »). Volonté d'impliquer fortement le destinataire (apostrophe « jeunesse », emploi du « tu », impératifs). Enjeux : discours injonctif d'un homme mûr à la jeunesse pour la convaincre de poursuivre le combat pour une véritable démocratie, entrepris par Zola et ses compagnons lors de la défense du capitaine Dreyfus.

9 page 25

1 a. 1er paragraphe : la caricature ; refus d'écrire un traité ou un ouvrage d'histoire du genre (travail qu'il pense intéressant mais dont il ne peut faire qu'une partie) ; « quelques réflexions qui me sont venues », « me soulager », « un article de philosophie ou d'artiste », « j'ai pensé que » soulignent le caractère personnel, spontané, de la réflexion entreprise. Refus d'un examen objectif ou scientifique de la question. **b. 2e paragraphe** : Baudelaire s'oppose (dans une sorte de faux dialogue) à ceux qui représentent l'institution artistique (professeurs, académiciens), qui considèrent la caricature comme une activité de second ordre, vulgaire, qui ne peut être assimilée à un genre artistique. Dimension polémique : ironie (« jurés de sérieux », « braves gens »), vocabulaire extrêmement péjoratif (« charlatans », « cadavres pédantesques », « fantômes avares », « pareilles hérésies »). **2 a.** La peur de la mort. **b.** Absence de lien logique marqué : tout d'abord, réflexion générale sur la peur de la mort, puis analyse de la manière de dire la mort (chez les Romains, et aujourd'hui), recours à sa propre expérience. **c.** « Le remède du vulgaire, c'est de n'y pas penser », « la plupart s'en signent comme du nom du diable », « cette syllabe frappait trop durement leurs oreilles », « s'empêcher du pensement de choses si éloignées ». Montaigne dit au contraire que l'on doit penser à la mort, en parler, car on ne peut y échapper. Il considère l'attitude des hommes comme « un grossier aveuglement », comme une « folie ». Il prend donc, conformément au genre de l'essai, le contre-pied de l'opinion commune. **d.** Par les marques personnelles (présence du « je ») et les références autobiographiques,

le texte dépasse la simple réflexion théorique sur la mort. Le poète fait le bilan de sa propre existence et réfléchit au temps qui passe, à l'approche de la mort.

10 page 27

Comme l'indique son titre, le texte 1, écrit au lendemain des traumatismes de la Seconde Guerre mondiale, où la notion même d'humanité s'est trouvée anéantie, est une forme de réponse au sentiment d'absurdité qui conduit les hommes à ne plus comprendre le sens même de leur existence. La révolte, pour Camus, est la réponse à l'absurdité du monde et au désespoir des hommes ; elle restaure l'humanité car c'est par la révolte que l'homme prend conscience d'appartenir à une collectivité. La révolte unit les hommes, les arrache à leur solitude tragique. Le texte 2 explore la figure idéale de l'honnête homme du XVIIe siècle : il s'agit de définir ce que peut être l'homme en société selon un système de valeurs qui correspond aussi à l'idéal classique : simplicité, esprit de mesure, ordre et justice, clairvoyance. On peut y lire l'aspiration à une forme de vertu sociale et morale dans la conformité à ces valeurs. Le texte 3 a été rédigé en pleine révolution industrielle : il reflète les bouleversements sociaux et économiques du milieu du XIXe siècle (ascension de la bourgeoisie, développement du capital, naissance du prolétariat), où l'homme devient un produit économique, soumis aux lois de l'argent. Marx et Engels dénoncent la déchéance de l'humanité et l'exploitation de l'homme par l'homme. Enfin, le texte 4 fait de la liberté la valeur fondamentale : pour le philosophe des Lumières, être un homme, c'est d'abord être libre, acquérir une autonomie en se libérant des dogmes et du poids de la religion.

11 page 29

a. Texte 1 : tragédie classique (monologue). **Texte 2** : comédie (monologue). **Texte 3** : drame romantique (dialogue puis monologue). **b.** Solitude d'Oreste après son crime (désespoir et remords). Figaro caché attendant de surprendre Suzanne. Recherche de la solitude par Lorenzo, qui chasse Catherine et qui a besoin de faire le point. **c.** Prédominance de la 1ère personne (personnages qui se parlent à eux-mêmes, qui se posent des questions sur eux-mêmes), avec également dans le texte 2 un discours qui prend à parti directement le comte (absent). Personnages en situation d'extrême agitation, qui semblent presque au bord de la folie (texte 1) : accumulation de questions et d'exclamations ; idem textes 2 et 3 (avec aussi dans le texte 2 des points de suspension traduisant une sorte d'égarement intérieur). **d.** Pitié pour Oreste, criminel malgré lui. Dimension pathétique du monologue de Figaro, mais aussi une certaine admiration pour ce valet prêt à affronter son maître. Curiosité et malaise face à Lorenzo, personnage en quête de lui-même dont les questions conduisent aussi le spectateur à s'interroger sur la nature humaine.

12 page 31

1 a. Langage paraverbal : ton (donné par les didascalies et la ponctuation) et ses variations (désespoir initial et même panique d'Amédée, qui essaie de reprendre son sang-froid pour consoler Madeleine, puis qui retombe dans un désespoir encore plus grand) ; pleurs de Madeleine, qui sombre dans une sorte d'hébétude (répétitions et points de suspension dans sa dernière réplique) ; bruits inquiétants (danger du cadavre encombrant). Langage non verbal : présence du cadavre, gestes, posture et regards des personnages comme signes de leur désespoir et de leur impuissance (voir en particulier les deux dernières didascalies). **b.** Éléments qui renforcent le caractère absurde de leur situation (à la fois comique et tragique) : les éléments paraverbaux suggèrent l'inutilité de la parole dans cette situation (à la fin, Amédée parle « à part ») et les éléments non verbaux, l'impossibilité d'agir à laquelle ils sont réduits. Ils sont pris au piège absurde de ce cadavre encombrant, symbolisant leur propre existence.

13 page 33

1 a. Théâtre de l'absurde. **b.** Une pièce quasi vide (sauf une chaise et une table, celle de l'écrivain qu'est Amédée, avec une machine à écrire), une fissure au mur (le décor craque) ; costumes banals et contemporains (ces personnages pourraient être nous) ; cadavre sur scène posant un problème technique (tête au début, puis cou et bras. Prendre une sorte de mannequin gonflable et gigantesque pour marquer la progression du corps mort). **c.** Tragique : le ton, les pleurs, le désespoir verbal et gestuel. Comique : les suggestions d'Amédée, sa maladresse à consoler Madeleine, son égoïsme final (il pense à ses pièces). Dramatique : le bruit, le cadavre (menace). Pathétique : (gestuelle et impuissance d'Amédée, réduit à tourner en rond à la fin). Mettre en valeur par des variations subites dans le ton et les gestes (jouer successivement sur tous les registres en les accentuant fortement), position respective des personnages (distance au début, rapprochement au milieu, éloignement final, chacun réduit à la solitude de son désespoir). Intensité sonore de la voix de Madeleine qui baisse progressivement jusqu'à l'inaudible, parallèlement à des craquements de plus en plus forts. **2** La photographie permet d'analyser différents éléments scéniques : le décor semble dépouillé ; seul le mobilier, réduit au strict nécessaire, est mis en valeur : nous sommes dans un appartement et dans une scène de la vie quotidienne. L'extrême banalité du décor contraste avec l'étrangeté de l'événement : un énorme pied (celui du cadavre qui grandit) envahit la scène, pénètre dans ce lieu domestique. La représentation mêle ici réalisme (un lieu du quotidien) et symbolisme (le pied comme symbole de l'absurde qui vient envahir le quotidien). La lumière accentue l'inquiétude que peut faire naître cette scène, mais le comique (de l'absurde) n'est pas pour autant absent (il est lié ici au non-sens que représente sur la scène le pied géant). La gestuelle des personnages exprime leur étonnement voire leur frayeur ; la posture du personnage assis sur la chaise évoque l'impuissance de l'homme face à l'absurdité du monde.

14 page 35

a. Le texte oppose une conception passée où l'imagination jouait dans l'écriture romanesque un rôle clé, parce que le genre avait pour visée première de divertir le lecteur, et une conception présente, moderne, où elle n'est plus la première qualité du romancier. Celui-ci s'appuie en effet d'abord sur la vie quotidienne qu'il observe et analyse ; les péripéties mêmes de l'action sont moins le fruit de sa simple imagination que l'aboutissement logique des caractéristiques des personnages (notamment les données du milieu et de l'hérédité chez Zola). Le texte insiste ainsi sur le réalisme de l'œuvre romanesque : « créatures vivantes », « naturel », « cacher l'imaginaire sous le réel ». Il ne s'agit donc pas pour Zola de dire que l'imagination a disparu, mais qu'elle ne doit plus s'afficher comme telle et qu'elle n'est plus qu'un ressort secondaire pour le travail du romancier. **b.** Cette conception se rattache explicitement aux courants réaliste et naturaliste du XIXᵉ siècle, dont Zola est d'ailleurs le « chef de file ».

15 page 37

1 L'extrait met en abyme une conception naturaliste du personnage romanesque : le questionnement de Jacques sur sa famille souligne en effet le rôle de l'hérédité (on relèvera alors les termes significatifs), vécue comme une fatalité dont il paie aujourd'hui le prix. C'est à cette « fêlure héréditaire » qu'il attribue les troubles extrêmes dont il se sent affecté jusqu'à cette sauvagerie qui le ravale au rang de la bête brute. Cette représentation du personnage romanesque renvoie à une approche qui n'est plus à proprement parler psychologique de la personne humaine, mais plus radicalement scientifique et même biologique. **2** Cet extrait du roman de Stendhal permet une découverte des personnages à travers le point de vue interne de Mme de Rênal. Ce point de vue interne révèle au lecteur autant le personnage vu que celui qui voit. Julien apparaît comme un « jeune paysan », un « enfant » « pâle », « qui venait de pleurer ». Sont ainsi mises en valeur des caractéristiques à la fois sociales, physiques (avec des détails que l'on peut relever) et morales (modestie, fragilité, jeunesse). Le second paragraphe accentue encore cette image par le rapprochement qui est établi entre Julien et « une jeune fille déguisée », « une pauvre créature ». Ce jugement de Mme de Rênal renvoie aux sentiments qu'elle éprouve face au jeune homme : surprise, pitié, attendrissement. Ils dessinent ainsi les contours du personnage féminin : maternité, sensibilité, humanité et un certain naturel.

16 page 39

1 Dans le premier paragraphe, on remarque l'utilisation de la troisième personne avec un narrateur apparemment extérieur à l'histoire. Ce premier système de narration se trouve bouleversé dans la suite du texte par l'intervention directe du narrateur, l'interpellation du lecteur-narrataire, l'emploi du « vous » et le jeu des questions. Dans les dernières lignes du passage, Zola utilise les mêmes procédés que dans le premier paragraphe. Une telle approche déstabilise les habitudes du lecteur qui se trouve pris à partie. Le romancier joue du genre romanesque : il s'amuse à briser l'illusion réaliste et révèle la toute-puissance du narrateur. **2** L'incipit frappe par l'emploi d'un système de narration original : emploi du « vous », du présent donnant l'illusion d'une simultanéité de l'action racontée et de la lecture, approche quasi anatomique du personnage. Dans la lignée des innovations du Nouveau Roman, Butor remet en question les codes traditionnels du genre romanesque et nous donne à lire les pensées que son personnage s'adresse à lui-même : on entre donc comme par effraction à l'intérieur d'une conscience, avec ceci de particulier que l'emploi du « vous » tend à introduire une confusion entre le statut du personnage et celui du lecteur. **3** Le texte 1 semble opter pour un point de vue omniscient : il est capable de décrire avec une profusion de détails le paysage ; il connaît ses variations selon les saisons, etc. Ce ne peut donc être le regard que porte le personnage sur le monde qui l'entoure. Seul le nom du personnage demeure inconnu et des incertitudes demeurent sur son âge (on semble à ce moment davantage en focalisation externe). Le texte 2 adopte lui un point de vue interne : on partage le regard du personnage (« il ne voyait même pas ») et la description reflète son désarroi et sa solitude.

17 page 41

1 Roman épistolaire et exotisme • Roman policier et thème politique • Science-fiction et qualité du héros • Recueil poétique et tonalité mélancolique • Nom du héros espagnol • Comédie et genre baroque • Autobiographie fictive, roman historique, et nom du narrateur • Essai sur la folie • Autobiographie fictive, profession du narrateur. **3 b.** **Œdipe** : héros mythologique (victime des dieux, tue son père, épouse sa mère). **Lancelot** : chevalier de la Table ronde. **Emma Bovary** : héroïne de Flaubert, confond vie réelle et vie rêvée. **Ulysse** : héros de *L'Odyssée* d'Homère. **Le Cid** :

héros cornélien, amant de Chimène. **Carmen** : héroïne de Mérimée, figure de la femme fatale. **Nana** : héroïne de Zola, prostituée. **Sganarelle** : valet dans les comédies de Molière (voir *Dom Juan*). **Monsieur Jourdain** : personnage de bourgeois ridicule dans *Le Bourgeois gentilhomme* de Molière. **Candide** : héros naïf du conte de Voltaire. **c.** XIIᵉ : Chrétien de Troyes. XVIᵉ : Ronsard, Rabelais. XVIIᵉ : Racine, La Fontaine. XVIIIᵉ : Montesquieu, Voltaire, Diderot. XIXᵉ : Hugo, Zola, Flaubert, Balzac, Verlaine. XXᵉ : Éluard, Aragon. **4 a.** *Les Lettres persanes*, *La Nouvelle Héloïse*. **b.** *Carmen*, *Les Liaisons dangereuses*. **c.** *Sonnets pour Hélène*. **d.** *Phèdre*, *Bérénice*. **e.** *Essais*, *Le Prince*. **f.** Picasso. **5** *Les Fleurs du mal* (Baudelaire), *Les Regrets* (du Bellay), *Lucien Leuwen* (Stendhal), *Rhinocéros* (Ionesco), *Voyage au bout de la nuit* (Céline), *Les Lettres persanes* (Montesquieu), *Aurélien* (Aragon), *Le Neveu de Rameau* (Diderot). **6** La première couverture semble suggérer que la bête humaine est la locomotive ; elle met l'accent sur le milieu dans lequel se déroule ce roman naturaliste, celui des chemins de fer. La seconde représente un personnage et lui donne une certaine noirceur ; elle souligne se folie et fait naître l'inquiétude : la « bête humaine » est donc ce personnage.

18 page 43

1 Exemple de plan : I. L'outrance et la démesure
A) Un style hyperbolique (lexique, imparfait, structure)
B) La vision de l'orgie impériale (importance des comparaisons et des métaphores : feu, curée, monstres…)
C) Pulsion sexuelle et désir de possession matérielle
II. Le pamphlet, la dénonciation
A) L'énonciation : le regard du moraliste
B) Le pamphlet contre la société impériale (procédés de généralisation, l'image de la maladie, de la curée, la mise en cause de Napoléon III et de ses comparses)

2 Exemple de lecture analytique (plan) :
I. Une opposition structurante A) Opposition des champs lexicaux B) Présence de plus en plus envahissante de la mort C) Opposition temporelle
II. L'image de Nusch : un hymne à l'amour A) Image de la création et de la fécondité B) La lumière C) Absence et présence

3 Exemple de lecture analytique (plan) :
I. Le choix d'une structure efficace et persuasive : entrée en matière, anecdote, généralisation
II. Récit anecdotique et ironie : la précision, les explications pseudo scientifiques, l'ironie du narrateur
III. La leçon du texte : étude des trois constats, qui montre l'importance de la science et de la raison pour s'opposer à l'obscurantisme et à la superstition

20 page 47

1 a. La mort. **b.** Chez Montaigne, analyse de la peur de la mort, qui conduit les hommes à l'oublier. **c.** Cette même appréhension de la mort se retrouve dans la lettre de Mme du Deffand (ce qui entraîne une réflexion sur la foi) et est illustrée dans la fable par la réaction du malheureux (strophe 2) et par la moralité. **d.** L'image traite le même thème, mais elle n'évoque pas l'horreur de la mort. Au contraire, la représentation de la mort rappelle son caractère inéluctable et enseigne le caractère vain et illusoire des choses terrestres. **2** Pistes de réponses. **Document 1** : un essai philosophique qui met en œuvre une réflexion très personnelle (Montaigne y évoque sa propre expérience de la mort), à laquelle peut se confronter le lecteur. **Document 2** : un tableau où la représentation du crâne heurte immédiatement, par sa violence, la sensibilité du lecteur et rappelle la vanité de la vie et la présence de la

mort. **Document 3** : une correspondance particulière où s'expriment les sentiments intimes de l'auteur sur la mort et ses interrogations (texte à valeur délibérative). C'est au lecteur d'y apporter ses propres réponses. **Document 4** : une fable constituée d'un apologue et d'une moralité suggérant une certaine sagesse pratique quant au rapport avec la mort. Le choix de la fable permet de divertir (par le récit) et d'instruire dans le même temps. Réponse à la dernière question dépendant du choix de l'élève.

21 page 49

1 tirade • anaphore • point d'exclamation • 6, 10, 12, 15 et 19 • subjonctif • « immoler », « déchire ses entrailles », « déluge de feux », « cendres », « poudre », « dernier soupir », « mourir » • gradation • « Que le courroux du ciel allumé par mes vœux / Fasse pleuvoir sur elle un déluge de feux » • « Puissé-je de mes yeux y voir tomber ce foudre » • « détruire » ; « foudre » (vers 2 à 4) « Rome, unique objet de mon ressentiment », « Rome que je hais ». **2** Le classicisme, le registre tragique, la versification, les formes théâtrales. **3** Proposition de plan :
I. Un texte à visée démonstrative A) La structure du texte : expression d'une thèse et apologue B) La leçon du texte : une mise en garde contre les erreurs de jugement
II. L'art du récit : plaire et instruire A) Son efficacité : brièveté, organisation chronologique, chute… B) Le registre comique : satire et ironie
III. Un texte précurseur de l'esprit des Lumières A) La connivence avec le lecteur : vulgariser la pensée philosophique B) La critique scientifique et l'avènement de la méthode expérimentale

22 page 51

1 a. Contraintes formelles. **b.** et **f.** Travail de transposition, de réécriture. **c.** et **e.** Écrire à la manière de… **d.** Poursuivre ou compléter l'écriture d'un texte. **3 a.** Propositions 4, 5, 6 et 9. **b.** Propositions 2 et 6.

23 page 53

I. Certes, le « plaisir de la surprise » est important pour le spectateur dont il s'agit de susciter et d'entretenir l'intérêt (esthétique de la surprise)
A) Rôle des coups de théâtre, des rebondissements pour provoquer le rire ou accentuer le pathétique ou le tragique, le plaisir étant lié à l'irruption d'un élément inattendu
B) Création et accentuation du suspense ; interrogations du spectateur sur l'évolution de l'action ou du personnage
C) Rôle du dénouement dont l'effet de surprise permet de mettre en évidence l'intention de l'auteur (exemple : *On ne badine pas avec l'amour*)
II. Mais la connaissance de l'intrigue et du dénouement reste malgré tout secondaire
A) Exemples des tragédies antiques fondées sur des épisodes mythiques, connus des spectateurs grecs
B) Les réécritures de pièces : le spectateur connaît l'histoire ; la surprise et le plaisir viennent alors de la réécriture (exemple : *La Machine infernale* de Cocteau)
C) Les différentes mises en scène d'une pièce : l'intérêt ou le plaisir du spectateur résident, non plus dans la découverte de l'histoire, mais dans la vision d'une nouvelle mise en scène
III. Car le théâtre vise différents objectifs
A) Divertir le public, et le plaisir de la surprise joue son rôle
B) Mais aussi critiquer, éveiller la conscience du spectateur, voire l'inquiéter : voir notamment le théâtre moderne (auteurs comme Camus, Sartre, Brecht, Beckett…)

Maths

1 page 59

1 a. Si $a < b$, alors $0{,}7a - 10 < 0{,}7b - 10$; f est croissante sur $\mathbb{R}$. **b.** Si $a < b$, alors $-2a > -2b$,
donc $-2a + 6 > -2b + 6$; f est décroissante sur $\mathbb{R}$.
c. Si $m > 0$, la fonction affine est croissante ; si $m < 0$, elle est décroissante.

2 a. On développe le second membre.
b. Si a et b sont de même signe et si $a < b$, alors $a - b < 0$ et $a^2 + ab + b^2 > 0$, donc $a^3 - b^3 < 0$, $a^3 < b^3$, $a^3 - 2 < b^3 - 2$; donc f est croissante sur $\mathbb{R}$.

3 La fonction inverse est décroissante sur $]0 ; +\infty[$. Si $a < b$, alors $5 + \dfrac{1}{a} > 5 + \dfrac{1}{b}$; f est décroissante sur $]0 ; +\infty[$.

4 $x(x - 4) = x^2 - 4x = (x - 2)^2 - 4$.
Si $a < b < 2$, alors $a - 2 < b - 2 < 0$, $(a - 2)^2 > (b - 2)^2$, car la fonction carré est décroissante sur $]-\infty ; 0]$, puis $(a - 2)^2 - 4 > (b - 2)^2 - 4$; donc f est décroissante sur $]-\infty ; 2]$.

5 a. $f(3) = 4$; pour tout x sauf 3, $-(x - 3)^2 < 0$; $-(x - 3)^2 + 4 < 4$; donc 4 est le maximum de f sur $[1 ; 5]$.

b.

x	1	3	5
Variations de $f(x)$	0	↗ 4	↘ 0

c. Solutions : 2 et 4.

6 a. Maximum 6 pour $x = 4$; minimum 0 pour $x = 8$.
b. $g(1) < g(3)$; $g(6) > g(7)$; pour $g(-1)$ et $g(2)$, on ne sait pas car -1 et 2 ne sont pas dans le même intervalle.

7 a. $[0 ; 7]$. **b.** $B(x) = g(x) - f(x) = -0{,}1x^2 + 0{,}6x - 0{,}3$.
c. Graphiquement, le maximum de B est obtenu pour $x = 3$, soit 30 objets.

2 page 61

1 a. Solutions : $-3{,}5$ et 1.
b. Par symétrie, l'abscisse du milieu est $\dfrac{-3{,}5 + 1}{2} = -1{,}25$; $f(-1{,}25) = -10{,}125$. **c.** $S = [-3{,}5 ; 1]$.
2 a. Oui : en développant $g(x) = -0{,}5x^2 + 6x - 10$; $a = -0{,}5$; $b = 6$ et $c = -10$.
b. $g(x) = -0{,}5(x - 2)(x - 10)$. **c.** La courbe C'.
3 a. Oui : en développant $h(x) = 3x^2 - 12$; $a = 3$; $b = 0$ et $c = -12$. **b.** $h(x) = 3x^2 - 12$.
4 a. $\Delta = -4$. Comme $\Delta < 0$, l'équation n'a pas de solution.
b. Pour tout réel x, $5x^2 + 7 > 7 > 0$; donc l'équation n'a pas de solution. **c.** $x^2 - 1 = (x + 1)(x - 1)$. Avec la règle du produit nul, les solutions sont : -1 et 1.
d. $\Delta = 0$, l'équation a une solution : $x_0 = \dfrac{-b}{2a} = \dfrac{-20}{4} = -5$.

5 a. $\Delta = 29$. Comme $\Delta > 0$, l'équation a deux solutions :
$x_1 = \dfrac{-b - \sqrt{\Delta}}{2a} = \dfrac{3 - \sqrt{29}}{10}$ et $x_2 = \dfrac{-b + \sqrt{\Delta}}{2a} = \dfrac{3 + \sqrt{29}}{10}$.
b. Factorisation :
$5x^2 - 3x - 1 = 5\left(x - \dfrac{3 - \sqrt{29}}{10}\right)\left(x - \dfrac{3 + \sqrt{29}}{10}\right)$.

c. Tableau de signes :

x	$-\infty$		x_1		x_2		$+\infty$
Signe de $x - x_1$		$-$	0	$+$		$+$	
Signe de $x - x_2$		$-$			$-$	0	$+$
Signe de $5x^2 - 3x - 1$		$+$	0	$-$		0	$+$

6 a.

x	$-\infty$		-2		3		$+\infty$
Signe de $x + 2$		$-$	0	$+$		$+$	
Signe de $x - 3$		$-$			$-$	0	$+$
Signe de $(x + 2)(x - 3)$		$+$	0	$-$		0	$+$

L'ensemble des solutions de $(x + 2)(x - 3) \geqslant 0$ est : $]-\infty ; -2] \cup [3 ; +\infty[$.
b. $-x^2 + 3x - 4$ a pour discriminant $\Delta = -7$; $\Delta < 0$, donc le polynôme ne s'annule pas et garde, pour tout x, le signe du coefficient a de x^2. Comme $a = -1$, le polynôme est toujours négatif ; l'inéquation $-x^2 + 3x - 4 > 0$ n'a pas de solution.
c. $\Delta = 1 > 0$; l'équation $2x^2 + 7x + 6 = 0$ admet deux solutions $x_1 = -2$ et $x_2 = -1{,}5$. On factorise :
$2x^2 + 7x + 6 = 2(x + 2)(x + 1{,}5)$.
$2x^2 + 7x + 6 < 0$ a pour ensemble de solutions l'intervalle $]-2 ; -1{,}5[$.

7 a.

x	-3	$-2{,}5$	-2	$-1{,}5$	-1	$-0{,}5$	0	0,5	1	1,5	2
$f(x)$	-2	$-0{,}75$	0	0,25	0	$-0{,}75$	-2	$-3{,}75$	-6	$-8{,}75$	-12

b.

x	$-\infty$		$-1{,}5$		$+\infty$
Variations de $f(x)$		↗	0,25	↘	

x	$-\infty$		-2		-1		$+\infty$
Signe de $f(x)$		$-$	0	$+$		0	$-$

3 page 63

1 a. $f(0) = g(0) = 3{,}5$. **b.** f n'est pas définie lorsque x vaut 2, donc f est représentée par C_1 ; g n'est pas définie en -2, donc g est représentée par C_2.
2 a. $f(x) = \dfrac{3x - 7}{x - 2}$; $g(x) = \dfrac{3x + 7}{x + 2}$. **b.** $\dfrac{7}{3}$. **c.** $-\dfrac{7}{3}$.
3 a. $f(2) = -2$ et $f(4) = 0$.
b. On résout le système : $\begin{cases} \alpha + \beta = 0 \\ \alpha - \beta = -2 \end{cases}$; $\alpha = -1$ et $\beta = 1$;
$-1 + \dfrac{1}{x - 3} = \dfrac{-(x - 3) + 1}{x - 3} = \dfrac{-x + 4}{x - 3}$.

4 a.

x	$-\infty$		3		$+\infty$
Variations de $f(x)$		↘	‖		↘

b. f est décroissante sur $[0 ; 3[$; donc, si $u < v$, alors $f(u) > f(v)$. **c.** La droite d'équation $y = -1$ ne coupe pas la courbe, l'équation $f(x) = -1$ n'a pas de solution.
$\dfrac{-x + 4}{x - 3} = -1$ équivaut à $-x + 4 = -x + 3$, soit $1 = 0x$; cette équation n'a pas de solution.
d. La courbe est au-dessus de l'axe des abscisses sur $]3 ; 4[$. Par le calcul, il faut faire un tableau de signes.

5 a. $D =]-\infty\,;-2[\,\cup\,]-2\,;2[\,\cup\,]2\,;+\infty[$.
b. Le numérateur est un polynôme du second degré.
$\Delta = 1 > 0$; $x_1 = 1$ et $x_2 = 2$.

c. On factorise : $f(x) = \dfrac{(x-1)(x-2)}{(x+2)(x-2)}$; pour $x \neq 2$,

$f(x) = \dfrac{x-1}{x+2}$, donc f est une fonction homographique.

d. $\dfrac{x-1}{x+2} > 1$; $\dfrac{x-1}{x+2} - 1 > 0$; $-\dfrac{3}{x+2} > 0$; $x + 2 < 0$;
donc $x < -2$. L'ensemble des solutions est $]-\infty\,;-2[$.
6 a. $]-\infty\,;-1[\,\cup\,]-1\,;+\infty[$.

b. $5 = \dfrac{2}{x+1}$; $5(x+1) = 2$; $x = -0,6$.

c. Deux inéquations : $4,8 \leqslant 5 - \dfrac{2}{x+1}$ et $5 - \dfrac{2}{x+1} \leqslant 5$;
$E = [9\,;+\infty[$.

4 page 65

1 a. $[0\,;0,25[$. **b.** $[100\,;+\infty[$.
2 $a^2 = (2+\sqrt{6})^2 = 10 + 4\sqrt{6}$ et $b^2 = (2\times\sqrt{5})^2 = 20$;
$a^2 - b^2 = 4\sqrt{6} - 10$; $(4\sqrt{6})^2 = 96$ et $10^2 = 100$;
donc $4\sqrt{6} < 10$; $4\sqrt{6} - 10 < 0$; donc $a^2 < b^2$ et donc $a < b$.
3 a. f est définie sur $[-3\,;+\infty[$ et g sur $]-\infty\,;-1]$.
b. $f(-2) = g(-2) = 1$. **c.** C représente g et C' représente f.
d. $[-3\,;-2[$.
4 a. Pour f : $D =]-\infty\,;-2]\,\cup\,[2\,;+\infty[$. **b.** Pour g :
$D = [-2\,;-1]$. (Revoir le chapitre 2 sur le signe d'un polynôme du second degré.)
5 $V = c^3$.

c	0,1	0,5	1	2	3	4	5	6	7	8	9	10
V	0,001	0,125	1	8	27	64	125	216	343	512	729	1 000

6 a. $(x+1)^2 = x^2 + 2x + 1$. **b.** $(x+1)^3 = x^3 + 3x^2 + 3x + 1$.
7 a. $(x-2)^2 = x^2 - 4x + 4$. **b.** $(x-2)^3 = x^3 - 6x^2 + 12x - 8$.
8 a. $x^3 - 27$. **b.** On résout $(x-3)(x^2 + 3x + 9) = 0$.
Le deuxième facteur est un polynôme du second degré de discriminant négatif -27.
Donc l'équation a une seule solution : 3.
9 a. $f(-1) = g(-1) = 1$. **b.** $g(-2) = 0$; donc g est associée à la courbe C. $f(0) = 2$; donc f est associée à la courbe C'.
c. Graphiquement, il semble que l'équation ait pour unique solution -1.
On développe : $f(x) = g(x)$ équivaut à :
$x^3 + 2 = x^3 + 6x^2 + 12x + 8$; $6x^2 + 12x + 6 = 0$, puis en factorisant : $6(x+1)^2 = 0$; le nombre -1 est l'unique solution.

5 page 67

1 $f(2) = 2$; $f(2+h) = (2+h)^2 - 2 = h^2 + 4h + 2$;
$f(2+h) - f(2) = h(h+4)$.
$\dfrac{f(2+h) - f(2)}{h} = \dfrac{h(h+4)}{h} = h + 4$.
Lorsque h tend vers 0, $h+4$ tend vers 4. Donc $f'(2) = 4$.
2 a. $f(4) = 13$; $f(4+h) = 13 + 5h$; $f(4+h) - f(4) = 5h$.
$\dfrac{f(4+h) - f(4)}{h} = \dfrac{5h}{h} = 5$; $f'(4) = 5$.

b. Pour tout x, $\dfrac{f(x+h) - f(x)}{h} = \dfrac{5h}{h} = 5$ et $f'(x) = 5$.

3 a. $f(4+h) - f(4) = -6h$; $\dfrac{f(4+h) - f(4)}{h} = \dfrac{-6h}{h} = -6$;
$f'(4) = -6$.
b. Pour tout x, $f'(x) = -6$.

4

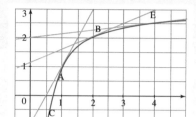

5

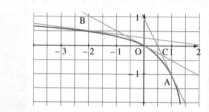

6 $y = -2x + 13$.
7 $y = 4x + 12$.
8 $y = 1,5$. (Cette tangente est parallèle à l'axe des abscisses.)
9 $f'(-2) = 4,5$; $f'(-1) = 0$; $f'(0) = -1,5$;
$f'(1) = 0$; $f'(2) = 4,5$.

6 page 69

1 a. $f'(t) = 3t^2 + 2t$. **b.** $f'(0,5) = 1,75$; cela signifie qu'à la mi-journée, la vitesse de prolifération des bactéries est de 1,75 millions par jour.
2 a. $f'(x) = 10x - 7$. **b.** $g'(x) = 4x^3 + 6x^2 - 6x + 1$.
3 a. $f(x) = \dfrac{3}{2\sqrt{x}}$. **b.** $g'(x) = 1 \times \sqrt{x} + \dfrac{(x-2) \times 1}{2\sqrt{x}} = \dfrac{3x-2}{2\sqrt{x}}$.
4 a. $f'(x) = 4x - 2$; $g'(x) = 3x^2 - 1$.
b. $f(1) = g(1) = 1$ et $f'(1) = g'(1) = 2$; la tangente commune a pour équation $y = 2x - 1$.
5 a. $f'(x) = (4x-3) \times (x^2+2) + (2x^2 - 3x + 1) \times (2x)$
$= 8x^3 - 9x^2 + 10x - 6$.
b. $f(x) = 2x^4 - 3x^3 + 5x^2 - 6x + 2$;
donc $f'(x) = 8x^3 - 9x^2 + 10x - 6$.
6 a. $f'(x) = \dfrac{-22}{(2x-4)^2}$. **b.** $g'(x) = -\dfrac{4}{(x+1)^2}$.
7 a. $D = \mathbb{R} \setminus \{1\,;3\}$. **b.** $f'(x) = \dfrac{-x^2 - 4x + 11}{(x^2 - 4x + 3)^2}$.
8 a. $f'(x) = 1 - \dfrac{1}{x^2} = \dfrac{x^2 - 1}{x^2}$.

b.

x	0,5	1	1,5	2	2,5	3	3,5	4
$f(x)$	1,5	1	1,17	1,5	1,9	2,33	2,79	3,25
$f'(x)$	-3	0	0,56	0,75	0,84	0,89	0,92	0,94

9 a. $f'(x) = \dfrac{-1}{(x-1)^2} + \dfrac{1}{(x-5)^2} = \dfrac{8x - 24}{(x-1)^2(x-5)^2}$;

$g'(x) = \dfrac{8x - 24}{(x-1)^2(x-5)^2}$. **b.** $f(3) = 1$ et $g(3) = 2$; donc les
fonctions f et g ne sont pas égales. (Observez leurs courbes sur l'écran d'une calculatrice.)

7 page 71

1 a. $f'(x) > 0$ sur $[1\,;4[$ et $f'(x) < 0$ sur $]4\,;6]$.
b. Donc f est croissante sur $[1\,;4]$ et décroissante sur $[4\,;6]$.
2 En traçant les tangentes en 0 aux deux courbes, on observe que : $f'(0) = -1 = g(0)$ et $g'(0) = 2 \neq f(0)$. De plus la courbe C_1 montre une fonction décroissante et la courbe C_2 une fonction négative. Donc $g = f'$.

3 a. $f'(x) = 3x^2 + 1; f' > 0$, donc f est strictement croissante sur $\mathbb{R}$. **b.** $f(0) = -2$; $f(1) = 0$ et f strictement croissante sur $[0 ; 1]$, donc, si $x \in [0 ; 1]$, alors $f(x) \in [-2 ; 0]$.
c. $f(1) = 0$ et f strictement croissante sur $[1 ; +\infty[$, donc, si $x > 1$, alors $f(x) > 0$.

4 a. $f'(x) = -\dfrac{9}{(x-6)^2}$, $f' < 0$, donc f est strictement décroissante sur $[-6 ; 6[$.
b. $f(-6) = 0{,}25$; $f(-3) = 0$ et f décroissante sur $[-6 ; -3]$, donc, si $x \in [-6 ; -3]$, alors $f(x) \in [0 ; 0{,}25]$.

5 a. $f'(x) = \dfrac{3}{(x-1)^2}$; $f' > 0$, donc f est strictement croissante sur $]1 ; +\infty[$. **b.** $f(2{,}5) = 0$ et f croissante sur $]1 ; 2{,}5[$, donc, si $x \in]1 ; 2{,}5[$, alors $f(x) < 0$.

6 $V'(x) = 2\sqrt{3}(9x^2 - 20\sqrt{3}x + 25)$; $\Delta = 300$;

$x_1 = \dfrac{5\sqrt{3}}{9} \approx 0{,}96$, $x_2 = \dfrac{5\sqrt{3}}{3} \approx 2{,}886$.

Le maximum est obtenu pour $5\dfrac{\sqrt{3}}{9}$ et vaut environ 37 cm³.

8 page 73

1 a. $f'(x) = -6x + 5$.

x	$-\infty$		$\dfrac{5}{6}$		$+\infty$
$f'(x)$		$+$	0	$-$	
$f(x)$		↗	$\dfrac{1}{12}$	↘	

b. Avec l'axe des ordonnées : A$(0 ; -2)$, T_A: $y = 5x - 2$.
Avec l'axe des abscisses, on résout l'équation du second degré $-3x^2 + 5x - 2 = 0$; $\Delta = 1 > 0$, il existe donc deux solutions $x_1 = \dfrac{2}{3}$ et $x_2 = 1$; E$\left(\dfrac{2}{3} ; 0\right)$, T_E: $y = x - \dfrac{2}{3}$,
F$(1 ; 0)$, T_F: $y = -x + 1$.

2 a. $f'(x) = 3x^2 - 4x + 5$; $\Delta = -44 < 0$; $f'(x) > 0$ pour tout x, donc f est croissante sur $\mathbb{R}$.
b. $f(0) = -4$; $f'(0) = 5$; T_0: $y = 5x - 4$;
$f(1) = 0$; $f'(1) = 4$; T_1: $y = 4x - 4$.
c. Par observation graphique, C est au-dessous des tangentes sur $]-\infty ; 0[$, entre les deux tangentes sur $]0 ; 1[$ et au-dessus des tangentes sur $]1 ; +\infty[$.

3 b. $f'(x) = 4x^3 - 4x = 4x(x^2 - 1) = 4x\,(x+1)(x-1)$.

x	$-\infty$		-1		0		1		$+\infty$
$f'(x)$		$-$	0	$+$	0	$-$	0	$+$	
$f(x)$		↘	-1	↗	0	↘	-1	↗	

c. $f(x) = x^2(x^2 - 2) = x^2(x + \sqrt{2})(x - \sqrt{2})$.

x	$-\infty$		$-\sqrt{2}$		0		$\sqrt{2}$		$+\infty$
$f(x)$		$+$	0	$-$	0	$-$	0	$+$	

4 a. $f'(x) = \dfrac{1}{(2x-3)^2}$; f est croissante sur $]-\infty ; 1{,}5[$
et sur $]1{,}5 ; +\infty[$.
b. $f(0) = -\dfrac{1}{3}$; $f'(0) = \dfrac{1}{9}$; T_0: $y = \dfrac{1}{9}x - \dfrac{1}{3}$;
$f(1) = 0$; $f'(1) = 1$; T_1: $y = x - 1$;
$f(2) = -1$; $f'(2) = 1$; T_2: $y = x - 3$.

5 a. $f'(x) = \dfrac{(x+3)(x-1)}{(x+1)^2}$.

x	$-\infty$		-3		-1		1		$+\infty$
$f'(x)$		$+$	0	$-$		$-$	0	$+$	
$f(x)$		↗	-6	↘		↘	2	↗	

b. $x - 1 + \dfrac{4}{x+1} = \dfrac{(x-1)(x+1) + 4}{x+1} = \dfrac{x^2 + 3}{x+1} = f(x)$,

donc $f(x) - (x-1) = \dfrac{4}{x+1}$.

La position relative de C et de d est donnée par le signe de $\dfrac{1}{x+1}$; donc si $x < -1$, C est au-dessous de d et si $x > -1$, C est au-dessus de d.

6 a. $x^2 - 2x - 3 = (x+1)(x-3)$. $D = \mathbb{R} \setminus \{-1 ; 3\}$.
b. $f'(x) = \dfrac{8x - 8}{(x^2 - 2x - 3)^2}$.
c. La dérivée s'annule pour $x = 1$; elle est positive si $x > 1$ et négative si $x < 1$; donc f est décroissante sur $]-\infty ; -1[$ et sur $]-1 ; 1[$, puis croissante sur $]1 ; 3[$ et sur $]3 ; +\infty[$.

9 page 75

1 a. $x^2 + 1 = -\dfrac{1}{x}$ équivaut à $(x^2 + 1)x = -1$,

soit $x^3 + x + 1 = 0$.
b. Une solution a comprise entre -1 et 0.

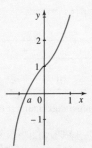

c. $f'(x) = 3x^2 + 1$, $f' > 0$, donc f est strictement croissante sur $\mathbb{R}$. $f(-1) = -1$ et $f(0) = 1$; donc l'équation $f(x) = 0$ ne peut pas avoir de solution dans $]-\infty ; -1[$ et dans $]0 ; +\infty[$.

d.

x	$f(x)$
$-0{,}69$	$-0{,}02$
$-0{,}68$	$0{,}01$

Donc $a \in]-0{,}69 ; -0{,}68[$.

2

x	-2		0		2
$g'(x)$		$-$	0	$+$	
$g(x)$		↘	5	↗	

5 est le minimum de la fonction g, donc l'inéquation $g(x) < 5$ n'a pas de solution.
3 a. deux solutions : 2 et 5. **b.** $x = 3$. **c.** $]2 ; 5[$. **d.** $]1 ; 3[$.
4 a. 2. ; **b.** 3. ; **c.** 2. ; **d.** 2.

10 page 77

1 a. $t = \dfrac{d}{v}$. Coût du gazole :
$$\left(4 + \dfrac{v^2}{400}\right) \times \dfrac{500}{v} \times 1{,}2 = \dfrac{2\,400}{v} + 1{,}5v.$$

Coût du transport :
$$\dfrac{2\,400}{v} + 1{,}5v + 14{,}4 \times \dfrac{500}{v} = 1{,}5v + \dfrac{9\,600}{v}.$$

b. $f'(x) = 1,5 - \dfrac{9\,600}{x^2} = \dfrac{1,5(x-80)(x+80)}{x^2}$

Tableau de variation :

x	0		80		90
$f'(x)$		$-$	0	$+$	
$f(x)$			240		242

c. 80 km/h. **d.** $\dfrac{9\,600}{x} + 1,5x \leqslant 267$;

$\dfrac{1,5x^2 - 267x + 9\,600}{x} \leqslant 0$; $1,5(x-50)(x-128) \leqslant 0$;

$v \in [50\,;90]$.

2 a. $y = \dfrac{640}{x}$. **b.** $(x-8)(y-5) = (x-8)\left(\dfrac{640}{x} - 5\right)$

$\qquad\qquad\qquad\qquad = -5x + 680 - \dfrac{5\,120}{x}$.

c. $f'(x) = -5 + \dfrac{5\,120}{x^2} = \dfrac{-5(x-32)(x+32)}{x^2}$.

f est croissante sur $]0\,;32]$ et décroissante sur $[32\,;40]$. **d.**
$x = 32$ et $y = 20$.

3 a. $I = [0\,;0,5]$. **b.** $V(0,1) = 0,8 \times 0,8 \times 0,1 = 0,064$.

c. $V(x) = x(1-2x)^2 = 4x^3 - 4x^2 + x$.

d. $V'(x) = 12x^2 - 8x + 1 = 12\left(x - \dfrac{1}{6}\right)\left(x - \dfrac{1}{2}\right)$.

x	0		$\dfrac{1}{6}$		0,5
$f'(x)$		$+$	0	$-$	0
$f(x)$	0		$\dfrac{2}{27}$		0

Le volume maximum est obtenu pour $x = \dfrac{1}{6}$, soit environ

0,17 m et vaut $\dfrac{2}{27}$ m^3, soit environ 0,074 m^3.

11 page 79

1 Soit x le nombre cherché : $\dfrac{3,1}{x} = \dfrac{9}{100}$, $x = \dfrac{3,1}{0,09}$, soit
environ 34,4 millions.

2 a. En France : $\dfrac{78\,449 - 80\,841}{80\,841} \times 100 = -2,96$, soit

$-2,96$ %. En Espagne : $-2,30$ %. Aux États-Unis : 3,6 %.

b. $\dfrac{80\,841}{1,04} \approx 77\,732$.

3 a. 4 ; **b.** 2 ; **c.** 4 ; **d.** 4.
4 a. 1,07. **b.** 0,96. **c.** 2,5. **d.** 0,15.
5 a. CM $= 1,092$; $t = 9,2$ % : hausse. **b.** CM $= 1,0044$;
$t = 0,44$ % : hausse. **c.** CM $= 0,765$; $t = -23,5$ % : baisse.
d. CM $= 1$; $t = 0$: ni baisse ni hausse.

6 $\dfrac{1}{0,91} \approx 1,099$: hausse de 9,9 %.

7 a. $u_1 = 488 \times 1,5 = 732$. **b.** $u_2 = 732 \times 1,5 = 1\,098$.
c. $I_1 = 150$. $I_2 = 225$.
8 a. $I \approx 102,8$. **b.** 75,26 € : hausse de 3,1 %.

12 page 81

1 a. On a $u_0 = -2 \times 0 + 6 = 6$,
de même : $u_1 = 4$, $u_2 = 2$, $u_3 = 0$ et $u_4 = -2$.
b. $u_{n+1} = -2 \times (n+1) + 6 = -2n - 2 + 6 = -2n + 4$.
$u_{n-1} = -2(n-1) + 6 = -2n + 2 + 6 = -2n + 8$.
$u_{n+1} - u_{n-1} + 3u_n = -2n + 4 - (-2n + 8) + 3(-2n + 6)$
$\qquad\qquad\qquad = -6n + 14$.

2 a. On obtient facilement : $u_0 = 4$, $u_1 = 5$, $u_2 = 12$, $u_3 = 25$
et $u_4 = 44$.
b. $u_{n+1} = 3(n+1)^2 - 2(n+1) + 4 = 3n^2 + 4n + 5$
$u_{n-1} = 3(n-1)^2 - 2(n-1) + 4 = 3n^2 - 8n + 9$
$u_{n+1} - u_{n-1} + 3u_n$
$= 3n^2 + 4n + 5 - (3n^2 - 8n + 9) + 3(3n^2 - 2n + 4)$
$= 9n^2 + 6n + 8$.

3 a. On obtient ici $u_0 = 2$, $u_1 = \dfrac{1}{2}$, $u_2 = 0$, $u_3 = -\dfrac{1}{4}$
et $u_4 = -\dfrac{2}{5}$.

b. $u_{n+1} = \dfrac{2 - (n+1)}{(n+1)+1} = \dfrac{1-n}{n+2}$; $u_{n-1} = \dfrac{2-(n-1)}{(n-1)+1} = \dfrac{3-n}{n}$.

$u_{n+1} - u_{n-1} + 3u_n = \dfrac{1-n}{n+2} - \dfrac{3-n}{n} + \dfrac{6-3n}{n+1}$

$\qquad\qquad = \dfrac{-3n^3 + 6n - 6}{n(n+1)(n+2)}$.

4 a. Pour la suite (u_n) : $u_0 = \dfrac{4}{3}$, $u_1 = -\dfrac{3}{5}$, $u_2 = \dfrac{10}{7}$,

$u_3 = -\dfrac{5}{9}$ et $u_4 = \dfrac{16}{11}$. Pour la suite (v_n) : $v_0 = \dfrac{4}{3}$, $v_1 = \dfrac{7}{5}$,

$v_2 = \dfrac{10}{7}$, $v_3 = \dfrac{13}{9}$ et $v_4 = \dfrac{16}{11}$.

b. Ces deux suites ne sont pas égales car les termes de rangs
impairs sont différents.

c. $u_{2n} = (-1)^{2n} + \dfrac{2n+1}{4n+3} = 1 + \dfrac{2n+1}{4n+3} = \dfrac{6n+4}{4n+3}$

et $v_{2n} = \dfrac{6n+4}{4n+3}$; ainsi $u_{2n} = v_{2n}$: tous les termes de rangs

pairs sont égaux.
5 a. $u_{n+1} = 1,15 \times u_n - 300$.
b. On a $u_1 = 3\,000$;
et $u_2 = 1,15 \times u_1 - 300 = 1,15 \times 3\,000 - 300 = 3\,150$;
puis $u_3 = 1,15 \times u_2 - 300 = 1,15 \times 3\,150 - 300 = 3\,322,5$.
Il y a donc 3 150 spectateurs au deuxième match et 3 322
au troisième match.
c. Un stade rempli aux deux tiers comporte 12 000
spectateurs.
La calculatrice nous permet d'affirmer que c'est au 18e
match que le stade sera rempli aux deux tiers.

n+1	dn+1
16	10137
17	11357
18	12761
19	14375

Algorithme :

```
1   VARIABLES
2     n EST_DU_TYPE NOMBRE
3     i EST_DU_TYPE NOMBRE
4     spectateurs EST_DU_TYPE nombre
5   DEBUT_ALGORITHME
6     spectateurs PREND_LA_VALEUR 3000
7     LIRE n
8     Si (n>=2) ALORS
9       DEBUT_SI
10      POUR i ALLANT_DE 1 A n-1
11        DEBUT_POUR
12        spectateurs PREND_LA_VALEUR 1.15*spectateurs-300
13        FIN_POUR
14      spectateurs PREND_LA_VALEUR floor(spectateurs)
15      AFFICHER "Le nombre de spectateurs au énième match est égal à "
16      AFFICHER spectateurs
17      FIN_SI
18  FIN_ALGORITHME
```

6 a. $u_{n+1} - u_n = -u_n^2 - 6u_n - 9 = -(u_n^2 + 6u_n + 9)$
$\qquad\qquad\qquad\qquad\qquad = -(u_n + 3)^2 \leqslant 0$;
ainsi la suite (u_n) est strictement décroissante.
b. Les termes de la suite (u_n) sont strictement positifs et
$\dfrac{u_{n+1}}{u_n} = \left(\dfrac{3^{n+1}}{n+1}\right) \times \left(\dfrac{n}{3^n}\right) = \dfrac{3n}{n+1}$;

or $\dfrac{3n}{n+1} > 1 \Leftrightarrow 3n > n+1 \Leftrightarrow n > \dfrac{1}{2}$, ainsi on a pour

tout $n > 0$, $\dfrac{u_{n+1}}{u_n} > 1$ et la suite (u_n) est donc strictement

croissante.

c. On crée la fonction f définie sur $[0\,;\,+\infty[$ par
$f(x) = \dfrac{2x-3}{x+2}$; on a facilement $f'(x) = \dfrac{7}{(x+2)^2} > 0$ ainsi
f est strictement croissante sur $[0\,;\,+\infty[$ et la suite (u_n)
l'est aussi.

d. Cette suite n'est ni croissante, ni décroissante : toutes les
suites ne sont pas monotones.

7 a. $f'(x) = \dfrac{1}{x^2}$ donc la fonction f est strictement croissante.

b. $u_n = f(n) = -\dfrac{1}{n} + 2$; (u_n) a le même sens de variation
que f donc est strictement croissante.

c.

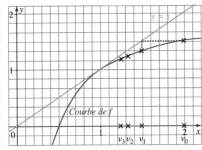

Courbe de f

Il semble que (v_n) soit décroissante. En effet
$v_{n+1} - v_n = -\dfrac{1}{v_n} + 2 - v_n = \dfrac{-1 + 2v_n - v_n^2}{v_n}$

$= -\dfrac{(v_n - 1)^2}{v_n} < 0$, car $v_n > 0$; ainsi la suite (v_n) est stric-

tement décroissante.

13 page 83

1 $u_{n+1} - u_n = \dfrac{-2 + 3(n+1)}{4} - \dfrac{-2 + 3n}{4} = \dfrac{3}{4}$, la suite (u_n)

est donc arithmétique de raison $r = \dfrac{3}{4}$ et de premier terme

$u_0 = -\dfrac{1}{2}$.

2 a. $u_{n+1} - u_n = \dfrac{2}{n+2} - \dfrac{2}{n+1} = -\dfrac{2}{(n+1)(n+2)}$, la dif-

férence dépend de n, donc cette suite n'est pas arithmétique.

b. $v_{n+1} - v_n = \dfrac{1}{3}$, la suite (v_n) est donc arithmétique de

raison $r = \dfrac{1}{3}$ avec $v_0 = -5$.

c. On a : $w_n = \dfrac{\left(\left(\dfrac{1}{2}\right)n + 1\right) + \left(\left(\dfrac{1}{2}\right)(n+1) + 1\right)}{2} = \left(\dfrac{1}{2}\right)n + \dfrac{5}{4}$,

puis $w_{n+1} - w_n = \dfrac{1}{2}$, on en conclut que (w_n) est une suite

arithmétique de raison $r = \dfrac{1}{2}$ avec $w_0 = \dfrac{5}{4}$.

3 a. On a $u_0 = 0$, $u_1 = 3$, $u_2 = 8$, $u_3 = 15$, $u_4 = 24$
et $u_5 = 35$; puis $v_0 = u_1 - u_0 = 3$, $v_1 = 5$, $v_2 = 7$,
$v_3 = 9$ et $v_4 = 11$. Il semble donc que la suite (v_n) soit
arithmétique de raison $r = 2$, de premier terme $v_0 = 3$.
b. $v_n = u_{n+1} - u_n = 2(n+1) + (n+1)^2 - 2n - n^2 = 2n + 3$,
puis $v_{n+1} - v_n = 2$, ainsi la suite (v_n) est bien arithmétique
de raison $r = 2$ avec $v_0 = 3$.

4 a. $u_1 = 2$, $u_2 = 5$, $u_3 = 8$, $u_4 = 11$ et $u_5 = 14$. **b.** Pour
tout n entier naturel $u_n = u_1 + (n-1)r = 2 + (n-1) \times 3$,
soit $u_n = 3n - 1$. **c.** On a immédiatement $u_{2011} = 6\,032$.
5 On a $u_n = u_0 + nr$,
d'où $v_n = u_{5n} + 2 = u_0 + 5nr + 2 = (u_0 + 2) + (5r)n$;
ainsi la suite (v_n) est arithmétique de raison $5r$ et de premier
terme $v_0 = u_0 + 2$.

6 a. $u_1 = \dfrac{u_0}{1 + 3u_0} = \dfrac{1}{4}$, de même $u_2 = \dfrac{1}{7}$, $u_3 = \dfrac{1}{10}$, $u_4 = \dfrac{1}{13}$

et $u_5 = \dfrac{1}{16}$. **b.** $v_{n+1} = \dfrac{1}{u_{n+1}} = \dfrac{1 + 3u_n}{u_n} = \dfrac{1}{u_n} + 3 = v_n + 3$:

(v_n) est arithmétique de raison $r = 3$ avec $v_0 = 1$.

c. On a pour tout entier naturel $n \geq 1$: $v_n = 1 + 3n$ d'où

$u_n = \dfrac{1}{1 + 3n}$. **d.** On a, de façon évidente, $u_n > 0$ et

$\dfrac{1}{1 + 3n} - \dfrac{1}{3} = \dfrac{2 - 3n}{3(3n+1)} < 0$, donc $u_n < \dfrac{1}{3}$.

7 $u_{n+1} - u_n = \dfrac{1}{3n+4} - \dfrac{1}{3n+1} = -\dfrac{3}{(3n+4)(3n+1)} < 0$,

donc la suite (u_n) est décroissante.

8 a. $u_{14} = u_3 + 11r$, soit $r = \dfrac{u_{14} - u_3}{11} = -7$, puis

$u_0 = u_3 - 3r = 75 - 3(-7) = 75 + 21 = 96$.
b. $r = -7 < 0$ donc cette suite est décroissante.
c. On a alors pour tout entier naturel n : $u_n = 96 - 7n$.
d. $-349 = 96 - 7n$; $7n = 445$. Or 7 ne divise pas 445
donc il n'existe pas de n tel que $u_n = -349$.
9 a. $v_1 = 1\,550$; $v_2 = 1\,600$. **b.** $v_{n+1} = v_n + 50$, donc (v_n)
est une suite arithmétique de premier terme $v_0 = 1\,500$
et de raison $r = 50$; donc $v_n = v_0 + nr = 1\,500 + 50n$.
$v_8 = 1\,500 + 8 \times 50 = 1\,900$.

14 page 85

1 $\dfrac{u_{n+1}}{u_n} = \left(\dfrac{2^{n+1}}{5^{n+4}}\right) \times \left(\dfrac{5^{n+3}}{2^n}\right) = \dfrac{2}{5}$; ainsi (u_n) est géométrique

de raison $q = \dfrac{2}{5}$ avec $u_0 = \dfrac{1}{125}$.

2 a. $u_0 = 1$, $u_1 = 6$ et $u_2 = 12$; on a $\dfrac{u_1}{u_0} \neq \dfrac{u_2}{u_1}$, donc (u_n)

n'est pas géométrique.

b. $2v_{n+1} - 3v_n = 0$; $v_{n+1} = \left(\dfrac{3}{2}\right)v_n$, donc (v_n) est géomé-

trique de raison $q = \dfrac{3}{2}$ avec $v_0 = -5$.

c. $w_{n+1} - w_n = \dfrac{3}{7}$; on reconnaît en (w_n) une suite arithmé-

tique de raison $r = \dfrac{3}{7}$.

3 a. $u_0 = 3$, $u_1 = 3u_0 - 4 = 9 - 4 = 5$; de même $u_2 = 11$,
$u_3 = 29$ et $u_4 = 83$.
b. On constate que $v_0 = 1$, $v_1 = 3$, $v_2 = 9$, $v_3 = 27$ et
$v_4 = 81$: il semble donc que la suite (v_n) soit géométrique
de raison $q = 3$.
c. $v_{n+1} = u_{n+1} - 2 = 3u_n - 4 - 2 = 3u_n - 6 = 3(u_n - 2)$
$= 3v_n$, ce qui prouve que (v_n) est géométrique de raison
$q = 3$ et de premier terme $v_0 = u_0 - 2 = 1$.
4 a. On a pour tout entier naturel n : $v_n = 3^n$, donc
$u_n = v_n + 2 = 3^n + 2$. **b.** On en déduit simplement alors
que $u_{10} = 3^{10} + 2 = 59\,051$.

5 a. $\dfrac{u_{n+1} - u_n}{u_n} = -0{,}2$; $u_{n+1} - u_n = -0{,}2\,u_n$;

$u_{n+1} = 0{,}8u_n$. (u_n) est donc une suite géométrique de premier
terme $u_0 = 7$ et de raison $q = 0{,}8$,

d'où $u_n = u_0 \times q^n = 7 \times (0,8)^n$. **b.** $u_{10} = 7 \times (0,8)^{10} \approx 0,75$.

6 a. On a $v_1 = 1,047\,5v_0 = 3\,142,5$,
$v_2 = 1,047\,5v_1 = 3\,291,8$ et $v_3 = 1,047\,5v_2 = 3\,448,1$.
b. On a donc $v_{n+1} = 1,047\,5v_n$, la suite (v_n) est géométrique de raison $q = 1,047\,5$.
c. On a donc pour tout entier n : $v_n = 3\,000 \times 1,047\,5^n$.
d. On cherche à partir de quel n on a $v_n > 2v_0$, soit $3\,000 \times 1,047\,5^n > 6\,000$, ce qui revient à résoudre à la calculatrice $1,047\,5^n > 2$: on obtient $n = 15$, ainsi le capital de Pierre aura doublé au 01/01/2016.

7 a. On a $u_n = u_0 \times q^n$, d'où $u_4 = 2u_6$; $q^4 = 2q^6$, soit $q^2 = \dfrac{1}{2}$. Or $q > 0$, donc $q = \dfrac{1}{\sqrt{2}}$. De plus, $u_{10} = u_0 \times q^{10}$, soit $u_0 = \dfrac{u_{10}}{q^{10}}$; on obtient $u_0 = -8 \times 32 = -256$. **b.** On a pour tout entier naturel n : $u_n = -256 \times \left(\dfrac{1}{\sqrt{2}}\right)^n$, d'où $u_{20} = -256 \times \left(\dfrac{1}{2}\right)^{10} = -\dfrac{2^8}{2^{10}} = -\dfrac{1}{4}$.

8 a. $v_{n+1} = u_{n+1} + \alpha = \left(\dfrac{1}{2}\right)u_n - 4 + \alpha = \left(\dfrac{1}{2}\right)(u_n - 8 + 2\alpha)$, (v_n) sera géométrique à condition que $-8 + 2\alpha = \alpha$, soit $\alpha = 8$, ainsi (v_n) est géométrique de raison $q = \dfrac{1}{2}$.
b. On a pour tout entier naturel n :
$v_n = v_0 \times q^n = 11 \times \left(\dfrac{1}{2}\right)^n$, d'où $u_n = 11 \times \left(\dfrac{1}{2}\right)^n - 8$.

9 a. Ici, $0 < q = \dfrac{1}{3} < 1$, donc la suite (u_n) est décroissante.
b. $u_n = -3 \times \left(\dfrac{5}{4}\right)^n$, on a $q = \dfrac{5}{4} > 1$; donc $\left(\dfrac{5}{4}\right)^n$ est une suite croissante. En multipliant par $u_0 = -3 < 0$, on obtient une suite décroissante. **c.** On a ici une suite géométrique de raison $q = \dfrac{2}{\sqrt{3}} > 1$ avec $u_0 = 2 > 0$, donc (u_n) est croissante.

15 page 87

1 Solution : $(-2 ; 1)$.
2 Solution : $(1 ; 1)$.
3 a. $d_1 : y = \dfrac{1}{3}x - 1$, $d_2 : y = \dfrac{1}{3}x + 2$. **b.** Les droites ayant le même coefficient directeur sont parallèles. Elles n'ont pas la même ordonnée à l'origine, donc elles sont distinctes.
c. Le système n'a pas de solution.
4 $f(0) = 5$, $f(1) = 0$ et $f(2) = -1$; d'où le système :
$\begin{cases} c = 5 \\ a + b + c = 0 \\ 4a + 2b + c = -1 \end{cases}$; $c = 5$, puis $a = 2$ et $b = -7$.
5 a. $D_1 : 2x + y - 5 = 0$; $D_2 : x - 2y = 0$;
$D_3 : 3x - y - 1 = 0$. **b.** $(2 ; 1)$; $\left(\dfrac{6}{5} ; \dfrac{13}{5}\right)$; $(0,4 ; 0,2)$.
6 $a + \dfrac{b}{x-2} = \dfrac{a(x-2)+b}{x-2} = \dfrac{ax - 2a + b}{x-2}$; d'où le système : $\begin{cases} a = 3 \\ -2a + b = -2 \end{cases}$; $a = 3$ et $b = 4$.

7 a. Soit x et y le nombre des pièces de 0,50 et de 2 euros.
$\begin{cases} x + y = 22 \\ 0,5x + 2y = 24,50 \end{cases}$
Réponse : 13 pièces de 0,50 € et 9 pièces de 2 €.
b. Soit z le nombre de pièces de 1 € :
$\begin{cases} x + y + z = 22 \\ 0,5x + 2y + z = 24,50 \end{cases}$; $\begin{cases} x + y = 22 - z \\ 0,5x + 2y = 24,50 - z \end{cases}$;

d'où $y = 9 - \dfrac{z}{3}$.
Le nombre de pièces étant un nombre entier, cela impose que z soit un multiple de 3 ; d'autre part $z < 22$. Les triplets $(x ; y ; z)$ solutions sont : $(13 ; 9 ; 0)$, $(11 ; 8 ; 3)$, $(9 ; 7 ; 6)$, $(7 ; 6 ; 9)$; $(5 ; 5 ; 12)$, $(3 ; 4 ; 15)$, $(1 ; 3 ; 18)$.

16 page 89

1 Moyenne : 6,6 ; variance : 4,32 ; écart-type : 2,08.
2 a. Moyenne : 12,29 ; variance : 10,79 ; écart-type : 3,28.
b. Médiane : 12 ; premier quartile : 10 ; troisième quartile : 15.
3 a. $\bar{x} = 42\,050$; $s \approx 41\,089$; 92 % des festivals ont entre 0 et 83 000 spectateurs.
b. $Me = 30\,000$; $Q_1 = 17\,000$; $Q_3 = 60\,000$;
$Q_3 - Q_1 = 43\,000$. 50 % des festivals ont entre 17 000 et 60 000 spectateurs.
c. $\bar{x}_1 = 35\,800$; $s_1 \approx 26\,020$; 76 % des festivals ont entre 9 800 et 51 800 spectateurs. La moyenne et l'écart-type sont sensibles aux valeurs extrêmes.
$Me = 30\,000$; $Q_1 = 17\,000$; $Q_3 = 37\,000$; $Q_3 - Q_1 = 20\,000$.
50 % des festivals ont entre 17 000 et 37 000 spectateurs. La médiane n'est pas sensible à l'élimination de la plus grande valeur.

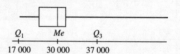

17 page 91

1

Année	Chiffre d'affaires	Moyennes mobiles d'ordre 3
2004	5,5	
2005	8,4	8,47
2006	11,5	11,8
2007	15,5	15,67
2008	20	20,17
2009	25	25,3
2010	30,9	

2 a.

Rang de l'année	Nombre de naissances	Moyennes mobiles d'ordre 4
1	179	
2	137	
3	164	167,25
4	173	174,5
5	211	178,88
6	163	181,38
7	173	185
8	184	191,13
9	229	
10	194	

b. La courbe montre une tendance linéaire croissante sur des cycles de 4 ans.
3 a. =(C3+C4+C5+C6+C7)/5.
b. La tendance était à la hausse jusqu'en avril 2008 et est à la baisse depuis.

18 page 93

1 a. 7 doubles ; pour les autres, cela revient à dénombrer le nombre de droites que l'on peut tracer à partir de 7 points non alignés 3 à 3 : il y en a : $\dfrac{7 \times 6}{2}$, soit 21.

b. $\bar{C}$: « la somme des deux numéros est inférieure ou égale à 4 » ; $p(\bar{C}) = \dfrac{9}{28}$; $p(C) = \dfrac{19}{28}$.

D est un événement impossible (on ne peut pas obtenir de multiple de 7 en multipliant deux nombres inférieurs à 6) ; $p(D) = 0$.

c. $p(A \cap C) = \dfrac{4}{28}$; $p(A \cup C) = \dfrac{22}{28}$;

$B \cap C = \varnothing$; $p(B \cup C) = \dfrac{22}{28}$.

2 $p(T) = \dfrac{8}{32} = 0,25$; $p(\bar{H}) = \dfrac{12}{32}$; $p(H) = \dfrac{20}{32} = 0,625$;

$p(T \cap H) = \dfrac{5}{32}$; $p(T \cup H) = \dfrac{23}{32}$.

3 a. B2 =ALEA.ENTRE.BORNES(1;6) ; D2 = B2 + C2.

b. $\dfrac{77}{500} \approx 0,144$; $\dfrac{81}{500} \approx 0,162$; $\dfrac{83}{500} \approx 0,166$.

c. $\dfrac{6}{36} = \dfrac{1}{6}$ soit environ 0,167.

d.

e_i	2	3	4	5	6	7	8	9	10	11	12	total
p_i	$\dfrac{1}{36}$	$\dfrac{2}{36}$	$\dfrac{3}{36}$	$\dfrac{4}{36}$	$\dfrac{5}{36}$	$\dfrac{6}{36}$	$\dfrac{5}{36}$	$\dfrac{4}{36}$	$\dfrac{3}{36}$	$\dfrac{2}{36}$	$\dfrac{1}{36}$	1

Les 11 éventualités n'ont pas la même probabilité ; la loi n'est pas équirépartie sur l'ensemble E.

19 page 95

1 a.

x_i	– 2	5	10	Total
$P(X = x_i)$	0,7	0,2	0,1	1

b. $E(X) = 0,6$.

2 $E(X) = 1,34$; en moyenne une personne va 1,34 fois au cinéma par mois.

3 a. X prend les valeurs 200, 20 et 0 avec les probabilités $\dfrac{5}{800} = 0,006\,25$; $\dfrac{25}{800} = 0,031\,25$ et $\dfrac{770}{800} = 0,962\,5$.

b. $E(X) = 1,875$ €.

4 a. X prend les valeurs $- m$, 0, $20 - m$ et $100 - m$.

b. $P(X = -m) = 1 - \dfrac{1}{8} - \dfrac{1}{20} - \dfrac{1}{40} = \dfrac{32}{40} = \dfrac{4}{5}$.

c. $E(X) = - m \times \dfrac{4}{5} + 0 \times \dfrac{1}{8} + (20 - m) \times \dfrac{1}{20} + (100 - m)$

$\times \dfrac{1}{40} = \dfrac{140 - 35m}{40}$. **d.** $E(X) < 0$ équivaut à $140 - 35m < 0$; soit $m > 4$; on fixera donc le prix à 5 €.

e. Le nombre de personnes qui participent est :
$1\,250 \times 0,7 + 160 \times 0,85 = 1\,011$.

Si $m = 5$, l'espérance de gain par participant est

$\dfrac{140 - 35 \times 5}{40} = - 0,875$.

Les élèves peuvent donc espérer récolter $1\,011 \times 0,875 = 885$ €.

20 page 97

1 a. Le tirage d'un jeton est une épreuve de Bernoulli. La probabilité de succès S « obtenir le C » est $\dfrac{1}{5}$, soit 0,2.

On recommence trois fois ; X suit la loi binomiale de paramètres $n = 3$ et $p = 0,2$.
L'événement $(X = 0)$ correspond au chemin SSS de l'arbre.
$P(X = 0) = 0,2^3 = 0,008$.
L'événement $(X = 2)$ correspond aux chemins SSE, SES, ESS.
$P(X = 2) = 3 \times 0,2^2 \times 0,8 = 0,096$.

b. Dans l'arbre, il y a six chemins contenant deux C :
CC– –, C–C–, C– –C, –C–C, –CC–, – –CC,
X suit la loi binomiale de paramètres $n = 4$ et $p = 0,2$.
$P(X = 2) = 6 \times 0,2^2 \times 0,8^2 = 0,1536$.

2 $\dbinom{4}{2} = 6$, $\dbinom{9}{1} = 9$, $\dbinom{5}{3} = 10$, $\dbinom{10}{0} = 1$, $\dbinom{7}{7} = 1$.

3 Le tirage d'une boule est une épreuve de Bernoulli. La probabilité de succès S « obtenir une boule noire » est 0,1. On recommence quatre fois ; soit X le nombre de boules noires obtenues ; X suit la loi binomiale de paramètres $n = 4$ et $p = 0,1$.

a. $p(X = 2) = \dbinom{4}{2} 0,1^2 (0,9)^2 = 0,0486$.

b. $p(X = 4) = \dbinom{4}{4} 0,1^4 (0,9)^0 = 0,0001$.

4 a. $p(X = 5) = \dbinom{5}{5} 0,8^5 (0,2)^0 = 0,32768$, soit environ 33 %.

b. $p(X = 3) = \dbinom{5}{3} 0,8^3 (0,2)^2 = 0,2048$, soit environ 20 %.

5 Celui qui ne présente pas de symétrie. En effet :

$p(X = 0) = \dbinom{5}{0} 0,4^0 (0,6)^5 = 0,0768$

et $p(X = 5) = \dbinom{5}{5} 0,4^5 (0,6)^0 = 0,01024$.

6 a. $E(X) = 2$, $V(X) = 1,2$. **b.** $E(X) = 4$, $V(X) = 0,8$.
c. $E(X) = 5$, $V(X) = 2,5$.

7 a. $p(X = 4) = \dbinom{30}{4} \left(\dfrac{1}{6}\right)^4 \left(\dfrac{5}{6}\right)^{24} \approx 0,266$.

b. $E(X) = 5$.

1 page 103

1 Les frais d'inscription, les livres, le manque à gagner liés à l'abandon d'un travail que l'on aurait pu faire. **2** Non, toute activité nécessite d'en abandonner une autre. Il faut faire des choix. **3** Le coût d'opportunité est mesuré par le gain qu'entraînerait un emploi différent d'une ressource économique. C'est donc la mesure d'un manque à gagner lié à l'utilisation d'une ressource économique et à l'abandon de cette même ressource pour exercer une autre activité. Il est lié au choix et choisir c'est exclure : il est impossible d'avoir le beurre et l'argent du beurre.

2 page 105

1 Les caractères sont les branches et la taille des entreprises. Les modalités sont Industries agricoles et alimentaires, Industries hors IAA, Construction, Commerce, Transports, Activités financières, Activités immobilières, Services aux entreprises, Autres services pour le premier caractère et 0, 1-9, 10-49, 50-199, 200-499, 500-1999 et plus de 200 pour le second caractère. Les modalités croisées sont les données chiffrées du tableau, à l'exception des répartitions marginales. Ces dernières sont la ligne totale et la colonne du même nom. Enfin, le champ du tableau concerne les entreprises exerçant leur activité sur le territoire français. **2** Il y avait en France plus de 3 millions d'entreprises en 2008. Elles se répartissent entre différentes branches et différentes tailles. C'est dans les services en général, y compris les commerces, que l'on trouve le plus grand nombre d'entreprises. Et elles sont généralement de petite taille, essentiellement entre 0 et 9 salariés. Cela signifie que l'image que la presse véhicule des entreprises, à savoir de grandes firmes multinationales, n'est pas du tout représentative de la réalité.

4 page 109

1 Il est possible de répertorier ces flux dans un TES, dans la partie des entrées intermédiaires.

Entrées intermédiaires			
de ╲ vers	Agriculture	Industrie	Total
Agriculture	30	50	80
Industrie	110	70	180
Total des consommations intermédiaires	140	120	260

La colonne « Total » représente les biens provenant de l'agriculture et de l'industrie. La ligne « Total des CI » représente les consommations intermédiaires utilisées par chacune des branches.

2 Il est possible d'établir le compte de production de la manière suivante.

Compte de production			
de ╲ vers	Agriculture	Industrie	Total
Consommation intermédiaire des branches	140	120	260
Valeur ajoutée	150	240	390
Production	290	360	650

Ce tableau permet, de manière incomplète pour les besoins de l'exercice, de calculer le PIB. Il équivaut à la somme des valeurs ajoutées, soit 390. Les ressources productives du pays sont de 470.

3 Il est encore possible de compléter le TES.

	Ressources		
	Production	Importations	Total
Agr.	290	20	310
Ind.	360	60	420
Total	650	80	730

4

	Emplois finaux			
	Conso	FB CF	ΔS	X (export.)
Agr.	130	40	10	90
Ind.	240	80	– 10	150
Total	370	120	0	240

Compte de production			
de ╲ vers	Agriculture	Industrie	Total
Consommation intermédiaire des branches	140	120	260
Valeur ajoutée	150	240	390
Production	290	360	650

5 Pour confirmer l'exactitude du TES, il est utile de vérifier l'équation d'équilibre des opérations sur biens et services : P + M = C + FBCF + ΔS + X. Ce qui donne : 470 + 80 = 370 + 120 + 0 + 240.

5 page 111

1 Une personne physique est un individu en chair et en os alors qu'une personne morale est une entité, généralement un groupement, dotée de la personnalité juridique. **2** Contrairement aux idées reçues, on ne crée pas une structure juridique dans laquelle on exercera une activité, mais on part de l'analyse économique du projet pour lequel on adapte un cadre légal. Le type de société s'impose donc souvent de lui-même, mais il peut également y avoir plusieurs possibilités, par exemple la SARL, la SA ou la SAS. Il existe différents types de critères de choix :
– des critères objectifs : ils correspondent principalement au montant minimal du capital social exigé pour chaque type de société, à la délimitation de la responsabilité des associés, au statut social et fiscal des dirigeants, etc. ;
– des critères subjectifs : ils sont pris en considération lorsque l'on souhaite renforcer, dès le début, la crédibilité de l'entreprise ou lui donner un cadre juridique compatible avec ses perspectives de développement. Ainsi, certaines formes de société ont une meilleure image de marque auprès des tiers : la SA ou la SAS, par exemple, sont mieux perçues, le nombre d'associés et leur capital souvent plus importants donnent confiance. Dans le même ordre d'idée, la présence d'un commissaire aux comptes peut rassurer certains partenaires. **3** Une SA pourra obtenir plus de capitaux qu'une EURL. Dès lors, elle pourra accéder aux marchés financiers et faire des emprunts plus importants qui lui permettront d'avoir les ressources nécessaires pour investir. Les SA sont dans la plupart des cas de plus grande taille que les EURL. Et même si toutes les SA ne sont pas cotées sur les marchés boursiers, les plus grosses entreprises d'un pays sont des SA.

6 page 113

1 Les *solutions qui ne vérifient pas* l'optimum de Pareto étaient mises en œuvre dans les années 1960 : il s'agissait de refuser d'embarquer les derniers arrivants. Ils étaient mécontents, mais les entreprises pouvaient continuer leurs pratiques. Une autre solution non optimale consiste à faire interdire cette pratique : les compagnies aériennes auront alors moins de recettes et elles devront augmenter leurs prix. Les *solutions optimales* consistent à demander aux passagers s'ils n'accepteraient pas de partir sur un autre vol, moyennant une compensation financière. Les passagers qui acceptent accroissent leur satisfaction (puisque ne pas partir tout de suite ne les ennuie pas), les compagnies peuvent remplir leurs avions, et les autres passagers payent moins cher leur billet. Il semble bien qu'il y ait là un optimum de Pareto : personne n'y perd et beaucoup y gagnent. **2** Ce sont des institutions dans la mesure où ils fonctionnent selon des règles précises qui doivent être respectées pour que les échanges puissent exister. Par exemple, il faut que les droits de propriété soient respectés afin que les propriétaires puissent vendre ce qui leur appartient.

7 page 115

1 a. Elle veut avoir une image différente de celle de ses concurrents sur le marché des pulls. **b.** L'entreprise Benetton met en place une stratégie de différenciation qui lui permet de vendre à ses clients autre chose que des pulls : des valeurs. **c.** L'entreprise a un double objectif économique : vendre davantage et faire plus de profit. **2 a.** Si l'on considère les monopoles au sens strict, les entreprises en situation de monopole sont assez peu nombreuses : ERCF, RFF, Alsthom sur le marché de la grande vitesse en France. Mais dans une acception plus large, on peut citer Google, Microsoft, SNCF, EDF… **b.** Non : les monopoles peuvent permettre de développer les innovations et par conséquent améliorer la satisfaction des consommateurs.

8 page 117

1 Elles présentent des avantages en termes de proximité culturelle des entreprises, mais aussi de nombreux inconvénients. La rivalité entre dirigeants s'en trouve souvent exacerbée, comme entre Daniel Bouton, de la Société générale, et Michel Pébereau, de la BNP. De plus, même si à moyen terme cette solution est plutôt favorable à l'emploi, elle suppose à court terme des suppressions de postes souvent plus nombreuses, car les deux entreprises sont à priori déjà très présentes sur leur marché national. Enfin, ces fusions posent souvent des problèmes de concurrence, qui rendent l'opération juridiquement aléatoire. Carrefour et Promodès se heurtent actuellement à des difficultés de ce type. **2** Elles permettent de faire jeu égal avec les grandes entreprises américaines. **3** Elles permettent aux entreprises de mieux se situer dans le contexte de la mondialisation et de la division internationale des processus productifs.

9 page 119

1 a. Le troc nécessite que les co-échangistes soient d'accord sur la valeur précise des biens et qu'ils en aient une utilité assez immédiate. Par ailleurs, s'il y a une centaine de co-échangistes, il faut de nombreux biens pour que tous puissent échanger. Par contre, avec la monnaie, il faut peu de biens et des unités monétaires. **b.** La justification économique de l'apparition de la monnaie ne convainc pas le journaliste. Il trouve, et les historiens avec lui, que les justifications sociales sont au moins aussi importantes que les justifications économiques. **2 a.** Globalement, les agents à besoins de financement ont trouvé près de 10 fois plus de financement sur les marchés et auprès des banques. Il s'agit probablement d'euros courants. Mais en même temps que les montants s'accroissaient, la structure des financements s'est transformée dans la mesure où le financement par le

marché a gagné 2 points et que le financement bancaire en perdait autant. **b.** Il est possible de les expliquer en mettant en relation le financement avec les réformes libérales des années 1980. Celles-ci ont déréglementé et dérégulé les marchés, de manière à faciliter le financement direct. On a donc assisté à un financement par le marché qui a remplacé une économie d'endettement.

 page 121

1

	Montants
M1	843,48
Billets et pièces en circulation	141,432
Dépôts à vue	700,344
M2-M1 (= autres dépôts court terme)	656,04
Dépôts à terme d'une durée < à 2 ans	323,76
Dépôts remboursables avec un préavis < à 3 mois	332,28
M2	1 499,52
M3-M2 (= instrument négociable)	204,48
M3	1704

2 a. Un prêteur en dernier ressort est un agent chargé d'assurer l'alimentation de l'économie en liquidités et donc d'assumer les risques d'une éventuelle insolvabilité globale du système financier. Ce rôle est détenu par les banques centrales et donc aussi par la Banque centrale européenne. **b.** La BCE doit assurer la liquidité de l'économie mais elle doit aussi éviter que les crises de confiance ne se développent entre les banques. C'est pourquoi elle intervient en PDR.

 page 123

1 C'est le parlement.

2

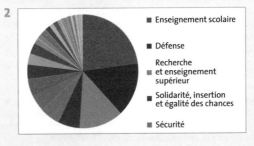

- Enseignement scolaire
- Défense
- Recherche et enseignement supérieur
- Solidarité, insertion et égalité des chances
- Sécurité

12 page 125

	2009
Taux de croissance	− 21,6 %
Taux de chômage	10 %
Taux d'inflation	0,1 %
Solde de la balance courante	− 1,9 %

13 page 127

1 Le solde primaire des opérations de l'État présente la différence entre les recettes et les dépenses publiques, indépendamment des paiements d'intérêts sur la dette publique. **2** Non, on peut aller jusqu'à dire qu'il y a deux sortes de dettes, la bonne et la mauvaise. Cette dernière est constituée par un déficit qui sert à payer les dépenses courantes de l'État et elle ne crée donc pas de véritables richesses. La bonne dette est liée à un investissement public qui produit de la croissance à court et à long termes. **3** De façon générale, on constate que les outils de mesure utilisés pour analyser l'impact économique de la dette ont tendance à minorer sa contribution à la croissance.

14 page 129

1 Le caractère inné regroupe le biologique, le pulsionnel, voire le « primitif ». Il s'oppose au caractère culturel qui est acquis par l'homme au cours de sa vie. **2** Il est fort probable que les jeunes enfants abandonnés dans la nature ne peuvent survivre. De plus, l'homme vit en société et il a besoin des autres pour vivre. Il doit donc élaborer des normes, des règles de vie en commun. L'apprentissage passe par la socialisation : elle est culturelle.

15 page 131

1 Selon l'enquête de Michelat, sur 100 parents qui ont une pratique religieuse régulière, 67 % ont des enfants qui ont aussi une pratique régulière. Et 74 % des enfants de parents sans religion sont eux-mêmes sans religion. **2** La famille socialise aussi à des valeurs qui peuvent être religieuses. Les enfants ont souvent les mêmes pratiques religieuses que leurs parents, même si les pratiques elles-mêmes disparaissent. En effet, c'est bien la diagonale du tableau qui incorpore les chiffres les plus élevés.

16 page 133

1 a. Plus les groupes sont grands, moins les actions personnelles des individus sont visibles car elles sont noyées dans la masse. Dès lors, on peut supposer que plus les groupes sont petits, plus les individus sont sous le regard de leurs pairs et plus ils auront un comportement conforme aux attentes. **b.** Il est très difficile de repérer les individus qui profitent des actions collectives sans en payer le prix (cotisation syndicale, perte du salaire d'une journée de travail en cas de grève…). **2 a.** Les incitations sélectives peuvent être des prestations et avantages accordés aux membres de l'organisation qui mobilise. L'American Medical Association (exemple d'Olson) offre à ses adhérents médecins une formation continue, une assurance, un service juridique, une revue professionnelle appréciée qui rentabilisent la cotisation. Les incitations sélectives peuvent aussi prendre la forme de la contrainte. Le cas le plus clair est le système dit du *closed-shop*, longtemps pratiqué en France par le syndicat du livre CGT ou celui des dockers : l'embauche est conditionnée par l'adhésion à l'organisation, ce qui élimine tout passager clandestin. **b.** Les passagers clandestins potentiels peuvent vouloir bénéficier de la protection des groupes et ils adoptent alors des comportements conformes aux attentes.

17 page 135

1 a. Non, les réseaux informatiques sont des réseaux matériels qui permettent le développement de réseaux sociaux, qu'il s'agisse de commerce, d'amitié, de relations, etc. **b.** Non, il peut aussi s'agir de réunir des entreprises qui vont profiter de la plateforme technique pour accéder à des clients plus nombreux. **c.** Plus il y a d'utilisateurs, plus le réseau est vaste et plus les chances de transactions sont nombreuses. **2 a.** Non, ils sont spécialisés et c'est pour cela qu'il existe des réseaux professionnels permettant de cibler des populations précises. À l'inverse, les réseaux généralistes comme Facebook regroupent des individus issus de milieux très divers. **b.** Cela permet d'être visible directement ou indirectement auprès des chasseurs de têtes et ainsi de trouver un emploi ou d'en changer.

18 page 137

1 a. Pour M. Cusson, le contrôle social a pour effet de limiter la délinquance car les individus rationnels vont faire en sorte de commettre des délits dont la sanction sera la plus limitée possible. **b.** La peine doit être forte pour orienter le délinquant vers des crimes moins graves. **2 a.** Le contrôle informel domine dans les communautés de proximité. **b.** Le passage de la communauté à la société, caractéristique des sociétés modernes selon Durkheim, se traduit par un affaiblissement du contrôle informel. **c.** Le contrôle social devient formel, c'est-à-dire que le loi s'impose de manière explicite.

19 page 139

1 a. Oui, mais ce ne sont pas celles de la société. **b.** Pour ceux qui ne font pas partie de leur groupe, les musiciens sont déviants : ils vivent la nuit, ils obéissent à des normes différentes de celles de la société. Mais c'est précisément cette particularité qui intéresse le sociologue. En effet, si, pour le « cave », le musicien est un déviant, il est cependant intégré et conforme aux valeurs de son propre groupe. **2 a.** Les valeurs des bandes sont la force, le refus d'un capital culturel développé, le courage, la capacité à affronter les autres. **b.** Les jeunes qui suivent le cursus scolaire sont dans la norme préconisée par la société dans laquelle ils vivent. Par contre, les jeunes qui appartiennent à des bandes sont déviants mais cela ne les empêche pas de suivre des normes et des règles : celles de leur groupe d'appartenance. Dès lors, s'ils sont déviants pour la société, ils ne le sont pas pour leur propre groupe.

20 page 141

1 Ce sont des enquêtes qui coûtent très cher car il faut mobiliser de nombreux sociologues et traiter des données très complexes. **2** Il faut que la victime existe et qu'elle soit capable de répondre, ce qui signifie qu'il faut que les policiers et gendarmes aient pu la recevoir. Il faut aussi qu'elle accepte de répondre, ce qui suppose qu'elle ne soit pas liée à un trafic dont elle aurait été victime, de même qu'il faut qu'elle soit en état psychique et physique de répondre aux enquêteurs.

21 page 142

1 Il est difficile de globaliser l'évolution de l'abstention car il existe des différences entre les diverses élections. Certaines élections semblent ne pas intéresser les Français alors que d'autres les passionnent. Les élections européennes ne font pas recette et les taux d'abstention ne cessent de s'accroître. Il en va de même pour les élections régionales. Par contre, les taux sont très faibles aux élections présidentielles et pour les élections municipales, mais dans une moindre mesure. L'évolution est plus erratique pour les élections législatives mais il semble qu'il existe une certaine tendance à la hausse. **2** Les avis sont partagés. Certes, l'accroissement de l'abstention peut marquer une forme de désintérêt qui pourrait aboutir à ce que Tocqueville appelait le « despotisme démocratique » : chaque citoyen se retire dans sa sphère privée et laisse le pouvoir aux professionnels de la politique. Mais cet avis pessimiste ne tient pas compte des nouvelles formes de participation politique à travers les réunions de quartier, la participation à des associations ou à des mouvements culturels et politiques. Les avis sont donc divergents et l'avenir tranchera…

22 page 145

1 La nation française s'est imposée par la force à l'ensemble des terroirs et des individus qui composaient le territoire « national ». **2** C'est l'État qui a joué le rôle essentiel car il était doté de la légitimité et du pouvoir d'utiliser sa puissance. **3** Ils sont devenus des citoyens dotés de droits et de devoirs.

25 page 151

1 a. Les médias rendent visibles des problèmes qui existaient mais qui n'intéressaient pas le public ou les hommes politiques. **b.** Les médias risquent de devenir les principaux détenteurs de l'ordre du jour de l'agenda politique car ils sont capables de mobiliser autour d'un problème. Mais cette position peut leur permettre de favoriser l'inscription à l'agenda politique de problèmes qui les intéressent directement, parce que cela fait vendre plus de journaux ou parce que cela concerne plus particulièrement les journalistes. **2** L'inscription d'un problème social à l'agenda politique ne permet pas de le supprimer. Il faut aussi que les mesures prises soient efficaces. L'exemple du chômage est emblématique car il est inscrit depuis près de 30 ans à l'agenda politique et que, malgré quelques baisses ponctuelles, il demeure le principal problème de l'économie française.

Corrigés

1 page 155

1. Ce graphique superpose l'évolution de deux types de données, avec ordonnées et unités de valeur propres, durant la seconde moitié du XXe siècle : les protections tarifaires en pourcentage (diagramme en bâtons) ; un indice, dont la valeur de base (100) correspond au volume d'échanges en 1950 (courbes). **2** Les protections tarifaires aux frontières diminuent considérablement entre 1947 et 1994, passant de près de 40 % à moins de 5 %. Parallèlement, les échanges de biens matériels explosent : ils sont multipliés par 10 pour les produits miniers et agricoles, et par plus de 50 pour les produits manufacturés. **3** La baisse des tarifs douaniers a encouragé l'accroissement des échanges. Mais cette corrélation doit être nuancée : l'échelle des échanges est logarithmique, leur croissance est donc exponentielle, beaucoup plus rapide que la baisse des taxes ; de plus, on observe une décélération dans les années 1970 et 1980, puis une accélération, à l'inverse des tendances douanières. D'autres facteurs déterminants interviennent donc dans l'essor des échanges (baisse des coûts de transport, recherche de bas salaires, etc.).

2 page 157

1 Relatifs aux étrangers immigrés durant l'entre-deux-guerres, ces deux documents sont très différents. Doc. 1 : photographie d'un événement ponctuel (expulsion de familles polonaises du Nord de la France en 1934) ; doc. 2 : extrait du rapport du député Mallarmé défendant la naturalisation des étrangers en 1927. **2** Durant les années 1930, face aux tensions du marché du travail, le doc. 1 témoigne d'une mesure d'expulsion d'immigrés qui concurrencent les travailleurs nationaux. Signe d'une stigmatisation des étrangers, il ne peut suffire à expliquer la « disparition » de 500 000 d'entre eux en 5 ans : ni l'ampleur, ni la durée de telles expulsions ne sont mentionnées. **3** La mesure défendue par Mallarmé, adoptée pour enrayer l'« angoissant » « problème de la natalité française », explique mieux l'ampleur du recul du nombre d'étrangers. Elle ouvre en effet une vague de naturalisations : 400 000 immigrés « étrangers » deviennent français entre 1927 et 1940.

3 page 159

1 Œuvre d'art, ce document est plus qu'un témoignage. Mais Otto Dix a combattu durant la Grande Guerre et ce travail résulte de son expérience combattante. Ce triptyque, intitulé *La Guerre*, peut témoigner du traumatisme qui habite encore l'auteur autour de 1930. **2** Structuré comme les triptyques religieux médiévaux, le tableau comporte une grande image centrale, et deux volets latéraux, qui le mettent en perspective. Une lecture chronologique peut en être faite : à gauche, les soldats partent au combat ; au centre, la bataille fait rage ; à droite, un soldat indemne secoure un blessé parmi les morts. On peut proposer une lecture cyclique du tableau, les survivants repartant au front. **3** Otto Dix exprime son dégoût pour une guerre chaotique, rendu par la confusion et la désolation du paysage central, où les hommes sont déshumanisés (vivants masqués et morts déchiquetés), après avoir massivement et anonymement rejoint le front (personnages de dos à gauche). À droite, les survivants sont noyés dans les flammes, peinent à se mouvoir et leur lividité souligne la marque indélébile de la déshumanisation. Otto Dix condamne la guerre sans nuance.

4 page 161

1 Extrait de la charte des Nations unies de 1945, qui définit le fonctionnement de la future institution internationale. Tirés des chapitres 5 et 7, les passages reproduits portent sur le Conseil de sécurité, organe restreint, distinct de l'Assemblée générale de l'ONU. **2** Le Conseil de sécurité a en charge la « responsabilité principale du maintien de la paix et de la sécurité ». Pour être « rapide et efficace », cette instance dispose de moyens d'action en cas de « menace » ou de « rupture de la paix », allant de simples sanctions à l'emploi de la force armée des Membres des Nations Unies (art. 41/42). **3** Einstein s'inquiète des pouvoirs du Conseil de sécurité. Selon lui, l'ONU n'est pas démocratique, puisque les nations du Conseil de sécurité s'avèrent plus puissantes que les autres en droit (art. 24). D'autre part, l'ONU elle-même lui semble affaiblie par l'art. 27, qui exige l'accord « de tous les Membres permanents », conférant à chacun d'eux un « droit de veto », plus paralysant que protecteur.

5 page 163

1 Cette affiche de propagande soviétique dénonce une politique américaine hypocrite et menaçante, qui véhicule un message pacifique tout en implantant des bases militaires à l'Ouest de l'URSS. **2** Les propos du speaker sont « Paix, défense et désarmement », associés à l'épi de blé qu'il tient en main comme promesse de prospérité. Mais son micro est relié à une liasse de dollars et le blé cache une bombe A. Le dollar imprimé sur le revolver à ses côtés accentue le message : le capital achète la docilité internationale pour mieux déployer son arsenal militaire et étendre ses profits. **3** Éditée en 1952, cette affiche s'en prend à la fois au plan Marshall, qui finance la reconstruction en Europe de l'Ouest de 1947 à 1952, et à l'OTAN, priorité des États-Unis depuis 1949. L'influence de ceux-ci s'étend : sur l'affiche, un drapeau américain est planté sur la Grèce, dernière venue dans l'OTAN. **4** Jdanov voit dans la stratégie américaine une volonté impérialiste d'étendre son hégémonie sur un nombre croissant d'États, en manipulant les nations grâce à sa puissance financière.

6 page 165

Le totalitarisme peut s'appliquer et au nazisme et au stalinisme, deux régimes guidés par une idéologie qui les amène à user d'un autoritarisme violent : collectivisation forcée, famines et purges en URSS ; assassinats, pogroms et lois discriminatoires en Allemagne. Culte du chef, parti unique, propagande et embrigadement des masses allongent « la liste des ressemblances » soulignée par l'historien H. Rousso, ce qui confirme la validité du concept de totalitarisme. Mais les dissemblances entre les deux régimes sont tout aussi importantes : la révolution communiste dont se revendique le stalinisme se situe aux antipodes de l'idéal nazi, qui naît en 1919 pour combattre notamment les spartakistes allemands, inspirés par les bolcheviks. Les réformes mises en œuvre dans les deux pays diffèrent donc radicalement. Le pacte germano-soviétique de 1939 est d'ailleurs bien plus un arrangement circonstanciel qu'une véritable alliance idéologique et stratégique. Le concept de totalitarisme insiste donc sur des similitudes réelles, mais ne saurait suffire à comprendre les spécificités, voire les antagonismes profonds, qui animent ces différents régimes.

Ces deux documents sont relatifs aux démocraties populaires, placées sous influence soviétique depuis la fin des années 1940. Le doc. 1 est un extrait du programme de 1981 du syndicat Solidarnosc. Le doc. 2 est une chronologie des événements de 1989 qui conduisent à l'ouverture des pays d'Europe de l'Est. Ces documents nous permettent donc d'aborder l'évolution des démocraties populaires dans les années 1980, ainsi que le rôle qu'elles ont pu jouer dans l'effondrement du bloc soviétique. Le texte de Solidarnosc témoigne des mouvements contestataires qui animent les démocraties populaires (ex. à citer : Budapest en 1956, Prague en 1968) et sont dirigés contre la mainmise de Moscou sur les politiques nationales (à expliquer). Dans le cas précis des travailleurs de Gdansk, c'est une « réforme » globale qui est réclamée, en faveur du « pluralisme des opinions » et intégrant le « marché » dans une « république autogestionnaire ». L'idéal socialiste n'est pas rejeté : « plan », « autogestion » et volonté de satisfaire tous les besoins (art. 7 et 27) en relèvent. C'est plutôt le totalitarisme soviétique qui est visé. En cela, le mouvement polonais est en phase avec d'autres courants des démocraties populaires, pour un « socialisme à visage humain » et une réelle indépendance nationale. Mais d'autres formes de résistance existent alors en Europe de l'Est (pratique religieuse, marché noir, communications avec l'Occident…). La chronologie de l'année 1989 montre d'abord que les aspirations de Solidarnosc n'aboutiront qu'à la fin de la décennie. Mais on observe surtout que le « basculement » de l'Europe de l'Est est rapide et contagieux (exploiter la chronologie pour le montrer) et qu'il abandonne complètement le socialisme. Cela s'explique par une lente maturation des mouvements contestataires, par leur radicalisation, mais aussi par la passivité de Moscou, qui ne réagit pas, signe que la terreur extérieure s'est essoufflée. C'est le fruit de la « nouvelle pensée » des relations internationales, insufflée par Gorbatchev (expliquer ses réformes). Ces documents contribuent à expliquer l'effondrement du bloc soviétique, dans la mesure où ils permettent de saisir à la fois une part des facteurs menant à l'éclatement des démocraties populaires et le rythme des événements qui éloignent Moscou. Ce sont donc autant les forces satellites du bloc soviétique que l'URSS qui conduisent à la disparition du monde bipolaire.

Introduction : au début du XIXᵉ siècle, l'Europe connaît, avec l'Amérique du Nord, un développement rapide lié à l'industrialisation. Parallèlement, les États-nations se structurent et leurs rivalités s'ajoutent à la compétition économique. Ainsi les puissances européennes ouvrent-elles une nouvelle ère de l'histoire coloniale, longue de plus d'un siècle. Comment les Empires coloniaux prennent-ils forme ?

Annonce du plan. Pour répondre à cette question nous rendrons compte, d'abord, des facteurs qui ont favorisé l'expansion coloniale de l'Europe. Nous nous pencherons ensuite sur les modalités de la constitution de ces Empires, avant d'envisager les systèmes d'administration et d'organisation mis en place par les nations conquérantes.

Conclusion : nés de la conquête ou de la diplomatie, les Empires coloniaux du XXᵉ siècle sont issus de l'expansionnisme européen qui profite des moyens offerts par l'industrialisation du XIXᵉ siècle. Le partage du monde qu'ils organisent reflète l'ampleur de la puissance des métropoles coloniales. Il traduit les rapports de forces existant en Europe, de même que la variété des systèmes d'administration des colonies traduit la nature des relations locales entre colonisés et colonisateurs. Il n'est donc pas surprenant que l'évolution géopolitique de l'Europe entre 1914 et 1945 soit déterminante pour l'avenir des rapports coloniaux.

À l'échelle mondiale, la décolonisation du XXᵉ siècle peut être vue comme un phénomène inéluctable au regard des évolutions géopolitiques et de la montée de contestations dès les années 1920. Mais les facteurs qui interviennent dans ce processus sont multiples et c'est leur simultanéité qui conduit aux indépendances. Le premier moteur est l'appel à l'émancipation exprimé par les élites « indigènes », comme Gandhi (1945), ou Hô Chi Minh (1945). À cela s'ajoute un contexte mondial doublement favorable : d'une part, les métropoles coloniales sont affaiblies par la Seconde Guerre mondiale et, d'autre part, l'URSS, les États-Unis et l'ONU, résolument anticolonialistes, se font les porte-parole des peuples colonisés. Enfin, un phénomène de contagion s'observe : après l'Asie vient l'Afrique du Nord, puis l'Afrique subsaharienne. Ainsi, la Seconde guerre mondiale apparaît comme un tournant déterminant pour l'émancipation des colonies, en catalysant des facteurs déclencheurs préexistant et en bouleversant les équilibres géopolitiques mondiaux.

1 *I.* La IIIᵉ République : l'enracinement de la culture républicaine. *a.* Naissance. *b.* Œuvre fondatrice. *c.* Oppositions et consolidation. *II.* De Vichy à la IVᵉ République : des périls à la refondation. *a.* Vichy contre la République. *b.* Résistance et refondation. *c.* La IVᵉ République en difficulté. *III.* La Vᵉ République : rénovation et adaptations. *a.* Naissance. *b.* Nouveaux marqueurs institutionnels. *c.* Adaptations. **2** IIIᵉ Rép.: régime parlementaire. IVᵉ Rep. : régime parlementaire à la proportionnelle. Vᵉ Rép. : régime mixte à l'exécutif fort. **3 a.** Depuis la fin du XIXᵉ siècle, la République présente une certaine continuité : les symboles (Marianne, hymne), les principes (suffrage universel, représentation), les institutions (parlement, ministres, président) et les acteurs (partis politiques) sont restés fondamentalement les mêmes. Deux nuances doivent toutefois être apportées : d'une part, la République a pris trois formes institutionnelles différentes (IIIᵉ, IVᵉ et Vᵉ Rép.) et, d'autre part, Vichy constitue une brève mais profonde rupture signalant la fragilité républicaine en situation de crise. **b.** La République française a connu des mutations majeures au cours du XXᵉ siècle. Fébrile au départ, elle s'enracine profondément dans une forme très parlementaire durant la IIIᵉ Rép. Puis, sous la IVᵉ Rép., la démocratie s'étend aux femmes et la Constitution propose un autre équilibre des pouvoirs, favorisant les combinaisons instables. Enfin, à partir de 1958, la Vᵉ Rép. impose un exécutif renforcé, émanant à la fois du suffrage populaire (président) et de la majorité parlementaire (gouvernement). Vivement critiqué, ce pouvoir évolue (décentralisation, cohabitations puis quinquennat). Mais, malgré toutes ces transformations, la République s'appuie sur une tradition et des valeurs presque inchangées.

Corrigés

Le doc. 1 traite des rapports entre hommes et femmes dans les sociétés modernes. Très différent, le doc. 2 fait la promotion d'appareils électroménagers et montre un homme et une femme. Il est donc possible d'interroger la place de la femme dans la société française, après qu'elle est devenue l'égale civique de l'homme en 1944. Le féminisme de Simone de Beauvoir ne cherche pas à dénoncer une situation politique, mais à démontrer la subordination sociale et culturelle de la femme à « la société des hommes » : elle est « cantonnée » à son « rôle reproducteur et domestique », pour satisfaire le « besoin » du « mâle ». Son approche entend donc réorienter le combat féministe. En véhiculant les représentations dominantes, la publicité Moulinex valide l'argumentaire de Simone de Beauvoir. La cible commerciale est la femme (« pour elle, un Moulinex »), seule utilisatrice de la cuisine domestique. L'affiche est loin de suggérer l'émancipation voulue par Beauvoir : c'est l'homme, dont le costume témoigne de l'insertion sociale, qui offre un Moulinex à son épouse en tablier (économiquement dépendante car « cantonnée » au foyer), profitant, en retour, des « bons petits plats » préparés par elle. Il ne semble pas ici que les outils proposés soient employés par l'homme. On perçoit, à travers la confrontation de ces deux documents, une rupture importante dans l'évolution du féminisme. Après-guerre, les luttes féministes, par-delà leur diversité, visent à ébranler l'ordre social dominant qui confère une supériorité à l'homme, voire tendent à redéfinir complètement la place du genre dans la société.

Géographie

1 page 177

1 Nice, ville du sud-est de la France, dans le département des Alpes-Maritimes, et ville azuréenne, est la 2ᵉ métropole de la région PACA. Elle concentre 347 000 hab. et l'agglomération 535 000 hab. (dernier recensement). La carte topographique, établie au 1/25 000ᵉ (1 cm sur la carte = 250 m sur le terrain), permet d'observer la répartition des hommes et des activités dans l'espace urbain et les grands ensembles du paysage de la région niçoise. **2** Le « H niçois » : constitué d'un axe majeur à l'est et d'un autre axe à l'ouest, qui, partant du front de mer, dessert les quartiers et collines situés au nord de la ville. Chaque axe s'étire sur une longueur comprise entre 3 et 4 km. Un axe perpendiculaire situé au-delà de la ligne du chemin de fer, long de 600 m, relie les deux axes majeurs. En revanche, la partie nord de l'axe est du H niçois est moins marquée dans l'espace urbain. Elle est relayée par un axe parallèle Auguste Raynaud-Gorbella qui permet de se connecter à l'autoroute A8. **3** *Paysage urbain* : la ville est ceinturée de part et d'autre par les collines, sur lesquelles l'urbanisation déborde. Le mitage urbain s'y caractérise par la construction de villas individuelles. Le paysage urbain majeur fait apparaître les différentes évolutions de l'urbanisation niçoise : au sud-est, le Vieux-Nice médiéval, caractérisé par l'étroitesse des ruelles, des constructions serrées, l'absence de plan d'ensemble de construction. La ville du XIXᵉ siècle, à l'ouest de la vieille ville, a pour site la plaine inondable du Paillon et son embouchure. Elle s'est ensuite étirée en direction de la gare et vers le nord. L'espace urbain de Nice étant saturé, la plaine du Paillon, longtemps redoutée à cause des caprices du cours d'eau, concentre aujourd'hui de nombreuses infrastructures : palais des congrès Acropolis, palais des expositions, hôtels, Musée d'art moderne, lycée, bibliothèque, places, zone piétonne, casino, axe de transports (tramway, bus). Le littoral, avec la baie des Anges et la promenade des Anglais, est un espace majeur du tourisme niçois. *Retour du tramway* : l'aménagement de la ligne 1 a permis d'élargir les trottoirs, de modifier certains axes de circulation, notamment l'axe est du H niçois. Autres modifications observables le long du tracé du tramway : réaménagement de places, zones piétonnes, création de parkings, terminaux de tramway à la place d'anciens hangars ou locaux d'entreprise… Entrant dans le processus de piétonisation du centre-ville, le tramway, mode de transport peu polluant, répond aux enjeux du développement durable.

2 page 179

1 L'eurorégion Arc-Manche comprend les régions françaises (Nord-Pas-de-Calais, Picardie, Haute-Normandie, Basse-Normandie, Bretagne) et britanniques (Kent, West Sussex, Devon, Hampshire, Brighton and Howe City, Southampton) en bordure de la Manche. Cet espace de 196 609 km² regroupe de nombreuses îles et îlots. **2** L'Arc-Manche compte près de 55 M hab., dont 29 M côté français et 26 M côté anglais, et 9 îles avec plus de 200 hab. permanents. Densité de population forte : près de 620 hab/km². **3** La Manche, porte d'entrée et de sortie de l'UE, est une puissante interface entre l'Europe et le monde, lieu de jonction entre l'Atlantique, la mer du Nord et la Baltique. Elle est donc un couloir de passage obligé vers les grands ports de l'Europe du Nord et de l'Amérique du Nord. Espace riche : son PIB brut en 2000 dépasse 1 327 375 M€ ; PIB/hab. (1998-2000) : 24 284 €. Tourisme très développé : en 2004, 83,8 M touristes (France : 52,3 M ; Angleterre : 31,4 M). Activité portuaire dynamique : plusieurs dizaines de ports de pêche et plus d'une centaine de ports de plaisance. La mise en œuvre du projet EMDI (« espace Manche développement initiative ») vise à développer et renforcer la coopération franco-britannique autour de la Manche. Budget du projet : 2,1 M€, dont 48 % sont financés par le Feder (programme Interreg IIIB de l'Europe du Nord-Ouest). **4** Problème de la langue : bilinguisme peu développé de part et d'autre de la Manche ; accentuation des risques maritimes en raison de la concentration des activités.

3 page 181

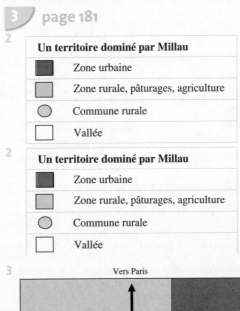

2

Un territoire dominé par Millau	
■	Zone urbaine
■	Zone rurale, pâturages, agriculture
○	Commune rurale
□	Vallée

2

Un territoire dominé par Millau	
■	Zone urbaine
■	Zone rurale, pâturages, agriculture
○	Commune rurale
□	Vallée

3

Vers Paris

Millau

Vers Lyon

Creissels

Vers Perpignan – Barcelone

4 page 183

1

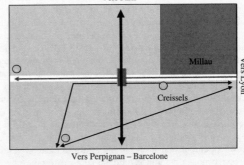

■ forte densité	■ région d'élevage
■ moyenne densité	□ région céréalière
■ faible densité	■ vieille région industrielle
■ pays développés	□ pays pauvres

● pôle urbain	■ ville monde
● ville secondaire	■ métropole
▶● port	▲ technopôle

⬌ axe majeur	➡ flux financier
↔ axe secondaire	➡ flux de marchandises
— axe ferroviaire	➡ flux migratoire
– – – interface	

Corrigés

2

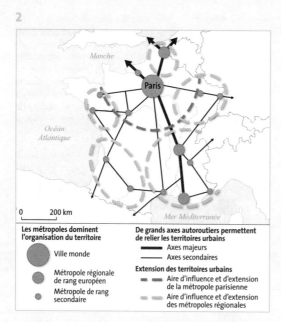

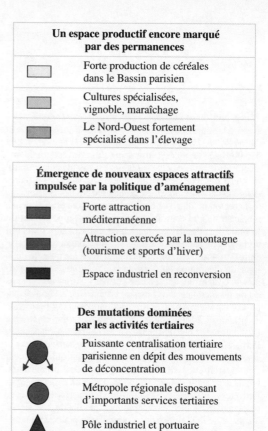

Un espace productif encore marqué par des permanences

	Forte production de céréales dans le Bassin parisien
	Cultures spécialisées, vignoble, maraîchage
	Le Nord-Ouest fortement spécialisé dans l'élevage

Émergence de nouveaux espaces attractifs impulsée par la politique d'aménagement

	Forte attraction méditerranéenne
	Attraction exercée par la montagne (tourisme et sports d'hiver)
	Espace industriel en reconversion

Des mutations dominées par les activités tertiaires

	Puissante centralisation tertiaire parisienne en dépit des mouvements de déconcentration
	Métropole régionale disposant d'importants services tertiaires
	Pôle industriel et portuaire

5 · page 185

1 Espace productif français : lieux de création ou de production de richesses, de biens ou de services sur le territoire métropolitain et ultramarin ; mutations : changements. **2** Secteurs productifs : primaire (activités agricoles), secondaire (activités industrielles), tertiaire (activités marchandes et non marchandes), tertiaire supérieur ou quaternaire (recherche et développement). Où sont-ils : Bassin parisien (céréales, élevage), régions de l'Ouest (céréales, viticultures, élevage), vallée du Rhône (maraîchage, viticulture), zones de montagnes du Massif central, Alpes et Jura (élevage). Les régions du Nord et du Nord-Est concentrent encore l'essentiel de la production industrielle. La production de services se concentre dans les aires urbaines. Paris, ville globale, domine fortement la production de services (recherche développement, transport, administration, enseignement, presse, banques, assurance, tourisme). Les métropoles régionales Lyon, Lille, Marseille, Nice, Toulouse, Bordeaux (...) et les villes secondaires complètent le tableau des espaces producteurs de services. Les nouveaux espaces productifs : ce sont les régions de l'Ouest et du Sud qui ont bénéficié de la déconcentration industrielle, automobile en Bretagne, aéronautique en Midi Pyrénées et recherche développement dans l'arc des technopôles (un ensemble de haute technologie et de parcs d'activités ceinturant l'ouest et le sud de Brest à Grenoble). Ce sont aussi les zones de montagne dont le développement est fortement lié au tourisme. Et le développement de pôles tertiaires dans les périphéries urbaines qui contribue à la déconcentration des services des centres villes. Informations sur le croquis : il faut éviter de surcharger le croquis, et par conséquent toutes les informations ne sont pas à figurer. Le croquis doit montrer les permanences de l'espace productif français. Utilisez des figurés de surface pour représenter l'espace agricole de l'ouest, du bassin parisien ou du Nord industrialisé ; ainsi que les nouveaux espaces productifs. Représentez et hiérarchisez par des figurés ponctuels les principales métropoles françaises et leurs différentes fonctions tertiaires.

3 et **4** Trois parties majeures devraient constituer votre légende. Reportez-vous à la proposition de légende ci-après, sans oublier qu'il n'y a pas de plan type.

6 · page 187

1 Planisphère (échelle mondiale) dont la projection est centrée sur l'équateur. **2** Zones de décollage des avions dans le monde. **3** Forte déformation de l'hémisphère Nord avec un gonflement particulier du continent nord-américain et de l'Europe de l'Ouest. Amenuisement de l'hémisphère Sud, en particulier du continent africain dont les territoires tendent à un effacement généralisé. **4** Les grandes zones de départ des flux aériens se concentrent dans les espaces majeurs de la mondialisation. Les contours des États-Unis sont démesurément gonflés au détriment de ceux du Canada et du Mexique. Ceux de la France sont rétrécis au sud-ouest en faveur de l'Espagne. Le gonflement spatial des micro-États que sont Antigua et la Barbade (moins de 500 km²) et Monaco (moins de 2 km²) qui occupent les premiers rangs dans le classement mondial (cf. tableau doc. 2) est peu significatif à cause de la très faible superficie de ces territoires. Ces micros États sont néanmoins les plus grands émetteurs de flux de départs d'avions rapportés à leur population. Ce sont d'importantes plateformes d'immatriculations de compagnies aériennes en raison de certains avantages fiscaux. Monaco, par exemple, ne compte pas un seul aéroport. Cependant le décompte de décollage d'avions réalisé à partir du territoire d'immatriculation permet à la principauté d'occuper les premières places du classement mondial.

7 · page 189

1 Le phénomène migratoire clandestin, flux de personnes qui tentent d'entrer de manière irrégulière dans un territoire donné. **2** La carte est à l'échelle régionale, la représentation étant centrée sur le bassin méditerranéen. Le texte aborde

le phénomène migratoire clandestin à l'échelle d'un État.
3 D'après la carte, entre 1993 et 2009, de nombreux immigrants clandestins sont morts dans le pourtour méditerranéen (nombre de morts très élevé sur les côtes italiennes, tunisiennes et libyennes, dans le détroit de Gibraltar et dans l'archipel des Canaries). Les immigrants clandestins meurent le plus souvent par noyade. Le texte donne une analyse plus détaillée du phénomène : en mars 2009, en un jour, près de 250 immigrants clandestins embarqués dans des bateaux de fortune se sont noyés ou ont été portés disparus au large des îles italiennes.

 page 191

Analyse des mots clés du sujet : « Unité » = ensemble solide et soudé, identifié en géographie par un ou plusieurs phénomènes. On parle d'unité spatiale ou territoriale. L'unité fait la force du territoire. « Diversité » : il faut comprendre que le mot renvoie ici à multiple et à mosaïque : l'Europe est une mosaïque de peuples, une multiplicité d'États, de frontières. « Europe » : espace d'étude ; il s'agit du continent européen et pas seulement de l'espace de l'UE. *Problématique* : les territoires de l'Europe sont en constante mutation depuis de nombreuses années dans un continent qui a inventé les frontières et le découpage politique. L'Europe sans frontières qui se dessine peut-elle gommer les identités territoriales ? *Plan* : le sujet peut être étudié à travers trois thèmes majeurs : *I.* Europe, ensemble composé de multiples fragments de territoires. *II.* Territoires caractérisés par de multiples contrastes. *III.* Créer de nouvelles frontières pour atténuer la fragmentation et les disparités entre territoires européens.

 **page 193**

1 Doc. 1 : espace maritime de l'Europe du Nord. Carte centrée sur les façades maritimes de la Manche et de la mer du Nord, en particulier sur celle de la Northern Range. Mais ce n'en est qu'une représentation partielle, dans la mesure où l'extrême nord de la façade, à savoir la zone portuaire de Hambourg, ne figure pas sur la carte. **2** Doc. 1 et 2 : trafic maritime en constante progression. Augmentation régulière du trafic maritime entre 2000 et 2007 dans tous les ports de la façade : Rotterdam (+ 24 %), Anvers (+ 25 %), Le Havre (+ 23 %), Hambourg (+ 53 %). Les années 2000 représentent la dernière période d'une ère de 20 ans durant laquelle le trafic maritime s'est fortement développé dans les ports de la façade. Elles correspondent aussi au développement du transport par conteneur. **3** Distribution spatiale inégale des ports dans la façade. *Espace dominant* : situé aux débouchés du Rhin, il se caractérise par la concentration de grands ports dominés par Rotterdam ; son développement s'appuie sur un hinterland fortement peuplé, au niveau de vie très élevé. *Espace périphérique* : entre Calais et Le Havre, il se distingue par l'absence de grands ports, excepté celui du Havre, 5e port européen, qui, situé à l'embouchure de la Seine, dessert un arrière-pays de près de 20 M d'habitants et s'appuie sur la puissance de la métropole parisienne.

10 **page 195**

1 IDE réalisés par les principaux partenaires commerciaux de la France. Deux séries de données composent chaque période de référence : la première exprime la valeur des IDE en Mds € (valeur absolue) ; la seconde l'exprime en pourcentage (valeur relative). Période de référence : années 2008-2009, ce qui permet d'entrevoir l'évolution des données sur une période très rapprochée. **2** Sur 42 Mds € investis en France, 31 Mds proviennent des pays de l'UE, soit 73 % du total des IDE. Avec 17 milliards d'IDE investis en 2008, le Luxembourg réalise près de 40 % des IDE en France. L'Europe de l'Est, l'Asie (Japon, Chine) investissent peu en France ; ils représentent les valeurs les plus faibles (moins de 2 Mds €), soit entre 1 et 2 % de la valeur totale des IDE. **3** Principaux partenaires commerciaux de la France : les pays de l'UE, qui assurent plus de 70 % des IDE. À l'inverse, les autres pays riches (États-Unis, Japon) investissent peu en France au regard de leurs capacités financières.

Sciences

1 page 199

1 a. *Stimulus* : facteur qui peut déclencher une réponse de l'organisme. *Pupille* : orifice de l'iris dont l'ouverture contrôlée permet de faire passer plus ou moins de lumière dans l'œil. *Didactique* : science ayant pour rôle d'étudier les méthodes d'enseignement. **b.** L'étude de l'œil a débuté par une question : cet organe est-il un émetteur ou un récepteur d'image ? Grâce aux premières approches d'Aristote puis aux dissections de Galien, c'est Alhazen qui, au Moyen-Âge, a compris que l'œil est un système optique. Il a ainsi ouvert la voie aux découvertes qui, aujourd'hui, permettent de comprendre le fonctionnement de ce récepteur.

2 a. 4. ; **b.** 2. ; **c.** 5. ; **d.** 3. ; **e.** 1.

2 page 201

1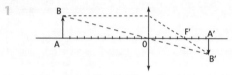

On mesure $f' = 5{,}0$ cm.

2 a. $C = \dfrac{1}{f'} = \dfrac{1}{0{,}017} = 59\ \delta$. **b.** $C' > C$.

3 page 203

1 b., c. et d.

2 Le scanner B montre une tache au-dessus du cervelet donc au niveau du lobe optique. On peut supposer que le patient a fait une hémorragie cérébrale qui a provoqué sa cécité.

3 *Plasticité cérébrale* : possibilité de l'encéphale de modifier ses connexions entre neurones pour répondre à des changements de l'environnement. *Hallucinogène* : drogue provoquant une modification de la perception, ce qui entraîne des hallucinations. *Chiasma optique* : dans l'encéphale, croisement des deux nerfs optiques.

4 page 205

1

	Sapin vert	Boule bleue	Boule blanche	Boule rouge	Étoile jaune	Tronc noir
Luminophore(s) éclairé(s)	V	B	R, V, B	R	R,V	aucun

2 a. Un pigment est une substance colorée insoluble dans le milieu dans lequel il se trouve. **b.** Ce pigment est d'origine minérale. **c.** L'huile est un liant dans lequel les pigments, broyés finement, sont en suspension. **d.** Le plomb est interdit car, lorsqu'il pénètre dans l'organisme, il provoque une intoxication appelée saturnisme. **e.** Le bleu est la couleur complémentaire du jaune. **f.** Ce pigment diffuse le jaune et absorbe le bleu.

3 La température et le solvant influencent la couleur d'une espèce chimique en solution.

5 page 207

1 L'**efficience** est la capacité d'obtenir de bonnes performances énergétiques. Le texte montre qu'à chaque passage de maillon, cette efficacité est faible (10 % du gain du maillon précédent). Il faut donc une grande quantité de producteurs pour nourrir peu de consommateurs de 1er ordre ; ceux-ci doivent être nombreux pour satisfaire la croissance du maillon suivant… car il y a de nombreuses pertes. Écrit en 1966, ce texte prédit ce qui est aujourd'hui un problème réel : la production agricole ne suffit plus à nourrir la population mondiale et il faudra modifier nos pratiques (consommer moins de viandes et plus de végétaux) pour compenser ces carences productives.

2 *Biomasse* : masse totale de matière vivante dans un écosystème. *Intrant* : divers produits apportés aux cultures. *Agrosystème* : écosystème créé artificiellement par l'Homme pour une exploitation agricole. *Hétérozygote* : se dit d'un gène, possesseur de 2 allèles différents.

3 La croissance des racines ne débute qu'à un pH de 3. Elle devient optimale entre 4 et 8. De 8 à 9, le pH nuit à la croissance des racines qui s'arrête après. Ainsi, le **pH du sol** a un rôle dans le développement du système racinaire d'une plante (facteur limitant, optimal puis toxique).

6 page 209

1 a. 1. Solution de permanganate de potassium. 2. Eau distillée et antimousse. 3. Agitateur magnétique. 4. Burette graduée. 5. Bécher. 6. Aimant.
b. $V_2 = 13{,}3$ mL pour $t_2 = 1{,}9\ \text{g} \cdot \text{L}^{-1}$.
Par conséquent, $V_1 = 11{,}0$ mL correspond à $t_1 = 1{,}6\ \text{g} \cdot \text{L}^{-1}$.
c. Masse de fer dans 20 mL de solution :
$m_{Fe} = t_1 \times V = 1{,}6 \times 0{,}020 = 0{,}032$ g.
Pourcentage massique de fer dans le produit antimousse :
$\dfrac{m_{Fe}}{m} = \dfrac{0{,}032}{0{,}22} = 0{,}14$, soit 14 %, ce qui correspond à l'indication de l'étiquette.

2 a. L'eau du puits est légèrement basique : le sol est calcaire. **b.** L'eau est acide après son passage sur la résine : les ions Ca^{2+} et Mg^{2+} sont remplacés par des ions H^+. **c.** La résine porte une charge négative, elle retient les cations.

7 page 211

1 a. Par ses travaux, Pasteur démontre que la génération spontanée n'existe pas. **b.** L'origine de l'apparition de microbes dans un milieu n'est due qu'à la contamination.

2 Les 2 montages des élèves diffèrent par 3 facteurs : une température, une humidité et un éclairage différents. Ainsi, la différence obtenue ne peut pas être imputable qu'à la température. Pour une démarche rigoureuse, il ne faut modifier qu'un facteur à la fois.

3 L'ébullition du lait permet de détruire les microbes. L'ensemencement par un yaourt introduit les microbes responsables de la fermentation. Celle-ci se déroule à une température favorable (45 °C) ; la conservation au froid empêche une nouvelle contamination et arrête l'action des microbes introduits dans le lait.

8 page 213

1 a. Le café, les soupes… **b.** Les aliments lyophilisés sont légers et se conservent bien à température ambiante. Ils sont utilisés par les astronautes, les alpinistes… **c.** La lyophilisation est un procédé coûteux.

2 a. La pomme de terre noircit, elle s'oxyde au contact du dioxygène de l'air. **b.** Les pommes de terre plongées dans l'eau ne sont plus au contact du dioxygène de l'air, elles ne noircissent pas.

9 page 215

1 a. 2. ; **b.** 4. ; **c.** 1. ; **d.** 3.

2 La carence en E3 entraîne un **manque de testostérone**. L'AMH provoque l'**atrophie des canaux de Müller**. Sans testostérone, **les canaux de Wolff sont peu développés**, il y a donc une atrophie de l'ensemble de l'appareil génital chez les mâles transgéniques.

10 page 217

1 a. A : neurone activateur du neurone à dopamine ; **B** : neurone à dopamine ; **C** : vésicule d'exocytose à dopamine ; **D** : récepteurs au GABA ; **E** : vésicules d'exocytose à GABA ; **F** : neurone à GABA ; **G** : récepteurs aux enképhalines ; **H** : vésicules d'exocytose à enképhaline ; **I** : axone ; **J** : neurone à enképhaline.
b. En absence de stimulations agréables, il n'y a pas de libération d'enképhaline. **Les neurones à GABA** fonctionnent et **inhibent l'action des neurones à dopamine** à l'origine des sensations de plaisir.
2 a. Le **contraceptif** empêche la fécondation (la conception) alors que le **contragestif** empêche la gestation. **b.** Seul le **préservatif masculin** assure une protection contre les IST. **c.** Par son irritation locale dans l'utérus, **le stérilet est déconseillé** aux primipares, car n'ayant jamais porté d'enfant, leur utérus est trop étroit. **d.** Oui, le mois suivant peut être suivi d'un rapport sexuel fécondant après l'arrêt de la pilule.
3 a. 4. ; **b.** 1. et 2.

11 page 219

1 a. $^{235}_{92}$U : 235 nucléons, dont 92 protons et 143 neutrons. $^{238}_{92}$U : 238 nucléons, dont 92 protons et 146 neutrons : plus lourd. **b.** $\dfrac{2\,000 \times 0{,}71}{100} = 14$ noyaux légers seulement. **c.** Dans la plupart des centrales nucléaires modernes, la production d'énergie n'est assurée que si le combustible contient entre 3 et 5 % d'uranium 235. Il faut donc au préalable enrichir l'uranium en isotope 235.

2 a. 1. Colonne Vigreux. 2. Ballon contenant de la pierre ponce et le mélange. 3. Chauffe-ballon. 4. Thermomètre. 5. Réfrigérant droit. 6. Erlenmeyer. **b.** Le méthylbutane est le plus volatil, il est extrait en premier.

3 Le bois est une source d'énergie renouvelable, sous réserve que les prélèvements soient inférieurs à l'accroissement forestier. Les émissions de CO_2 effectuées au moment où il brûle sont compensées par la photosynthèse d'autres arbres en train de pousser.

12 page 221

1 a. $\dfrac{900}{2{,}0} = 450$. La puissance d'une tranche de centrale nucléaire est 450 fois plus grande que la puissance d'une éolienne. **b.** $P_e = 900$ MW $= 900 \cdot 10^3$ kW ;
$\Delta t = 200$ jours $= 200 \times 24 = 4{,}8 \cdot 10^3$ h ;
$W_e = P_e \times \Delta t = 900 \cdot 10^3 \times 4{,}8.10^3 = 4{,}3 \cdot 10^9$ kWh.
c. $P_e = 2{,}0$ MW $= 2{,}0 \cdot 10^3$ kW ; $\Delta t = \dfrac{365}{4}$ jours $= 2{,}2 \cdot 10^3$ h ;

$W_e = P_e \times \Delta t = 2{,}0 \cdot 10^3 \times 2{,}2 \cdot 10^3 = 4{,}4 \cdot 10^6$ kWh.

d. $\dfrac{4{,}3 \cdot 10^9}{4{,}4 \cdot 10^6} = 9{,}8 \cdot 10^2$ éoliennes pour remplacer la tranche de centrale nucléaire. **e. Avantages de la centrale nucléaire :** permet de remplacer les combustibles fossiles, ne crée pas de gaz à effet de serre, puissance importante, coût compétitif de l'électricité produite. **Avantages de l'éolienne :** permet de remplacer les combustibles fossiles, ne crée pas de gaz à effet de serre, utile pour des habitations isolées, démantèlement facile. **Inconvénients de la centrale nucléaire :** gestion des déchets, sécurité. **Inconvénients de l'éolienne :** énergie intermittente, dénature les paysages, nuisances sonores (pour les éoliennes de première génération), danger pour les oiseaux.

2 La masse de pétrole qui produirait la même quantité d'énergie qu'un seul gramme d'uranium 235 est

$m_{\text{pétrole}} = \dfrac{8{,}2 \cdot 10^{10}}{42 \cdot 10^3} = 1{,}9 \cdot 10^6$ g $= 1{,}9 \cdot 10^3$ kg.

Corrigés

Anglais

1 page 225

1 Time/American/May 17, 2010/Brian Walsh/mess, oil, environmental, catastrophe, accident, energy. **2** aF ; bT ; cF ; dF ; eT. **3 a.** inexorably ; **b.** fruitlessly ; **c.** potentially ; **d.** terribly ; **e.** nearly. **4** a8 ; b7 ; c4 ; d2 ; e1 ; f9 ; g3 ; h10 ; i6 ; j5. **5** a1 ; b2 ; c1 ; d1 ; e2. **6 a.** His opinion is negative "left its energy policy be driven by the emotion of disasters, rather than by smart, long-term and realistic decisionmaking" ; **b.** not the only subject "like so much else in the country" ; **c.** "something worthwhile to rise out of the muck…" cf. heading "the accident could at last provide the impetus to craft an energy policy that is smart, pragmatic and green".

2 page 227

1 a. are/were made ; **b.** was built ; **c.** will be finished ; **d.** had been stolen ; **e.** have just been painted ; **f.** be done. **2 a.** The government is thought to be wrong. **b.** Harry is said to be somewhere in Australia. **c.** She was considered to be a genius. **d.** She was thought to be crazy. **e.** James's paintings are highly thought of. **3 a.** Mr Bevin is expected to be named Secretary of State. **b.** Hawaii is said to be a dream island. **c.** The explorers were thought to have been lost in the desert. **d.** Mary is known to have been a victim of her parents' ambition. **e.** They're said to be millionaires, I don't believe it. **f.** The president is expected to make a statement before the opening of the session. **g.** That minister is said to be the most popular of all. **h.** If the barometer is to be trusted, we'll have a storm!

3 page 229

1 a. no ; **b.** 1949 ; **c.** No, this refers to something which has just been said. **d.** two ; **e.** at home, "…when you come home…" ; **f.** mother and son, "…Mom?" ; **g.** Biff's father, "But what about your father?" **2 a.** don't you? ; is he? ; doin'. ; can you? ; will ya? ; **b.** Mom?, my pal ; **c.** dear ; Biff. **3 a.** 3, 5, 10, 13, 14 ; **b.** 2, 3, 5, 6, 8, 10. **4** a2 ; b3 ; c1 ; d3 ; e1. **5 a.** no ; **b.** "lamely" (stage direction) ; **c.** "Why didn't you ever write me about this, Mom?" ; "He's not like this all the time, is he?"

4 page 231

1 a3 ; b5 ; c6 ; d2 ; e4 ; f1. **2 a.** isn't he? ; **b.** haven't they? ; **c.** haven't they? ; **d.** shall we? ; **e.** do they? ; **f.** can't they? **3 a.** He wasn't really listening, was he? **b.** I should write to thank them, shouldn't I? **c.** You haven't said anything to her/him, have you? **d.** Everybody has seen Death of a Salesman, haven't they? **e.** Let's go and see the play, shall we? **4 a.** Edward has been a dentist for x months/since March. **b.** Sarah has lived in Singapore for 2 years/since 20.. **5 a.** We've been rehearsing for hours, since twelve in fact. **b.** How long have you been queuing? For three quarters of an hour. **c.** The audience clapped (their hands) for long minutes.

5 page 233

1 a. half the advert ; **b.** close-up of two faces on both sides of the photo with a ball between them, in the middle ; **c.** the ball ; **d.** the globe ; **e.** Ronaldo and Zidane ; **f.** any five ; **g.** sportswear, a club, sports equipment… **2 a.** Above and beneath the photo ; **b.** Poverty, millions of people ; **c.** two best-paid football players. **3 a.** No, they're extremely wealthy ; **b.** paradoxical, unexpected, unusual ; **c.** millions/two ; **d.** both. **4 a.** statement in disguise; **b.** sport ; **c.** United Nations Development Programme ; **d.** 2 ; **e.** Everyone will be richer without poverty. **f.** 2, 3, 1. **6** aT ; bT ; cF ; dT ; eF ; fF ; gT.

6 page 235

1 the most glamorous ; the biggest ; the tiniest ; the most solemn ; the silliest. **2 a.** It's not as far as I thought. **b.** I think those ink cartridges are better than the ones we usually buy. **c.** It's the gloomiest place on earth! **d.** Don't you feel better that way? **e.** Are your problems worse than ours? **f.** He is luckier than I am. **3** (suggestions) Who is the older/the younger? ; Who trains most? ; Who is the heavier/the lighter? ; Who chose the more traditional music? **4 a.** The more you wait, the harder it will be. **b.** We get more and more accurate information. **c.** The area is getting less and less safe. **d.** The more I think of it, the more scared I get. **e.** The closer we get to the time of the ceremony, the more restless the kids get. **f.** There are fewer and fewer visitors. **g.** Which is the bigger monument, the museum or the palace?

7 page 237

1 a. diary ; **b.** There's a date at the beginning and it is written in the first person. **2 a.** London "between London and Zürich", "up the Charing Cross Road" ; **b.** He was at Gabrielli's, probably an Italian restaurant ; **c.** He was with Amy ; **d.** Zelda is probably Amy's daughter, Miriam is Amy's lodger, she's a speech therapist ; **e.** He is in his London flat ; **f.** He usually lives out of London, in a suburban area ; **g.** Sally is probably his wife "at home…when Sally is at work". **3 a.** Amy ; **b.** Swiss businessman ; **c.** people ; **d.** anyone ; **e.** restaurant ; **f.** anyone. **4 a.** He names countries all over the world "Bosnia, Bangladesh, Zimbabwe etc." ; **b.** atrocities, floods, drought, collapse, deficit ; **c.** alluring, bracing, amusing, dreamland, entertainment, peaceful. **5 a.** They come from various foreign countries and are only occasionally in residence ; **b.** It reveals the cosmopolitan aspect of large capital cities where people come and go ; **c.** because it is never quiet ; **d.** He sometimes feels lonely at home where it is so quiet. **6 a.** growl, throb, shrill ululation ; **b.** busy, lively, crowded, rustling, noisy, cosmopolitan, mixed ; **c.** It means that although he loves the atmosphere of the city he could not put up with it all year round. **7 a.** It relates to "pavements still thronged with people" ; **b.** In a very long sentence he identifies all sorts of people linking them with and, and, and in an almost never ending list ; **c.** a strong contrast ; **d.** He quite appreciates the anonymity of the city "I don't have to pretend…"

8 page 239

1 aT ; bT ; cF ; dF ; eT ; fF ; gT ; hF ; iT. **2 a.** NY harbor ; **b.** Ellis Island Café ; **c.** no ; **d.** yes ; **e.** 25 or more adults. **3 a.** entrance fee ; admission charge ; **b.** information desk ; **c.** daily ; **d.** available ; **e.** first steps ; **f.** nearest ; **g.** gratefully ; **h.** overlooking ; **i.** items ; **j.** gemstone ; **k.** square foot ; **l.** main ; **m.** devoted to ; **n.** Seeing Eye dog ; **o.** chaperoned. **4 a.** Immigrants to the USA had to go through the island. **b.** a wall with names of immigrants on it **c.** Italy, Russia, Hungary, Austria, Germany ; **d.** religious persecution, political oppression, economic hardship ; **e.** 1892-1931 ; **f.** Because of the outbreak of several wars (in particular the

First World War) in Europe and the favorable immigration laws in America ; **g.** France ; **h.** F. Bartholdi and G. Eiffel ; **i.** 1886 ; **j.** The Declaration of Independence. **5 a.** à **d.** : movie making ; **e.** : theatre ; **f.** : literature.

 **page 241**

1 a. 2, 5, 6 ; **b.** 1, 3, 4, 7, 8 **2** I must ; We had ; they must ; There must ; So, we had to ; had to ; We must ; we mustn't. **3 a.** The show must have started… **b.** She must be … **c.** You must have been joking… **d.** He must have forgotten… **e.** She must be trying to… **f.** He must be… **g.** He must have lived… **4 a.** I mustn't forget Dan's birthday. **b.** He must be asleep, I can't hear a sound. **c.** The neighbours must have forgotten to lock their door. **d.** She must have been running, she is out of breath. **e.** Tell Brian he must be here tomorrow at noon. **f.** They must move. **g.** They must be moving, there are boxes all over the place. **h.** She must have been scared!

 **pages 243**

1 1. f ; i ; l ; **2.** j ; **3.** speed ; **4.** e ; **5.** non ; **6.** k.

2

invent	abandon	escape	reduce	end	cause	support
make up	give up	get away	wind down	wind up	bring about	back up
spin	tangle	stumble	correspond	muddle	galvanize	postpone
wheel around	twist up	trip up	tie in	mix up	whip up	put off

3

a.	warm	réchauffer		chaud
b.	heat	chauffer	chaleur	
c.	empty	vider		vide
d.	bend	courber	virage	
e.	back	soutenir	dos	
f.	weed	arracher les mauvaises herbes	mauvaise herbe	
g.	aim	viser à	but	
h.	murder	assassiner	meurtre	

4 a. I have other fish to fry. **b.** There are plenty more fish in the sea. **c.** To feel like a fish out of water. **d.** A big fish in a small pond.

1 page 249

1 a. halten an der Kreuzung. **b.** parken in der Stadtmitte. **c.** studiert in Frankreich. **d.** bleibt eine Woche bei ihren Großeltern. **e.** tanzen in einer Fabrikhalle. **f.** wohnen in Köln. **2 a.** Nein, ich benutze die öffentlichen Verkehrsmittel nicht. **b.** Nein, ich brauche keinen Wagen. **c.** Nein, das kann ich nicht allein tragen. **d.** Nein, ich fahre nicht mit dem Wagen. **e.** Nein, ich habe keinen Hund. **f.** Nein, ich wohne nicht in der Stadtmitte. **3 a.** … bei Freunden. **b.** … auf das Dach … **c.** … nach Österreich … . **d.** … in Berlin … . **4 a.** nach ; **b.** in ; **c.** nach ; **d.** In. **5 a.** Neben dem chinesischen Restaurant ist eine Apotheke. **b.** Im Bus setzte er sich hinter seinen Bruder. **c.** Über meinem Bett hängt ein Gemälde. **6 a.** … in den Garten … . **b.** … unter das Bett. **c.** Er setzte sich zwischen … . **d.** … auf das Sofa. **e.** … nach Österreich. **7 a.** Setz dich neben mich! **b.** Ich habe über mein Bett ein Gemälde gehängt. **c.** Meine Schuhe sind unter meinen Bett. **d.** Ich musste beim Arzt eine Stunde warten. **e.** Hast du die Butter auf den Tisch gestellt?

2 page 251

1 a. Haben Sie im Sommer Zeit, uns zu besuchen? **b.** Es ist für mich ein großes Vergnügen, in Urlaub zu fahren. **c.** Vor den Ferien habe ich noch manches zu erledigen. **d.** Ich habe vor, zunächst nach Deutschland, dann nach Schweden zu fahren. **e.** Vater und Sohn versuchen, den ganzen Pferdemist aufzusammeln. **2 a.** um einzukaufen. **b.** um Deutsch zu sprechen. **c.** um zu fahren. **d.** um zu studieren. **e.** um Fortschritte zu machen. **f.** um eintreten zu dürfen. **3 a.** Sie haben vor, im Sommer nach Österreich zu fahren. **b.** Ich finde es wichtig, mit den anderen höflich zu sein. **c.** Hast du Lust, mit mir in die Stadt zu gehen? **d.** Es ist doch angenehm, ans Meer zu fahren. **e.** Wir freuen uns sehr, euch bald wieder zu sehen! **f.** Da der Diener nicht bemerkt, dass die eleganten Personen Vater und Sohn sind, verneigt er sich. **4 a.** ø **b.** ø **c.** zu **d.** zu **e.** zu **f.** zu.

3 page 253

1 a. nannte ; **b.** wanderten ; **c.** brachten ; **d.** wollten. **2 a.** redete/einschlief ; **b.** spielte/gewann ; **c.** ging/kam ; **d.** brachte/nannte ; **e.** durfte/musste. **3 a.** saß ; **b.** schliefen ; **c.** schwammen ; **d.** schnitt ; **e.** gefiel. **4 a.** Mein Freund, dem … gratulierte, lächelte. **b.** Die Frau …, der … geschenkt hatte, freute sich. **c.** Der Architekt …, dessen … ist, … gebaut. **d.** Diese Frau, deren … ist, hat … . **e.** Diese Kinder, deren … gebaut hat, haben … . **f.** Seine Freunde, mit deren … gebaut hat, haben … gegeben.

4 page 255

1 a. … hat ein Geschäft aufgemacht. **b.** … hat Manschettenknöpfe mitgebracht. **c.** … hat eine Plastikkarte bekommen. **d.** … sind in dieses Geschäft gekommen. **e.** … hat er eine Gebühr bezahlt. **2 a.** … gewollt hat, das hat sie nicht gewusst. **b.** … hat gedacht, dass er krank gewesen ist. **c.** Hast du gesehen, wie es geschehen ist? **d.** Sie hat ihn unterbrochen und [hat] erklärt, … gefunden hat. **e.** Sie sind … gefahren, … haben machen wollen. **f.** Sie hat ihn nicht verstanden und sie hat sich geärgert. **g.** Er ist … gerannt und hat … gebracht. **h.** Wir sind … angekommen, … haben warten müssen. **i.** Sie hat sich … angesehen, … gefallen hat. **j.** Ich habe darüber nachgedacht und [habe] … getroffen. **3 a.** … hatte… gebracht **b.** war… hinaufgegangen **c.** … waren gescheitert **d.** … hatte… beantworten wollen **e.** Hattest du daran gedacht, … **f.** … hatte… gefragt… hatten fernsehen können **g.** … hatte… angenommen… hatte… gewusst. **h.** … hatte… geholfen… war… gewesen. **i.** … hatte… gewarnt… hatte… geglaubt. **j.** … hatten… besuchen wollen… war… weggefahren. **4 a.** Da Sie nicht geantwortet hatten, habe ich gedacht, dass Sie meinen Brief nicht bekommen hatten. **b.** Plötzlich habe ich verstanden, warum er zurückgekommen war. **c.** Ich habe geglaubt, dass Sie unseren Termin vergessen hatten. **5 a.** … hat angerufen und hat mich eingeladen. **b.** Er ist weggegangen und hat … vergessen. **c.** Wir sind … geblieben, … diktiert hat. **d.** Ich habe … gesprochen, … ist er weggerannt. **e.** Sie haben unbedingt … fahren wollen, … haben … gekonnt. **6 a.** gewartet/angekommen ; **b.** øversprochen/ ørepariert ; **c.** gebacken/gegessen ; **d.** gesprungen/ geschwommen ; **e.** gesehen. **7 a.** haben/habt ; **b.** habe/warst ; **c.** habe/ habe ; **d.** ist/habe ; **e.** haben/haben.

5 page 257

1 a. damit Werbespots gezeigt werden. **b.** um die Ware besser zu verkaufen. **c.** um die magische Wirkung wiederzufinden. **d.** damit sie die Stimmung verschönern. **e.** damit die Ware schöner aussieht. **2 a.** um sie meinen Freunden zu schenken. **b.** damit ich meine Reise vorbereiten kann? **c.** um zu wissen, wie es ihm geht. **d.** um die Lösung des Problems zu finden. **e.** damit er endlich kam. **3 a.** Um endlich seine Wohnung zu finden. **b.** Damit du dich nicht verfährst. **c.** Damit ich dich anrufen kann. **d.** Um dich anzurufen. **e.** Um dich nicht zu verfahren. **f.** Um den ganzen Abend wach zu bleiben, trinkt er Kaffee. **4 a.** ølesen/um/zu ; **b.** øschließen/um/zu ; **c.** økaufen/um/zu ; **d.** øpacken/um/zu ; **e.** um/zu/ø ; **f.** ømit/ zu/um/zu. **5 a.** ø. **b.** …, um Freunde zu besuchen und Deutsch zu sprechen. **c.** … sprechen zu können. **d.** …, viele Leute kennenzulernen. **6 a.** damit ich mich nicht verfahre. **b.** um gut Klavier zu spielen. **c.** um die vielen Museen zu besuchen. **d.** damit wir nichts hörten. **e.** damit wir morgen früh keine Zeit verlieren. **7 a.** Man muss essen, um zu leben, und nicht leben, um zu essen. **b.** Gib mir deine neue Adresse, damit ich dir schreiben kann. **c.** Ich habe ein Buch gekauft, um es unseren Freunden zu schenken. **d.** Hast du deine Badehose mitgenommen, um ins Schwimmbad zu gehen? **e.** Willst du, dass ich den Tisch decke, damit du dich vorbereiten kannst?

6 page 259

1 a. vielleicht. **b.** schrecklich. **c.** bewegungslos **2 a.** F. **b.** R. **c.** F. **d.** R. **e.** F. **f.** G. **g.** R. **3 a.** Il a un sentiment d'échec. **b.** Il est angoissé et découragé. **c.** Il est saisi par le choc d'un succès qu'il n'attendait plus. **d.** Il retrouve sa confiance en lui et regrette son incrédulité. **e.** Il est enivré par son succès. **4** „fragte der Rektor und gab ihm die Hand" – „Der Lehrer gab ihm die Hand" – „Ich gratuliere dir, Giebenrath" – „Ich gratuliere" – „In die Schule brauchst du jetzt nicht mehr zu kommen" **5** erklären – hatte – den Eindruck – Deshalb – unglücklich – enttäuschen – Unzufriedenheit – entsetzlich – Zukunft – ermöglicht.

7 page 261

1 a. Wenn man … will, muss man … . **b.** Wenn man … möchte, muss man… . **c.** Wenn man … spricht, erweitert man … . **d.** Wenn man … zeigt, schließt man … ab. **2 a.** Wir haben … austauschen können. **b.** Er hat … lernen müssen. **c.** Sie haben viele Grenzen überschreiten dürfen. **d.** Sie haben … abschließen können. **3 Irréel du présent : a.** Wenn er dieses Land verstehen wollte, müsste er die Sprache lernen. **b.** Wenn sie ihr Leben ändern würden, würde sich ihr Gesundheitszustand verbessern. **c.** Wenn sie die Sprache ihres Partners verstünde, schlösse sie einen Vertrag ab (Wenn sie die Sprache ihres Partners verstehen würde, würde sie einen Vertrag abschließen). **d.** Wenn er hilfsbereit wäre, lernte er seine Mitmenschen kennen. **Irréel du passé : a.** Wenn er dieses Land hätte verstehen wollen, hätte er die Sprache lernen müssen. **b.** Wenn sie ihr Leben geändert hätten, hätte sich ihr Gesundheitszustand verbessert. **c.** Wenn sie die Sprache ihres Partners verstanden hätte, hätte sie einen Vertrag abgeschlossen. **d.** Wenn er hilfsbereit gewesen wäre, hätte er seine Mitmenschen kennengelernt. **4 a.** … hat … fahren wollen? **b.** Hast … können, … anrufst? **c.** Ich habe nicht gewusst, … hat sehen wollen. **d.** Ich bin … gewesen, … hat tun wollen, … er hat … gemusst. **e.** Wir haben … kommen können. **f.** Er hat … fahren müssen, … begrenzt gewesen ist. **g.** Er ist weggegangen, … hat … zurück sein müssen. **5 a.** Wäre er schon achtzehn, so könnte er einen Wagen fahren. **b.** Hast du morgen Zeit, dann räume bitte dein Zimmer auf! **c.** Wohnten wir an der See, so könnten wir segeln. **d.** Hätte er das gewusst, dann wäre er nicht gekommen. **e.** Unterbricht er mich noch einmal, dann gehe ich einfach weg. **6 a.** Ach, hätte ich nur daran gedacht! **b.** Wie würdest du reagieren, wenn du das große Los gewännest? **c.** Was würden Sie wählen, wenn ich Ihnen ein Geschenk machen wollte? **d.** Wenn Sie auf den Strand kommen möchten, nehmen Sie eine Badehose mit! **e.** Wenn Sie es mir früher gesagt hätten, dann hätte ich etwas tun können.

 page 263

1 a. Lisa fragt, ob diese klassische Sprache doch nicht schön ist. **b.** Wir wissen nicht, ob man Schillers „Wilhelm Tell" auch in Frankreich sehen kann. **c.** Er weiß nicht, ob der Kampf eines Individuums ein ganzes Volk retten kann. **d.** Ich weiß nicht, ob das Stück später eine Rolle in Deutschlands Geschichte spielte. **2 a.** ob. **b.** Wenn. **c.** Wenn. **d.** ob. **3 a.** Indem sie ihr Zimmer aufräumt, … . **b.** Während er unter der Dusche stand … . **c.** Solange sie krank ist … . **d.** Falls mein Freund Hans vorbeikommt … . **4 a.** ob ; **b.** Wenn ; **c.** Ob ; **d.** Wenn ; **e.** wenn. **5 a.** Lebst du in Deutschland, so sprichst du jeden Tag Deutsch. **b.** Hat sie mehr Zeit, so lernt sie auch Italienisch. **c.** Kommst du zu uns, so kannst du meine anderen Freunde kennenlernen. **d.** Ist er sehr reich, so kauft er mehr Bücher und Platten. **e.** Lädt man uns ein, so kommen wir natürlich. **6 a.** … nicht, ob … gehen kann, da … bin. **b.** Da … war, ist … . **c.** Da … haben, können … fahren, weil … . **d.** Dass … essen, wusste ich schon, weil … erzählt hatte. **7 a.** Ob ; **b.** ob ; **c.** Ob ; **d.** wenn ; **e.** ob ; **f.** Ob ; **g.** wenn ; **h.** ob.

 page 265

1 a. … werden von … benutzt, um … zu kontrollieren. **b.** … wird von … kontrolliert. **c.** … wird von … durchdrungen. **d.** … wurde auch von … durchleuchtet. **2 a.** wurde ; **b.** ist ; **c.** wurde ; **d.** war ; **e.** werden ; **f.** worden ; **g.** ist ; **h.** wurde ; **i.** sind ; **j.** werden ; **k.** ist ; **l.** wird ; **m.** sind ; **n.** wurde ; **o.** ist ; **p.** ist ; **q.** wurde. **3 a.** …, als ob er … hätte./…, als hätte er … . **b.** …, als ob er … wäre./…, als wäre er … . **c.** …, als ob … haben dürfte./…, als dürfte … haben. **4 a.** …, als ob jemand ins Haus eingetreten wäre. **b.** …, als ob er zuviel gegessen hätte. **c.** …, als ob er sich schämen müsste. **d.** …, als ob er mir etwas sagen würde.

10 page 267

verführen – Geheimnisse – Teufels – sich – verliebt – verurteilt – retten – erlebt – Plakat – Untertitel – Ambivalenz – Kontrast – Frieden – Seiten.

Espagnol

 page 271

1 a. Diálogo sacado de una novela escrita en 1978 por Miguel Delibes, autor español. **b.** viejo ; es campesino ; montaña ; chico ; chica ; **c.** amigos ; pueblo. **d.** 1977 ; **e.** Las elecciones. **2** Texte 1 : Monos y saínos (pécaris). Papas (patatas) y maíz. Texte 2 : El calor sofocante del día de navidad. Texte 3 : La pampa. Cebaba mate. Texte 4 : Carro (coche en español). Mil pesos (moneda mexicana).

 page 273

1 a. Cómic de Quino, autor argentino, en el cual Mafalda se interesa a la condición femenina. **b. 1.** medio / presentar. **2.** de conjunto / está en casa / la ropa planchada, los instrumentos de limpieza de la casa, instrumentos de la esclavitud de la mujer. **3.** se encuentra frente a su madre, limpiando el suelo, a gatas. **4.** cubre toda la tira / sigue hablando mientras recorre la casa. **5.** se van haciendo cada vez más pequeñas / baja la voz a medida que descubre lo que pasa / va tomando consciencia de la realidad cuotidiana de su mamá. **6.** el discurso de Mafalda / la situación de su mamá. **c.** la liberación de la mujer es todavía más una idea que una realidad. **2 a.** con la pregunta de Mafalda. **b.** Viñeta 1 : el suelo ; viñeta 2 : la nube ; **c.** Porque así crea un efecto de sorpresa ; **d.** Inglés ; **e.** no existe independencia nacional.

 page 275

1 a. Se me ocurrió leer…; **b.** (A nosotros) nos chifla…; **c.** Se te olvidó… ; **d.** A tus padres les gusta…; **e.** (A vosotros) os interesan…; **f.** A Felipe le cuesta… **2 a.** Sí, me duelen … ; **b.** Se me figuraba … ; **c.** No, no nos apetecen … ; **d.** Sí, nos extraña ; **e.** No, no les costaría … ; **f.** Sí, se nos acordaron. **3 a.** nos interesan ; **b.** me extraña ; **c.** me dolían ; **d.** les guste ; **e.** se os olvidaron ; **f.** le chiflan. **4 a.** La profesora se las explica ; **b.** Se lo doy ; **c.** Se la descargas ; **d.** Se lo compramos ; **e.** Se la hacen. **5 a.** No quieres cantársela ; **b.** No quieren prestármelos ; **c.** No queremos regalársela ; **d.** No quieren dárosla ; **e.** No queréis decírnosla ; **f.** No quiero ponérmelas. **6 a.** No quiero léertelo ; **b.** Sí, pueden facilitármela ; **c.** Sí, están mostrándonoslas ; **d.** Sí, estamos escribiéndoselo ; **e.** Sí, debemos dároslos ; **f.** No, no puedes hacérmelo.

page 277

1 a. o ; refieren ; se dijo que ; bien podía ; la crónica ha perdido las circunstancias ; creyeron ; tal vez ; como ; acaso ; **b.** Poca importancia de las circunstancias para el autor ; **c.** El ritmo, la precisión ; lo que pasó en la mente del cautivo ; **d.** Cómo funciona la memoria… ; los indios : vida bárbara, desierto, los blancos : puerta, paredes ; **e.** No hay puertas en su mundo ? **2 a.** chico ; indio de ojos celestes ; su hijo ; el hombre ; chico ; indio ; hijo perdido ; **b.** cómo lo consideran los unos y los otros ; **c.** un chico → el hombre ; **d.** tiene doble identidad. **3 a.** la educación ; el indio no podía vivir entre paredes ; **b.**

la lengua es un elemento esencial. **4** Sí, porque Argentina es una tierra de indios, colonizada por los españoles, con mucha inmigración y mestizaje. Pensar también en los hijos de los desaparecidos.

 page 279

1 Francisco de Goya ; siglo 18e-19e ; el fusilamiento de los patriotas españoles por las tropas de Napoleón. **2 a.** Voir les axes tracés sur le tableau ;

b. De un enorme farol ; alumbra a los patriotas españoles ; a los soldados de Napoleón ; los dos grupos ; **c.** blanco, rojo, amarillo = vida, gris = muerte ; **e.** impresión de horror. **3 a.** oscuridad ; paisaje borroso ; la noche evoca la oscuridad, la muerte que trae consigo Napoleón. **1.** rezan, se tapan los ojos, se arrodillan… ; evoca a Jesús, víctima inocente ; ira, compasión **2.** máquina sin humanidad ; **b.** denunciar ; indignación contra el fusilamiento, compasión para con los ejecutados.

 page 281

1 a. Mis padres no querían que saliera. **b.** No me gustaba lo que estabas haciendo. **c.** Te lo dejamos para que lo leyeras. **d.** Os pedimos que dijerais la verdad. **e.** ¿Creías que lo lograrían ? **f.** La profesora exigía que supiéramos la lección. **g.** No recordaba lo que me habías dicho. **h.** Prefería que siguieras poniendo tu blog al día. **2 a.** No le decimos lo que ha pasado. **b.** ¿Quieres que vayamos a España ? **c.** Me ruega que le acompañe. **d.** No me hace gracia lo que me cuentas. **e.** Le aseguro que lo haré. **f.** No puedo decirle lo que siento. **3** Le preguntó si conocía … . Contestó que no sabía, que dependía. El Lagarto insistió diciendo que tenía … . El camarero contestó que, que estaba cerca … que no sabía si a él… **4 a.** Dijo que intentaría explicárselo. **b.** El señor Torres lamentó que no pudieran salir aquel día hasta … . **c.** El padre le ordenó que hiciera lo que le había … . **d.** Dije que no creía que fuera posible encontrarlo en la Web. **e.** Les gritó que dejaran el equipaje donde pudieran y que vinieran … . **f.** Preguntaron los dos que cómo queríamos que se enteraran si nadie les decía … . **5 a.** Nuestros padres se han quedado en Cuba. **b.** No sé cual es el mío. **c.** ¿Pueden (Podéis) ayudarnos? **d.** Prepárate rápidamente y vete para la escuela. **e.** Venimos ayer pero no había nadie. **f.** Volveré mañana con mi hermano, si aceptan que se lo presente. **6** Le preguntó si le diría de … . Ella contestó que la verdad no la sabía, que no le quedaban … . Que le podía decir la suya. Que le había contado lo que pasó … . Que no. Que no había sido como se lo contó. **7** – No se haga ilusiones –

le dijo el director – de que va … Lo contrato … para que edite trabans … nuestras … redacte… ¿Ha entendido cuál va …? – Sí. Lo he entendido. Es mi … . Estoy … .

7 page 283

1 Periódico ; … Unicajas Andalucía (es un banco) ; hacer que la gente visite su página web y utilice sus servicios a distancia. **3 a.** 9 ; **b.** mundo ; servicios. Navegantes/navegar ; **c.** navegantes ; corriente ; rumbo ; soltar amarras. **4 a.** 3 ; **b.** 3 ; **c.** 1 ; **d.** 2. **5** Tradición y modernismo son las dos palabras que te ayudarán.

8 page 285

1 sociedad; la condición de los pueblos indígenas. **2 a.** 1 F ; 2 C ; 3 C ; 4 F ; 5 C; **b. 1.** sus tierras; pacíficamente; **2.** una vida digna; arrebatadas; muerto; expulsados; extremo peligro; **3.** los gobiernos y las empresas; contra los indígenas; por que quieren ganar más; **4.** tala del bosque, cultivo del arroz, ganado, petróleo, construcción de carreteras; alcoholismo, enfermedades, contaminación del agua, desaparición de la caza…; **5.** Es un problema mundial. **3 a.** no; **b.** "pacífica"; **c.** no; **d.** aprovechar a todos; **e.** son esenciales.

9 page 287

1 a. Lleva tres meses viajando ; **b.** Sólo llevan diez minutos estudiando ; **c.** Llevan toda la tarde riñendo ; **d.** Llevas demasiado tiempo jugando ; **e.** Llevamos horas buscando esta calle. **2 a.** Vuelve a andar ; **b.** Suele mirar ; **c.** Vuelvas a salir ; **d.** Las niñas van aprendiendo ; **e.** Me sigue molestando ; **f.** Solía ir ; **g.** Va a llegar ; **h.** Seguiremos tocando ; **i.** Suelen cenar ; **j.** Lo siguieron haciendo. **3 a.** 138 ans plus tard, le jean est toujours à la mode. **b.** Ses parents lui envoyaient toujours du turron pour Noël. **c.** Ils ne devinrent jamais amis. **d.** Quand ils arrivaient chez leur grand-mère, ils lui demandaient de leur raconter une histoire. **e.** Cela faisait deux heures qu'il essayait d'installer l'antivirus. **f.** Ils commencent à comprendre comment fonctionne ce programme. **g.** Ne répète jamais cela ! **h.** Dès que tu seras au courant, dis-le moi. **4 a.** 7 ; **b.** 5 ; **c.** 3 ; **d.** 6 ; **e.** 2 ; **f.** 1 ; **g.** 4.

10 page 289

1 a. 2, 6, 5, 4, 3, 1 ; **b.** 2, 3, 6, 1, 5, 4 ; **c.** 3, 1, 4, 5, 2 ; **d.** 7, 2, 3, 6, 4, 1, 5. **2 a.** pregunto **b.** No deseo otra cosa. **c.** requiere **d.** pidieron. **e.** llaman. **f.** solicita. **3** (se) porter. **4 a.** Quand la sonnerie retentit, je sortis. **b.** Les enfants attendaient à l'arrêt de l'autobus. **c.** L'ordonnance était très longue ; ils mirent assez longtemps à me servir à la pharmacie. **d.** Elle se pencha à la fenêtre quand elle entendit sa petite-fille. **e.** Elle laissa le fer à repasser sur la table, le gâteau sur la planche et partit. **5 a.** Hier, le directeur a parlé. Aujourd'hui, c'est moi qui parle. **b.** Quand nous sortîmes du collège, il était sept heures. **c.** Si nous sortons de bonne heure, nous irons nous promener. **d.** Dès que je le saurai, je te préviendrai. **e.** Je l'ai su quand ils m'ont prévenu(e). **6 a.** Tel père, tel fils. **b.** Il n'y a pas de fumée sans feu. **c.** Qui ne demande rien n'a rien. **d.** Qui va à la chasse perd sa place. **e.** Le silence est d'or.

Régie publicitaire : Com d'habitude publicité 05 55 24 14 03 contact@comdhabitude.fr

MIXTE
Papier issu de
sources responsables
FSC® C022030

N° projet : 10245057
Dépôt légal : mai 2018
Imprimé en Italie
par La Tipografica Varese